Karl Baedeker

Südbayern, Tirol und Salzburg

Handbuch für Reisende - Teil 1

Karl Baedeker

Südbayern, Tirol und Salzburg

Handbuch für Reisende - Teil 1

ISBN/EAN: 9783959133555

Auflage: 1

Erscheinungsjahr: 2015

Erscheinungsort: Treuchtlingen, Deutschland

Literaricon Verlag Inhaber Roswitha Werdin, Uhlbergstr. 18, 91757 Treuchtlingen, www.literaricon.de

Dieser Titel ist ein Nachdruck eines historischen Buches. Es musste auf alte Vorlagen zurückgegriffen werden; hieraus zwangsläufig resultierende Qualitätsverluste bitten wir zu entschul-digen.

SÜDBAYERN
TIROL UND SALZBURG

OBER- UND NIEDER-ÖSTERREICH
STEIERMARK, KÄRNTEN UND KRAIN

HANDBUCH FÜR REISENDE

VON

KARL BÆDEKER

MIT 73 KARTEN, 16 PLÄNEN UND 11 PANORAMEN

VIERUNDDREISSIGSTE AUFLAGE

LEIPZIG
VERLAG VON KARL BÆDEKER
1910

Wer reisen will,
Der schweig fein still,
Geh steten Schritt,
Nehm nicht viel mit
Tret an am frühen Morgen
Und lasse heim die Sorgen.

Philander von Sittewald. 1650.

Der Inhalt des vorliegenden Buches, das hiermit in 34. Auflage erscheint, beruht für alle wichtigen Strecken auf Anschauung an Ort und Stelle. Von vielen Seiten hat der Verfasser außerdem mehr oder minder eingehende Mitteilungen erhalten, so daß er im wesentlichen für seine Angaben bürgen zu können glaubt*). Buchstäbliche Genauigkeit ist für ein Reisebuch, das über zahlreiche Einrichtungen Auskunft geben muß, die beständigem Wechsel unterworfen sind, unerreichbar. Der Verfasser wiederholt daher die Bitte, ihn möglichst bestimmt und sachlich auf alle etwaigen Irrtümer und Mängel seiner Angaben aufmerksam machen zu wollen. Die wohlwollende Mitarbeit der Freunde seiner Bücher hat wesentlich zu der Anerkennung, deren sie sich erfreuen, beigetragen.

Um denjenigen Reisenden, welche nicht fortwährend den ganzen Band bei sich führen wollen, die Benutzung zu erleichtern, sind Druck und Einband so eingerichtet, daß das Handbuch in **fünf selbständig geheftete Abteilungen** zerlegt werden kann (I. Südbayern und die angrenzenden Teile von Nord-Tirol; II. Salzburg, Salzkammergut, Hohe Tauern; III. Nord-Tirol; IV. Süd-Tirol; V. Nieder- und Ober-Österreich, Steiermark, Kärnten und Krain). Man bricht zu diesem Zweck das Buch am Beginn und am Schluß der loszulösenden Abteilung stark auf und durchschneidet die Gaze, auf welche die Bogen geheftet sind, mit einem Messer. Leinwanddecken zum Hineinlegen der Hefte sind durch alle Buchhandlungen zu beziehen.

Den **Karten und Plänen** des Buches wird fortwährend eine besondere Sorgfalt zugewendet; nach dem neuesten Material und eigenen Erfahrungen des Verfassers berichtigt und ergänzt, werden sie zur Orientierung vollständig ausreichen (vgl. die Übersichtskarten am Ende des Bandes). Die vorliegende Auflage enthält neue Karten der Umgebungen von Bregenz, Reichenhall, Ischl, Gastein, Innsbruck, Brixen, Bozen und Graz, und neue Panoramen vom Pfänder, Schlern und Monte Pian.

Daß die Angaben dieses Buches über **Gasthäuser** mit Sorgfalt geprüft werden, ist in weiten Kreisen bekannt. Empfehlenswerte Häuser, d. h. solche, bei denen Zimmer, Verpflegung und

---

*) Der Verfasser verwahrt sich ausdrücklich gegen Beschwerden, wie sie ihm wohl vorkommen, die auf älteren Ausgaben fußen. Keine Art von Sparsamkeit ist auf einer Reise übler angebracht, als nach einem alten Reisehandbuch zu reisen. Eine einzige Angabe der neuen Auflage lohnt nicht selten reichlich den dafür bezahlten Betrag.

Bedienung zu loben und die berechneten Preise angemessen erscheinen, sind, soweit des Verfassers persönliche Erfahrung und an zuverlässiger Quelle eingezogene Erkundigungen, sowie freundliche Berichte von Reisenden reichen, mit einem Sternchen (*) bezeichnet. So wenig damit aber ausgeschlossen ist, daß auch sonst, sowohl unter den Häusern ersten Ranges wie unter den bescheidneren zweiten Ranges, wohl noch manche der Empfehlung wert sind, ebensowenig wolle man in den Gasthofsternchen mehr als den Ausdruck eines Durchschnittsurteils sehen, oder bei abweichender Erfahrung dem Herausgeber eine Verantwortlichkeit zumuten, die er schon wegen der zahlreichen Widersprüche in den ihm zugehenden Briefen nicht übernehmen kann. Der nicht seltene Wechsel in Besitz oder Führung der Gasthäuser, die Verschiedenheit der Ansprüche und Stimmung der Reisenden machen ein für alle Fälle zutreffendes Urteil unmöglich. — Die Preisangaben fußen sowohl auf Mitteilungen der Wirte, wie auf Originalrechnungen der letzten Jahre, deren eine große Anzahl, häufig mit einem kurzen Urteil versehen, dem Verfasser alljährlich von den verschiedensten Seiten zur Verfügung gestellt werden. Sie können natürlich nur ungefähr einen Anhalt bieten, namentlich bezüglich der Zimmer, für welche hohe und niedrige Preise, je nach Lage und Einrichtung, in jedem Hause vorkommen.

Für Gasthofbesitzer sei noch bemerkt, daß die Nennung eines Gasthauses stets durchaus kostenfrei erfolgt, und daß die Empfehlungen dieses Handbuchs auf keine Weise zu erkaufen sind, *auch nicht in der Form von Inseraten*, deren Aufnahme, im Gegensatz zum Brauche sämtlicher andern Reisebücher, völlig ausgeschlossen ist. Irrtümliche Angaben wird der Verfasser im nächsten Neudruck berichtigen, aber Drohungen mit gerichtlicher Klage, wie sie neuerdings wohl vorgekommen sind, durch gänzliche Weglassung der Adresse beantworten.

INHALTS-VERZEICHNIS.

	Seite
I. Reisezeit. Reiseplan. Luftkurorte	XIII
II. Fußreisen. Ausrüstung. Wanderregeln	XIX
III. Alpine Vereine. Unterkunftshütten. Führer	XXIII
IV. Karten	XXIV
V. Paß, Zoll, Geld, Eisenbahnen, Post in Österreich	XXV
VI. Bemerkungen für Rad- und Automobilfahrer	XXVI
Abkürzungen	XXVIII

I. Südbayern und die angrenzenden Teile von Nordtirol.

Route
1. München	4
2. Starnberger See. Hoher Peißenberg. Ammersee	16
3. Von München nach Lindau	20
4. Von Immenstadt nach Oberstdorf	24
5. Von Immenstadt über Tannheim nach Reutte	34
6. Von Kempten über Pfronten nach Reutte	37
7. Von Bießenhofen über Füssen nach Reutte. Hohenschwangau	40
8. Von Reutte über den Fernpaß nach Imst oder Telfs	44
9. Von München nach Garmisch-Partenkirchen	48
10. Von München nach Oberammergau und über Linderhof und Plansee nach Füssen-Hohenschwangau	58
11. Von Partenkirchen über Mittenwald nach Zirl (Innsbruck)	61
12. Von München über Kochel nach Mittenwald	66
a. Isartalbahn von München nach Kochel	66
b. Von München über Tutzing nach Kochel und Mittenwald. Walchensee	67
13. Von München nach Bad Tölz und Mittenwald	71
14. Von München nach Tegernsee und über den Achensee nach Jenbach	75
15. Von München nach Schliersee und über Bayrisch-Zell nach Kufstein	82
16. Von München über Rosenheim nach Kufstein	87
17. Von München nach Salzburg. Chiemsee	91
18. Von Übersee nach Reit im Winkel und über Ruhpolding nach Traunstein	95
19. Von München nach Reichenhall	98
20. Berchtesgaden und Umgebung	102

Route	Seite
II. Salzburg und Salzkammergut. Hohe Tauern.	
21. Salzburg und Umgebung	117
22. Hallein und Golling	127
23. Von Linz nach Salzburg	130
24. Attersee und Mondsee	132
25. Von Salzburg nach Ischl. Abersee. Schafberg	135
26. Von Attnang nach Gmunden und Ischl	139
27. Von Ischl nach Aussee	146
28. Von Ischl nach Hallstatt und über Gosau nach Golling	150
29. Von Salzburg nach Zell am See und Saalfelden (Wörgl, Innsbruck)	155
30. Von Saalfelden über Lofer nach Reichenhall	164
31. Tauernbahn von Schwarzach-St. Veit über Gastein nach Spittal in Kärnten	167
32. Die Rauris	177
33. Das Fuscher Tal. Von Ferleiten nach Heiligenblut	179
34. Das Kapruner Tal	183
35. Von Zell am See nach Krimml. Ober-Pinzgau	186
36. Von Krimml über den Krimmler Tauern oder über die Birnlücke nach Kasern (Taufers)	191
37. Von Lienz nach Windisch-Matrei und Prägraten. Iseltal	194
38. Von Windisch-Matrei nach Kals und Heiligenblut	201
39. Von Dölsach nach Heiligenblut	205
III. Nord-Tirol.	
40. Kufstein und Umgebung	214
41. Von Kufstein nach Innsbruck	218
42. Von Wörgl über Ellmau und Waidring nach Lofer	225
43. Von Wörgl nach Kitzbühel und Zell am See	227
44. Das Zillertal	234
45. Innsbruck und Umgebung	247
46. Von Bregenz nach Landeck. Arlbergbahn	259
47. Von Bregenz zum Schröcken. Bregenzer Wald	274
48. Von Reutte zum Arlberg durch das Lechtal	277
49. Montafon und Paznaun	282
50. Von Innsbruck nach Franzensfeste (Bozen) über den Brenner	292
51. Das Stubaital	301
52. Das Ridnauntal	307
53. Von Innsbruck nach Landeck	311
54. Das Sellraintal	316
55. Das Ötztal	319
56. Das Pitztal	331
57. Von Landeck nach Spondinig (Meran, Trafoi)	334
58. Das Passeiertal	343

INHALTS-VERZEICHNIS.

IV. Süd-Tirol.

Route		Seite
59.	Von Franzensfeste nach Bozen	351
60.	Bozen und Umgebung.	354
61.	Von Bozen nach Meran	365
62.	Von Meran nach Bad Bormio über das Stilfser Joch. Vinschgaubahn	375
63.	Das Martelltal	382
64.	Das Suldental	384
65.	Von Bad Bormio nach S. Caterina und nach Colico durchs Veltlin	392
66.	Von Bozen nach Verona	396
67.	Von S. Michele nach Tresenda im Veltlin. Nons- und Sulzberg. Tonale- und Aprica-Paß	401
68.	Von Edolo nach Brescia durch das Val Camonica. Lago d'Iseo	405
69.	Von S. Michele oder von der Mendel nach Madonna di Campiglio	409
70.	Von Trient nach Pinzolo (Campiglio). Judikarien	414
71.	Von Mori nach Riva. Gardasee	421
72.	Das Grödner Tal	428
73.	Schlern. Tierser Tal. Eggental	433
	a. Schlern	433
	b. Das Tierser Tal. Von der Grasleitenhütte durch Vajolet nach Fassa	436
	c. Das Eggental. Von Bozen über den Karerpaß nach Vigo di Fassa	439
74.	Das Fleimser und Fassa-Tal. Dolomitenstraße	443
75.	Von Predazzo über S. Martino di Castrozza und Primiero nach Primolano oder Feltre	450
76.	Von Trient nach Bassano durch das Suganertal	455
77.	Von Franzensfeste nach Lienz. Pustertal	460
78.	Von Bruneck nach Taufers. Reintal. Ahrntal	470
79.	Das Defereggental	478
80.	Das Enneberger oder Gader-Tal	479
81.	Das Pragser Tal	483
82.	Das Sextental	485
83.	Von Toblach nach Cortina. Ampezzotal	487
84.	Von Cortina nach Pieve di Cadore und Belluno (Venedig). Comelico- und Auronzo-Tal	495
85.	Von Cortina auf der Dolomitenstraße nach Buchenstein. Von Andraz über Agordo nach Belluno	501

V. Nieder- und Ober-Österreich, Steiermark, Kärnten und Krain.

86.	Von Wien nach Graz	510
87.	Höllental. Schneeberg. Raxalpe	519

INHALTS-VERZEICHNIS.

Route		Seite
88.	Von Mürzzuschlag nach Mariazell	524
89.	Von Wien nach Linz	527
90.	Von St. Pölten nach Leobersdorf	529
91.	Von St. Pölten nach Mariazell	531
	a. Über Kirchberg an der Pielach	531
	b. Über Kernhof	532
92.	Von Mariazell über Au-Seewiesen und Kapfenberg nach Bruck an der Mur	534
93.	Von Mariazell über Weichselboden und Wildalpen nach Groß-Reifling oder Hieflau	536
94.	Von Pöchlarn über Kienberg-Gaming und Lunz nach Waidhofen an der Ybbs	539
95.	Von Amstetten über Klein-Reifling und Selztal nach St. Michael	541
96.	Von Hieflau über Eisenerz und Vordernberg nach Leoben	546
97.	Von Linz über St. Valentin und Steyr nach Klein-Reifling	549
98.	Von Linz über Kremsmünster und Windischgarsten nach Selztal. Stoder	551
99.	Von Selztal nach Aussee und nach Bischofshofen (Innsbruck, Salzburg)	554
100.	Von Radstadt nach Unzmarkt über den Radstädter Tauern. Lungau	561
101.	Graz und Umgebung	565
102.	Von Graz über Fehring nach Friedberg	570
103.	Von Graz nach Triest	573
104.	Die Steiner Alpen	580
105.	Von Marburg nach Lienz. Lavanttal. Millstätter See	585
106.	Villach und Umgebung. Gailtal	594
107.	Von Spittal nach Gmünd. Maltatal	599
108.	Das Mölltal von Möllbrücken bis Winklern	603
109.	Von Bruck an der Mur nach Villach	605
110.	Von Laibach nach Villach	611
111.	Von Villach oder Klagenfurt nach Triest	615
112.	Von Villach nach Udine (Venedig). Pontebba-Bahn	622
113.	Von Triest über Görz und den Predilpaß nach Tarvis (Villach)	627
	Register	631

Verzeichnis der Karten.
(Vgl. die Routenkärtchen am Ende des Buchs.)

1. *Übersichtskarte der Ostalpen* (1:1350000), vor dem Titel.
2. *Umgebung von München* (1:150000); S. 14.
3. *Starnberger See und Ammersee* (1:250000); S. 16.
4. *Umgebung von Oberstdorf* (1:125000); S. 26.
5. *Nördliche Allgäuer u. Tannheimer Alpen* (1:125000); S. 34.
6. *Umgebung von Hohenschwangau* (1:60000); S. 40.
7, 8. *Bayrische, Lechtaler und Inntaler Alpen von Füssen bis Innsbruck* (1:250000); S. 44, 48.
9. *Umgebung von Partenkirchen* (1:100000); S. 50.
10. *Bayr. Alpen zwischen Loisach- u. Inntal* (1:250000); S. 70.
11. *Umgebung von Tegernsee und Schliersee* (1:125000); S. 76.
12. *Umgebung des Achensees, das Inntal von Innsbruck bis Kufstein und das untere Zillertal* (1:250000); S. 80.
13. *Chiemsee und Umgebung*, zwischen Rosenheim, Kufstein, Traunstein und Lofer (1:250000); S. 90.
14. *Nähere Umgebung von Reichenhall* (1:60000); S. 100.
15. *Nähere Umgebung von Berchtesgaden* (1:30000); S. 104.
16. *Weitere Umgebung von Berchtesgaden* (1:100000); S. 106.
17. *Umgebung von Salzburg* (1:250000); S. 126.
18, 19. *Nördl. und südl. Salzkammergut* (1:250000); S. 138, 150.
20. *Umgebung von Bad Ischl* (1:60000); S. 143.
21. *Königssee und Umgebung, Salzach- und Saalachtal* (1:250000); S. 156.
22. *Gasteiner Tal und östliche Tauern* (1:250000); S. 166.
23. *Umgebung von Badgastein* (1:25000); S. 168.
24. *Mittel-Pinzgau und zentrale Tauern* (1:250000); S. 180.
25. *Ober-Pinzgau und westliche Tauern* (1:250000); S. 188.
26. *Venedigergruppe* (1:125000); S. 196.
27. *Großglocknergruppe* (1:125000); S. 206.
28. *Umgebung von Kufstein* (1:150000); S. 215.
29. *Umgebung von Wörgl und Kitzbühel* (1:250000); S. 228.
30. *Übersichtskarte der Zillertaler Alpen* (1:250000); S. 234.
31. *Östliches Zillertal* (1:125000); S. 236.
32. *Westliches Zillertal* (1:125000); S. 242.
33. *Umgebung von Innsbruck* (1:75000); S. 256.
34. *Umgebung von Bregenz* (1:125000); S. 259.
35. *Vorarlberg* (1:500000); S. 262.
36. *Bregenzer Wald und Allgäuer Alpen* (1:250000); S. 274.
37. *Montafon und Prätigau* (1:250000); S. 282.
38. *Stanzer Tal und Paznaun-Tal* (1:250000); S. 288.
39. *Stubai-, Sellrain-, unteres Ötz- und Pitztal* (1:250000); S. 292.
40. *Umgebung von Sterzing und Brixen* (1:250000); S. 298.
41. *Stubaier Alpen* (1:180000); S. 302.
42. *Inneres Ötztal* (1:180000); S. 322.

XII KARTEN UND PLÄNE.

43. *Oberer Vinschgau* (1 : 200000); S. 340.
44. *Umgebung von Brixen* (1 : 125000); S. 351.
45. *Östliche Umgebung von Bozen* (1 : 250000); S. 352.
46. *Nähere Umgebung von Bozen* (1 : 125000); S. 356.
47. *Westliche Umgebung von Bozen* (1 : 250000); S. 364.
48. *Umgebung von Meran* (1 : 50000); S. 366.
49. *Ortleralpen* (1 : 125000); S. 384.
50. *Sarcatal, Nons- und Sulzberg, Etschtal von Bozen bis Rovereto* (1 : 500000); S. 396.
51. *Adamello-, Presanella- und Brenta-Alpen* (1 : 250000); S. 412.
52. *Umgebung von Arco und Riva* (1 : 75000); S. 422.
53. *Gardasee* (1 : 250000); S. 426.
54. *Grödner und Villnös-Tal* (1 : 125000); S. 428.
55. *Schlern und Rosengartengruppe* (1 : 125000); S. 434.
56. *Dolomit-Alpen von Bozen bis Belluno* (1 : 500000); S. 442.
57. *Fleimser, Primör- und Cordevole-Tal* (1 : 250000); S. 444.
58. *Oberes Fassatal, Langkofel-, Sella- und Marmolata-Gruppe* (1 : 125000); S. 446.
59. *Umgebung von Primiero* (1 : 125000); S. 450.
60. *Mittleres Pustertal* (1 : 250000); S. 462.
61. *Ampezzotal* (1 : 180000); S. 488.
62, 63. *Steirische und Österreichische Alpen von Wiener-Neustadt bis Aussee* (1 : 500000); S. 510, 536.
64. *Umgebung des Semmering* (1 : 125000); S. 520.
65. *Lungau und Niedere Tauern* (1 : 500000); S. 562.
66. *Umgebung von Graz* (1 : 100000); S. 568.
67. *Steirische und Kärntner Alpen von Murau bis Gleisdorf* (1 : 500000); S. 570.
68. *Küstenland* (1 : 500000); S. 576.
69. *Grotten von Adelsberg und St. Canzian* (1 : 15000); S. 578.
70. *Karawanken und Steiner Alpen* (1 : 500000); S. 580.
71. *Kärntner Alpen von Lienz bis zum Wörther See* (1 : 500000); S. 590.
72, 73. *Routenkärtchen* mit Kartennetz hinter dem Register.

Pläne.

Bozen-Gries (S. 356), *Bregenz* (S. 259), *Brixen* (S. 351), *Cortina* (S. 493), *Gmunden* (S. 139), *Graz* (S. 566), *Innsbruck* (S. 248), *Ischl* (S. 143), *Klagenfurt* (S. 588), *Meran* (S. 366), *München* (S. 4), *München, innere Stadt* (S. 8), *Reichenhall* (S. 98), *Salzburg* (S. 118), *Trient* (S. 397), *Villach* (S. 595).

Panoramen.

Gaisberg (S. 125), *Schafberg* (S. 138), *Schmittenhöhe* (S. 162), *Kals-Matreier Törl* (S. 202), *Hohe Salve* (S. 228), *Kitzbühler Horn* (S. 230), *Pfänder* (S. 260), *Becher* (S. 308), *Hintere Schöntaufspitze* (S. 388), *Schlern* (S. 435), *Monte Pian* (S. 489).

I. Reisezeit. Reiseplan. Luftkurorte.

Reisezeit. Die beste Zeit zu einer Gebirgsreise liegt zwischen Mitte Juli und Mitte September. Der August ist zu Wanderungen im eigentlichen Hochgebirge am meisten geeignet. Gletschertouren sollte man nicht vor Ende Juli unternehmen; im September sind die Tage schon etwas kurz, Mitte Sept. werden viele Alpengasthäuser und Alpenvereinshütten geschlossen. Wer sich auf die Voralpen und die Seen beschränkt, wird schon Ende Mai seine Reise antreten können; die Wasserfälle sind dann am stärksten.

Ein genauer vor Antritt der Reise entworfener **Reiseplan** schützt vor Zeit- und Geldverschwendung. Bei Fußwanderungen ist auf das mit der Post vorauszusendende Gepäck (S. xx) gehörige Rücksicht zu nehmen, damit man am rechten Ort und zu rechter Zeit in seinen Besitz gelangt. Mit Hilfe des Reisehandbuchs wird es nicht schwer werden, Reisetage, Nachtlager, ja selbst die Verwendung einzelner Stunden vorher genau zu bestimmen, wobei freilich gutes Wetter vorausgesetzt wird.

Die **besuchenswertesten Punkte** der deutschen und österreichischen Alpen mögen etwa folgende sein:

In SÜDBAYERN: Starnberger See (S. 16), Hoher Peißenberg (S. 18), Walchensee (S. 69), Herzogstand (S. 69), Tegernsee (S. 76), Schliersee (S. 83), Wendelstein (S. 85), Chiemsee (S. 91), Aschau (S. 92), Hochfelln (S. 93), Berchtesgaden (S. 103), Königssee (S. 107); Partenkirchen-Garmisch (S. 49), Mittenwald (S. 62), Hohenschwangau (S. 41), Linderhof (S. 60), Oberstdorf (S. 25).

Im SALZBURGER LAND UND SALZKAMMERGUT: Salzburg (S. 117), Gaisberg (S. 125), Golling (Schwarzbachfall, Salzachöfen S. 129), Liechtensteinklamm (S. 157), Kitzlochklamm (S. 159), Gastein (S. 168), Fuscher Tal (S. 179), Zell am See (S. 160), Schmittenhöhe (S. 161), Kaprun (Moserboden S. 183), Krimml (S. 189), Seisenberg- (S. 114), Vorderkaser- (S. 165) und Schwarzberg-Klamm (S. 166); Gmunden und Traunsee (S. 139, 141), Ischl (S. 143), Schafberg (S. 137), Hallstatt (S. 150), Gosauseen (S. 153), Zwieselalp (S. 155).

In NORD-TIROL UND VORARLBERG: Kufstein (S. 214), Hohe Salve (S. 228), Kitzbühel (S. 229), Zillertal (S. 234), Achensee (S. 80), Innsbruck (S. 247), Stubaital (S. 301), Ötztal (S. 319), Pitztal (S. 331), Fernpaß (S. 46), Landeck (S. 314), Finstermünz (S. 338), St. Anton (S. 270), Schruns (S. 283), Lünersee (S. 268), Scesaplana (S. 268), Bregenz (S. 259), Pfänder (S. 260).

In MITTEL- UND SÜD-TIROL: Gossensaß (S. 297), Bozen (S. 356) und Umgebung (Ritten S. 360, Gröden S. 428, Schlern S. 435, Karersee S. 441, Tierser Tal S. 436, Mendel S. 364), Meran (S. 366), Stilfser Straße (Trafoi S. 377, Piz Umbrail S. 380), Sulden (S. 385), Gardasee (S. 431), Val di Genova (S. 417), Campiglio (S. 411), Fassatal (S. 446), S. Martino di Castrozza (S. 451), Primiero (S. 453), Agordo (S. 505), Caprile (S. 503); Bruneck (S. 462), Taufers (S. 471), Pragser Tal (S. 483), Schladerbach (S. 488), Cortina (S. 491); Sexten (Fischeleinboden, S. 486); Windisch-Matrei (Gschlöß S. 196), Kalser Törl (S. 201), Kals (Großglockner S. 203).

In NIEDER- UND OBER-ÖSTERREICH UND STEIERMARK: Semmeringbahn (S. 513), Höllental (S. 519), Schneeberg (S. 520), Raxalpe (S. 522), Mürzzuschlag (S. 515), Mariazell (S. 526), Wildalpen (S. 537), Hochschwab (S. 534), Ötscher (S. 539), Lunz (S. 540), Waidhofen a. d. Ybbs (S. 541), Steyr (S. 549), Eisenerz (S. 547), Gesäuse (Gstatterboden S. 543, Johnsbachtal S. 543), Admont (S. 544), Windisch-Garsten (S. 553), Stoder (S. 552), Aussee (Grundlsee, Toplitzsee S. 147), Schladming (Ramsau S. 558), Graz (S. 565).

In KÄRNTEN UND KRAIN: Villach (Dobratsch S. 596), Wörther See (S. 589), Eisenkappel (S. 580), Sulzbach (S. 583), Adelsberg (S. 578), St. Canzian (S. 579), Veldes (S. 618), Wochein (S. 619), Tarvis (S. 623), Raibl (S. 628), Pontebbabahn (S. 625), Millstatt (S. 592), Maltatal (S. 600), Mallnitz (S. 174), Heiligenblut (S. 206).

Für Reisende, die zum erstenmal die Alpen besuchen, folgen hier einige kurzgefaßte Reiserouten (die Ruhepunkte in Kursivschrift).

10-12 Tage von München aus (Südbayern, Nordtirol). — München-*Tegernsee* (Neureut, Hirschberg)-*Achensee* (Unnütz)-Jenbach-*Innsbruck* (Ambras, Igls, Lanserköpfe, Patscherkofel)-Seefeld (Reitherspitze)-*Mittenwald* (Leutaschklamm, Krauzberg)-*Partenkirchen* (Partnachklamm, Höllentalklamm, Eibsee, Kreuzeckhaus, Schachen)-Linderhof-Plansee-Reutte-*Hohenschwangau* (oder Linderhof-Schützensteig-Neuschwanstein)-Füssen-München.

Oder: München-*Schliersee*-Wendelstein-Landl (oder Tatzlwurm)-*Kufstein* (Kaisertal, Hintersteiner See)-Wörgl (Hohe Salve)-Jenbach usw.

12-14 Tage: Salzburg und Salzkammergut. — *Salzburg*-Mondsee-Schafberg-*Ischl* (Gmunden, Aussee)-Hallstatt-Gosau (Gosauseen)-Zwieselalp-Abtenau-*Golling* (Schwarzbachfall, Salzachöfen)-St. Johann (Liechtensteinklamm, Hochgründeck)-*Zell am See* (Schmittenhöhe, Moserboden)-Saalfelden-Hirschbühl-Ramsau-*Berchtesgaden* (Königssee)-Reichenhall-(oder: Saalfelden-Ramseiderscharte-Königssee-Berchtesgaden-Ramsau-Schwarzbachwacht-Reichenhall)-Chiemsee-München.

16-18 Tage: Südbayern, Ötztal, Sulden. — München-Starnbergersee-Walchensee-*Partenkirchen*-Lermoos-Fernpaß-Nassereit-Telfs-*Innsbruck*-Stubaital-Bildstöckljoch-Sölden-*Vent*-Hoch- oder Niederjoch-Schnalstal (oder Hochjoch-Kurzras-Taschljoch-Schlanders)-Martell-Madritschjoch (Schöntaufspitze)-*Sulden*-Finstermünz-Landeck.

3 Wochen: Südbayern, Ötztal, Südwesttirol. — München-Füssen-Hohenschwangau-Reutte-Imst-Ötztal-Gurgl-Ramoljoch-*Vent*-Hochoder Niederjoch-Schnalstal-*Meran*-*Bozen*-*Mendel* (Penegal)-Malè-*Campiglio*-Val di Genova-Mandronhütte (Adamello)-Marocaropaß-Ponte di Legno-Gaviapaß-S. Caterina-*Bormio*-Stilfserjoch (Piz-Umbrail)-Trafoi (oder S. Caterina-Cevedalepaß-Sulden)-Mals-Landeck.

3 Wochen: Südbayern, Ötztal, Ortler, Brenta (für Geübtere). — München-*Oberstdorf* (Nebelhorn)-Hornbachjoch-Elmen-Hahntenn-Imst-Ötztal [oder Oberstdorf-Mädelejoch-Holzgau-Memmingerhütte-Gatschkopf-Augsburgerhütte-Landeck-Ötztal]-*Vent*-Taufkarjoch-Mittelberg-Ölgrubenjoch-*Gepatschhaus* (oder Vent-Wildspitze-Mittelberg-Gepatschhaus)-Weißseejoch-Langtaufers-Mals-*Trafoi*-Ortler-*Sulden*-Cevedale-Pejo-Cercenpaß-Mandronhütte (Adamello)-Pinzolo-*Campiglio*-Bocca di Brenta-Molveno-Trient.

14 Tage: Zillertal, Tauern (für Geübtere). — Jenbach-*Mairhofen* (Ahornspitze)-Breitlahner-Berlinerhütte-Schwarzenstein-Ahrntal-Lenkjöchlhütte-Umbaltörl-*Prägraten*-Großvenediger-Pragerhütte-Gschlöß-*Windischmatrei*-Matreier Törl-*Kals*-Stüdlhütte-Großglockner (oder Bergertörl)-Glocknerhaus-Pfandelscharte (oder Bockkarscharte-Mainzerhütte)-*Ferleiten*-Salzburg.

3 Wochen: Osttirol, Tauern, Dolomiten. — Wörgl-Kitzbühel (Kitzbühlerhorn)-*Zell am See*-Ferleiten-Pfandelscharte-Glocknerhaus (Franz-Josefshöhe, Großglockner)-*Heiligenblut;* oder Zell am See-Moserboden-Kesselfall-Gleiwitzerhütte-*Ferleiten*-Mainzerhütte-Franz Josephshaus (Großglockner)-Heiligenblut-Dölsach-Toblach-*Schluderbach* (Monte Pian, Misurina, Dürrenstein)-*Cortina*-Falzarego (oder Giau oder Nuvolau)-*Caprile* (Alleghe-See)-Fedajapaß-Campitello-*Vigo*-Karerpaß-*Bozen;* oder Campitello-Tierseralpl-Schlern-Bozen.

I. LUFTKURORTE.

3 Wochen: Osttirol, Zillertal, Pustertal, Dolomiten, Tauern. — München-Rosenheim-*Kufstein* (oder Schliersee-Kufstein)-*Jenbach*-Zillertal-Breitlahner (Berlinerhütte)-Pfitscherjoch-*Sterzing* (oder Brenner)-Franzensfeste-*Bruneck* (Kronplatz)-*Taufers* (Speikboden, Raintal)-*Niederdorf*-Pragsertal-Plätzwiese (Dürrenstein)-Schluderbach-*Cortina*-Misurina-Toblach-Innichen (Sextental)-*Lienz*-Spittal (Millstätter See, Maltatal)-*Villach* (Dobratsch)-Wörthersee-Klagenfurt-Wien; oder: Lienz-Windischmatrei-Gschlöß-Venediger-Kürsingerhütte-Warnsdorferhütte-Krimml-*Zell am See*-Bischofshofen (oder Salzburg)-Wien.

3 Wochen: Pustertal, Tauern, Dolomiten. — Wien-Villach-Dölsach-*Heiligenblut*-Glocknerhaus (Franz-Josephshöhe)-Bergertörl (oder Großglockner)-Kals-Windischmatrei-Prägraten-Umbaltörl-Lenkjöchlhütte-Kasern-*Taufers*-*Bruneck*-Kronplatz-St. Vigil-Seekofel (oder Fanes)-*Cortina* (oder Bruneck-Niederdorf-Pragsertal-Plätzwiese-*Schluderbach*-Misurina-Cortina)-Giau (oder Nuvolau)-Caprile-Agordo-Ceredapaß-Primiero-*S. Martino di Castrozza*-Predazzo-Karerpaß-Bozen.

3-4 Wochen: Salzkammergut, Salzburg, Tauern, Dolomiten. — Wien-Selztal-*Aussee* (Altaussee, Grundlsee)-*Hallstatt*-(Gosauseen, Zwieselalp)-*Ischl*-St. Wolfgang-Schafberg-Mondsee-*Salzburg*-*Berchtesgaden*-Königssee-Ramsau-Hirschbühl-Saalfelden (oder Königssee-Funtensee-Ramseiderscharte-Saalfelden)-*Zell am See*-Kaprunertal-Rudolfshütte-Kalser Tauern-*Kals*-Bergertörl (oder Großglockner)-*Heiligenblut*-Winklern-Dölsach-Toblach-*Cortina*-Falzarego-Tre Sassi-St. Cassian-Corvara (oder Falzarego-Buchenstein-Valparola-Corvara)-*St. Ulrich* in Gröden-Schlern-Ratzes-*Bozen;* oder Schlern-Tierseralpl-Grasleitenhütte-Vajolethütte-Kölnerhütte-Karerseehotel-Bozen.

3 Wochen: Südtirol, mit besonderer Berücksichtigung der deutschen Sprachinseln. — München-Kufstein-Waidbruck-Gröden-Sellajoch-*Canazei* (Contrinhaus)-Perra-Predazzo-Cavalese-*Altrei* (Hornspitze)-Gfrill-Salurn-Trient-Pergine-*Palai* und zurück-Lusern-Lavarone-Folgaria-Rovereto-Gardasee-Trient-Mezzolombardo-Cles-Laurein-*Proveis* (Laugenspitze)-Frauenwald-St. Felix-Fondo-Mendel-Bozen.

Luftkurorte (Sommer- und Winterfrischen). Bei der Wahl einer Sommerfrische wird, neben der Lage an Wald und Wasser, vor allem die *Seehöhe* maßgebend sein. Reinheit und Frische der Luft, Verminderung des Luftdrucks (auch für Bergsteiger wichtig), geringere relative Feuchtigkeit gehen mit der Seehöhe zusammen. Nachstehend folgen die besuchteren Sommerstationen nach der Höhenlage geordnet.

Seehöhe von Sommerfrischen in den deutschen und österreichischen Alpen.

200. — 240 Cilli (S. 574); 246 Purkersdorf (S. 527); 269 St. Pölten (S. 527); 299 Oberlana (S. 372).

300. — 300 Preßbaum (S. 527), 303 Steyr (S. 549); 335 Scheibbs (S. 539); 341 Rabenstein (S. 531); 347 Praßberg (S. 583); 350 Seebenstein (S. 512); 356 Weißenbach an der Triesting (S. 530); 358 Waidhofen an der Ybbs (S. 541); 360 Hartberg (S. 572); 361 Rekawinkel (S. 527); 372 Deutschlandsberg (S. 570); 373 St. Veit an der Gölsen (S. 529); 378 Lilienfeld (S. 532); 380 Judendorf (S. 519); 387 St. Ruprecht an der Raab (S. 571); 393 Kirchberg an der Pielach (S. 531); 396 Bregenz (S. 259).

400. — 402 Lindau (S. 24), Bad Schachen (S. 24); 404 Weyer (S. 541); 416 Eppan (S. 363); 420 Hainfeld (S. 530), Neuhaus (S. 530); 421 Freilassing (S. 93); 425 Gmunden (S. 139); 427 Pöllan (S. 572); 429 Pernitz (S. 511); 430 Dornbirn (S. 261), Gaming (S. 539); 431 Schwanberg (S. 570); 434 Frohnleiten (S. 518); 439 Gloggnitz (S. 512); 443 Hallein (S. 127); 446 Krumpendorf (S. 590), Pörtschach

XVI I. LUFTKURORTE.

(S. 590), Velden (S. 590) u. a. am Wörther See; 449 Klopeiner See (S. 587); 461 Türnitz (S. 533), Wolfsberg im Lavanttal (S. 586); 462 Miklauzhof (S. 580); 465 Waging (S. 94); Kammer (S. 133), Attersee (S. 133), Weißenbach (S. 133), Unterach (S. 133) am Attersee; 466 Unterbergen (S. 616); 467 Gutenstein (S. 511); 468 Ischl (S. 143), Golling (S. 128); 470 Reichenhall (S. 99), Kleinzell und Salzerbad (S. 530); 472 Brannenburg (S. 89); 474 Aspang (S. 512); 475 Hohenberg (S. 533); 477 Weiz (S. 571); 479 Wasserburg (S. 88); 480 Aibling (S. 88); 481 Mondsee (S. 135); 482 Oberaudorf (S. 90), Gutenstein (S. 511); 484 Kufstein (S. 214); 487 Reichenau (S. 519), Groß-Hollenstein (S. 540); 492 Kaumberg (S. 530), Hieflau (S. 542); 494 Hallstatt (S. 150), Payerbach (S. 513); 496 Goisern (S. 146).

500. — 501 Veldes (S. 618); 503 Mattsee (S. 132); 505 Ossiach (S. 611) und Sattendorf (S. 611) am Ossiacher See; 506 Aspang (S. 512); 517 Steindorf (S. 610); 519 Chiemsee (S. 91), Kramsach (S. 219); 520 Bayrisch- und Groß-Gmain (S. 100); 521 Wocheiner Feistritz (S. 619); 524 Werfen (S. 156); 525 Klausen (S. 354); 526 Bernau (S. 93); 530 Römerquelle (S. 585); 531 Prien (S. 91), Jenbach (S. 220); 532 Dießen (S. 19) und Unterschondorf (S. 19) am Ammersee, Göstling (S. 540); 533 Politsch (S. 612); 535 Brixlegg (S. 219), Scheibbs (S. 539); 538 Schwaz (S. 221); 539 Feilnbach (S. 88); 542 Marquartstein (S. 95); 544 Fügen (S. 234); 545 Treffen (S. 596); 546 Schottwien (S. 513); 549 St. Wolfgang (S. 137) und St. Gilgen (S. 136) am Abersee; 550 Gams (S. 538); 552 Unken (S. 166); 555 Kindberg (S. 516), Laßnitzhöhe (S. 569); 558 Eisenkappel (S. 580); 559 Hall (S. 223); 560 Kaltenbach (S. 234), Brixen (S. 351); 563 St. Johann im Pongau (S. 157); 567 Wattens (S. 223); 572 Berchtesgaden (S. 103); 571 St. Aegyd am Neuwalde (S. 533); 575 Zell am Ziller (S. 235); 576 Puchberg (S. 521); 577 Kirchberg am Wechsel (S. 513); 578 Übelbach (S. 518); 580 Millstatt (S. 592), St. Georgen am Längsee (S. 610), Edlach (S. 522); 581 Bludenz (S. 267); 587 Starnberg (S. 16), Leoni, Feldafing und Tutzing (S. 17) am Starnberger See; 591 Traunstein (S. 94), Kössen (S. 218).

600. — 600 Hopfgarten (S. 228), Egg (S. 274), Küb (S. 513), Lunz (S. 540); 601 Stoder (S. 552), Friedberg (S. 572); 604 Kochel und Kochelsee (S. 68, 69); 609 Wildalpen (S. 537); 612 Hermagor (S. 597), Schwarzenbach (S. 587); 613 Siegsdorf (S. 97), Windischgarsten (S. 553); 614 Andelsbuch (S. 275); 615 Niederaschau (S. 92); 620 Oberdrauburg (S. 593); 623 Birkfeld (S. 571); 626 Krieglach (S. 515); 630 Mayrhofen (S. 237); 631 Weiler (S. 23); 637 Friesach (S. 608); 639 Lofer (S. 165); 641 Admont (S. 544); 642 Ruhpolding (S. 97); 643 Trofaiach (S. 548); 646 Stainach (S. 555); 650 Aussee (S. 147), Erdsegen (S. 89); 651 Bezau (S. 275); 658 Spital am Pyhrn (S. 553); 660 St. Johann in Tirol (S. 232), Walchsee (S. 218); 668 Liezen (S. 554), Ramsau bei Berchtesgaden (S. 113); 671 Vahrn (S. 352); 672 Mürzzuschlag (S. 515); 674 Amlach (S. 468); 675 Gröbming (S. 557); 676 Lienz (S. 467); 677 Weichselboden (S. 536); 679 Oblarn (S. 556); 680 St. Leonhard im Passeier (S. 343); 685 Miesbach (S. 83); 686 Obervellach (S. 604); 688 Murnau (S. 48); 689 Schruns (S. 283), Prein (S. 522); 690 Mollau (S. 276); 693 Hallthurm (S. 102); 695 Reit im Winkel (S. 96); 697 Schwarzenberg (S. 275), Mittewald am Dobratsch (S. 596).

700. — 700 Ebenhausen (S. 66), Partenkirchen-Garmisch (S. 50), Prein (S. 522); 701 Kötschach (S. 598); 702 Mühldorf (S. 603); 709 Grundlsee (S. 149); 720 Altaussee (S. 148); 728 Saalfelden (S. 162); 792 Tegernsee (S. 76); 731 Immenstadt (S. 22), St. Ilgen (S. 535), Tarvis (S. 623), Neuberg (S. 524); 732 Gmünd (S. 599); 734 Gufidaun (S. 354); 737 Schladming (S. 557); 744 Teufenbach (S. 560); 745 Sonthofen (S. 24); 753 Zell am See (S. 160); 762 Lindenberg (S. 23); 763 Rachau (S. 606); 765 Aflenz (S. 535); 770 Kitzbühel (S. 229); 775 Waidring (S. 227); 777 Mühlbach im Pustertal (S. 462); 780 Tragöß-

I. LUFTKURORTE. XVII

Oberort (S. 517); 783 Schliersee (S. 83), Natters (S. 301); 788 Fieberbrunn (S. 232), Spital am Semmering (S. 515); 790 Hintersee bei Berchtesgaden (S. 114); 792 Oberstaufen (S. 23); 796 Au im Bregenzer Wald (S. 276); 797 Füssen (S. 40), Mitterndorf (S. 555).

800. — 802 St. Lorenzen (S. 462); 804 Scheidegg (S. 23); 809 Murau (S. 564); 806 Walchensee (S. 70), Oberstdorf (S. 25); 814 Oberperfuß (S. 316); 816 Landeck (S. 314); 818 Sulzbrunn (S. 37); 820 Hohenschwangau (S. 41), Otz (S. 319), Mitterndorf (S. 555); 825 Hindelang (S. 34), Imst (S. 313); 828 Bad Kreuth (S. 79), Hittisau (S. 274), Oberwölz (S. 565); 829 Raibl (S. 629); 830 Bruneck (S. 462), Radstadt (S. 560); 833 St. Gallenkirch (S. 286); 837 Oberammergau (S. 58), Mutters (S. 301); 835 Neumarkt in Steiermark (S. 608); 843 Bad Vellach (S. 581); 844 Vordernberg (S. 548); 850 Reutte (S. 44), Maria-Schutz (S. 514); 853 Adelsberg (S. 578); 855 Gnadenwald (S. 224), Taufers (S. 471), Schrattenberg (S. 607); 857 Rettenegg (S. 571); 864 Molveno (S. 422); 865 Hinterstein (S. 35); 867 Nesselwang (S. 48); 875 Pfronten (S. 38); 876 Obermieming (S. 47); 877 Ried am Inn (S. 337); 880 Igls (S..258); 890 Gösing (S. 532); 891 Heiligengeist bei Villach (S. 596); 894 Semmering (S. 514).

900. — 900 Kohlgrub (S. 58), Raibl (S. 629), Wasserberg (S. 606); 905 Obsteig (S. 47), Ober-Seeland (S. 582); 907 Glurns (S. 340); 908 Völs (S. 435); 909 Borca (S. 497); 913 Mittenwald (S. 62); 915 Mariaberg (S. 21); 927 Jochberg (S. 231); 929 Achensee-Pertisau (S. 80, 81); 930 Winklern (S. 205); 940 Fulpmes (S. 302); 941 Mauls (S. 300); 948 Sterzing (S. 299); 950 Ober-Salzberg bei Berchtesgaden (S. 109); 951 Gaschurn (S. 286); 953 Mieders (S. 302); 966 Sarnthein (S. 362); 972 Eibsee (S. 54); 973 Plansee (S. 60), Windisch-Matrei (S. 195); 979 Wenns (S. 332); 980 Mönichkirchen (S. 512); 984 Rauris (S. 177); 987 Telfes (S. 302); 992 Deutsch-Matrei (S. 293); 993 Ehrwald (S. 45), Neustift (S. 302); 995 Obsteig (S. 47).

1000. — 1000 Starkenberg (S. 318); 1002 Seis (S. 434); 1014 Schönberg (S. 259); 1036 Umhausen (S. 320), Elbigenalp (S. 279); 1040 Schloß Weißenstein (S. 195); 1046 Badgastein (S. 168); 1047 Brand (S. 267); 1050 Salegg (S. 434), Steinach am Brenner (S. 293); 1060 Pfänderhotel (S. 271); 1067 Krimml (S. 189); 1085 Welsberg (S. 464); 1090 Ammerwald (S. 60); 1095 Kastelruth (S. 433).

1100. — 1100 Gossensaß (S. 267); 1101 Sillian (S. 466); 1103 Holzgau (S. 280); 1112 Volderbad (S. 225); 1116 Mauterndorf (S. 562); 1120 Dreikirchen (S. 355); 1140 Bödele bei Dornbirn (S. 262), Mauterndorf (S. 562); 1149 Klobenstein (S. 360); 1150 St. Peter in Villuös (S. 353); 1153 St. Jodok (S. 294); 1156 Niederdorf (S. 464); 1170 Ramsau bei Schladming (S. 558); 1171 Lavarone (S. 457); 1178 Welschnofen (S. 440); 1175 Innichen (S. 466); 1179 Längenfeld (S. 320), Weißlahnbad (S. 436); 1180 Seefeld (S. 65), Kohlern (S. 359); 1185 Mallnitz (S. 174); 1190 Ladis (S. 335); 1196 Pettneu (S. 272).

1200. — 1200 Ferleiten (S. 180), Ratzes (S. 434); 1201 St. Vigil (S. 480); 1211 Toblach (S. 465), Altrei (S. 443); 1215 Plöcken (S. 598); 1219 Cortina (S. 491); 1220 Oberbozen (S. 360); 1231 Bad Fusch (S. 180); 1235 Tweng (S. 562); 1236 St. Ulrich in Gröden (S. 428); 1254 Gries am Brenner (S. 295); 1270 Heiligenblut (S. 206); 1272 Eggerhof bei Meran (S. 372).

1300. — 1303 St. Anton am Arlberg (S. 270); 1310 Sexten-St. Veit (S. 485); 1313 Bad Ramwald (S. 462); 1315 Innicher Wildbad (S. 485); 1325 Neu-Prags (S. 484); 1326 Brennerbad (S. 296); 1340 Bad Bormio (S. 381); 1347 Ridnaun (S. 307); 1360 Mendel (S. 396); 1367 St. Rochus (Nenzinger Himmel, S. 266); 1370 Brenner-Post (S. 296); 1377 Ischgl (S. 290), Sölden (S. 322); 1383 Alt-Prags (S. 484); 1386 Obladis (S. 335), St. Jakob in Defereggen (S. 478); 1390 Fladnitz (S. 609).

1400. — 1407 Landro (S. 487); 1427 St. Christina in Gröden (S. 430); 1441 Schluderbach (S. 489); 1444 S. Martino di Castrozza (S. 451); 1447 Lech (S. 281); 1450 Sulcca (S. 265), Fischeleinboden (Sexten; S. 486);

XVIII I. LUFTKURORTE.

        1465 Canazei (S. 446); 1470 St. Valentin auf der Haide (S. 339); 1474 Gargellen (S. 286); 1488 Graun (S. 338); 1496 Wildsee Prags (S. 484).
1500. — 1500 Gaflei (S. 264); 1515 Madonna di Campiglio (S. 411); 1539 Wolkenstein in Gröden (S. 431); 1541 Trafoi (S. 377), Paneveggio (S. 450); 1562 Radein (S. 443).
1600. — 1642 Antholzer See (S. 463); 1649 Obertauern (S. 562); 1607 Karerseehotel (S. 441), Kurhaus Malbun (S. 265); 1693 Praxmar (S. 318).
1700. — 1720 Zürs (S. 282), Frommerhaus (S. 434); 1734 Mittelberg (S. 333); 1736 S. Caterina (S. 392); 1742 Karerpaß (S. 442); 1755 Misurinasee (S. 489); 1795 Hochschneeberg (S. 521).
1800. — 1845 St. Gertraud in Sulden (S. 385); 1893 Vent (S. 323).
1900. — 1906 Suldenhotel (S. 385); 1934 Horstighütte (S. 557); 1966 Kühtai (S. 317); 1993 Plätzwiesenhotel (S. 484).

    Winterfrischen und Wintersportplätze. Der Besuch der Alpen im Winter hat seit einem Jahrzehnt in bedeutendem Umfange zugenommen. In der Tat gibt es kein besseres Kräftigungsmittel, als Aufenthalt und Bewegung in der erfrischenden Winterluft der Alpen, die schon bei 800-1000m eine Trockenheit und Reinheit erreicht, wie sie sich an heiteren Sommertagen nur etwa in Höhen über 2000m findet. Staub und Nebel fehlen; dazu kommt relative Windstille, meist andauernd schönes Wetter und als charakteristische Erscheinung von November bis Mitte Januar die sog. Temperaturumkehr, d. h. die Wärmezunahme mit der Höhe. Die Sonnenstrahlung ist so kräftig, daß man an geschützten Stellen stundenlang im Freien sitzen kann. Viele Kurorte und Gasthöfe, die früher den Betrieb im Herbst einstellten, haben jetzt eine belebte Wintersaison. Als Wintersport werden betrieben: Bergschlittenfahren (Rodeln, Bobsleigh), Ski- und Schlittschuhlaufen, Eisschießen, Eishockey u. a.

    Im bayrischen Hochlande: Starnberg (S. 16), Murnau (Staffelsee, S. 48), Bad Hohensulz (Peißenberg, S. 18); Bad Kohlgrub (S. 58), Sonthofen (S. 24), *Garmisch-Partenkirchen (S. 49), Mittenwald (S. 62), Oberammergau (S. 58), Linderhof (S. 60), Ebenhausen (S. 66), Wolfratshausen (S. 67), Kochel (S. 68), Miesbach (S. 83), Feilnbach (S. 88), Bad Tölz (S. 72), *Tegernsee und Egern-Rottach (S. 76), Lenggries (S. 72), *Schliersee (S. 83) und Umgebung (Birkenstein, Bayrisch-Zell, S. 86), Brannenburg (S. 89), Fischbach (S. 90), Kiefersfelden (S. 90) und Oberaudorf (Brünnstein, S. 90) im Inntal, Marquartstein (Hochgern, S. 95), Aschau (S. 92), Traunstein (S. 94), Ruhpolding (S. 97), Reichenhall (S. 98), *Berchtesgaden (S. 103), Kempten (S. 21), Nesselwang (S. 38), Pfronten (S. 38), Füssen (S. 40), Immenstadt (S. 22), *Oberstdorf (S. 25), Hindelang (S. 34), Oberstaufen (S. 23).

    In Tirol und Vorarlberg: *Kufstein (S. 214), Wörgl (S. 220), Brixlegg (S. 219), Schwaz (S. 221), Hopfgarten (S. 228), *Kitzbühel (S. 229), St. Johann in Tirol (S. 232), Fieberbrunn (S. 233), Hochfilzen (S. 233), Hall (S. 223), Innsbruck (S. 247); Igls (S. 258); Bregenz (S. 259), Dornbirn (S. 261), Bödele (S. 262), Egg (S. 274), Bludenz (S. 267), Brand (S. 267), Langen (S. 269), Stuben (S. 269), *St. Anton am Arlberg (S. 270), Zürs (S. 282), Schruns (S. 283), Gargellen (S. 286); Ehrwald und Lermoos (S. 45); Reutte (S. 44), Plansee (S. 80), Nauders (S. 338), Reschen (S. 331), Graun (S. 339), St. Valentin auf der Haide (S. 339), Kühtai (S. 317), Ötz (S. 319), Matrei (S. 293), *Gossensaß (S. 297), Sterzing (S. 299), Villnös (S. 353), Gröden (S. 428), Kastelruth (S. 433), Tiers (S. 436), Bruneck (S. 462), Toblach (S. 465).

    In Salzburg, Ober- und Nieder-Österreich, Steiermark, Kärnten usw.: Gmunden (S. 139), Ischl (S. 143), Bischofshofen (S. 156), Zell am See (S. 160), Aussee (S. 147), Schladming (S. 557), Öblarn (S. 556), Gröbming (S. 557), Admont (S. 544), Steyr (S. 544), Windischgarsten (S. 553), Spital am Pyhrn (S. 553), Mitterndorf (S. 555), Lilienfeld (S. 532),

St. Aegyd (S. 533), Gösing (S. 532), Schrambach (S. 533), Mariazell (S. ?
Lunz (S. 540), Weißenbach an der Triesting (S. 530), Vordernberg (S. ?
Aspang (S. 512), Payerbach (S. 513), Puchberg (S. 521), *Semmering (S. ?
Raxalpe (S. 522), *Mürzzuschlag (S. 515), Kindberg (S. 516), Bruck an
Mur (S. 516), Mixnitz (S. 517), Laßnitzhöhe (S. 569), Leoben (S. 605), M₁
(S. 564), Radstadt (S. 560), Knittelfeld (S. 606), Judenburg (S. 607), Ve⸱
am See (S. 590), Villach (S. 594), Eisenkappel (S. 580), Oberdraul
(S. 593) usw.

Winterkurorte mit mildem Klima (auch zum Frühjahrs- und Her
aufenthalt geeignet) sind u. a. Görz (S. 621); Bozen-Gries (S. 356, 3
Meran (S. 366); Arco (S. 422); Riva (S. 423), Torbole (S. 427) und Gard
Fasano (S. 426) am Gardasee.

II. Fußreisen.

Ausrüstung. Nicht zu leichter Anzug aus Wollenstoff; Flau
oder Normalhemden; wollene Strümpfe; weicher Filzhut mit Stu
band; leichter Wettermantel aus wasserdichtem Woll- oder Lod
stoff. Unbedingt notwendig sind starke dauerhafte, nicht neue, ↵
dern gut eingetretene doppelsohlige Schuhe, mit niedrigen bre⸱
Absätzen, auf der Spanne zu schnüren und gut anliegend, aber
hinlänglichem Platz für die Zehen, besonders nach vorn. Zu gröf
Gebirgswanderungen, namentlich wenn Gletscher und Schneefel
überschritten werden müssen, gehören eigene feste, mit star]
scharfen Nägeln beschlagene Bergschuhe. Bei diesen aber is
ganz besonders nötig, daß sie vorher gehörig eingetreten sind
weder drücken noch reiben; die kleinste Wunde am Fuß, und se
nur aufgeriebene Haut, kann die ganze Reise vereiteln. Man tut
besten, die Schuhe zu Hause anzuschaffen, einzutreten und erst
Gebirge benageln zu lassen; sie müssen nicht gewichst, sondern ↵
gefettet werden. Die für Klettertouren in den Dolomiten üblic
hanfsohligen Kletterschuhe kauft man meist an Ort und Stelle.

Damen, die Hochgebirgstouren unternehmen wollen, müssen
gleichfalls mit festen doppelsohligen benagelten Schnürschuhen ausrüs
die aber ja nicht zu hoch und die hinten gehörig gesteift sein sol
damit sie an der Achillessehne nicht reiben. Der Anzug besteht am be
aus einem möglichst glatten ungefütterten Lodenrock und einem was
dichten Lodencape. Dazu eine Flanellbluse für Touren und eine Sei⸱
bluse fürs Quartier. Besser als ein Unterrock sind geschlossene Pu
hosen, die bei leichten Touren unter dem Rock getragen werden;
Klettertouren wird der Rock abgelegt. Leibwäsche am besten von f
ster Wolle.

Die weitere Ausrüstung kann je nach den persönlichen
sprüchen des Touristen von größerem oder geringerem Umfa
sein. Notwendig sind u. a. leichte lederne Hausschuhe; woll
Handschuh (für Gletscherwanderungen Fausthandschuh); star
Messer mit Korkzieher und Konservenöffner; Trinkbecher aus /
minium, Leder- oder Gummi; Feldflasche aus Aluminium mit F
überzug; Nähzeug; Verbandzeug (Deutsche Samariter-Verba
päckchen zu 20 pf.); nützlich ein kleiner Kompaß; Fernglas; Tasch
laterne. Statt des *Bergstocks*, der aus festem Eschen- oder Ha
nußholz und mit einer starken Eisenspitze versehen sein muß, gen

II. FUSSREISEN.

die gewöhnlichen Wanderungen auf gebahnten Wegen ein
zierstock oder Schirm mit Hakengriff und Eisenspitze. Für
vierigere Touren und Gletscherwanderungen ist ein *Eispickel*
zuziehen; für letztere sind außerdem dicke wollene Strümpfe oder
aaschen, Schneebrillen und Steigeisen erforderlich. Für Kletter-
en in den Kalkalpen werden vielfach Kletterschuhe (leichte
eltuchschuhe mit aus Kokosfasern, Manilahanf usw. geflochtenen
len) verwendet, die man sich vor der Reise besorgen muß.
Zum Tragen des Handgepäcks bedient man sich am besten eines
serdichten Rucksacks, dessen Gewicht sich nach der Kraft
 Ausdauer seines Trägers richten wird. Zu schwer sollte er
in deshalb nicht sein, weil man, wenn der Führer das Gepäck
;t, bei mehr als 8kg das Übergewicht zu bezahlen hat, was bei
geren Wanderungen die Kosten wesentlich erhöht. Neulinge sind
 zuviel Gepäck besonders zu warnen. Wer nicht gewöhnt ist,
ßere Fußreisen zu machen, den ermüdet das Gehen allein schon,
ist eine kleine Tasche kann dabei lästig, ein schwerer Rucksack
r unerträglich werden.
Zu einer längern Reise mag man noch einen kleinen Hand-
'fer mitnehmen, nicht größer aber, als daß man ihn, wenn gerade
i Träger zur Hand ist, von der Post, dem Dampfboot oder dem
mhof in den Gasthof selbst tragen kann. Bei Fußwanderungen
ickt man den Koffer nach dem nächsten größern Ort, wo man
i aufzuhalten gedenkt, voraus. In Österreich ist dem Paket
en der Adresse eine besondere, mit einer Stempelmarke ver-
ene „Postbegleitadresse" beizufügen, die auf den Postämtern zu
en ist (12 h). Die Adresse ist mit dem Namen des Reisenden
versehen, der den Koffer dann nur persönlich gegen Namens-
erschrift herausbekommt (abends nicht nach 7, an kleineren
en 6 Uhr, morgens nicht vor 8 Uhr). Am besten schickt man
 Koffer an den Wirt eines dem Reisenden bekannten Hotels.
Wanderregeln. Man beginne mit ganz kleinen Tage-
sen, aber auch die längste sollte 10 Stunden nicht übersteigen.
Wanderlust beschränke sich auf die eigentlichen Gebirgsgegen-
. Erste Regel sei, morgens zeitig aufzubrechen. Nach einem
rsche von 2-3 Stunden mache man eine halbstündige Rast und
ieße etwas von dem mitgenommenen Mundvorrat (s. S. XXI). Kann
i den Tagesmarsch nicht so einrichten, daß man um die Mittags-
t am Ziele anlangt, so ruhe man während der heißen Tagesstun-
(12-3 Uhr). Im Quartier angelangt, treffe man die nötigen An-
nungen für den nächsten Tag und gehe zeitig zur Ruhe.
Studenten-Herbergen. In den deutsch-österreich. Alpen gewähren
le Gasthofsbesitzer Studenten, die mit Zertifikaten des Zentral-Aus-
isses versehen sind, ermäßigte Preise (Bett 60 h, F. 28 h, Ab. 80 h).
ǝ Häuser (über 500) sind an Schildern kenntlich.
Vor größeren Wanderungen ziehe man Erkundigungen wegen
 Wetters ein. Der Ausspruch der Führer und Wirte allein

darf nicht als maßgebend betrachtet werden. Zeichen dauerhafter *guter Witterung* ist, wenn es abends kühl wird und der Wind von den Höhen in die Täler hinab weht, oder die Wolken sich zerteilen und auf den Höhen frischer Schnee gefallen ist. Bergaufwärts-Weiden des Viehs gilt als sicheres Zeichen beständigen Wetters. *Schlechte Witterung* steht bevor, sobald die fernen Gebirge, dunkelblau gefärbt, sich scharf vom Horizont abscheiden. Zirruswolken, die von W. her ziehen, Fallen des Barometers, Staubwirbel auf den Straßen, bergansteigende Winde, sind ebenfalls Regen-Verkündiger. Die amtlichen Wettervoraussagen werden in den Postämtern täglich ausgehängt.

Nach der Kleinschen Wetterregel sind Zirruswolken aus östlicher Richtung ohne Bedeutung für das Wetter, eher ein gutes Zeichen. Zirruswolken, die aus einer Richtung zwischen W. und SW. ziehen, deuten auf das Bevorstehen eines Wetterumschlags. Ist der Zug so rasch, daß man ihn sogleich mit bloßem Auge erkennt, so ist auf 8 unter 10 Fällen Regen innerhalb 24 Stunden zu erwarten; fällt gleichzeitig der Barometer, so ist der Regen in spätestens 12 Stunden da.

An Nahrungsmitteln, die sich zum Mitnehmen eignen, sind in den Gebirgs-Wirtshäusern meist kalter Braten, kaltes Huhn, Speck, Salami, Eier, Käse, Butter vorhanden. Da der Magen des nicht an Anstrengungen gewöhnten Touristen leicht empfindlich wird und die Aufnahme derber Nahrung verweigert, empfiehlt es sich auf die Reise etwas Biskuit, Schokolade usw. mitzunehmen. Konserven verschiedener Art, Sardinen in Öl, Bouillonkapseln, Fleischpains, Kaffee, Tee usw. findet man in den meisten Unterkunftshütten. Gegen Durst ist unterwegs, nächst Wasser, kalter gezuckerter Tee am besten; auch natürliche Fruchtsäfte (Himbeersaft) oder Limonade, die man aus frischen Zitronen oder kristallisierter Zitronensäure und Zucker bereitet, leisten vortreffliche Dienste. Für Touristen, die mit starkem Durst in Hütten oder der Talstation eintreffen, ist heißes Wasser mit Rotwein und Zucker zu empfehlen. Aus Gletscherwassern trinke man nur mit Vorsicht, keinesfalls ohne Beimischung von Kognak oder Rum; ebenso sei man beim Trinken von frischer Milch in Sennhütten vorsichtig und lasse sie lieber vor dem Genuß abkochen.

Beim Bergsteigen gelte als Regel: langsam, gleichmäßig, unverdrossen *(Chi va piano va sano; chi va sano va lontano).* Dies ist indessen leichter gesagt als getan. Mancher geübte Bergsteiger scheint namentlich bei steilen Bergen kaum vom Fleck zu kommen, er erreicht aber den Gipfel gewöhnlich früher, als der hastige, er schaut weniger vorwärts in die Höhe als rückwärts auf die zurückgelegte Strecke. Unmittelbar nach der Mahlzeit stark zu gehen oder gar zu steigen, führt zu rascher Ermüdung. Nicht minder ermüdend ist es, neben einem Pferde herzugehen und mit diesem gleichen Schritt zu halten. Der Fußgänger, namentlich in vorgerücktem Alter, darf bei seinen Wanderungen auf gar nichts

Rücksicht nehmen, als auf seine Bequemlichkeit, und sich durch nichts bewegen lassen, größere und raschere Schritte zu machen; bei sehr steilen Bergen nicht mehr als 60 Schritte in der Minute, bei minder steilen 70, bergab und in der Ebene 100, wie das gerade der Persönlichkeit zusagt (bei rüstigen jüngeren Steigern wird das Tempo natürlich ein rascheres sein). Man nimmt an, daß in einer Stunde Zeit 320m Höhe zu ersteigen sind. Die Aussichten von den Höhen sind morgens und gegen Abend am klarsten und schönsten.

— Gletscher sollte man vor 10 Uhr vorm. hinter sich haben, bevor die Sonnenstrahlen die Schneedecke, die sich über seine Schründe und Spalten zieht, zu sehr erweicht haben. Über von der Sonne erweichte Schneefelder um die Mittagszeit bei großer Hitze und blendender Sonne bergan zu steigen ist höchst ermüdend. Bei dem Marsch über Gletscher oder Schneefelder (vgl. S. xxiv) nur am verläßlichen Seil und dies fest um die Brust gebunden; das Seil muß so lang sein, daß ein Abstand von 4-4$^1/_2$m zwischen je zwei Personen vorhanden ist, und soll stets einen flachen Bogen bilden, ohne den Boden zu berühren. Die Augen schützt man bei Gletscherwanderungen durch Schutzbrillen mit dunkeln Gläsern (Rauchglas). — Am Ziel gebe man sich erst nach und nach völliger Ruhe hin. Ein kleiner Spaziergang nach kurzer Rast wird die Glieder gelenkig erhalten.

Zur Heilkunde. Gegen Sonnenbrand und Aufspringen der Haut hilft *Lanolinsalbe* (Arnoldsche Salbe, aus 96.0 Lanolin, 3.0 Zinkoxyd und 1.0 Acidum sulpho-ichthyolicum), mit der man vor Gletschertouren das ungewaschene Gesicht tüchtig einreibt. Auch *Nafalan-Streupulver* wird empfohlen. Ohren und Nacken schützt man durch ein großes Batisttuch, das man unter dem Hut über dem Kopf ausbreitet und an den Seiten unter dem Sturmband durchzieht. Wolf und Wundsein wird am besten durch Einreiben mit Lanolinsalbe, Nafalan, Ichthyol-Vaseline oder Talg geheilt. Zur Pflege der Füße ist Waschen mit kaltem Wasser, bei durchgelaufenen Füßen Salizylwatte zu empfehlen. Vor starken Märschen fetten manche die Strümpfe mit Lanolinsalbe oder Talg ein.

Alpines Notsignal. — Das vom D. u. Ö. Alpenverein im Einvernehmen mit andern alpinen Vereinen eingeführte Signal für Touristen, die sich in Not befinden und der Hilfe bedürfen, besteht wesentlich darin, daß innerhalb einer Minute sechsmal in regelmäßigen Zwischenräumen ein Zeichen gegeben wird, hierauf eine Pause von einer Minute eintritt, worauf wieder das Zeichen sechsmal in der Minute gegeben wird, und so fort bis Antwort erfolgt. Die Antwort wird gegeben, indem innerhalb einer Minute dreimal in regelmäßigen Zwischenräumen ein Zeichen gegeben wird. Die Zeichen können optische (Flaggensignal, Heben und Senken eines an einem Stock befestigten Tuchs oder eines sonstigen auffälligen Gegenstandes, Laternensignal, Blitzlicht mittels eines Spiegels) oder akustische sein (Rufe, Pfiffe, Horn- oder Trompetensignale usw.). Die Pausen werden entweder nach der Uhr gemessen, oder indem man taktmäßig von 1 bis 20 zählt, dann das Zeichen gibt, wieder von 1 bis 20 zählt und so fort. Nach dem sechsten Zeichen wird eine Minute pausiert, worauf man wieder mit dem sechsmaligen Zeichen fortfährt. — Der D. u. Ö. Alpenverein hat an zahlreichen, touristisch wichtigen Punkten *Rettungs-Stationen* und *Meldeposten* eingerichtet, die für schleunige Hilfeleistung bei Unglücksfällen Sorge tragen.

III. Alpine Vereine. Unterkunftshütten. Führer.

Unter den großen Alpinen Vereinen nimmt der **Deutsche und Österreichische Alpenverein** sowohl durch seine Mitgliederzahl wie durch seine Leistungen die erste Stelle ein. Er bildete sich im J. 1874 durch den Anschluß des *Österreichischen Alpenvereins*, der seit 1862 bestanden hatte, an den 1869 gegründeten *Deutschen Alpenverein;* die Mitgliederzahl, im J. 1874 3682, stieg bis 1910 auf 86 231, in 381 Sektionen, von denen 134 Österreich angehören. Der DÖAV. verfolgt den Zweck, die Kenntnis der Alpen Deutschlands und Österreichs zu erweitern und zu verbreiten, sowie ihre Bereisung zu erleichtern, und zwar durch Herausgabe von Schriften, durch Weg- und Hüttenbauten (jetzt über 220 Unterkunftshäuser und Schutzhütten) und Organisation des Führerwesens. Der Jahresbeitrag beträgt bei den meisten Sektionen 10 $\mathcal{M}$, wovon 6 $\mathcal{M}$ der Zentralkasse zufließen und wofür die Mitglieder die Veröffentlichungen des Vereins unentgeltlich erhalten. Diese bestehen in den „Mitteilungen des DÖAV.", jährlich 24 Nummern, und der „Zeitschrift des DÖAV.", jährlich 1 Band mit Karten und Bildern.

Der 1869 gegründete **Österreichische Touristenklub**, mit 65 Sektionen und 15 116 Mitgliedern, hat sich gleichfalls durch Wege- und Hüttenbauten (65 Schutzhäuser und 47 Aussichtswarten) sehr verdient gemacht. Jahresbeitrag 6 K; Vereinsorgan die „Österreichische Touristenzeitung" (jährlich 24 Nummern).

Andere in diesem Handbuch genannte Vereine sind der *Österreichische Alpenklub* (Wien; 800 Mitglieder); der *Österr. Gebirgsverein* (Wien; 6200 Mitgl.); der Touristenverein *Naturfreunde* (Wien; 14 000 Mitgl.); der *Slovenische Alpenverein* („Slovensko Planinsko Društvo"; Laibach); die *Società degli Alpinisti Tridentini* (Trient; 1700 Mitgl.); der *Schweizer Alpenklub* (Bern; 10 635 Mitgl.); der *Club Alpino Italiano* (Turin; 7100 Mitgl.); die *Società Alpina Friulana* (Udine; 310 Mitgl.).

Eine wesentliche Erleichterung für die meisten Hochtouren bieten die durch die oben genannten Vereine erbauten, vielfach bewirtschafteten oder verproviantierten **Unterkunftshütten**. Der Tarif für die Benutzung der Hütten des DÖAV. ist für Mitglieder des AV. und deren Ehefrauen in der Regel halb so hoch wie für Nichtmitglieder. Gegen Ende September werden die meisten Unterkunftshütten geschlossen.

Hauptsächlich durch die Bemühungen des DÖAV. ist das **Führerwesen** in den deutschen und österreichischen Alpen geregelt und feste Führertaxen sind überall eingeführt worden. Die Namen der meisten Führer sind in vorliegendem Handbuch angegeben. — Daß man im Hochgebirge nirgendwo ohne Führer geht, wo nicht die Entbehrlichkeit eines solchen unbedingt feststeht, braucht nicht besonders betont zu werden; nur der Neuling mißachtet die Gefahren, die auch bei anscheinend unschwierigen Touren durch einen Unfall irgendwelcher Art, durch plötzlichen Umschlag des Wetters usw.

entstehen können. *Gletscher* (S. xxii) sollten auch Geübte nie ohne Führer und Seil überschreiten, auf spaltenreichen Gletschern nie weniger als 3 Personen zusammen am Seile gehen.

Der Führer hat sich überall selbst zu verpflegen und darf außer den Tarifsätzen keinerlei Nebengebühren beanspruchen. Die Entlohnung für den Rückweg des Führers zum Ausgangsorte ist im Tarif stets einbegriffen. Der Führer hat dem Touristen das Führerbuch vor Beginn der Tour zur Eintragung des Namens, Standes und Wohnortes und nach der Tour zur Eintragung eines Zeugnisses vorzulegen. Bei Hochtouren ist der Führer verpflichtet, bis zu 8kg Gepäck einschließlich des Proviants und der Ausrüstung des Touristen unentgeltlich zu tragen, und kann zur Übernahme von Mehrgewicht nicht angehalten werden. Übernimmt er dies dennoch, so ist ihm für jedes kg Übergewicht ein Zuschlag von 4 h auf jede Krone des Tarifsatzes zu zahlen. Das Mehrgewicht muß vor der Tour festgestellt werden. Die erforderlichen Seile und Steigeisen des Führers kommen dabei nicht in Anrechnung.

Bei längeren Touren empfiehlt es sich den Führer nach dem *Zeittarif* zu mieten. Man zahlt dann, falls der Führer auf mindestens 7 Tage genommen wird, für einen gewöhnlichen Marschtag (10 Gehstunden) 10, für einen außergewöhnlichen Marschtag 12, für einen Rasttag 8 K. Wird der Führer nicht an seinem Wohnort entlassen, so sind ihm für jeden halben Tag, den der Rückweg beansprucht, 4 K und außerdem die Kosten der Bahnfahrt III. Kl. zu vergüten. — Sonntags gehen die Führer meist erst nach der Messe.

IV. Karten.

Bayern. *Topograph. Karte von Bayern* in 1:25000, das Blatt 1 ℳ, Farbendruck. Vom Alpengebiet sind jetzt sämtliche Blätter erschienen. — *Topographischer Atlas von Bayern* in 1:50000, das Blatt in Kupferdruck 3 ℳ, Überdruck 1 ℳ 50 pf.; Hochgebirgsblätter in neuer Farbendruckausgabe 1 ℳ 50 pf. — *Karte des Deutschen Reiches* in 1:100000, das Blatt in Kupferdruck 1 ℳ 50 pf., in Farbendruck 75 pf., in Umdruck 50 pf. (Südbayern in 18 Blättern; die Grenzblätter enthalten auch das anstoßende österr. Gebiet).

Österreich. Die von dem k. k. militär-geographischen Institut in Wien herausgegebene *Spezialkarte der österreichisch-ungarischen Monarchie* (1:75000, das Blatt 1 ℳ, aufg. 1 ℳ 80, mit Wegemarkierung 1 ℳ 40 bzw. 2 ℳ 20) umfaßt außer den österreichischen Alpenländern auch das bayrische und italienische Grenzgebiet. — Von den *topographischen Detailkarten* des k. k. militär-geogr. Institutes (meist in 1:50000, mit Angabe der WM. in Farben) sind bis jetzt die Blätter I-XV (Gesäuse, Hochschwab u. Ötschergruppe, Ampezzaner und Sextner Dolomiten, Schneeberg-Raxalpe, Nordwestl. Dolomiten, Stubaier Alpen, Ötztaler Alpen, Pala-Gruppe,

Adamello-, Presanella- und Brenta-Gruppe, Zillertaler Alpen, Mendel, Julische Alpen) erschienen (das Blatt meist 3 *K* 40 *h*). — *Freytags Touristen-Wanderkarten* mit farbigen WM. (1 : 100000), 13 Blätter zu je 2 *K*, aufgez. 2 *K* 80.

Italien. *Carta topografica del Regno d'Italia* im Maßstabe von 1 : 75000 (das Blatt 75 pf.), vom R. Istituto Geografico Militare herausgegeben. Die Meßtischblätter *(tavolette)* der Grenzgebiete (in 1 : 25000 und 1 : 50000) sind nicht mehr im Handel.

Von sonstigen Spezialkarten sind die vom D. u. Ö. Alpenverein herausgegebenen Blätter in erster Reihe zu nennen. In 1 : 50000: *Zillertaler Alpen* (2 Blätter zu 2 *M*, in einem Blatt 3 *M*), *Glocknergruppe* (2 *M*), *Venedigergruppe* (2 *M*), *Kaisergebirge* (1 *M*), *Berchtesgadener Land* (5 *M*), *Karwendelgebirge* (2 *M*), *Ortlergruppe* (2 *M*), *Sonnblick u. Umgebung* (1 *M*), *Ötztaler Alpen* (4 Blätter zu 2 *M*), *Ferwallgruppe* (2 *M*), *Adamello- und Presanella-Gruppe* (2 *M*), *Rieserfernergruppe* (1 *M*), *Ankogel-Hochalmspitzgruppe* (2 *M*). In 1 : 25000: *Schlern & Rosengartengruppe* (2 *M*), *Langkofel- und Sellagruppe* (2 *M*), *Marmolatagruppe* (2 *M*), *Allgäuer und Lechtaler Alpen* (2 Bl. zu 2 *M*), *Brentagruppe* (3 *M*). In 1 : 100000: *Dolomitenkarte (östl. u. westl. Blatt*, je 2 *M*). Die Preise verstehen sich für AV.-Mitglieder; im Buchhandel doppelte Preise.

V. Paß, Zoll, Geld, Eisenbahnen, Post in Österreich.

Ein Paß ist in Österreich nicht nötig, doch ist es ratsam sich mit einer Paßkarte zu versehen. Geldsendungen oder eingeschriebene Briefe werden auch gegen Vorweisung der Mitgliedskarte des D.Ö.A.V. oder einer in Deutschland ausgestellten Postausweiskarte (50 pf.) ausgehändigt.

Die Zolldurchsuchung wird oft auch auf das Handgepäck des Reisenden ausgedehnt. Vorausgesandtes Gepäck, dem kein Schlüssel angehängt ist, wird an den Zollämtern in Salzburg, Kufstein, Innsbruck oder Lindau aufbewahrt, bis der Reisende es in Empfang nimmt. Falls der Reisende keinen dieser Orte berührt, so ist es am zweckmäßigsten das Gepäck unter Beifügung des Schlüssels an einen Spediteur des betr. Grenzorts zu adressieren, der es dann nach dem Wunsche des Reisenden weiterbefördert (als Speditionsfirmen zu empfehlen: in Salzburg *Carl Spängler;* in Kufstein *Reel & Cie.;* in Innsbruck *Herm. Hueber;* in Bregenz *G. Schalberg*). 10 Zigarren, 35 Zigaretten oder 35 Gramm Tabak sind zollfrei. Gegen Zollentrichtung können bis 3 kg Tabakfabrikate eingeführt werden und beträgt die Gebühr für je 1 kg 27 *K* 25, 31 *K* 25 oder 21 *K* 25 *h*. Gebrauchte photographische Apparate sind zollfrei, Platten dagegen zollpflichtig (1 kg 30 *h*).

Besucher von Südtirol, die die italienische Grenze überschreiten, sind vor dem Mitnehmen von photograph. Apparaten, sowie von Waffen (auch im Griff feststellbarer Messer) zu warnen, da beides leicht zur Verhaftung führen kann. Photographieren und Zeichnen in der Nähe von Befestigungen kann auch auf österr. Gebiet große Unannehmlichkeiten verursachen.

Geld. Österreich hat Goldwährung; Münzeinheit ist die *Krone* (1 K = 85 Pfennige) zu 100 Heller (h). Den ungefähren Bedarf an Reisegeld nimmt man entweder in österreichischen Banknoten (zu 10, 20, 50 und 100 K) von Hause mit, oder wechselt unterwegs das mitgebrachte deutsche Geld (am vorteilhaftesten sind Reichsbanknoten; 100 $\mathscr{M}$ = 117 K 80 h) in einer größern Stadt Österreichs um. Die tiroler Gasthäuser nahe an der bayr. Grenze rechnen vielfach in Mark.

Die Eisenbahnen haben ähnliche Einrichtungen wie im Deutschen Reich, doch wird die Fahrgeschwindigkeit und der Komfort deutscher D-Züge in Österreich nur von den internationalen Luxuszügen erreicht. Fahrkarten und zusammenstellbare Fahrscheinhefte bekommt man in den größeren Städten auch in den Stadtagenturen. Im Salzkammergut werden im Sommer 15 und 30 tägige Abonnementskarten ausgegeben, die bei längerm Aufenthalt mit Vorteil benutzt werden können (s. S. 139).

Post und Stellwagen. Man unterscheidet *Mallefahrten, Eil-* oder *Personenfahrten* und *Postbotenfahrten*. Malleposten haben im Hauptwagen meist nur drei Plätze, zwei im Innern und einen im Coupé neben dem Kondukteur. Nur der letztere Platz gewährt eine freie Aussicht, doch muß man sich frühzeitig darum melden, da er oft tagelang vorausgenommen ist. Eilposten haben in der Regel 4, Karriolposten (Postbotenfahrten) 2-3 Plätze. An Reisegepäck sind 10kg frei; für Mehrgewicht sind bis 75km für jedes kg 6 h zu entrichten (mindestens 30 h). — Für mehrere Personen ist die angenehmste Reiseart zweispännige *Extrapost* (offene Wagen mit 4 Plätzen; etwa 10 K für die Station von 15km).

Statt der Stellwagen, des ehemaligen Hauptbeförderungsmittels in Tirol, hat man jetzt fast überall bequemere *Omnibusse,* auf größeren Routen Postomnibus (Mailcoach) oder Landauer (Unternehmen der vereinigten Postmeister), mit öfterem Pferdewechsel. Sie werden jetzt nach und nach durch schneller fahrende *Automobil-Omnibusse* ersetzt.

VI. Bemerkungen für Rad- und Automobilfahrer.

Mitglieder des *Deutschen Radfahrerbundes* (Zentralgeschäftsstelle in Essen a. d. Ruhr; Eintrittsgebühr 3, Jahresbeitrag 5-6 $\mathscr{M}$), der *Allgemeinen Radfahrer-Union* (Sitz in Straßburg; Eintrittsgebühr 3, Jahresbeitrag 5 $\mathscr{M}$), des *Deutschen Touring-Klub* (München) und des *Sächsischen Radfahrerbundes* (Dresden) können ihr

VI. AUTOMOBILFAHRTEN.

Rad bei Vorweis der von den betr. Vereinen ausgestellten Legitimation zollfrei in Österreich-Ungarn einführen. Sonst haben Radfahrer beim Überschreiten der Grenze 60 K als Zollsicherstellung zu hinterlegen, die beim Wiederaustritt nach Meldung bei einem Zollamt zurückerstattet werden. Bei Beförderung eines Fahrrades mit der Bahn wird die Fracht für 20 kg berechnet.

Außerhalb der Ortschaften dürfen Straßenbankette befahren werden; wo besondere Radfahrwege vorhanden sind, müssen sie benutzt werden. Bei Dunkelheit ist die Laterne anzuzünden, auch wenn das Rad nur geschoben wird oder im Freien steht. In Deutschland, Vorarlberg, Tirol, Oberösterreich, Kärnten und Küstenland wird rechts ausgewichen und links vorgefahren; in Salzburg, Niederösterreich, Steiermark und Krain wird links ausgewichen und rechts vorgefahren.

Vgl. das vom Deutschen Touring-Klub in München herausgegebene Tourenbuch für Rad- und Automobilfahrer für das Alpengebiet (2 Bde.) und das jährlich im Mai erscheinende Touring-Klub-Handbuch (München). — Profile und Karten für Radfahrer: Straßenkarte von Bayern, herausgegeben vom Deutschen Touring-Klub, in 1:250000 (4 Bl. zu 2 $\mathcal{M}$, Mitglieder des D.T.K. 1 $\mathcal{M}$). — Jäger u. Seeger, Profile der Hauptstraßen in den österr. Alpenländern, 16 B. zu 55 h, zusammen 7 $\mathcal{M}$. — Lechners Tourenkarten, 10 Bl. zu je 1 $\mathcal{M}$ 75. — Mittelbachs Straßenprofilkarte von Deutschland und Österreich (1:300000, 82 Bl.) zu je 1 $\mathcal{M}$ 50. — Freytags Radfahrerkarten (1:300000; für das Alpengebiet Blatt 23-30), je 1 $\mathcal{M}$ 35. — Ravensteins Radfahrerkarte für die Ostalpen (1:500000), 2 Bl. zu je 3 $\mathcal{M}$. — Brunns Tourenkarte von Oberbayern, Nordtirol und Salzburg mit Distanzbuch, 2 $\mathcal{M}$ 75; usw.

Automobilfahrer bedürfen in Österreich einer Fahrerlaubnis, die auf Grund einer Prüfung durch die zuständigen Behörden erteilt wird. Der *Österreichische Automobilklub* hat seinen Sitz in Wien (I. Kärntnerring 10; Eintrittsgeld 100 K, Jahresbeitrag 150 K). Der *Deutsche Automobil-Verband* (Geschäftsstelle in Berlin), dem die meisten Automobilklubs angehören, stellt Karten zum zollfreien Durchlaß nach dem Ausland aus, doch muß man sein Automobil vor der Abreise von einem Hauptsteueramt mit einer „Identitätsplombe" versehen lassen und beim deutschen Grenzzollamt einen Zollvermerkschein zur zollfreien Wiedereinfuhr erbitten. Automobilfahrer können ihr Fahrzeug 2 Monate nach Überschreitung der österr. Grenze ohne weitere Genehmigung benutzen (der Tag des Eintritts wird notiert). Die Automobile haben eine kleine Nummerntafel vorn und eine größere Nummerntafel rückwärts zu führen. Zulässige Maximalgeschwindigkeit 45km, in Ortschaften 15km die Stunde.

Für Automobilverkehr verbotene oder ungeeignete Straßen: Lechtaler Straße (R. 48), Kniepaßstraße bei Reutte (S. 44), Planseestraße (Reutte-Plansee-Ammerwald, R. 10), Achentaler Straße (Jenbach-Achensee, S. 221), Walchseestraße (vom Inntal nach Kössen, S. 217), Ötztaler Straße (S. 319), Passeirer Straße (S. 343), Stubaitalstraße (S. 301), Paznauner Straße (R. 49), Kaunsertalstraße (S. 335), Grödner Straße (S. 428), Enneberger Straße (St. Lorenzen-Corvara, R. 80), Sextener Straße (S. 485),

Tauferer Straße (S. 470), Iseltaler Straße (S. 194), Sarntaler Straße (Bozen-Sarnthein, S. 361), Eggentaler Straße (Kardaun-Karerseehotel, S. 439), Kastelruther Straße (S. 433), Suldenstraße (S. 384), Cembratalstraße (S. 456), Lavarone-Straße (S. 457), Ultener Straße (S. 374).

Abkürzungen.

H. = Hotel.
B. = Bett.
Z. = Zimmer.
F. = Frühstück.
G. = Gabelfrühstück.
M. = Mittagessen.
A. = Abendessen.
P. = Pension (Zimmer und Verpflegung).
$\mathcal{M}$ = Mark.
pf. = Pfennig.
K = Krone.
h = Heller.
fr. = Lira (ital.), Frank.
c. = Centesimo.
K. = Karte.
Pl. = Plan.
N., O., S., W.; n., ö., s., w. = Nord, Ost, Süd, West; nördlich, östlich, südlich, westlich.
r. = rechts; l. = links.
St. = Stunde.
Min. = Minute.
R. = Route.
m = Meter.
kg = Kilogramm.
km = Kilometer.

F., m. F. = Führer, mit Führer.
v. = vulgo (mit Spitznamen).
A. = Alpe.
P = Postamt.
T = Telegraph.
F = Fernsprecher (Telephon).
Hdw. = Handweiser.
HS. = Eisenbahn-Haltestelle.
MW. = markierter Weg.
WM. = Wege-Markierung.
AV., DOAV. = Deutscher und österreich. Alpenverein.
AVS., S. = Alpenvereins-Sektion.
AVM. = Alpenvereins-Mitglieder.
AVW. = Alpenvereinsweg.
ÖTK. = Österr. Touristenklub.
ÖAK. = Österr. Alpenklub.
ÖGV. = Österr. Gebirgs-Verein.
CAI. = Club Alpino Italiano.
SAC. = Schweizer Alpenclub.
SAT. = Società degli Alpinisti Tridentini.
SAF. = Società Alpina Friulana.
SlAV. = Slovenischer Alpenverein.
VV. = Verschönerungsverein.

Die Unterkunftshütten und Alpenwirtshäuser sind auf den Karten des Handbuchs unterstrichen.

I. Südbayern und die angrenzenden Teile von Nordtirol.

Route	Seite
1. München	4
Umgebungen: Nymphenburg; Schleißheim; Großhesselohe 15.	
2. Starnberger See. Hoher Peißenberg. Ammersee . . .	16
Schloß Berg 16. — Rottmannshöhe 17. — Von Peißenberg nach Saulgrub 18. — Andechs 19. — Von Weilheim nach Mering 20.	
3. Von München nach Lindau	20
Von Kaufering nach Landsberg und Schongau 20. — Von Augsburg nach Buchloe. Mariaberg. Blender 21. — Ausflüge von Immenstadt. Rotenfels. Horn. Steineberg. Stuiben 22. — Ausflüge von Oberstaufen. Von Rötenbach über Scheidegg zum Pfänder und über Weiler nach Bregenz 23. — Ausflüge von Lindau. Schachenbad. Lindenhof. Wasserburg. Hoierberg 24.	
4. Von Immenstadt nach Oberstdorf	24
Grünten 25. — Ausflüge von Oberstdorf. Faltenbachfall. Kühberg. Hofmannsruhe. Jauchenkapf. Wasach. Tiefenbach. Sturmannshöhle. Zwingsteg und Walser Schänzle. Breitachklamm. Freibergsee. Spielmannsau. Hölltobel. Geisalpseen. Oytal. Birgsau 26-30. — Bergtouren von Oberstdorf. Nebelhorn. Daumen. Söllereck. Fellhorn. Rauheck. Kreuzeck. Höfats. Gr. Krottenkopf. Hochvogel. Mädelegabel. Hochfrottspitze. Trettachspitze. Hohes Licht. Heilbronner Weg. Biberkopf. Linkerskopf. Hoher Ifen 30-33. — Von Oberstdorf ins Lechtal über das Mädelejoch oder das Hornbachjoch. Kaufbeurer Haus. Urbeleskarspitze. Schrofenpaß. Haldenwangereck. Große Steinscharte. Von Oberstdorf durch das Kleine Walsertal zum Schröcken über das Gentscheljoch. Von Oberstdorf über Rohrmoos nach Hittisau 32-34.	
5. Von Immenstadt über Tannheim nach Reutte . .	34
Iseler. Daumen 34. — Hinterstein. Eisenbreche. Geishorn. Jubiläumsweg. Hochvogel. Nach Oberstdorf über den Zeiger oder das Himmeleck. Nach Tannheim über die Schafwanne oder die Kirchdachscharte 35, 36. — Vilsalpsee. Traualpsee 36. — Schochenspitze. Tannheimerhütte 37.	
6. Von Kempten über Pfronten nach Reutte	37
Wertach. Ausflüge von Nesselwang. Edelsberg. Ausflüge von Pfronten. Ascha. Fallmühle. Falkenstein. Edelsberg. Aggenstein 38. — Reintal. Otto-Mayr-Hütte. Schlicke 39.	
7. Von Bießenhofen über Füssen nach Reutte. Hohenschwangau	40
Ausflüge von Füssen. Faulenbach. Alatsee. Kalvarienberg. 40. — Neuschwanstein und Umgebung 42, 43. — Über den Schützensteig nach Linderhof. Tegelberg. Säuling. Hochplatte 43.	

Bædeker's Südbayern. 34. Aufl.   1.

Route	Seite
8. Von Reutte über den Fernpaß nach Imst oder Telfs	44

Stuibenfälle 44. — Tauern. Heiterwanger See. Seeben- und Drachensee. Coburger Hütte 45. — Biberwierer Scharte. Grünsteinscharte. Upsspitze. Zugspitze. Schneefernerkopf 46. — Alpleskopf. Wannig 47. — Von Nassereit nach Telfs über Obermieming. Simmering. Grünstein. Griesspitzen. Alpelhaus. Von Obermieming nach Stams oder Telfs 47.

9. Von München nach Garmisch-Partenkirchen	48

Heimgarten. Herzogstand. Von Eschenlohe zum Walchensee durch das Eschental. Von Eschenlohe auf den Krottenkopf 49. — Ausflüge von Partenkirchen. St. Anton. Faukenschlucht. Gschwandnerbauer. Rissersee. Maximilianshöhe. Wordenfels. Pflegersee. Kuhflucht. Partnachklamm. Graseck. Eckbauer. Reintal-Hospiz. Kreuzeckhaus. Höchalm. Höllentalklamm. Riffelscharte. Badersee. Eibsee. Kramer. Wank. Krottenkopf. Schachen. Meilerhütte. Dreitorspitze. Musterstein. Alpspitze. Hochblassen. Zugspitze. Schneefernerkopf. Hochwanner 51-57. — Von Partenkirchen über Elmau nach Mittenwald. Von Partenkirchen zum Walchensee; nach Ehrwald über Griesen oder über die Törlen 57.

10. Von München über Oberammergau und Linderhof nach Füssen-Hohenschwangau	58
a. Von München nach Oberammergau	58
b. Von Oberammergau über Linderhof nach Füssen	61

Vom Plansee nach Partenkirchen 61.

11. Von Partenkirchen über Mittenwald nach Zirl (Innsbruck)	61

Ausflüge von Mittenwald. Lauter- u. Ferchensee. Schachen. Leutaschklamm. Kranzberg. Leutaschtal 62. — Hochmunde. Gaistal. Vereinsalpe. Westliche Karwendelspitze. Wörner. Schöttelkarspitze. Arnspitze 63. — Karwendeltal. Karwendelhaus. Hinterautal. Haller-Angerhaus 64. — Lafatscher Joch. Gleirschtal. Erlsattel. Stempeljoch. Reitherspitze 65. — Von Seefeld nach Leutasch und Telfs 65.

12. Von München über Kochel nach Mittenwald	66
a. Isartalbahn von München nach Kochel	66
b. Von München über Tutzing nach Kochel und Mittenwald. Walchensee	67

Von Staltach nach Murnau über die Aidlinger Höhe. Benediktenwand. Schlehdorf 68. — Herzogstand. Heimgarten. Jochberg 69. — Barmsee. Schöttelkarspitze 70.

13. Von München nach Bad Tölz und Mittenwald	71

Ausflüge von Tölz. Blomberg. Zwiesel. Buchberg usw. Von Tölz über Heilbrunn nach Bichl 72. — Von Tölz zum Walchensee über Jachenau. Ausflüge von Lenggries. Benediktenwand. Brauneck. Kirchstein. Geigerstein. Fockenstein. Kampen. Seekarkreuz. Roßstein und Buchstein. Schönberg. Hochalpe 73. — Von Fall durch das Achental nach Achenwald. Dürrachklamm. Lerchkogel. Scharfreiter. Die Riß. Ron- und Tortal. Schönalpenjoch. Falken usw. Ladiz und Lalidertal 74. — Über das Plumser Joch nach Pertisau. Von Vorderriß über die Soiernseen nach Mittenwald 75.

Route	Seite
14. Von München nach Tegernsee und über den Achensee nach Jenbach	75

Ausflüge von Tegernsee. Kaltenbrunn. Pfliegelhof. Parapluie. Lceberger. Bauer in der Au. Freihaus. Rottachfälle. Neureut. Riederstein. Baumgartenschneid. Hirschberg. Wallberg. Risserkogel 76-78. — Ausflüge von Kreuth. Wolfsschlucht. Gaisalp. Königsalp. Schildenstein. Schinder. Roßstein. Hochalpe 79. — Juifen. Von Achenkirch nach Steinberg. Guffert. Unnütz 80. — Kothalpenjoch. Klobenjoch. Seekarspitze. Hochplatte. Bärenkopf. Sonnjoch. Von Pertisau über Grammai nach Hinterriß 81. — Von Pertisau über das Stanser Joch nach Schwaz. Erfurter Hütte. Hochiß. Rofan. Sonnwendjoch 82.

| 15. Von München nach Schliersee und über Bayrisch-Zell nach Kufstein . . . . | 82 |

Stadelberg. Von Miesbach nach Birkenstein 83. — Schliersberg. Von Schliersee nach Tegernsee 83. — Von Neuhaus nach Falepp. Spitzingsee. Von Falepp nach Brixlegg; nach Landl über die Elendalp 84. — Brecherspitze, Bodenschneid. Jägerkamp, Rotwand, Miesing, Auerspitze. Wendelstein 84, 85. — Von Neuhaus nach Tegernsee über Kühzagel. Traithen. Hinteres Sonnwendjoch. Von Bayrisch-Zell nach Oberaudorf 86. — Von Landl nach Falepp über die Ackern-Alp. Vorder-Tiersee 87.

| 16. Von München über Rosenheim nach Kufstein . . . | 87 |

Von Grafing nach Wasserburg. Ebersberg. Von Grafing nach Glonn 88. — Von München nach Rosenheim über Holzkirchen. Von Aibling nach Feilnbach 88. — Wendelstein. Breitenstein. Neubeuern. Nußdorf. Heuberg. Hochries 89. — Ausflüge von Brannenburg. Ramboldplatte. Wendelstein 89. — Ausflüge von Oberaudorf. Kranzhorn. Spitzstein. Brünnstein. Traithen. Trainsjoch 90.

| 17. Von München nach Salzburg. Chiemsee . . . | 91 |

Herrnchiemsee 91. — Seeon. Chieming. Aschau. Kampenwand 92. — Von Aschau über Sachrang nach Kufstein. Bernau. Wildbad Adelholzen. Maxhütte. Hochfelln. Hochgern 93. — Ausflüge von Traunstein. Empfing. Hochberg. Hochhorn. Waging. Von Traunstein nach Reichenhall über Inzell. Von Traunstein nach Trostberg 95.

| 18. Von Übersee nach Reit im Winkel und über Ruhpolding nach Traunstein . . . . | 95 |

Ausflüge von Marquartstein. Schnappenkapelle. Hochgern. Hochplatte. Von Marquartstein nach Kössen über Schleching. Geigelstein 95. — Paß Klobenstein. Ausflüge von Reit im Winkel. Möseralpe. Fellhorn. Winkelmoosalp usw. Von Reit im Winkel nach Traunstein über Ruhpolding. Seehauser Kienberg 96. — Dürrnbachhorn. Staubfall. Urschlau. Rauschberg. Maria-Eck 97.

| 19. Von München nach Reichenhall . . . . | 98 |

Ausflüge von Reichenhall. St. Zeno. Großmain. Bayrisch-Gmain. Alpgarten. Nonn Padinger Alpe. Listsee. Molkenbauer. Jettenberg. Karkopf. Thumsee. Mauthäusl. Anger. Stoißer Alpe. Zwiesel. Hochstauffen 100-102.

Route	Seite
20. Berchtesgaden und Umgebung . .	102
a. Von Reichenhall nach Berchtesgaden .	102
b. Von Salzburg nach Berchtesgaden	102

Lockstein. Solenleitung 105. — Aschauer Weiher. Königsweg. Gern. Kneifelspitze. Bischofswiesen. Kastenstein. Böcklweiher. Boschberg 106. — Schönau. Königssee 107. — Gotzenalp. Vom Königssee nach Golling über das Torrener Joch 108. — Oberer Salzberg. Göhlstein. Vorderbrand. Scharitzkehlalp. Almbachklamm 109. — Au. Toter Mann. Grünstein. Roßfeld. Jenner. Hohes Brett. Schneibstein. Kahlersberg. Untersberg 110. — Watzmann. Hoher Göll. Steinernes Meer. Funtenseehaus 111. — Söldenköpfl. Wimbachtal 112. — Hundstod. Ramsau. Wartstein. Mordau-Alm 113. — Blaueisgletscher. Edelweißlahnerkopf. Stadelhorn. Hochkalter. Hirschbichl. Kammerlinghorn. Hocheisspitze. Kleiner Hirschbichl. Seisenbergklamm 114.

1. München.†

Bahnhöfe. 1. **Hauptbahnhof** (II. Pl. D E 5; *Restaurant), Kopfstation für die meisten Linien. Die größeren Gasthöfe haben hier ihre Omnibus (80 pf. - 1 ℳ). — 2. **Isartalbahnhof** (I. Pl. D 8; Restaurant), für die Bahn nach Wolfratshausen und Kochel (S. 66). — 3. **Südbahnhof** (I. Pl. D 8) und 4. **Ostbahnhof** (I. Pl. H 7), Nebenbahnhöfe für die Rosenheimer und Simbacher Linie, für die meisten Reisenden ohne Bedeutung. — Kofferträger von den Bahnhöfen zum Wagen bis zu 50 kg 20 pf., bis zu 100 kg 40 pf.; vom Hauptbahnhof in die Stadt für kleines Gepäck 20-30 pf., größeres Gepäck bis 50 kg 40-60 pf., usw. — Droschken s. S. 7.

Gasthöfe (im Juli und August Vorausbestellung ratsam): *Vier Jahreszeiten (II. Pl. a: F 6), Maximilianstr., 240 Z. zu 6-12, F. 1½, G. 4, M. 6, A. 3½ ℳ; *Gr.-H. Continental (II. Pl. e: E 5), Ottostr. 6, 160 Z. von 5 ℳ an, F. 1½, G. 4, M. 6 ℳ; *Regina-Palast-Hotel (II. Pl. rp: E 5), Maximiliansplatz 5 u. 6, 240 Z. zu 5-15, F. 1½, G. 3, M. 5, A. 3½, P. von 10 ℳ an (60 Bäder); *Bayerischer Hof (II. Pl. b: F 5), Promenadeplatz 19, 310 Z. zu 5-25, F. 1½, G. 4, M. 4, A. 3½ ℳ; *Russischer Hof (II. Pl. g: E 4), Ottostr. 4, 80 Z. zu 4-12, M. 4 ℳ; — Bellevue (II. Pl. c: E 5), Karlsplatz, 160 Z. zu 3-7, M. 3-4 ℳ; *Rheinischer Hof (II. Pl. d: E 6), Bayerstr. 23, 200 Z. zu 4-8, M. 3-5 ℳ; *Gr.-H. Leinfelder (II. Pl. g: E 5), Lenbachplatz 9, 135 Z. zu 3-6, M. 3½ ℳ; *Park-Hotel (II. Pl. k: E 5), Maximiliansplatz 21, 160 Z. zu 3½-12, M. 4 ℳ; Marienbad (II. Pl. h: E 5), Barerstr. 11, Z. 3½-5, M. 3½ ℳ (Garten u. Bäder); *Gr.-H. Grünwald (II. Pl. w: E 5), Dachauerstr. 3, 300 Z. zu 2½-4, F. 1 ℳ; — *Englischer Hof (II. Pl. f: F 6), Dienerstr. 11, Z. 3-6, M. 3 ℳ; *H. de l'Europe (II. Pl. l: E 6), am Bahnhof, Z. 2½-6, F. 1.20 ℳ; H. Savoy, Herzog Wilhelmstr. 32 (II. Pl. n: E 6), 130 Z. zu 2½-4, F. 1 ℳ; H. Peterhof, Marienplatz (II.Pl.q: F 6); H. Rheinpfalz (II. Pl. s: E 6), Sonnenstr. 4; H. Reichshof (II. Pl. u: E 6), Sonnenstr. 15, gut; Kaiserhof (II. Pl. p: E 5), Schützenstr. 12; H. Maximilian (II. Pl. i: F 5, 6), Maximilianstr. 44; H. Max Emanuel (II. Pl. k: F 5), Promenadeplatz; *Deutscher Kaiser (II. Pl. r: E 5), 395 B. zu 2-5, F. 1 ℳ; *H. Wolff (II. Pl. b: E 5), *H. National Simmen (II. Pl. a: D 5), Central-Hotel (II. Pl. h: D 5), Sächsischer Hof (II. Pl. i: D 5), alle Arnulfstr., am Bahnhof (N.-Ausgang, 1); H. Schottenhamel (II. Pl. v: E 5),

---

† Eine ausführliche Beschreibung enthält *Bædeker's Süddeutschland* 30. Aufl. 1909.

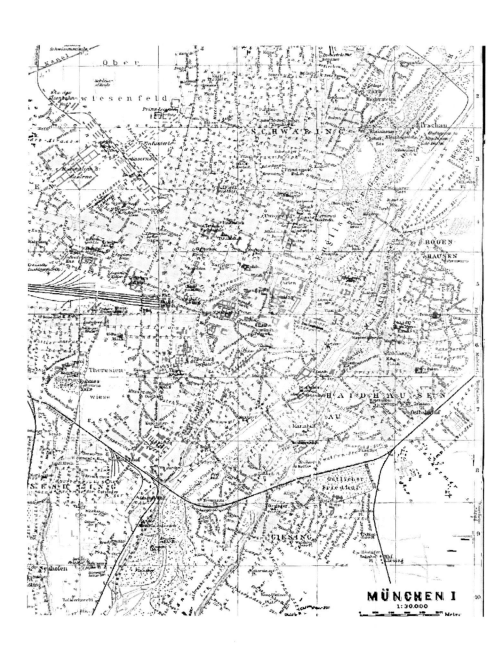

Prielmaierstr.; H. Union (*Kath. Kasino;* II. Pl. *o*: E 5), Barerstr. 7, 70 B. zu 3-5, F. 1, P. 7-12 ℳ; H. Stachus (II. Pl. m: E 6), *Roter Hahn (II. Pl. y: E 6), H. Royal (II. Pl. p: E 6), alle drei Karlsplatz; *Deutscher Hof (II. Pl. t: E 6), Karlstor; H. Habsburg (II. Pl. *l*: E 6), Bayerstr. 9; *H. Wagner (II. Pl. *n*: E 6), Sonnenstr. 21; Herzog Heinrich, Ecke Landwehr- u. Mathildenstr. (Pl. E 6), Z. von $1^1/_2$ ℳ an, gelobt; Ring-Hotel (II. Pl. *m*: E 6), Sendlingertorplatz; Bamberger Hof (II. Pl. *o*: D 5), Neuhauserstr.; Germania, Ecke Senefelder- u. Schwanthaler-Str.; Fränkischer Hof, Senefelderstr.; Drei Raben (II. Pl. *q*: E 6), Schillerstr. 6; H. Gaßner (II. Pl. *c*: E 6), Metropol (II. Pl. *d*: D 6), Terminus, Post (II. Pl. *e*: D 6), Wittelsbach (II. Pl. *f*: D 6), alle Bayerstr.; Schweizer Hof (II. Pl. *x*: E 5), Louisenstr. 1; Kronprinz (Pl. *z*: E 6), Zweigstr. 10; Goldnes Lamm, Zweigstr. 4; Christl. Hospiz, Mathildenstr. 5 (II. Pl. E 6), diese alle nahe beim Hauptbahnhof.

Café-Restaurants (überall Bier; vgl. auch Hotels und Bierhäuser): *Luitpold, Briennerstr. 8; Künstlerhaus, Maximiliansplatz 24; Neue Börse, Maximiliansplatz 8; Hoftheater, Residenzstr. 12 (Max-Josephplatz); Kaiserhof, Schützenstr. 12; Viktoria, Maximilianstr.; Thomasbräu, Kaufingerstr. 15; Heck, Odeonsplatz; Deutscher Hof, Karlstor; Deutsches Theater, Schwanthalerstr. 13; Modern, Theresienstr. 78a; Deutsches Haus, Sophienstr. 1a. — *Automat. Restaur.*, Bayerstr. 7a, Neuhauserstr. 3, u. a.

Wein-Restaurants: Schleich, Briennerstr. 6; Restaur. Français (Café Luitpold), Briennerstr. 8; Ratskeller, Dienerstr.; Eberspacher, Pfandhausstr. 7; Neuner, Herzogspitalstr. 20; Eckel & Cie., Burgstr. 17; Dürkheimer, Sporerstr. 2; Rüdesheimer, Promenadeplatz 15; Kurtz, Augustinerstr. 1; Michel, Rosenstr. 11 (Ungarweine); Torggelhaus (Tiroler Weinstube), am Platzl, neben dem Hofbräuhaus; Bodega, Theatinerstr. 47.

Bierhäuser: Hofbräuhaus am Platzl (II. Pl. F 5), das bekannteste Lokal dieser Art (im großen Saal Wandgemälde von Ferd. Wagner). Bürgerbräu, Kaufingerstr. 6; Paulanerbräu, Kaufingerstr. 11, 12; Pschorrbräu, Neuhauserstr. 11; Mathäser Bierhallen, Bayerstr. 5; Augustinerbräu, Neuhauserstr. 16; Bauerngirgl, Residenzstr. 20, u. v. a. Die Sommerkeller der großen Brauereien werden an schönen Abenden viel besucht (Überzieher nicht vergessen!): Löwenbräukeller (Pl. B 2), Stiglmaierplatz (abends Militärkonzert); Augustinerkeller, Herbststr. 1; Hackerkeller und Bavariakeller, Theresienhöhe; Hofbräuhauskeller, Franziskanerkeller, Bürgerbräukeller u. a. am r. Ufer der Isar.

Cafés (abends zum Teil geschlossen): Regina-Palast-Hotel (S. 4); Café Parade, Ludwigstr. 4; Odeon, Briennerstr. 56; Luitpold, Briennerstr. 8; Prinzregent, Prinzregentenstraße 4; die drei Cafés im Hofgarten; Palast-Café, Theatinerstr. 16; Perzel, Marienplatz 13; Karlstor, Fahrig, Neuhauserstr., beim Karlstor; Börsen-Café, Maffeistr. 3; Gastoig, beim Maximilianeum; u. v. a.

Theater: K. Hof- und National-Theater (II. Pl. F 5; S. 8), Oper und Schauspiel, fast täglich (Juli geschlossen); Parkett 5-12 ℳ. — K. Residenztheater (II. Pl. F 5; S. 8), So. Di. Do. Sa.; Parkett 5-10 ℳ. — Prinzregenten-Theater (I. Pl. H 5, 6; S. 9), Aug.-Sept. Wagner-Vorstellungen (Platz 20 ℳ). — K. Theater am Gärtnerplatz (I. Pl. F 6, 7; S. 14), tägl.; Parkett 2-4 ℳ. — Schauspielhaus, Maximilianstr. 34, 35 (II. Pl. F 6); Sperrsitz $2^1/_2$-4 ℳ. — Künstlertheater (I. Pl. C 6), im Ausstellungspark (S. 15), nur im Sommer. — Lustspielhaus, Augustenstr. 89 (II. Pl. E 4, 5). — Volkstheater, Josefspitalstr. 10a (II. Pl. E 6). — Marionettentheater, Blumenstr. 29a. — Vorverkauf für die königl. Theater auch in der alten Akademie, Neuhauserstr. 51 (8-4 U.; Aufgeld 30 pf.).

Variété-Theater: Deutsches Theater, Schwanthalerstr. 13 (II. Pl. E 6); Kil's Kolosseum, Kolosseumstr. 4 (II. Pl. E 7); Blumensäle, Blumenstr. 29 (II. Pl. E F 7); Apollotheater (II. Pl. D E 5), Dachauerstr. 19; Hotel Wagner-Singspielhaus, Sonnenstr. 21 (II. Pl. E 6); u. a.

Sehenswürdigkeiten und Stundenzettel.†

	Seite	Sonntag	Montag	Dienst.	Mittw.	Donn.	Freitag	Samstag	Bemerkungen.
Anatom.-patholog. Sammlung	14	—	12-2	12-2	12-2	12-2	12-2	12-2	50 pf. (Karten Neuhauserstr. 51)
Antiquarium	12	—	—	9-12½	9-12½	9-12½	10-1	9-12½	
Arbeiter-Museum	11	10-1	—	10-1,6-8	10-1	10-1,6-8	10-1	10-1	Mo. Mi. Do. 1 ℳ
Armee-Museum	9	10-1	9-12,3-5	9-12,3-5	9-12,3-5	9-12,3-5	9-12,3-5	—	40 pf. Im Winter 10-12 u. 2-4.
Bavaria	15	8-12,2-7	8-12,2-7	8-12,2-7	8-12,2-7	8-12,2-7	8-12,2-7	8-12,2-7	Trkg.
Bibliothek	10	—	8-1, 3-8	8-1, 3-8	8-1, 3-8	8-1, 3-8	8-1, 3-8	8-1	Palmenhaus tägl. außer Sa. 1-3.
Botan. Garten	13	—	8-6	8-6	8-6	8-6	—	8-6	20 pf.
Deutsches Museum	10	9-6	9-7	—	9-7	—	9-7	9-7	
Ethnograph. Museum	9	10-12½	—	3-5	3-5	—	10-12½	—	In Winter 2-4 U.
Gipsabgüsse	9	—	—	—	10-12	—	3-5	—	
Glyptothek	12	11-1	9-5	9-5	9-5	9-5	9-6	9-5	Mo. Mi. Fr. 9-2 frei; sonst 1 ℳ.
Graphische Sammlung	12	10-12	9-1	9-1	—	9-1	9-1	—	Im Winter Di. Fr. 9-1.
Hoftheater (Innere Einricht.)	8	—	2-3	2-3	2-3	—	—	2-3	50 pf.
Hofzagenburg	8	9-12	9-12,2-4	9-12,2-4	9-12,2-4	9-12,2-4	9-12,2-4	9-12,2-4	50 pf.; Mi. 2-4 frei.
Loizbeckische Sammlung	11	—	—	9-3	—	—	9-3	—	In Winter geschlossen.
Maximilianeum	11	10-3	10-12	10-12	10-12	—	—	10-12	So. Mi. frei; sonst 1 ℳ.
National-Museum	9	10-12	—	9-4	9-4	9-4	9-4	9-4	
Naturwissensch. Sammlungen	13	10-3	—	2-4	2-4	9-4	9-4	2-4	
Pinakothek, alte	11	9-2	9-2	9-4	9-4	9-4	9-2	9-4	Mo. Mi. Fr. 1 ℳ.
" , neue	12	—	2-3	2-3	2-3	2-3	2-3	2-3	Trkg.
Rathaus, neues	8	—	10¾	10¾	10¾	10¾	10¾	10¾	1 ℳ.
Residenz, kgl.	8	—	9-11	—	—	9-11	—	—	2 ℳ.
Reiche Kapelle	8	—	—	—	—	—	—	—	Mo. 1 ℳ.
Schackgalerie	9	11-1	10-2	10-2	10-2	—	10-2	10-2	1 ℳ.
Schatzkammer	8	—	9-11	—	9-11	—	9-11	—	An andern Tagen 35 pf.
Schoanthaler-Museum	14	9-1	9-2	9-1	9-2	—	9-2	—	Im Winter So. Di. Do.
Stadtmuseum, histor.	14	10-1	9-11	9-1	—	9-1	9-1	—	
Vasensammlung	12	—	—	—	—	—	—	—	

† Von den *Kirchen* sind Frauenkirche 12-4, Theatinerkirche, Basilika u. Auerkirche den ganzen Tag außer Vm. 11-1 U. geöffnet; Allerheiligenkirche Juli-Sept. von 10½, sonst von 12 U. an, Ludwigs- u. Michaelskirche nur bis Mitt. 12 U. (Allerheiligenk. auch Nm. von 2 U. an gegen Eintrittskarten zu 20 pf. in der Sakristei). Kirchenmusik in der Frauen- u. Michaelskirche So. 9 U. Vm.

Kunstausstellungen. *Jahresausstellung* im *Glaspalast* (S. 13) vom 1. Juni bis Ende Okt. tägl. 9-6 U. (1 ℳ). *Ausstellung der Münchner Secession* im Kunstausstellungsgebäude (S. 12), im Sommer tägl. 9-6 U (1 ℳ). *Ausstellung der Münchner Künstler-Genossenschaft* im Deutschen Museum (S. 10; tägl. 9-6 U., 50 pf.). Permanente Ausstellungen ferner bei *H. Thannhauser*, Maff-istr.; *Heinemann*, Lenbachplatz 5 u. 6 (1 ℳ) *Littauer*, Odeonsplatz 2; *Wimmer & Co.*, Briennerstr. 3, u. a. — *Kunstverein* (S. 9), tägl. außer Fr. 9-6 U. (1 ℳ). — *Kunstgewerbehaus*, Pfandhausstr. 7 (II. Pl. E5; Eintr. frei).

Bäder: *Städtisches Karl Müllerbad* (II. Pl. G 6), Ludwigsbrücke *Königl. Hofbad* (II. Pl. F 6), Kanalstr. 19, *Luisenbad*, Luisenstr. 67, beid mit Schwimmbad; *Germania*, Arnulfstr. 26; *Kaiser-Wilhelm-Bad*, Linc wurmstr. 70a; *Zentralbad* (Pl. C 4), Lämmerstr. 3, beim Hauptbahnhof, u. a — WÜRMBÄDER in Schwabing (S. 10; Trambahn Nr. 3 und 10): *Ungerer bad*, mit Kaiserbassin und Quellengarten; *Ludwigsbad*.

Droschken (einspännig, mit Fahrpreisanzeiger): Taxe 1 (rot) fü 1-2 Pers. bei Tage bis 800m 50 pf., je 400m mehr 10 pf.; Taxe 2 (schwarz für 3 Pers. bei Tage bis 600m 50 pf., je 300m mehr 10 pf.; Taxe 3 (blau für 1-3 Pers. bei Nacht (10-6 U.) bis 400m 50 pf., je 200m mehr 10 p Wartezeit vor Beginn der Fahrt bis 8 Min. 50 pf., sonst 4 Min. 10 pf 1 St. 1 ℳ 50. Vom Bahnhof 20 pf. Zuschlag. Handgepäck frei; größere bis 25 kg 30 pf., darüber 40 pf. — *Fiaker (Zweispänner)* für 1-4 Pers. bi ¼ St. 1 ℳ, jede weitere ⅓ St. 70 pf.; nachts das Doppelte. — *Automobil droschken* (Halteplatz Karlstor und Marienplatz) bei Tage bis 900m 70 pf je 300m mehr 10 pf., bei Nacht bis 600m 70 pf., je 300m mehr 10 pf.

Elektr. Straßenbahnen (10-20 pf.). 1. Ostbahnhof-Ludwigsbrücke Marienplatz-Bahnhofplatz-Stiglmayerplatz-Nymphenburg (Signallicl blau). — 2. Nordring: Hauptbahnhof-Sendlingertorplatz-Isartorplatz-Mai denkmal-Ludwigstr.-Theresienstr. (Pinakotheken)-Augustenstr.-Haup bahnhof (rot). — 3. Arnulfstr.-Hauptbahnhof-Odeonsplatz-Leopoldstr Schwabing (grün). — 4. Ostbahnhof-Maximilianstr.-Promenadeplatz Hauptbahnhof-Neuhausen (rot-gelb). — 5. Marienplatz-Reichenbachstr Freibadstr. (weiß). — 6. Schwabing-Sendlingertorplatz-Goetheplatz-Tha kirchen (weiß-blau). — 7. Georgenstr.-Hauptbahnhof-Sendlingertorplatz Ostfriedhof (grün-rot). — 8. Georgenstr.-Milbertshofen (blau-grün). - 9. Landsbergerstr.-Hauptbahnhof-Marienbrücke-Prinzregententheater Bogenhausen (gelb). — 10. Schwabing-Odeonsplatz-Marienplatz-Isarta bahnhof (gelb-grün). — 11. Rotkreuzplatz-Hauptbahnhof-Marienplatz Ludwigsbrücke-Ostbahnhof-Neuhausen (blau-grün). — 12. Südring: Hauptbahnhof Goetheplatz-Ostfriedhof-Maximilianeum-Hauptbahnhof (violett). — 1 Westfriedhof-Stiglmaierplatz-Promenadeplatz (violett-gelb). — 16. Schwa bing-Sendlingertorplatz-Goetheplatz-Sendling (weiß-grün). — 17. Joseph platz-Hauptbahnhof-Goetheplatz-Pilgersh· imer Str. (blau-rot). — 18. Maricr platz-Goetheplatz-Holzapfelkreuth (weiß-rot). — 19. Steinhausen-Ludwig brücke-Marienplatz-Hauptbahnhof. — 20. Bogenhausen-Maxdenkmal Isartalbahnhof (grün-violett). — 24. Stiglmaierplatz-Leonrodstr. — Di Stirnschilder der über den *Bahnhofplatz* fahrenden Wagen sind mit einer roten Querstrich bezeichnet.

Post (II. Pl. E 5) am Max-Josephplatz; zahlreiche Nebenämter. - **Telegraphenamt** (II. Pl. E 5), Bahnhofplatz 1, und in den Postämterr — *Fremdenverkehrsverein* im Hauptbahnhof, Bahnhofplatz 2. — *Reise bureau Schenker & Co.*, Promenadeplatz 16.

Münchner Fremdenrundfahrten zur Besichtigung der Stadt un der Sehenswürdigkeiten im Sommer tägl. 10 u. 3½ U. vom Lenbachplatz u. Maximiliansplatz 5, im Elektromobil oder in vierspänn. hohen Aussichts wagen; Fahrzeit ca. 3 St., Preis inkl. Führer 4 ℳ. — Fremdenrundfahrte von *Schenker & Co.* (s. oben) in Privat-Automobilen zu 4-6 Plätzen, tägl 9 U. vorm. u. 2.30 nachm.; Fahrpreis inkl. Führer ganzer Tage 15, vorm allein 7, nachm. 10 ℳ. Auch Gesellschaftsfahrten in die Umgebunger nach Oberammergau usw.

München (520m), die Hauptstadt des Königreichs Bayern, mi

565000 Einw., liegt in der bayrischen Hochebene, zum größten Teil auf dem l. Ufer der reißenden *Isar*. Das Hochgebirge ist südl. etwa 50 km entfernt, in schärferen Umrissen besonders vor Eintritt von Regenwetter sichtbar. Plötzliche Temperaturwechsel sind bei der hohen Lage der Stadt und der Nähe der Alpen häufig; daher ist besonders abends Vorsicht anzuraten.

Den Mittelpunkt der Stadt bildet der **Marienplatz** (II. Pl. F 6); in der Mitte eine *Mariensäule*, errichtet von Kurfürst Maximilian I. 1638 zum Gedächtnis des Sieges am Weißen Berge 1620. An der Nordseite das ***Neue Rathaus** (Eintr. s. S. 6), 1867-1905 im got. Stil von *Hauberrisser* erbaut, mit reich geschmückter Fassade und 75m h. Turm mit Glocken- und Figurenspiel. — In der NO.-Ecke des Platzes der *Fischbrunnen*, Erzguß von Knoll (1865). — Durch die Dienerstraße auf den

Max-Joseph-Platz (II. Pl. F 5), mit dem *Denkmal des Königs Max I. Joseph* († 1825), von Rauch (1835). Südl. die *Hauptpost*; ö. an der Ecke der Maximilianstraße (S. 10) das **kgl. Hof- und Nationaltheater** (II. Pl. F 5; S. 5), von *Fischer* und *Klenze* 1811-23 erbaut, eines der größten Deutschlands (2200 Plätze; innere Einrichtung sehenswert, Eintr. s. S. 6). Daneben das *Residenztheater* (S. 5), 1751-53 erbaut, mit reicher Rokokodekoration.

An die Nordseite des Max-Joseph-Platzes grenzt die **Königliche Residenz** (II. Pl. F 5). Sie besteht aus drei Teilen: südl. der *Königsbau*, n. nach dem Hofgarten der *Festsaalbau*, in der Mitte zwischen beiden die *Alte Residenz* (Eintr. s. S. 6); Eingang von der Residenzstraße, im Durchgang zwischen Kapellenhof und Brunnenhof links.

Die ALTE RESIDENZ, unter Kurfürst Maximilian I. 1598-1616 erbaut, enthält eine Reihe im Geschmack des XVII. Jahrh. ausgeschmückter Gemächer (Eintr. s. S. 6): die Kaiser- oder reichen Zimmer; die grüne Galerie mit ital. und niederländ. Bildern; Spiegelkabinett; Miniaturenkabinett; Trierzimmer und Papstzimmer.

Der *FESTSAALBAU (Hauptfassade nach dem Hofgarten 233m lang), 1832-42 im ital. Renaissancestil von *Klenze* erbaut, hat eine Reihe schöner, zu Hoffesten bestimmter Säle.

Der KÖNIGSBAU, 1826-35 von *Klenze* erbaut, enthält in fünf Sälen im Erdgeschoß (Eingang vom Grottenhof der Residenz) die Nibelungen-Fresken von Jul. Schnorr.

Die Schatzkammer (Eintr. s. S. 6) enthält eine Menge Kostbarkeiten in Gold, Silber und Edelsteinen, Trinkgefäße, Ordenszeichen und Kronen, u. a. Kaiser Heinrichs des Heiligen und seiner Gemahlin Kunigunde vom J. 1010, usw. — In der Reichen Kapelle (Eintr. s. S. 6) zahlreiche Gold- und Silberarbeiten, vielfach von bedeutendem Kunstwert.

An der Ostseite der Residenz die **Allerheiligen-Hofkirche** (Eintr. s. S. 6), 1826-37 von *Klenze* im byzantin.-roman. Stil erbaut, mit Fresken von H. v. Heß, Schraudolph und Koch.

Hinter der Residenz am Marstallplatz die *kgl. Hofwagenburg, Geschirr- und Sattelkammer* (Eintr. s. S. 6), mit einer reichen Sammlung von Wagen und Schlitten der bayr. Herrscher vom XVII.-XIX. Jahrhundert.

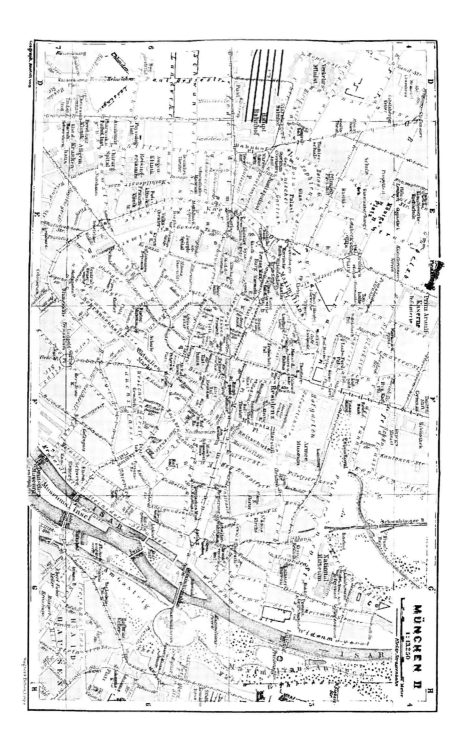

An den Festsaalbau grenzt nördl. der **kgl. Hofgarten** (II. Pl. F 5), an der W.- und N.-Seite von freskengeschmückten Arkaden umgeben. Im N.-Flügel im Erdgeschoß das *Museum von Gipsabgüssen* (Eintr. s. S. 6); im Obergeschoß l. das *Ethnographische Museum* (Eintr. s. S. 6) und der *Kunstverein* (S. 7). An der Ostseite das **Bayerische Armeemuseum**, von *Mellinger* 1901-5 erbaut (Eintr. s. S. 6), mit Waffen, Rüstungen, Uniformen usw. vom xv. Jahrh. bis zur Gegenwart; davor Prunkkanonen des xvi. u. xvii. Jahrh. — Ö. durch die Prinz-Regentenstraße zum
**Bayerischen Nationalmuseum (II. Pl. G 5; Eintr. s. S. 6), im deutschen Renaissancestil von *G. v. Seidl* 1894-1900 erbaut, mit reichen kultur- und kunstgeschichtlichen Sammlungen.

Das *Erdgeschoß* enthält in 48 Sälen die chronologisch geordneten Sammlungen zur Kulturgeschichte der deutschen Länder von der Urzeit bis zur Gegenwart, mit besonderer Berücksichtigung Bayerns; der *erste Stock* in 34 Räumen die Fachsammlungen und die Bibliothek; ein großer Raum des *zweiten Stocks* die Krippensammlung. In den *Höfen* r. römische, altchristliche und mittelalterliche Skulpturen und Bauteile, l. Renaissance- und Rokokowerke. Eine auch nur flüchtige Durchwanderung der Sammlungen nimmt 3 Stunden in Anspruch; den wichtigsten Teil enthält das Erdgeschoß.

R. vor der Front des Nationalmuseums auf einer Terrasse der schöne *Hubertusbrunnen*, von Hildebrand (1907). Daneben das von Littmann 1908 erbaute Palais der *Preußischen Gesandtschaft* (II. Pl. G 5) mit der ***Schackgalerie** (Eintr. s. S. 6). Die Gemäldesammlung des Grafen Adolf Friedrich von Schack, als Vermächtnis des Gründers († 1894) Eigentum des Kaisers Wilhelm II., enthält neben zahlreichen, von Lenbach u. a. gearbeiteten Kopien der großen venezianischen und spanischen Meister eine Reihe hervorragender Werke von deutschen Malern aus der Mitte des xix. Jahrh. (Feuerbach, Böcklin, Schwind) und bildet eine wertvolle Ergänzung der Neuen Pinakothek.

Am Ende der Straße führt die mit vier Kolossalfiguren geschmückte *Luitpoldbrücke* über die Isar. Auf der Höhe des r. Ufers das 1898 errichtete **Friedensdenkmal** (Pl. H 4), eine Säule mit dem Genius des Friedens über einer Karyatidenhalle. — Weiter ö. am Prinzregentenplatz das *Prinzregenten-Theater* (I. Pl. H 5, 6; s. S. 5).

Die **Ludwigstraße** (I. Pl. F 4, 5), eine Schöpfung König Ludwigs I., enthält eine Reihe stattlicher Bauten, meist im Rundbogenstil. Am S.-Ende die **Feldherrnhalle** (II. Pl. F 5), 1841-44 von Gärtner erbaut, mit dem bayrischen Armeedenkmal von Ferd. v. Miller, den Erzstandbildern Tilly's und Wrede's von Schwanthaler und zwei Löwen von Rümann. Mittags Militärmusik. — Gegenüber die **Theatinerkirche** (II. Pl. F 5), 1662-75 im römischen Barockstil von Barelli erbaut, mit hoher Kuppel, Bildern von Tintoretto, Zanchi, Cignani und der Gruft der königl. Familie.

Auf dem Odeonsplatz (II. Pl. F 5) das *Reiterstandbild König Ludwigs I.* († 1868), von Widnmann (1862). — L. das *Odeon*, zu

Konzerten und für die Akademie der Tonkunst bestimmt, r. das *Prinz Luitpold-Palais*, beide von Klenze.

Weiter in der Ludwigstraße l. das *Herzog Max-Palais* (II. Pl. F 5), r. das *Kriegsministerium* und die *Hof- und Staats-Bibliothek (II. Pl. F 4; Eintr. s. S. 6), 1832-43 von *Gärtner* erbaut, mit über 1300000 Bänden und 50000 Handschriften (die Schaustücke im „Fürstensaal"). Im Erdgeschoß das bayrische *Reichsarchiv*, mit 500000 Urkunden.

L. das *Blindeninstitut* (I. Pl. F 4); r. die Ludwigskirche (I. Pl. F 4; nur bis 12 Uhr mittags geöffnet), 1829-44 von *Gärtner* im ital.-roman. Stil erbaut, mit zwei 64m h. Türmen und buntem Ziegeldach. Über dem Portal Christus und die vier Evangelisten, Kolossalstatuen von Schwanthaler. Hinter dem Hochaltar das Jüngste Gericht, ein gewaltiges Freskogemälde von Cornelius.

Die Ludwigsstr. erweitert sich zu einem viereckigen Platz mit zwei Springbrunnen (I. Pl. F 4). R. das *Priesterseminar* und das *Max-Joseph-Erziehungsinstitut*; l. die Universität (6500 Stud.); im zweiten Stock die 500000 Bände starke *Universitätsbibliothek* (werktags 8-1 und außer Sa. 3-6 U. geöffnet).

Das *Siegestor (I. Pl. F 4), mit drei Durchfahrten, 1843-50 erbaut, bildet den Abschluß der Ludwigstraße. Oben eine 5,5m h. Bavaria auf einer mit Löwen bespannten Quadriga, von M. Wagner. — Vor dem Tor l. die *Akademie der bildenden Künste* (I. Pl. F 4), 1874-85 im ital. Renaissancestil von Neureuther erbaut.

Vom Siegestor führt die Leopoldstraße am (l.) *Palais des Prinzen Leopold* (I. Pl. F 3) und hübschen Villen vorbei nach der Vorstadt Schwabing mit vielen geschmackvollen Neubauten und den S. 7 genannten Badeanstalten.

O. führt vom Max-Joseph-Platz die stattliche Maximilianstraße (II. Pl. F G 6) zur Maximiliansbrücke. R. neben der Post (S. 7) das *Münzgebäude* (II. Pl. F 6); l. das Hoftheater (S. 5). Nach 400 Schritten erweitert sich die Straße zu einem 82m br. Platz mit Anlagen und vier Denkmälern: l. General *Graf Deroy* († 1812), von Halbig; *Graf Rumford* († 1814), der Philanthrop und Schöpfer des Englischen Gartens, von Zumbusch; r. der Philosoph *Schelling* († 1854), von Brugger, und der Optiker *Fraunhofer* († 1826), von Halbig. L. das *Regierungsgebäude* (II. Pl. F G 6), r. das *Alte National-Museum* mit (l.) der Ausstellung der Münchner Künstlergenossenschaft (s. S. 7) und (r.) dem provisorisch hier aufgestellten *Deutschen Museum von Meisterwerken der Naturwissenschaften und Technik (Eintr. s. S. 6), einer höchst reichhaltigen und wertvollen Sammlung von Originalen, Nachbildungen und Modellen aus allen Gebieten der exakten und technischen Wissenschaften von ihren Anfängen bis zum heutigen Tage: Berg-, Hütten- und Maschinenwesen, Industrie, Landwirtschaft, Chemie,

Physik, Verkehrswesen, Wasserbau, Schiffbau usw., in über 50 S:
Die Gegenstände sind bezeichnet; viele Modelle sind in Betrie
setzen. Eintr. s. S. 6; Katalog 1 ℳ; Übersichtsplan 10 pf.

Verschiedene andere Abteilungen (Metallurgie, Elektrizität, Bel
tungswesen, Städtehygiene usw.) sind vorläufig in der alten *Schu
Reiterkaserne* (II. Pl. F 6) untergebracht. S.ö., der Kaserne gege1
die *Museumsinsel*, auf der nach Plänen von G. von Seidl der große
bau des Deutschen Museums errichtet wird (s. S. 14).

Am O.-Ende des Platzes das *Denkmal des Königs M
milian II.* († 1864), von Zumbusch (1875).

Unweit n. in der Pfarrstraße das *Arbeiter-Museum* (II. Pl. G 6; I
s. S. 6), mit Sammlungen für Wohlfahrtseinrichtungen. Weiter i1
St. Annastraße die schöne **St. Annakirche** (II. Pl. G 5), 1892-9
roman. Stil von G. Seidl erbaut. — Südl. vom Maximilians-Denkma
dem Mariannenplatz die protestantische **St. Lukaskirche** (II. Pl.
Zentralbau im Übergangsstil von Albert Schmidt (1896). Ö. geger
auf der Isarinsel das neue *Alpine Museum* (Eröffnung 1911).

Jenseit der 1899-1906 von Thiersch neuerbauten, mit einer St
der Pallas Athene (von Drexler) geschmückten *Maximiliansbri
auf der *Gasteighöhe* am r. Ufer der Isar das **Maximiliane
(II. Pl. G 6), eine von König Max II. gegründete Anstalt für
dierende (Eintr. s. S. 6). Im obern Geschoß in drei Sälen 30 g
Ölbilder, die Hauptmomente der Weltgeschichte darstellend.

Zu beiden Seiten erstrecken sich hübsche Anlagen flußaufw
am *Gasteig* bis zur Ludwigsbrücke, abwärts *(Maximilians
lagen)* bis Bogenhausen (S. 15). — Ö. liegt der Stadtteil *Haidha
mit der *St. Johanniskirche* (Pl. G H 6) und dem *Ostbahnhof* (l
H 7; s. S. 4).

Vom Odeonsplatz führt w. die Briennerstraße (II. Pl. I
zu den Propyläen und der Glyptothek. R. auf dem Wittelsba
Platz (II. Pl. F 5) das *Reiterbild des Kurfürsten Maximilie
(† 1651), von Thorwaldsen (1839). Am O.-Ende des Maximil
platzes (S. 14) ein *Standbild Schillers*, von Widmann (1:
Weiter r. der rote **Wittelsbacher Palast** (Pl. E 3), im engl
mittelalterlichen Spitzbogenstil von *Gärtner* erbaut, jetzt
Thronfolger Prinzen Ludwig bewohnt.

Auf dem Karolinenplatz (II. Pl. E 5) ein 32m h. **Obel
von König Ludwig I. 1833 zum Gedächtnis der im russischen K1
1812 gefallenen Bayern errichtet. Karolinenplatz 3 die *v. l
becksche Sammlung* von Gemälden und Skulpturen (Eintr. S. 6
R. durch die Barerstraße zur

***Alten Pinakothek** oder Gemäldesammlung (II. Pl. E 4; E
s. S. 6), 1826-36 von *Klenze* erbaut. Sie enthält über 1400 B:
von Meistern bis zum Ende des XVIII. Jahrh., nach Schulen und
geordnet und mit den Namen der Maler versehen. Katalog 1

Im Vorsaal Bildnisse der Stifter, von Kurfürst Johann Wil
(† 1719) bis König Ludwig I. († 1868). — Bei einem kurzen Besucl
achte man, nach einem Blick auf die mehr kunstgeschichtlich i

essanten niederrheinischen und altvlämischen Bilder im I. u. II. Saal und den dazugehörigen Kabinetten I u. II, namentlich die Oberdeutschen Meister im III. Saal und den Kabinetten III und IV (Dürer, Holbein usw.), die Holländer in Saal IV und Kab. V-XI (Rembrandt, Fr. Hals, Ruisdael usw.), die Vlämischen Meister (vor allem Rubens im V. u. VI. Saal und XII. u. XIII. Kab., Van Dyck im VII. Saal, sowie die Genrebilder von Teniers, Brouwer usw. in Kab. XIV-XVI). Unter den Italienern (VIII.-X. Saal und XVII-XX. Kab.) sind Raffael, Perugino, Tizian, unter den Spaniern (XI. Saal) Murillo durch hervorragende Werke vertreten.

An der Südseite die *Loggien*, ein Bogengang in 25 Abteilungen mit Fresken von Cornelius, die Geschichte der Malerei darstellend. — Im Erdgeschoß der Pinakothek n. die *Graphische Sammlung* (Eintr. s. S. 6), mit über 500000 Kupferstichen und 25000 Handzeichnungen alter und neuer Meister. — Die *Vasensammlung* (Eintr. s. S. 6; Führer 1 ℳ), in fünf Sälen des w. Flügels aufgestellt, enthält an 3000 Vasen, meist aus Unteritalien und Griechenland, durch König Ludwig I. erworben.

Die ***Neue Pinakothek*** (I. Pl. E 4; Eintr. s. S. 6), 1846-53 von *Voit* erbaut, enthält Bilder neuerer Meister, meist der Münchner Schule, darunter hervorragende Werke von Rottmann, W. v. Kaulbach, Schleich, K. Piloty, Defregger, Lenbach, Gabriel Max, Uhde, Leibl, Firle, Stuck, Segantini u. a. Katalog 1, illustr. 2 ℳ. — Im Erdgeschoß zwei Zimmer mit *Porzellangemälden* (Eintr. s. S. 6) und das *Antiquarium*, mit kleinen ägyptischen, griechischen und römischen Altertümern (Eintr. S. 6).

Der W.-Seite der alten Pinakothek gegenüber die **Technische Hochschule** (I. Pl. E 4), 1865-68 von Neureuther erbaut, mit prächtigem Treppenhaus. Vor dem r. Flügel die sitzende Marmorstatue des Physikers *G. S. Ohm* († 1854), von Rümann (1895).

Südl., am Königsplatz, die ***Glyptothek*** (II. Pl. E 4, 5), 1816-30 im ionischen Stil von *Klenze* erbaut, mit antiken und modernen Skulpturen, die ersteren größtenteils 1805-16 von König Ludwig I. als Kronprinz gesammelt. Eintr. s. S. 6; kurzer Katalog 50 pf., mit Abbildungen 2 ℳ; ausführlicher Katalog 3 ℳ.

Hervorzuheben: im IV. *(Aegineten-)Saal* zwei *Giebelgruppen vom Tempel in Aegina*, 1811 aufgefunden, die Kämpfe der äginetischen Heroen gegen die Trojaner darstellend. Im VIII. und IX. Saal Fresken von Cornelius. Im XIV. Saal die modernen Bildwerke.

Der Glyptothek gegenüber südl. das *Kunstausstellungsgebäude* (II. Pl. E 5), im korinth. Stil von Ziebland 1845 erbaut (Ausstellung der Münchner Secession, s. S. 7). — An der W.-Seite des Platzes die ***Propyläen*** (II. Pl. E 5), ein Prachttor mit außen dorischen, innen ionischen Säulen, von Klenze erbaut, mit Reliefs von Jos. Schefzky, Darstellungen aus dem griech. Befreiungskampf und der Regierung Ottos I. Am Tage nach der Einweihung (30. Okt. 1862) zog König Otto († 1867) in München wieder ein.

Die ***Basilika*** *des h. Bonifazius* (II. Pl. E 5), Karlstr., nach dem Vorbild altitalien. Basiliken des v. und vi. Jahrh. von *Ziebland* 1850 vollendet, mit fünf Schiffen und 66 Marmorsäulen, hat reichen Freskenschmuck von H. v. Heß, Schraudolph und Koch. Offener Dachstuhl mit vergoldetem Balkenwerk. R. vom Eingang ruht König Ludwig I. († 1868).

Frauenkirche. MÜNCHEN.

Der **Botanische Garten** (II. Pl. E 5; Eintr. s. S. 6), der Basilika gegenüber, enthält ein Palmenhaus mit hoher Glaskuppel, botanisches Museum usw. — Der **Glaspalast** (II. Pl. E 5), Sophienstr., von *Voit* 1854 aus Glas und Eisen erbaut, 233m lang, Mittelschiff 23m hoch, wird seit 1888 für die Jahres-Kunstausstellungen benutzt (s. S. 7).

Vom Marienplatz (S. 8) führt r. die Kaufinger- und Neuhauser-Straße zum Karlstor. R. abseits der **Frauenplatz** mit der **Frauenkirche** (II. Pl. F 6), 1468-88 im spätgot. Stil von *Jörg Gangkofer* aus Backstein aufgeführt. Die beiden 97m h. Türme sind mit birnförmigen Helmen bedeckt, das Wahrzeichen Münchens (oben weite Aussicht; Karten beim Mesner, 40 pf.). Das Innere ist dreischiffig mit 22 schlanken achteckigen Pfeilern und reichen Netzgewölben; Hochaltar mit Krönung Mariä, Holzschnitzwerk von Knabl, auf den Flügeln Gemälde von Schwind. Am Eingang das *Grabdenkmal Kaiser Ludwigs des Bayern († 1347), 1622 von Hans Krumper gegossen.

Unweit n. der **Promenadeplatz** (II. Pl. E F 5), mit fünf Standbildern: in der Mitte *Kurfürst Max Emanuel*, „Belgrads Eroberer" († 1726); r. der Geschichtschreiber *Westenrieder* († 1829) und der Tondichter *Gluck* († 1787); l. der Staatskanzler *v. Kreittmayr* († 1790) und der Tondichter *Orlando di Lasso* († 1599). — Weiter in der Pfandhausstraße (II. Pl. E 5) r. das *Kunstgewerbehaus*, mit der Ausstellung des bayer. Kunstgewerbevereins (Eintr. frei); l. die Herzog Max-Burg (S. 14).

Vom Promenadeplatz durch die Karmeliter- und Ettstr. zur Neuhauser Straße zurück. An der Ecke die **St. Michaels-Hofkirche** (II. Pl. E 6), 1583-97 im röm. Barockstil erbaut, mit großartigem Tonnengewölbe (Durchm. 26m). Im Kreuzschiff l. das *Grabmal des Herzogs von Leuchtenberg, Eugen Beauharnais († 1824), von Thorwaldsen. Unter dem Chor ruht König Ludwig II. († 1886).

Neben der Michaelskirche im ehemaligen Jesuitenkollegium die **Akademie der Wissenschaften** (II. Pl. E 6), mit bedeutenden Sammlungen (sehenswert die *Paläontologische Sammlung* und die *Mineraliensammlung;* Eintr. s. S. 6). Weiterhin r. das *Kaufhaus Oberpollinger*.

Den Abschluß der Neuhauserstr. bildet das *Karlstor* (II. Pl. E 5, 6); davor, am Karlsplatz, der *Nornenbrunnen*, von Netzer (1907), und der **Justizpalast**, 1892-97 von *F. Thiersch* im Barockstil erbaut (Eintr. in den sehenswerten Lichthof 7.30-1 u. 3-6 Uhr frei). W. anstoßend das *Neue Justizgebäude*, gleichfalls von Thiersch, in gotischen Formen mit bunt verputzten Fassaden. — N.ö. auf dem *Lenbachplatz* (II. Pl. E 5) ein *Standbild Goethes* von Widnmann; r. das *Künstlerhaus* (II. Pl. E 5), von G. v. Seidl (die

Festräume tägl. 10-6 Uhr geöffnet, 1 ℳ) und in der Pfandhausstr. die *Herzog Max-Burg*, jetzt Sitz verschiedener Behörden.

Auf dem mit Anlagen geschmückten **Maximiliansplatz** (II. Pl. E F 5) erhebt sich als Abschluß der städtischen Wasserversorgung der *Wittelsbacherbrunnen*, von A. Hildebrand (1895), mit zwei Kolossalgruppen, Sinnbildern der befruchtenden und zerstörenden Kraft des Wassers. — In der Mitte des Platzes die sitzende Marmorstatue des Chemikers *Justus Liebig* († 1873), von Wagmüller und Rümann (1883), und ein Denkmal des Hygienikers *Max Pettenkofer* († 1901), von Rümann (1909). — An der N.-Seite des Platzes das *Haus für Handel und Gewerbe*, polychromer Neubau von F. Thiersch.

S. zieht sich vom Karlsplatz die breite baumbepflanzte **Sonnenstraße** bis zum Sendlinger Torplatz. R. in der Schwanthalerstr. das *Schwanthaler-Museum* (II. Pl. E 6; Eintr. s. S. 6), mit Gipsmodellen fast aller Werke Ludwig v. Schwanthalers († 1848).

Auf dem **Sendlingertorplatz** (II. Pl. E 6) die Kolossalbüste *Alois Senefelders* († 1834), des Erfinders der Lithographie, von Zumbusch (1866). Sendlingerstr. Nr. 80 das Gebäude der *Münchner Neuesten Nachrichten*, von Heilmann & Littmann (1906). W. das große *allgem. Krankenhaus* (II. Pl. E 6) und die medizin. Institute der Universität; in der *Anatomie* (1907) bedeutende Sammlungen (Eintr. s. S. 6). Weiter w. auf dem Kaiser Ludwigplatz (II. Pl. D 6, 7) das Bronze-Reiterstandbild *Kaiser Ludwigs des Bayern*, von F. von Miller (1905). — Südlich die *Friedhöfe* (I. Pl. E 7) mit vielen auch künstlerisch wertvollen Denkmälern.

Östl. gelangt man vom Marienplatz durch den Bogen des alten *Rathausturmes* in das **Tal** (II. Pl. F 6), eine breite Straße. Gleich am Anfang r. hinter der *H. Geistkirche* der *Viktualienmarkt* und die 431m lange *Schrannenhalle* (II. Pl. E 6). Am St. Jakobsplatz (II. Pl. F 5) das *Historische Stadtmuseum* mit der *Maillinger-Sammlung* (Eintr. s. S. 6). — S.ö. der **Gärtnerplatz** (II. Pl. F 6) mit dem gleichn. Theater (S. 5) und den Standbildern der Baumeister *Friedrich Gärtner* († 1847) und *Ludwig Klenze* († 1864), von Widnmann und Brugger. Die Corneliusstraße führt von hier s.ö. zur *Museumsinsel* (S. 11); auf der Corneliusbrücke (Pl. F 7) das *Standbild König Ludwigs II.*, von Ferd. v. Miller (1910).

Den östl. Abschluß des Tals bildet das **Isartor** (II. Pl. F 6), aus dem Mittelalter, 1835 und neuerdings hergestellt, mit Fresko nach Bernh. Neher, der Einzug Kaiser Ludwigs des Bayern nach der Schlacht von Ampfing. Auf dem Isartorplatz der *Fortunabrunnen*, von Killer (1907). — Im Stadtbezirk *Au* die **Mariahilfkirche** (I. Pl. F 7), dreischiffige Hallenkirche im frühgot. Stil, 1831-39 von *Ohlmüller* und *Ziebland* erbaut; im Innern prächtige Glasgemälde nach Entwürfen von Joh. Schraudolph, Fischer u. a. — Weiter südl. die *Giesinger Kirche* (I. Pl. F 9), 1866-84 von Dollmann erbaut.

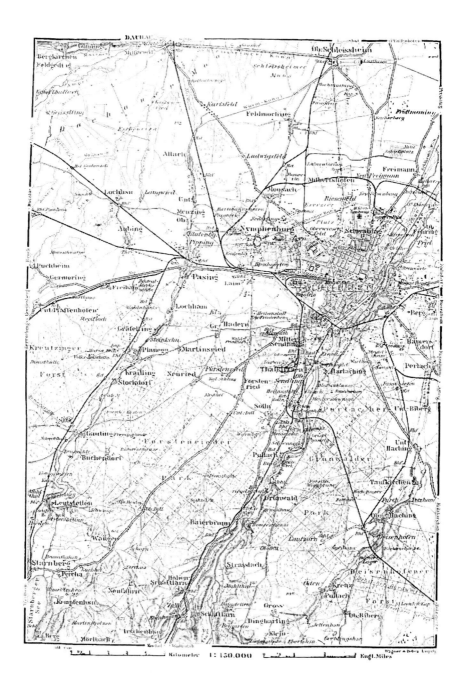

An der W.-Seite der Stadt die Theresienwiese (I. Pl. D 6, 7), der Schauplatz des Oktoberfestes, von neuen Straßenanlagen umgeben (n.ö. die neugotische *Paulskirche*, von Hauberrisser, 1902). Auf der Theresienhöhe, 25 Min. s.w. vom Bahnhof (Trambahn Nr. 19, s. S. 7), erhebt sich die Erzfigur der **Bavaria** (I. Pl. D 7), nach Schwanthalers Modell von F. Miller gegossen (1850), 16m, bis zur Spitze des Kranzes 19m hoch; im Innern (Eintr. s. S. 6) führt eine Wendeltreppe (eng und unbequem) bis in den Kopf, mit Platz für 5 Personen und Aussicht auf die Alpen. In der RUHMESHALLE, einer dorischen Säulenhalle nach *Klenze's* Entwurf, 80 Büsten berühmter Bayern. — N.w. von der Bavaria der *Ausstellungspark* von 1908 (I. Pl. C 6, 7), mit dem von Littmann erbauten *Künstlertheater* (S. 5).

Der *Englische Garten (I. Pl. G H 3, 4), ein 237ha großer Park mit prächtigen alten Bäumen, von zwei Kanälen der Isar durchschnitten, bietet mit seiner Fülle von Schatten und kühlem Wasser an heißen Sommertagen köstliche Spaziergänge. Beim Brunnhaus ein künstlicher Wasserfall, dann r. das *Dianabad* (Café), l. auf einem Hügel der *Monopteros*, ein kl. Tempel nach Klenzes Entwurf, der *Chinesische Turm* (Café), bei *Kleinhesselohe* (Restaur.) ein künstlicher See. Ö. gelangt man vom Englischen Garten über die Tivolistr. und auf der *Max-Joseph-Brücke* über die Isar (r. die Naturheilanstalt *Brunntal* mit schattigen Anlagen) nach *Bogenhausen* (I. Pl. H 5), auf der Höhe des r. Ufers, mit der *Sternwarte* (I. Pl. H 5). Durch die Maximilians-Anlagen (S. 11), oder mit Trambahn Nr. 9 (S. 7) zur Stadt zurück.

Schloß **Nymphenburg** (I. Pl. A 3), 1 St. w. von München (elektr. Trambahn No. 1 in 20 Min.; s. S. 7), hat stilvolle Anlagen, zwei Springbrunnen mit 30m h. Wasserstrahl und schöne Gewächshäuser. Im Park r. die *Magdalenenkapelle* in Form einer Ruine, die *Pagodenburg* und *Amalienburg*, hübscher Rokokobau. Konzerte im *Volksgarten*, einem großen Vergnügungs-Etablissement mit Garten; Restauration *zum Controlor*.

Schloß **Schleißheim** (483m; Schloßwirtschaft; 1/2 St. entfernt die Waldrestauration zum Bergl), Station der Regensburger Bahn (Fahrzeit 30 Min.), Ende des XVII. Jahrh. von Kurfürst Max Emanuel erbaut, mit schönem Garten, Gemälde-Galerie usw. (die unteren altdeutschen und italienischen Säle 10-12, die oberen, Niederländer, usw., 2-6 Uhr geöffnet). Katalog 1 ℳ.

Lohnender Ausflug ins **Isartal**, südl. von München: mit der Staatsbahn (S. 71) in 22-26 Min. oder mit der Isartalbahn (S. 66) in 13-16 Min. nach *Großhesselohe* (S. 66). Dann zu Fuß vom Staatsbahnhof, 8 Min. vom Isartalbahnhof, über die Isarbrücke (S. 71) durch Wald zur (20 Min.) *Menterschwaige* (Wirtsch.). — Zum *Restaur. Großhesselohe* vom Staatsbahnhof den Fußweg am l. Ufer aufwärts (10 Min.); von hier durch Wald an dem von L. v. Schwanthaler erbauten Schlößchen *Schwaneck* (unzugänglich) vorbei nach (25 Min.) *Pullach* (S. 66). 1. hinab zum (8 Min.) *Bad Pullach* (Restaur.), zurück auf dem romantischen untern Isarweg am Fluß entlang durch prachtvollen Buchenwald, am Brunnwart (Whs.) vorbei, vor der Großhesseloher Brücke zum Bahnhof hinauf; oder vom Bad Pullach weiter an der Isar aufwärts nach (1/2 St.) *Höllriegelsgreut* (S. 66), hier über die Isarbrücke und den „Herzog Sigmund-Weg" hinauf zum (1/4 St.) alten Jagdschloß *Grünwald* (583m; Schloßwirtschaft, mit schöner Aussicht), dann auf dem r. Ufer in 1 St. bis zur Brücke von Großhesselohe zurück.

2. Starnberger See. Hoher Peißenberg. Ammersee.

EISENBAHN von München bis Starnberg, 28km, in 32-50 Min. (2 $\mathscr{M}$ 20, 1 $\mathscr{M}$ 40, 90 pf.); bis Weilheim, 54km, in 1¾-2 St. (4.20, 2.70, 1.75); bis Peißenberg, 62km, in 2¼-2½ St. (3 $\mathscr{M}$ 10, 1.95). — DAMPFBOOT (Restaur.) von Starnberg nach Seeshaupt und zurück (Rundfahrt um den ganzen See, 3 $\mathscr{M}$ u. 1 $\mathscr{M}$ 65), an alle Züge anschließend, in 3 St., Sonntags Extrafahrten. Fahrkarten auf den Schiffen selbst, sowie am Starnberger Bahnhof (an der Nordseite des Hauptbahnhofs) in München. Die Rundfahrkarte berechtigt zu zweimaligem Aussteigen.

Bis (7km) *Pasing* (525m; H. zur Eisenbahn) s. S. 20. — 14km *Planegg* (555m; Schloßwirt, mit Garten; Schweiger; Ebner; Zur Eiche); 19km *Gauting* (584m; Bahnhof-H., 82 B. zu 1¼-2½ $\mathscr{M}$; Post), mit Schwefelbad (P. mit Bad 4 $\mathscr{M}$). — 23,5km *Mühltal*.

28km **Starnberg**. — GASTH.: Bayerischer Hof, 40 Z. zu 2½-3½, P. 6-8 $\mathscr{M}$; Pellet-Mayer, 40 B. zu 1½-3, P. 5-7 $\mathscr{M}$, gelobt; Bellevue, 30 B. von 1½ $\mathscr{M}$, P. von 6 $\mathscr{M}$ an; Deutscher Kaiser, B. 1½-3, P. 5-7 $\mathscr{M}$; Tutzinger Hof. — Kuranstalt Bad Starnberg *(Dr. V. Plange)*, 18 B., P. 6-10 $\mathscr{M}$. — See-Restaurant, beim Undosabad; *Restaur. Seehof; Rüdesheimer Weinstube*, 2 Min. vom Bahnhof. — *Undosabad*, mit künstlichem Wellenschlag. — Ruderboot die Stunde 50 pf.-1 $\mathscr{M}$.

Starnberg (589m), stattlicher Markt (3300 Einw.) mit altem Schloß, wird als Sommeraufenthalt viel besucht. AVS.

Hübsche Spaziergänge in den Anlagen am See; zu den *Sieben Quellen*; zur (1¼ St.) *Max-Josephs-Höhe* mit reizender Aussicht; zur (½ St.) *großen Tanne*, weiter zur (¼ St.) *Prinzeneiche* und auf Waldwegen nach (1 St.) *Pöcking* (s. unten); zur Wald-Restauration *Schießstätte*, 25 Min. vom Bahnhof, am Wege nach Mühltal, usw.

Der *Starnberger See oder **Würmsee** (584m), 20km lang, 2-5km breit, bis 123m tief (Seefläche 57qkm), mit mäßig hohen Uferbergen, die mit Laubbäusern und Parkanlagen bedeckt sind, erhält seinen Hauptreiz durch den südl. Gebirgshintergrund (von O. nach W. Wendelstein, Brecherspitze, Kirchstein, Benediktenwand, dahinter Karwendelgebirge, Jochberg, Herzogstand, Heimgarten, Krottenkopf, Wettersteingebirge mit der Zugspitze, Ettaler Mandl).

Dampfbootfahrt. Hinter Starnberg r. auf der Höhe die Villa des Grafen Almeida; am See eine Reihe hübscher Landhäuser, mit der Dampfbootstation *Niederpöcking*. Weiter **Possenhofen** (*Schauer, 32 B. zu 1½-2, P. 6-7 $\mathscr{M}$), mit Schloß und Park des † Herzogs Karl Theodor. Nach *Feldafing* (S. 17) hübscher Waldweg (25 Min.). Oberhalb Possenhofen (Bootfahrt in 10 Min.) die bewaldete *Roseninsel*, mit kgl. Landhaus (Besuch gestattet).

Die erste Station am O.-Ufer ist **Schloß Berg** (Hotel am See, mit Veranda und Garten, Z. 1-3, P. 5-7 $\mathscr{M}$; Gasth. Schloß Berg, 5 Min. vom See, mit Garten-Restaurant und Waldpromenaden).

5 Min. vom Landeplatz das königl. Schloß Berg, Sommersitz und letzter Aufenthalt König Ludwigs II. (Eintritt im Sommer tägl. 8-11 u. 12-6 Uhr, 50 pf.). Durch den Park führt ein Weg in 20 Min. nach Leoni, an der Stelle vorbei, wo König Ludwig und Dr. v. Gudden am 13. Juni 1886 im See ihren Tod fanden. Dabei eine vom Prinzregenten Luitpold erbaute roman. Gedächtniskapelle.

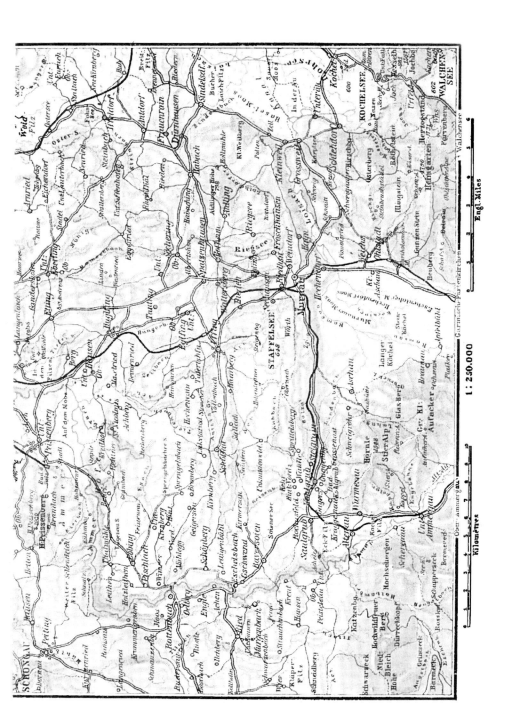

Weiter, am O.-Ufer das saubere Dorf **Leóni** (*H. *Leoni* bei *Strauch*, 65 Z. zu 1½-2, P. 6-7 ℳ; ½ St. südl. am Wege nach Ammerland *H.-P. Bayerisches Haus*, in hübscher Lage, P. 4-7 ℳ). Auf der Höhe die Kirche von *Aufkirchen*.

Zur **Rottmannshöhe** (660m; 25 Min.), Drahtseilbahn in 7-8 Min. (aufwärts 30, abwärts 10 pf.). Oben Gasth. und *Dr. Matzens Sanatorium*, mit Park. 10 Min. südl. der 1899 erbaute *****Bismarckturm** (680m), mit herrlichem Blick auf See und Alpen. — Nach *Wolfratshausen* s. S. 67.

Am W.-Ufer ziehen sich von Possenhofen schöne Parkanlagen, am Restaurant Fischer am See vorbei, bis (1 St.) *Garatshausen*, mit Schloß des Fürsten von Thurn u. Taxis (bis Tutzing Seeweg in 25 Min.). Stat. **Tutzing** (Gasth.: *H. Simson, in schöner Lage, 10 Min. vom See, mit Terrasse und Park, 125 B. zu 2-4, F. 1, P. 6-9 ℳ; Seehof, am See, mit Park, 70 B. von 2 ℳ ab; *H. König Ludwig, am See, 40 B. zu 1.50-2, P. von 5 ℳ an; Bernrieder Hof, einf.), mit Schloß der Gräfin v. Landberg-Hallberger (unzugänglich) und großem Kloster der Missionsschwestern.

Unterhalb der Landebrücke Bade- und Schwimmanstalt. — Reizende Aussicht vom *Johannishügel*, am See ¼ St. südl.; schöner von der (¾ St.) ***Ilkahöhe*** (729m) bei *Oberzeismering*, mit Rotunde und Bronzebüste des Buchhändlers Ed. v. Hallberger († 1880).

Station **Bernried** (Altwirt), ¼ St. von der S. 67 gen. Eisenbahn-Station, mit Schloß des Hrn. v. Wendland und stets zugänglichem Park (in der Brauerei gutes Bier; der hübsch gelegene Sommerkeller nachm. geöffnet). Die Ufer verflachen sich, das Gebirge tritt schärfer hervor. Station **Seeshaupt** (Post, mit Garten; H. Seeshaupt) liegt am Südende des Sees (Eisenbahnstation s. S. 67). Das Dampfboot fährt von hier am O.-Ufer über *Ambach* (Gasth. zum Fischmeister, 20 B. zu 1½-2 ℳ), *Ammerland* (Gasth. am See, 40 B. zu 2 ℳ), mit Schloß des Grafen Pocci, an den Schlössern *Seeburg* und *Allmannshausen* vorbei nach Leoni und Starnberg zurück.

Von *Seeshaupt* hübscher Spaziergang südl. zur *Lauterbacher Mühle* (S. 67; 1 St.). — S.w. Waldweg nach (¾ St.) *Hohenberg* (Gasth.), am Fuß des gleichn. Schlosses (vom Turm weite Aussicht; Schlüssel im Whs.). Rückweg über die *Frechenseen* (1 St.). — Von Seeshaupt Fahrstraße über (3km) *St. Heinrich* (Fischerrosl) nach (7km) *Beuerberg* (S. 67). Lohnender Umweg von ¾ St. über den *Odbauer* (697m) und die (¼ St.) *Hohenleiten*, mit Restaur. u. umfassender Aussicht. — Über *Ambach* (s. oben) die Kirche von (½ St.) *Holzhausen* (658m), mit Aussicht. Von hier nach *Eurasburg* (S. 67) Fahrweg über *Happerg* in 1½ St. — Von Ammerland über *Münsing* nach (2 St.) *Wolfratshausen* s. S. 67.

Eisenbahnfahrt (links sitzen). — 28km *Starnberg*, s. S. 16. — 33km **Possenhofen** (S. 16); r. 10 Min. vom Bahnhof das Dorf **Pöcking** (672m; Gasth.: Bellevue, Post, beide mit Aussicht). — 35km **Feldafing** (646m; Gasth.: *H.-P. Kaiserin Elisabeth, mit Terrasse und Bädern, 130 B. zu 3-6, F. 1, M. 3, P. 7-10 ℳ: *H.-P. Neuschwanstein, beide mit Aussicht; Gasth. zur Eisenbahn), 25 Min. vom See. — 40km *Tutzing* (Bahnrestaur.; nach Kochel s. S. 67); 44km *Diemendorf*; 49km *Wilzhofen* (583m; Restaur. Guggemos).

53km **Weilheim** (562m; Bahnwirtsch.; *H. Bräuwastl, mit

Garten, 50 B. zu 1-4 ℳ; Post, gelobt; Obermair), freundliche Stadt (5000 Einw.) an der *Ammer*. Hübsche Aussicht vom *Gögerl* (603m), mit Waldrestaurant. Nach dem Ammersee s. S. 20; nach Murnau und Partenkirchen S. 48.

Die Bahn nach Peißenberg (Wagenwechsel) überschreitet die Ammer und führt an (l.) *Unterpeißenberg* (Post; Löwe) vorbei zur (62km) Endstation **Peißenberg** (591m). In der Nähe bedeutende fiskal. Pechkohlengruben. 8 Min. l. vom Bahnhof *H. Bad Hohensulz* (615m; 60 B. zu 1.20-3, M. 2, P. 4-6 ℳ), mit Schwefel- und Eisenquellen, Wasserheilanstalt, Restaurant und Waldpromenaden.

Zum Hohen Peißenberg: vom Bahnhof auf schattigem Fußweg neben der Fahrstraße zum Bad Sulz; von dort entweder auf dem hinter dem Restaur. von der Straße l. abzweigenden blau-weiß markierten, bequemen und schattigen Wege am Wasserfall des Sulzerbachs, dem Quellenhaus, der „Schönen Aussicht" und dem Kreuz Jericho (800m) vorüber in 1½ St., oder auf dem hinter dem Restaur. r. abzweigenden, rot-weiß markierten, etwas steileren aber näheren Wege über den *Eberlbauer* und *Schwabheiß* in 1¼ St. zum Gipfel. Abstieg s. ö. über den Bergrücken, stets mit schönem Blick auf das Gebirge, zum *Gasth. Schächen* und zum *Weinbauer* (730m; guter Wein, auch Z.), dann entweder direkt auf dem sehr steilen *Stangenwege* (¾ St. bis zum Bahnhof), oder besser unterhalb des Weinbauern am Waldrande l. den bequemen Promenadenweg, der beim Quellenhaus in den blau-weiß mark. Peißenbergerweg mündet (s. oben), hinab zum Bad Sulz und zum (1 St.) Bahnhof Peißenberg. — Omnibus von Stat. Peißenberg 2mal tägl. in 1½ St. nach *Hetten* (769m; Whs.), am W.-Fuß des Berges; von hier zum Gipfel 40 Min. (morgens schattig).

Der *Hohe Peißenberg (988m) beherrscht durch seine Lage vor der Mitte der bayrischen Alpenkette unter allen Aussichtspunkten der Voralpen wohl das umfassendste Gebirgspanorama. Oben Wallfahrtskirche, Pfarrhaus, Schulhaus (auf dem Dach Observatorium, 20 pf.) und Gasth. (20 B. zu 1-1½, P. 3-4 ℳ).

Die *Aussicht erstreckt sich vom Hochstauffen östl. bis westl. zum Grünten; besonders hervortretend: neben dem Wendelstein Benediktenwand, Jochberg, daneben fern das leuchtende Schneefeld des Venedigers; Herzogstand und Heimgarten, davor unten der Staffelsee und Karwendelgebirge, Kisten- u. Krottenkopf, Dreitorspitze, Wettersteingebirge mit der Zugspitze, Daniel, Hochplatte, Hohe Bleiche, Gabelschroffen, Säuling, die Berge des Loisachgebiets, Grünten, Stuiben. Nördl. weiter Blick in die Ebene mit dem Ammersee und Würmsee und unzähligen Ortschaften, bis weit über Augsburg und München hinaus.

Von Stat. Peißenberg nach Saulgrub Fahrstraße (Post bis Rottenbuch 2 Uhr nachm. in 2¼ St.) um den ö. Fuß des Hohen Peißenbergs herum nach (9km) *Böbing* und (13km) *Rottenbuch* (763m; Klosterbräu), am l. Ufer des tief eingeschnittenen *Ammertals* malerisch gelegen; weiter über (19km) *Bayersoien* (Adler) mit dem kl. *Soiener See* (790m) nach (24km) *Saulgrub*, an der Bahn von Murnau nach Oberammergau (S. 58).

Ammersee. — Eisenbahn von München nach *Herrsching*, 38km in 45-73 Min. (2. Kl. 1 ℳ 90, 3. Kl. 1 ℳ 25 pf.). — Über *Weilheim* oder *Geltendorf* s. S. 20; über *Grafrath* S. 20. — Dampfboot (Restaur.) von Herrsching nach *Dießen* (in ½-¾ St.) und nach *Stegen* (in 1-1¼ St.) mehrmals täglich; Rundfahrt 2 ℳ 10 oder 1 ℳ 50.

Von München bis (7km) *Pasing* s. S. 16. Mehrere unbedeutende Stationen. — 26,3km **Weßling** (588m; Bahnrestaur.; Post, Seehof, beide mit Garten), freundliches Dorf mit kl. See (schöne Aussicht von der *Dellinger Höhe*, $^1/_2$ St.). — 30km *Steinebach* (Plonner, mit Garten); 10 Min. w. das Dorf, am hellgrünen *Wörthsee* (559m); am N.-Ufer ($^1/_2$ St.) das hübsch gelegene Dorf *Walchstadt* (615m; Post, mit Garten und Aussicht). — 33km **Seefeld-Hechendorf**; 5 Min. l. das Dorf *Seefeld* (*Post, 30 B. zu 60-120 pf.), in hübscher Lage unweit des waldumkränzten *Pilsensees* (533m), mit Schloß des Grafen Törring (Kapelle und Rüstkammer sehenswert; von der Terrasse Aussicht). — Weiter am Pilsensee entlang, dann durch das Herrschinger Moos über den *Fischbach* zur Endstation (38km) **Herrsching** (Bahnhof-H.; H. Kiental & Post, im Ort; *H.-P. Reiner, am Eingang des Kientals, 28 B. zu 1$^1/_4$-3, P. 5-7 $\mathscr{M}$; *P. Panorama in Mühlfeld, 20 Min. südl. am See, P. 5 $\mathscr{M}$), 3 Min. vom Dampfbootsteg (H. Seehof, mit Garten).

Fahrweg durch die romantische Schlucht des *Kienbachs* ($^1/_8$ St. hinter P. Reiner l. hinauf kürzender Fußweg) zum (1 St.) „Heiligen Berg" **Andechs** (711m), Benediktinerkloster mit berühmter Wallfahrt, Anf. des xv. Jahrh. an Stelle einer Burg der einst mächtigen Grafen von Andechs gegründet. Von dem Platz vor der Kirche Aussicht auf das Hochgebirge (schöner von der mit Erlaubnis des Priors zugänglichen Klosterterrasse). Im *Bräustübl* neben der Kirche gutes Bier. Etwas unterhalb das Gasth. *Andechser Hof* mit Garten und das Dorf *Erling* (669m; Post).

Der **Ammersee** (532m), 16km l., 6km br., bis 82,5m tief (Seefläche 47qkm), mit niedern, waldbedeckten Ufern, bietet wie der Starnberger See einen Blick auf die Alpenkette vom Watzmann bis zu den Allgäuer Bergen, in der Mitte die Zugspitzgruppe.

An der SW.-Ecke des Sees (Dampfboot von Herrsching in $^3/_4$ St. über *Riederau*, *Wartaweil* und *St. Alban*; Eisenbahn von Weilheim s. S. 20) liegt **Dießen** oder *Bayerdießen* (Gasth.: *Gattinger, B. 1-1$^1/_2$ $\mathscr{M}$; H. Ammersee; Alte und Neue Post; Klosterbräu; Pens. Seerichterhaus, mit Café-Restaur., B. 1-2 $\mathscr{M}$; Seefelderhof; Tutzingerhof), großer Markt (2000 Einw.), Sommerfrische (Seebadeanstalt, Bad 20 pf.). Stattliche Klosterkirche im Barockstil (1739). Oberhalb das Dörfchen *St. Georgen*, mit Aussicht von der Kapelle. 20 Min. n. am See liegt *St. Alban* (Z. u. F. in Villa Lachen, mit Garten und Seebädern).

Das Dampfboot von Herrsching nach Stegen (s. oben) läßt r. Schloß *Ried* und fährt quer über den See nach *Holzhausen* (H. Panorama) und **Utting** (H.-P. Wittelsbach, am See und Bahnhof), großes Dorf in hübscher Lage am W.-Ufer (schöne Aussicht vom *Restaur. Ludwigshöhe*, 10 Min.). Der Bahnhof (s. S. 20; Restaur.) liegt 5 Min. vom See entfernt. Das Boot berührt dann am W.-Ufer noch Stat. *Schondorf* (Bahnrest.; Altwirt; Drexlwirt) bei dem in Obstgärten reizend gelegenen Dorf **Unterschondorf** (Gasth.: *Post bei Steininger; *Seehof; Münchner Kindl), mit roman. Kirche (xii. Jahrh.) und Seebädern, Sommerfrische. Dann zurück zum O.-Ufer, mit der Haltestelle *Breitbrunn* (*Seefelder Hof). Bei *Stegen*

(*Schreyeggs Gasth. und Brauerei, 45 B. zu 1 ℳ), an der Nordspitze des Sees, fließt die *Amper* aus; Motorboot, an die Ammerseeboote anschließend, in ½ St. für 40 pf. bis *Grafrath* (s. unten).

Von Weilheim nach Mering, 55km, Eisenbahn in 2½ St. Die Bahn zweigt von der Starnberger Linie (S. 17) l. ab, überschreitet jenseit (3km) *Wielenbach* die Ammer (r. bleibt *Pähl*, von dem stattlichen *Hochschloß* des Hrn. Czermak überragt) und führt auf 4,5km l. Viadukt durch das Ammermoos nach (9km) *Raisting*. Bei (13km) *Dießen* (S. 19) tritt sie an den *Ammersee* und führt am W.-Ufer entlang über *Riederau* (S. 19) und *Holzhausen* (S. 19) nach (21km) *Utting* (Bahnrestaur., s. S. 19). Dann verläßt sie den See. 25km HS. *Schondorf* (557m; Bahnrestaur.), zwischen den Dörfern *Unter-* und *Ober-Schondorf*. Weiter in großer Kehre durch das *Windachtal*, an dem (27km) anmutig gelegenen *Theresienbad* mit Stahlquellen und Moorbädern vorbei, hinan zur (28km) HS. *Greifenberg*, 20 Min. w. von dem gleichn. Dorf, mit Schloß des Frhrn. v. Perfall. Bei (33km) *Geltendorf* kreuzt die Bahn die München-Lindauer Bahn (s. unten) und mündet bei (55km) *Mering* in die Bahn von München nach Augsburg.

3. Von München nach Lindau.

221km. STAATSBAHN. Schnellzug in 3¼-4 St. (19 ℳ 10, 12.40, 7.90), Personenzug in 8-8½ St. (17.10, 10.40, 6.90). Aussicht meist *links*.

Bald nach der Ausfahrt r. der Park von Nymphenburg (S. 15). 7km *Pasing*, Knotenpunkt der Bahnen nach Augsburg, Starnberg (S. 16) und Herrsching (S. 19); hier über die *Würm* (S. 16). 11km *Aubing*; 16km *Puchheim*, im Dachauer Moos. — 23km **Fürstenfeldbruck** (528m); 10 Min. r. unten der an der *Amper* freundlich gelegene Markt (518m; *Post, B. 1-2 ℳ; Landsberger Hof; Marthabräu), mit 4450 Einw., Sommerfrische (Amperbäder; kl. Altertümer-Museum); r. an der Bahn die frühere Zisterzienserabtei *Fürstenfeld*, jetzt Unteroffizierschule. — Über die Amper und durch den Schöngeisinger Wald nach (32km) *Grafrath* (567m; Bahnrest.); l. in der Ferne der Ammersee, im Hintergrund Wetterstein und Zugspitze; 1km südl. an der Amper das Dorf Grafrath, mit Kloster und Wallfahrtskirche (Motorboot nach Stegen s. oben). — 39km *Türkenfeld*; 42km *Geltendorf*, Knotenpunkt der Bahn Mering-Weilheim (s. oben). — 46km *Schwabhausen*; 51km *Epfenhausen*; dann über den *Lech* nach (56km) *Kaufering* (590m).

Nach Schongau, 33km, Zweigbahn in 1¾ St. — 5km **Landsberg** (586m; *Goggl, 24 B. zu 1½-2½ ℳ; Kristeinerbräu; Glocke; Zederbräu), alte Stadt (6500 Einw.) am Lech, mit spätgot. *Liebfrauenkirche* aus dem XV. Jahrh. (im Chor prächtige alte Glasgemälde); im *Rathaus* Gemälde von Herkomer, Piloty und Schwoiser. Auf dem Berge das *Bayertor*, malerischer got. Bau mit fünf Türmen (Aussicht). Sehenswert der Kirchenschatz der *Malteserkirche*. — Weiter durch einförmige Gegend nach (33km) **Schongau** (681m; Post; Sonne; Stern), altes Städtchen (2772 Einwohner), auf einem Hügel am Lech sehr malerisch gelegen, mit altem Schloß und dem gut eingerichteten *Johannisbad* (Restaur. u. Pens.). Hübsche Aussicht von *Casselkeller*.

61km *Igling*, mit Schloß des Grafen Maldeghem. — 68km **Buchloe** (618m; Bahnrestaur.; Hot. Enslin, beim Bahnhof), Knotenpunkt der Bahnen nach Augsburg und Wörishofen-Memmingen.

KEMPTEN. K. S. 260. — I. R. 3.

Von Augsburg nach Buchloe, 40km in $3/_4$-$1^1/_4$ St. (Augsburg-Lindau in 4-7 St.). Die Bahn durchschneidet das *Lechfeld*, die Ebene zwischen Wertach und Lech, auf der Kaiser Otto I. am 10. Aug. 955 die Ungarn schlug. Stat. *Inningen* (r. jenseit der Wertach das Fuggersche Schloß *Wellenburg*), *Bobingen* (Zweigbahn nach Kaufering, s. S. 20), *Schwabmünchen* (Post), dann über die Gennach nach (40km) *Buchloe*. Weiter durch die breite Niederung der *Wertach*. — 75km *Beckstetten;* 80km *Pforzen;* 83km *Leinau.* Das Gebirge schließt großartig den Hintergrund der Landschaft, Zugspitze, Hochplatte und Säuling treten besonders hervor. — Über die Wertach nach (88km) **Kaufbeuren** (681m; Gasth.: Sonne; Hirsch, 25 B. zu $1^1/_4$-2 ℳ), alte Stadt mit 9000 Einw., an der Westseite noch von Mauern umgeben. Neues Rathaus, mit Wandgemälden von Lindenschmit und Herterich; städtisches histor. Museum; Museum für Allgäuer Volkskunst. Got. Blasiuskapelle aus dem XVI. Jahrh. — Weiter durch waldiges Hügelland. — 94km *Bießenhofen* (700m; Gasth. Post; Zweigbahn nach Füssen s. S. 40); 98km *Ruderatshofen;* 102km *Aitrang.* Dann über die Wasserscheide zwischen Wertach und Iller (810m) nach (112km) *Günzach* (801m; Bahnrestaur.); r. im Günztal der Markt Obergünzburg. Die Bahn senkt sich, erst durch waldiges Hügelland, dann durch ein breites Wiesental mit Torflagern. — 122km *Wildpoldsried;* 125km *Betzigau.* Über die *Iller.*

131km **Kempten.** — *Bahnrestaurant.* — Gasth.: *H. Krone,* Kornhausplatz, 37 B. zu $1^1/_2$-3, P. 5-7 ℳ; *Post, in der Neustadt, 35 B. zu $1^1/_2$-$2^1/_2$, P. $4^1/_2$-7 ℳ; Bahnhof-Hotel, Z. $1^1/_2$-$3^1/_2$ ℳ, Allgäuer Hof, mit Garten, beide am Bahnhof; Hasen, mit Brauerei, in der Altstadt. — Wein im *Gold. Fäßle,* im *Schiff* und bei *Schmid* (vorm. Metzeler).

Kempten (695m), mit 21000 Einw., Hauptstadt des *Allgäu,* in hübscher Lage an der von hier ab flößbaren Iller, besteht aus der höher gelegenen *Neustadt* und der *Altstadt* an der Iller. Am Residenzplatz in der Neustadt, mit hübschem Brunnen (Statue der Kaiserin Hildegard), das ehem. *Schloß* der Fürstäbte, 1656-74 erbaut, jetzt zum Teil Kaserne; daneben die stattliche *Lorenzkirche,* Kuppelbau von 1652. Nahebei w. das *Kornhaus,* mit historischem Museum. Am Rathausplatz in der Altstadt das *Rathaus* (Ende des XV. Jahrh.) und der zierliche *Rathausbrunnen,* von Hans Krumper (1601). Unweit ö. die evang. *St. Magnikirche,* ein spätgot. Ziegelbau; südl. davon der hübsche *St. Magnusbrunnen,* von Wrba (1905). — AVS. Allgäu-Kempten.

Südl. von der Stadt 10 Min. vom Bahnhof die *Burghalde, an Stelle der alten Burg Hilarmont, mit Anlagen (Restaur.) und trefflicher Aussicht auf die Stadt und das Gebirge von der Zugspitze bis zum Stuiben. — Lohnender Ausflug w. (MW.) über *Feilberg* und *Eggen* nach ($1^1/_4$ St.) **Mariaberg** (915m; Gasth., einf. gut), Luftkurort mit Kapelle und hübscher Aussicht (im Winter Rodelbahn); vom (10 Min.) *Hocheck* (925m) reizender Blick in das Illertal mit Oberstdorf, abgeschlossen durch die imposante Gruppe der Mädelegabel. Umfassendere Aussicht vom **Blender** (1072m), vom Hocheck w. über *Ermengerst* und *Notzen* MW. in $1^1/_2$ St.

Von Kempten nach Ulm, 87km in 2-3 St., über *Memmingen;* nächste Verbindung von Stuttgart nach dem Allgäu, Hohenschwangau usw. — Von Kempten nach *Pfronten, Füssen* und *Reutte* s. R. 6.

IMMENSTADT.

Von Kempten ab (Kopfstation) bleibt die Bahn am l. Ufer der Iller. 134,5km *Hegge*. Jenseit (137km) *Waltenhofen* (718m) r. die Niedersonthofner Seen (704m), am Fuß des Stoffelbergs (1063m). — 142km *Oberdorf;* 146km *Seifen*. L. der grüne scharfkantige Grünten (S. 24).

152km **Immenstadt**. — *Bahnrestaurant*. — GASTH.: *Bayerischer Hof, gegenüber dem Bahnhof, 50 B. zu $1^1/_2$-3, P. 5-8 ℳ; *Post, 32 B. zu 1.30-2.50, P. $4^1/_2$-$5^1/_2$ ℳ; Hirsch, 23 B. zu 1-2 ℳ; Allgäuer Hof; Engel; Drei Könige; Traube. — *Kurhotel Friedrichsbad, mit Bädern jeder Art, 30 B. zu $1^1/_4$-$2^1/_2$, P. o. Z. 3-4 ℳ. — Schwimmbad im Vorder- oder Kleinsee (s. unten; 15 Min.). — Im Winter Eissport auf dem Alpsee; Rodelbahnen.

Immenstadt (731m), gewerbreiches Städtchen von 4600 Einw., liegt malerisch am Fuß des Immenstädter Horns, auf beiden Seiten des mitunter reißenden Steigbachs. — AVS. Allgäu-Immenstadt.

UMGEBUNG. Von der *Schießstätte* (10 Min. n.; Restaur.) und vom *Kalvarienberg* (20 Min. n.) hübsche Aussicht. Empfehlenswerter Waldweg w. am Abhang des *Horns*, beim Eingang zum Steigbachtal r. ab (Handweiser) nach ($1^1/_2$ St.) *Bühl* (H.-P. Strauß, mit Garten), am SO.-Ende des *Alpsees* (s. unten); auf der Landstraße zurück nach (30 Min.) Immenstadt. — Nach Rotenfels (30 Min.): Fahrweg am r. Ufer der Ach, nach 10 Min. auf das l. Ufer zum *Königsgut*, hier den Fußweg r. hinan (Hdw.) zu den zwei Bauernhöfen auf dem Bergkamm und l. zur (20 Min.) Ruine *Rotenfels* (854m), mit Aussicht auf Alpsee und Gebirge. Hinab durch den Torweg zwischen den beiden Höfen nach (20 Min.) Bühl, s. oben.

Immenstädter Horn (1539m), von Immenstadt MW. meist durch Wald über das *Hornköpfl* (1167m) in $2^1/_2$ St., leicht und lohnend; Aussicht auf Allgäuer Alpen usw. Unterm Gipfel die offene *Ingolstädter Hütte* (1439m). — **Steineberg** (1689m), 3 St., leicht: vom Stuibenwege (s. unten) entweder nach 35 Min. bei der hölzernen Kapelle l. ab (bis zum Plateau noch $2^1/_2$ St.), oder erst beim ($1^1/_2$ St.) *Whs. Almagmach* (s. unten) l. ab über die *Krumbach-A*. ($1^1/_2$ St. zum Plateau). Die Aussicht steht der vom Stuiben nicht viel nach (über die „Gratgasse" auf den Stuiben s. unten).

*Stuiben (1765m), $3^1/_2$ St., leicht (MW., F. unnötig). Vom Bahnhof ö. über die Eisenbahn, am l. Ufer des *Steigbachs* an der Bindfadenfabrik vorbei in das zwischen Mittag und Immenstädter Horn sich herabziehende *Steigbachtal* zur (35 Min.) „hölzernen Kapelle" (ca. 900m); 5 Min. weiter Handweiser, hier l. fast eben fort; nach 10 Min. über den Bach; nach 10 Min. r. und wieder aufs l. Ufer zum ($1/_2$ St.) *Whs. Almagmach* (1170m). Nach einigen Min. entweder r. auf dem Fahrweg über die *Mittelberg-A.* (1369m), oder l. auf schattigem Fußweg über den Mittelberg, dann l. am Krätzenstein vorbei zum ($1^1/_2$ St.) *Stuibenhaus* (1587m; Whs., 28 B. zu 2 ℳ, F) und über Rasen zum ($1/_2$ St.) Gipfel, mit offnem Pavillon und prächtiger Aussicht (Orientierungstafel). — Abstieg für Geübte ö. über die *Gratgasse* (Drahtseil) auf den ($1^1/_2$ St.) *Steineberg* (s. oben) und nach ($1^1/_2$ St.) Immenstadt oder ($3/_4$ St.) Almagmach. — Vom Stuiben Gratwanderung (für Geübtere) w. über den *Sederer Stuiben* (1740m), den *Buralpkopf* (1772m), *Gündleskopf* (1748m) und das *Rindalphorn* (1822m) auf den *Hochgrat* (1833m), mit Abstieg nach *Oberstaufen* (11 St., beschwerlich; s. S. 23).

Von Immenstadt nach *Sonthofen* und *Oberstdorf* s. R. 4; auf den Grünten s. S. 24. — Nach *Reutte* über *Hindelang* und *Tannheim* s. R. 5.

Die Bahn wendet sich w. in das Tal der Ach (r. der *Vordersee*) und tritt bei *Bühl* (s. oben) an den 3km langen *Alpsee* (725m), dessen Nordrand sie umzieht; am W.-Ende (160km) HS. *Ratholz*. Weiter durch das *Konstanzer Tal* nach (165km) *Thalkirchdorf* (741m) und durch einen kurzen Tunnel; beim Austritt überraschender Blick l. über das tiefe Weißachtal hinweg auf die Berge des Bregenzer Waldes und die Säntiskette.

169km **Oberstaufen** (792m; *H. Büttner, 30 B. zu 1.30-2, P. von 5 ℳ an; Rest. Keck am Bahnhof, auch Z.; Krone, Adler, Löwe, Ochse), freundlicher Markt (1900 Einw.) auf der Wasserscheide zwischen Donau und Rhein, Sommerfrische. Vom (10 Min.) *Schloßkeller* (Bräuhaus) hübsche Aussicht. 20 Min. s.ö. das *Rainbad* (761m), mit alkalischer Schwefelquelle.

Von Oberstaufen durch das *Weißachtal* nach *Hittisau* im Bregenzer Wald (Post tägl. in 2³/₄ St.) s. S. 274. — Lohnende Ausflüge auf den (1 St.) *Kapf* (991m), mit hübscher Aussicht; über *Kremlerbad*, *Oberreute* (857m; Whs.) und *Simmerberg* (Bräuhaus) nach (2 St.) *Weiler* (s. unten); über die *Eibelesmühle*, mit Wasserfällen, und *Gschwendmühle* nach (3 St.) *Sulzberg* (1015m; Engel, Bär), österr. Dorf mit prächtiger Aussicht; auf den *Hochgrat* (1833m), mit dem Staufnerhaus (Sommerwirtsch.), über *Steibis* MW. in 4-5 St. (s. S. 22 u. 274), und von da auf das (1 St.) *Rindalphorn* (S. 22), oder über *Leckner see* (S. 274) nach (3 St.) *Hittisau*; usw.

Die Bahn senkt sich in zahlreichen Kurven. — 176km *Harbatshofen* (755m). Vor (182km) **Rötenbach** (705m; Gasth. zur Eisenbahn) über den 600m l., 53m h. Rentershofener Damm.

Von Rötenbach über Scheidegg und den Pfänder nach Bregenz (6 St.), lohnend. Lokalbahn in 41 Min. über (4km) *Goßholz* und (7km) **Lindenberg** (762m; Waldkurhaus am See; Krone, B. 1-1.80, P. 3.60-5.ℳ; Rößle, Löwen), Luftkurort und Moorbad mit 4500 Einw., nach (10km) **Scheidegg** (804m; Bahnrestaur., auch Z.; *Post, 20 B. zu 1-1½ ℳ; Krone), schöngelegenes Dorf, Sommerfrische; von hier über (1 St.) *Möggers* (1000m; Adler) und *Trögen*, stets auf der Höhe hin, mit prächtigen Blicken auf den Säntis und Bodensee, zum (2½ St.) *Pfänder-Hotel* (S. 260).

Ein andrer schöner Weg führt von Rötenbach über Weiler nach Bregenz (ca. 5 St.). Lokalbahn in 20 Min. nach (6km) **Weiler** (631m; *Post, 40 B. zu 1½-2, P. 4-5 ℳ; Lamm), freundlicher Markt im *Rotachtal*, Sommerfrische. Von hier Fahrweg durch das Rotachtal am einf. Bad *Siebers* vorbei zum (1½ St.) Zollamt *Neuhaus*; dann am Abhang des Hirschbergs (S. 261) nach (1 St.) *Langen* (660m; Adler, Hirsch) und durch das *Wirtatobel*, mit Wasserfällen, nach (1¼ St.) *Fluh* (S. 261) und (1 St.) *Bregenz* (S. 259).

198km *Hergatz* (554m; Weiß; Zweigbahn nach Kißlegg, s. Bædekers Süddeutschland); 203km *Hergensweiler* (540m); 207km *Schlachters* (512m); 213km *Oberreitnau* (466m). Die Bahn umzieht den *Hoierberg* (S. 24) und wendet sich dann s.ö.; schöne Aussicht auf den Bodensee, Bregenz, Lindau und drüben die grünen St. Galler und Appenzeller Vorberge, darüber hinaus Kamor, Hoher Kasten, Altmann und Säntis, ganz l. die Scesaplana. Ein 550m l. Damm führt über einen Arm des Sees in den Bahnhof von

221km **Lindau**. — *Bahnrestaurant*. — Gasth.: *Bayerischer Hof, am See und Bahnhof, 140 B. zu 3-6, F. 1.25, M. 3.50, P. 7-10 ℳ; *H. Reutemann, 50 B. zu 2-3, P. 6-7 ℳ; Lindauer Hof, 65 B. zu 1.60-2.50 ℳ; Helvetia, 120 B. zu 1.50-2.50 ℳ, bürgerlich gut, alle am See; Krone; Lamm, gelobt; Christl. Vereinshaus, Paradiesplatz; Peterhof, 45 B. von 1.80 ℳ an, Sonne, 50 B. zu 2-3 ℳ, beide recht gut. — Restaur.: *Seegarten*, neben dem Bayerischen Hof (auch Z.); *Schützengarten*, mit Aussicht; Weinstuben bei *Joh. Frey*, Maximilianstr.; zum *Steinacher*, Karolinenstr. — Seebäder an der NW.-Seite der Stadt im innern Seearm (30 pf.) und in dem auf der O.-Seite im offnen See gelegenen Militärbad.

Lindau (402m), Stadt von 6700 Einw., liegt auf einer Insel im *Bodensee*, im NW. durch den Eisenbahndamm mit Fußweg, am O.-Ende durch eine 325m l. Holzbrücke mit dem Festland verbunden. Am Hafen ein *Bronzestandbild des Königs Max II.* († 1864), von Halbig (1856). Auf der südl. Molenspitze ein sitzender 6,5 m h. Löwe aus Kelheimer Stein, gleichfalls von Halbig, auf der nördl. ein 33m h. Leuchtturm. An den südl. Hafendamm schließt sich die *Alte Schanz* mit Alpenaussicht vom Pfänder bis zum Kaien (Orientierungstafel). Auf dem nahen Reichsplatz der hübsche *Reichsbrunnen* von Thiersch und Ruemann (1884). Das stattliche *Rathaus*, 1422-36 erbaut, 1885-87 hergestellt, mit bemalter Vorder- u. Rückseite, enthält ein *Museum* von Altertümern (9-12 u. 3-5 U.; 30 pf.). Schöne Aussicht vom Pulverturm. Am Landtor Anlagen und ein Denkmal für 1870-71. — AVS. Lindau.

AUSFLÜGE. Hübscher Spaziergang am w. Seeufer (über den Eisenbahndamm, dann l.) an den Villen *Lotzbeck*, *Giebelbach*, *Lingg* (*Fresken von Naue) u. a. vorbei zum (40 Min.) **Bad Schachen** (*Hôt.-Pens., großer Neubau mit Garten am See, 150 B., P. 4.80-5.80 ℳ), mit eisenhaltiger Mineralquelle und Seebädern, in reizender Lage (Privatwohnungen u. a. in Villa Brodersen, Z. 1½-3 ℳ), Dampfbootstation, 6 Min. vom Bahnhof Enzisweiler. In der Nähe (5 Min.) die **Villa Lindenhof** des Herrn Alfred Gruber, mit Park, Treibhäusern usw. (Eintr. gegen 1 ℳ, zum Besten der Armen). Weiter am See entlang über *Tegelstein* (l. das schön gelegene Schloß *Alwind*) und *Mitten* nach (¾ St.) **Wasserburg** (Whs.), Städtchen mit Schloß und Kirche auf einer Halbinsel im Bodensee. Zurück mit Dampfboot oder Eisenbahn. — Treffliche Aussicht bietet der rebenbepflanzte **Hoierberg** (456m; Restaur.), wohin jenseit des Bahndammes Handweiser zeigen (½ St.): r., an der Staatsbahn entlang, über *Hoiren* (bester Weg); l. über *Schachen* (Gasth. zum Schlößle) und *Enzisweiler* (Rest. Schmid, gut).

BODENSEE-GÜRTELBAHN nach *Konstanz*, 103km in 3 St., über *Friedrichshafen*, *Überlingen* und *Radolfzell*, s. *Bædekers Süddeutschland*.

VON LINDAU NACH BREGENZ (S. 259) Dampfboot 6-7 mal tägl. in 20-25 Min.; Eisenbahn, 10km in 15-30 Min. für 76, 46 oder 26 h, über *Lochau* (auf den *Pfänder* s. S. 261).

4. Von Immenstadt nach Oberstdorf.

22km. EISENBAHN in 56 Min. bis 1 St. 12 Min. (2 ℳ 40, 1.70, 1.10).

Immenstadt s. S. 22. Die Bahn führt am l. Iller-Ufer nach (4km) *Blaichach* (737m; Gemse), mit Spinnerei, und überschreitet die Iller oberhalb der Einmündung der *Ostrach*.

8km **Sonthofen** (745m; Gasth.: *Dentsches Haus, beim Bahnhof, B. 1.20-250, P. 4.50 ℳ; Hirsch; Engel; Ochs; Krone; Glückauf, 10 Min. vom Bahnhof, schöne Aussicht), Marktflecken mit 3930 Einw., im breiten grünen Illertal freundlich gelegen. Hübsche Aussicht vom *Kalvarienberg*, mit mächtiger Linde, 10 Min. vom Engel: südl. im Mittelgrund über dem dunkeln Himmelschrofen die Mädelegabel, l. Kratzer, r. Biberkopf und Widderstein, davor Schlappolt und Fellhorn. — Nach *Hindelang* und *Tannheim* s. S. 34.

Der *Grünten (1741m) wird sowohl von Sonthofen wie direkt von Immenstadt häufig bestiegen. Ausgangspunkt ist *Burgberg* (752m; Kreuz;

OBERSTDORF. *K. S. 260, 274. — I. R. 4.* 25

Löwe), am SW.-Fuß des Berges (³/₄ St. von Sonthofen, ¹/₂ St. von Blaichach); von hier auf die Grünten 2¹/₂ St. (F. 4 ℳ, unnötig; Pferd 12 ℳ). Durch das Dorf an der Kirche vorbei in 8 Min. zu der schon vor Burgberg sichtbaren Kapelle (822m), 8 Min. weiter (Hdw.) l. ab durch Wald zum Ausgang der zwischen Stuhlwand und Burgbergerhorn vom Grünten herabziehenden Schlucht des *Wustbachs*, zu der man auch vom Turnplatz oberhalb des Dorfs auf weiß bez. Waldweg direkt in ¹/₄ St. gelangt. Weiter auf gutem Reitweg stellenweise steil hinan zum (1³/₄ St.) *Grüntenhaus* (1535m; *Gasth., Bett 1¹/₂ ℳ; F) in breiter Talmulde, ¹/₂ St. unter dem vordern Gipfel (*Hochwart*, 1698m), mit Pavillon. Ein Felssteig führt von der Hochwart über den schmalen Grat in 10 Min. zum mittlern höchsten Gipfel (*Übelhorn*, 1738m). *Aussicht auf das Gebirge von der Zugspitze bis zum Säntis, ganz r. ein Stück Bodensee; nördl. das oberschwäbische Hügelland und die bayrische Ebene bis zum Peißenberg. Schöne Aussicht auch vom (5 Min. w. vom Whs.) *Siechenkopf* (1572m), mit Unterstandshütte. Gratweg von hier zum *Burgbergerhorn* (Kreuzelspitze, 1497m). — Abstieg nach *Wertach* s. S. 38.

Sonthofen ist Kopfstation. Die Bahn nach Oberstdorf umzieht den Markt und führt an der Ostseite des breiten Illertals dicht am Fuß des Gebirges hin. 12km *Altstädten* (743m); 14km **Thalhofen**; dann über die Iller nach (16km) **Fischen** (746m; Gasth.: Löwe; Alpenrose; Kreuz), großes Dorf (1163 Einw.) in malerischer Lage, von wo r. ein Fahrweg über Obermaiselstein nach Tiefenbach führt (s. S. 27). Am r. Illerufer das Schwefelbad *Au* (hübsche Aussicht von der *Schöllanger Burg*, 900m; 20 Min.). — 18,₃km **Langenwang**. Dann über die Breitach und Stillach.

22km **Oberstdorf**. — Gasth.: *Park-H. Luitpold, mit Garten, 100 B. zu 2.50-5, P. 7¹/₂-10 ℳ; *H. Mohren, 60 B. zu 1¹/₂-3, P. 6-7 ℳ; Wittelsbacher Hof, in freier Lage an der Straße nach Loretto, 90 B. zu 2¹/₂-5, P. 6¹/₂-8 ℳ; *H. Löwen, 72 B. zu 2-5, M. 2-3, P. 6-10 ℳ; Sonne, mit Garten, B. 1¹/₂-2¹/₂, M. 1.70, P. 5¹/₂-6 ℳ, gut; *H.-P. Panorama, in Reute (S. 28; 30 Min.), mit herrlicher Aussicht, Mai-Okt., 40 B. zu 1¹/₂-2¹/₂, P. 5-6¹/₂ ℳ; *H.-P. Rubihaus, mit Garten, 90 B., P. 6¹/₂-9¹/₂ ℳ; Hirsch, mit Garten, 40 B. zu 2 ℳ; H. Trettach, bei der Mühlbrücke (12 Min.), 52 B. zu 1¹/₂-3, P. 4¹/₂-6 ℳ; Traube; Adler, B. 1 ℳ, einf. gut; H. Bahnhof, am Bahnhof. — Pensionen: *Villa Schmidt (14 B., P. 5-7 ℳ); P. Waldeck; Jägerhaus; J. Heim; Hubertushaus, 28 B., P. 6-7¹/₂ ℳ; P. Veroneser Klause (4¹/₂-5 ℳ) u. a. Viel Privatwohnungen (Nachweis am Rathaus); gute Z. u. a. in *Villa Lutz*, *Villa Höfats* und im *Grüntenhaus*. — Cafés: *Stempfle (auch P., 24 B.); *Lingg*, Hauptstr.; *Knaus*, Weststr.; *Waldschenke*, 25 Min. w.

Post & Telegraph am Bahnhof. — Bäder verschiedener Art in *Schachenhaus* und in der Pfarrstr. gegenüber dem Hirschen. — *Bauerntheater* im Trettachhotel.

Führer: Franz Braxmair, Fritz Dünsser, Ludwig u. Michael Huber, Leo Köcheler, Moritz Math, Joh. Rietzler I u. II, Kaspar Riezler, Johann Schöll, Kaspar Schwarz, Franz Steiger, Alois Tauscher, Donat Vogler, Wend. Weitenauer.

Beitrag zum *Verschönerungsverein* bei mehr als dreitäg. Aufenthalt 1 Pers. 2 ℳ, Familie 5 ℳ. — Automobilfahren in der Umgebung von Oberstdorf verboten.

Oberstdorf (843m), Marktflecken mit 2500 Einw., in breitem Tal inmitten der *Allgäuer Alpen* schön gelegen, wird als Sommerfrische und Wintersportplatz viel besucht. Vor der stattlichen Kirche ein Kriegerdenkmal (ruhender Bronzelöwe). In der Kirche, sowie in der Nikolauskapelle w. vom Bahnhof Altarbilder des von hier stammenden Malers Joh. Schraudolph (1808-79). — ¹/₂ St. unterhalb vereinigen sich die Trettach, Stillach und Breitach zur Iller. Die vielverzweigten Täler, aus denen sie hervorströmen, bieten Gelegenheit zu den mannigfachsten Ausflügen.

Spaziergänge. Am obern Ende des Orts an der Trettach die schattigen *Anlagen* des Verschönerungsvereins. Vor der *Mühlbrücke* (10 Min. ö. von der Kirche) r. bergan, beim Handweiser l. durch Wald zum (5 Min.) *Stern*, Ruheplatz mit Bänken unter Fichten; hier entweder l. abwärts zur *Stoltingsruhe* und dem (10 Min.) *Trettachsteg* (Weg nach Spielmannsau, s. S. 28); oder etwas bergan, dann entweder r. zur *Hoffmannsruhe* (s. unten), oder l. zum (15 Min.) *Rauenbad* (866m; angenehmes mildes Moorwasser), zurück zum Whs. Alpenrose (s. unten) und über St. Loretto nach (¹/₂ St.) Oberstdorf. — Unterhalb der Mühlbrücke am r. Trettachufer auf dem *Vormittagsweg* bis zur (¹/₂ St.) *Dumelsmoosbrücke*, zurück am l. Ufer durch die *Unteren* und *Oberen Insel-Anlagen*.

Faltenbachfall, in der Schlucht zwischen Rubihorn und Schattenberg, 25 Min. Von der Mühlbrücke (s. oben) l. an einem Kalkofen vorbei, am Ausgang der Schlucht über den Bach, dann am r. Ufer hinan bis zu einem Vorbau über dem stäubenden Fall (durch die Schlucht zur Vordern Seealp und zum Nebelhorn s. S. 30).

Kühberg (900m), von der (10 Min.) Mühlbrücke (s. oben) auf der Straße ins Oytal (S. 29) in großer Windung am Abhang des Schattenbergs hinan in 30 Min., oder geradeaus auf kürzerem Fußweg in 20 Min. zum *Gasth.*, mit schöner Aussicht auf Oberstdorf und in die Spielmannsau mit der Trettachspitze.

Hoffmannsruhe (905m), ¹/₂ St. Stationenweg am Friedhof und dem Löwenbräukeller vorbei nach (15 Min.) *St. Loretto*, drei Wallfahrtskapellen unter alten Linden (in der dritten Altarbilder von Cl. Schraudolph); hier l. hinan zum (15 Min.) Pavillon, mit schöner Rundsicht. Auf der südl. Kuppe des Hügels 10 Min. von Loretto das *Whs. Alpenrose* (zum *Rauenbad* 5 Min., s. oben). Zurück durch die Trettachanlagen zur (20 Min.) Mühlbrücke (s. oben).

Jauchenkapf (909m), ¹/₂ St. Auf der Walserbrücke (S. 27) über die Stillach, oberhalb der zweiten Straßenkehre r. ab über *Jauchen* (858m) zur Hügelkuppe, mit trefflicher Rundsicht. Zurück über (¹/₄ St.) Reute (S. 27).

***Wasach** (1 St.). Auf der Landstraße n. über die Stillach und (25 Min.) Breitach, dann entweder auf dem 6 Min. weiter l. abzweigenden Fahrweg in ¹/₂ St., oder kürzer gleich jenseit der Brücke l. ab auf der Straße nach Tiefenbach (s. unten), dann r. bergan zum *Whs. Wasach* (920m; auch Z.), mit herrlicher Aussicht über das von schönen Bergen umkränzte Oberstdorfer Tal (Abendbeleuchtung günstig); umfassender noch vom (10 Min.) *Kapf (997m): von l. nach r. Rubihorn, Schattenberg, Höfats, Rauheck, Kreuzeck, Krottenkopf, Kratzer, Himmelschrofen, Trettachspitze, Mädelegabel, Hochfrottspitze, Bockkarkopf, Wilder Mann, Linkerskopf, Rappenköpfe, Schlappolt, Widderstein und die scharfe Schneide des Hohen Ifen.

Vom Kapf (hinter dem Bretterhäuschen l.) auf steilem Waldweg zur

(10 Min.) *Judenkirche* (1060m), einem Felsentor mit Durchblick auf
Krottenkopf u. Kreuzeck. Von Wasach nach Oberstdorf zurück schöner
Weg über *Tiefenbach* und *Reute* (1¼ St., s. unten). — Ähnliche, aber
nach N. umfassendere Aussicht wie von Wasach von *Jägersberg (950m;
Schölls Gasth., gut), von Langenwang (S. 25) ½ St., von Oberstdorf direkt
1 St. (vom Fahrweg nach Wasach r. ab bergan). Von Jägersberg über die
(¼ St.) Judenkirche nach (¼ St.) Wasach, lohnend.

Bad Tiefenbach (6km), Fahrstraße, jenseit der Breitach-
brücke l. ab, s. oben (Post von Oberstdorf zweimal tägl. in ¾ St.).
Fußgänger (1 St.) gehen besser bei (½ St.) *Reute* (s. unten) von der
Walser Straße r. ab durch Wiesen und Wald ins *Breitachtal;* 10 Min.
über die Breitach, dann (l. zur Klamm, S. 28, 20 Min.) r. auf der
Fahrstraße durch Wald hinan zu dem im engen Tal des *Lochbachs*
gelegenen (20 Min.) *Bad Tiefenbach* (850m; *Gasth., 26 B., P. 4-5 ℳ),
mit kalter Schwefelquelle. Beim (2 Min.) *Gasth. Alpenrose* Weg-
teilung: r. über die Höhe an der Kirche (887m) vorbei nach (¼ St.)
Wasach (S. 26); l. nach Rohrmoos (S. 34); geradeaus an der steilen
Nase (1315m) vorbei zum (½ St.) *Hirschsprung* (885m), einem
Felsdurchbruch mit Blick auf das untere Illertal und den Grünten.
Von hier r. hinab nach (½ St.) *Langenwang* (S. 25), oder auf der
Straße weiter über *Riedle* und *Obermaiselstein* (859m; Hirsch)
nach (1½ St.) *Fischen* (S. 25); oder hinter dem Hirschsprung l.
über die unten gen. *Sturmannshöhle* nach (1¾ St.) Fischen.

Von Tiefenbach auf den **Geisberg** (1382m) Waldweg in 2 St. Lohnende
Aussicht; Erfr. in der nahen Alpe. Abstieg auch über die Raut-A. nach
Rohrmoos (S. 34). — Schöne Aussicht auch vom **Besler** (1680m), von
Tiefenbach durch das *Lochbachtal* 3 St., oder von Obermaiselstein über
Haubeneck auf dem schattigen Königsweg 3 St. — **Riedberghorn**
(1787m), von Obermaiselstein MW. durch das *Bolgenachtal* in 3 St., leicht
und lohnend; Abstieg über den *Bolgen* 2½ St.

Sturmannshöhle (3½-4 St.). Waldweg von dem oben gen. Hirschsprung (1½ St.) l. hinan zum (15 Min.) Restaur. *Sturmannshaus,* wo man
die Karten löst (1-4 Pers. 3 ℳ, jede weitere 60 pf., Besichtigung in ¾ St.,
So. 8-10 vorm. geschlossen). Von hier hinauf zum (10 Min.) Eingang der
elektrisch beleuchteten Höhle (Temperatur 5-6° C.). Der Weg führt zunächst
140m lang zwischen engen, vom Wasser ausgespülten Kalkwänden hindurch,
dann auf 140 Stufen den 62m tiefen schachtartigen „Höllenrachen" hinab
und an kleinen Stromschnellen vorbei zum Höhlensee. — Rückweg vom
Sturmannshaus über Obermaiselstein (s. oben) nach (1⅓ St.) Fischen (S. 25)
oder über den Hirschsprung nach (50 Min.) Langenwang (S. 25).

Zwingsteg und **Walser Schanze,** Fahrstraße vom NW.-Ende
von Oberstdorf über die *Walserbrücke* und Reute in 1½ St.
(Einsp. 6, Zweisp. 10, ganzer Tag 9 u. 18 ℳ). Fußgänger folgen
von der Kirche der Weststraße zur (15 Min.) *Schlechtenbrücke*
über die Stillach (hier l. zum Gasth. Waldesruhe und zur Rodelbahn,
S. 31), dann bergan zur Fahrstraße; 15 Min. Weiler *Reute* (887m;
*H.-P. Panorama, 5 Min. n., mit herrlicher Aussicht, s. S. 25; Gasth.
zur Gebirgsaussicht, gelobt); r. Fußweg nach Tiefenbach (s. oben).
Nun s.w. hinan über den Bergrücken (r. bleibt der Weiler *Kornau*),
zuletzt durch Wald hinab in das von der *Breitach* durchströmte
Kleine Walser Tal, wo an der Grenze von Vorarlberg (¾ St.) das

Gasth. zur *Walserschanz* („*Schänzle*", 991m; weiter nach Riezlern und Mittelberg s. S. 33). — Rückweg auf dem 8 Min. vorher abzweigenden Fußweg, der durch Wiesen und Wald zum *Zwingsteg (931m), einer eisernen Brücke 60m über der Breitach, hinabführt. Von hier entweder, vor dem Steg l. hinab, durch die *Breitachklamm* (s. unten), oder jenseit des Stegs im Zickzack hinan bis zum (10 Min.) Handweiser, dann r. hinab zum ($^1/_4$ St.) Klammrestaurant und weiter in $^1/_2$ St. nach Tiefenbach (S. 27) oder in 1-1$^1/_4$ St. nach Oberstdorf.

***Breitachklamm**, 1$^1/_2$-2 St.; Wettermantel oder Schirm ratsam. Auf der Straße nach Tiefenbach (S. 27) bis zur (4,5km) Säge, dann l. durch die *Oib* und über die *Starzlach* zum (2km) *Gasth zur Breitachklamm*; Stellwagen bis hierher 3mal tägl. in $^3/_4$ St., 1 ℳ; Fußgänger brauchen über *Reute* (S. 27) ca. 1 St. Der 1905 angelegte, durchweg mit Geländer versehene Klammweg (Eintr. 50 pf.) führt $^1/_2$ St. bald auf der r., bald auf der l. Seite der tosenden Breitach zwischen gewaltigen Felswänden hinan, unter dem Zwingsteg (s. oben) durch, und endet in seinem untern Teil an einem schönen Wasserfall (Billetkontrole). Lohnender Absteeher (Eintrittskarte zum Rückweg gültig) zur (20 Min.) *Walserschanz* (s. oben). — Der Klammweg (Eintr. noch 20 pf.) führt fast eben und meist durch Wald weiter; $^3/_4$ St. Restaur. Waldhaus; 50 Min. *Riezlern* (S 33).

***Freibergsee** (930m), 1 St. Bis (15 Min.) *St. Loretto* s. S. 26; 4 Min. weiter beim Handweiser r. ab durch Wiesen, auf dem *Renksteg* über die Stillach, dann auf meist schattigem Wege bergan zur ($^3/_4$ St.) *Freiberghöhe* (985m; Gasth., Z. 2, P. 5-6 ℳ), hinter der in schön bewaldetem Kessel der dunkelgrüne See liegt (Badeanstalt; Kahnfahrt 1 ℳ die Stunde). Beste Beleuchtung nachmittags. — Vom Freibergsee über *Gasth. Schwand* nach *Birgsau* s. S. 30.

Spielmannsau *(Trettachtal)*, 2 St. (Stellwagen vom Bahnhof 2 mal tägl. in $^3/_4$ St., 1 ℳ), am besten frühmorgens. Fahrweg über (15 Min.) *Loretto* (S. 26); 15 Min. weiter beim Handweiser l. ab über den n. Ausläufer des Himmelschrofens zum (20 Min.) Handweiser (897m), der l. über die Zwingbrücke „nach Gerstruben" (s. S. 29), r. „nach Spielmannsau" zeigt. [Fußgänger gehen besser beim Handweiser oberhalb der *Mühlbrücke* (S. 26) r. ab auf gutem meist schattigem Fußweg, am r. Ufer der Trettach über *Gruben* (S. 29) zur (1 St.) Zwingbrücke, dann stets am r. Ufer auf Feld- und Waldweg über *Gottenried* bis Spielmannsau.] Weiter auf dem Fahrweg auf der l. Seite des schön bewaldeten Trettachtals, an dem hübschen blauen *Christles-See* (916m; *Gasth., P. 4$^1/_2$-6 ℳ) vorbei, zuletzt über die Trettach und den Traufbach zur (1 St.) *Spielmannsau* (991m; Tannheimers Gasth., gelobt; PTF), in schöner Umgebung; südl. die gewaltige Trettachspitze, daneben l. der Kratzer.

O. mündet das **Trauftal**, aus dem ein mühsamer und nicht zu empfehlender Übergang über das **Märzle** (2201m) nach (7-8 St.) *Hinter-Hornbach* (S. 33) führt. Höhenweg vom Märzle südl. zur *Kemptner Hütte*, nördl. zum *Himmeleck* und *Prinz-Luitpoldhaus*, s. S. 30, 31. Vom Märzle über die *Marchscharte* zur *Hermann v. Barth-Hütte* (S. 279) 2$^1/_2$-3 St.

Weiterhin Fußweg, zuletzt hoch auf der r. Seite des engen Tals zum (1 St.) *Sperrbachsteg* (1226m), in großartiger Felswildnis. Von hier zur Kemptner Hütte s. S. 32.

Hölltobel, 1½ St.; entweder auf dem schattigen Promenadenwege (s. S. 28) am r. Trettachufer über *Gruben* (870m; einf. Gasth.), oder auf dem Fahrwege in die Spielmannsau bis zum (50 Min.) Handweiser „nach Gerstruben"; hier l. hinab, auf der *Zwingbrücke* über die Trettach, wo beide Wege zusammentreffen, dann am r. Ufer am Fahrweg nach Gerstruben (s. unten) vorbei bis zum (12 Min.) Handweiser, hier r., nach 15 Min. l. am *Dietersbach* hinan zu der tiefen Felsspalte des *Hölltobels*, durch die der Bach in drei Fällen hinabstürzt. Der AV.-Weg führt zunächst zu einer (10 Min.) Brücke über dem untersten Fall, dann zu einem Vorbau gegenüber dem mittlern, endlich zum (10 Min.) *obersten Fall, der sich in freiem Sturz in einen trichterförmigen Kessel ergießt, und nach (15 Min.) *Gerstruben* (1155m; Rest. zur Höfats), Dörfchen auf der obern Talstufe am Fuß der steil aufragenden Höfats (S. 31).

1 St. taleinwärts die *Dietersbach-A.* (1330m), in großartiger Umgebung (Höfats, Rauheck, Kreuzeck); von hier MW. (F. 5 ℳ, unnötig) über das *Älpele* (1779m) zwischen Höfats und Rauheck, mit prächtiger Aussicht, zur (3 St.) *Käser-A.* im *Oytal* (s. unten).

Zurück auf bequemem Fahrweg, mit prächtigen Blicken ins Trettachtal, von Gerstruben r. an der Bergwand in Windungen hinab zur (½ St.) Zwingbrücke (s. oben).

Geisalpseen (3-3½ St.; MW., F. bis zum obern See unnötig, von da bis zum Nebelhornhaus ratsam). Auf der Schöllanger Straße (S. 25) bis *Reichenbach*, dann r. ab auf dem Saumweg oder dem Tobelweg (Felsschlucht mit kl. Wasserfällen) hinan zur (2 St.) *Geis-A.* (1150m; Whs.) und an einem Fall des Reichenbachs in wilder Schlucht vorbei zum (1 St.) *untern Geisalpsee* (1510m), zwischen r. Geisalphorn, l. Entschenkopf malerisch gelegen. ¾ St. höher der kleinere *obere Geisalpsee* (1770m); von hier über den *Geisfuß* (1981m) zum *Nebelhornhaus* (S. 30) 2½ St. m. F., mühsam.

Oytal (bis zum Stuibenfall 3 St.; Einsp. bis zum Gasth. 6, Zweisp. 10 ℳ, ganzer Tag 9 u. 18 ℳ). Fahrstraße, jenseit der Mühlbrücke (S. 26) beim Kalkofen r. hinan, über den *Kühberg* (S. 26). Fußgänger gehen besser am l. Trettachufer über Stoltingsruhe zum (25 Min.) Trettachsteg, wohin auch von der Mühlbrücke ein Weg am r. Ufer führt; weiter auf dem r. Ufer bis zum (5 Min.) *Oybach*, vor der Brücke auf schattigem Wege l. hinan zur (40 Min.) Fahrstraße. Diese tritt gleich darauf auf das l. Ufer des Oybachs und führt durch offnen Wiesengrund (l. die Seewände mit Wasserfällen, r. der bewaldete Riffenkopf) zum (20 Min.) *Gasth. Kappeler* (1006m; F), wo der Fahrweg aufhört (über das G'leit zum Nebelhornhaus, 3 St., s. S. 30). Das Tal biegt nach SO. um; prächtiger Blick auf den Talschluß mit Gr. und Kl. Wilden, Höllhörnern und Höfats. Der Weg tritt auf das r., dann beim (35 Min.) Prinzenkreuz (1094m), vor dem Jagdhaus *Am Hof* wieder auf das l. Ufer; von hier noch 25 Min. bis zur Aussichtskanzel unterhalb des *Stuibenfalls* (1259m; 10 Min. weiter aufwärts Blick von oben auf den Fall).

Noch ½ St. weiter bergan die *Käser-A.* (1406m); MW. von hier über das *Älpele* nach *Gerstruben* s. oben; über das *Hornbachjoch* ins *Lechtal* s. S. 32. — Vom Stuibenfall über *Unter-* und *Ober-Gaisbach-A.* zum

(2½ St.) **Himmeleck** (1980m) und nach (4½ St.) *Hinterstein* s. S. 36. Von der *Schönberghütte* im Bärgündele MW. r. um die Abstürze des Vordern Wilden und Wiedemer herum direkt zum (2 St. vom Himmeleck, 7½ St. von Oberstdorf) *Prinz Luitpoldhaus* am *Hochvogel* (S. 31 und 35). — Von der Käseralp zur **Kemptner Hütte**, 6 St. m. F., lohnend: auf dem Wege zum Hornbachjoch (S. 32) bis zum (¾ St.) *Schartenbach* (1683m), dann r. über den Bach zum (½ St.) kl. See (1829m) am Fuß des Rauhecks; hinan auf dem vom Alpele (S. 29) heraufziehenden Weg (2044m) und über den NW.-Grat auf das (1¾ St.) *Rauheck* (S. 31); von hier südl. über den Sattel (2260m) auf das (¾ St.) *Kreuzeck* (S. 31). Hinab über den Kamm zum (1½ St.) *Märzle* (S. 28), hier r. über Geröllhänge um die Krottenspitzen herum und unter den Abhängen des Muttlerkopfs hindurch zur (1½ St.) *Kemptner Hütte* (S. 32).

Birgsau *(Stillachtal)*, lohnend; Fahrstraße bis (2 St.) Birgsau (Stellwagen vom Bahnhof 2 mal tägl., 1 ℳ; Einsp. 6, Zweisp. 10, ganzer Tag 10 u. 12 ℳ), dann Fahrweg nach (½ St.) Einödsbach; oder über Freibergsee und (1½ St.) *Schwand* (963m; *Gasth., P. 4½-5 ℳ), stets mit schönem Blick auf den Talschluß, weiter über *Ringang* und *Feistenoy* nach (1½ St.) Einödsbach. — Bis St. Loretto s. S. 26; weiter am r. Ufer der Stillach streckenweise durch Wald, zwischen l. Himmelschrofen, r. Schlappolt, Warmatsgundkopf und Griesgundkopf, nach (2 St.) **Birgsau** (956m; Adler, 20 B. zu 1, P. 5 ℳ, gut), einsames Dörfchen mit prächtiger Aussicht nach S. (von l. nach r. Trettachspitze, Hochfrottspitze, Bockkarkopf, Wilder Mann, Linkerskopf, Rappenköpfe). — Weiter erst 10 Min. eben fort, beim Handweiser l. bergan auf der r. Seite der wilden Stillachschlucht; 25 Min. r. Kanzel mit schönem Blick in die tiefe Klamm (das *Bachergwänd*). 5 Min. **Einödsbach** (1115m; einf. Whs., F), der oberste Weiler des Tals (weiter Rappenalpental genannt, vgl. S. 33). Von hier zieht sich l. das *Bacher Loch*, ein gewaltiger Tobel, zur Mädelegabel hinan (bis zum Wasserfall ½ St., Waltenbergerhaus 2½-3 St.; s. S. 31).

BERGTOUREN (Führer s. S. 25). — ***Nebelhorn** (2224m), 4-4½ St., leicht (F. 5 ℳ, unnötig). Entweder vom Faltenbachfall (S. 26) auf schattigem Wege durch die Schlucht, oder von der Brücke unterhalb des Falls l. hinan im Zickzack über Matten und durch Wald zur (1½ St.) *Vordern See-Alp* (1292m; zur Not Unterkunft); von hier in 20 Min. zum Talende (1367m), dann Saumweg in vielen Windungen bergan, nach ¾ St. r., zum (¾ St.) *Nebelhornhaus* der S. Allgäu-Immenstadt (1900m; *Wirtsch., 15 B. zu 3, AVM. 1.50, und 36 Matr. zu 1.60-1 ℳ bzw. 80-50 pf.; F), in aussichtreicher Lage, und l. zum (¾-1 St.) Gipfel, einem schmalen, nach dem Retterschwangtal (S. 34) fast senkrecht abstürzenden Kamm. Prächtige Aussicht (Postkartenpanorama 25 pf., im Nebelhornhaus zu haben).

Abstieg vom Nebelhornhaus auf dem mark. *G'leitweg* am *Seealpsee* (1629m) vorbei ins *Oytal* (S. 29) steil und mühsam, aber sehr lohnend (bis zum Kappeler-Whs. 2 St.; man hüte sich bei der Hinteren Seealp zum See hinabzusteigen, von wo kein Ausweg ist; der MW. bleibt l. oben). — Vom Nebelhornhaus über den Geisfuß zu den (2 St.) *Geisalpseen* (S. 29) beschwerlich (F. ratsam). — Vom Nebelhornhaus (MW., 5 Min. südl. l. hinan) über den *Zeiger-Sattel* (1982m) und die *Wengen-A.* nach (5 St.)

Hinterstein s. S. 36 (F. von Oberstdorf 10 ℳ). AV.-Weg zum *Prinz Luitpoldhaus* s. unten. — Der **Daumen** (2280m, S. 34) ist vom Nebelhornhaus über das *Koblat* in 3 St. zu erreichen (WM. undeutlich; F. 10, mit Abstieg nach Hindelang 12, nach Hinterstein 13 ℳ).
Söllereck (1706m), 3½ St., leicht und lohnend (F. 6 ℳ, unnötig). Jenseit der (15 Min.) Schlechtenbrücke (S. 27) l. hinan am *Gaslh. Waldesruhe* vorbei auf der Rodelbahn (bequemer Weg mit Bänken und schönen Ausblicken) über (1 St.) *Schlatt*, weiter stets am Kamm entlang, zuletzt bei der Höllriese l. ausbiegend zum (2-2¼ St.) Gipfel, mit sehr lohnender Aussicht (beschwerlicher vom Freibergsee über die *Huberlesschwandalp*, 2½ St.). Interessante Gratwanderung für Geübte südl. über den (1 St.) *Schlappolt* (1968m) auf das (½ St.) *Fellhorn*. — **Fellhorn** (2037m), 5 St., lohnend (F. 6 ℳ, entbehrlich). Auf der Straße nach Birgsau (S. 30) bis zur (1½ St.) Brücke von *Feistenoy*, hier r. ab über die Stillach und s.w. im *Warmatsgund-Tal* (Wildbachverbauungen) hinan zur *Warmatsgund-A.* und der (1½ St.) obersten Hütte *Am Wank* (1379m), dann r. AV.-Weg zum Grat und n. zum (2 St.) Gipfel. Unschwieriger Abstieg über die Einsenkung der *Kanzelwand* nach (2½ St.) *Riezlern* (S. 33).

Rauheck (2385m), von Gerstruben (S. 29) 4 St. (F. 8 ℳ, entbehrlich), sehr lohnend; über (1 St.) die *Dietersbach-A.* und das (1¼ St.) *Älpele* (S. 29) auf das (1¾ St.) *Rauheck* (auch vom *Hornbachjoch* MW. in 1¼ St., s. S 32); von hier südl. über den Sattel (2260m) zum (¾ St.) **Kreuzeck** (2374m); Abstieg s.w. zur *Kemptner Hütte* (S. 30, 32), oder s.ö. über die *Marchscharte* zur *Hermann von Barth-Hütte* (S. 279); n.w. über den *Bettlerrücken* ins *Dietersbachtal* oder *Trauftal* gefährlich und nicht ratsam.

Höfats (W.-Gipfel 2257m), von Gerstruben durch das Dietersbachtal und über die *Höfatswanne* (botanisch interessant) in 3½-4 St. (F. 15 ℳ, für jeden Touristen ein Führer), sehr schwierig und wegen der überaus steilen grasbewachsenen Felsen nicht gefahrlos, nur für durchaus Schwindelfreie (Steigeisen!). Aussicht beschränkt.

*****Hochvogel** (2594m), durchs Oytal und über das *Himmeleck* in 7½-8 St., anstrengend aber nicht schwierig, s. S. 30 u. 35 (F. 14, zurück über Hinterstein 18 ℳ). Auch vom Nebelhornhaus MW. (F. für Geübte entbehrlich) am Großen und Kleinen Seekopf, Schochen und Lachenkopf vorbei über das *Laufbachereck* (2177m) ins oberste Bärgündele (S. 36) und zum (4½ St.) *Prinz-Luitpoldhaus* (S. 35).

Großer Krottenkopf (2657m), höchster Gipfel der Allgäuer Alpen, von der (4½ St.) *Kemptner Hütte* (S. 32) MW. über das *Obermädelejoch* (S. 32) und die *Krottenkopfscharte* (2350m) in 3½ St. (F. 12 ℳ), nicht schwierig; großartige Aussicht. Abstieg durch das *Hermannskar* zur (2½ St.) *Hermann v. Barth-Hütte* (S. 279). — **Muttlerkopf** (2366m), von der Kemptner Hütte MW. über das Obermädelejoch in 1¾ St., leicht (F. entbehrlich). — **Oefnerspitze** (2578m), von der Kemptner Hütte über das Obermädelejoch in 2½ St. (F. 13, mit Krottenspitze 15 ℳ), ziemlich schwierig. Übergang zur ö. und höchsten *Krottenspitze* (2553m) ¾ St.

*****Mädelegabel** (2645m), 8 St. (F. 10 ℳ), für Geübte nicht schwierig. Von (2½ St.) *Einödsbach* (S. 30) AV-Steig (Drahtseile) im Bacher Loch hinan zum (2½-3 St.) **Waltenbergerhaus** der S. Allgäu-Immenstadt (2084m; Wirtsch., 12 B. u. 23 Matr.), in prächtiger Lage; dann auf gutem Felssteig durch die *Vordere Bockkar* zur (1½ St.) *Bockkarscharte* (2523m) zwischen Hochfrottspitze (s. unten) und Bockkarkopf (2608m) und über den *Schwarzmilzferner*, zuletzt über den Ostgrat steil zum (¾ St.) Gipfel. Großartige Rundsicht (Panorama von Sattler). Besteigung von der N.-Seite leichter und kaum länger: von der (4½ St.) *Kemptner Hütte* (S. 32) mark. AV.-Weg, vor dem (25 Min.) *Mädelejoch* (S. 32) r. ab um den *Kratzer* herum über die *Schwarze Milz* zum Schwarzmilzferner und (3 St.) Gipfel (F. 10, bis Einödsbach 12 ℳ). — Von *Holzgau* auf die Mädelegabel s. S. 281. — *Heilbronner Weg* zum (3½ St.) *Hohen Licht* s. S. 32.

Hochfrottspitze (2648m), vom Waltenbergerhaus über den Schwarzmilzferner und die Ostwand, oder über die Bockkarscharte für Geübte

in 2-2¹/₂ St., mühsam. — **Trettachspitze** (2595m), von Einödsbach über den *Einödsberg* und den Geröll- und Schneekessel an der N.-Seite in 5-6 St., sehr schwierig, nur für schwindelfreie Kletterer (F. 20 ℳ).
*__Hohes Licht__ (2652m), 7¹/₂-8 St. mit F. (von Einödsbach 10 ℳ), nicht schwierig und sehr lohnend. Von (2¹/₂ St.) *Einödsbach* (S. 30) MW. über die *Peters-A.* in 3 St., oder durch das weiter aufwärts vom Rappenalpental l. abzweigende *Körbertobel* (S. 33) über die *Rappen-A.* in 3¹/₄ St. zur **Rappenseehütte** der S. Allgäu-Kempten (2092m; Wirtsch., 16 B. u. 32 Matr.), in großartiger Umgebung; von hier MW. über die *Gr. Steinscharte* (S. 33) ins *Wiesleskar*, dann r. hinan über den SW.-Grat zum (2¹/₂ St.) Gipfel, mit großartiger Aussicht (Panorama von Roggenhofer). —
*__Heilbronner Weg__ vom Hohen Licht über die *Kl. Steinscharte* (2541m), den *Steinschartenkopf* (2615m), *Wilden Mann* (2577m) und *Bockkarkopf* (2608m) zur (3 St.) *Bockkarscharte* (S. 31), sehr lohnend aber ziemlich anstrengend (für nicht Schwindelfreie nur m. F., bis zur Mädelegabel 14 ℳ).
Linkerskopf (2455m), von der Rappenseehütte 1¹/₂ St. (F. 7 ℳ), beschwerlich. Auch *Rotgundspitze* (2485m; 1¹/₂ St.), *Hochgundspitze* (2460m; 1¹/₂ St.), *Rappenseekopf* (2467m; 1¹/₂ St.) und *Hochrappenkopf* (2423m; AVW., 1¹/₂ St.) sind von hier zu ersteigen (die beiden letzten unschwierig). — *Biberkopf* (2600m), neuer AV.-Weg, von der Rappenseehütte 3¹/₂-4 St., sehr lohnend (F. 14 ℳ, für Geübte entbehrlich). — Von der Rappenseehütte nach *Lechleiten* rot MW. über die *Biber-A.* in 3¹/₂ St. (s. S. 33, 281).

Hoher Ifen (2230m), von *Riezlern* (S. 33) 4 St. m. F. (9, bis Rohrmoos 13 K), mühsam aber lohnend. Über die Breitach und durch das *Schwarzwassertal* nach (1¹/₄ St.) *Auen* (1341m; Unterkunft); hier r. hinan zur (50 Min.) *Ifen-A.* und anfangs unter der Ifenwand entlang, dann über einen Geröllhang und später über Fels auf schmalem Steig gegen die Wand hinan, zuletzt über den langgestreckten Rücken zum (2 St.) Gipfel, mit prächtiger Aussicht. Beschwerlicher Abstieg (nur für Geübte, F. nötig) über das zerklüftete wellenförmige *Ifen-Plateau* (Karrenfeld), aus dem die Riesenmauern der *Gottesackerwände* aufragen, zur (2¹/₂ St.) *Gottesacker-A.* (1835m); dann über die *Scharte* der oberen Gottesackerwände (1968m), steil hinab zur *Hoch-A.* und über die *Keßler-A.* zur (2 St.) *Schrine* (S. 34). Vom Ifen über *Schönebach* nach (5 St.) *Au* im Bregenzer Wald s. S. 276.

Übergänge. Von Oberstdorf nach Holzgau über das Mädelejoch, 7¹/₂ St. (F. für Geübte entbehrlich, 10 ℳ), lohnend. Bis (2 St.) *Spielmannsau* s. S. 28. Vom (1 St.) *Sperrbachsteg* (1226m) in Windungen hinan zum *Knie* (1381m) und auf AVW. durch den *Sperrbachtobel* zur (2¹/₂ St.) **Kemptner Hütte** der AVS. Allgäu-Kempten (1845m; Wirtsch., 23 B. zu 3, AVM. 1¹/₂ ℳ, und 21 Matr.), in schöner Lage auf der *Obermädele-Alp*. Von hier zum (25 Min.) *Mädelejoch* (1974m), ö. vom *Kratzer* (2424m); weiter n.ö. am Fuß des Muttlerkopfs das höhere *Obermädelejoch*, 2033m); steil hinab ins *Höhenbachtal* zur *Roßgumpen-A.* und nach (2 St.) *Holzgau* (S. 280); ¹/₂ St. vorher hübscher Wasserfall neben dem „gesprengten Weg". Oder vom Obermädelejoch, das oberste Ende des Höhenbachtals umgehend, am Abhang des Gr. Krottenkopfs (S. 31) zum *Karjoch* (2305m) zwischen l. Ramstallkopf, r. Strahlkopf; hinab AVW. durch das *Bernhardstal* in 3¹/₂ St., oder bequemer um den Strahlkopf herum über den *Gumpensattel* (2277m) und das *Bernhardseck* (S. 279) in 4¹/₂ St. nach *Elbigenalp* (S. 279); oder auch vom Obermädelejoch über die *Krottenkopfscharte* (S. 31) zur (3¹/₂-4 St.) *Hermann v. Barth-Hütte* (S. 279). — Von der Kemptner Hütte auf die (3¹/₂ St.) *Mädelegabel* und auf dem *Heilbronner Weg* zum (3¹/₂ St.) *Hohen Licht* s. oben; über das *Märzle* und *Himmeleck* zum (8-9 St.) *Prinz Luitpoldhaus* s. S. 30.

Von Oberstdorf nach Elmen über das Hornbachjoch, 10 St., im ganzen lohnend (F. bis Hinter-Hornbach 10 ℳ). Durch das Oytal am Stuibenfall vorbei zur (3¹/₂ St.) *Käser-A.* (1406m; s. S. 29); dann MW. l. steil hinan über Grashänge und Geröll zum (2 St.) **Hornbachjoch** (*Jöchle*, 2023m), zwischen Höllhörnern (2150m) und Jochspitze (2236m), mit Blick auf den gewaltigen Hochvogel und die Lechtaler Gebirge (Schutzhütte der AVS. Neuulm wird gebaut; auf das *Rauheck* 1¹/₂ St., s. S. 31). Steil hinab ins *Jochbachtal* zur (1¼ St.) *Jochbach-A.* (1285m) und, zuletzt auf besserm Wege, nach (1 St.) **Hinter-Hornbach** (1101m; Adler, bei der Kirche, einf.; Führer Josef Friedel und Josef Huber), tiroler Dorf in großartiger Lage an der Mündung des Jochtals in das Hornbachtal. Von hier auf den **Hochvogel** (2594m), über die *Schwabegg-A.* (1697m), auf dem „Bäumenheimer Weg" (Drahtseile) durch das *Roßkar* und über den SO.-Kamm in 4 St. m. F., nur für Geübte; leichter über den *Fuchsensattel* (2043m) ins *Fuchskar*, über Geröll und das Firnfeld im *Kalten Winkel* zur Scharte (2283m), dann l. über die *Schnur* zum (5 St.) Gipfel (vgl. S.35). — Von Hinterhornbach mark. AVW. südl. zum (3 St.) **Kaufbeurer Haus** der AVS. Allgäu-Immenstadt (2000m; 15 Matr.; Prov.-Depot). Von hier auf die **Bretterspitze** (2609m), 2-2½ St. m. F., für Geübte nicht schwierig; *Urbeleskarspitze* (2636m), durch das Urbeleskar 2½-3 St. m. F., schwierig. — Zur Hermann v. Barth-Hütte auf dem Enzensperger-Weg der AVS. Allgäu-Immenstadt, 5-5½ St. m. F., lohnend: über die *Gliegerkarscharte* (2486m) ins *Gliegerkar*, zum *Luxnacher Sattel* (2094m), von wo l. Steig nach Häselgehr (S. 279); dann durch das *Noppenkar* zum *Balschtesattel* (2226m) und durch das *Balschtekar* zur *H. v. Barth-Hütte* (S. 279). — Von Hinterhornbach nach (1½ St.) *Vorder-Hornbach* (973m; zwei einf. Whser.) im Lechtal und über *Martinau* nach (1 St.) *Elmen* (S. 278).

Ins oberste Lechtal (und zum Arlberg) führt von Oberstdorf der nächste und bequemste Weg über den Schrofenpaß nach Lechleiten (6½-7 St., F. entbehrlich). Fahrweg, oberhalb (2 St.) *Birgsau* (S. 30) über die Stillach (von Einödsbach Fußweg s.w. zur Straße), am l. Ufer aufwärts zur (¾ St.) *Buchenrain-A.* (1129m), mit herrlichem Blick ins Bacher Tal, dann am l. Ufer des *Rappenalpenbachs* bis zur (¾ St.) *Rohnechlenbrücke* (1160m), wo der Fahrweg aufhört (r. oberhalb ein Jagdhaus des Prinzregenten Luitpold). Weiter an der *Rappen-A.* und dem (¾ St.) *Bergerhöfle* (1262m) an der Mündung des *Körbertobels* (S. 32) vorbei zur (½ St.) *Biber-A.* (1310m), auf einem Schutthügel; nach 40 Min. l. über den Bach (1522m) und an schroffer Felswand auf steinigem Pfade hinan zum (½ St.) **Schrofenpaß** (1721m), mit Rückblick auf Geishorn, Liechelkopf usw.; s.ö. Biberkopf. Hinab auf gutem Wege (l. halten) zum (½ St.) österr. Zollamt *Lechleiten*; einige Min. l. der Hirschwirt (S. 281). Wer nach *Warth* will, bleibt auf der Straße rechts; vgl. S. 281.

Ein andrer Übergang führt aus dem Rappenalpental über das Haldenwangereck nach Hochkrumbach (8 St.; F. entbehrlich). Bis zur (5 St.) *Biber-A.* s. oben; weiter am l. Ufer des Haldenwanger Bachs (Brücke und Weg zum Schrofenpaß bleiben l.) zur *Haldenwanger-A.* (1780m) und zum (2 St.) **Haldenwangereck** (1931m), südl. vom *Haldenwangerkopf* (2003m; Besteigung in ¼ St., lohnend). Hinab, die *Hirschgehren-A.* l. lassend, nach (¾ St.) *Hochkrumbach* (S. 277).

Über die Große Steinscharte nach Lechleiten, 10 St. m. F., mühsam. Von der (5 St.) *Rappenseehütte* (S. 32) MW. zur (¾ St.) **Großen Steinscharte** (2263m), zwischen Hochgundspitze und Rotgundspitze; hinab ins *Wieseskar* (auf das Hohe Licht s. S. 32), zur *Schafalpe* im tiroler *Hochalpental* und ins (2 St.) *Lechtal* (S. 281), dann Fahrstraße r. hinan nach (2 St.) Lechleiten. Kürzer und lohnender von der Rappenseehütte (rote WM.) über den *Mutzentobel* (nichts für Angstliche), die (obere) *Biber-A.* und den Sattel *Auf dem Schänzle* (1876m) nach (3½ St.) Lechleiten (S. 281).

Durch das Kleine Walsertal zum Schröcken über das Gentscheljoch (9 St.; Post bis Mittelberg 2 mal tägl. in 4 St., zurück in 3½ St.), lohnend. Bis zur (7km) *Walser Schanze* (991m; Whs.) s. S. 27. Weiter im **Kleinen Walser Tal** über (11km) *Riezlern* (1089m; Gasth.: Engel, 25 B. zu 1 ℳ, gelobt; Traube; Stern; Führer Karl Wüstner; auf den *Hohen Ifen* s. S. 32) und (14km) *Hirschegg* (1124m; Hirsch) nach (16km) **Mittelberg** (1218m; Zum Widderstein, 50 B. zu 1-1.20, P. 4-4½ ℳ, gut; Krone, 25 B. zu 1-2, P. 4-8 ℳ; Führer Gottlieb Winkel), Hauptort des Tals auf grünem Hügel. Von hier über das *Gentscheljoch* nach (3½ St.) *Hochkrumbach* s. S. 277 (F. entbehrlich); vom Gentscheljoch auf den *Widderstein* 2½ St., F. 9 ℳ; vgl. S. 277. — Der Fahrweg endet beim (1 St.) *Baad*

(1251m; Whs.). Unschwieriger Übergang von hier südl. durch das *Bergunt-Tal* und über das *Beruntjoch* (2042m) zwischen Widderstein und Hoferspitz nach (3½ St.) *Hochkrumbach* (S. 277); ein andrer w. (beschwerlich) über das *Starzeljoch* (1871m) nach (4-5 St.) *Schoppernau* (S. 276).

Von Oberstdorf über Rohrmoos nach Hittisau, 8½ St., im ganzen wenig lohnend. Fahrweg von (1 St.) *Tiefenbach* (S. 27) am l. Ufer der *Starzlach* nach (1½ St.) **Rohrmoos** (1070m; Wirtsch.), großes Alpengut des Fürsten Waldburg; weiter über Mooswiesen zur Paßhöhe (l. die *Gottesackerwände*, S. 32) und im *Hirschgunder Tal* abwärts zum (1½ St.) *Whs. in der Schrine* (1084m; l. der schöne Kesselfall); dann über den Fugenbach (österr. Grenze) nach (2 St.) *Sibratsgfäll* (931m; Whs.), von wo Fahrweg nach (2½ St.) *Hittisau* (S. 274). — Lohnender ist der Weg von Tiefenbach durchs *Lochbachtal* über die *Freiburger-A.* (1274m) an den Gauchenwänden vorbei, hinab über *Balderschwang* nach (9 St.) Hittisau.

5. Von Immenstadt über Tannheim nach Reutte.

59km. EISENBAHN bis (8km) Sonthofen in 21 Min.; MOTORPOST von Sonthofen nach (8km) Hindelang 8mal tägl. in 30 Min. (50 pf.); von Hindelang nach Hinterstein Stellwagen 2mal tägl. in 1 St. (65 pf.). Von Hindelang nach (13 km) Schattwald POST im Sommer tägl. in 1⅓ St. für 2 ℳ, von Schattwald nach (30km) Reutte tägl. in 4¼ St. für 3 K 60 h. EINSPÄNNER von Sonthofen bis Hindelang in ¾ St., 5, ZWEISP. 7 ℳ; bis Schattwald 12 u. 18, Reutte 24 u. 40 ℳ.

Bis (8km) *Sonthofen* (745m) s. S. 24. Die Straße nach Hindelang führt östl. durch das breite *Ostrach-Tal* über *Binswang*; l. der Grünten (S. 24), am Fuß Ruine *Fluhenstein*; r. das Imberger Horn (1656m). 12km Brücke über die Ostrach; weiter am r. Ufer über *Vorder-Hindelang* nach

16km **Hindelang** (825m; Gasth.: Adler oder Post, Sonne, B. 1-2, P. 4-5 ℳ, beide gut; Hasen; Café-Restaur. Kaufmann, auch P.), großer Markt mit 2635 Einwohnern, am Fuß des *Hirschbergs* (1456m) malerisch gelegen, Sommerfrische (Beitrag zum Verschönerungsverein 1 ℳ 50, Familie 4 ℳ).

Schöne Aussicht von der *Schießstätte*, vom *Kalvarienberg* (869m) und der (20 Min.) *Luitpoldshöhe* (920m). — Hübscher Spaziergang n.ö. in den *Hirschbachtobel; am Ende (¾ St.) ein 60m h. Wasserfall.

1,3km ö. liegt **Bad Oberdorf** (823m; Gasth.: Prinz Luitpoldbad, Schwefelmineralbad, 30 B. zu 1-1½, P. 4-5 ℳ; Nordpol, 25 B. zu 1-1½, P. 4-5 ℳ, gelobt; Bär; Hirsch, 15 B. zu 1-1½ ℳ). ¼ St. südl. der Schleierfall des *Erlesbachs* in malerischer Schlucht.

AUSFLÜGE (Führer Alois Blenk). *Iseler (1876m), MW. von Oberdorf in 2½-3 St., leicht. Abstieg über *Gund-A.* nach (1¼ St.) *Oberjoch* (S. 36). — Spießer (1649m), MW. in 2¼ St., gleichfalls leicht und lohnend. — *Daumen (2280m), 5½ St., etwas mühsam (F. 6-7 ℳ). Von Oberdorf zur Ostrachbrücke und durch das schöne *Retterschwangtal* zur (2¼ St.) *Mitterhaus-A.* (1081m; Erfr. u. Nachtlager); 10 Min. oberhalb l. hinan zur *Haseneck-A.* (untere 1392m, mittlere 1589m, obere 1689m), auf AV.-Steig zur *Daumenscharte* und l. über den *Kl. Daumen* zum (3½ St.) Gipfel, mit prächtiger Aussicht. Leichter ist die Besteigung von *Hinterstein* (S. 36); 4½-5 St., F. 6 ℳ): über die *Mösle*- und *Nicken-A.* zur (3½ St.) Tür (l. unten der Engeratsgund-See, s. unten), dann MW. zur Daumenscharte und zum (1 St.) Gipfel; oder aus dem *Obertal* (S. 36), entweder beim *Engerats-*

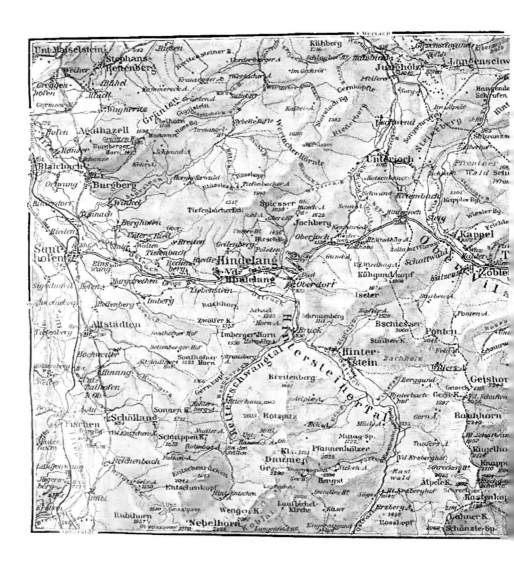

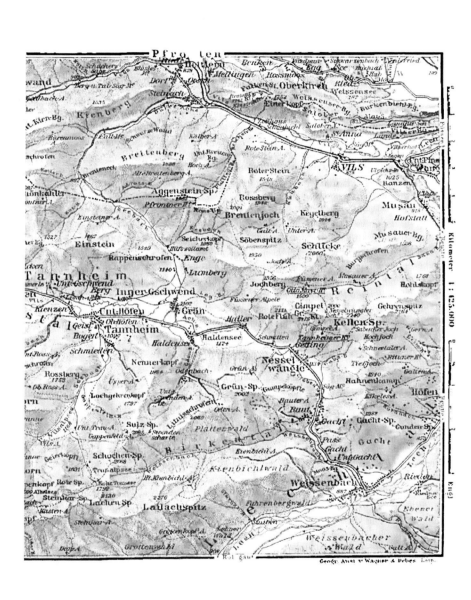

HINTERSTEIN.

gundhof (1157m) 15 Min. vom Taleingang r. hinan zum *Engeratsgund-See* (1878m) und an der Ostflanke des Daumens hinauf, oder weiter taleinwärts zur *Laufbichel-A.* und r. hinan auf den Koblatweg (5 St. bis zum Gipfel). — Vom Daumen über das *Koblat* zum Nebelhornhaus 3 St. (s. S. 31).

S.ö. von Hindelang zwischen Iseler und Imberger Horn öffnet sich das $3^1/_2$ St. lange **Hintersteiner Tal**. Fahrweg von Oberdorf am r. Ufer der Ostrach; nach $^1/_2$ St. mündet r. beim Weiler *Bruck* das Retterschwangtal (S. 34); dann am Sonthofener Elektrizitätswerk vorbei.

5km **Hinterstein** (865m; Gasth.: Steinadler, 32 B. zu 1.50-2.50, P. 4-5 ℳ, gut; Grüner Hut, 16 B. zu 1.50, P. von 4 ℳ an, bescheiden; Bad Edelweiß, 10 Min. aufwärts; PF), $^1/_2$ St. langes Dorf, von hohen Bergen umgeben (ö. Geishorn, Rauhhorn, Kugelhorn, Falken, w. Daumen und Breitenberg), mit Jagdhaus des Prinzregenten Luitpold. — Von hier an den *Aueleswänden* vorbei, dann durch Wald ansteigend zur ($1^1/_4$ St.) *Eisenbreche* (935m), einer 85m tiefen Klamm der Ostrach (Hdw. r. zu einem Ausbau über dem tiefen Schlund). 10 Min. hinter der Eisenbreche öffnet sich das Tal und teilt sich $^3/_4$ St. weiter bei der *Enzianhütte* (1067m) am Fuß des *Giebel* in r. *Obertal*, l. *Bärgündele*.

AUSFLÜGE von Hinterstein (Führer Anton Kaufmann jun.). *Daumen* (2280m; $4^1/_2$-5 St. m. F.), s. S. 34. — **Geishorn** (2249m), 5 St., über die ($1^3/_4$ St.) *Willers-A.* (1440m; Touristenzimmer) und die *Vordere Schafwanne* (S. 36), dann l. um das *Geiseck* (2213m) herum, mühsam aber lohnend (F. 6, mit Abstieg nach Schattwald 8 ℳ); prächtige Aussicht. — Jubiläumsweg der S. Allgäu-Immenstadt zum Prinz-Luitpoldhaus (7-8 St.; MW., aber F. ratsam, 12 ℳ): von der ($1^3/_4$ St.) Willers-A. über die Vordere Schafwanne auf die Ostseite des Kammes (gleich l. der Weg zum Geishorn, s. oben) und zuerst abwärts, dann r. unterhalb des Rauhhorns entlang, zuletzt wieder ansteigend zur *Hintern Schafwanne* (1957m) zwischen Rauhhorn und Kugelhorn. Hier auf die Westseite des Kammes zurück und am *Kugelhorn* und *Knappenkopf* entlang oberhalb des *Schrecksees* (S. 36) zum Talschluß; dann l. in Windungen hinan, über die Scharte (1988m) zwischen *Kastenkopf* (2129m) und *Lahnerkopf* (2121m), mit Blick auf Hochvogel, Urbeleskarspitze usw., ins *Schwarzwassertal* (S. 36) und hoch auf seiner W.-Seite, am Schänzlekopf, Sattelköpfen und Lärchwand entlang (einige schwindlige Stellen), zuletzt r. einbiegend steil zur Scharte (2164m) zwischen Glasfelderkopf und Kesselkopf, mit herrlicher Aussicht, und hinab zum *Prinz Luitpoldhaus* (s. unten).

Hochvogel (2594m), 8-9 St., für Geübte nicht schwierig (F. 10, bis Oberstdorf oder Hinterhornbach 16 ℳ). Von der ($2^1/_4$ St.) Enzianhütte (s. oben) l. im *Bärgündele* hinan, bei der (1 St.) *Pointhütte* (S. 36) l. über den Bach zur ($^1/_4$ St.) *Untern Bärgündele-A.* (1323m; Milch), dann steil aufwärts an Wasserfällen vorbei zum (2 St.) **Prinz Luitpoldhaus** der AVS. Allgäu-Immenstadt (1846m; *Wirtsch., 20 B. und 22 Matr.), im *Obern Täle* am Fuß der wilden *Fuchskarspitze* (2314m) über einem kl. See gelegen. Von hier AV.-Steig ö. steil empor zur *Balkenscharte* (2156m), dann r. über das *Sättele* und das Firnfeld im *Kalten Winkel* zur *Kaltwinkelscharte* (2283m) und über Felsbänder (die *Schnur*) zum ($2^1/_2$-3 St.) Gipfel, mit Kreuz und großartiger Aussicht. — Abstieg nach *Hinterhornbach* (S. 33) entweder vom Gipfel r. auf dem S. 33 gen. *Bäumenheimer Weg* in 3 St., oder von der Kaltenwinkelscharte über das Firnfeld und den *Fuchsensattel* in $3^1/_2$ St. (S. 33). — Vom Prinz Luitpoldhaus über das *Himmeleck* nach *Oberstdorf* s. S. 31 u. 36; zum *Nebelhornhaus* s. S. 31. Über *Himmeleck* und *Märzle* zur ($8^1/_2$ St.) *Kemptner Hütte* s. S. 30; Jubiläumsweg zur (6-7 St.) *Willersalp* s. oben.

3*

TANNHEIM.

Von Hinterstein über den Zeiger nach Oberstdorf, 7½ St., F. 10 ℳ, entbehrlich. Von der (2¼ St.) Enzianhütte (s. oben) MW. durch das *Obertal*, anfangs durch Wald, bis zur (1½ St.) Brücke über den *Wengenbach*; oberhalb r. steil aufwärts zur *untern* und *obern Wengen-A.* (1832m) und über den (2 St.) **Zeiger-Sattel** (1982m) zum (¼ St.) *Nebelhornhaus* (S. 30), dann hinab nach (1½ St.) Oberstdorf. — Über das Himmeleck nach Oberstdorf (9 St., F. 10 ℳ), etwas mühsamer, aber gleichfalls lohnend. Von der (2¼ St.) Enzianhütte (S. 35) im *Bärgündele* hinan, bei der (1 St.) *Pointhütte* (1320m) den Weg zum Hochvogel (s. S. 35) l. lassend, zuletzt steil über Grashänge zum (1 St.) Wege vom Prinz-Luitpoldhaus zum Nebelhornhaus (S. 31), und r. zum (1 St.) **Himmeleck** (1980m), zwischen *Großem Wilden* (2380m) und *Schneck* (2268m; Besteigung in 1¼ St., sehr schwierig), mit überraschendem Blick auf die wilde Höfats (S. 31). Hinab auf AV.-Steig zum *Mitteleck* (1822m) und r. sehr steil (Drahtseile) über *Obere* und *Untere Gaisbach-A.* zum (1 St.) *Stuibenfall*. Bequemer vom Mitteleck über die *Guten-A.* (1695m) zur *Käseralp* (S. 29) und zum (1½ St.) Stuibenfall, dann durch das Oytal nach (2¼ St.) Oberstdorf.
 Von Hinterstein nach Tannheim über die *Willers-A.* und das *Älpele*, dann steil hinan zur **Vorderen Schafwanne** (*Geiseckjoch*, 2056m), zwischen Rauhhorn und Geiseck (S. 35), hinab zum *Vilsalpsee* (s. unten), 6 St. bis Tannheim, lohnend. Bequemer von Hinterstein am *Zipfelsbachfall* vorbei über die *Zipfels-A.* (1526m) zwischen Iseler und Bschießer nach (4 St.) *Schattwald* (Besteigung des *Iseler* leicht damit zu verbinden, s. S. 34). — Ins Lechtal beschwerlicher Übergang (nur für Geübte mit F.) am malerischen *Wild-* oder *Schrecksee* (1802m) vorbei über die **Kirchdachscharte** (1991m), südl. vom Knappenkopf, dann r. hinab ins *Schwarzwassertal*, nach (6-7 St.) *Forchach* (S. 278).

Die Straße nach Tannheim steigt von (16km) Hindelang in bequemen Windungen den *Jochberg* hinan (kürzer der schattige Fußweg des Verschönerungsvereins durch die romantische *Wildbachtobelschlucht*). — 20,₅km Dorf *Oberjoch* (1136m; Whs.); 5 Min. weiter Straßenteilung: l. nach Unterjoch und Wertach (S. 38), r. nach Schattwald und Reutte. — Vor dem (21,₅km) **Vorderjoch** (1149m) das bayr. Zollhaus; weiter einförmig über ein moosiges Plateau, r. die Felswände des Iseler und Kühgundkopfs. Nach ½ St. nochmals bergan zum (26km) *Hinterjoch* (1180m), dann hinab zum (28,₅km) österr. Zollamt *Vilsrein*, 5 Min. vor

29km **Schattwald** (1072m; Gasth.: *Traube oder Post, 34 B. zu 1-1½ K, Forellen; Sonne; PT), Schwefelbad im *obern Vilstal* oder *Tannheimer Tal*.

Weiter schattenlose Straße (Fahren vorzuziehen); l. Einstein und Aggenstein, vorn Gimpel und Köllespitze.

34km **Tannheim** oder *Höfen* (1097m; Gasth.: Post, 22 B. zu 1-1½ K, gut; Kreuz), Hauptort des Tals.

AUSFLÜGE. Lohnender Spaziergang durch das hier nach S. umbiegende Vilstal zum (1 St.) **Vilsalpsee** (1168m; Wirtsch.), dann um das Ö.-Ufer herum zur (½ St.) Alp am Talende, vom Geishorn, Rauhhorn und Kugelhorn umschlossen. S. noch 1½ St. höher der hübsche **Traualpsee** (1630m), am Fuß der *Schochenspitze* (Saalfelder Weg s. S. 37), von wo man am *Hohen Trausee* (1792m) vorbei über das *Lachenjoch* zwischen Steinkarspitze und Lachenspitze (2130m) ins *Schwarzwassertal* und nach *Forchach* im Lechtal gelangen kann (s. S. 278). — Vom Vilsalpsee nach *Hinterstein* über die *Schafwanne* (Besteigung des *Geishorns*) s. oben; zum *Prinz Luitpoldhaus* (Jubiläumsweg, c. 7 St.) s. S. 35. — Gute Rundsicht vom **Einstein** (1867m), 2 St. u. von Tannheim, nicht schwierig; Abstieg nach Pfronten, s. S. 38.

L. das Dörfchen *Grän* (1102m; Engel). Auf den *Aggenstein* 3 St. m. F., lohnend, s. S. 39; Fahrweg u. durch die *Enge* nach (3½ St.) *Pfronten* (S. 38). Hinter dem Dorf (38km) *Haldensee* (Whs.) beginnt der hübsche 20 Min. lange *Haldensee* (1124m), in den r. die bewaldete *Grünspitze* (2002m) steil abfällt.

*Schochenspitze (2068m), von Haldensee s.w. auf dem „Saalfelder Weg" der AVS. Thüringen-Saalfeld über die *Strinden-* und *Gappenfeld-A.* in 3½-4 St., unschwierig; prächtige Aussicht. Abstieg zum *Traualpsee* und *Vilsalpsee*, s. S. 36; Verbindungsweg zum *Jubiläumsweg* (S. 35).

43km **Nesselwängle** (1147m; Weißes Kreuz, einf.), am Fuß der schönen Köllespitze; südl. Gachtspitze u. Schwarzhanskarkopf.

Ausflüge (Führer Franz Mairhofer). Von der Kirche rot-weiß MW. durch Wald zur (1½ St.) **Tannheimer Hütte** der S. Allgäu-Kempten (1715m; 7 Matr.; Prov.-Depot) auf der *Gimpel-A.*, in schöner Lage (von der Otto Mayr-Hütte über die *Nesselwängler Scharte* in 2½-3 St. zu erreichen, s. S. 39), von wo *Rote Flüh* (2111m) in 1½ St. (leicht und lohnend, bis zum Sättele MW.), *Köllespitze* (2240m) in 2½ St. und *Gimpel* (2176m) in 2 St. (beide nur für Geübte m. F.) zu besteigen sind.

Das Tannheimer Tal endet hier; die Straße senkt sich zwischen den Weilern *Raut* und *Gacht* hindurch (r. das bewaldete *Birkental* mit Lachen- und Leilach-Spitze) in den **Paß Gacht**, das tiefe schön bewaldete Tal des *Weißenbachs*. Bei (50km) *Weißenbach* (887m; Löwe, Lamm) tritt sie in das breite *Lechtal* (S. 278), für Fußgänger unerquicklich (bis Reutte 2 St., Einsp. 6 K, nicht immer zu haben; angenehmer die Klauswaldstraße, s. S. 278).

59km *Reutte* (S. 44).

6. Von Kempten über Pfronten nach Reutte.

48,₆km. Eisenbahn in 2½ St.; bis *Pfronten-Ried*, 30,₇km, Bayrische Staatsbahn in 1½ St. (2. Kl. 1 ℳ 50, 3. Kl. 1 ℳ); von Pfronten-Ried bis *Reutte*, 17,₉km, Österreichische Staatsbahn in 50-60 Min. (1 K 60 oder 60 h).

Kempten (695km) s. S. 21. Die Bahn (Aussicht meist r.) überschreitet die Iller, zweigt von der Staatsbahn r. ab und führt an dem Fabrikort *Kottern* vorbei durch Hügelland nach (4km) *Durach* (713m; Batzer), dann stark ansteigend nach (7km) *Sulzberg* (781m); r. 2km entfernt der Ort (Zinth), in der Kirche ein guter Schnitzaltar. Hübsche Aussicht von der Burgruine *Sulzberg* (¼ St.); ½ St. s.w. der waldumkränzte *Sulzberger See* (Whs.). — Weiter stets ansteigend zur (8,₄km) HS. **Jodbad Sulzbrunn** (818m; Reichsadler), für das 20 Min. r. aufwärts gelegene Bad d. N. (875m), mit jodhaltiger Salzquelle. Dann durch Wald, mit Ausblicken auf das Gebirge, über (12km) *Bodelsberg* (König) zur (14km) HS. *Zollhaus Peterstal* (890m; Hirsch); hinab ins oberste Rottachtal, mit großen Moosen, dann wieder bergan nach (18km) **Oy** (908m); r. auf einer Anhöhe das Dorf (Gött, Stach), mit schöner Gebirgsaussicht; 20 Min. w. der Luftkurort *Mittelberg* (1036m; Krone; Rose; Erholungsheim M. Bandelow). — Hinter Oy erreicht die Bahn ihren höchsten Punkt (913m) und senkt sich dann allmählich, das Dorf *Haslach* in großer Kurve umziehend, zur (20km) HS. *Wertach* (890m; Wertacher Hof).

Post 3mal tägl. in ³/₄ St. nach (5km) **Wertach** (915m; Engel, Adler u. a.), hübsch gelegener Markt (1250 E.), nach dem Brande von 1893 neu erbaut. Ausflüge auf den *Grünten* (1738m; 3¹/₂ St., vgl. S. 25), das *Wertacherhorn* (1695m; 3 St.), den *Sorgschrofen* (*Zinken*, 1613m; 2¹/₂-3 St.) usw. Fahrstraße südl. durchs Wertachtal nach (1¹/₂ St.) *Unterjoch;* von hier r. nach (1 St.) *Oberjoch*, l. nach (1¹/₄ St.) *Schattwald* (S. 36).

Die Bahn wendet sich n.ö. in das Wertachtal und überschreitet jenseit (22km) HS. *Maria-Rain* (801m) die Wertach auf imposanter Brücke in vier Bogen von je 27m Spannweite, 27m über dem Fluß. — 24km **Nesselwang** (867m; Bahnrestaur., auch Z.; Gasth.: Post, 20 B. zu 1-1¹/₂ ℳ; Krone; Bären), freundlicher Markt (1800 Einw.) am Fuß der *Alpspitze* (1576m), Sommerfrische.

Ausflüge. Zum *Wasserfall* (¹/₂ St.), Ruine *Nesselburg* (³/₄ St.), Wallfahrtskirche *Maria-Trost* (1123m; 1 St.). Fahrstraße w. nach (1¹/₂ St.) *Wertach* (s. oben). — *****Edelsberg** (1631m), MW. in 2 St., leicht; am Gipfel offene Schutzhütte, oben Orientierungstafel; prächtige Aussicht bis zum Säntis und Bodensee. Abstieg nach *Pfronten* s. S. 39.

Vorn wird der Falkenstein sichtbar; r. Breutenjoch und Aggenstein. 27km *Kappel* (874m), schon zu der aus 13 Dörfern bestehenden Pfarrei *Pfronten* (2700 Einw.) gehörig. 29km *Pfronten-Weißbach* (879m; Rößle; Hafsche Brauerei; Post).

30,₇km **Pfronten-Ried** (875m; *Bahnhotel zum Falkenstein, 28 B. zu 1-3, P. 4-5 ℳ; Kreuz), in freundlicher Lage am l. Ufer der *Vils*, mit den nahen Dörfern *Heitlern* (Adler), *Dorf* (Krone), *Steinach* (Gasth. Dampfroß; Löwe) und *Berg* (Stegmüller) als Sommerfrische besucht. Schwimmbad in der *Vils* in den obern *Weidachanlagen* bei Heitlern, 8 Min. vom Bahnhof. — AVS. Pfronten.

Ausflüge (Führer K. Eberle in Pfronten). Von Ried über die Vilsbrücke durch Heitlern und Dorf, 200 Schritt weiter den Fußpfad r. hinan zur (¹/₂ St.) Ascha am Abhang des *Kienbergs*, mit reizender Aussicht ins untere Vilstal (Säuling, Zugspitze). Zurück auf der W.-Seite auf gutem Waldweg zur (¹/₄ St.) *Bläslesmühle* und durch die Weidachanlagen nach (¹/₂ St.) Ried. — Schöne Aussicht auch vom (20 Min.) *Friedhof* und vom (¹/₄ St. weiter) *Hörnle* oberhalb des Dorfs Berg. — Hübscher Spaziergang über Heitlern und Dorf ins Tal der *Dürren Ach* zur (1¹/₄ St.) *Fallmühle* (929m; gutes Gasth. mit Anlagen), mit dem Pfrontener Elektrizitätswerk; 40 Min. weiter der *Kotbachfall* (von hier durch die *Enge* in 1 St. nach *Grän* oder in ³/₄ St. auf den *Einstein*, s. S. 37). Von der Fallmühle w. über den Rücken zwischen vorderm und hinterm Kienberg (das „Himmelreich") zur (1¹/₂ St.) *Vilstalsäge* (Wirtsch.) und zurück nach (³/₄ St.) Ried. — *****Falkenstein** (1277m), 1¹/₂ St., bequem. Vom Bahnhof über die Brücke der *Faulen Ach*, geradeaus hinan (Wegtafeln) nach *Meilingen*, dann Fahrweg über das Plateau, weiter durch Wald in großen Kehren zum *Burghotel* (1. Mai-15. Okt., 14 B. zu 1¹/₂ ℳ), mit Aussichtsterrasse, 2 Min. unterhalb der Ruine der 1646 zerstörten Burg, den König Ludwig II. neu ausbauen lassen wollte (Modell in Neuschwaustein). Prächtige Aussicht auf das Gebirge (Schwangauer Alpen, Wettersteingebirge mit Zugspitze, Tannheimer Gruppe) und das Flachland. Vom Gasthaus Fußsteig hinab zur (5 Min.) *Mariengrotte*, mit Madonna von Th. Haf. Abstieg auch s.ö. nach (³/₄ St.) *Schönbichl* (s. unten), oder ö. auf MW. über *Salober-A.* zum (2 St.) *Alatsee* (S. 40).

BERGTOUREN. ***Edelsberg** (1631m), von Ried über *Halden* und *Röfleiter-A.* auf MW. in 3 St., leicht. Abstieg nach Nesselwang s. S. 38. — *Aggenstein* (1987m), MW. in 4¼ St., unschwierig und lohnend. Vom Bahnhof Pfronten-Steinach jenseit der Achenbrücke r. ab gegen die Schlucht des *Reichenbachs*, am Reichenbachfall (Hdw., 2 Min. l. vom Wege) vorbei zur (2 St.) letzten Quelle, über den „Bösen Tritt" zur (1¼ St.) *Pfrontner Hütte* der AVS. Pfronten (1795m; Wirtsch., 11 Matr.) und zum (³/₄ St.) Gipfel, mit herrlicher Rundsicht. Reiche Flora (Edelweiß). Abstieg auch nach (2 St.) *Grän* (S. 37), oder über das *Reintaler Jöchle* (1846m) zur (3½-4 St.) *Otto Mayrhütte* (s. unten). Vom Reintaler Jöchle auf die *Schlicke* (2060m), MW. in ³/₄ St. (s. unten).

Von Pfronten nach Füssen (S. 40) zwei Straßen: entweder links am *Weißensee* (787m) vorbei (2½ St.), oder von (10km, Eisenbahn in 30 Min.) HS. *Ulrichsbrücke* (s. unten) über die Lechbrücke nach (4,₁km) Füssen.

Die Bahn überschreitet die Ache bei *Pfronten-Steinach* (S. 38) und führt durch das breite Vilstal über die tiroler Grenze nach (34km) *Schönbichl* (840m; Gasth., guter Wein), am Fuß des schroff aufragenden Falkenstein (S. 38). Weiter über den Kühbach nach (38km) **Vils** (828m; Gasth.: Post, Grüner Baum, Zur Schlicke), der kleinsten Stadt in Tirol (600 Einwohner).

AUSFLÜGE. Von Schönbichl oder von Vils durch das *Kühbachtal*, mit Wasserfällen, MW. zur (1½ St.) *Vilser-A.* und über die *Kleine Schlicke* (1846m) zur (4 St.) *Otto Mayrhütte*, unschwierig und lohnend. Beschwerlicher (Drahtseil) über die *Vilser Scharte* (1900m), von wo die *Schlicke* (2060m) für Geübte in ³/₄ St. zu ersteigen ist (besser von der Otto-Mayrhütte, s. unten). — Von der Vilser-A. über das *Vilser Jöchle* (1651m) auf den *Aggenstein* (s. oben), 3 St. m. F., unschwierig und lohnend.

Vor der (40,₆km) *Ulrichsbrücke* (Gasth. Ulrichsbrücke, gelobt; Omnibus nach Füssen 3 mal tägl. in 50 Min., 40 pf.) wendet sich die Bahn nach S. und führt auf dem l. Ufer des inselreichen Lech nach (42km) *Musau* (Gasth. Reintal).

Ins **Reintal** sehr lohnender Ausflug (bis zur Otto Mayrhütte 2½ St.). Am obern Ende des Dorfs (Handweiser) r. ab, auf steilem MW. über die *Achsel* in das malerische *Reintal* zur (1³/₄ St.) *Musauer-A.* (1286m; Unterkunftshaus der Ges. Naturfreunde) und zur (³/₄ St.) **Otto Mayr-Hütte** der AVS. Augsburg (1600m; Wirtsch., 17 B. und 11 Matr.) auf der *Füssener-A.*, in großartiger Umgebung. Ausflüge: *Schlicke (*Karetschrofen*, 2060m), 1½ St., leicht; vom Gipfel, mit Kreuz und Wetterschutzhütte, prächtige Aussicht, namentlich auf die nahe Tannheimer Gruppe (Panorama von Roggenhofer). Abstieg nach Vils oder Schönbichl s. oben. — *Aggenstein (1987m), von der Otto Mayrhütte AVV. über das *Reintaler Jöchle* (1846m), das *Füssener Jöchle* (1816m) und die *Sebengaltalp* in 4½-5 St., unschwierig, s. oben. — Auch *Gimpel* (2176m; 2½ St.), *Köllespitze* (2240m; 2¼ St.) und *Gerenspitze* (2164m; 3 St.) sind für Geübte von der Otto Mayrhütte zu ersteigen; vgl. S. 37. — Über die *Nesselwängler Scharte* (ca. 2000m), zwischen Köllespitze und Kl. Gimpel, zur (2½-3 St.) *Tannheimer Hütte*, mark. AV.-Weg, lohnend (für Ungeübte F. angenehm, s. S. 37). Beschwerlicher ist der Weg von der Musauer-A. über das *Sabachjoch* (1938m; 3½-4 St., F. ratsam, 6 ℳ).

Weiter durch den *Roßschlägpaß*, bei *Unterletzen* auf langer Brücke über den Lech, nach (46km) *Pflach* (839m; Schwan) und (48,₆km) *Reutte* (S. 44).

7. Von Bießenhofen über Füssen nach Reutte. Hohenschwangau.

Von Bießenhofen nach Füssen, 37km, Lokalbahn in 1³/₄ St. (2. Kl. 3 ℳ, 3. Kl. 1.85). [Die Lokalbahn beginnt in Kaufbeuren (S. 21); Reisende mit Schnellzügen, die nicht in Bießenhofen halten, steigen in Kaufbeuren um.] Von Füssen nach Hohenschwangau Omnibus zu allen Zügen in ³/₄ St. (70, hin u. zurück 1 ℳ 20 pf.); außerdem Omnibus der Hohenschwanguer Gasthöfe (1 ℳ). Wagen von Füssen nach Hohenschwangau einsp. 4, zweisp. 6 ℳ, hin u. zurück mit 1 St. Aufenthalt 5 u. 8, ¹/₂ Tag 6 u. 10 ℳ; bis Neu-Schwanstein 6 u. 9, hin u. zurück 8 u. 12 ℳ, nebst 10% Trinkgeld. — Von Füssen (Bayer. Hof) zur Ulrichsbrücke (4,4km) Omnibus 3mal tägl. in 50 Min. (50 pf.); von dort nach Reutte (8km) Eisenbahn in 25 Min. (s. S. 39).

Bießenhofen s. S. 21. — 2,5km *Ebenhofen*. — 6,5km **Oberdorf** (729m; Gasth.: Alte und Neue Post), Markt von 2160 Einw. mit altem königl. Schloß. Zweigbahn s.ö. nach *Lechbruck*, 22km. — 11km *Leuterschach*; 15km *Balteratsried*; 18km *Lengenwang*; 23km *Seeg* (817m); r. auf der Höhe das Dorf, mit Jodbad (854m) und dem kl. *Seeger See*. — Jenseit (26km) *Enzenstetten* erscheint r. Ruine Falkenstein (S. 38), dahinter der Aggenstein (S. 39). — 28km *Weizern-Hopferau*. L. wird Burg Neu-Schwanstein sichtbar. — 32km *Reinertshof*, am O.-Ufer des ansehnlichen *Hopfensees* (782m).

37km **Füssen**. — *Bahnrestaur.*, auch Z. — GASTHÄUSER: *Bayerischer Hof, am Bahnhof, 80 B. zu 3-5, F. 1, M. 2-3, P. 5¹/₂-9 ℳ; *Hirsch, 3 Min. vom Bahnhof, 60 B. zu 1¹/₂-4, P. 5¹/₂-7 ℳ; Alte Post, gelobt; Neue Post, 35 B. zu 1.20-2, P. 4.50-6 ℳ; Mohr; Sonne, mit Garten; H.-P. Neu-Schwanstein, 22 B. von 1.50, P. von 5 ℳ an; Löwen, 30 B. zu 1.20-1.50, P. 4-5 ℳ; Baumgarten; Schiff. — Viel Privatwohnungen. — *Niemann's Café & Weinrest.*, Reiherstr. (auch Z., P. 6-10 ℳ). — *Café u. Konditorei Augusta* (auch Z.); *Café Luitpold*. — AVS. Füssen. — Führer: Anselm und Joh. Michael Kiechle, Max Streidl, Friedr. Mossauer.

Füssen (797m), Städtchen von 4458 Einw., als Sommerfrische besucht, liegt anmutig am Lech, überragt von einer von den Bischöfen von Augsburg 1322 erbauten, von König Max II. hergestellten Burg (jetzt Amtsgericht). Unterhalb die 1701 auf alten Grundlagen neu erbaute *Stiftskirche St. Magnus* und die 629 gegründete Benediktinerabtei *St. Mang*, jetzt v. Ponickau'scher Besitz. Schöne Aussicht durch die Pforte in der Stadtmauer zwischen Burg und Kirche. Vor dem Bayerischen Hof ein *Standbild des Prinzregenten Luitpold*, von Al. Mayer (1903). Die Seilerwarenfabrik am r. Lechufer beschäftigt über 1000 Arbeiter.

UMGEBUNG. An der W.-Seite der Stadt der *Baumgarten*, mit Anlagen und dem Hochreservoir der städt. Wasserleitung. — Zur (10 Min.) *Lechklamm* mit dem König Max-Steg s. S. 43. — 10 Min. w. das Schwefelbad *Faulenbach* (32 B. zu 1-1¹/₄, P. 3¹/₂-4¹/₂ ℳ), in der Nähe der kl. *Faulenbacher See* mit Badeanstalt und Pens.-Restaurant; ³/₄ St. weiter der hübsche *Alatsee* (835m; Sommerwirtsch.); von da in ¹/₂ St. auf die *Salober-A.*, mit reizender Aussicht (weiter zum Falkenstein, s. S. 38). Vom Alatsee nach Füssen lohnender Rückweg, erst durch Wald, dann, mit Blicken auf Säuling usw., über den *Kobelweg* (1¹/₂ St.). — Am l. Lechufer zur (1 St.) Weinwirtschaft *Lände* (S. 44); am r. Ufer zum (25 Min.) *Weißhaus* (S. 44). MW. von hier bei der österr. Grenze l. ab

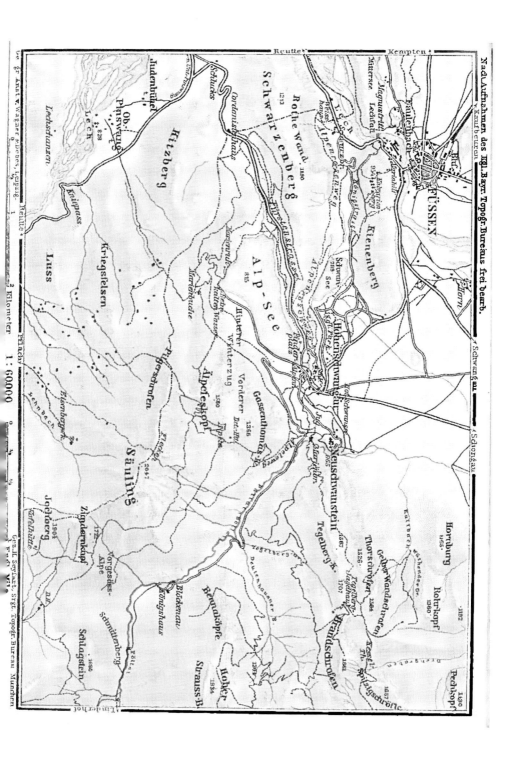

über die *Rotewand* und den *Galmeikopf*, beide mit schöner Aussicht, zum (1½-2 St.) *Schluxenwirt* (S. 43).

Am r. Ufer des Lech zeigt einige 100 Schritt oberhalb der Brücke bei der Kirche ein Handweiser den Stationenweg auf den (½ St.) *Kalvarienberg* (954m); bei den drei Kreuzen treffliche Aussicht auf Hohenschwangau, Neuschwanstein, Füssen, Gebirge und Ebene. Ein Fußsteig führt von oben, am Schwansee vorbei, nach (1 St.) Hohenschwangau.

Von Füssen nach *Reutte* (S. 44): Postomnibus bis Stat. *Ulrichsbrücke* (S. 39, 44) im Anschluß an die Bahnzüge in 50 Min. (50 pf.), dann Eisenbahn in 27 Min. über *Musau* (Station für das *Reintal*, S. 39). — Omnibus von Füssen über *Reutte, Plansee* und *Linderhof* nach *Oberau* (61km) im Sommer 2mal tägl. in 12 St. (8 ℳ 50), und von *Hohenschwangau* (H. Schwansee) nach *Partenkirchen* in 13 St. (9 ℳ), s. R. 10.

Die Straße von Füssen nach Hohenschwangau (5km) führt jenseit der Lechbrücke l. am r. Lechufer abwärts und wendet sich dann r. (l. die Straße nach Schwangau) am (½ St.) *Café Rupprecht* und dem *Gasth. Alterschroffen* vorbei, durch den kgl. Park und um den Schloßberg herum nach (½ St.) Hohenschwangau. — Fußgänger (1¼ St.) schlagen jenseit der Lechbrücke r. die Straße nach Reutte (S. 43) ein und folgen nach 5 Min. dem am Abhang des Kalvarienbergs l. ansteigenden Fußweg, über den Aussichtspunkt „Kanzel" (7 Min.), dann durch Wald in 6 Min. zur „Königsstraße" (Fahren verboten); auf dieser l. bergab (geradeaus zum Alpenrosenweg, s. unten), nach 18 Min. durch ein Wildgatter (erster Blick auf den Schwansee, darüber r. Hohenschwangau, l. Neuschwanstein), gleich darauf, vor dem *Schwansee* (789m) den Fußweg r. hinüber zum (25 Min.) Sattel, wo r. der Alpenrosenweg einmündet, und zum (12 Min.) Dorf Hohenschwangau. — Schattiger ist der *Alpenrosenweg*, der sich hoch am bewaldeten Abhang des *Schwarzenbergs* entlang zieht, mit hübschen Aussichten, 1½ St. von Füssen bis Hohenschwangau; Zugänge an der Schwarzbrücke (S. 44) l. ab (10 Min.) und von der Königsstraße (s. oben).

Hohenschwangau. — Gasth.: *H.-P. Schwansee*, 10 Min. vom Alpsee, außerhalb der Parkanlagen, April bis Ende Okt., 180 B. zu 1½-4, M. 3½, A. 2½, P. 7½-10½ ℳ; *H.-P. Alpenrose*, in schöner Lage am Alpsee, 1. Mai-30. Sept., 160 B. zu 3-7, F. 1½, M. 4, P. 8½-14 ℳ; *H.-P. Lisl*, 92 B. zu 1.80-3.50, F. 1 ℳ. Hotel-Omnibus am Bahnhof Füssen, 1 ℳ; Omnibus der Lokalbahn-Aktiengesellschaft 70 pf. — Wohnungen in mehreren Privathäusern. Schwimmbad im Alpsee (30 pf.). — PTF.

Schloß Neuschwanstein ist vom 10. Mai bis 18. Okt. wochentags 9-12, 2-5, Sonn- u. Feiertags 10-12, 2-6 Uhr zugänglich (Eintr. 3 ℳ, Sonn- u. Feiertags und für Kinder unter 14 Jahren die Hälfte); nur am 13. Juni, dem Todestage König Ludwigs II. († 1886), ist es geschlossen. Schloß Hohenschwangau ist zu den gleichen Stunden zugänglich (Eintr. 50 pf.).

Das nur aus wenigen Häusern bestehende Dorf *Hohenschwangau* (820m) liegt am Fuß der bewaldeten Höhe, auf der das gleichn. Schloß thront, und eignet sich der prächtigen Umgebung wegen zu längerem Aufenthalt. Von besonderem Reiz ist der blaugrüne *Alpsee* (815m), rings von dunkler Waldung umschlossen, über der südl. die steile Felshöhe des Pilgerschrofens aufragt. Gegenüber der Alpenrose beginnt die für Privatfuhrwerk und Radfahrer verbotene „Fürstenstraße", von der nach 3 Min. r. der Fahrweg zum Schloß Hohenschwangau und nach 8 Min. der S. 41 gen. Fußweg nach Füssen abzweigen. 40 Schritt weiter führt l. ein Fußweg zu einem Felsvorsprung mit Aussicht über den See („Pindarplatz", S. 43). Promenadenwege umziehen den See (1¼ St.). — Der Fußweg zum Schloß steigt gegenüber dem Hot. Lisl bergan (5 Min.; Eintritt s. S. 41; Besuchsdauer ca. 40 Min.).

*Schloß Hohenschwangau (865m), ursprünglich *Schwanstein* genannt und im Besitz des Welfenhauses, seit 1567 den Herzogen von Bayern gehörig, 1820 auf Abbruch für 200 Gulden verkauft, wurde 1832 von dem nachmaligen König Maximilian II. von Bayern erworben, der die Ruine neu aufbauen und das Innere von M. v. Schwind, Lindenschmit u. a. mit Fresken aus der deutschen Sage und Geschichte schmücken ließ. Reizend sind die Aussichten sowohl nach der Ebene, wie auf den Alpsee und Neuschwanstein. Das Schloß war Lieblingssitz der Könige Max II. und Ludwig II. In dem kl. Schloßgarten (l. vom Schloßeingang) das aus dem Felsen ausgearbeitete *Marmorbad*, mit zwei Nymphen von Schwanthaler, und der *Löwenbrunnen*, gleichfalls von Schwanthaler.

Gegenüber dem Aufgang nach Hohenschwangau beim H. Lisl beginnt die Straße nach Neuschwanstein (25-30 Min.), von der nach 5 Min. r. die Straße zur Blöckenau (S. 43), 6 Min. weiter (gegenüber dem Fußpfad vom Hot. Schwansee) r. ein steiler Fußsteig zur Jugend, dann nach 12 Min., bei einem (l.) Verkaufsstand r. der Reitweg zur Jugend und Marienbrücke (S. 43) abzweigen. Weiter an der *Schloßrestauration* (5 Z., gelobt) vorüber in 8 Min. zum Eingang des auf hohem Felsrücken thronenden Schlosses

*Neuschwanstein (965m), 1869 von König Ludwig II. auf der Stelle der zerfallenen Reste von Vorder-Hohenschwangau begonnen und im romanischen Stil, wesentlich unter Anlehnung an die Bauformen und Einteilung der Wartburg, aber in weit größeren Verhältnissen, nach Plänen von Dollmann, Riedel und Hofmann ausgeführt. Durch den *Torbau* im NO. (Eintritt s. S. 41) betritt man den vordern Burghof, wo man r., im NW., das eigentliche Burghaus oder den *Palas*, l., im SO., das Frauenhaus oder die *Kemenate*, in der Mitte den *Ritterbau* vor sich hat. Die Führung nimmt ca. 1 St. in Anspruch. Außer der Pracht der Einrichtung verdienen die schönen Aussichten, nach S. auf Hohenschwangau und den Alpsee und nach O. in die tiefe Pöllatschlucht und auf den von der Marienbrücke überspannten Pöllatfall Erwähnung.

Der vierstöckige PALAS enthält im Erdgeschoß die Wirtschaftsräume, im 1. Stock die Wohnräume der Dienerschaft (der 2. Stock ist noch unvollendet), im 3. Stock die Königswohnung. Man steigt in dem 60m h. Hauptturm 96 Stufen hinan zum dritten Stock. Auf dem Treppenvorplatz Fresken aus der nordischen Sigurd-Sage, von Hauschild. L. durch das *Adjutantenzimmer* in das *Arbeitszimmer des Königs*, mit Bildern aus der Tannhäuser-Sage von Aigner. Dann durch die Tropfsteingrotte zum ehem. *Wintergarten*, einem Altan mit Aussicht auf die Ebene. Weiter das *Wohnzimmer*, mit Gemälden aus der Lohengrin-Sage von Hauschild; das *Toilettezimmer*, mit Bildern aus dem Leben Walthers von der Vogelweide und des Hans Sachs, von Ille; das gotische *Schlafzimmer* mit Darstellungen aus Tristan und Isolde von Spieß; im anstoßenden *Oratorium* Gemälde aus dem Leben Ludwigs IX. von Hauschild, vom Altan prächtiger Blick in das Pöllattal. Im *Speisesaal* Bilder aus dem Hofleben zur Zeit des Landgrafen Hermann von Ferd. Piloty. Zurück auf den Treppenvorplatz und in den *Thronsaal*, mit Gemälden von Hauschild und offner Loggia. — Im vierten Stock auf dem Treppenvorplatz die Gudrunsage der Edda (Kriemhild und Atli) in zwölf Bildern von Hauschild; dann der große 27m l. *Fest-* oder *Sängersaal*, mit Bildern aus Wolfram von Eschenbachs Parzival von Spieß, Munsch und Ferd. Piloty.

Ein Fußpfad, der unterhalb der N.-Ecke des Schlosses von der Fahrstraße l. abzweigt, führt w. um das Schloß herum auf den S. 40 gen. Reitweg. Ehe man diesen erreicht (4 Min.), geht l. abwärts ein Fußsteig in die *Pöllatschlucht*, mit gutem Blick von unten auf das Schloß sowie auf den 26m h. *Pöllatfall*. Wir folgen dem Reitweg 5 Min. bergan. Dann zweigt r. bergab ein Fußsteig zur (1 Min.) *Jugend (900m), einer Waldlichtung mit reizendem Blick auf Hohenschwangau und Alpsee, gleich darauf l. bergan ein Fußweg zur (4 Min.) *Marienbrücke, die, 42m lang, 90m über dem Wasserfall, die Pöllatschlucht überspannt und den schönsten Blick auf Neuschwanstein bietet. Von der Brücke zurück gelangt man auf dem Wege l. in 2 Min. auf die Blöckenauer Straße, auf die auch der Reitweg mündet; auf dieser bergab nach Dorf Hohenschwangau ½ St.

Von Hohenschwangau direkt nach Linderhof (S. 60) 6 St., lohnend (F. unnötig). Fahrstraße durch das Pöllattal bis zum (1½ St.) k. Jagdhaus in der *Blöckenau*, dann auf dem gut gangbaren Jäger- oder Schützensteig (1421m) bis zur (1 St.) Jägerhütte und hinab zum (1 St.) *Gasth. Ammerwald* (S. 60).

Tegelberg (1807m), 3 St., sehr lohnend; Jagdsteig von der Marienbrücke, oder auf dem Fahrweg zur Blöckenau (s. oben) 1 St. hinan, bei der Tafel „verbotener Weg" l. ab in Windungen hinan zum *Brander Fleck* und zum (2 St.) königl. Jagdhaus (geschlossen), mit schönem Blick auf Flachland und Gebirge. Von hier auf den (25 Min.) *Brandschrofen* (1881m), mit Kreuz und voller Gebirgsaussicht, nur für Schwindelfreie. Während der Jagden des Prinz-Regenten Ende Aug. und Anf. Sept. sind die Wege auf den Tegelberg, Säuling usw. gesperrt.

*Säuling (2047m), von Hohenschwangau 3½-4 St., nicht schwierig (F. 6 ℳ, für Geübte unnötig), AVW. über das *Älpele*, zuletzt steil. Vom W.-Gipfel, mit Kreuz (österr. Grenze), herrliche Aussicht. Abstieg auf MW. nach (2½ St.) *Pflach* (S. 44; Anstieg von hier 3½-4 St.), oder auch direkt zum *Schluxen - Whs.* (s. unten).

Hochplatte (2082m), von der (2½ St.) Jägerhütte im Pöllattal (s. oben) in 2-2½ St. m. F., die letzte Stunde schwierig. Aussicht schöner als vom Säuling.

Lohnender Tagesausflug (Einspänner 18, Zweisp. 30 ℳ u. 3 ℳ Trkg.) von Hohenschwangau nach dem *Falkenstein (S. 38; hin über Füssen und Weißensee, zurück über Schönbichl und Vils; vgl. S. 39).

Fußgänger von Hohenschwangau nach Reutte (2¾ St.) folgen der „Fürstenstraße" (S. 42; für Wagen und Radfahrer verboten) hoch am N.-Ufer des Alpsees oder den Promenadenwegen am „Pindarplatz" vorüber bis zum W.-Ende des Sees und dann erst zur Straße zurück; weiter zum (¾ St.) „Cordonistenhaus" an der österr. Grenze, dann in Windungen oder auf Fußsteig hinab, beim (¼ St.) *Gasth. zum Schluxen* (gelobt) l. auf die Straße von Unter-Pinswang nach (1 St.) *Pflach* (S. 44).

Die Straße von Füssen nach Reutte führt am r. Ufer des Lech aufwärts und erreicht nach 7 Min. einen Felsdurchbruch, wo r. ein Kriegerdenkmal steht und der Lech eine tiefe Klamm durchbraust; am l. Ufer in einer Nische im Felsen eine Marmorbüste des

Königs Max II. (1866). [Über die Klamm führt beim „St. Mangtritt" der eiserne *König Max-Steg*, mit schönem Blick in die Tiefe und auf den Lechfall, r. in 5 Min. zum Bad *Faulenbach* (S. 40), l. in $^3/_4$ St. zu der reizend gelegenen Wirtschaft *zur Lände* (S. 40).] — 5 Min. weiter über die *Schwarzbrücke* (S. 41), dann über die österr. Grenze beim (10 Min.) *Weißhaus* (*Gasth. Müller). Die Hauptstraße überschreitet den Lech auf der (35 Min.) *Ulrichsbrücke* (Bahnstation, s. S. 39) und führt über *Musau* und *Roßschläg*, wieder aufs r. Ufer, nach ($1^3/_4$ St.) *Pflach* (S. 39). Hier über den *Archbach*, dann durch das breite Lechtal nach ($^3/_4$ St.) *Reutte* (s. unten).

Kürzer und für Fußgänger lohnender ist die vor der Ulrichsbrücke l. abzweigende Nebenstraße über *Unter-Pinswang* (der Schluxenwirt, S. 43, bleibt l., Ober-Pinswang r.) und den *Kniepaß* (908m), einen Felsriegel, der das Bett des Lech sehr einengt, nach ($1^1/_2$ St.) Pflach.

8. Von Reutte über den Fernpaß nach Imst oder Telfs.

Von Reutte nach *Imst*-Bahnhof, 61km, AUTOMOBILFAHRT im Sommer 2 mal tägl. in 4-$4^1/_2$ St. (14 K); POST 2 mal tägl. in 8-10 St. (11 K 60); OMNIBUS in 9 St. (9 K 40). — Von Reutte nach *Telfs*-Bahnhof, 68km, POST im Sommer tägl. in 9 St. (13 K 60); von Nassereit nach Telfs, 28km, Touristenfahrt 2 mal tägl. in $3^1/_2$-4 St. (4 K 10).

Reutte. — GASTH.: *Post, 60 B. zu 1.50-5 K; *Hirsch, 70 B. zu 1.50-3.50, P. 5-7 K; *Tiroler Hof, am Bahnhof, 50B. zu 1.20-3, P. 5-7 K; Adler, 45 B. zu 1.20-2 K; Rose, 22 B. zu 1.20-2 K; Mohren, Krone, Glocke, einf. — WAGEN von Reutte nach Füssen-Hohenschwangau einsp. 16, zweisp. 30, über Plansee nach Garmisch 22 u. 36, nach Linderhof 24 u. 40, nach Oberammergau 33 u. 50 K; nach Elbigenalp (Lochtal) 22 u. 36, nach Tannheim 16 u. 26 K.

Reutte (850m), großer Markt mit 1800 Einw., liegt in der Mitte eines vom Lech durchflossenen Talkessels, von hohen Bergen umgeben: n. Säuling und Dürreberg, ö. Zwieselberg und Tauern, südl. Axljoch, Thaneller, Schloßberg, s.w. Schwarzhanskarkopf, w. Gachtspitze, Gehrenspitze und Gimpel. Guter Überblick vom (5 Min.) *Wolfsberg*, einem Hügel zwischen Markt und Lech.

An der Kirche zu Breitenwang (Whs. Kerber), 10 Min. ö., eine Denktafel für Kaiser Lothar II., der hier 1137 auf der Rückreise aus Italien starb. In der Totenkapelle oben ein Totentanz in Stuck-Relief. 15 Min. weiter am Fuß des Tauern *Bad Krekelmoos* mit Natrumquelle. — 20 Min. n.ö. am Archbach der Weiler *Mühl* (870m; Gasth. zum Tiroler Weinbauer), mit Schwimm- und Badeanstalt; 15 Min. oberhalb der waldumschlossene kleine *Uri-See*, von dem man über den Hermannsteig (s. unten) zu den Stuibenfällen und weiter zum ($1^1/_2$ St.) Plansee gelangt.

Nach den *Stuibenfällen, 2-$2^1/_2$ St. hin und zurück. Feldweg, oberhalb Mühl über den Archbach, beim ($^1/_2$ St.) Elektrizitätswerk wieder aufs l. Ufer, dann den „Hermannsteig" des OTK. hinan (viel Alpenrosen) zum ($^1/_2$ St.) *untern Stuibenfall*, 30m h., in schönem Waldrahmen. R. führt hier beim Handweiser ein Fußsteig auf die Straße nach Reutte, auf der man zurückkehren kann (bis Reutte 1 St.). Wer zum Plansee will, steigt am Archbach hinauf zum ($^1/_4$ St.) 18 m h. obern Fall, dann r. hinan in 4 Min. auf die Straße, 10 Min. vor dem *Kl. Plansee* (S. 61).

Von Reutte zum *Plansee* und von da über *Linderhof* oder *Grießen* nach *Partenkirchen* s. S. 61-59; *oberes Lechtal* s. S. 277; *Paß Gacht*

EHRWALD.

und über *Tannheim* nach *Immenstadt* s. S. 37; Eisenbahn über *Pfronten* nach *Kempten* s. S. 39-37. — **Tauern** (1864m), 3½ St., MW. vor dem Kleinen Plansee (S. 61) r. hinan, lohnend. — *Thaneller*, s. unten u. S. 278.

Die ansehnlichen Trümmer der *Feste Ehrenberg*, 1800 von den Franzosen zerstört, krönen südl. den ö. Vorsprung des fichtenbewachsenen *Schloßbergs*, hoch überragt von dem schneedurchfurchten Thaneller (s. unten). Die Straße führt am (2km) Restaur. *Neumühle* vorbei, dann stets steigend oberhalb der (5km) **Ehrenberger Klause** (Whs.) hin (Fußwanderer gehen besser auf der am S.-Ende von Reutte r. abzweigenden alten Straße *durch* die Klause) und senkt sich in das *Hintertorental* nach (8km) **Heiterwang** (992m; Post, Hirsch, beide einf. gut).

20 Min. n.ö. der 3km lange einsame **Heiterwanger See** (979m), der durch einen 8 Min. l. Kanal mit dem *Plansee* (S. 60) zusammenhängt. Dampfboot nach dem Plansee im Sommer 5-6 mal tägl., bis H. Forelle in 45 Min.; s. S. 61 (sehr lohnende Fahrt; in Heiterwang große Auto-Garage, an der Landestelle Restaurant). Auch Fußwege am Nord- und Südufer zum Gasth. Seespitz (1¼ St.; s. S. 61).

Von (13km) *Bichlbach* (1075m; Hirsch, 16 B. zu 1-1.20 K, Traube, beide einf. gut) führt r. hinan ein Karrenweg nach (1 St.) *Berwang* (S. 278; von hier auf den *Thaneller, 2343m, 3 St. m. F., leicht; vgl. S. 278). — Bei (17km) *Lähn* (1128m; Krone) erreicht die Straße die junge *Loisach* (MW. s.w. in 3 St. auf die *Bleispitze*, 2227m) und senkt sich über (20km) *Gries* (Whs.) nach

21km **Lermoos** (995m; Gasth.: *Post, 90 B. von 1.20, P. von 5.50 K an; *Drei Mohren, 50 B. zu 2-6, F. 1.20, P. von 6 K an, mit Bädern u. Garten; Zur Schönen Aussicht), Dorf mit 600 Einw., in weitem Talkessel, aus dem die mächtigen Wände des Wettersteingebirges aufsteigen: r. die Zugspitze, daneben Schneefernerkopf und Wetterspitzen, gegenüber s.ö. das Mieminger Gebirge mit Sonnenspitze, Wampetem Schrofen und Marienberg. In der Dependenz der Post eine Waffen- und Geweih-Sammlung.

5km ö. (Fußweg durch das Moos in ½ St.) liegt das Dorf **Ehrwald** (993m), mit 1200 Einwohnern, als Sommerfrische besucht.

GASTH.: *Zur Sonnenspitze, 24 B. zu 1.60-2, P. von 5 K an; *Grüner Baum, 68 B. zu 1.20-2, P. 5-6 K; Stern, 21 B. zu 1.20-1.80 K; Zur Schönen Aussicht, 30 B. zu 1.20-2, P. 4-5 K; Schwarzer Adler, 32 B. zu 1-1.40, P. 5-6 K; Zum Seebensee. — Z. in Villa Guem, Leitner, Salzer, Erika usw.

AUSFLÜGE (Führer Reinhard Spielmann, Mich. Sonnweber und Jos. Steiner in Ehrwald, Franz Ostheimer auf der Coburger Hütte, Josef Posch in Lermoos). — Zur Coburger Hütte, 3½-4 St. (F. 5 K, entbehrlich). Karrenweg von Ehrwald ö. im *Gaisbachtal* hinan, am *Seebenbachfall* (r. oben) vorbei zur (1½ St.) *Ehrwalder-A.* (1493m; Erfr.), dann MW. r. durch Wald zur (1 St.) *Seeben-A.* (1583m) und dem (¼ St.) *Seebensee* (1650m), in der Felsmulde zwischen Sonnspitze und Tajakopf schön gelegen (von Ehrwald direkt zum Seebensee über den *Hohen Gang* AV.-Steig in 3 St., nur für Schwindelfreie m. F., dem Wege durch das Gaisbachtal nachstehend). Noch ¾ St. höher über dem felsumschlossenen *Drachensee* (1883m) die herrlich gelegene **Coburger Hütte** (1920m; Wirtsch., 20 B. zu 2.40, AVM. 1.20 K, u. 10 Matr.; PF), Ausgangspunkt für *Sonnenspitze* (2414m; F. 10-12 K), *Tajakopf* (2461m; F. 6 K), *Grünstein* (2667m; F. 12 K, sehr lohnend), *Wampeten Schrofen* (2518m; F. 10 K), *Marienbergspitze* (2540m; F. je 10, beide 15 K), *Griesspitzen* (2744 u. 2759m, s. S. 47; F. je 16 K); alle nur für Geübte. Lohnender Übergang (Ungeübte nur m. F., 6 K) w. über die **Biberwierer Scharte** *(Schwärzerscharte*, 2001m) zwischen Sonnenspitze und Wampetem Schrofen nach ($2^1/_2$-3 St.) *Biberwier* (s. unten); südl. guter AV.-Steig (rote WM., F. 12 K) über die **Grünsteinscharte** *(Törle*, 2270m) zwischen Grünstein und Westl. Griesspitze (S. 47), hinab durch die *Hölle* nach ($3^1/_2$ St.) *Obsteig* (S. 47).

Upsspitze *(Daniel*, 2334m), von Lermoos über die *Duftel-A.* (1483m) $4^1/_2$ St. (F. 10 K), anstrengend aber sehr lohnend.

*****Zugspitze** (2963m), von Ehrwald über die *Wiener-Neustädter Hütte* in $6^1/_2$ St. (nur für Schwindelfreie, F. 12 K), s. S. 57; bequemer über die *Ehrwalder-A.*, das *Gatterl* und die *Knorrhütte* in 8 St. (F. 15, mit Abstieg nach Garmisch durchs Reintal 23, durchs Höllental 25 K); s. S. 57.

Schneefernerkopf (2875m), 6-$6^1/_2$ St. (F. 30 K), schwierig: von Ehrwald über die Holzerwiesen mit herrlicher Aussicht auf den Talkessel und die Mieminger Berge zum ($2^3/_4$ St.) Fuße des *Holzerecks* (2373m), das in sehr schwieriger Kletterei (2-$2^1/_2$ St.) erstiegen wird; dann unschwierig aber mühsam im wilden Kar „die Neue Welt" zum ($1^3/_4$ St.) Schneefernerkopf (S. 57). Abstieg über die ($2^1/_2$ St.) Wiener-Neustädter Hütte (S. 57) oder die ($1^1/_4$ St.) Knorrhütte (S. 57). Übergang vom Schneefernerkopf auf die *Zugspitze* unschwierig in $1^1/_4$ St.

Von Ehrwald über die *Ehrwalder-A.* und *Pestkapelle* ins *Gaistal* zur (4 St.) *Tillfuß-A.* und nach ($2^1/_4$ St., F. 10 K) *Ober-Leutasch* s. S. 63. Von Tillfuß über den *Niedermundesattel* (2065m) nach *Obermieming* (S. 47) oder *Telfs* (S. 312) 5 St. (rot MW.); von Ober-Leutasch nach *Telfs* 3 St., nach *Seefeld* (S. 65) 2 St.

Automobilfahrt von Lermoos über Ehrwald und *Griesen* nach Garmisch-Partenkirchen im Sommer 3 mal tägl. in $1^3/_4$ St., s. S. 57; Einsp. 15.40, Zweisp. 26.40 K. — Von Ehrwald über die *Törlen* zum *Eibsee* $3^1/_2$ St., s. S. 58. — Von Biberwier MW. über das *Marienbergjoch* (1796m; $1^1/_4$ St. jenseits Whs.) nach (4 St.) *Obsteig* (s. S. 47). Vom Joch auf den *Grünstein* (2667m) 3 St. m. F., für Geübte lohnend (s. S. 45 u. 47).

Die Straße über den Fernpaß bis Nassereit (Einsp. 12, Zweisp. 20 K) ist der schönste aller bayrisch-tiroler Gebirgs-Übergänge. Sie führt eben fort bis (23km) *Biberwier* (997m; Löwe, gelobt; Neuwirt); dann bergan, mit Rückblick auf das Wettersteingebirge, l. Sonnenspitze und Wampeter Schrofen, am *Weißensee* (1085m; Rest. Lerchenheim) l., weiter an dem schönen tiefblauen *Blindsee* (1105m), r. unten, vorbei zum (30km) **Fernpaß** (1210m; Gasth., 20 B. zu 1.20-2 K). Die alte Straße über Schloß Fernstein ist halbwegs durch eine Steinmauer abgesperrt und nicht mehr gangbar. Die aussichtreiche neue Straße umzieht den Talkessel in weitem Bogen nach O. (mark. Abkürzungsweg 20 Min. vom Whs. hinter Telegraphenstange 160 r. hinab), wendet sich dann zurück und führt unterhalb der alten Straße an der w. Talseite hinab. Das malerische Schloß *Fernstein* (daneben neues Schlößchen des Frhrn. v. Ziegler) bleibt r. oben; am Fuß (35km) das *Gasth. Fernstein* (1007m; im Febr. 1910 abgebrannt). L. in tiefem Fichtengrund (Zutritt mit Erlaubnis des Hrn. v. Ziegler, die der Wirt besorgt) der dunkelgrüne *Fernstein-See* mit der Ruine *Siegmundsburg* auf bewaldetem Fels, einst Jagdschloß des Herzogs Siegmund von Tirol (1427-90). Die Straße überschreitet den Abfluß des Sees und führt an der Mündung des Tegestals (S. 278) vorbei nach

40km **Nassereit** (836m; Gasth.: *Post, mit Garten, 60 B. zu 1.60-3, F. 1, P. 5-8 K; Grüner Baum, Lamm, beide einf. gut), Dorf mit 1200 Einwohnern und Spinnerei. PTF. Hinter der Kirche ein kleiner See. Hier teilt sich die Straße: r. nach Imst, l. nach Telfs.

AUSFLÜGE. *Älpleskopf (2259m), 4 St., leicht; MW. durchs *Gafleintal* zum (1½ St.) verfallnen Berghaus am *Dirstentritt* (1427m), dann l. über den Rücken zum (2½ St.) Gipfel, mit prächtiger Aussicht (vgl. S. 314). — **Wannig** (2495m), über *Mittenau-A.* und *Hohe Warte* 5 St. m. F., für Geübte nicht schwierig; großartige Aussicht.

Die Straße von Nassereit nach Imst (18,4km, Fahren anzuraten; Postomnibus 4-5 mal tägl. in 1½ St., 3.60 K; Zweisp. 16 K) führt an der Mechanischen Weberei von Mayr vorbei durch das breite schattenlose *Gurgler Tal*; l. die bewaldeten Abhänge des Tschirgant (S. 314). 48km *Dollinger-Whs.*; weiter bei (51km) *Tarrenz* (838m; Lamm) r. am Abhang Schloß *Starkenberg* (S. 313). Nach S. öffnet sich ein prächtiger Blick auf die Berge des Pitz- und Ötztals.

58,4km **Imst** (S. 313); dann über *Brennbichl* und über den *Inn* zum (61km) Bahnhof *Imst* (S. 313).

Von Nassereit nach Telfs, 21,4km (Posttarif 28km), Post im Sommer 3 mal tägl., s. S. 44; Zweisp. 28 K. Die Straße, der nicht viel nähern nach Imst weit vorzuziehen, führt ö. ansteigend (kürzerer Fußweg vom Grünen Baum durch Wiesen an der Berglehne entlang, hinter Roßbach auf die Straße, kurz darauf steiler Fußweg r. nach Holzleiten) über *Roßbach* und *Holzleiten* (1086m; Traube) nach (9km) **Obsteig** (995m; Gasth.: Löwe; Stern, 22 B. zu 1-1.40, P. 4.50-5 K; beide gut), Sommerfrische (540 Einwohner). PT.

AUSFLÜGE. *Simmering (2098m), 3 St. m. F., leicht; prächtiger Blick auf das Ötztal und seine Gletscher. — 1½ St. von Obsteig das *Marienberger Touristenhaus* (Wirtsch., gelobt). Von hier auf den Grünstein (2667m), durch die *Hölle* (S. 46) oder über die *Marienberg-A.* in 4 St. (F. 15, mit Abstieg zur Coburger Hütte 20 K), für Geübte sehr lohnend. — **Hohe Griesspitzen** (*Östliche* 2759m, *Westliche* 2744m), vom Touristenhaus je 5½ St. m. F. (16 K), beide schwierig, aber Aussichtspunkte ersten Ranges. — Vom Touristenhaus über das *Marienbergjoch* nach (2½ St.) *Biberwier* oder über die *Grünsteinscharte* zur (3 St.) *Coburger Hütte* s. S. 46. — Fußgängern, die zur Arlbergbahn wollen, zu empfehlen der an der Kirche von Obsteig r. abzweigende steile Fußweg zur (1 St.) Haltestelle *Mötz* (S. 313).

Weiter über die Hochebene *(Mieminger-Terrasse)*, mit schönen Blicken nach S. auf das Inntal und seine Berge, r. in der Schlucht die malerische Ruine *Klamm*, nach N. auf die Miemingerkette, über *Fronhausen* und *Barwies* (873m; Löwen, 25 B. zu 1-2 K, gelobt) nach (15km) **Obermieming** (876m; *Post, 25 B. zu 1-1.40, P. 4-5 K), hübsch gelegene Sommerfrische (238 Einw.). PT.

AUSFLÜGE (Führer Johann Schaber, Josef Götsch). Zur Ruine *Klamm* (871m), über *Fronhausen* in ¾ St. (am Fuß wilde Klamm mit 50m h. Wasserfall); in die *Judenbachschlucht* (1½ St.). — Über (1 St.) *Wildermieming* (877m; Erholungsheim Gerhardhof, P. von 6 K an; Hafele, Wackerle) rot MW. zum (2 St.) **Alplhaus** der AVS. München (1500m;

Prov.-Depot), in herrlicher Lage, Ausgangspunkt für *Hochwand* (2724m) und *Hochplattig* (2697m), je 4-4½ St. (beide schwierig, nur für Geübte; F. 18 *K*). Über die *Niedermunde* (2065m) zur (4 St.) *Tillfuß-A.* s. S. 63; vom Joch ist für Geübte die *Hochmunde* (2661m) über den W.-Grat, zuletzt schwierig (Drahtseil), in 3 St. zu ersteigen (S. 63; F. 12, bis Leutasch 17 *K*). Über die *Alplscharte* (2309m), zwischen Hochwand und Hochplattig, 4-5 St. bis Tillfuß, ziemlich schwierig (F. bis Ehrwald 15 *K*).

R. ab zweigt bei Obermieming die Straße über (20 Min.) *Untermieming* (807m; Neuwirt, mit Mineralbad; Kreuz) und *See* nach (1 St.) *Mötz* (S. 313). Von See MW. über *Tobland* und *Zein* zur (1 St. von Obermieming) Wallfahrt *Locherboden* (814m) mit prächtigem Blick auf das Inntal. Von Untermieming guter Fußsteig (MW.) über *Mühlried* und die *Ölbergkapelle* (768m; Aussicht) zur Inntüberfahrt (Drahtseilfähre; wenn Fahne gehißt, keine Überfahrt) bei (½ St.) *Stams* (S. 312; kürzester Weg von der Mieminger-Terrasse zur Arlbergbahn). — Von Untermieming nach (1½ St.) *Telfs* schöner Waldweg (MW.) über *Ficht* (864m), am N.-Abhang des *Achbergs* (1029m; in ½ St. leicht zu ersteigen; herrliche Aussicht).

Die Straße nach Telfs senkt sich, zuletzt durch einen Felsdurchbruch bei einer Spinnerei. — 26km Markt *Telfs*; dann über den *Inn* zur (28km) Station Telfs (S. 312).

9. Von München nach Garmisch-Partenkirchen.

100km. Schnellzug in 2 St. 20 Min. (9 ℳ 20, 6 ℳ, 3 ℳ 80), Personenzug in 4 St. (8 ℳ 20, 5 ℳ, 3 ℳ 30).

Bis (53km) *Weilheim* (562m) s. S. 17. Die Bahn durchzieht das weite *Ammertal*; r. der Hohe Peißenberg (S. 18). — 57km *Polling*, mit großem ehem. Kloster; 62km *Huglfing* (593m); 69km *Uffing* (Bärtl). Dann unweit des inselreichen *Staffelsees* (648m) entlang an den Uferorten *Rieden* und *Seehausen* (Krammer) vorbei.

75km Stat. *Murnau* (691m; H.-Rest. Bahnhof, 28 B. zu 1.20-2 ℳ), am SO.-Ende des Staffelsees (10 Min. vom Bahnhof *Kurhotel Staffelsee, mit Stahl- und Moorbädern, 1. April-1. Nov., 80 B. zu 1½-3, P. 5½-7 ℳ; *Seerose, 30 B. zu 1-2, P. 5-6 ℳ; zwei Schwimm- und Badeanstalten). ¼ St. vom Bahnhof (Omnibus 25 pf.) und vom See der Markt, mit 2258 Einw. (688m; Gasth.: Post, 40 B. zu 1-3, P. 6-7 ℳ; Pantlbräu; Griesbräu, 60 B. zu 1-2, P. 3.50-5 ℳ; Zacherlbräu; Angerbräu, alle einf. gut; Gast- & Weinhaus Kirchmeir, 22 B. zu 1.50-2 ℳ; Steigers Rest., auch Z.), Sommerfrische. Von den *Vier Linden* und der *Asamshöhe* schöne Aussicht: ö. Heimgarten, Kisten- und Krottenkopf, w. Ettaler Mandl, südl. im Hintergrund des Loisachtals das Wettersteingebirge. — Elektr. Bahn nach *Oberammergau* s. S. 58.

Von Murnau nach *Schlehdorf* am Kochelsee (S. 68) Fahrstraße über *Schwaiganger* und *Großweil* in 3 St. (Einsp. in 1½ St., 7 ℳ); für Fußgänger vorzuziehen der kürzere und aussichtreichere Weg über *Hagn* und *Kleinweil.* — Von Murnau nach *Staltach* oder *Bichl* über die *Aidlinger Höhe* s. S. 68.

Die Bahn umzieht den Ort an der W.-Seite und senkt sich in einer großen Kurve, mit Blick über das weite Loisachtal und das

GARMISCH.

Gebirgsrund, zur (78km) HS. *Hechendorf* (622m); dann über die Loisach nach (82km) **Ohlstadt** (635m; Bahnwirtsch.).
Vom Dorf *Ohlstadt* (664m; Gasth. Lengenfelden, Bett 1 ℳ, einf. gut; Post; Drei Linden; Führer Jos. Kölbl), 15 Min. ö., ist der **Heimgarten** (1790m) auf MW. über die *Kälberhütte* in 3-3½ St. zu besteigen (Weg steil und steinig; von der Kälberhütte l. über den Grat bis zum Gipfel F. ratsam; vgl. S. 69). — *Herzogstand (1731m), s. S. 69; von Ohlstadt MW., 4 St. (F. 5 ℳ, für Geübte allenfalls entbehrlich). Halbwegs gute Quelle; ½ St. unter dem Gipfel am Heimgartengrat öffnet sich plötzlich der Blick auf Walchensee, Karwendel usw.

Weiter durch Wiesen und Moose, dann über die Loisach nach (85km) **Eschenlohe** (639m; Altwirt, Brückenwirt), mit 490 Einw. und Schwefelquelle. Prächtige Gebirgsaussicht: l. der dachförmige Kistenkopf mit seinem Tobel, der Rißkopf, im Hintergrund das Wettersteingebirge, r. das Ettaler Mandl.

Von Eschenlohe zum Walchensee durch das **Eschental**, 3½-4 St. (MW., bei schlechtem Wetter nicht zu empfehlen; F. 4 ℳ, unnötig), über die *Loisach*, dann über die *Eschenlaine* und am r. Ufer hinan; r. der große Tobel des *Kistenkopfs* (s. unten). 1 St. Brücke über den Bach, weiter am l. Ufer; 20 Min. die *Gache Tod-Klamm*; weiter noch zweimal über den Bach. Von der (1¼ St.) Paßhöhe *beim Taferl* (904m) Fußpfad l. hinab nach (1 St.) Dorf *Walchensee* (der steinige Weg r. führt nach *Obernach*, 10 Min. vom Südende des Sees, S. 70).

*Krottenkopf (2086 m), von Eschenlohe 5-5½ St. (bequemer von Partenkirchen, S. 55), blau MW. (F. entbehrlich) über die (2½ St.) *Pustertalhütte* (1321m; Wirtsch.) und die Scharte ö. vom *Kistenkopf* (1922m) zur (2¼ St.) *Krottenkopfhütte* und zum (20 Min.) Gipfel; s. S. 55.

92km **Oberau** (659m; *Post, B. 1½-2 ℳ).
Nach *Oberammergau* über *Ettal* (S. 59) zu Fuß 2 St., nach *Linderhof* (S. 60) 4 St.; Automobilfahrt nach Oberammergau, 12km, 5-6mal tägl. in 45 Min.; Omnibus nach Linderhof tägl. in 2¾ St.; Wagen bei Posthalter Demmel. Vgl. R. 10b.

Jenseit (96km) *Farchant* (671m; P. Hansa, 16 B., P. 5-6 ℳ; Gasth. zur Kuhflucht; Alter Wirt) öffnet sich der weite Talkessel von Partenkirchen; l. die vom Hohen Fricken sich herabziehende *Kuhflucht* (S. 51). Prächtiger Blick auf das Wettersteingebirge von der Dreitorspitze bis zur Zugspitze. Nochmals über die Loisach zur

100km Station **Garmisch-Partenkirchen** (699m; PTF), zwischen den beiden Orten (*Bayerischer Hof, 50 B. zu 2-3, M. 1½-2½, P. 6-8 ℳ; Zum Werdenfelser Michl, Z. 1½-2, P. von 5½ ℳ, beide mit Garten; H. Stadt Wien, 55 B. zu 1½-2½, P. 5-6 ℳ; diese beim Bahnhof).

WAGEN am Bahnhof: Einsp. nach Badersee u. zurück 6, Zweisp. 10, Eibsee 10 u. 15 (ganzer Tag 12 u. 18), Mittenwald zweisp. 18 (zur. über Barmsee 22), Walchensee 24, Oberammergau 24, Lermoos 20, Reutte über Plansee 35, Hohenschwangau über Linderhof 60, hinab über Lermoos 55, Bahnhof 60 ℳ u. 10% Trkg. — STELLWAGEN zum Bader- und Eibsee (S. 54), zur Partnachklamm (S. 51), nach Linderhof (S. 60), zum Plansee (S. 60) und nach Ehrwald-Nassereit-Telfs (S. 46). — AUTOMOBILFAHRTEN nach Oberammergau und nach Mittenwald-Kochel-Tegernsee s. S. 58, 59, 61, 66.

Garmisch. — GASTH.: *Parkhotel Alpenhof, mit Garten, 15. Mai-1. Okt., 120 B. zu 3-6, F. 1.20, M. 3, P. 8-12 ℳ; *H.-P. Neu-Werdenfels, 2 Min. vom Bahnhof, 70 B. zu 2-4, P. 6-8 ℳ; *H.-P. zum Husaren, 85 B. zu 2-4, F. 1, P. von 6½ ℳ an; *Post, 95 B. zu 1½-5,

Bædeker's Südbayern. 34. Aufl.

P. von 6 ℳ; Drei Mohren, B. 1½-3, P. 6-7 ℳ; Kainzenfranz, gelobt; Zur Zugspitze, 46 B. zu 1-3, P. 5-7 ℳ; Lamm; Colosseum, 20 B. zu 1-2 ℳ. — *H.-P. Sonnenbichl (725m), 20 Min. vom Bahnhof beim kl. *Schmölzer See* schön gelegen, mit Badeanstalt und Waldpromenaden, 100 B. zu 1.70-4.70, M. 2.50, P. 6-9 ℳ. — *H.-P. Rissersee (783m; 120 B. zu 2-4, P. 7-8 ℳ), s. S. 51. — Pensionen: Alpspitz (20 B., P. 5-7 ℳ), Austria (6-10 ℳ), Bellevue, Bethell (englisch, 6-8 ℳ), Edelweiß, Erika, Villa Fridolin (Frau Breul, 7-8 ℳ), Schweizerpension, Schmid (5½-7 ℳ), Spitzenberger. — Gutes Bier im *Bräustübl* neben dem Husaren und im *Sommerkeller* an der Loisach. — *Bauerntheater* fast tägl. im Lamm (s. oben). — Beitrag zum Verschönerungsverein (Bureau, auch für Wohnungsnachweis, gegenüber dem H. Post) bei Aufenthalt von 4-6 Tagen 1, 1-4 Wochen 2, über 4 Wochen 3, Familie 5 ℳ. — Führer: Alois Bäcker, Georg Bader, Paul Buchwieser, Joh. Ertl, Anton Grassegger sen. u. jun., Anton Hofherr, Georg Kleisl, Jos. Lechner, Ignaz u. Joh. Maurer, Johann u. Josef Ostler, Georg Scheurer, Josef Sonner, Joh. Uhl; in Obergrainau (S. 54) Joh. Strobl u. Seb. Buchwieser.

Garmisch (698m), w. vom Bahnhof am l. Ufer der Partnach, großer Marktflecken (2700 Einw.), von der *Loisach* durchströmt, Sitz der kgl. Behörden, mit zwei Kirchen, wird als Sommerfrische und Wintersportplatz viel besucht. Die scharfgezeichnete Alpspitze tritt von hier besonders hervor, während von der Zugspitze nur ein schmaler Streifen neben dem Waxenstein sichtbar ist. Schattige Anlagen an der Loisach und Partnach, zwischen beiden der *Wittelsbacher Park*. — AVS. Garmisch-Partenkirchen.

Partenkirchen. — Gasth.: *Parkhotel Bellevue, oberhalb des Ortes, in freier Lage, 60 B. zu 2½-5, F. 1.20, M. 3, P. 7-9 ℳ; *H.-P. Gibson, in hoher aussichtsreicher Lage, 70 B. zu 3-10, F. 1.20, M. 2.50, P. 7-14 ℳ; im Ort *Post, 80 B. zu 2-5, F. 1, P. 6-9 ℳ, Omnibus 70 pf.; *Goldner Stern, 126 B. zu 2-6, P. 6-12 ℳ; Bayerischer Hof, beim Bahnhof (s. S. 49); H. Baumgartner, 43 B. zu 1½-2½ ℳ; Zum Rassen; Melber, gelobt; Werdenfelser Hof, B. 1½-2 ℳ. — Pensionen: Landhaus Antoniberg, P. 8-12 ℳ; Villa Viktoria, 7-10 ℳ; Villa Bavaria, 44 B., P. 7-12 ℳ; P. Panorama, oberhalb St. Anton, mit Café und Aussicht, P. 6-7 ℳ; P. Kohler, Wettersteinstr. 130, B. 1½-3, P. 5½-7 ℳ; P. Hager, von 6 ℳ an; Witting; Villa Germania. — *Kurheim Dr. Wigger, 81 B. zu 2-12, P. o. Z. 5 ℳ. — Kuranstalt *Kainzenbad (736m) 20 Min. ö., aus vier Häusern (100 Z.) bestehend: dem alten Bad (drei Häuser) im Kankertal, mit alkal.-salinischen jodhaltigen Quellen, und dem neuen Kurhotel, in freier aussichtreicher Lage (Z. 2-10, P. o. Z. 4-5 ℳ). — Viel Privatwohnungen, Auskunft im Bureau des Verschönerungsvereins. — *Café Fischer*. — *Theater* des Volkstrachtenvereins im Rassen. — Buchu. Kunsthandlung von *L. Wenzel* (Leihbibliothek, Malutensilien usw.). — Wechselstube bei *Emil Steub*. — Autogarage, Autovermietung und Benzinstation bei *A. Gleich*, Ludwigstr. 74. — Reittiere in der Faukenstraße (Reintalhof 6, Krottenkopf 12, Schachen 12 ℳ). — Führer: Anselm Barth, Johann u. Josef Bergkofer, Franz Dengg, Franz Erhardt I u. II, Johann, Josef u. Quirin Erhardt, Bruno Glatz, Joh. Gröbl, Joh. Hartl, Peter Lipf, Josef Mayer, Anton u. Karl Reindl.

Partenkirchen (716m), Marktflecken mit 2600 Einw., 10 Min. ö. vom Bahnhof am Fuß des *Eckenbergs* schön gelegen, wird gleichfalls als Sommerfrische und Wintersportplatz viel besucht. Unweit des Bahnhofs die Distrikts-Schnitz- und Zeichenschule mit Ausstellung von Kunstmöbeln und Schnitzereien (wochentags 8-11 u. 2-6 U.). Oberhalb des Orts die *Villa Orient* des Hrn. Fr. Pfaffenzeller, mit Sammlungen und schönem Garten (Eintr. 50 pf.).

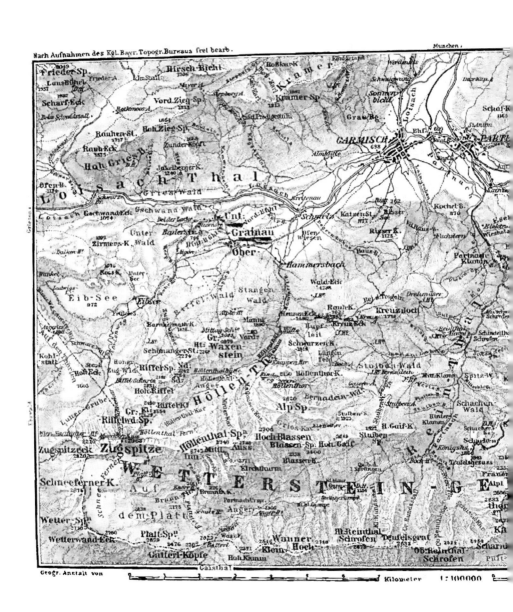

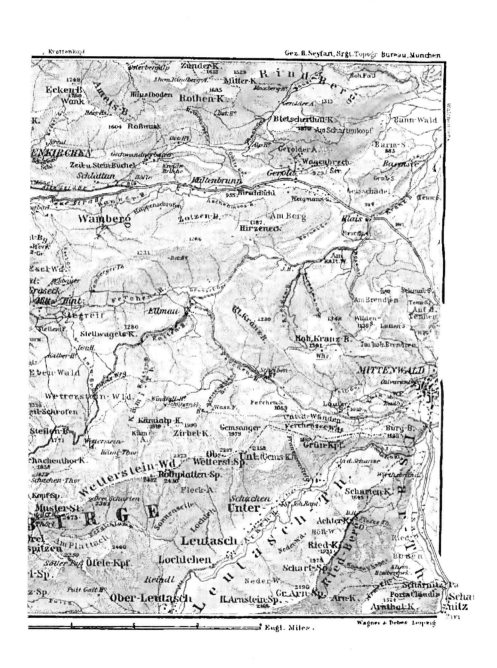

Ausflüge von Garmisch und Partenkirchen. — Schöne Aussicht bei dem Büstendenkmal des Königs Ludwig II. in der unteren **St. Antons-Anlage,** ¹/₄ St. von Partenkirchen (Orientierungstafel): l. Wettersteinwand, Dreitorspitze, Alpspitze (davor das Adolf Zœppritzhaus), Waxenstein, dahinter die Zugspitze, in der Ferne über den Eibsee-Törlen der spitze Upsberg (Daniel), r. der Kramer. Etwas oberhalb die Wallfahrtskirche *St. Anton* (763m; kl. Café.

Faukenschlucht, hinter Partenkirchen ö. talaufwärts bis zum (20 Min.) **Wasserfall** des *Faukenbachs*. Von St. Anton (s. oben) führt der „Scheibenplatzweg" oben am Berge entlang in ¹/₂ St. zum Faukenfall. Von hier in 25 Min. hinan zur aussichtreichen *Lukasterrasse* mit dem offnen *Gamshüttl* (912m); Abstieg s.w. auf Zickzackweg, dann durch die meist wasserlose *Schalmeischlucht* (natürlicher Felsentunnel, Brücken usw.) in 20 Min. zum untern Faukenweg, unterhalb des Wasserfalls, und nach (¹/₄ St.) Partenkirchen. — Von der Lukasterrasse AVW. zur (¹/₄ St.) *Kreuthütte* (Eckenhüttel, 1055m), mit herrlicher Aussicht (weiter auf den *Wank* s. S. 54).

Gschwandner Bauer, 1¹/₂ St.: von Partenkirchen durch den *Bremstallwald* (Handweiser) r. hinan zur (1 St.) Restaur. *Schlattan* und zum (25 Min.) *Gschwandner Bauer* (1020m; *Wirtsch.), mit prächtigem Blick auf Wetterstein- und Karwendelgebirge; oder (weiterer, aber schönerer Weg) durch die Schalmeischlucht und über die Lukasterrasse (s. oben; rote WM., 2¹/₂ St.). — Rückweg (abends schattig) auf der alten Mittenwalder Straße (S. 61; im Winter gute Rodelbahn).

Rissersee (782m), 35 Min. von Garmisch: vom Hot. Post südl., dann durch Wiesen auf den gerade unter der Alpspitze liegenden bewaldeten *Risserkopf* (1126m) los; hinter dem *H.-P. Rissersee* (S. 50) liegt in einer Mulde nach dem Gebirge zu der reizende kleine *Rissersee* (Kahnfahrt; Seebäder; Wintersport, gute Rodelbahnen). Hübsche Aussicht vom (20 Min.) *Katzenstein* (877m); von da Fußweg nach Hammersbach (S. 53; ³/₄ St.). Zum Kreuzeckhaus s. S. 52.

Maximilianshöhe, 20 Min. von Garmisch, über die obere Loisachbrücke l. zur (5 Min.) Schießstätte und durch Wald hinan zum *Café-Rest. Almhütte*, auf aussichtreicher Vorhöhe an der S.-Seite des Kramer (S. 54). Hübscher Blick vom *Purapluie*, 10 Min. ö. — **Kramerplateau-Weg,** c. 6km l. Höhenweg, meist eben, schattig und aussichtreich, beim H. Sonnenbichl (S. 60) w. hinan am Abhang entlang, oberhalb der *Almhütte* (s. oben) vorbei, durch Wald, zuletzt durch eine Schlucht abwärts zur obern Loisach.

Ruine Werdenfels (788m), 40 Min.: von Garmisch n. auf der Murnauer Straße bis zum (20 Min.) Handweiser kurz vor der *Schwaigwang* (684m); hier l. hinauf (20 Min.). Aussicht größtenteils verwachsen.

Pflegersee (844m), 1 St., von Garmisch n. über die *Oertelpromenade* (Handw.) die Fahrstraße hinan, mit Blick über das Tal, am H. Sonnenbichl (S. 50) vorbei zum kl. *Pflegersee*, am Fuß der *Seleswände* (ö. Absturz des Kramer). Zurück über die *Kellerleiten* zum (1 St.) Garmischer Sommerkeller (S. 50), oder durch den *Schloßwald* über (³/₄ St.) *Werdenfels* (s. oben).

Kuhflucht, 1¹/₂ St.: bei (1 St., Eisenbahn in 10 Min.) *Farchant* (S. 49) rot MW. über die Loisach zum *Mühldörfl*, dann l. durch Wald hinan in die (¹/₂ St.) Schlucht, mit hübschen über ausgewaschene Felsen herabstürzenden Wasserfällen, die ihren Ursprung aus einer 15m l. Kluft in hoher Felswand nehmen (Aufstieg zum obersten Fall nur für Schwindelfreie). — Vom Mühldörfl rot MW. meist durch Wald zur (2 St.) *Esterberg-A.* (Krottenkopf, S. 54).

*Partnachklamm und **Vorder-Graseck,** 1¹/₂ St. (F. ganz unnötig; Omnibus vom Bahnhof zum Gasth. Partnachklamm mehrmals täglich in ¹/₂ St., 1 ℳ hin oder zurück). Von Partenkirchen am S.-Ende des Orts hinaus, beim Handweiser von der Mittenwalder Straße r. ab, ¹/₂ St. bis zur ersten Brücke am Ausgang des *Partnachtals*, wohin auch vom Bahnhof ein zum Teil schattiger Fußweg l. von der Partnach (Wegtafeln) in 40 Min. führt. Über die Brücke (r. der „Hohe Weg" zum Reintalhospiz, s. unten), an der Brücke zum Elektrizitätswerk vorbei bis zum (12 Min.) *Restaur. Partnachklamm* oder *Wildenau* (auch B.), vor der zweiten Brücke, wo der Fahrweg aufhört. Jenseit der Brücke steigt l. der direkte Fußweg nach Graseck in bequemen Windungen hinan (20 Min.). Der Pfad in die Klamm führt r. ab, stets guter, versicherter Weg: 6 Min. dritte Brücke (kl. Schutzhütte; Triftweg s. unten); bei der (10 Min.) vierten (eisernen) *Klammbrücke, 16m lang, 68m über der Partnach, ist der schönste Punkt. Jenseits führt der Pfad auf Stufen hinan zum (10 Min.) Forsthaus **Vorder-Graseck** (891m; *Restaur.*, 5 B., F), mit trefflicher Aussicht auf das Wettersteingebirge (von hier zum Eckbauer s. unten; über Elmau nach Mittenwald s. S. 57). — Der vom Forstamt für die Holzflößer angelegte ca. 700m lange *Triftsteig*, z. T. mit Drahtseil versehen und für leidlich Schwindelfreie unbedenklich, führt bei der kl. Schutzhütte (s. oben) l. ab am r. Partnachufer 1-2m über dem Wasser in 15 Min. **unten durch die Klamm** (Regenmantel wünschenswert); er kürzt die Wege nach dem Schachen und ins Reintal gegen den Weg über Graseck um ca. 20 Min. Vom Ende der Klamm zum (5 Min.) Handweiser (r. Weg ins Reintal und zum Schachen, S. 55), hier l. aufwärts auf bequemem Waldwege in 15 Min. nach Vorder-Graseck (überall Wegtafeln).

*Eckbauer (1238m). Entweder vom *Kainzenbad* (S. 50) mark. Waldweg durch den *Eselgraben* in 1½-2 St., oder von Graseck (s. oben) MW., nachm. großenteils schattig, beim (¼ St.) Hdw. am Heustadel vom Wege nach Elman (S. 57) l. ab im Zickzack über Grashalden, später durch Wald zum (¾ St.) *Eckbauer* (jetzt Höhensanatorium des Kainzenbades); beide Wege nur bei trockner Witterung zu empfehlen. Von dem Pavillon (Wirtsch.) auf der Bergkuppe prächtige Rundsicht; unten das tiefe waldige Tal des Ferchenbachs. Abstieg auch n. ö. über das Dorf *Wamberg* (1016m; *Almrestaur.) ins *Kankertal* zur Mittenwalder Straße, beim Hdw. l. über *Höfle* nach (1½ St.) *Schlattan* (S. 51), dann durch das *Hasental* und den Bremstallwald nach (¾ St.) *Partenkirchen* zurück.

Zum **Reintal-Hospiz** (951m), 1¾ St.: entweder durch die Partnachklamm ins Reintal, beim (1½ St.) Handweiser am Wieselegraben (S. 56) r. hinan zum (1½ St.) Hospiz; oder am Beginn der Partnachklamm (½ St. von Partenkirchen, s. oben) r. über den *Hohen Weg* (1909 verbessert, nur anfangs steil) zum (1¼ St.) *Hospiz (42 B., P. 6-8 *M*; PF), von Sommerfrischlern besucht, mit schöner Aussicht. Ausflüge: auf den ebenen *Feenweg* zur *Hinterklamm* (S. 56) 45 Min.; *Drehmöserhütte* (1287m) 1 St.; zum *Kreuzeckhaus* über Bernadeinjagdsteig 2½ St.; *Hochaim* (S. 53) 2¾ St.; *Stuibenalpe* (1619m) 2½ St.; *Knorrhütte* (S. 56) 5 St.

***Kreuzeckhaus** (1652m), 3 St. (F. 5 *M*, unnötig), bequemster und lohnendster Ausflug in die Vorberge. Vom (½ St.) *Rissersee* (S. 51) guter AV.-Weg in Windungen, meist durch Wald, über das *Risser Moos* an der Jägerhütte *Bei den Trogeln* vorbei über den *Kreuzjochsattel* (1579m) zum (3 St.) *Kreuzeck* (1652m), mit dem *Adolf Zoepprilzhaus* der AVS. Garmisch-Partenkirchen (ganzjährige *Wirtsch., 19 B. und 23 Matr.; F) und herrlicher Aussicht, Ausgangspunkt für Alpspitze und Hochblassen. Vorzügliches Skigelände. Von hier an der kgl. Jagdhütte vorbei um den Kessel des

Bodenlahntals herum zur ($^1/_2$ St.) *Hochalm* (1705m), mit trefflichem Blick auf Alpspitze, Dreitorspitze usw.

Vom Kreuzeckhaus neuer AV.-Weg über das *Hupfleitenjoch* (1754m) und an den verfallenen Knappenhäusern eines alten Bleibergwerks (1527 u. 1459m) vorbei zur (2$^1/_4$ St.) *Höllentalhütte*. — Der *Höllentorkopf* (2150m), mit prächtiger Aussicht, ist von der Hochalm für Schwindelfreie über das *Höllentor* (2000m) in 1 St. m. F. (6 ℳ) zu ersteigen. Abstieg vom Höllentor auf dem *Rinderweg* ins *Mathaisenkar* und zur (1$^3/_4$ St.) *Höllentalhütte* steil, nur m. F. (s. unten); oder von der Hochalm (oder dem Kreuzeckhaus) über Jagdhütte *Bernadein* (rote WM.) ins Bodenlahntal und zum (1$^1/_2$ St.) *Reintalhospiz* (S. 52). Der direkte Abstieg vom Kreuzeck ins Bodenlahntal (Wegtafel) ist sehr steil und nicht zu empfehlen.

*Höllentalklamm, 2$^1/_2$-3 St. von Garmisch (hin u. zurück $^1/_2$ Tag): entweder am W.-Ende von Garmisch l. ab auf angenehmem Wiesenweg in 1 St., oder mit Omnibus (sechsmal tägl. in $^3/_4$ St., von Partenkirchen 1 ℳ, von Garmisch 80 pf. hin oder zurück) über *Schmölz* (S. 54) nach *Hammersbach* (773m; Gasth. Höllental), am Ausgang des *Höllentals*. Von hier durch Wald auf stellenweise steinigem Wege am l. Ufer des Hammersbachs hinan, zuletzt in ausgesprengten Windungen unter der Stangenwand (s. unten) zur (1 St.) *Höllentalklammhütte* (1045m; einf. Erfr.), wo man Eintrittskarten zu 50 pf. löst. Der Klammweg, 1902-7 von der AVS. Garmisch-Partenkirchen erbaut, ist überall durch Geländer geschützt und vollkommen sicher; F. unnötig, wasserdichter Mantel angenehm (Gummihüte zu leihen). Er führt durch die Klamm (der untere Teil auch *Maxklamm* genannt) erst eben, dann ansteigend mittels Felssprengungen (12 Tunnel) oder auf eisernen Stegen und Brücken unter Felswänden und Lawinenschnee entlang, den Wasserstürzen des Baches entgegen. Schönster Punkt unter der eisernen Klammbrücke (s. unten), wo der Schnee zweier über 100m breiten Lawinen bis zum Hochsommer liegt; l. der fast senkrecht um mehr als 1000m aufragende Höllentorkopf (s. oben). Vom ($^1/_2$ St.) Klammende (1161m) führt der Weg weiter (nach 8 Min. mündet der obere Klammweg, s. unten) zum *Höllentalanger* mit der (45 Min.) *Höllentalhütte* der AVS. München (1382m; Wirtsch., 14 B. u. 22 Matr.; PF), in großartigem Talzirkus.

Der obere Klammweg, jetzt wenig mehr benutzt, führt von Hammersbach erst allmählich, dann steiler bergan durch den *Stangenwald* zur senkrechten Wand des *Waxensteins* (300m vorher, wo auch der direkte Weg von Obergrainau mündet, Abzweigung zur Eingangshütte der Höllentalklamm, $^1/_4$ St.) und auf dem 1m br., durch Drahtseile und Geländer versicherten *Stangensteig*, mit schönem Blick gegen die Ebene, zur (1$^1/_2$ St.) eisernen *Klammbrücke (1106m), 30m lang, 78m über dem Hammersbach; l. zweigt hier ein verfallner Steig (nicht ratsam) zu den Knappenhäusern ab (s. oben). Auf dem Klammwege am r. Ufer weiter zur (20 Min.) hölzernen Brücke (1194m) und zur (45 Min.) Höllentalhütte (s. oben).

AV.-Weg zum (2$^3/_4$ St.) *Kreuzeckhaus* s. oben. Die Rundtour Kreuzeckhaus-Höllentalhütte-Höllentalklamm-Hammersbach ist ein sehr lohnender Tagesausflug.

Aus dem Höllental auf die *Zugspitze* (5-6 St., F. 20 ℳ) s. S. 57. — Von der Höllentalhütte über die **Riffelscharte** (2161m) zum (4 St.) *Eibsee* versicherter AV.-Steig, für Geübte m. F. (9 ℳ) nicht schwierig.

Von Hammersbach zum *Badersee* schöner Waldweg über Obergrainau in $^3/_4$ St.

***Badersee** (765 m), 9 km vom Bahnhof (Omnibus mehrmals tägl. in 1 St., die einfache Fahrt 1 ℳ; Einsp. 6, Zweisp. 10 ℳ), am besten mit dem Eibsee zu verbinden. Fahrweg, 10 Min. hinter *Untergrainau* (s. unten) von der Eibseestraße l. ab; Fußgänger gehen besser über Obergrainau (s. unten). Eintr. 50 pf., die bei Einkehr im Restaurant oder bei der Kahnfahrt in Anrechnung gebracht werden. Am See, einem durchsichtig hellgrünen Wasserbecken, 20 Min. im Umfang, 18 m tief, von Laub- und Nadelholz umgeben und von den mächtigen Wänden des Waxensteinkammes überragt, das **Alpenhotel & P. Badersee* (85 B. zu 2-3, F. 1, M. $2^1/_2$, P. 6-8 ℳ; PTF). Kahnfahrt nicht zu versäumen (eine Pers. 50, zwei und mehr je 25 pf.); an einem Felsriff unter dem Wasserspiegel eine kupferne Nixe. Waldwege führen r. hinan zur Straße nach dem Eibsee (1-$1^1/_4$ St.).

***Eibsee** (972m), 10km von Garmisch, entweder auf der schattenlosen, meist steigenden Fahrstraße (Postomnibus vom Bahnhof Garmisch-Partenkirchen 3 mal tägl. in 2 St., zurück in $1^1/_2$ St., jede Fahrt 1 ℳ 50; Einsp. hin und zurück 12 ℳ) über die *Schmölz* (Aigner, mit Garten, gelobt) und *Untergrainau* (747m; Gasth. zur Schönen Aussicht, P. von 5 ℳ an; Pens. Koppenstädter, P. 5-6 ℳ, gelobt); oder den Fußpfad l. durch Wiesen nach (7km) *Obergrainau* (764m; *Post, B. 1-2, P. 5-6 ℳ); von hier noch $1^1/_4$ St., zuletzt auf der Fahrstraße oder dem r. abzweigenden Waldweg zum dunkeln, waldumschlossenen und von den gewaltigen Abstürzen des Waxensteinkammes und der Zugspitze überragten See (*Gasth.* von *A. Terne* mit Veranda und Bädern, 80 B. von 2 ℳ an, P. 6-7 ℳ; PTF). Der Eibsee, mit sieben kleinen Inseln, hat 2qkm Seefläche und ist 28m tief (Wasserwärme im Sommer 15-18°). Kahnfahrt in 20 Min. bis zur *Ludwigs-Insel* (Fahrt 50, Böllerschuß 50 pf.). An der SO.-Seite des Sees (vom Gasth. mit Boot in 5 Min., zu Fuß in 8 Min. zu erreichen) der malerische kleine *Frillensee*.

Vom Eibsee über die *Törlen* nach (3 St.) *Ehrwald*, MW., s. S. 57; auf die *Zugspitze* ($6^1/_2$-7 St.; AV.-Steig zur Wiener-Neustädter Hütte $4^1/_2$ St.) s. S. 57 (F. 15 ℳ). — Vom Eibsee nach *Griesen* (S. 61) $2^1/_2$ St., wenig lohnend; rote WM., erst r. am See entlang, dann r. aufwärts durch z. T. sumpfigen Wald (nach Regentagen nicht ratsam) über den *Miesingberg* (1019m), zuletzt auf schmalem Pfad in Windungen steil hinab zur Loisach.

BERGTOUREN (Führer s. S. 50). — **Kramer** (1982m), Reitweg vom Sommerkeller in Garmisch zum ($2^1/_2$ St.) *Königsstand* (1431m), mit lohnender Aussicht; der bez. Steig zum Gipfel *(Kramerkreuz)*, $4^1/_2$ St. von Garmisch, führt $1/_2$ St. vor dem Königsstand bei einer Jagdhütte (Wegtafel) l. ab (F. für Geübte unnötig).

Wank (1780m), $3^1/_2$ St., MW., F. entbehrlich: von Partenkirchen über die Lukasterrasse zur (1 St. 20 Min.) *Kreuthütte* (S. 51) und durch Wald, zuletzt l. über den Bergrücken zum ($2^1/_4$ St.) Gipfel, mit Wetterschutzhütte und vorzüglichem Überblick des Wetterstein- und Karwendelgebirges, des Partenkirchener Tals usw. Abstieg ö. über den *Ameisberg* zum *Esterberghof* oder s.ö. zum (2 St.) *Gschwandner Bauer* (S. 51).

***Krottenkopf** (2086m), 4 St. (F. entbehrlich, 5, mit Übernachten 7 ℳ, Reittier zur Krottenkopfhütte 12 ℳ). Sowohl von Farchant (S. 49) wie von Partenkirchen über St. Anton führen mark. Wege durch Wald hinan, die sich nach 1 St. vereinigen. $3/_4$ St. weiter die *Esterberg-A.* (1262m; Wirtsch., mäßig); dann durch Wald zwischen Bischof (2030m) und Krottenkopf zum (2 St.) *Krottenkopfhaus* der AVS. Weilheim-Murnau (1954m; Wirtsch., Eintr. 30 pf.), auf dem Sattel zwischen Rißkopf (2050m) und Krottenkopf, und r. zum (20 Min.) Gipfel, mit offnem Pavillon und herrlicher *Rundsicht (Panorama von Waltenberger). — Abstiege: von der Krottenkopfhütte n. MW. über die Scharte ö. vom Kistenkopf steil hinab zur *Pustertal-A.* und nach (4 St.) *Eschenlohe* (S. 49; F. 9 ℳ); ö. MW. (F. ratsam) über die *Küh-A.* und den *Wildsee* (1392m) nach (4 St.) *Walchensee* (S. 70; F. 10 ℳ); südl. MW. von der Esterberg-A. zum (1¼ St.) *Gschwandner Bauer* (S. 51).

*Königshaus am Schachen (1866m), 5-5½ St. (F. 5 ℳ, entbehrlich, Reittier 12 ℳ); bequemer über Elmau (s. unten). Von Partenkirchen auf dem Triftweg durch die Partnachklamm (S. 52), einige Min. oberhalb der Klamm über den (1 St.) *Ferchenbach* (800m), dann l., am l. Ufer hinan, bei den (25 Min.) *Steilenfällen* r. durch Wald steil aufwärts bis zum Bildstock, hier l. über eine Lichtung, dann wieder durch Wald in 1 St. auf den Elmauer Weg (s. unten). Nun r., nach ¾ St. an der unter den Wänden des Wettersteins herrlich gelegenen *Wetterstein-A.* (1464m; Erfr.) vorbei, über die *Schachen-A.* mit dem kl. *Schachensee* (1681m) zum (1¾ St.) *Königshaus* (1866m), von Ludwig II. 1870-71 erbaut, mit prachtvollem maurischen Saal (Eintr. 50 pf.); dabei das *Schloßrestaurant* (22 B. zu 2.50 u. 2 ℳ; F). Vom Pavillon 5 Min. w. prächtige *Aussicht senkrecht hinab in das Reintal mit dem Schneeferner, Schneefernerkopf und Wetterspitzen, r. Hochblassen und Alpspitze, südl. Oberreintal und Dreitorspitze; nach N. weit hinaus bis in die Ebene. N. vor dem Königshaus ein Alpenpflanzengarten (Eintr. 30 pf., AVM. frei).

Vom Königshaus MW. über das *Teufelsgsaß* (1943m), die *Schachenplatte* (Drahtseile) und das (1¼ St.) *Frauenalpl* zur (½ St.) **Meilerhütte** der AVS. Bayerland (8 Matr.) am *Dreitorspitz-Gatterl* (*Törl*, 2374m), mit prächtiger Aussicht, Ausgangspunkt für Dreitorspitze usw. (s. unten); hinab AV.-Steig durch das großartige *Berglental* um den *Öfelekopf* (2490m) herum nach (3 St.) *Unterleutasch* oder (4½ St.) *Oberleutasch* (S. 63); oder m. F. über den *Söllerpaß* und die *Puiten-A.* nach (2¾ St.) Oberleutasch. — Von (3 St.) *Elmau* (S. 57) guter königl. Reitweg (auch fahrbar, aber Fahren wenig angenehm; zweisp. Bergwagen für 2 Pers. 20 ℳ, am Tage vorher beim Schachenwirt telephonisch bestellen), fast immer durch Wald über die *Wetterstein-A.* zum (3-3½ St.) Schachen. — Ins obere *Reintal* (S. 56) steiler AV.-Steig (mark.), bis zur Bockhütte 1½ St. (aufwärts 2½-3 St.).

*Partenkirchener Dreitorspitze (SW.-Gipfel 2633m, Mittel-Gipfel 2622m, NO.-Gipfel 2606m), für Geübte nicht sehr schwierig (F. 18, alle drei Gipfel 20 ℳ): von der Meilerhütte (s. oben) und dem „Hermann von Barth-Wege" (Drahtseile und Felstritte) in 1½ St. auf den SW.-Gipfel. Prachtvolle Aussicht, namentlich auf die nähere Umgebung mit dem wilden Öfelekopf, sowie auf Zugspitze, Loisach- und Isartal. — **Leutascher Dreitorspitze** (*Karlspitze*, 2673m), von der Meilerhütte 2 St. m. F. (18, mit den drei Partenk. Dreitorspitzen 30 ℳ), oder von Leutasch (S. 63) durchs *Puitental* und über das *Plattach* in 6 St. Aussicht noch großartiger als von der Partenkirchener Dreitorspitze. Die Überschreitung der sämtlichen Gipfel ist eine der großartigsten und lohnendsten Touren des ganzen Gebietes. — **Musterstein** (2476m), von der Meilerhütte über die Törlspitzen 2½ St. m. F., nur für Geübte, schwierige aber sehr interessante Klettertour.

*Alpspitze (2620m; F. 14 ℳ), beschwerlich aber sehr lohnend, am interessantesten von der Höllentalhütte (S. 53) durch das wilde *Mathaisenkar* (Drahtseilanlagen der S. München) zur (3½ St.) *Grieskarscharte* (2430m) und über den Südgrat zum (1 St.) Gipfel; für Geübte m. F. nicht zu schwierig. Leichter, doch gleichfalls nur für Schwindelfreie, vom Kreuzeckhaus (S. 52) über die (½ St.) Hochalm und die *Schöngänge* (200m l. Drahtseil) in 3 St.; oder vom (2½ St.) *Reintalhospiz* (S. 52) durch das *Bodenlahntal* zur (1½ St.) *Gassen-A.* (1457m) und am (1½ St.) kl. *Stuibensee* (1922m) vorbei (besser als Abstieg) zum (2 St.) Gipfel, mit 7m h. eisernem Kreuz. — **Hochblassen** (2706m), von der *Grieskarscharte* (s. oben) sehr schwierig in 1-1½ St. zum Signal- und von da zum (½ St.) Hauptgipfel (F. 20 ℳ).

*Zugspitze (2963m), höchster Gipfel der bayrischen Alpen, von Partenkirchen 10-11 St. (bis zur Knorrhütte 7, von da zum Gipfel 3-3½ St.; F. 15, nach Ehrwald 18 ℳ), anstrengend, aber für Geübte und Schwindelfreie nicht schwierig. Durch die Partnachklamm in 1 St. oder über Vorder-Graseck in 1½ St. bis zur Brücke über den *Ferchenbach* (S. 55); hier r. (Hdw.) im *Reintal* hinan, dreimal über die *Partnach*; ½ St. beim Wieselgraben Handweiser r. zum Reintal-Hospiz (s. S. 52); 2 Min. weiter über die *Bodenlahne* (r. Alpspitze und Hochblassen), dann r. einförmig und aussichtslos im *Stuibenwald* hinan (die *Mitterklamm* bleibt links). Nach ¾ St., wo der Weg sich der Partnach wieder nähert, schöner Blick in die wilde *Hinterklamm;* dann hinab zur Partnach und am l. Ufer zur (¾ St.) *Bockhütte* (1059m), wo der Blick in das großartige hintere Reintal sich öffnet, und an den *Sieben Sprüngen* (starke Quelle, 1096m) vorbei zur (¾ St.) *Vordern Blauen Gumpe*, in prächtiger Lage l. unten; auf einem Felsvorsprung die verschlossene *Blaugumpenhütte* (1183m), mit herrlichem Blick talauf- und abwärts. Weiter beim „Steingerümpel" durch gewaltige Felstrümmer, Reste eines alten Bergsturzes; jenseits (½ St.) die im Herbst meist wasserlose *Hintere Blaue Gumpe* (1211m). Der Weg steigt nun über ein großes Lawinenbett (l. der ansehnliche *Partnachfall*) zur obersten Talstufe; von dem Rücken (¾ St.; 1370m) schöner Blick auf den imposanten Talschluß, rückwärts die Blauen Gumpen und hoch oben der Pavillon auf dem Schachen. 8 Min. weiter auf dem *Untern Anger* die *Angerhütte* (1366m; Wirtsch., 6 Matr.; F); oberhalb über die Partnach, dann entweder den Saumweg l. durch Wald hinan zum *Obern Anger* (1443m), oder am r. Partnachufer aufwärts zum (10 Min.) *Partnach-Ursprung*, einer wilden Felsschlucht, aus der die Partnach mächtig hervorbricht, dann einige Schritte zurück und r. hinan auf den Saumweg. Nun durch Latschen auf steilem Zickzackweg über den Absturz des Platts zur (2 St.) **Knorrhütte** der AVS. München (2051m; *Wirtsch. mit Schlafhaus, 16 B. zu 3 und 20 Matr. zu 2 ℳ, AVM. die Hälfte, in der Nacht vor So. stets überfüllt; F), in großartiger Umgebung (gute Quelle). Von der Knorrhütte Saumweg über das Felskar des *Platts* hinan zur (1½ St.) offnen *Platthütte* (2525m), am Rande des *Großen Schneeferners,* wo die Reittiere umkehren; über den Firn hinan zur (¾ St.) großen Sandreiße, auf gut versichertem Felspfad empor zum (½ St.) Grat und r. zum (20-30 Min.) *Westgipfel* (2963m); gleich unterhalb das **Münchnerhaus** (2957m; Wirtsch., 18 Matr. zu 4, AVM. 2, Eintr. 1 ℳ; F) und die daran angebaute *Meteorologische Station,* mit 7,4m h. Turm und Denktafel für den Meteorologen Enzensberger. Vom Westgipfel AV.-Steig mit doppeltem Drahtseil in ¼ St. auf den *Ostgipfel* (2961m), mit 5m h. eisernem Kreuz. Die großartige *Rundsicht (Panorama von Reißner) umfaßt im S. die Tauernkette vom Ankogel an, Zillertaler, Stubaier, Ötztaler, Ortler, Bernina;

im W. Silvretta, Lechtaler, Allgäuer Alpen, Tödi, Säntis; im N. die bayrische Ebene mit ihren Seen; im O. Karwendel, Achentaler und Kitzbühler Alpen bis zum Staufen.

Kürzer ist die Besteigung vom Eibsee über die Wiener-Neustädter Hütte ($6^{1}/_{2}$-7 St., nur für Schwindelfreie, namentlich als Abstieg): auf dem Törlenwege (s. unten) bis zum ($1^1/_2$ St.) Handweiser, hier l. streckenweise steil und mühsam hinan, zuletzt auf dem Ehrwalder Steig (s. unten) zur ($3^1/_2$-4 St.) Wiener-Neustädter Hütte des OTK. im *Österreich. Schneekar* (2220m; Wirtsch., 25 Matr.) und auf steilem Steig (Drahtseile und Tritte) zum ($1^1/_2$-2 St.) Grat und (20 Min.) W.-Gipfel. — Von Ehrwald (S. 45) entweder (für Schwindelfreie; 6 St., F. 12 *K*, mit Abstieg zur Knorrhütte oder zum Eibsee 20 *K*) auf rot MW. (Georg Jäger-Steig) zur ($3^1/_2$ St.) *Wiener-Neustädter Hütte* und wie oben zum (2-$2^1/_2$ St.) Westgipfel; oder (bequemer; rote WM.) über die *Ehrwalder Alp*, das *Felderjöchl* und das *Gatterl* (s. unten) zur (5 St.) Knorrhütte und zum (3 St.) Gipfel. — Von der Höllentalhütte (S. 53) auf die Zugspitze 5-6 St. (F. 20 *M*), interessantester Aufstieg, durch die zahlreichen Versicherungen (Eisenstifte und Drahtseile) wenn schneefrei für Geübte und Schwindelfreie nicht mehr sehr schwierig: an den Abstürzen des *Brett* steil hinan ins Höllentalkar, über den *Höllentalferner* zum Grat und Ostgipfel.

Schneefernerkopf (2875m), von der Knorrhütte 3 St. m. F. (12 *M*), für Geübte nicht schwierig: auf dem Zugspitzwege bis zur (2 St.) großen Sandreiße, dann l. über den Schneeferner, zuletzt Fels zum (1 St.) Gipfel. Die Aussicht ist der von der Zugspitze ebenbürtig (vgl. S. 46). —

Hochwanner (2746m), von der Knorrhütte 5 St. (F. 16 *M*), beschwerlich aber sehr lohnend: über das *Gatterl* zum *Felderjöchl* (s. unten), dann l. über den *Kotbachsattel* (2184m) zu den ($2^1/_2$ St.) *Steinernen Hüttlen* (1928m) im *Kotbach-Tal*, wohin auch von der Tillfuß-A. (S. 63) ein Steig hinaufführt; von hier n.ö. hinan unter den Abstürzen des *Kl. Wanner* (2546m) über das *Mitteljöchl* ins *Hochwannerkar* und zum ($2^1/_2$-3 St.) Gipfel.

Übergänge. Von der Knorrhütte ins Inntal führt der nächste Weg über das (1 St.) *Gatterl* (2023m) und das (20 Min.) *Felderjöchl* (2042m), dann r. steil abwärts ins *Gaistal* zur ($1^1/_2$ St.) *Tillfußalpe* (1393m, s. S. 63); von hier entweder über die *Niedermunde* (2065m) in 5 St. m. F., oder über *Leutasch-Platzl* (S. 63) in $4^1/_2$ St. nach *Telfs* (S. 312).

Von Partenkirchen über Elmau nach Mittenwald, $4^1/_4$-5 St., MW., für Fußgänger der Poststraße vorzuziehen. Von ($1^1/_4$ St.) *Vorder-Graseck* (S. 52) über Wiesen auf zuweilen feuchtem Wege etwas bergan, dann r.; nach 20 Min. nicht r. bergab zu den Hütten von *Mitter-Graseck*, sondern geradeaus nach (10 Min.) *Hinter-Graseck*; $^3/_4$ St. Steg über den *Ferchenbach* (die vorher hinüberführenden Brücken vermeiden!); noch $^1/_4$ St. im Walde geradeaus, dann hinab nach (7 Min.) Elmau (1012m; gutes *Whs.*, 22 B.). Von hier Fahrweg am *Ferchensee* und weiterhin Fahr- oder Fußweg am *Lautersee* vorbei nach (2 St.) *Mittenwald* (S. 62). — Von Elmau zum *Schachen* ($3^1/_2$ St.) s. S. 55, 62; nach *Klais* (S. 62) angenehmer Fahrweg ($1^1/_2$ St.).

Der Walchensee (S. 69) ist von Partenkirchen zu Fuß in $6^1/_2$ St., mit Motorwagen in $2^1/_4$ St. zu erreichen (über Mittenwald 4 mal tägl.). Die direkte Straße führt bei ($2^1/_2$ St.) *Klais* (S. 62) von der Mittenwalder Straße l. ab am *Barmsee* vorbei nach (1 St.) *Krün* (S. 70) und (3 St.) Dorf *Walchensee* (S. 70). Näher aber weniger bequem ist der Weg über *Eschenlohe* (Bahn in 35 Min., dann zu Fuß durch das Eschental $3^1/_2$-4 St.; s. S. 49).

Von Garmisch nach Lermoos (24km) Automobilfahrt im Sommer 3 mal tägl. in $1^3/_4$ St. (4 *M*), Stellwagen 2 mal tägl. in $3^1/_2$ St. (2 *M* 60); Einsp. 12, Zweisp. 20 *M*. Die Straße führt im waldigen Loisachtal zum ($3^1/_2$ St.) Zollhaus *Griesen* (S. 61); hier l. (r. zum Plansee, S. 61) über die österr. Grenze zur ($1^1/_4$ St.) alten *Ehrwalder Schanze* (900m; Gasth.) und über (1 St.) *Ehrwald* (S. 45) nach (1 St.) *Lermoos* (S. 45).

Vom Eibsee über die Törlen nach Ehrwald, 3 St., F. unnötig. Guter rot MW., vom Frillenseewege (S. 54) nach 2 Min. l. ab, durch Wald bergan; 30 Min. Abzweigung l. zur Wiener-Neustädter Hütte

58　*I. R. 10. — K. S. 16.*　KOHLGRUB.

(S. 57); 30 Min. über eine Waldblöße; 30 Min. österr. Grenze. Nach 10 Min. bei einem Kruzifix ist die Höhe der **Törlen** (1510m) mit offener Unterstandshütte erreicht; schöner Blick auf die Zugspitze, ganz r. das Österreichische Schneekar (S. 57). Hinab durch Nadel-, dann Laubwald zum (50 Min.) *Whs. zum Törl* und nach (30 Min.) *Ehrwald* (S. 45).

Von Partenkirchen nach *Hohenschwangau* Omnibus tägl. in 13 St. (s. S. 59).

10. Von München über Oberammergau nach Füssen-Hohenschwangau.

a. Von München nach Oberammergau.

99km. Eisenbahn in $2^3/_4$-4 St.; Schnellzug 9 ℳ 40, 6.20, 4.10, Eilzug 8 ℳ 40, 5.20, 3.60. Extrazüge zu den Passionsspielen nach besonderm Fahrplan. Automobilfahrten von Schenker & Co. (s. unten) zum Besuch der Passionsspiele am Vortage jedes Spieles um 12 Uhr mittags in $2^1/_2$ St.; Rückfahrt am Vormittag nach dem Spieltage. — Von *Partenkirchen* über *Oberau* (S. 49, 59) nach Oberammergau, 20km, Automobilfahrt 5-8mal tägl. in 1 St. 10 Min. für 2 ℳ.

Bis (75km) *Murnau* (691m) s. S. 48. Die Bahn nach Oberammergau wendet sich in großer Kurve nach W., an dem Höhenrücken entlang, der den Staffelsee von der Loisach-Niederung trennt; nach S. schöne Gebirgsaussicht. 79km HS. *Berggeist;* 81km *Grafenaschau.* Weiter durch Wald und auf 14m h. Damm zur (85km) HS. *Jägerhaus,* dann an der Bergwand entlang zur (87km) Stat. *Kohlgrub,* für das malerisch gelegene Dorf d. N. (828m; Bahnrest.; Lehmanns Gasth., Schwarzer Adler, beide einf. gut). 88km HS. **Bad Kohlgrub** (860m); 8 Min. südl. am Fuß des Hörnle (s. unten) das hübsch gelegene Stahl- und Eisenmoorbad (900m; Gasth.: *Kurhaus, B. $1^1/_2$-5, P. o. Z. $4^1/_2$-$5^1/_2$ ℳ; *H.-P. Lindenschlößchen, mit Park, 15. Mai-20. Sept., 38 B. zu 2-4, F. 1, P. 5-10 ℳ; *Bayrischer Hof, B. 1-3, P. 4 ℳ; P. Villa Holland), auch als Luftkurort und Wintersportplatz besucht.

Von der *Olgahöhe* und *Fülleralm* ($1/_2$ St.; Erfr.) schöner Blick nach N. über das oberbayrische Hügelland mit mehreren Seen. — Sehr lohnend die Besteigung des **Hörnle** (1548m; 2 St.), mit Unterkunftshaus (im Winter Wirtsch.; Milch und Brot in der 10 Min. entfernten Almhütte) und herrlicher Aussicht auf das Gebirge (Zugspitze) und nach N. bis in die bayrische Ebene (München). Im Winter gute Ski- und Rodelbahn.

Bei (89km) *Saulgrub* (Post, einf.), wo die Straße von Rottenbuch einmündet (s. S. 18), erreicht die Bahn ihren höchsten Punkt (875m) und senkt sich dann in das *Ammertal* nach (91km) *Altenau* (838m; Limmer), am w. Fuß des Hörnle reizend gelegen, mit der elektrischen Kraftstation der Bahn. 92km *Scherenau;* 94km *Unterammergau* (836m; Schuhwirt); hier über die Ammer.

99km **Oberammergau**. — Gasth. (während des Passionsspiels erhöhte Preise, P. 12-20 ℳ): *Wittelsbacher Hof, mit Garten, 90 B. zu $1^1/_4$-5, P. 6-10 ℳ; H. Bahnhof, 36 B. zu $1^1/_2$-2, P. $4^1/_2$-5 ℳ, gelobt; Alte Post, 40 B. zu 1.20-2.50, P. 3-5 ℳ, gut; H. Osterbichl, 39 B. zu 1-2, P. 4-6 ℳ; Lamm; Rose; Rößl; Pens. Daheim, Mayr, Böld, Veit. — *Café-Rest. Suisse; P. & Restaur. St. Gregor, $1/_4$ St. vom Bahnhof.

Besucher des Passionsspiels wenden sich am besten wegen eines Programms an das Reisebureau von *Schenker & Co.* in München, Promenadeplatz 16. Gespielt wird vom 16. Mai bis 25. Sept. an allen Sonn- und Feiertagen, bei großem Andrang auch Mo., sowie im August jeden Mi.; das Spiel beginnt vorm. 8 Uhr und dauert, mit zweistündiger Mittagspause, bis 6 U. abends. Das Theater hat 4500 Plätze zum Preise von 2-20 ℳ. Reservierung von Wohnungen und Eintrittskarten durch das Wohnungskomitee in Oberammergau oder durch Schenker & Co.; frühzeitige Bestellung ratsam.

Oberammergau (837m), großes Dorf mit 1650 Einw., ist berühmt durch die „Passionsspiele", die nach zehnjähriger Pause im J. 1910 wieder stattfinden. Am N.-Ende des Orts unweit des Bahnhofs das Theater, mit offener Bühne (s. oben). — Die Bewohner verfertigen hauptsächlich Schnitzwaren in Holz und Elfenbein. Sehenswert das Langsche Museum alter Oberammergauer Kunstwerke, die Schnitzschule und die alte Weihnachtskrippe mit z. T. über 200 Jahre alten Figuren bei Seb. Schauer, Haus No. 4. W. vom Ort am Fuß des steilen *Kofels* (s. unten) eine 12m h. *Kreuzigungsgruppe in Sandstein von Halbig, von König Ludwig II. geschenkt. Im Park des H. Osterbichl das Marokkanische Haus König Ludwigs (Eintr. 20 pf.).

AUSFLÜGE. *Kofel* (1342m), 1½ St., mühsam aber gefahrlos (Drahtseil). — *Aufacker* (1542m), MW. in 2-2½ St., lohnend (F. entbehrlich); prachtvolle Aussicht. — *Ettaler Mandl* (1633m), über das *Soila* (W. Geübte in 3½ St., s. S. 60. — *Laberjoch* (1683m), 3½ St., über die *Laber-A.* oder über das *Soila;* oben Unterkunftshütte der AVS. Starnberg (Wirtsch., 8 B. u. 8 Matr.) und herrliche Aussicht. Zum Ettaler Mandl, ³/₄ St. (s. oben u. S. 60). — Zum *Pürschling-Jagdhaus* (1566m) Reitweg in 3 St. (steiler Abstieg nach Linderhof, 1½ St.). Im Winter lohnender Ausflug mit Skiern oder Schlitten zur Hirschfütterung vor Schloß Linderhof (S. 60).

AUTOMOBILFAHRTEN von Oberammergau bis Tegernsee, 116km, vom 14. Mai bis 30. Sept. 2mal tägl. in 5½ St., über Garmisch-Partenkirchen, Mittenwald, Walchensee, Kochel und Bad Tölz; außerdem vom 1. Juni bis 8. Sept. 1mal tägl. von Oberammergau bis Kochel (72km). Vgl. S. 78.

b. Von Oberammergau über Linderhof nach Füssen.

58km. OMNIBUS (15 Plätze) im Sommer 2 mal tägl. in 10 St. für 8 ℳ, mit 1½ St. Mittagsaufenthalt bzw. Übernachten in Linderhof. — Von *Partenkirchen* (Gold. Stern) nach *Hohenschwangau* (H. Schwansee) über Linderhof, Reutte und Füssen Omnibus im Sommer (Juni-Sept.) tägl. 7 U. früh in 13 St. für 9 ℳ 20 (bis Linderhof in 3³/₁ St. für 2 ℳ 70, hin u. zurück 4 ℳ 80; dort 3³/₄ St. Aufenthalt). — EINSPÄNNER von Oberammergau nach Linderhof 12, hin u. zur. 18, ZWEISP. 18 u. 24 ℳ; nach Ammerwald (hin) Einsp. 18, Zweisp. 24 ℳ; Plansee (Forelle) 21 u. 28, Reutte 30 u. 45, Füssen 40 u. 56, Hohenschwangau 45 u. 60; Oberau 12 u. 18, Partenkirchen 16 u. 21 ℳ. — Die Straße Ettal-Linderhof-Plansee-Reutte ist für Automobile gesperrt.

Oberammergau (837m) s. S. 58. Die Straße nach Linderhof (zu Fuß 2½ St.) führt in dem breiten Ammertal aufwärts und vereinigt sich nach ³/₄ St. mit der Straße von Oberau (S. 49).

Von Oberau nach Oberammergau (18km) und Linderhof (18km). Die Straße führt w. zum (1km) *Gasth. Untermberg,* wo Fußgänger die kürzere, aber steile alte Straße l. einschlagen können, und steigt, anfangs in einer großen Kehre nach r. ausbiegend (Fußweg kürzt), an der N.-Seite des waldigen Schlucht des *Gießenbachs* allmählich bergan, durch deren Sohle die alte Straße führt. An ihrem obern Ende wird die Schlucht durch den Rücken des *Ettaler Bergs* abgeschlossen, den die Straße l. ausbiegend umzieht (Fußgänger kürzen hier auf der alten Straße).

7km Ettal (877m; gutes Bier in der Klosterwirtschaft), 1330 von Kaiser

LINDERHOF.

Ludwig gegründetes Benediktinerkloster, 1744 erneut; in der im Barockstil umgebauten Kirche, einem Zentralbau mit 72m h. Kuppel, Fresken von Knoller und eine berühmte Orgel. — Das *Ettaler Mandl* (1633m) ist von hier anf schattigem AV.-Weg in $2^1/_2$-3 St. zu ersteigen (s. S. 59). Vom Ettaler Mandl aussichtreicher Steig zur ($^3/_4$ St.) *Laberjochhütte* (S. 59). — 1km weiter teilt sich die Straße: r. nach (5km) Oberammergau (S. 58), l. nach (10km) Linderhof.

Die Straße führt r. von der P. Dickelschwaige vorbei nach (6km) *Graswang* (879m; Fischer). Weiter durch das oberste Ammer- oder Graswangtal; l. das breite *Elmauer Gries* (S. 61), über dem die Zugspitze hervorschaut. $11,_3$km Forsthaus *Linder* (937m; Restaur., B. 1 - $2^1/_2$ ℳ, Wagen zu haben); gleich darauf r. am bayr. Zollamt vorbei über die Brücke zum (12km) *Schloß Linderhof*, für König Ludwig II. 1869-78 im Rokokostil von Dollmann erbaut, mit schönen Gartenanlagen (Eintritt ins Schloß vom 10. Mai bis 18. Okt. tägl. 9-12 und $1^1/_2$-5 U., mit Grotte u. Kiosk 3 ℳ, Sonn- u. Feiertags $1^1/_2$ ℳ; 13. Juni geschlossen). L. das *Schloßhotel Linderhof* (80 B. zu 1.80-3, P. 4.50-6 ℳ, ganz gut) und die Kasse. PTF.

In der Vorhalle des Schlosses (Eintritt in Gruppen von 12 Pers.) Bronze-Reiterstatuette des Königs Ludwig XIV. von Frankreich, nach Bosio. Im *ersten Stock* eine Reihe prächtig eingerichteter Zimmer mit Porträten französischer Berühmtheiten und Begebenheiten aus der Zeit Ludwigs XIV. und XV. — In den *Gartenanlagen* vor dem Schlosse ein großes Bassin mit vergoldeter Kolossalfigur der Flora und 45m hohem Springbrunnen. Terrassenanlagen führen hinan zum Nixenbrunnen (davor Marmorstandbild König Ludwigs II. von Elisabeth Ney) und zum Monopteros, einem Tempelchen mit Venusstatue und bestem Blick über Schloß und Gärten. Hinter dem Schloß zwischen Laubgängen die Wasserfälle mit dem Neptunsbrunnen (die Wasserkünste springen um 12 und 6 U. je $^1/_4$ St. lang). N.ö. 5 Min. bergan der Eingang zur *Grotte*, mit kleinem See und Wasserfall (an der Rückwand Tannhäuser im Venusberg, von A. v. Heckel); elektrische Beleuchtung bei Lösung von mindestens 10 Eintrittskarten. In der Nähe der *Kiosk*, im maurischen Stil, mit Stalaktitengewölbe, emaillierten Bronzepfauen und Majolikavasen. Zahlreiche Statuen, Büsten usw. sind in den Anlagen verteilt. — Die Besichtigung des Schlosses und der Gärten nebst Grotte und Kiosk erfordert ungefähr 2 St.

Im Winter wird Linderhof von Skiläufern viel besucht. Sehenswerte Wildfütterung (oft 100-200 Hirsche) zwischen 3 u. 4 U. nachm. $^1/_2$ St. vom Forsthaus. Die Straße nach dem Plansee wird im Winter nicht offen gehalten, ist aber für Skier gut fahrbar (über den Schützensteig nach Hohenschwangau nur bei gutem Wetter).

Die Straße nach Reutte führt in dem schön bewaldeten Ammertal allmählich hinan zur (18km) *Grenzbrücke* (1081m); Handweiser l. zur (10 Min.; die Omnibus warten $^1/_2$ St.) *Hundinghütte* (1109m), Nachbildung der altgermanischen Blockhütte in Wagners Walküre (Eintr. 50 pf.; Erfr.). Dann am n. Fuß des *Geierkopfs* (2163m) durch das bewaldete *Ammerwaldtal* zum (23km) *H.-P. Ammerwald* (1090m; 140 B. zu 1.50-2.50, P. 5.50-7 ℳ; P), wo r. der S. 43 gen. *Schützensteig* nach ($3^1/_2$ St.) Hohenschwangau abzweigt. 1 St. weiter tritt die Straße aus dem Walde und erreicht bei der (28km) österr. Finanzwache (dabei ein Denkmal für König Max II.) den schönen dunkelgrünen *Plansee* (973m), 5km lang, 1km breit, 75m tief, von bewaldeten Bergen umgeben (*Planseehotel Forelle, 118 B. zu 1.20-4, P. 6-7 ℳ; PF; Seebäder).

Dampfboot auf dem Plansee im Sommer 5-6 mal tägl. vom H. Forelle nach Seespitz (in 25 Min.) und Heiterwang (in 45 Min.); Fahrpreise Forelle-Seespitz 80 pf., Seespitz-Heiterwang 1 ℳ; Forelle-Heiterwang 1 ℳ 50, hin u. zurück 1 ℳ 70. Vgl. S. 45.

Vom Plansee nach Garmisch-Partenkirchen, 5 St. (Stellwagen im Sommer 2mal tägl. in 3 St., 2½ ℳ). Fahrweg am Plansee entlang bis zu dessen O.-Ende (20 Min.), dann z. T. durch schönen Wald über einen Felsriegel, jenseits in großer Kehre bergab zur (40 Min.) bayrischen Grenze (927m; der alte Fußweg, der bei Stein 35 l. beginnt, kürzt). Weiter durch das bewaldete *Neidernachtal;* 15 Min. „Bei den drei Wassern", breite Mure mit kolossalen Geröllmassen; 30 Min. *Aussicht auf die Zugspitze. 10 Min. weiter tritt der Weg aus dem Walde und erreicht nach 15 Min. die Lermoos-Partenkirchener Straße und das bayr. Zollhaus Griesen (820m; Whs. beim Förster, 8 B.; PTF). Von hier nach *Lermoos* (2½ St.) s. S. 57; durch das *Elmauer Gries* nach *Graswang* (S. 60) 3 St. m. F.; zum *Eibsee* s. S. 54. — Weiter durch das waldige *Loisachtal;* 1¼ St. Brücke über die Loisach; 20 Min. weiter hört der Wald auf; r. Waxenstein und Zugspitze. Vor der (¾ St.) *Schmölz* (S. 54), an der Mündung des *Hammersbachs* (S. 53), zweigt r. ab der Fahrweg nach der *Höllentalklamm* (S. 53) und dem *Eibsee* (S. 54). 1 St. Bahnhof *Garmisch-Partenkirchen,* s. S. 49.

Die vormittags schattenlose Straße nach Reutte führt am nördl. Seeufer entlang, am *Kaiserbrunnen* vorbei. Am W.-Ende des Sees (33km) das *H.-P. Seespitz (70 B. zu 1.50-3.50, P. 5-7.50 K; Seebäder). Dampfboot nach Heiterwang in 20 Min. (s. oben), Fußpfad 1½ St. (S. 45). — Weiter am *Kleinen Plansee* entlang und über den aus ihm abfließenden *Archbach* bis zu einer (34,₅km) Kapelle, bei der eine gute Quelle.

5 Min. weiter führt r. ab ein Fußpfad durch Wald hinab zum *obern* und (20 Min.) *untern Stuibenfall* (S. 44); von da l. hinan in 10 Min. wieder auf die Straße, oder besser an der Arch entlang auf dem *Hermannsteige* nach *Mühl* und (1 St.) Reutte (S. 44).

Die Straße überschreitet den *Roßrücken* (1005m); hübsche Aussicht, im Hintergrund des Lechtals Glimmspitze und Hochvogel. Hinab am Abhang des *Tauern* (S. 45), wo bei einem Stein mit Inschrift r. der Weg vom untern Stuibenfall heraufkommt (s. S. 44), dann an dem kl. Bad *Krekelmoos* vorbei nach (39km) *Reutte* (S. 44). Von hier nach (58km) *Füssen* s. R. 7.

11. Von Partenkirchen über Mittenwald nach Zirl *(Innsbruck).*

47km. Staatliche Automobilfahrt vom Bahnhof Garmisch-Partenkirchen über Mittenwald bis *Scharnitz,* 24km, im Sommer 5-7 mal tägl. in 1 St. 20 Min.; in Mittenwald Anschluß an die Automobilfahrten nach *Kochel, Bad Tölz* und *Tegernsee* (S. 66, 78). Von Scharnitz nach *Zirl,* 22km, Stellwagen in 4 St. für 4 ℳ; Eisenbahn wird gebaut. — Einspänner von Partenkirchen bis Mittenwald 10, Zweisp. 18 ℳ, von Mittenwald bis Zirl 17 u. 25 ℳ; von Innsbruck nach Partenkirchen Zweisp. 80 K.

Die neue Straße nach Mittenwald führt am (2km) *Kainzenbade* (S. 50) vorbei, dann allmählich bergan durch hügeliges Mattenland (kürzer und steiler ist die alte Straße, s. S. 51). Jenseit

MITTENWALD. Von Partenkirchen

(7km) *Kaltenbrunn* erscheint vorn das Karwendelgebirge. 10km *Gerold;* 12km *Klais* (952m; Schöttl's Whs.; zum Barmsee und nach Krün s. S. 70, nach Elmau s. S. 57). Dann am sumpfigen *Schmalsee* (932m) vorbei, zuletzt in Windungen hinab ins *Isartal,* nach 18km **Mittenwald.** — GASTH.: *Post, 120 B. zu $1^1/_2$-3, P. 5-8 $\mathscr{M}$, im Garten Tierskizzen von Paul Meyerheim; Traube, B. $1^1/_4$-3, P. 5-6 $\mathscr{M}$, gelobt; H.-P. Wetterstein, 60 B. zu $1^1/_2$-3, P. 5-$6^1/_2$ $\mathscr{M}$, gut; Stern; Zum Karwendel, 40 B. zu 1-$2^1/_2$ $\mathscr{M}$, Alpenrose, beide einf. gut; Pens. Villa Neuner. — Viel Privatwohnungen. — Bier im *Postkeller*, 8 Min. südl. der Kirche. Bäckerei *Schreyegg*. Kaffeewirtschaft *Suitner* unweit des Postkellers. — Badeanstalten mit Schwimmbad im *Laintal* und am *Lautersee*, s. unten. — *Kurtaxe* bei Aufenthalt von 4-6 Tagen 1 Pers. 1, 1-4 Wochen 2, über 4 Wochen 3, Familie 5 $\mathscr{M}$. — FÜHRER: Georg Fütterer, Frz. Heiß, M. Hornsteiner, Kaspar u. Franz Krinner, Fritz Löffler. — PTF. AVS.

Mittenwald (912m), der letzte bayrische Ort (2000 Einw.), ö. von der schroffen *Karwendelspitze* überragt, wird als Sommerfrische viel besucht. Die Verfertigung von Geigen, Gitarren, Zithern ist Haupterwerbszweig des Orts. Vor der Kirche ein Bronzestandbild des Begründers der Geigenindustrie, *Mathias Klotz* († 1743), von Ferd. v. Miller (1890). In dem Hause gegenüber (kgl. Postamt) übernachtete Goethe auf seiner italienischen Reise am 7. Sept. 1786 (Denktafel). Vom *Kalvarienberg* (8 Min.) guter Umblick.

UMGEBUNG. Hübscher Spaziergang auf dem **Rainweg** am r. Isarufer, beim *Isarsteg* und *Café Raineck* vorbei, bis zur ($^1/_2$ St.) *Husselbrücke* (S. 70). Schöne Aussicht vom *Hirtenbichl*. — Zum ***Lautersee** (1010m) $^3/_4$ St.: von der Post die Straße w. geradeaus, beim Handweiser l. bergan auf den Fahrweg und allmählich ansteigend zum waldumschlossenen See (am W.-Ende Restaur., mit Bädern), in dem die Wände des Karwendel- und Wetterstein-Gebirges sich spiegeln (abends am schönsten). Lohnender Rückweg durch das *Laintal*, am Wasserfall und der Badeanstalt vorüber, oder (vor dem Kalvarienberge l. ab) über den Kalvarienberg (s. oben). Vom Lautersee auf den *Kranzberg* s. unten. — Vom Lautersee Fahrweg zum ($1^1/_4$ St.) einsamen **Ferchensee** (1069m), am Fuß des Wettersteins und Grünkopfs (schönes Echo); von hier nach ($1^1/_4$ St.) *Elmau* und über *Graseck* nach ($2^1/_2$ St.) *Partenkirchen* s. S. 57; über den *Franzosensteig* (1276m) zwischen Grünkopf und Wettersteinspitz nach (3 St.) *Unterleutasch* (S. 63), MW., An- und Abstieg steil, F. ratsam (3 $\mathscr{M}$). — Zum *Schachen* (6 St.): Fahrweg über ($2^1/_4$ St.) *Elmau* (S. 57), dann auf dem Königsweg noch $3^1/_2$ St. (vgl. S. 57, 55; Träger ab Mittenwald 4-5 $\mathscr{M}$). — Zum *Barmsee* (S. 70), $1^1/_2$ St.

Leutaschklamm, $^3/_4$ St. hin und zurück. Bei der Isarbrücke (S. 64) von der Straße nach Scharnitz r. ab (Schlüssel im Whs. zur Brücke, 30 pf.), am l. Ufer der Leutasch in $^1/_4$ St. zum Eingang der sehenswerten, durch einen Steg zugänglich gemachten Klamm (in den Morgenstunden am schönsten). Beim Wasserfall (4 Min.) hört der Weg auf. Regenmantel angenehm. — Vor dem Eingang zur Klamm Wegweiser r. hinauf nach Leutasch, 1 St. (s. unten).

***Hoher Kranzberg** (1391m), $1^1/_2$ St. w. (F. 2 K, unnötig). Reitweg über den Kalvarienberg (s. oben) zum Gipfel, mit offnem Pavillon und prächtiger Aussicht auf Wetterstein und Karwendelgebirge und auf die Innsbrucker Berge. Unterhalb Sommerwirtsch. des Führers G. Fütterer. Abstieg auf gutem Steig durch Wald zum Lautersee (s. oben) in 40 Min.

Leutaschtal (bis Leutaschmühl 1 St., Oberleutasch 3 St.). Beim Zollhaus vor der Isarbrücke (s. oben) Karrenweg r. hinan zur Schießstätte, dann eben fort durch Wald über die österr. Grenze an einer (25 Min.) Kapelle vorbei und allmählich hinab ins Leutaschtal, am Ausgang enge

Schlucht (s. S. 62), weiter aufwärts breites Wiesental, in das die Südseite des Wettersteingebirges in kolossalen Wänden abstürzt; im Hintergrund Ofelekopf, Gehrenspitze und Hochmunde. Über die Leutasch ($^1/_4$ St.; Wasserfall) zum (8 Min.) österr. Zollhaus (ehem. Schanze). Nun Fahrstraße, bei der (10 Min.) *Leutaschmühle* (1018m; Gasth.) wieder aufs l. Ufer (r. kommt hier der Franzosensteig vom Grünkopf herab, s. S. 62) nach (10 Min.) *Unterleutasch* (1039m; *Gasth. zur Brücke, B. 50-80 h). Weiter durch die *Untere* und *Obere Gasse*, wo beim (1$^1/_4$ St.) Gasth. Rößl l. ein Fahrweg nach ($^1/_4$ St.) Unter-Weidach abzweigt (s. unten), nach dem Pfarrdorf ($^1/_4$ St.) *Oberleutasch* oder *Leutasch-Widum* (1126m; *Xanderwirt*, Bett 1.20 *K*; *Post*, einf.; Führer Alois Heiß, Andrä Rauth). 0. führt von hier ein Fahrweg über (20 Min.) *Ober-Weidach* nach (10 Min.) *Unter-Weidach* (*Gasth. zum See), in reizender Lage, dann über die *Leutascher Mähder* (1252m) nach (2 St.) *Seefeld* (S. 65). Bei Oberweidach der hübsche waldumkränzte *Weidachsee* (1098m) mit Fischzuchtanstalt. — *Dreitorspitzen* und *Meilerhütte* s. S. 55. — *Arnspitze* (2196m), von Oberleutasch über den Hohen Sattel (1483m) 4 St. m. F. (s. unten). — N a c h T e l f s, 3 St., Karrenweg über (20 Min.) *Leutasch-Platzl* (1166m) durch Wald zum ($^3/_4$ St.) Scheiderücken gegen das Inntal (1262m), hinab über *Buchen* (1210m; Whs.) und *Brand* nach (1$^3/_4$ St.) *Telfs* (S. 312). — Hochmunde (2661m), von Leutasch-Platzl über die *Mooser-A.* (1629m) 4$^1/_2$-5 St. m. F. (12 *K*), beschwerlich aber lohnend (s. S. 48, 312). — Im Gaistal Fahrweg von Oberleutasch zur (2$^1/_4$ St.) *Tillfuß-Alp* (1393m; Erfr.), mit Jagdhaus des Dr. Ludwig Ganghofer; von hier über die *Pestkapelle* nach (4 St.) *Ehrwald* s. S. 46 (F. 8 *K*); über das *Federnjöchl* (2042m) und das *Gatterl* (2023m) zur (4$^1/_4$ St.) *Knorrhütte* s. S. 57 (F. 10 *K*); über den *Niedermundesattel* (2065m) zum (4 St.) *Alplhaus* s. S. 48, nach (5 St.) *Telfs* s. S. 312 (F. 12 *K*).

Vereinsalpe (1407m), 3$^1/_2$ St. (F. 3$^1/_2$ *M*, unnötig). Bei der *Husselmühle* (S. 62) MW. über die Isar und l. hinan zur (1 St.) *Aschauer Kapelle* (990m; auf der *Aschauer Alm* Kaffee u. a. Erfr.); über den *Seinsbach*, dann r. steil aufwärts, weiterhin Fahrweg, stets hoch auf der r. Seite des *Seinsgrabens*, über die *Ochsen-A.* (1176m) und den wilden Tobel der *Reißenden Lahn* zur (2$^1/_2$ St.) *Vereinsalpe* (1407m; einf. Unterkunft) mit Jagdhäusern des Großherzogs von Luxemburg. [Reitweg über *Jägersruh* zum (3 St.) *Soiern* s. S. 70; von hier durchs *Fischbachtal* (unten im Tal über die Brücke l., nach 10 Min. Handweiser) entweder r. nach (3 St.) *Vorderriß*, oder l. über die *Fischbach-A.* nach (3 St.) *Krün* (S. 70).] — Vom Verein in die Riß zwei Wege (F. entbehrlich, von Mittenwald 11 bzw. 9 *M*): entweder das durch das dicht bewaldete *Fermersbach-Tal* zum (1 St.) *Brandel-A.* (1137m), dann auf gutem Reitsteig stets hoch an der l. Talseite entlang, zuletzt bei der *Peindel-A.* (983m) r. hinab über den *Rißbach* zur (3 St.) *Oswaldhütte* (S. 74); oder (blaue WM.) von der Vereinsalp am Fermersbach hinab, nach $^3/_4$ St. Jagdsteig r. ab durch die *Vordersbachau* (1277m) nach (2 St.) *Hinterriß* (S. 74).

Westliche Karwendelspitze (2384m), 4$^1/_2$ St. (F. 6 *M*, für Geübte entbehrlich): von Mittenwald ö. über die Isar und auf AV.-Weg durch Wald zur (2 St.) offnen *Karwendelhütte* (1518m), dann Felssteig (Drahtseile) zum (2$^1/_2$ St.) Gipfel, mit großartiger Aussicht. Abstieg (rote WM.) durchs *Kirchlekar* ins *Karwendeltal*, bis Scharnitz 5 St., oder (blaue WM.) durch das *Dammkar* zur *Untern Kälber-A.* (beschwerlich). — Wörner (2476m), 5$^1/_2$-6 St. m. F. (12 *M*), nur für Geübte. Mark. AV.-Weg meist durch Wald über die *Untere* und *Obere Kälber-A.* zur (2$^1/_2$-3 St.) *Hochlandhütte* der AVS. Hochland (1630m; nicht bewirtschaftet, 8 Matr.), dann über den Wörnergrat ziemlich schwierig auf die (3 St.) *Wörnerspitze*, mit sehr lohnender Aussicht. Besteigung auch von der *Larchet-A.* im Karwendeltal (S. 64) durch das *Großkar* beschwerlich in 4$^1/_2$ St. Schwieriger sind *Hochkarspitze* (2482m) und *Tiefkarspitze* (2430m); F. je 18 *M*. — *Schöttelkarspitze* (2048m), vom *Seinsbach* (s. oben) durch den *Lausgraben* (blaue WM.) zum (4 St.) Sattel beim *Feldernkreuz* und zum (1$^1/_2$ St.) Gipfel, mühsam, nur für Geübte m. F. (6 *M*); bequemer über *Krün* und *Fischbach-A.*, s. S. 70. — *Große Arnspitze* (2197m), von Mittenwald

(F. 12 *K*, entbehrlich) AVW. der S. Hochland über die *Riedscharte* in 4 St., sehr lohnend; prachtvolle Aussicht. Abstieg nach Scharnitz oder Leutasch beschwerlich.
Von Mittenwald nach *Walchensee* und *Kochel* Motoromnibus 4 mal tägl., s. S. 66.

Die Straße nach Zirl (Automobil bis Scharnitz, 70 pf.; Eisenbahn im Bau) überschreitet die Isar (Leutaschklamm s. S. 62; für Fußgänger der Karrenweg am l. Isarufer bis Scharnitz vorzuziehen) und bleibt in dem ebenen Isartal bis zum (24,5 km) *Scharnitz-Paß* (948m), Grenze zwischen Bayern und Tirol. Zur Zeit des 30jährigen Krieges ließ hier Claudia von Medici, Witwe des Erzherzogs Leopold V., eine starke Festung, die *Porta Claudia*, aufführen, die damals den Schweden wie Franzosen Widerstand leistete. 1805 fiel sie durch Umgehung (über den Franzosensteig, S. 62) in die Hände der Franzosen und wurde von ihnen und den Bayern zerstört; ausgedehnte Reste sind noch an der Bergwand jenseit der Isar sichtbar. 5 Min. weiter, bei

25km **Scharnitz** (963m; Gasth.: *Adler, 45 B. zu 1-4, P. 5-7 *K*; Traube, 34 B. zu 60-160 *h*; Neuwirt), Dorf mit 570 Einw., münden ö. das *Karwendel-* und *Hinterautal;* l. der Hohe Gleiersch (S. 65).

AUSFLÜGE (Führer Johann Ragg). Hübsche Aussicht vom *Kalvarienberg*, am l. Isarufer (¼ St.), und vom *Fischlerpavillon*, auf dem r. Ufer (¾ St.). — *Reitherspitze* (S. 65), 5 St., nicht schwierig (F. 10 *K*): bei km 15,8 von der Seefelder Straße l. ab ins *Giesenbachtal*, dann r. über die *Ursprungscharte* (2083m) MW. zur (4½ St.) Nördlinger Hütte.

Durch das **Karwendeltal** nach Hinterriß, 8 St., Fahrstraße (F. 15 *K*, unnötig). Die Straße steigt in großem Bogen (rot mark. Abkürzungsweg) über den *Birzel*, an der (2 St.) *Larchet-A.* (1150m; im Jagdhaus außerhalb der Jagdzeit Unterkunft) vorbei zur (1 St.) *Anger-A.* (1301m; im Frühsommer und Herbst Unterkunft), mit Jagdhaus des Herzogs von Coburg, dann in Windungen hinan, vor der *Hochalm* (1689m) r. hinauf zum (1½ St.) **Karwendelhaus** der AVS. Männerturnverein München (1790m; Wirtsch., 48 B. u. 48 Matr.; Führer Josef Bliem, Alois Neurauter), Ausgangspunkt (AV.-Steig) für *Birkkarspitze* (2756m), höchsten Gipfel der Karwendelgruppe, durch das *Schlauchkar* und über den *Schlauchkarsattel* in 3½ St. (F. ab Scharnitz 22 *K*); *Vogelkarspitze* (2523m; 2½-3 St., F. 20 *K*), *Karwendelspitze* (2539m; 3 St., F. 20 *K*), *Ödkarspitze* (2747m; 3½-4 St., F. 18 *K*), alle drei mittelschwierig, u. a. — Weiter zum (1½ St.) *Hochalmsattel* (1804m), mit prächtigem Blick auf die Hinterautaler Kalkschroffen; hinab durch Wald (Fußweg kürzt) zum (1½ St.) *Kleinen Ahornboden* (S. 74) und durch das *Johannestal* auf der Fahrstraße oder dem l. abzweigenden Reitsteig (vorzuziehen) durch Wald nach (2 St.) *Hinterriß* (S. 74). — Sehr lohnende Wanderung (vgl. S. 74; F. 25 *K*) vom Ahornboden über *Ladiz-A.*, *Spielistjoch* und *Hohljoch* zur *Eng* (ca. 4½ St.), dann über *Grammai* nach (5 St.) *Pertisau* (S. 81).

Durch das **Hinterautal** nach Hall, 9 St. (F. 15, bis Hallerangerhaus 8 *K*; Wagen bis zum Kasten 12 *K* u. 2 *K* Trkg.). Fahrweg am l. Isarufer aufwärts, am *Schönwieshof* und der (1 St.) Mündung des *Gleierschtals* (S. 65) vorbei; 2 St. *Bei den Flüssen*, drei aus dem Birkkar herabkommende Bäche, die l. vom Wege aus Geröll hervortreten; 20 Min. das fürstl. Hohenlohe'sche Pürschhaus *im Kasten* (1242m), in großartiger Umgebung; hier rot MW. r. ab zur *Kasten-A.*, über den Bach und im *Lafatscher Tal* hinan an der *Lafatscher-A.* und *Kohler-A.* vorbei zum (1½ St.) **Haller Anger-Haus** der AVS. Schwaben (1745m; Wirtsch., 25 B. u. 14 Matr.), in großartiger Lage, Ausgangspunkt (F. der Hüttenwirt Alois Ruech) für *Suntiger* (2250m; 1½ St., F. 4 *K*, leicht); *Gams-*

karlspitze (2537m); 2½ St., F. 6 *K*, leicht); *Speckkarspitze* (2628m), über das Lafatscher Joch in 3 St., F. 6 *K*, unschwierig; *Kl. Lafatscher* (2525m), über das Lafatscher Joch in 3½ St. (F. 6 *K*), und *Gr. Lafatscher* (2702m), 4 St. (F. 8 *K*), beide mittelschwierig; *Hintere Bachofenspitze* (2673m), über das Lafatscher Joch in 5 St. (F. 10 *K*), schwierig; **Gr. Bettelwurfspitze* (2725m), über das Lafatscher Joch in 4½-5 St. (F. 10, bis Hall 15 *K*), für Geübte nicht schwierig (s. S. 224). Weitere, meist schwierige Hochtouren: *Grubenkarspitze* (2662m), von der (2 St.) *Lochhütte* im Vompertal (S. 222) durch das *Grubenkar* in 5 St. (F. 14 *K*); *Hochkanzel* (2573m; 5 St., F. 8 *K*), *Spritzkarspitze* (2609m; 7 St., F. 17 *K*), *Eiskarlspitze* (2624m; 8 St., F. 20, mit Abstieg zur Eug 30 *K*), *Kaltwasserkarspitze* (2734m; 7 St., F. 18, bis Hinterriß 30 *K*), *Sonnenspitzen* (2653 u. 2675m; 7-8 St., F. je 16, beide 18 *K*), sämtlich nur für Geübte. — Vom Haller Angerhaus über den *Überschall* ins *Vompertal* (bis Schwaz 8 St. m. F., nur für Geübte) s. S. 222. — Von der Kohler-A. oder dem Haller Angerhaus auf gutem Karrenweg hinan ins *Lafatscher Kar* und zum (1¼ St.) **Lafatscher Joch** (2085m), mit prächtiger Aussicht, von wo l. Aufstieg zur Speckkarspitze oder zur Bettelwurfhütte (S. 224), r. zum Kleinen und Großen Lafatscher (s. oben); geradeaus guter Saumweg zum *Ißanger* und dem (1½ St.) *Haller Salzberg* (S. 224).

Durch das **Gleierschtal** führt ein Fahrweg, nach 1 St. von der Hinterauer Straße (S. 64) r. ab, über die Isar, dann am Gleierschbach hinan zur (2 St.) *Amtssäge* (1193m; im Forsthaus Unterkunft, 7 B.), in schöner Lage am Fuß des *Hohen Gleiersch* (2493m; 4 St. m. F., nicht schwierig; prächtige Aussicht). — Von der Amtssäge nach Zirl 6 St. (F. ab Scharnitz 12, mit Solstein 20 *K*), lohnend: südl. am *Christenbach* hinan zur (½ St.) *Zirler Christen-A.* (1356m) und zum (1½ St.) *Erlsattel* (1804m) mit der *Erl-A.*, von wo r. die *Erlspitze* (2407m) in 2-2½ St. und l. der *Große Solstein* (2542m) in 2½-3 St. zu ersteigen sind (vgl. S. 312); hinab zur *Soln-A.* (1643m), dann hoch auf der rechten Seite des *Ehnbachtals* nach (3 St.) *Zirl* (S. 311). — Im ö. fortziehenden *Samertal* führt von der Amtssäge ein Saumweg über die *Samer-A.* (1504m) und (2 St.) *Pfeis-A.* (1947m) zum (1 St.) *Stempeljoch* (2218m); steil hinab über Geröll zum *Ißanger* und (1½ St.) *Haller Berghaus* (S. 224; F. bis Hall 15 *K*, ab Mittenwald 14 *M*). — Andere Übergänge (WM., aber F. ratsam) führen von der Amtssäge durch das *Hippental* und über den *Frau Hitt-Sattel* (2234m) und von der Pfeis-A. über die *Arzler Scharte* (2162m) nach Innsbruck (F. je 15 *K*; beide beschwerlich aber lohnend, der erstere besser in umgekehrter Richtung, s. S. 256).

Die Straße verläßt die Isar und steigt meist durch Wald bis 35km **Seefeld** (1180m; Gasth.: *Post, 120 B. zu 1-2, P. 5-8 *K*; Lamm; Klosterbräu; Stern, in hübscher Lage am Walde, P. 5½-6 *K*, gelobt), mit 470 Einw. und got. Pfarrkirche aus dem Ende des XV. Jahrh., Sommerfrische. AVS. Eppzirl. PT.

Ausflüge. *Reitherspitze (2375m), von Reith 3½ St., rot MW. (F. 8 *K*, für Geübte entbehrlich; von Seefeld steiler und weniger lohnend); großartige Aussicht. ½ St. unterm Gipfel die *Nördlinger Hütte* (2187m; Wirtsch., 2 B. u. 6 Matr.). Abstieg nach Scharnitz s. S. 64. — **Seefelder Spitze** (2210m), MW. in 3 St., leicht u. lohnend. — Von Seefeld in die *Leutasch* s. S. 63; nach Telfs (S. 312) über **Mösern** (1204m; Gasth. zum Inntal), mit prächtigem Blick auf das Inntal und die Sellrainer Gebirge, MW. in 3 St. (F. 4 *K*, entbehrlich).

Die Straße führt an dem sumpfigen kleinen *Wildsee* vorbei über *Auland* (Whs.) nach (39km) **Reith** (1130m; Gasth. zur Schönen Aussicht, 33 B. zu 1.20-2, P. 5-6 *K*, gut; Weißes Rößl; auf die Reitherspitze s. oben) und senkt sich dann, mit prächtigen Blicken auf das Inntal, die Sellrainer und Stubaier Gebirge, über *Leiten* (1009m;

Hirsch) in großen Kehren steil hinab nach *Zirl;* auf dem letzten Vorsprung über der Straße Ruine *Fragenstein* (769m; der rot mark. "Schloßbergsteig", der die letzte große Kehre abschneidet und dicht an der Burgmauer vorbeiführt, ist Schwindligen abzuraten).

46km **Zirl** (622m); dann über den Inn zur (47km) Bahnstation s. S. 311 (bis Innsbruck 15km, Eisenbahn oder Auto in 30 Min.).

12. Von München über Kochel nach Mittenwald. Walchensee.

a. Isartalbahn von München nach Kochel.

Von München bis *Kochel*, 59km, ISARTALBAHN in 2·2¹/₂ St. (6 ℳ 40, 3 ℳ 80, 1 ℳ 60). Von Kochel über *Walchensee* nach *Mittenwald*, 33km, AUTOMOBILFAHRT im Sommer 5-7mal tägl. in 2 St.; Automobilanschlüsse nach *Scharnitz* und nach *Garmisch-Partenkirchen,* s. S. 61. Automobilfahrt von Kochel 2mal täglich über Bad Tölz nach *Tegernsee* und über Mittenwald und Garmisch-Partenkirchen nach *Oberammergau,* s. S. 59.

Abfahrt vom *Isartalbahnhof* (Trambahn s. S. 7; Bahnrestaur.), s. S. 4. — 2,₄km **Thalkirchen** (565m; Deutsche Eiche, mit Garten), Vorstadt von München, mit Wasserheilanstalt des Dr. Uibeleisen (P. 7-11 ℳ). Die Bahn steigt hinter (4km) *Maria-Einsiedel* (Forsters Restaur.) zur (4,₆km) Stat. *Prinz Ludwigshöhe* (Restaur.), Villenkolonie in waldiger Umgebung, kreuzt die Staatsbahn und erreicht (6km) Stat. **Großhesselohe** (570m), 8 Min. vom Staatsbahnhof (s. S. 71). Weiter viel durch Wald, am (l.) Schlößchen *Schwaneck* (S. 15) vorbei.

7,₄km **Pullach** (581m; Rabenwirt, 20 B. zu 2¹/₂-4, P. 4¹/₂-6 ℳ; Restaur. Bürgerbräu-Terrassen, beide mit Aussicht), auf der Höhe des l. Isarufers hübsch gelegen. 8 Min. unterhalb an der Isar die Kur- und Wasserheilanstalt *Bad Pullach* (Restaurant, s. S. 15).

Von (9,₁₇km) Stat. *Höllriegelsgreut-Grünwald* (596m; Restaur. Forsthaus) führt ein Fahrweg l. hinab zum *Restaur. Höllriegelsgreut* (Brücke nach Grünwald, ¹/₂ St., S. 15). — 13,₃km **Baierbrunn** (621m; Post; 10 Min. n. Gasth. Konradshöhe, mit schöner Aussicht, 17 B. zu 1-1¹/₂ ℳ). — 17km *Hohenschäftlarn* (654m; Bahnhof-Restaurant), r. oben das Dorf (Post oder Kapuzinerwirt, mit Garten; Reindl).

18,₅km **Ebenhausen-Schäftlarn** (662m; Gasth.: *Post, 40 B.; *Sanatorium Dr. Hauffe, 48 B., P. mit ärztl. Behandlung 9-17 ℳ), höchster Punkt der Bahn. 20 Min. n.w. über *Zell* (686m; Gasth. zur Schönen Aussicht) auf der *Röschenauer Höhe* (700m) die **Kuranstalt Ebenhausen,* mit Waldpark, Sportplätzen usw. (das ganze Jahr geöffnet; P. mit ärztl. Behandlung von 10 ℳ an). Herrliche Aussicht auf die Alpen vom Wendelstein bis zur Zugspitze.

Waldwege (im Winter gute Rodelbahn) führen von Ebenhausen in 15, von Hohenschäftlarn in 20 Min. hinab ins Isartal zum **Kloster Schäftlarn** (558m; Klosterwirtschaft, 25 B.), Benediktiner-Priorat mit Progymnasium und reich ausgeschmückter Kirche im Rokokostil. Hübsche Waldpromenaden nach (1¹/₂ St.) Baierbrunn, (1 St.) Icking usw. — Von Ebenhausen nach *Schloß Berg* am Starnberger See (S. 16) MW. in 2¹/₂ St.

Weiterhin schöner Blick auf Isartal und Hochgebirge. 21,6km *Icking* (651m; Klostermeier); von hier ½ St. zum Restaur. zur Schönen Aussicht (712m) oberhalb *Walchstadt* mit 13m h. Aussichtsturm (10 pf.) und umfassender Alpenaussicht. Die Bahn senkt sich durch tiefe Einschnitte, dann am Abhang der *Schletterleiten* entlang, mit Aussicht auf das weite Isartal mit seinem grauen Inselmeer und die Mündung der *Loisach*, zuletzt über diese nach

26,3km **Wolfratshausen** (576m; Bahnrestaurant auch Z.); 10 Min. w. der hübsch gelegene Markt (*H. Reisert zur Kronmühle, 40 B. zu 1½-2, P. 4½-5 ℳ; Haderbräu; Humplbräu; Neue u. Alte Post; Brückenwirt; Bernrieder Hof), mit 1973 Einwohnern. Am Kalvarienberg schattige Promenadenwege mit reizenden Aussichten.

Zum Starnberger See führen angenehme Wege über *Münsing* (665m; Whs.) nach (2 St.) *Ammerland* (S. 17); über *Dorfen, Höhenrain, Aufhausen* und *Aufkirchen* nach (2½ St.) *Schloß Berg* oder *Leoni*, und vom Kalvarienberg über *Buchsee* zur (2 St.) *Rottmannshöhe* (S. 17).

Die Bahn überschreitet die vielgewundene Loisach vor (28,6km) HS. *Degerndorf* (Rest. Bruckmaier) und führt am l. Ufer nach (30,3km) *Bolzwang* (579m). Schöne Aussicht von der (½ St.) *Bolzwanger Höhe* (721m) und (½ St. weiter) der *Degerndorfer Höhe* (717m). — 33,3km *Eurasburg* (585m; Post), mit stattlichem Schloß auf waldiger Höhe (¼ St.; daneben Sommerkeller mit Aussicht). — 37km **Beuerberg** (614m; Post), hübsch gelegenes Dorf mit Salesianerinnenkloster (Mädchenpensionat).

Fahrstraße w. über *St. Heinrich* nach (2 St.) *Seeshaupt* (S. 17). Südl. von der Straße, ¾-1 St. von Beuerberg (über *Buch* und *Maierwald*) die Aussichtspunkte *Hohenleiten* (665m; Restaur. & Bad) und *Ödbauer* (S. 17; über Hohenleiten nach Seeshaupt 2½ St., lohnend).

Weiter am l. Ufer der Loisach, durch Moos und niedern Wald, vor (42km) *Fletzen* aufs r. Ufer. Die Berge (Benediktenwand, Jochberg, Herzogstand, Heimgarten) treten näher heran. Die Bahn führt durch ausgedehnte Moosflächen (Filze) zur (48km) Stat. *Bad Heilbrunn* (Bahnrestaur.), 2km w. von dem gleichnam. Bade (S. 72; Omnibus 30 pf.). — Bei (50,5km) *Bichl* (S. 68) vereinigt sich die Isartalbahn mit der Staatsbahn. Von hier über *Benediktbeuern* nach (59km) *Kochel* s. S. 68.

b. Von München über Tutzing nach Kochel und Mittenwald.

Staatsbahn bis Kochel, 75km in 2¼ St. (6 ℳ 40, 3.80, 2.50). — Automobilfahrt von Kochel nach Mittenwald s. S. 66; nach Tölz s. S. 72.

Bis (40km) *Tutzing* (Bahnrestaur.) s. S. 17; weiter am Würmsee entlang. — 46km *Bernried* (Schwaigers Restaur., am Bahnhof), 51km *Seeshaupt*, je ¼ St. von den am See gelegenen Orten (S. 17) entfernt. Dann durch einförmige Gegend an einer Anzahl kleiner Moosseen vorbei (der größte und malerischste der r. von der Bahn gelegene *Ostersee* mit dem Gasth. *Lauterbacher Mühle*, 1 St. von Seeshaupt) nach (57km) *Staltach* (Bräuhaus), mit Torfstichen.

Nach Murnau (4 St.) lohnender Weg über *Iffeldorf* und *Antorf* nach (2 St.) *Habach* (Whs.); vom nahen *Weilberg* (s. unten) umfassende Aussicht. Dann (WM. undeutlich) über die (½ St.) **Aidlinger Höhe** (798m), mit prächtiger Aussicht auf Karwendel und Wetterstein, nach *Aidling* und am sumpfigen *Riegsee* vorbei nach (1½ St.) *Murnau* (S. 48).

62km *Neu-Penzberg*, HS. für das Dorf **Penzberg** (603m; Bernrieder Hof), mit 2800 Einw. und Kohlenbergwerk. — Jenseit (65km) HS. *Schönmühle* (Whs.) über die *Loisach*. — 67km **Bichl** (622m; Gasth.: Löwe; Grüner Hut, mit Garten), Knotenpunkt der Isartalbahn (S. 67); Motorwagen nach Bad Tölz s. S. 72.

68km **Benediktbeuern** (617m; Bahnrestaur., auch Z.; Gasth.: Zur Benediktenwand; Post), Dorf mit 1050 Einw., 10 Min. vom Bahnhof. R. das ehem. Kloster Benediktbeuern, 740 gestiftet, jetzt Remontedepot und Militärgenesungsheim (Klosterschenke, auch B.).

***Benediktenwand** (1801m), 4-4½ St. (F. 8 ℳ, für Geübte entbehrlich), rot MW. durch Wald über die *Kohlstatt-A.* zur (2½ St.) schön gelegenen *Tutzinger Hütte* (1327m; Wirtsch., 17 B. u. 16 Matr.; Führer der Hüttenwart Streidl) und, zuletzt ziemlich steil, zum (1½ St.) Gipfel, mit 10m h. Kreuz (ö. unterhalb offne Hütte der S. Tölz). Prächtige Aussicht, südl. bis zu den Tauern, nördl. weit hinaus in die Ebene und auf sechs Seen. Von *Kochel* (s. unten) auf die Benediktenwand über die *Mair-A.* und *Staffel-A.* (S. 69) 4½ St. m. F. Von *Lenggries* s. S. 73.

Weiter am Rande eines großen Mooses, dann an dem jetzt trockengelegten *Rohrsee* entlang, an den HS. *Ried* und *Ort* vorbei.

75km **Kochel.** — Gasth.: *Prinz Ludwig, mit Garten, 70 B. zu 1¼-2½, P. 4½-6 ℳ; Stögers Bahnhotel & Restaur., 32 B. zu 1-1.70 ℳ; Post, 50 B. zu 1-2 ℳ, gut; Zum Schmied von Kochel, Z. 1-1½ ℳ, einf. gut; P. Villa Dr. Dießl. — 10 Min. vom Bahnhof das *Kurhotel Bad Kochel, mit natronhaltiger Quelle und großem Park am See (80 B. zu 1½-4, P. 4½-10 ℳ). Weiter am See die Gasthäuser Seehof und Grauer Bär (s. unten).

Motorboot auf dem Kochelsee im Sommer 12mal tägl. vom Bad nach Grauer Bär, Kesselberg, Joch, Raut und Schlehdorf (in 35 Min.; 50 pf.).

Kochel (604m), Dorf mit 1200 Einw., ist durch eine Anhöhe vom See getrennt. Im Dorf Bronzestandbild des *Schmieds von Kochel* (Balthasar Maier, in der „Sendlinger Schlacht" 1705 gegen die Österreicher gefallen), von Kaindl (1900). — Der malerische **Kochelsee** (600m), 6km l., 4km br., 66m tief, von der Loisach durchflossen, wird südl. vom Jochberg, Herzogstand und Heimgarten umschlossen. Schöne neue Seepromenade, 10 Min. von Kochel; guter Überblick vom Pavillon auf dem Hügel r. beim Bad.

Gegenüber am NW.-Ende des Sees (1 St., Omnibus in ½ St.; Motorboot s. oben) liegt das freundliche Dorf **Schlehdorf** (614m; Klosterbrauerei & Gasth. zum Herzogenstand, mit Felsenkeller; Heimgarten). Von hier auf den *Herzogstand* (S. 69) AVW. über 3½ St. Schöne Aussicht auch vom *Weilberg* (980m; gute Unterkunft im Jagdhaus), von Schlehdorf n. über Kleinweil in 1½ St., von Penzberg (s. oben) über Lindelsdorf in 2½ St. zu erreichen. — Einspänner von Schlehdorf nach (2½ St.) Ohlstadt (S. 49) 6, Zweisp. 10 ℳ, nach Murnau 8 u. 12 ℳ.

Die Straße nach **Mittenwald** (Motor-Omnibus s. S. 66; nach 5 Min. l. kürzerer Fußweg) läßt das Bad Kochel (s. oben) r., tritt vor dem (77km) **Gasth. am See** (70 B. zu 1½-3, P. 5-8 ℳ; hübsche

Anlagen und Seebäder) an den Kochelsee und führt am *H. zum Grauen Bären* (85 B. zu 1½-3, P. 5-7 ℳ; Seebäder; F) vorbei bis zum (78,₅km) *Gasth. Kesselberg* (10 Min. s.w. das *Gasth. Altjoch*, in hübscher Lage am Walde). Dann auf der schönen *Kesselbergstraße (1893-97 erbaut) in bequemen Windungen (kürzer und schattiger, aber steiler die alte Straße, im Winter gute Rodelbahn; r. die Fälle des *Kesselbachs*, an denen ein von der alten Straße abzweigender Fußpfad hinanführt) zur (83,₃km) Höhe („Absätz") des **Kesselbergs** (861m), wo r. der Reitweg zum Herzogstand abzweigt (s. unten). Nach S. öffnet sich der Blick auf das Karwendel- und Wetterstein-Gebirge; unten der tiefblaue, von Hochwald und Gebirge eingeschlossene *Walchensee (802m), 7km lang, 5km br., bis 196m tief. An der Nordspitze (84,₂km) der Weiler *Urfeld* (Gasth.: Post oder Jäger am See, 120 B. zu 1½-2½, P. 7-8 ℳ, Fischer am See, 120 B. zu 1-2.50, P. von 6 ℳ an, beide gut), in reizender Lage.

Ausflüge. *Herzogstand (1731m), 2½-3 St., bequem (F. unnötig; Reittier von Urfeld 10 ℳ, einsitziges Bergwägelchen bis zum Unterkunftshaus 12 ℳ). Fußweg von Urfeld neben dem Gatter l. bergan, in ¼ St. zu dem oben erwähnten, bei der „Absätz" abzweigenden Reitweg (im Winter Rodelbahn); ¼ St. Pavillon mit Aussicht auf den Walchensee; auf der andern Seite des Weges eine Bank mit Blick auf Kochelsee und Ebene. Weiter bequem in Windungen hinan, nach ½ St. r. das Schlehdorfer Alpl (hier mündet der Weg von Schlehdorf, s. S. 68); ½ St. die Herzogstand-Alpe, am Fuß einer vom Gipfel herabziehenden Schlucht; ½ St. weiter auf dem Bergsattel die *Herzogstandhäuser* der S. München (1575m; ganzjährige *Wirtsch., 76 B. zu 2-3, AVM. 1-1½ ℳ, und 28 Matr.; PF). Von hier wenig steigend zum Sattel, dann r. im Zickzack zum (½ St.) Gipfel, mit Pavillon. Prachtvolle *Aussicht auf das Hochgebirge bis zu den Tauern und in die Ebene mit zahlreichen Seen.(Panorama 70 oder 25 pf.).

Schöne Aussicht vom *Martinskopf* (1674m), 20 Min. vom Whs. Vom *Farrenbergkopf* (1628m), s.ö. von diesem, 10 Min. vom Whs., überblickt man auch den mittleren Teil des Walchensees. — Vom Herzogstand gelangen Schwindelfreie w. über einen schmalen, ¾ St. langen Grat (AV.-Steig, an einer Stelle Drahtseil), dann ½ St. über Rasen hinan auf den **Heimgarten** (1790m), mit Kreuz und großartiger Aussicht, von wo man (m. F.) nach Schlehdorf (S. 68), Ohlstadt (S. 48) oder Walchensee (S. 70) absteigen kann. — Hinter den Herzogstandhäusern führt r. ein schmaler ziemlich steiler Steig, anfangs mit Blick auf Walchensee und Gebirge, weiter durch Wald in 2 St. hinab zum Dorf *Walchensee* (S. 70).

*Jochberg (1567m), von Urfeld 2½ St. (F. entbehrlich): vom Kesselberg (s. oben) MW. ö. hinan zur (1½-2 St.) *Jocher-A.* (1368m; einf. Unterkunft) und zum (½ St.) Gipfel, mit sehr lohnender Aussicht. Abstieg nach *Kochel* über *Koth-A.* und *Mair-A.* 2½ St. m. F., s. S. 68. Unterhalb der Koth-A. r. hinan MW. der S. Tutzing über die *Kochler-A.* und *Staffel-A.* (Erfr.), am *Rabenkopf* und der *Glaswand* entlang zur *Glaswandscharte*, dann im Zickzack hinau und in den Benediktbeurer Weg einmündend, auf die (4 St.) *Benediktenwand* (S. 68).

Von Urfeld nach *Jachenau* und *Tölz* s. S. 73.

Die Mittenwalder Straße führt am w. Seeufer in 1 St. nach dem Dörfchen Walchensee. Lohnender die Bootfahrt über den See direkt nach Obernach, 1½ St. (für 1, 2, 3 u. 4 Pers. 2 ℳ 50, 3.50, 4.80, 5.30). Auf der Mitte des Sees schöner Rundblick.

89km **Walchensee** (806m; *Post, 130 B. zu 1½-2½, P. 6-7 ℳ; PTF), Dörfchen in anmutiger Lage, umgeben von schönem Wald, an einer Bucht des Sees, jenseit deren das *Klösterl* (Schule und Pfarrhof). Neue Villenanlage der Höhenkur- und Eigenbau-Gesellschaft Walchensee (Z. u. F. in mehreren Landhäusern).

Einspänner von Walchensee nach Wallgau 6, Zweisp. 9 ℳ; nach Kochel, Krün, Jachenau 8 u. 11, Mittenwald 11 u. 16, Partenkirchen 15 u. 22 ℳ. — Am südl. Ufer des Sees die Häuser von *Altlach* (bei der „Überfuhr" Unterkunft, Z. 1 ℳ), am Fuß des *Hochkopfs* (1303m; in 1½ St. auf Reitweg zu ersteigen, reizende Aussicht; Abstieg nach Vorderriß s. S. 74). Nahe dem O.-Ufer die waldbedeckte Insel *Sassau* (Privatbesitz).

Die Straße führt um die Walchenseer Bucht herum über den Rücken des *Katzenkopfs* (846m) zum (92km) *Gasth*. *Einsiedl* (804m; 64 B. zu 2-3, P. 6-8 ℳ, gelobt) beim Forsthaus *Obernach*, am Südende des Sees (Überfahrt s. oben). L. mündet hier die am Südufer von Niedernach kommende Straße (S. 73), r. der Weg von Eschenlohe durch das Eschental (S. 49). Dann durch das einsame Fichtental der *Obernach*; r. der kleine *Schmalzer See*. Vor (98km) **Wallgau** (868m; Gasth.: Post bei Neuner, gut; Isartal, gelobt) öffnet sich das breite *Isartal*; prachtvolle Aussicht auf das Gebirge (Straße nach Vorderriß und Bad Tölz s. S. 75).

100,₄km **Krün** (875m; Gasth : Post, gelobt, Zur Schöttlkarspitze, beide einfach), Dorf mit 250 Einwohnern. PT.

Fahrstraße w. an dem schön gelegenen **Barmsee** (885m) vorbei nach (¾ St.) *Klais*, an der Poststraße von Mittenwald nach Partenkirchen (S. 62). — *Schöttelkarspitze (2048m), von Krün 5-6 St. (F. entbehrlich). Beim Forsthaus über die Isar, dann l. Fahrweg durch Wald hinan, am k. Jagdhaus vorbei zur (2 St.) *Fischbach-A.* (1403m; einf. Erfr.); hinab ins *Fischbachtal* auf den von Vorderriß kommenden Weg (S. 75) und r. hinan zum (2½ St.) k. Pürschhaus (1613m) oberhalb der beiden *Soiernseen* (1561m), in großartiger Umgebung; oder (für Schwindelfreie) von der Fischbach-A. auf dem *Lakaiensteig* um den Kessel des Fischbachtals herum zum (1½ St.) Königshaus. Von hier Reitsteig w. zur (1¼ St.) *Schöttelkarspitze*, mit Resten eines k. Jagdhauses und prächtiger Aussicht (s. S. 63). — *Krottenkopf* (2086m), von Krün MW. über den *Rindberg* und die *Lochtal-A.* in 6 St., s. S. 55.

S. tritt das schroffe Karwendelgebirge mächtig hervor; s.w. das Wettersteingebirge. Die Straße überschreitet gegenüber der (105km) Mündung des *Seinsbachs* (S. 63) zweimal die Isar; weiter an der *Husselmühle* (S. 62) vorbei nach

108km *Mittenwald*, s. S. 62.

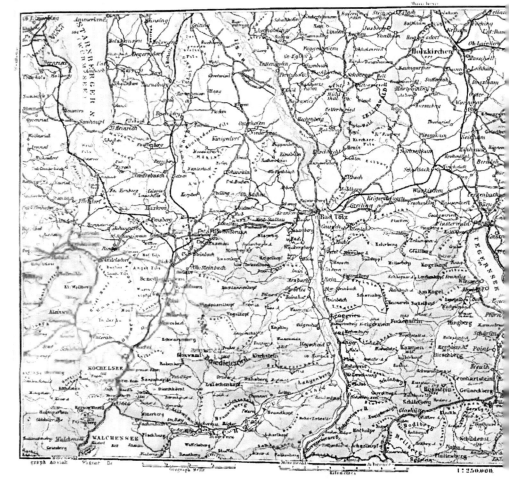

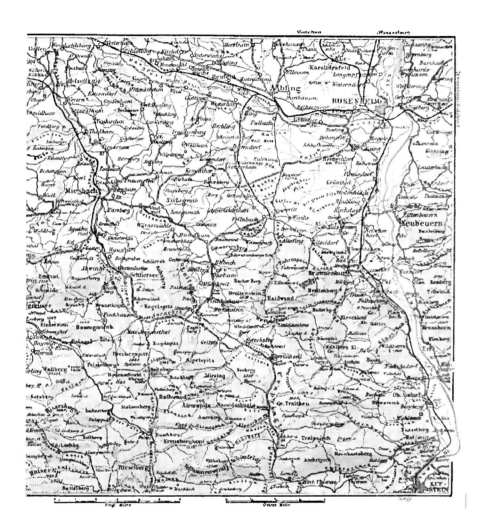

13. Von München nach Bad Tölz und Mittenwald.

119km. Bis *Bad Tölz* (58km) EISENBAHN in 1¹/₂-2¹/₄ St. (4 ℳ 50, 2.90, 1.85). — Von Tölz nach *Lenggries* (10km) Automobilfahrt 5 mal tägl. in 50 Min.; nach *Kochel*, 23km, 4-6 mal tägl. in 1³/₄ St.; nach *Tegernsee*, 21km, 3-5 mal tägl. in 1 St. 10 Min. — Von Lenggries nach *Jachenau* (19km) POST tägl. in 2¹/₂ St., nach *Vorderriß* (24km) tägl. in 3¹/₂ St., von da weiter in 2 St. nach (12km) *Hinterriß*.

München-Hauptbahnhof s. S. 4. Bald nach der Ausfahrt wendet sich die Bahn in großem Bogen gegen Süden. 6km *Mittersendling* (545m). Hinter (11km) *Großhesselohe* (559m; vgl. S. 15, 66) auf 270m l., 30m h. Gitterbrücke über die *Isar;* weiter durch Wald. 18km *Deisenhofen;* 26km *Sauerlach* (619m); 33km *Otterfing;* dann über den *Teufelsgraben*, einen tiefen trocknen Einschnitt. — 36km **Holzkirchen** (683m; Bahnwirtsch.; *Oberbräu, 40 B. zu 1.20-3 ℳ), Knotenpunkt für Rosenheim (S. 88) und Schliersee (S. 82). — 42km *Oberwarngau* (715m); MW. l. auf den (1 St.) *Taubenberg* (895m), mit Whs. und Aussichtsturm (s. S. 83). — 47km **Schaftlach** (757m; Bahnwirtsch.; Post). Zweigbahn nach Tegernsee s. S. 75. — 52km *Reichersbeuern* (719m) mit Schloß des Hrn. v. Sigriz.

58km **Bad Tölz**. — *Bahnrestaur*. — GASTHÄUSER. In Tölz: Kolberbräu, mit Garten-Restaur.; Klammerbräu; Bruckbräu, mit Garten; Zantl u. a.; Bellevue, am Bahnhof, mit Aussicht, Z. 1¹/₂-2 ℳ. In Krankenheil: *Kurhotel & Kurhaus, 1. Mai-1. Okt., 120 B. zu 2-8, P. o. Z. 5 ℳ; *Kaiserhof, 1. Mai-15. Okt., 105 B. von 2¹/₂, P. von 6¹/₂ ℳ an; H. Sedlmaier, 120 B. zu 2-3, P. 6¹/₂-8 ℳ; *Germania, 45 B. in 1¹/₂-P. 5¹/₂-6 ℳ. — PENSIONEN: Kur- & Badhaus, 40 B., P. 5-6¹/₂ ℳ; Spenger, P. 6-8 ℳ; Emilia bei Frl. Jäger, P. 5-7 ℳ; Thorstein, P. 7-8 ℳ; Otto, P. 6-7¹/₂ ℳ; Maria, Gaißacher Haus u. a. — Wein bei *Schwaighofer*, am Markt. — POST U. TELEGRAPH, Bahnhofstr. — KURTAXE (10. Mai-10. Sept.), bei mehr als 8 täg. Aufenthalt, 1 Pers. 10, 2 Pers. 15, 3 u. mehr Pers. 18 ℳ. — *Verkehrsbureau*, Ludwigstr. 2.

Bad Tölz (657m), Stadt mit 6000 Einw., an der *Isar* hübsch gelegen, besteht aus der Altstadt, am r. Ufer, und dem auf dem l. Ufer gelegenen Badeviertel Krankenheil (s. unten). Die Häuser sind viel mit biblischen und Heiligen-Bildern bemalt. In der Marktstraße ein *Kriegerdenkmal für 1870-71*, mit Erzstandbild des kais. Feldhauptmanns Kaspar Winzerer von Tölz († 1542), von Schwarzgruber (1887). In der stattlichen *Pfarrkirche* (Ende des xv. Jahrh., 1906 renoviert) das Grab Winzerers. Das *Museum* des Histor. Vereins (Mo. Mi. Fr. 4-6 U., 20 pf.) verdient einen Besuch. Vom (¹/₄ St.) *Kalvarienberg* (707m; Orientierungstisch) schöner Blick in das Isartal, im Hintergrund s.w. die lange Benediktenwand und der Kegel des Kirchsteins, südl. der Juifen. Am Fuß Restaur. Isarlust, mit Überfahrt. Nahe unterhalb der Isarbrücke *Restaur. Kolbergarten* (auch Z.). — Am l. Ufer der Isar 20 Min. vom Bahnhof (Omnibus 20 pf.) das eigentliche BAD TÖLZ oder KRANKENHEIL, mit Kurgarten, Konversationshaus, Wandelbahn und Badhaus (Bad

2-3½ ℳ, das Wasser der 1¼ St. s.w. am Abhang des Blombergs entspringenden Jod-Soda-Schwefelquellen wird in Röhren hergeleitet). 20 Min. von der Isarbrücke das *Zollhaus* (Gasth., Bäder im Hause), kurz vorher auf einem Hügel das *Alpenhaus auf dem Kogel* mit hübscher Aussicht (Gasth., 15 B. zu 1-2, P. 5-8 ℳ). Ausgedehnte Waldanlagen an der Isar dicht beim Ort.

AUSFLÜGE (überall WM.; Führer Michael Floßmann). Nach (³/₄ St.) *Gaisach* (740m; P. Villa Diana, P. 4½ ℳ; Jägerwirt), mit schöner Aussicht von der *Langen Bank* südl. an der Kirchhofsmauer; auf der Straße nach Lenggries (l. Ufer) über *Arzbach* zum (1¼ St.) *Schweizer* (Whs.), mit Aussicht; über (³/₄ St.) *Wackersberg* (747m; Neuwirt; Altwirt) und den *Baunhof* (die Pestkapelle bleibt r.) im Tal des *Steinbachs* zur (³/₄ St.) *Waldherrn-A.* (850m; Erfr.). — Hinter dem (20 Min.) *Zollhaus* (s. oben) vor der ersten Brücke l. über (20 Min.) *Sauersberg* und das (¼ St.) *Sudhaus* (Erfr.) zu den (8 Min.) *Krankenheiler Quellen* (805m). Weiter in 1¼ St. („Gustavsteig") auf den **Blomberg** (1250m), mit dem *Blomberghaus* der Stadt Tölz (ganzjähr. *Wirtsch., 18 B.; F) und reizender Aussicht. Kürzester Weg hierher von Tölz auf der Bichler Straße, beim (4km) Blockhaus (Haltestelle der Motorpost, s. unten) l. in Windungen in 1¼ St. hinauf (im Winter gute 4500m l. Rodelbahn). — Vom Blomberg entweder direkt (MW.) in 35 Min., oder l. über die (25 Min.) *Schnaitacher-A.* (1245m) auf den (10 Min.) ***Zwiesel** (1349m), mit Windschutzhütte und weiter Aussicht. Rückweg von der Schnaitacher-A. ziemlich steil bergab über mehrere Weideplätze bis zu einem l. durch den Wald führenden Fußpfad, der im Tal des *Steinbachs* abwärts zur (1 St.) *Waldherrn-A.* und an der Pestkapelle (bleibt l.) vorbei nach (³/₄ St.) *Wackersberg* führt (s. oben); dann entweder direkt nach (³/₄ St.) Tölz, oder über die *Dachshöhle* zum (40 Min.) Zollhaus. Man kann vom Zwiesel auch w. auf MW. nach (1½ St.) *Heilbrunn* absteigen (s. unten). — Auf den ***Buchberg** (858m), mit herrlicher Aussicht auf Gebirg und Ebene, vor dem Zollhaus r. schöner Weg in 1¼ St., oder mit Motorpost bis zum *Stallauer Weiher* (s. unten), dann r. hinauf nach *Oberbuchen*.

Von Bad Tölz nach Kochel, 23km, Automobilfahrt im Sommer 4-6mal tägl. in 1¾ St. Die Straße führt w. am (2,₇km) *Zollhaus* (s. oben), weiter an der (4km) Blockhütte (HS. fürs Blomberghaus, s. oben) vorbei, über *Vorder-Stallau*, den *Stallauer Weiher* (710m) und (7,₄km) *Hinter-Stallau* nach (10km) *Oberenzenau*, Station für das 10 Min. n. gelegene **Bad Heilbrunn** (682m; Kurhaus, 50 B. zu 7-30 ℳ wöchentlich; Bellevue, Mai-Okt., 35 B. zu 1½-3, P. von 5 ℳ an; Post), mit der *Adelheidsquelle* (jodhaltige Kochsalzquelle). PTF. Weiter über *Untersteinbach* nach (15km) *Bichl* (S. 68) und auf der Fahrstraße über *Benediktbeuern* und *Ried* nach (23km) *Kochel* (S. 68).

Von Bad Tölz über Jachenau zum Walchensee (37,₅km; Automobilfahrt bis Lenggries im Sommer 5mal tägl. in 45 Min.; von dort bis Jachenau Post 1mal tägl. in 2½ St.; Einspänner bis Urfeld 30, Zweisp. 40-50 ℳ). Die Straße führt auf der Ostseite des breiten Isartals (lohnender Fußweg über *Wackersberg*, s. oben) nach (10km) **Lenggries** (679m; Post, B. 1½-2 ℳ, gelobt; Altwirt, 40 B. zu 1.20-2, P. 3.50-5 ℳ, einf. gut; Schiener), Pfarrdorf mit 220 Einw. AVS.; PTF. Schöne Aussicht von der großherzogl. Brauerei, mit altdeutschem Braustübl, und vom (½ St.) *Köpfl.* 20 Min. südl. das dem Großherzog von Luxemburg gehörende Schloß *Hohenburg* mit Park (Wirtschaft Schloßschenke).

AUSFLÜGE (Führer Dionys Greil). **Benediktenwand* (1801m), 5½ St. m. F., über die *Längental-* und *Probst-A.*; Anstieg länger aber interessanter als von Benediktheuern (S. 68). — **Brauneck** (1555m), MW. über die *Garland-A.* 2½ St. m. F., unschwierig (oben offne Schutzhütte); hinab zur *Brauneck-A.* (1444m) und auf den (1 St.) **Kirchstein** (1676m), mit Kaiser Wilhelm-Denkmal und schöner Aussicht. — **Geigerstein** (1490m), 3 St. m. F., weniger lohnend. — **Kampen** (1595m) und **Fockenstein** (1562m), beide durch das *Hirschbachtal* in 3-3½ St., lohnend (Abstieg zum *Bauer in der Au* und nach *Tegernsee* s. S. 77). — **Silberkopf** (*Seekarkreuz*, 1601m), über die *Seekar-A.* (1335m; Wein) in 3 St., nicht schwierig (zum *Kampen* interessanter Gratweg, für Geübte 2½ St.). — ***Roßstein** (1697m), 3-3½ St., nicht schwierig: MW. über Schloß Hohenburg, über den Bach an Bauernhöfen vorbei durch Wald und Wiesen bis zur (1 St.) Wegscheide; hier geradeaus hinan zum (1 St.) *Kalten Brünnl*, weiter über die dürftige Roßhütte zum Gatterl, nach (1 St.) *Maria-Eck* und zu den (½ St.) sieben *Roßsteinhütten* (1478m; Bier), dann (für Schwindelfreie) direkt südl. über den Grat in ¾ St., oder bequemer l. durch das Kar zur (½ St.) *Tegernseer Hütte* der AVS. Tegernsee auf der *Buchsteinscharte* zwischen Roßstein und Buchstein (4 Matr.; Schlüssel mitbringen) und über den Ostgrat zum (10 Min.) Gipfel, mit 6m h. Kreuz und sehr lohnender Aussicht. [Bei der Wegscheide (s. oben) dem Wiesenwege rechts folgend, gelangt man bald auf das holperige Fahrsträßchen zur (1 St.) *Röhrlmoos-A.*; von hier auf MW. zu den (1½ St.) *Roßsteinhütten* und wie oben zum Gipfel.] Von der Tegernseer Hütte auf den (12 Min.) **Buchstein** (1714m), Kletterei für Geübte durch eine kaminartige Rinne (gute Griffe, Tritte, Drahtseil). Abstieg zum (2½ St.) *Bauer in der Au* (S. 77), nach (3½ St.) *Bad Kreuth* (S. 79) oder zum (1½ St.) *Whs. Bayerwald* (S. 79). — Ähnliche Aussicht vom **Schönberg** (1620m), von Fleck über die *Schönberg-Alp* in 3 St.

Nun über die Isar (l. Schloß *Hohenburg*, s. oben) nach (14km) *Wegscheid* (689m; Pfaffensteffl, einf.). Der Fahrweg verläßt das Isartal und wendet sich s.w. in die *Jachenau*, ein 4 St. l. einsames Wiesen- und Waldtal, von der *Jachen* durchströmt. 26,5km *Whs. zum Bäck* (741m). 29km Dorf **Jachenau** (790m; *Pfund zur Post, 30 B. zu 1-2, P. 5-6 ℳ*; Neuwirt), von wo eine Straße l. durch die *Jachenklamm* nach *Niedernach* und am S.-Ufer des Walchensees über *Altlach* nach (14km) *Obernach* führt (S. 70). Die Straße nach Urfeld führt bergan über den *Fieberberg* (884m), dann durch Wald hinab nach (34,5km) *Sachenbach*, am NO.-Ende des *Walchensees*, und am N.-Ufer entlang nach (37,5km) *Urfeld* (S. 69).

Von Bad Tölz nach Mittenwald (58km; Post bis Hinterriß tägl., s. S. 71; Einspänner bis Vorderriß 25, Zweisp. 40 ℳ). Bis (10km) *Lenggries* s. S. 72; weiter am r. Ufer der Isar über *Anger* nach (14km) *Fleck* (693m; Killer's Gasth., gut), mit Holzstoffabrik, und (16km) *Winkel* (716m; Whs.).

Vom *Gerblbauern*, ¼ St. hinter Winkel, MW. l. durch Wald hinan zur (2 St.) ***Hochalpe** (1428m), mit prächtiger Aussicht; Abstieg zur (1½ St.) *Stuben-A.* an der Kreuth-Achentaler Straße (S. 79).

Das Tal verengt sich; l. jähe bewaldete Abhänge, r. der Fluß in breitem Kiesbett. Die Straße überschreitet die *Walchen* oder *Achen*

(S. 80), dann die *Dürrach* vor (25km) **Fall** (741m; *Gasth. Fallerhof, 40 B. zu $1^1/_4$-$2^1/_2$, P. 4-$5^1/_2$ ℳ; F); r. eine Stromschnelle der Isar, deren Bett hier durch einen Felsriegel eingeengt ist.

Am r. Ufer der *Walchen* oder *Achen* führt ein schmaler aber guter Fahrweg durch malerische Schluchten in $2^1/_4$ St. auf die Achentaler Straße (Omnibus nach Glashütte im Sommer tägl., s. S. 79; Einspänner bis Scholastika 20 ℳ). — *Juifen* (1987m), $4^1/_2$ St. mit F., leicht, s. S. 80. — **Lerchkogel** (1687m), $4^1/_2$ St. m. F., lohnend: von der ($1^1/_2$ St.) Klammbrücke (s. oben) über die *Lerchkogel-A.* in 3 St. — *Scharfreiter (Schafreuter, 2100m), $5^1/_2$-6 St. (F. ratsam; Proviant!): von der Straße in die Riß nach $1/_2$ St. l. ab, rot MW. über die *Wies-A.*, durch schönen Wald in Windungen zum Pürschhaus *Grammerseck* (1542m), weiter zur ($3^1/_2$-4 St.) *Moosen-A.* (1617m), dann l. um das *Kälbereck* herum zum (2 St.) Gipfel mit prächtiger Aussicht. Abstieg zum Sattel gegen das *Baumgartenjoch*, dann r. hinab nach (3 St.) *Hinterriß*; oder von der Moosen-A. zur ($2^1/_2$ St.) *Oswaldhütte* (s. unten).

Das Tal erweitert sich. 34km **Vorderriß** (808m; Kapfhammer, neben der Säge, gelobt), mit kgl. Forsthaus und Jagdschloß, von Fichten umgeben, an der Mündung des *Rißbachs* in die Isar.

Von Vorderriß zum Walchensee (S. 70), mark. Reitweg, nach 1 St. r. ab (die vorher r. abzweigenden Wege sind zu vermeiden) am *Hochkopf* (1303m) r. vorbei, bis *Alllach* in 4 St. (über den Hochkopf, mit kgl. Jagdhaus und schöner Aussicht, 1 St. mehr).

[Durch die Riß an den Achensee, 9 St. (bis zur Hagelhütte Fahrweg; Post bis Hinterriß tägl., s. S. 71). Das Tal verengt sich bei der (5km) *Oswaldhütte* (841m), an der Mündung des Fermersbachtals (über die Vereinsalpe nach Mittenwald s. S. 63). Dann über die tiroler Grenze nach (12km) **Hinterriß** (931m), Jagdschloß des Herzogs von Koburg in schön bewaldetem Tal; am Fuß das *Gasth. Klösterl*; 20 Min. weiter das Gasth. *Alpenhof (945m; 50 B. zu 1.40-2.40, P. 5-7 K). PT. Vorn Bettlerkar- und Schaufelspitze, r. Laliderer und Risser Falk.

AUSFLÜGE (Führer Alois Norz; vielfach WM.): w. ins *Rhontal*, mit großartigem Felsenzirkus (Torkopf, Wankspitze, Steinkarlspitze, Wechselkopf), $1^1/_4$ St. bis zur *Rhontal-A.* (1266m); südl. ins *Tortal*, $1^1/_4$ St. bis zur *Korau*, wo das Tal nach W. umbiegt. — *Schönalpenjoch* (1986m), 3-$3^1/_2$ St., leicht und sehr lohnend. — *Risser Falk* (2405m; F. 15 K), *Laliderer Falk* (2411m; F. 15 K), *Hochglück* (2575m; F. 15 K), *Eiskarlspitze* (2624m; F. 15 K), *Spritzkarspitze* (2609m; F. 18 K), *Grubenkarspitze* (2664m; F. 15 K), *Kaltwasserkarspitze* (2734m; F. 18 K), schwierige Hochtouren (vgl. S. 65).

Ladiz und Lalidertal (Tagestour, $8^1/_2$ bzw. 11 St.). Fahrweg südl. durch das *Johannestal* zum ($2^1/_2$ St.) *Kleinen Ahornboden* (1398m), mit Pürschhaus und Denkmal für Hermann v. Barth († 1876); von hier MW. l. hinan zur (1 St.) *Ladiz-A.* (1571m), mit Blick auf die Abstürze der Birkkarspitze, Kaltwasserkarspitze usw.; weiter über das *Ladizjöchl* (1829m) zwischen Ladizkopf und Mahnkopf zum ($1^1/_2$ St.) Pürschhaus (1526m) und zur ($1/_4$ St.) *Lalider-A.* (1525m), in großartiger Umgebung; dann entweder Reitweg durch das *Lalidertal* nach ($3^1/_4$ St.) Hinterriß zurück; oder auf gutem Steig weiter bergan zum (1 St.) *Hohljoch* (1790m) zwischen Teufelskopf und Kühkarspitze, zu dem man auch von Ladiz über das *Spielistjoch* (1776m) an der großartigen *Laliderwand* entlang direkt in 2 St. gelangen kann, und, die Alp *Lalider-Hochleger* (1774m) l. lassend, hinab zur ($1^1/_4$ St.) *Eng-A.* (1216m; $1/_4$ St. weiter das *Eng-Whs.*, 20 B.), in herrlicher Lage am Fuß der gewaltigen Spritzkarspitze, und durchs *Engtal* (S. 75) nach ($3^1/_4$ St.) Hinterriß zurück. Von der Eng über *Grammai* nach *Pertisau* s. S. 81 (F. 10 K); über *Lamsenjoch* nach *Schwaz* s. S. 222 (F. 15 K). — Von Hinterriß zur *Vereinsalpe* und nach *Mittenwald* s. S. 63; über die *Hochalm* nach *Scharnitz* s. S. 64 (F. 15 K).

Von Hinterriß führt die Straße (Proviant mitnehmen, F. 8 K, unnötig) langsam steigend an der Mündung des Johannestals und des Lalidertals vorbei zur (2 St.) *Hagelhütte* (1090m), wo das Rißtal (von hier ab *Engtal*) sich nach S. wendet (s. S. 74). Der Weg von hier nach Pertisau ist nicht fahrbar. In Windungen durch Wald bergan am verfallnen *Plumser Niederleger* (1396m) vorbei zum (2½ St.) **Plumser Joch** (1653m), mit hübscher Aussicht. Hinab in zahlreichen Kehren zur (³/₄ St.) *Gern-A.* (1172m; Whs.) und durch das waldige *Gerntal* nach (1½ St.) *Pertisau* (S. 81).]

Die Straße nach Mittenwald überschreitet oberhalb Vorderriß die Isar und führt auf der l. Seite des einsamen Tals, mit prächtigem Blick auf das Wettersteingebirge, nach (49km) *Wallgau* (S. 70), an der Straße von Walchensee nach (58km) *Mittenwald* (S. 62).

Von Vorderriß über die Soiernseen nach Mittenwald, 10-11 St., lohnend. Reitweg, über den Rißbach, dann l. im *Fischbachtal* hinan an der *Hundstall-Hütte* (1238m) vorbei zum (5 St.) königl. Jagdhaus bei den *Soiernseen* (1613m; auf die *Schöttelkarspitze* s. S. 70); hinan zur (1 St.) Scharte *Jägersruh* (1897m), zwischen Krapfenkar- u. Soiernspitze; abwärts ins *Steinkar*, dann r. in der Höhe fort, stets mit Blick auf die Achenseer Berge und Karwendel, zum (1 St.) *Jöchl* (1788m); hinab zur (½ St.) *Vereins A.* (S. 63) und nach (2½ St.) *Mittenwald* (S. 62).

14. Von München nach Tegernsee und über den Achensee nach Jenbach.

112km. EISENBAHN bis *Tegernsee*, 59,₅km in 1¾-2½ St. (5 ℳ 30, 3 ℳ 40, 2 ℳ 20 pf.). POSTAUTOMOBIL von Tegernsee bis Achensee (Scholastika, 37km) im Juli u. August 7mal tägl. in 2 St. (4 ℳ); im Sept. nur an Sonn- u. Feiertagen. Außerdem Automobilfahrt von Tegernsee nach Bad Kreuth 8mal tägl. in 50 Min. — EINSPÄNNER von *Tegernsee* nach Bad Kreuth 7 ZWEISPÄNNER 12, Scholastika (in c. 5 St.) 16 u. 24, Jenbach 24 u. 42 ℳ; von *Scholastika* nach Bad Kreuth 14 u. 22, Tegernsee 20 u. 30 K; Zweisp. von *Jenbach* nach Bad Kreuth 36, Tegernsee 44 K (Trinkgeld, sowie Brücken- und Wegegeld einbegriffen). — DAMPFBOOT auf dem Achensee von Scholastika bis Seespitz (und zurück) im Sommer 8mal tägl. in 50 Min., 1. Kl. 1.80, 2. Kl. 1.30 K. — EISENBAHN von *Seespitz* nach *Jenbach* (im Sommer 8 Züge tägl. in 89 Min.) im Anschluß an das Dampfboot, s. S. 82 u. 221.

Bis (47km) *Schaftlach* (für Tegernsee Kopfstation) s. S. 71. Die Bahn führt in großem Bogen nach SO., erst durch Wald, dann mit Aussicht auf das Gebirge (r. die Benediktenwand). — 52km *Moosrain* (Brauerei). — 55km **Gmund** (739m; Gasth.: Bahnhof-H., 26 B. zu 1½-3 ℳ; Oberstöger; Herzog Maximilian, 50 B. zu 1.20-3, P. 6-7 ℳ; Gasth. am Gasteig), am Ausfluß der *Mangfall* aus dem Tegernsee. Unweit südl. ein Schwimmbad.

Der anmutige ***Tegernsee** (725m), 6km lang, 2km breit, bis 72m tief, ist von einem Kranz schöner Berge umgeben, die bis hoch hinauf mit Wald und Matten bedeckt sind (ö. Neureut und Baumgartenberg, südl. Wallberg und Setzberg, s.w. und w. Ringspitzen, Hirschberg, Kampen und Fockenstein).

MOTORBOOT von Gmund (Abfahrt 8 Min. vom Bahnhof) 9mal tägl. in 55 Min. für 65 pf. nach Schwaighof und umgekehrt. Haltestellen: Kaltenbrunn, Seeglas, St. Quirin, Wiessee, Tegernsee-Café am See, Tegernsee-Post, Egern-Überfahrt, Egern-Bachmair, Rottach-Schwaighof. — Bester Blick über den ganzen See kurz vor dem herzogl. Ökonomiegut **Kaltenbrunn** (758m; Erfr.), 20 Min. w. von Gmund (Motorboot von Tegernsee in 25 Min., s. oben; Ruderboot in 1 St., 1 ℳ 40). Von Kaltenbrunn nach *Egern* (s. unten) Fahrweg am w. Seeufer in 2¼ St. über *Wiessee* (S. 77). — Auf die *Neureut* (S. 77) von Gmund rot MW. in 2 St.

Die Bahn führt am ö. Seeufer über *St. Quirin* nach

59,5km **Tegernsee.** — GASTH.: *Serben-Hotel, 10 Min. n.w. vom Bahnhof am See, 15. Mai-15. Okt., 45 B. zu 2½-6, P. von 8 ℳ an; *Bahnhotel Niggl, 50 B. zu 2-4, F. 1 ℳ; Post, 80 B. zu 2-5 ℳ, F. 80 pf., P. 7-8 ℳ; Steinmetz, mit Bauerntheater (s. unten), 80 B. zu 2-5, F. 1, P. 7-10 ℳ; Guggemos, mit Terrasse, 50 B. zu 2-4 ℳ, beide am See; Tegernhof Hof, 56 B. zu 1½-3½, P. 4½-6½ ℳ; Gasth. Alpbach (Schandl), einf.; Pens. Villa Waldruhe, in ruhiger Lage am Lärchenwald, P. 4½-8 ℳ. — Viel Privatwohnungen. Unterkunft ferner in ROTTACH (*H. Seerose*, 37 B. zu 1½-2½, P. 4½-7 ℳ; *Plendl*, B. von 1½ ℳ an; *zum Rosser*; *Gasth. Duftmühle*) und EGERN (*Bartlmä oder Bachmair, 100 B. zu 1½-3 ℳ; *Gasth. zur Überfahrt*, 70 B. zu 1-3 ℳ; Seebäder; *Seerose*; *Haus Reinhard*, mit Café-Rest., 65 B. zu 1¼-3 ℳ); s. S. 78. — Im *Bräustübl* (im Schloß) gutes Bier. *Herzogl. Sommerkeller* mit Veranda usw. n. vom Schloß (geöffnet nur So. Mi. Fr. Sa. nachm.). *Restaur. Schießstätte* im Alpbachtal (20 Min.). — CAFÉS: *Wiener Café am See; Hysam* und *Mayer*, beide am Alpbach; *Seeperle*, n. vom Serbenhotel. — *Seebäder* hinter Gasth. Guggemos und 10 Min. südl. vom Ort. — *Bauerntheater* im Juli und August im Gasth. Steinmetz (s. oben).

MOTORBOOTE s. oben. Außer den regelmäßigen Rundfahrten gehen Lokalboote von Tegernsee-Post 12-14mal tägl. nach *Rottach (Schwaighof)*, *Egern* und *Abwinkel*. — BOOT die Stunde mit Ruderer für 1-2 Pers. 1 ℳ, 3-4 Pers. 1 ℳ 20, 5-6 Pers. 1 ℳ 40. Auch Segelboote.

Tegernsee (729m), reizend gelegenes Dorf mit 1742 Einw. und vielen Villen, wird als Sommerfrische und Wintersportplatz viel besucht. Das *Schloß*, ehemals Benediktinerabtei (719 gegründet, 1803 aufgehoben), gehört der Herzogin Maria Josepha in Bayern (der nördl. Flügel Brauerei). Über dem Portal der zweitürmigen Kirche ein Marmorrelief von 1457, die fürstlichen Stifter der Abtei.

SPAZIERGÄNGE UND WEITERE AUSFLÜGE (überall Handweiser). Vom H. Steinmetz die Lärchenwaldstraße hinan, bald r. ab, hinter Villa Waldruhe am Anfang des *Lärchenwaldes* l. Stufenweg zum (20 Min.) **Pfliegelhof** (843m; Wirtsch.), mit hübscher Aussicht (schöner noch vom *Pfliegeleck*, 1074m, ¾ St. ö. hinan). — Hinter Villa Waldruhe durch den Lärchenwald geradeaus aufwärts zum (20 Min.) **Großen Parapluie** (800m), mit reizender Aussicht auf den obern See („Egerner Winkel"). Ebendahin führen Fußpfade von verschiedenen Punkten der Rottacher Straße; der Weg 8 Min. von der SO.-Ecke des Schlosses führt am Denkmal des Dichters *Karl Stieler* (1842-1885) vorbei. Von letzterm Wege 3 Min. vor dem Parapluie r. ab zum (6 Min.) **Leeberger** (Wirtsch., 10 B. zu 1½ ℳ), mit ähnlicher Aussicht wie vom Parapluie.

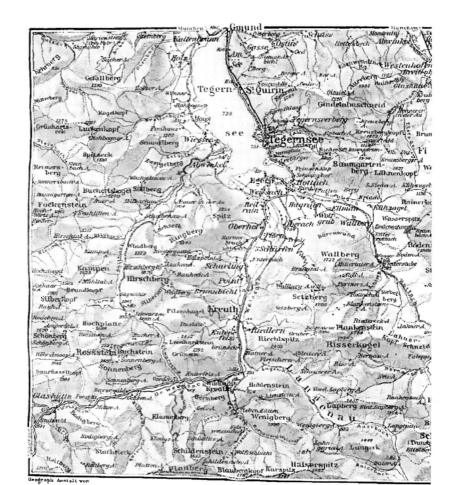

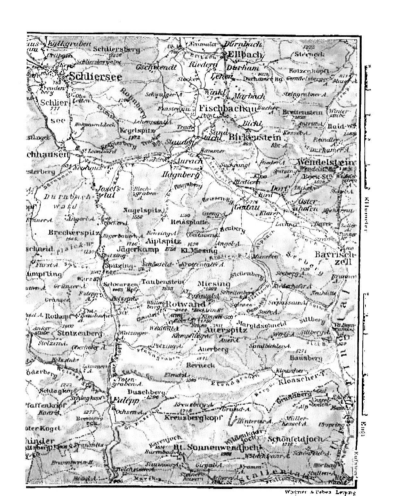

Zum *Café Scherer* (960m), Fahrweg vom Bahnhof in 40 Min.; oben schöne Aussicht. Durch das Alpbachtal zurück $1/_2$ St.

Zum **Bauer in der Au**: Überfahrt mit Motor- oder Ruderboot (in 15 Min., 50 pf.) nach *Abwinkel* (Gasth. Abwinkel; Sapplkeller), dann entweder Fahrweg über *Buch*, oder besser bei der (15 Min.) Kreuzung der Kaltenbrunn-Egerner Straße r. über den *Söllbach* und auf dem l., dann auf dem r. Ufer des Bachs auf hübschem Waldweg hinan zum ($^3/_4$ St.) *Bauer in der Au* (904m; Erfr.). Fahrweg von hier über die (1$^1/_2$ St.) *Schwarzentenn-A.* (1029m) nach (1$^1/_2$ St.) *Bad Kreuth* (S. 79). Auf den *Hirschberg* (2$^1/_4$ St.), s. S. 78. *Roßstein* (1697m), von der Schwarzentenn-A. r. hinan über die *Roßsteinhütten* in 2$^1/_2$ St., und *Buchstein* (1714m), über die *Bucher-A.* in 2 St., s. S. 73. — Nach Lenggries (4 St.) lohnender Übergang: 40 Min. vom Bauer in der Au vom Fahrweg r. abwärts (Wegweiser) über den Bach, dann l. und bald r. neben dem *Stinkergraben* (Schwefelquellen) aufwärts, zum (1 St.) Sattel zwischen l. *Kampen* (1615m), r. *Fockenstein* (1562m; beide unschwierig, s. S. 73); hinab durch das *Hirschbachtal* zum (1$^1/_2$ St.) Schloß *Hohenburg*, 20 Min. von *Lenggries* (S. 72). — Vom Bauer in der Au zurück den Fahrweg r. am Abhang des *Ringbergs* (bei feuchtem Wetter nicht ratsam), nach 20 Min. beim Austritt aus dem Walde Fußpfad r. hinab nach (1 St.) *Egern-Überfahrt* (S. 78).

Zum **Freihaus** (824m; Wirtsch.): Überfahrt mit Motor- oder Ruderboot (in 25 Min., 1 ℳ) nach *Wiessee* (Post, Pichler), dann n.w. bergan (25 Min.). Vom Freihaus südl. schöner Waldweg zur (10 Min.) *Prinzenruhe* (Aussicht) und weiter über den *Zeiselbach*, zuletzt am *Söllbach* zur (25 Min.) Fahrstraße Kaltenbrunn-Egern (S. 76).

Rottachfälle, 1$^3/_4$ St. Von ($^1/_2$ St.) *Rottach* (S. 78) schattenloser Fahrweg auf dem l. Ufer der Rottach (oder schattiger Fußweg am Bach entlang) über ($^1/_4$ St.) *Hagrain* (Hahn) nach (1 St.) *Enterrottach* (782m; ordentl. Gasth.); 10 Min. weiter beim Handweiser r. hinab in die Schlucht zu den malerischen, 25-30m h. Fällen; guter Fußpfad mit Brücken und Treppen am r. Ufer hinan, oben wieder auf die Straße. Von Enterrottach auf die *Bodenschneid* (1669m), 2 St., lohnend (bequemer von Neuhaus, s. S. 84). — Die Straße führt weiter durch Wald über den *Wechsel* (1$^1/_4$ St.; 1033m), hinab durch das hübsche Tal der *Weißen Falepp* zum (1$^1/_4$ St.) Forsthaus *Falepp* (S. 84). Von hier über den *Spitzingsee* nach *Schliersee* 4$^1/_2$ St. und weiter nach Tegernsee 3$^1/_2$ St.: lohnende Rundtour, zu Wagen in 10 St. (Einsp. 20, Zweisp. 30 ℳ).

*****Neureut** (1264m), 1$^3/_4$ St. n.ö., vom Bahnhof Reitweg (Reittier 6 ℳ) und Fußwege am *Sengerschloß* vorbei durch Wald hinan; oben das *Neureuthaus* (ganzjährige *Wirtsch., Bett 1$^1/_2$ ℳ; PF), mit Alpenpflanzengarten und herrlicher Aussicht auf Gebirge (Venediger) und Ebene (Panorama 40 pf.), im Winter von Skiläufern viel besucht (auch gute aber steile Rodelbahn bis Tegernsee). — Vom Neureuthaus MW. ö. über die *Gindelalmschneid* (1330m), mit Aussicht auf Schliersee, Kaisergebirge usw., zur ($^3/_4$ St.) *Gindel-A.* (1242m; Erfr.); beim Handweiser kurz vor der Alp r. hinab ins Breitenbachtal und nach (1$^3/_4$ St.) *Schliersee* (S. 83).

Riederstein (1206m), 1$^3/_4$ St. s.ö.: entweder vom (20 Min.) *Pfliegelhof* (S. 76) über das *Pfliegeleck* in 1$^1/_2$ St. (weiterer aber besserer Weg), zuletzt Kreuzweg (14 Stationen), oder vom *Leeberger* (S. 76) in 1$^1/_4$ St. (bei nassem Wetter nicht zu empfehlen) zu der weit sichtbaren Kapelle auf steilem Fels. Auch vom *Schwaighof* (S. 78) und aus dem Alpbachtale (s. oben) führen direkte Wege in 1$^1/_2$ St. hinauf. — Vom Riederstein MW. ö. über den Bergkamm weiter zur ($^3/_4$ St.) *Baumgarten-A.* (1365m; Erfr.) und auf die (20 Min.) **Baumgartenschneid** (1448m), mit Kreuz und weiter Rundsicht. Abstieg von der Alp zum *Sagfleckl* am Prinzenweg (S. 83) und durchs Alpbachtal nach (2 St.) Tegernsee.

TEGERNSEE.

*Hirschberg (1670m), 3½-4 St., leicht. Motorboot in 8 Min. bis Egern-Überfahrt, 1 St. von Scharling, oder Motorpost vom Bahnhof in 26 Min. bis *Scharling* (S. 79); hier, oder schon 10 Min. vorher von der Straße r. ab, Reitweg (Maultier 10 ℳ) durch Wald hinan über die (1 St.) *Holzpoint-A.* (1129m) zum (¾ St.) *Ringberg-Sattel* und l. über den *Kratzer* zum (¾ St.) *Hirschberghaus* (1510m; ganzjähr. Wirtsch., 55 B. zu 2 ℳ; F), am *Luckereck* oberhalb der *Lucken-A.*, von wo noch 25 Min. zum Gipfel, mit Pavillon und prachtvoller Rundsicht (Panorama 50 pf.). Abstieg über die *Weidberg-A.* nach (2 St.) Dorf *Kreuth* (S. 79), oder vom Ringbergsattel zum (1¼ St.) *Bauer in der Au* (S. 77). Im Winter Rodelbahn.

*Wallberg (1722m), 3½-4 St., leicht. Motorboot in 12 Min. bis Egern-Bachmayr, vor der Kirche l. Sträßchen nach (½ St.) *Oberach* (756m; Glaslwirt, Bergwagen und Reittiere zu haben); von hier Fahrweg durch Wald in vielen Windungen zum (2¼ St.) *Wallberghaus* (1493m; ganzjährige *Wirtsch., 20 B. zu 2, AVM. 1½ ℳ, und 30 Matr.; PF) und am neuen Kirchlein (1615m) vorbei auf rot MW., zuletzt Felsstufen (Drahtseil) zum (¾ St.) Gipfel, mit 8m h. eisernem Kreuz und weiter Aussicht. Im Winter vorzügliche Rodelbahn. — Abstieg auf MW. entweder hinter dem Unterkunftshaus durch Wald hinab, nach ½ St. l. über die Brücke (Handweiser) zum (1¼ St.) Dorf *Kreuth;* oder vor dem Hause l. über *Portners-A.* ins Rottachtal, nach (2 St.) *Enterrottach* (S. 77).

*Risserkogel (1827m), 5½ St., nicht schwierig (F. für Geübte unnötig). Vom (3 St.) *Wallberghaus* (s. oben) MW. l. um den *Setzberg* (1712m) herum (lohnender aber ½ St. weiter über den Setzberg, mit schöner Aussicht) zur *Setzberg-A.* (1534m) und über den Bergkamm zum *Grubereck* (1671m), wo r. der Steig von Kreuth heraufkommt, dann l. etwas mühsam zum (2½ St.) Gipfel, mit offener Hütte und prächtiger Aussicht; n. der schwer ersteigbare *Plankenstein* (1764m), an dessen Fuß w. der *Rötenstein-*, ö. der Plankenstein-See. Abstieg n.ö. zur (½ St.) *Riedereck-A.* (1472m) und am *Schiffbachfall* vorbei nach (1½ St.) *Enterrottach* (S. 77): oder (anfangs steil, für Ungeübte nicht ratsam) südl. zur (½ St.) verfallenen *Riß-A.* (1510m), dann r. in die *Langenau* und nach (2½ St.) *Bad Kreuth,* oder l. über die *Bernauer-A.* (1454m; Milch) nach (3 St.) *Fhlepp* (S. 84).

Von Tegernsee nach Sehliersee, 16km, Automobilfahrt über *Gmund* 6-9 mal tägl. in 50 Min. (s. S. 83); — nach Bad Tölz (S. 71), 21km, 3-5 mal tägl. in 1 St. 10 Min.; — nach Oberammergau (S. 58), 116km, über Bad Tölz, Kochel, Walchensee, Mittenwald und Garmisch-Partenkirchen 2 mal tägl. in 5½ St.

Die Straße nach dem Achensee (bis Glashütte für Radfahrer geeignet) führt am s.ö. Seearm entlang (gegenüber liegt *Egern*, s. S. 76, mit schmucken Landhäusern), an dem Schwefelbad *Schwaighof* (Restaur.) vorbei über die Rottach nach (3km) *Rottach* (S. 76); 2km weiter beim Gasth. zur Weißach (gelobt) über die *Weißach*.

Fußgänger sparen über ½ St., wenn sie von Tegernsee bis *Egern-Überfahrt* das S. 76 gen. Motorboot benutzen, oder 20 Min., wenn sie beim (¼ St.) *Kleinen Parapluie* in 5 Min. nach Egern überfahren (5 pf.); bei der (¼ St.) Weißachbrücke erreicht der Weg die Landstraße.

Weiter im hübschen Weißachtal (auch angenehme Fußwege auf

beiden Ufern der Weißach bis Bad Kreuth) über *Reitrain* (Gasth.), *Oberhof* und *Pförn*. Vor (8km) *Scharling* zweigt r. ab ein Fußweg über die *Point*, der vor Dorf Kreuth wieder in die Straße mündet (auf den Hirschberg s. S. 78). Das Tal verengt sich beim (9km) Dorf *Kreuth* (772m; Lehmann); r. der kegelförmige *Leonhardstein* (1452m; MW. in $2^1/_2$ St.). L. bleibt ($^1/_4$ St.) das hübsch gelegene *Gasth. Rainer Alpe* (786m; 30 B. zu $1^1/_2$-3, P. 6-$7^1/_2 \mathcal{M}$); 12 Min. weiter zweigt l. ab die Straße zum (10 Min.)

12km **Wildbad Kreuth** (828m; 300 B., Z. wöchentl. 10-45, M. 3 $\mathcal{M}$), in waldreicher Umgebung schön gelegen, Luftkurort, mit Mineralquelle. PTF.

Schöne SPAZIERGÄNGE im Park und Wald um das Kurhaus. Über einer Quelle am Bergabhang, 10 Min. s.ö. vom Kurhaus, in einer Marmor-Blende die Büste des Königs Max I. — Vom *Hohlenstein*. (1174m; 1 St.), ö. dem Bad gegenüber, hübsche Aussicht.

Wolfsschlucht (964m), $1^1/_4$ St., vom Bad südl. im *Felsenweißachtal* hinan zu den *Sieben Hütten* (Erfr., Ziegenmilch), dann über den Bach und l. zum Handweiser „Kleine und Große Wolfsschlucht". Ein schwindliger Steig führt von der Großen Wolfsschlucht „über den Fels" auf die *Schildenstein-A.* (s. unten).

Gais-Alp ($1^1/_2$ St.), hinter dem Bad hinab über die Felsenweißach, nach einigen Min. (Handweiser) guter Fußweg durch Wald l. an der Bergwand hinan zur hübsch gelegenen Alp (1113m); noch 25 Min. weiter die **Königs- oder Kaltenbrunner-Alp** (1115m; Erfr.). Zu letzterer führt auch ein Fahrweg, oberhalb des *Klammbachfalls* (s. unten) von der Achensee-Straße l. ab in Windungen hinan (2 St.). — Von der Gaisalm oder der Königsalm auf den **Schildenstein** (1613m) 2 St., rote WM., zuletzt steil; Aussicht lohnend. Von der *Blauberg-A.* am Schildensteinsattel (1477m) MW. s.w. durch schönen Wald nach (3 St.) Achenwald (S. 80). — Von der Königsalp nach *Steinberg* (S. 80) 5 St., rote WM., aber F. angenehm.

***Schinder** (1808m), $5^1/_2$ St., nicht schwierig. Fahrweg ö. durch die *Langenau* zur (3 St.) *Baier-A.* (1085m; Unterkunft im Jägerhaus); dann steiler MW. l. über die *Ritzlberg-A.* (1516m) zum ($2^1/_2$ St.) Gipfel des *Österr. Schinder (Trausnitzberg,* 1808m), mit prächtiger Fernsicht. Abstieg nach (2 St.) *Falepp* s. S. 84. — Von der Baier-A. führt ein hübscher, gut mark. Weg durch das *Baierbachtal* zur (2 St.) *Erzherzog Johann-Klause* (S. 84).

**Wallberg* (1722m), von Dorf Kreuth $3^1/_2$ St., s. S. 78. — *Risserkogel* (1826m), $4^1/_2$ St. m. F., über die *Riß-A.*, s. S. 78. — *Hirschberg* (1670m), von Dorf Kreuth über die *Waidberg-A.* in 3 St.; besser von *Scharling* (s. S. 78). — *Roßstein* (1697m), von Bad Kreuth 5 St., hein ($^1/_2$ St.) *Klammbachfall* (s. unten) r. hinan zur (2 St.) *Schwarzentenn-A.*, dann über die *Roßsteinhütten* zum ($2^1/_2$ St.) Gipfel (s. S. 73); oder hinter (1 St.) Whs. zum Bayerwald (s. unten) MW. r. über die *untere* u. *obere Sonnenberg-A.* zu den (3 St.) Roßsteinhütten und zum ($^3/_4$ St.) Gipfel.

Vom Bad Kreuth w. über die Weißach zur Hauptstraße zurück. Diese steigt langsam in dem bewaldeten Weißachtal an dem (15km) hübschen *Klammbachfall* und dem (17km) *Gasth. zum Bayerwald* vorbei (auf den Roßstein s. oben u. S. 73) zum (20km) Weiler **Glashütte** (892m; Gasth., 50 B. zu 1-2 $\mathcal{M}$) mit dem bayr. Zollamt *Stuben*.

***Hochalpe** (1428m), 2 St., leicht; Alpweg (Maultier 8 $\mathcal{M}$) bei der (20 Min.) *Stuben-A.* (s. unten) von der Achentaler Straße r. ab zur (1 St.) *Mitterhütten-A.* (1318m), dann r. hinan zum ($^1/_2$ St.) Gipfel, mit schöner Aussicht. Abstieg nach ($1^1/_2$ St.) *Winkel* im Isartal s. S. 78.

STELLWAGEN von Glashütte über Fall und Vorderriß nach Wallgau (S. 70) im Hochsommer täglich.

Hinan zur (21,5km) *Stuben-A.* (941m), dann bergab durch tief eingeschnittene Schluchten und in dem einst befestigten *Paß Achen* (877m) über die tiroler Grenze (Fahrweg durchs Walchental nach *Fall* im Isartal s. S. 74). Das österr. Zollamt ist vor dem Dorf (27km) **Achenwald** (822m; Gasth. Hagen im Wald, Forellen).

*Juifen (1987m), über die *Schulterberg-A.* 4-4¹/₂ St. m. F., unschwierig; prächtige Aussicht. Abstieg über die *Rotwand-A.* nach *Fall* (S. 74), oder über die *Joch-A.* (S. 81) nach Achenkirchen.

Am Gasth. zur Marie vorbei allmählich durch Wald bergan, an der *Achen* oder *Walchen*, dem Ausfluß des Achensees, entlang. Bei (31,5km) *Leiten* (Neuwirt Hintner; Huber) mündet l. das *Ampelsbachtal*, im Hintergrund das groteske Felshorn des Guffert.

Karrenweg auf der linken Seite des *Ampelsbachtals* über den *Oberberg* (1047m) zwischen Guffert und Unnütz nach dem hübsch gelegenen Dorf (3 St.) Steinberg (1015m; Gasth. Hörndl; Führer Peter Knapp). Von hier auf den *Guffert* (*Steinberger Spitze*, 2196m) MW. der S. München in 3¹/₂ St., unschwierig und lohnend; auf den *Unnütz (2077m) über die *Steinberger Kothalpe* (1442m) und den *Schaarwandkopf* (1847m) in 3-3¹/₂ St. (F. 6, bis Achensee 8 *K*), mühsam; bequemer über die *Hintere Schönjoch-A.* (1297m) und den *Kögljochsattel* (1549m) in 3¹/₂-4 St. (s. S. 81). — Von Steinberg ins Inntal, bis *Brixlegg* 6 St. über *Aschau* (F. ratsam, 8 *K*) s. S. 220. Zur *Königsalp* (Kreuth) s. S. 79.

33km **Achenkirchen** (923m; Krone; Post, mit Bädern, ¹/₄ St. weiter; Adler, alle drei gut), ³/₄ St. langes Dorf mit 385 Einwohnern, das sich fast bis zum Achensee hinzieht.

Der ***Achensee** (929m), 9km lang, 1km br., 133m tief, tiefblau, ist der schönste und größte See in Nordtirol. Am N.-Ende *Maiers Gasth.* (40 B. zu 1-3 *K*) und (37km) das **H. Scholastika* (140 B. zu 1-3.50, F. 1, M. 3, A. 2, P. 6.50-8.50 *K;* PT), mit Touristenhaus und Kapelle; 25 Min. weiter auf grüner Landzunge das dem Stift Fiecht gehörige *H. Achenseehof* (Mai-Sept.; 120 B. zu 1-4 *K;* PT), mit Kapelle und Café am See. Die Straße, streckenweise in den Fels gesprengt oder in den See hinausgebaut, führt am O.-Ufer weiter über *Seehof* bis (46km) *Buchau* (Prantl), am SO.-Ende des Sees, 2km von Station Maurach (S. 82). Vorzuziehen ist die Überfahrt über den See: DAMPFBOOT 8mal tägl. von Scholastika über Seehof, Pertisau und Buchau bis Seespitz in 50 Min. (1.80 oder 1.30 *K*, Rückfahrkarten 2.60 u. 1.80 *K;* man achte auf das Gepäck!). Ruderboot von Scholastika bis Pertisau in 1 St. (1 Pers. 1.60, 2 Pers. 1.80 *K*).

AUSFLÜGE (Führer Bart. Edenhauser). Hübsche Waldspaziergänge von Scholastika zur *Aschbacher Höhe* und *Louisenruhe* (¹/₂ St.); vom Seehof zum *Kraxelfall*, der *Eremitage* und dem (³/₄ St.) *Gamspavillon*, mit gutem Überblick des Sees. Kahnfahrt (zur Kleinen Gaisalm auch Dampfboot 2mal tägl. hin und zurück) über den See zur *Theresensruh* am W.-Ufer und zur *Kleinen Gaisalm* (935m; gutes Gasth.), am Fuß der schroff abstürzenden Seekarspitze. Hierhin führt auch vom N.-Ende des Sees der *Mariensteig* (nur für Schwindelfreie) in 1 St.; weiter unschwierig und sehr lohnend (stellenweise Drahtseile; nachm. schattig) zur *Großen Gaisalm* (1004m) 15 Min., *Breitlahn* 30 Min., Pertisau 30 Min.

*Unnütz (2077m), 3 St., leicht (F. 6 *K*, entbehrlich). Von der Scholastika sowie von Mayers Whs. und vom Seehof MW. erst durch Wald, mit hübschen Blicken auf den Achensee, zuletzt steiler über Matten zur

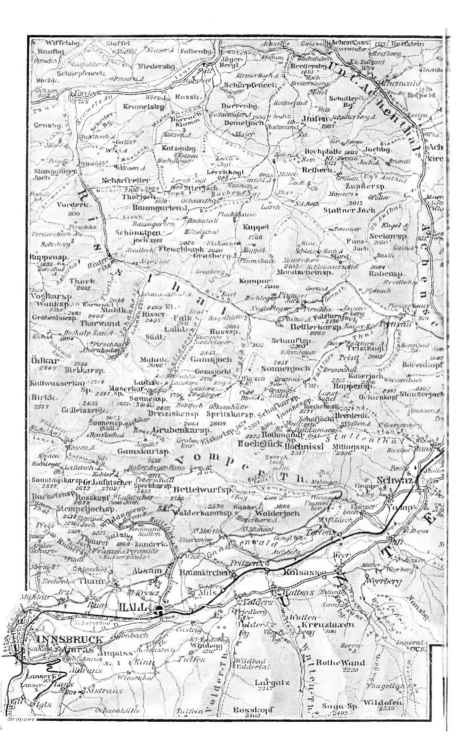

(1¹/₄ St.) *Kögl-A.* (1431m; von hier über den *Kögljochsattel* nach Steinberg 1¹/₄ St., s. S. 80). Bei der obersten Hütte l. über den Graben (20 Min.), bei der (15 Min.) Wegteilung r. steil aufwärts, durch Krummholz ³/₄ St. bergan, zuletzt bequem über Grasboden auf den (20 Min.) *Vordern Unnütz* (2077m). Prächtige Aussicht: ö. Guffert, Kaisergebirge, Loferer Steinberge, Steinernes Meer; s.ö. Kitzbühler Gebirge, Tauern; im S. Sonnwendjoch, Zillertaler und Tuxer Ferner, Solstein, Ötztaler Ferner, Karwendel- und Wetterstein-Gebirge; tief unten der Achensee.

Von der *Kögl-A.* (s. oben) führt ein rot MW. südl. am *Kögljoch* (1686m) und *Ochsenkopf* (1664m) vorbei zur (1¹/₂ St.) *Koth-A. Mitterleger* (s. unten); ein andrer (F. ratsam) s.ö. hinab über die *Einberg-A.*, hier r. zur (1 St.) *Schmalzklausen-A.* (1176m) im *Grundachental;* von hier südl. hinan bis zur (¹/₂ St.) Wegteilung: r. durch das *Eselkar* zur (1¹/₄ St.) *Ampmoos-A.* (1785m) und über den (1¹/₂ St.) *Bettlersteigsattel* (2127m) zur (1 St.) *Erfurter Hütte* (S. 82); l. über die *Anger-A.* (1476m) zum (2¹/₂ St.) *Marksattel* (1911m), von wo n. die *Markspitze* (2000m) in ¹/₄ St. zu ersteigen ist (s. S. 220); hinab (vor dem Zireiner See r.) zur *Zireiner-A.* und über *Ludoi-A.* nach (3-3¹/₂ St.) *Kramsach* (S. 219).

Kothalpenjoch (2110m), vom Achenseehof 3 St., unschwierig (F. 7 *K*). MW. l. vom Wasserfall steil durch Wald hinan zur *Unteren* (1250m), *Mitteleren* (1603m) und (2 St.) *Oberen Koth-A.* (1804m); beim Brünnl vor der letzteren (Wasser 3° C.) l. über Rasen zum (1 St.) Gipfel (Edelweiß). Schöne Aussicht: Achensee, Steinberger Tal, Inntal, Zillertaler usw. — Von der Oberen Koth-A. auf das *Klobenjoch* (2042m), mit herrlichem Blick auf den Achensee, MW. in ³/₄ St. (F. 7 *K*); auf die *Hochiß* (2299m) über den *Kothalpensattel* (1974m) und das *Stuhljöchl* (2056m) 3 St. (F. 8 *K*, vgl. S. 82; Abstieg zur Erfurter Hütte ³/₄ St.).

Seekarspitze (2050m), 3¹/₂-4 St. (F. 7 *K*), zuletzt mühsam: von Mayers Gasth. bei *Hinter-Winkl* über den *Oberaubach*, MW. durch Wald zur (1¹/₂ St.) *Kogel-A.* (1277m), dann steil zum (2-2¹/₂ St.) Gipfel. Schwieriger Gratübergang (nur m. F.) zur *Seeberg-* oder *Rabenspitze* (2084m), dann hinab zur *Pletzach-A.* und nach Pertisau. — **Hochplatte** (1809m), von Mayers Gasth. n.w. über die *Bründl-A.* und *Joch-A.* (S. 80) in 3 St. (F. 6 *K*), leicht und lohnend. — *Juifen* (1987m), über Joch-A. in 3¹/₂ St., s. S. 80.

Am SW.-Ufer ein grünes, von Bergen rings umschlossenes Vorland, die ***Pertisau,** besuchte Sommerfrische (Gasth.: *H.-P. Alpenhof, Juni-Sept., 90 B. zu 2-6, F. 1.20, M. 3.50, P. 8-12 *K;* Fürstenhaus, dem Stift Fiecht gehörig, 220 B. zu 1.20-2.70, M. 2.30, A. 1.40 *K*, Freitags Fastenspeise; *H. Stefanie, mit Bädern, Mai-Okt., 70 B. zu 2-6, P. 8-12 *K;* Post bei Huber, 50 B. von 1.80 *K* an, P. 7 *K*, alle vier am See; Z. in mehreren Villen; Pfandler, Karlwirt, im Dorf, 15 Min. vom See, einf. gut). PT. Reizende Aussicht auf den See; südl. die Berge des Inntals und untern Zillertals.

Ausflüge (Führer Leonhard Krall). Zur (1¹/₄ St.) *Kleinen Gaisalm* s. S. 80. — **Bärenkopf** (1987m), MW. über die *Bärenbad-A.* (1454m) in 3 St. (F. 5 *K*), oder auch von Seespitz durch das *Weißenbachtal*, unschwierig; Aussicht auf Achensee, Inntal, Zillertaler usw. — ***Sonnjoch** (2457m), 5¹/₂-6 St. (F. 10 *K*), mühsam. Durch das *Falzturntal* zur (3¹/₂ St.) *Grammai-Hochleger*, s. unten; dann noch 2 St. steilen Steigens von der Westseite zum Gipfel, mit prächtiger Rundsicht (s. S. 222).

Nach Hinterriß über das *Plumser Joch* (7 St.) s. S. 75 (Einsp. bis zur Gernalp 7, Zweisp. 11 *K;* hinter der Gernalp r. abkürzender Fußweg durch schattigen Wald). Lohnender ist der Weg über Grammai (9 St., MW.; F. 10 *K*, unnötig). Von Pertisau Fahrweg (Wagen bis zur Falzturn-A. einsp. 7, zweisp. 11 *K*), bis Grammai 8 u. 14 *K*) s.w. im *Falzturntal* hinan an der *Franz Josefs-Schutzhütte* vorbei zur (1¹/₄ St.) *Falzturn-A.* (1077m; Erfr.), und zur (³/₄ St.) Alp *Grammai-Niederleger* (1263m), in großartiger Umgebung, wo l. der Reitweg zur *Lamsenjochhütte* abzweigt (2¹/₂ St., s.

S. 222); dann r. steil zur (1½ St.) *Grammai-Hochleger* (1733m; einf. Unterkunft) am Fuß des Sonnjochs (S. 81) und über das (½ St.) **Grammaijoch** (1895m), mit Aussicht auf Vomper- und Karwendelkette, hinab zur (³/₄ St.) *Bins-A.* (1472m); weiter zur (½ St.) *Eng* (1198m; Gasth.) und nach (3¼ St.) *Hinterriß* (S. 74). — Über das **Stanser Joch** (2102m) nach *Schwaz* (7 St., F. 10 *K*), mühsam aber lohnend, s. S. 222; MW. von Pertisau über die *Bärenbad-A.* (S. 81) oder von Seespitz durch das *Weißenbachtal* zum (3½ St.) Joch, mit prächtiger Aussicht, dann steil hinab nach (1½ St.) *St. Georgenberg* (S. 220).

Dampfboot von Pertisau in 15 Min. (auch Fahrstraße und Waldweg, ³/₄ St.) zum *Gasth. Seespitz* (930m; 50 B. zu 1-3, P. 6-8 *K*, gut) am S.-Ende des Sees; dann auf der steil abfallenden Straße durch das *Kasbachtal* in 1¼ St. (kürzer hinter Seespitz r. ab mark. Fußsteig, nach 20 Min. beim *Restaur.* zum *Kasbach* in die Straße mündend), oder mit Eisenbahn (S. 221) über *Maurach* (960m; Neuwirt, 22 B. zu 1-1.60 *K*) und *Eben* (973m; Kirchenwirt) in 39 Min. nach

6,₃km (112km von München) **Jenbach** (531m), s. S. 220; Eisenbahn von hier bis (34km) *Innsbruck* s. R. 41.

Von Maurach (Führer Alois und Ludwig Brugger) MW. n.ö. durch den *Buchauer Graben* über *Mauriz Niederleger* (1489m) in 2½ St., oder von Buchau (S. 80) über *Dalfazer-A.* in 3 St. zur **Erfurter Hütte** der AVS. Erfurt (1834m; *Wirtsch., 27 B. zu 2.40, AVM. 1.20, und 26 Matr. zu 1.20 *K* bzw. 60 *h*), in aussichtreicher Lage auf dem *Maurizköpfl* unweit der *Mauriz Hoch-A.* (2 Min. von der Hütte der „Venedigerblick", mit Orientierungstisch).
Die aussichtreichen Gipfel des *Sonnwendgebirges (Rofangruppe)* sind von hier zu besteigen: *Hochiß* (2299m), rot MW. in 1½-2 St. (F. angenehm, von Maurach 6 *K*); *Spieljoch* (2237m) und *Seekarlspitze* (2240m; zusammen 2 St. m. F.); *Roßkopf* (*nördlicher* 2259m, *südlicher* 2257m), 2½ St., nur für geübte Kletterer m. F.; *Rofan* (2260m), 2 St. (F. entbehrlich, 6½ *K*); *Vorderes Sonnwendjoch* (2224m), 2½ St. (F. angenehm, 8 *K*, mit Abstieg nach Kramsach 11 *K*, s. S. 220); *Haidachstellwand* (2190m), über den NO.-Grat (schwieriger über den S.-Grat) 1½ St. (F. 6 *K*) usw. — Von der Erfurter Hütte über den Schafsteigsattel nach Kramsach 5-6 St. m. F., lohnend. An der Mauriz-Hoch-A. vorbei über die *Maurizerstiege* (Felsensteig) zur (1 St.) *Grubenlacke* und dem (¼ St.) *Grubenschartl* (2104m; oberhalb l. MW. in ½ St. auf die *Rofanspitze*, s. oben, leicht und lohnend); dann auf dem *Schafsteig* zum (³/₄ St.) *Schafsteigsattel* (2173m); hinab, steil und bei nassem Wetter schlüpfrig, zur (1½ St.) *Ludoi-A.* und nach (1½ St.) *Kramsach* (S. 219).

15. Von München nach Schliersee und über Bayrisch-Zell nach Kufstein.

110km. EISENBAHN bis Schliersee, 61km in 2¼ St. (4 ℳ 80, 3 ℳ, 1 ℳ 95). Von Schliersee bis Bayrisch-Zell (16km) AUTOMOBILFAHRT im Sommer 5-7mal tägl. in 50 Min. (Eisenbahn im Bau); von Bayrisch-Zell nach Kufstein (33km) Stellwagen im Sommer 2 mal täglich in 4 St.; Zweisp. von Schliersee bis Kufstein in 7 St., 60 ℳ.

Bis (36 km) *Holzkirchen* s. S. 71. Die Bahn (Wagenwechsel) zweigt von der Tölzer Bahn l. ab und tritt bei (43km) *Darching* (663m) in das hübsche *Mangfall-Tal;* gegenüber Kloster *Weyarn*, jetzt Erziehungsanstalt. Lohnender Ausflug zum (1¼ St.) *Weyrer Lindl* (723m) mit weiter Aussicht. — 49km *Thalham* (626m); r. der *Taubenberg* (895m; MW. in 1½ St., s. S. 71). Über die Mangfall, dann durch das waldige *Schlierachtal*.

54km **Miesbach** (685m; Gasth.: Miesbacher Hof, B. 1¼-2½ ℳ; *Waitzinger, 38 B. zu 1½-3 ℳ; Post; Greiderer; Alpenrose; Wendelstein; Restaur. Deutsches Haus), hübsch gelegener Markt (3500 Einwohner), Sommerfrische. AVS.

30 Min. n. Schloß *Wallenburg* (713m; Restaur., mit Garten und Aussicht). — Sehr lohnende Aussicht vom (1 St.) **Stadelberg** (950m), mit Gasth. *Kaiserhof* und Aussichtsturm (im Winter gute Rodelbahn).

Nach Birkenstein, 16km, Fahrstraße (kürzer über Schliersee mit Motorpost, S. 85) über *Parsberg* ins *Leitzachtal*, über *Wörnsmühl* und *Hundham* nach (13km) *Ellbach* (790m; Gasth. Sonnenkaiser, 30 B. zu 1-2 ℳ). [MW. auf den *Schwarzenberg*, 1188m, 1½ St., und den *Breitenstein*, 1700m, 2¾ St.; beide lohnend; vgl. S. 89.] Weiter am *Gasth. Marbach* vorbei nach (15km) *Fischbachau* (771m; Kulzer) und l. hinan nach (16km) *Birkenstein*, am W.-Fuß des *Wendelsteins* (s. S. 85).

Zweimal über die Schlierach; r. bleibt *Agataried* (Frey; Staudenhäusl), mit got. Kirche (1 St. von Schliersee). — 59km *Hausham* (760m; Schwarzer Diamant u. a.), mit Kohlengruben.

61km **Schliersee**. — Gasth.: *Seehaus; *H.-Rest. Wittelsbach, 40 B. zu 2-3, P. 4-7 ℳ; *Seerose; H. Wendelstein, mit Konditorei, 30 B. zu 1-3, P. 5-7 ℳ; H. Bahnhof, 18 B. zu 2-3 ℳ; H. Seebad, mit warmen u. kalten Seebädern, 32 B. zu 2-3 ℳ; Post; Meßner, 30 B. zu 1.20-2, P. 3-5 ℳ; H. Rote Wand, ¼ St. ö. vom Bahnhof, Z. 1½-2 ℳ. — Pensionen: Dr. Brodführer (6-7 ℳ); Hofhaus (24 B. zu 1.20-1.50 ℳ, mit Sommer-Café); Polzmacher. — Alpenwirtschaft Köglstein, am Schliersberg ¼ St. vom Bahnhof, mit schöner Aussicht, B. 1.20-1.50, P. 5 ℳ. — *Kurtaxe* bei Aufenthalt von 3-7 Tagen 1, über 7 Tage 2, jede weitere Pers. ½ u. 1, größere Familie 5 ℳ. — Im Sommer jeden Samstag und Sonn- oder Feiertag Abend 7 U. Bauerntheater der „Schlierseer" im Seehausgarten (Karten vorher lösen, 2 ℳ 50 bis 50 pf.; Vorverkauf 11-12, an den Spieltagen 10-12 U.).

Schliersee (783m), Dorf mit 1156 Einwohnern, an dem anmutigen 3km l. *Schliersee* (777m) hübsch gelegen, wird als Sommerfrische und Wintersportplatz viel besucht. AVS. Bester Überblick des Sees von der (5 Min.) *Weinbergkapelle* oberhalb der Pfarrkirche und von der (10 Min.) *Hochburg*.

Ausflüge (s. auch S. 84). — N.w. nach *Abwinkel* (25 Min.; Restaur. Hubertus). — Ö. Fahrweg in 50 Min., schattige Fußwege durch den Ostergraben und Krautnergraben in 35 Min. zum Gasth. *Schliersbergalm* und auf den (30 Min.) **Schliersberg** (1256m), mit schöner Aussicht (im Winter gut Rodelbahn). Vom Schliersberg in 1¼ St. auf den *Rohnberg* (1209m), mit weiter Aussicht bis zu den Zillertalern und Tauern. — Lohnender Ausflug s.ö. durch den *Leitnergraben* zur *Winterstube* (951m), über den *Probstboden* nach *Fischhausen* und zurück nach (3½ St.) Schliersee; schöner schattiger Weg mit wechselnden Ausblicken. — Nach Tegernsee, 16km, Automobilfahrt über Gmund 6-9 mal tägl. in 50 Min. Für Fußgänger nächster Weg (*Prinzenweg*, 3¼ St.): vom Bahnhof w. Fahrweg im *Breitenbach-Tal* an der *Glashütte* (Restaur.; hierher auch Fußweg mit Telephouleitung von der Kirche aus) vorbei zum (1 St.) Gasth. *Hennerer* in der *Au* (854m). Nun Reitweg durch Wald zur (1 St.) Schutzhütte am *Sagfleckl* (1154m); hinab durch das bewaldete *Alpbach-Tal* (S. 77) nach (1½ St.) Tegernsee. — Oder (4¼ St.) beim (1 St.) Gasth. Hennerer vom Prinzenwege r. ab, auf schattigem Wege hinan zur (1¼ St.) *Gindel-A.* (1242m); weiter über den Kamm, mit schöner Aussicht, zur (1 St.) *Neureut* (S. 77) und nach (1 St.) Tegernsee. — Über den *Kühzagel* (4¹/₂ St. bis Tegernsee), von der Au l. hinan durch das *Tuft-Tal*, s. S. 86.

Die Straße umzieht das Ostufer des Sees (daneben ein meist schattiger Fußweg; auch Motorboot vormittags 2 mal, nachm. 6 mal tägl. in 10 Min., 25 pf.). 3 km *Fischhausen* (*H. Finsterlin, mit Rest. u. Garten, 30 B. zu 1-2, P. 4-6 ℳ; Gasth. Niederwaldeck), am Südende des Sees; l. oben Ruine *Hohenwaldeck* (986 m).

4 km **Neuhaus** (805 m; Gasth.), mit schönem Blick auf den Wendelstein, südl. Brecherspitze und Jägerkamp. Die Straße teilt sich: r. nach Falepp, l. nach Bayrisch-Zell.

[Die Straße nach Falepp (3¹/₄ St.) führt r. am (¹/₂ St.) **Gasth. Josefstal* (L. Hock, 25 B. zu 1.20-1.50 ℳ) und der *Pens. Antesberger* vorbei (5 Min. r. der *Hachelbachfall*), dann über den Bach und l. durch das *Josefstal* in Windungen bergan (Fußwege kürzen) zum (1 St.) *Spitzingsattel* (1150 m), zwischen Jägerkamp und Brecherspitze (jenseit der Paßhöhe r. an der Felswand Denktafel für Theodor Trautwein, † 1894). Hinab zum einsamen **Spitzingsee** (1082 m); am Südende (20 Min.) die *Wurzhütte* (originelles Whs.; auf die Rotwand s. S. 85). Weiter an dem aus dem See abfließenden Bach, der sich bald mit der r. herabkommenden *Roten Falepp* vereinigt; 20 Min. Handweiser r. zum Wasserfall (3 Min.); 20 Min. *Waizinger-Alp* (943 m); ³/₄ St. Forsthaus **Falepp** oder **Valepp** (872 m; Whs. beim Förster, Bett 1¹/₂-2, P. 4 ℳ), unterhalb der Vereinigung der *Roten* und *Weißen Falepp* hübsch gelegen.

Von Falepp über den *Wechsel* und durchs *Rottachtal* nach (4 St.) *Tegernsee* s. S. 77. — *Schinder (*Trausnitzberg*, 1808 m), MW. von Falepp über die *Trausnitz-A.* (1437 m) in 3-3¹/₂ St., unschwierig (vgl. S. 79).

Von Falepp nach Brixlegg durch das *Brandenberger Tal* 8-9 St., MW. (F. entbehrlich). Vom Whs. ¹/₄ St. eben fort, hinab in den *Enzengraben* (S. 87) und wieder hinan, dann hoch auf dem l. Ufer der Falepp (Grundache), bei einer Holzstube zum Bach hinab und unterhalb der Mündung des Marchbachs aufs r. Ufer, zur (1²/₄ St.) *Erzherzog Johann-Klause* (824 m; Whs. beim Förster). Hier l. über die Klausenbrücke, dann entweder auf dem neuen Triftsteig durch die Klamm der Brandenberger Ache (nur für Schwindelfreie), oder l. hinan an der *Rumpf-A.* vorbei, dann hinab zur Ache und aufs r. Ufer, durch die Kaiserklamm zum (2 St.) *Kaiserhaus* (706 m; Whs. beim Förster). Von hier nach (³/₄ St.) *Pinegg* und über *Brandenberg* oder *Aschau* nach (3¹/₂ St.) *Brixlegg* s. S. 220.

Über die Elendalp nach Landl 4¹/₂ St., MW. (F. unnötig). Von Falepp durch Wald im *Totengraben* hinan zum (1¹/₄ St.) *Elendsattel* (1148 m; beim Handweiser l. auf die *Rotwand r., s. S. 85); hinab zur (10 Min.) **Elendalp** (1089 m), durch den *Elendgraben* zur (1 St.) *Kloascher-A.* (903 m) und in ³/₄ St. auf die Straße von Bayrisch-Zell nach Landl (bis *Urspring* noch ¹/₂ St., s. S. 87).]

BERGTOUREN vom Neuhaus (überall WM. der AVS. München u. Tegernsee). **Brecherspitze** (1684 m), über die *Angl-A.* 3³/₄ St., oder vom (1¹/₂ St.) Spitzingsattel über die *Fürst-A.* 1³/₄ St. m. F., mühsam. — **Bodenschneid** (1669 m), durch das *Dürrbachtal* über die *Rainer-* und *Rettenböck-A.* (1356 m; Unterkunftshaus, ganzjähr. Wirtsch.) 3¹/₂ St., oder vom Spitzingsattel über die Fürst-A. 2 St., unschwierig. Abstieg w. über die *Boden-A.* nach (2 St.) *Enterrottach* (S. 77). — **Jägerkamp** (1746 m), von Josefstal über die *Jägerbauern-A.* (1547 m; Bier) 3 St., zuletzt etwas mühsam, lohnend.

*__Rotwand__ (1884m), 4½-5 St., leicht. Von der (2 St.) *Wurzhütte*
(S. 84) l. hinan zur (½ St.) *Winterstube*, bei der Wegteilung r. über den
Klausbach, durch Wald auf MW. um den *Gleiselstein* herum über die (2 St.)
Wildfeld-A. (1639m) mit dem alten Rotwandhaus hinan zum (½ St.)
Rotwandhaus des Münchner Turner-Alpenkränzchens (1765m; ganzjähr.
*Wirtsch., 37 B. und 24 Matr., F), in schöner Lage oberhalb der Kümpfel-
scharte (s. unten), und zum (20 Min.) Gipfel, mit prächtiger Aussicht
(Orientierungstafel von Waltenberger). — Die Rotwand ist auch von (2 St.)
Geitau (S. 86) auf WM. über *Mieseben*, die *Schellenberg-A.*, das *Gatterl*
(l. der malerische *Soinsee*, 1458m), die *Großtiefental-A.*, die *Kümpfel-
scharte* (1707m) und das Rotwandhaus in 3 St., von der (2½ St.) *Waitzinger
Hütte* (S. 84) durch den *Pfanngraben* und über die *Kümpfel-A.* in 3 St.,
von *Falepp* (S. 84) über den *Elendsattel* (S. 84) in 3½ St., von *Bayrisch-
Zell* (S. 86) in 4½ St. zu ersteigen.

__Miesing__ (1882m), von *Geitau* (S. 86) über die *Großtiefental-A.* und
das Joch zwischen Rotwand und Miesing in 4-4½ St., und __Auerspitze__
(1811m), von Geitau am *Soinsee* (s. oben) vorbei in 4 St., beide lohnend.

*__Wendelstein__ (1836m), nächster Weg von Schliersee über
Birkenstein, 5½ St.; F. unnötig; Automobilfahrt bis Birkenstein,
12km, 6-7 mal täglich in 40 Min. über *Neuhaus* (S. 84), *Aurach*
(S. 86) und *Stauden* (s. unten), dann zur Leitzach, unter dem „Stein"
fort nach *Fischbachau* (S. 83) und r. hinan nach Birkenstein (s.
unten). Von (1 St.) Neuhaus folgen Fußgänger der Straße nach
Bayrisch-Zell; vor Aurach (¾ St., S. 86) l. ab über das *Whs.
Fischeralm;* jenseit (¼ St.) *Stauden* r. auf mark. Abkürzungswege
nach (¾ St.) *Birkenstein* (920m; *H. Schober zum Kramerwirt,
35 B. zu 1-2, P. von 4 ℳ; Edelweiß u. P. Daheim, 44 B. zu 2-3, P.
3½-5 ℳ), mit Wallfahrtskirche, am W.-Fuß des Wendelsteins. Vom
obern Ende des Dorfs grün-rot MW. über Wiesen und durch Wald.
Nach ½ St. mündet r. der Weg von Hammer (s. unten); ¼ St. weiter
bleibt r. die *Spitzing-A.* (1236m). Dann durch Latschen auf den
Bayrischzeller Weg zum (1½ St.) Wendelsteinhaus; s. unten. —
Näherer Weg vor der Leitzachbrücke in *Stauden* (s. oben) r. zum
(10 Min.) guten Gasth. *Hammer;* über die Leitzach und r. auf das
Sträßchen, von dem nach 20 Min. ein bequemer Steig l. abzweigt.
40 Min. Wegteilung: geradeaus in 20 Min. nach Birkenstein, r. zu dem
oben gen. Birkensteiner Wege auf den Wendelstein. — Von Bay-
risch-Zell (S. 86) auf den Wendelstein, 3 St. (F. unnötig; Reittier
bis zum Wendelsteinhaus 8 ℳ, mit Übernachten 12 ℳ). Zwei Wege:
„Sommerweg" gegenüber dem Schulhaus über die Wiese bergan in den
Wald auf den Saumweg; 20 Min. *Untere Zeller-A.;* 1¼ St. *Obere
Wendelstein-A.* (s. unten). — „Winterweg" n. durch Wiesen zum
Fuß des Berges, dann Fußweg (rot-weiße WM.) an der *Tannermühle*
vorbei zum (½ St.) Hof *Hochkreut* (989m), hier r. über die (1 St.)
Siegel-A. (1325m) und (¼ St.) *Untere Wendelstein-A.* (1414m) zur
(¼ St.) *Obern Wendelstein-A.* (1509m), wo beide Wege zusammen-
treffen. Von der Obern Wendelstein-Alp l. aufwärts unter dem
Bockstein (1528m) durch, dann, zuerst den Birkensteiner, bald
darauf den Brannenburg-Feilnbacher Weg aufnehmend, zum (¾ St.)
Wendelsteinhaus (1728m; ganzjährige *Wirtsch., 90 B. zu 2-3

u. 48 Matr. zu 1 ℳ; meteorolog. Station; PF, ratsam Quartier vorauszubestellen); auf der nahen Schwaigerwand ein 1889 erbautes got. Kirchlein. Vom Hause freie Aussicht nach S., W. und O.; schöner von der Plattform auf dem *Gachen Blick* (6m langes Orientierungspanorama von Maler E. Heine), zu der eine Felsentreppe hinanführt. Vom Wendelsteinhaus auf dem *Kapellensteig* (sicherer Felsenweg mit doppeltem Drahtseil) in 20 Min. zum Gipfel, einem ca. 12m langen, 2-4 m breiten Plateau, mit Kapelle (1718) und 3,₅m h. Kreuz. Die *Rundsicht (Panorama von Baumgartner, 50 pf.) umfaßt von l. nach r. Untersberg, Watzmann, Kaisergebirge, die Tauernkette, das Karwendel- und Wettersteingebirge; n. weiter Blick in die Ebene mit Chiemsee, Simmsee und Starnberger See.

An der O.-Seite des Kegels im *Kessel* die *Wendelsteinhöhle*, mit vereistem Eingang (Besuch beschwerlich, vom Wendelsteinhaus hin und zurück 3 St., nur mit F.). — Abstieg nach *Brannenburg* (Bahn im Bau) oder nach *Feilnbach* s. S. 89. Von der Obern Wendelsteiner-A. zum *Tatzelwurm* (s. unten), schlechter Weg (rot-schwarze WM.) über die *Lacher-A.* in 2½ St.

Vom Neuhaus nach Tegernsee über den **Kühzagel** 3½-4 St., F. entbehrlich; MW. w. durch den *Dürnbachgraben* zum (1¼ St.) Sattel (1136m) ö. der *Kühzagel-A.* (1064m), mit Kreuz; hinab zum (¾ St.) *Kühzagelhof* und ins *Rottachtal* auf die Straße von Falepp nach (1½ St.) *Tegernsee* (S. 76).

Die Straße nach Kufstein (Motorpost bis Bayrisch-Zell in 1 St., s. S. 82) führt von (4km) Neuhaus (S. 84) über (7,₅km) *Aurach* (Gasth. Fischeralm, am Wege nach Birkenstein, s. S. 85) und (10,₅km) *Geitau* (776m; Gasth. Rote Wand, 42 B.), dann über (13km) *Osterhofen* (H. Alpenhof) im breiten *Leitzachtal* nach

16km **Bayrisch-Zell** (800m; Gasth.: Post, 34 B. zu 1-1¼, P. 3½-4 ℳ, einf. gut; Zum Wendelstein), im Talkessel zwischen Wendelstein, Seeberg und Traithen hübsch gelegen. *Sanatorium Tannerhof*, P. mit ärztl. Behandlung 8-10 ℳ.

AUSFLÜGE. *Wendelstein (1836m; 3 St.), s. oben. — *Rotwand (1884m), von Bayrisch-Zell durchs *Kloascher Tal* und über die *Elend-A.* (S. 84) 4½ St., leicht. — **Traithen** (1853m), von Bayrisch-Zell durchs *Urspring-Tal* und (nach ¾ St. l. ab) über die *Vordere Benebrand-A.* (1162m) in 4 St. m. F., mühsam aber lohnend. Abstieg event. über die *Steilen-A.* zum (2¼ St.) *Brünnsteinhaus* und nach (2¼ St.) *Oberaudorf* (S. 90). — **Hinteres Sonnwendjoch** (1988m), MW. in 5½ St., lohnend. Jenseit *Urspring* (2 St., s. S. 85) r. ab, über *Schönfeld-A.* und *Wildkar-A.*, dann über mäßig steile Rasenhänge auf den (3½ St.) Gipfel. Abstieg nach (4 St.) *Falepp* s. S. 87.

Von Bayrisch-Zell nach Oberaudorf oder Brannenburg, 4½-5 St. (F. entbehrlich). MW., anfangs steil, über die *Tanner-A.* und *Grafenberg-A.* zur *Auer Brücke* und durchs *Auerbach-Tal* zum (2½ St.) Gasth. **Tatzelwurm** (745m), bei dem schönen Wasserfall des Auerbachs (bester Standpunkt auf der untern Brücke); von hier MW. in 2 St. zum Brünnsteinhaus, s. S. 90. Hinab auf der l. Seite des tiefen Auerbachtals über *Rechenau* nach (2 St.) *Oberaudorf* (S. 90); oder vom Tatzelwurm l. hinan zur *Hasler-A.* (782m), hinab über die *Regau-A.* und durch das *Förchenbachtal* (100m l. Tunnel) nach (2½ St.) *Brannenburg* (S. 89).

Der Fahrweg nach Kufstein (33km) führt durch das von schön bewaldeten Bergen umschlossene Tal zwischen l. *Traithen* (s. oben),

r. *Seeberg* (1538m). Nach 5km r. ein kleiner Wasserfall des *Sillbachs*; weiter an der Mündung des *Kloascher Tals* vorbei (über die *Elend-A.* nach *Falepp* s. S. 84) zur (24km) *Bäcker-A.* (850m), dann über die österr. Grenze zum (25km) *Whs. Urspring* (837m; guter Wein). Nun hinab durch das schöne Waldtal, mehrfach mit Blicken auf den Kaiser, an dem österr. Zollamt *Hörhag* vorbei. 30km **Landl** (687m; *Gasth., 25 B. zu 1.20-1.60 *K*), Dörfchen im *Tiersee-Tal*, mit Jagdhaus des Erzherzogs Ludwig Viktor.

Nach Falepp über die Ackernalp 5 St. m. F., mühsam und wenig lohnend. Karrenweg durch das bewaldete *Stallental* zwischen l. *Veitsberg* (1789m) und r. *Hinterm Sonnwendjoch* (1988m, über die *Girgal-A.* in 2 St. zu ersteigen, s. S. 86) bis zur (2½ St.) Ackernalp (1387m); weiter auf rauhem Fußsteig hoch an der r. Seite des *Marchbachtals* stets durch Wald, an der *Reichstein-A.* (1066m) vorbei ins *Grundachental*, zuletzt steil hinab in den *Enzengraben*, unter der Holzschwelle hindurch und auf der andern Seite wieder hinan, dann r. zum (2½ St.) Forsthaus *Falepp* (S. 84). — Von Landl über *Riedenberg* zum *Kaiserhaus* (S. 84), Karren- und Fußweg in 4 St. (Wegweiser angenehm).

1km jenseit Landl teilt sich der Weg; der Fahrweg l. führt an der *Tierseer Ache* abwärts, aufs r. Ufer vor (37km) *Wieshäusle* (Wirtsch.; von hier steiniger Weg in 3 St. zum *Trainsjoch*, 1707m, mit lohnender Aussicht, s. S. 90). Weiter zum (40km) Seewirt (s. unten). — Der andere empfehlenswertere Weg führt r. hinan. ¾ St. **Hinter-Tiersee** (866m; Graßhoff); die Wege l. vermeiden; Blick auf (l.) Zahmen, (r.) Wilden Kaiser. 40 Min. **Vorder-Tiersee** (785m), wo beim Pfarrwirt (gelobt) r. ein Weg zum Pendling-Sattel abzweigt (s. unten; 2½ St. bis Kufstein). Vor der Kirche r. das Theater, in dem alle 10 Jahre Passionsspiele stattfinden (zuletzt 1905). Gegenüber der Kirche der Kirchenwirt; ½ St. weiter abwärts der Seewirt (30 B. zu 1 *K*), unweit des *Tier-* oder *Schröcksees* (616m; Kahnfahrt; Bäder).

Einige Min. südl. vom Seewirt führt ein Weg l. ab an der Südseite des Tiersees vorbei und über den *Pendling-Sattel* („zu den drei Brunnen", 705m), wo bei einem Obelisk der oben gen. Weg r. zum Pfarrwirt abzweigt, zwischen *Pendling* (1565m; S. 215) und *Maistaller Berg* nach (2 St.) Kufstein. — Vom Tiersee l. ab lohnender Weg über das *Wachtl* (guter Wein) und *Schöffau* (Kurzenwirt) nach (2 St.) *Kiefersfelden* (S. 90).

Vom Tiersee weiter auf dem Fahrweg über die *Marblinger Höhe*, durch Wald, dann in Windungen hinab, zuletzt am *Edschlößl* (S. 215) vorbei nach (49km) *Kufstein* (S. 214).

16. Von München über Rosenheim nach Kufstein.

99km. Schnellzug in 1½ St. für 8 ℳ 80, 5 ℳ 70, 3 ℳ 60, Personenzug in 3½ St. für 7 ℳ 80, 4.70, 3.10. Beste Aussicht rechts.

München s. S. 4. Die Bahn umzieht die Stadt in großem Bogen; 5km *München-Südbahnhof* (S. 4), dann über die Isar. Bei (10km) *München-Ostbahnhof* (S. 4) zweigt l. ab die Simbacher Bahn (s.

88 *I. R. 16. — K. S. 70.* ROSENHEIM. *Von München*

Bædeker's Süddeutschland). — 37 km **Grafing** (542 m; Whs. am Bahnhof), ansehnlicher Markt (Kasperlbräu), $^1/_2$ St. n.

Von Grafing nach Wasserburg, 29km, Eisenbahn in 2 St. über (6km) **Ebersberg** (557m; Oberwirt, Holzerbräu u. a.), ehem. Malteserpriorat; vom Sommerkeller prächtige Aussicht auf die Alpen (Venediger); umfassender vom Aussichtsturm auf der *Ludwigshöhe* (618m), 25 Min. nördl. In der Kirche schönes Denkmal der Grafen von Ebersberg. — Die Bahn führt weiter nach (29km) **Wasserburg** (479m; Neue Post, Schließleder u. a.), Städtchen von 3900 Einw. mit altem Schloß, auf einer vom Inn umflossenen Halbinsel malerisch gelegen, als Sommerfrische besucht.

Von Grafing nach Glonn, 10,6km, Zweigbahn in 36 Min. durch das freundliche *Glonntal* über *Taglaching*, *Moosach*, *Adling*. Von dem schmucken Pfarrdorf Glonn (*Post; Neuwirt) hübsche Ausflüge nach der *Glonnquelle* (15 Min.), Schloß *Zinneberg* ($^1/_2$ St.), mit schöner Aussicht von der Schießstätte, dem *Steinsee* ($1^1/_2$ St.) usw.

45km *Aßling;* 51km *Ostermünchen.* Vorn r. der Wendelstein, l. das Kaisergebirge; im Hintergrund erscheint der Groß-Venediger. — 59km *Carolinenfeld.*

65km **Rosenheim.** — *Bahnrestaur.* — Gasth.: *Deutscher Kaiser, mit Garten, 50 B. zu 2-4, P. 5-8 ℳ; *Kaiserbad, mit großem Garten und Sanatorium, 80 B. zu 2-3, P. 5-8 ℳ; *Reuters H. Wendelstein, 50 B. zu $1^1/_2$-3 ℳ; Deutsches Haus, 35 B. zu 2-3 ℳ, gelobt; Bayerischer Hof; König Otto; Thallers Gasth., 65 B. zu 1.20-2 ℳ, gelobt. — *Fortners Weinrestaurant.* — Bäder jeder Art im *Kaiserbad* (s. oben), *Elisen-* und *Dianabad.*

Rosenheim (445m), Stadt mit 15400 Einw. am Einfluß der *Mangfall* in den *Inn*, ist Knotenpunkt der Salzburger Bahn (S. 91). Königl. Saline. Städtisches Museum für Heimatkunde und Volkskunst (So 10-12, Do. 1-3 Uhr). AVS.

Hübsche Aussicht auf Inntal und Alpen vom (20 Min.) *Hofbräukeller* und *Pernlohnerkeller* (19m h. Aussichtsturm), und vom ($^1/_2$ St.) *Schloßberg* (Restaur.), am r. Innufer. Sehenswert die Fischzuchtanstalt Bavaria in der Innleiten (1 St.), mit großem Park, Sammlungen usw.; dabei Bad *Leonhardspfunzen* mit Eisenquelle (Restaur.).

[Von München nach Rosenheim über Holzkirchen, 74km in $2^1/_2$ St. Bis (36km) *Holzkirchen* s. S. 71. Die Bahn wendet sich in großer Kurve nach NO. und führt im *Teufelsgraben* (S. 71) abwärts, in den bald die *Mangfall* (S. 75) tritt.

64km **Bad Aibling.** — Gasth.: *Kurhotel Ludwigsbad, 1. Mai-1. Okt., 100 B. zu $1^1/_2$-$2^1/_2$, P. 6-$8^1/_2$ ℳ; H. Duschl zur Post; H. Schuhbräu, 80 B. zu $1^1/_2$-$2^1/_2$ ℳ; Kurhotel Wittelsbach, 60 B. zu $1^1/_4$-5, P. $5^1/_2$-10 ℳ; Johannisbad, Alexanderbad, Theresienbad, Wilhelmsbad, alle mit Bädern.

Aibling (480m), freundlicher Markt (3475 Einwohner) an der *Glonn*, wird wegen seiner Sol- und Moorbäder viel besucht. AVS.

Alpenaussicht vom *Aiblinger Sommerkeller* und *Schuhbräukeller;* hübsche Spaziergänge in den *Irlachanlagen* an der Glonn und im Park des Schlosses *Brandseck*, sowie zum (20 Min.) *Milchhäusl*. Schöne Aussicht auf die ganze Alpenkette von *Ellmosen* (501m), 25 Min. nördl.

Von Aibling nach Feilnbach, elektr. Bahn in 35 Min. für 45 pf. (Fahrzeit von München bis Feilnbach $2^3/_4$ St.). Die Bahn führt in südl. Richtung am Fuß obstreicher Hügel entlang (l. große Moose) nach (12km) **Feilnbach** (539m; Gasth.: *Bad Wendelstein, mit Sol- u. Moorbädern, 80 B. zu 1-$1^1/_2$, P. $4^1/_2$-6 ℳ; Obermaier, Schmid, mit Bädern; Bräuhaus; Wagners Waldrestaurant, 3 Min. vom Bahnhof, 18 B. zu 1 ℳ), freund-

nach Kufstein. BRANNENBURG. *K. S. 70,90. — I. R. 16.*

liebes Dorf am *Osterbach.* Von hier auf den *Wendelstein (1836m; S. 85) 4 St. (nächster Zugang von München her): bequemer rot MW., durch das waldige Tal des *Jenbachs* hinan, an der ($1^{1}/_{4}$ St.) *Mairalm* (874 m; Bier) vorbei zur (10 Min.) *Winterstube* (Blockhaus fürs Forstpersonal) und der ($^{1}/_{4}$ St.) *Kohlstatt,* Waldblöße und Holzlagerplatz; dann r. an der Holzerhütte-vorbei, über den *Lahnerbach* auf dem Forstweg, nach der ersten Kehre l. (r. der Weg zum Breitenstein, s. unten) in Windungen aufwärts, wieder über den Lahnerbach (hübscher Wasserfall) zur *Moosebnet* und stets durch Wald auf den ($1^{1}/_{4}$ St.) Brannenburger Weg (l. 10 Min. entfernt die *Reindler-A.*, s. unten); von hier in $^{3}/_{4}$ St. zum Wendelsteinhaus. — Breitenstein (1700m), von *Feilnbach* $3^{1}/_{2}$ St., gleichfalls lohnend: bis zur ($1^{3}/_{4}$ St.) Kohlstatt s. oben; oberhalb der ersten Kehre (s. oben) r. hinan (rot-gelbe WM.) durch Wald, nach $^{1}/_{2}$ St. l. an der *Antrittswand* vorbei (schöne Aussicht), dann über das *Stiegel* ($^{1}/_{4}$ St.) zum Kessel und im Zickzack steil hinan zum ($^{1}/_{2}$ St.) Gipfel (s. S. 83).

R. erscheint das Kaisergebirge, hinter (69km) *Kolbermoor,* mit großer Spinnerei, der Großvenediger. — 74km *Rosenheim,* s. S. 88.]

Die Bahn wendet sich nach S., am l. Ufer des *Inn.* — 73km *Raubling* (459m; Restaur. Gerer).

Fahrstraße ö. über die Innbrücke nach (1 St.) Neubeuern (478m; Niggl; Glaserwirt), mit Schloß des Frhrn. v. Wendelstadt auf bewaldetem Hügel (Zutritt in den Park gestattet). Lohnende Wanderung südl. talauf nach ($1^{1}/_{4}$ St.) Nußdorf (486m; Bad Nußdorf; Altwirt), mit Mineralquelle, am *Steinbach* hübsch gelegen. Von hier auf den *Heuberg (1338m), 3 St. (F. entbehrlich): von der Dorflinde zwischen Höfen MW. südl. zum Westfuß des Berges, im Wald empor zur ($1^{1}/_{2}$ St.) *Bichler-A.*, l. zum (1 St.) Sattel zwischen *Kundlwand* und *Eingefallner Wand,* dann dem Grat r. folgend zum ($^{1}/_{2}$ St.) Gipfel, mit prächtiger Aussicht (l. die *Wasserenwand* mit Kreuz, schwierig). Abstieg ö. zur *Tacherer-A.*, dann im Bogen südl. zu den Höfen von *Buchberg* und nach *Windshausen* (Innfähre nach Fischbach, S. 90). — *Hochries (1569m), $4^{1}/_{2}$ St., leicht und lohnend (F. entbehrlich). Von Nußdorf am l. Ufer des Steinbachs hinan zur ($^{3}/_{4}$ St.) Einsiedelei *Kirchwald* (683m; hier in $2^{1}/_{4}$ St. auf den *Heuberg,* s. oben) und zum ($1^{1}/_{2}$ St.) *Duftbräu,* über den *Floderbach* r. zur Spatenau und der ($1^{1}/_{2}$ St.) *Rosenheimer Hütte* (1330m; Wirtsch.), 40 Min. unterm Gipfel. Abstieg nach Aschau s. S. 92.

78km Brannenburg (472m; Bahnwirtsch. & Gasth. Braun, B. $1^{1}/_{2}$ ℳ); 20 Min. w. das Dorf (509m), mit Schloß des Major Reinhard (*Gasth. zum Schloß, am Schloßpark, nicht teuer; $^{1}/_{4}$ St. w. Bierkeller, mit schöner Aussicht).

20 Min. w. oberhalb Brannenburg in *Kirchbach* der klimat. Höhenkurort Erdsegen (650m), vegetar. Naturheilanstalt mit schöner Aussicht, großem Park, Luft- und Sonnenbädern, Badeteichen usw., auch im Winter geöffnet (60 B., P. 4-8 ℳ).

Ausflüge (Führer Joh. Georg Estner, Martin Holzner, Josef Huber). Zur *Schwarzlack-Kapelle* (582m), $^{1}/_{2}$ St. n.w., mit Aussicht in die Ebene; über *Degerndorf* (Widmann) s.ö. auf den (20 Min.) *Biber* (530m), Hügel mit Waldwegen und hübschen Aussichten; *St. Margareth* (641m), $^{3}/_{4}$ St. s.w. am Ausgang des *Förchenbachtals,* $^{1}/_{2}$ St. weiter der Wasserfall des Förchenbachs (610m; zum *Tatzelwurm* noch $1^{1}/_{4}$ St., vgl. S. 86). — Ramboldplatte (1423m), über die *Schlipfgrub-* und *Schuhbräu-A.* (Erfr.) in $2^{1}/_{2}$ St., lohnend; prächtige Aussicht (Chiemsee, Kaisergebirge usw.). — *Wendelstein (1836m), 4-$4^{1}/_{2}$ St. (F. entbehrlich; elektr. Bergbahn wird gebaut): vom Bahnhof auf der Straße bis zur Brücke über den *Kirchbach,* dann MW. r. ab an *St. Margareth* vorbei im *Reindlertal* hinan zum ($1^{1}/_{2}$ St.) *Schwarzen Ursprung* (928m); hier gerade fort über den Bach, an der (1 St.) *Mitter-A.* (1161m) vorbei zum ($^{3}/_{4}$ St.) Sattel gegen die *Reindler-A.* (1430m, bleibt r.), wo der Weg von Feilnbach heraufkommt (s. oben), und zum ($^{3}/_{4}$ St.) *Wendelsteinhaus* (S. 85).

Die Berge treten näher an den Inn; r. Burg *Falkenstein* mit hergestelltem Turm, hoch oben die Wallfahrtskirche auf dem *Petersberg* (847m); gegenüber ö. der Heuberg und das Kranzhorn.
82km **Fischbach** (468m; Post; Sommerkeller Wolfsschlucht).
AUSFLÜGE. N.w. über *Falkenstein* auf den (1¹/₄ St.) *Petersberg* (s. oben); w. über die *Asten* auf den (2¹/₂ St.) *Riesenkopf* (1338m), mit lohnender Aussicht. — Südl. über den Inn nach (¹/₂ St.) *Windshausen* (Führer Chr. Sagmeister); von hier auf den *Heuberg* (S. 89) 3 St., auf das *Kranzhorn* (s. unten) 2¹/₂ St.

90km **Oberaudorf** (482m; H. Brünnstein & Bahurest., gelobt); 10 Min. südl. das Dorf (450 Einw.; Hofwirt Funk, mit Garten), Sommerfrische, mit Resten der *Auerburg* auf dem (10 Min.) Schloßberg (545m; Aussicht). 20 Min. n.w. im Walde das Heilbad *Trißl* (B. 1, P. 4-5 ℳ).

AUSFLÜGE. Zum (10 Min.) *Weber an der Wand* (Gasth.); am (10 Min.) hübschen *Luegsteinsee* (mit Schwimmbad und Kahnfahrt) und dem schön gelegenen *Gasth. Grafenburg* (16 Z., P. 3¹/₂ ℳ) vorbei zur (¹/₂ St.) *Gfallermühle*, mit schönem Wasserfall (Wirtsch.); an der Schießstätte vorbei nach (³/₄ St.) *Hocheck* (824m), mit Wirtsch. und Aussicht (im Winter gute Rodelbahn); ins *Auerbachtal* zum *Tatzelwurm* (S. 86), 2¹/₂ St. (weiter nach *Bayrisch-Zell* s. S. 86). — *Kranzhorn (*Grenzhorn*, 1366m), 3¹/₄ St., leicht: vom Bahnhof über die Innbrücke zum (¹/₂ St.) *Zollhaus* (*Gasth.); Fahrstraße l. nach (15 Min.) *Mühlgraben* (Weinzierl; 20 Min. n.ö. der malerische *Trockenbachfall*), dann MW. über die *Bubenau*- und *Kranzhorn-A.* zum (2¹/₂ St.) Gipfel, mit Kreuz und herrlicher Aussicht. — *Spitzstein (1596m), 4¹/₂ St., leicht. Vom (30 Min.) *Zollhaus* (s. oben) MW. über *Mühlau* und *Steigental* zur (2¹/₂ St.) *Spitzsteinhütte* (1277m; ganzjähr. Wirtsch.) und zum (1 St.) Gipfel. Abstieg nach Sachrang s. S. 93. — *Brünnstein (1619m), 4¹/₄ St., leicht: MW. über *Buchau*, oder über Gfallermühle und *Wildgrub* zum (3¹/₂ St.) *Brünnsteinhaus* der AVS. (Brünnstein (1350m; ganzjährige *Wirtsch., 22 B. u. 13 Matr.; F), dann auf AV.-Steig („Kapellenweg") r. zur (³/₄ St.) Kapelle am Gipfel (interessanter für Geübtere der „Dr. Julius-Mayr-Weg" direkt über die Südseite, durch eine 12 m l. Klamm); ¹/₂ St. vom Brünnsteinhaus zum Gipfel). Prächtige Aussicht (Panorama von Wischniowsky). Im Winter gute Rodelbahn bis Oberaudorf. — Vom Brünnsteinhaus zum *Tatzelwurm* (S. 86) mark. AV.-Weg in 1¹/₂ St. — **Traithen** (1859m), 6 St. m. F., vom (3¹/₂ St.) Brünnsteinhaus über *Himmelsmoos-A.* zum Sattel w. des *Steilnerjochs*, am Grat entlang zum *Unterbergjoch* und zum (2¹/₂ St.) Gipfel (vgl. S. 86). — Vom Brünnsteinhaus über Himmelsmoos auf das **Trainsjoch** (1707m), 3¹/₂ St., lohnend (Abstieg nach Tiersee, s. S. 87). — Von Oberaudorf nach *Kössen* s. S. 218.

Über den *Klausenbach* nach (95km) **Kiefersfelden** (485m); 10 Min. entfernt das Dorf (*H. König Otto, 60 B. zu 1-1¹/₂, P. 4-10 ℳ; Mesnerwirt), mit dem Marmorwerk *Kiefer* (Restaur.) und Siegesdenkmal für 1870-71. Im Sommer jeden So. Bauerntheater. Die Bahn überschreitet bei der got. *Otto-Kapelle* (zum Andenken an den Abschied König Ottos von Griechenland 1832 erbaut) die österreichische Grenze, in einem Engpaß, die *Klause* genannt (s. S. 215).

99km *Kufstein* (Bahnrestaur.; österr. u. bayr. Zollabfertigung), s. S. 214. — Von Kufstein nach Innsbruck s. S. 218.

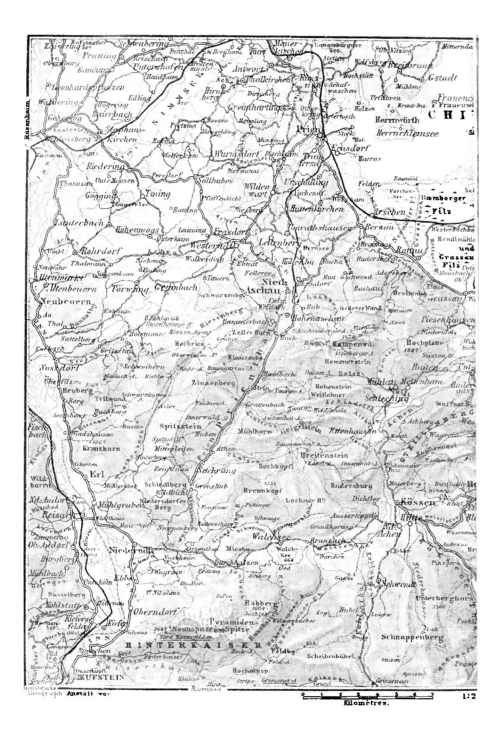

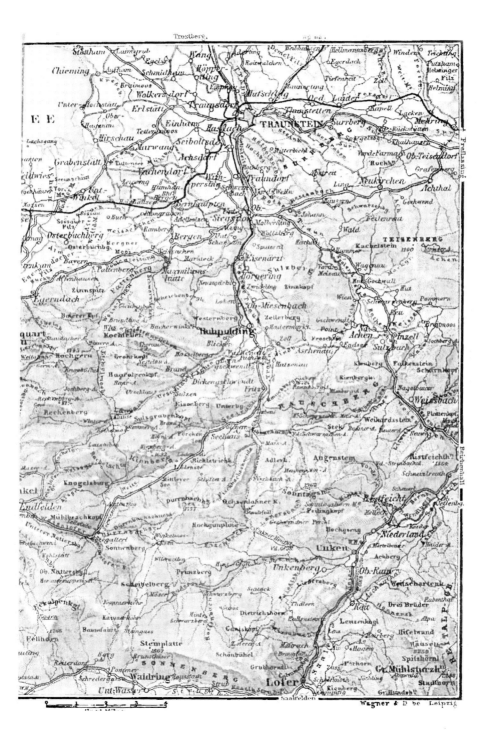

17. Von München nach Salzburg. Chiemsee.

153km. Schnellzug in 2½ St. für 14 ℳ 50, 9.50, 5.80; Personenzug in 5½ St. für 12 ℳ 50, 7.40, 4.80.

Bis (65km) *Rosenheim* s. S. 88. Die Bahn überschreitet den Inn und erreicht hinter (71km) *Stephanskirchen* den freundlichen 6km l. *Simmsee* (470m); am N.-Ende (77km) HS. *Krottenmühle* (zwei Gasthäuser), in hübscher Lage am Walde. 81km *Endorf* (525m; *Post; Wieser); dann durch Hügelland über (86km) *Rimsting* nach 90km **Prien**. — Gasth.: *H. Chiemsee am Bahnhof, 56 B. zu 1½-2½, P. 4½-10 ℳ; H. Kampenwand, 2 Min. vom Bahnhof, 40 B. zu 1-3, P. 4-5 ℳ; Bahnhof-Hot. Bayrischer Hof, 30 B. zu 1-2½, P. 4-6 ℳ; Jos. Mayers Brauerei u. Gasth.

Prien (531m), großer Markt (2361 Einw.) im freundlichen *Priental*, wird als Sommerfrische viel besucht. Parkanlagen des VV. am Prienflusse. Schöne Aussicht vom Höhenberg (12 Min.). — AVS.

Zum Chiemsee, Lokalbahn in 8 Min. (zu Fuß 20 Min.) bis (2km) *Stock* (*Strandhotel & Sanatorium, 15. Mai-15. Sept., 80 B. zu 3-5, F. 1.20, M. 4, A. 3, P. 8-12 ℳ, mit Bädern; Gasth. Dampfschiff, gelobt; Badeanstalt u. Ruderboote), Landeplatz für das Dampfboot, das im Sommer 10mal tägl. in 15 Min. zur Herreninsel, 8mal in 25 Min. zur Fraueninsel und zurück fährt (Rückfahrkarte von Prien zur Herreninsel I. Kl. 2 ℳ 40, Eisenbahn II. Kl., Dampfboot I. Kl. 1 ℳ 80). — Der **Chiemsee** (519m), das „Bayrische Meer", 11km l., 12km br., 73m tief, mit flachen Ufern, daher Winden und Stürmen sehr ausgesetzt, bietet von seiner Mitte und Nordseite eine herrliche Aussicht auf die im Süden sich erhebende Alpenkette. Der See hat drei Inseln: die Herreninsel, die Fraueninsel und die unbewohnte Krautinsel. Auf der *Herreninsel* (205ha) das große ***Schloß Herrenchiemsee**, von Dollmann und Hoffmann 1878-85 für König Ludwig II. nach dem Vorbilde des Versailler Schlosses erbaut, aber unvollendet (vom 10. Mai bis 18. Okt. täglich 9-5 U. geöffnet, Eintritt 3 ℳ, Sonn- und Feiertags 1 ℳ 50, am 13. Juni geschlossen). Die Besichtigung erfordert einschließlich der Wege vom und zum Dampfboot ca. 2 St. Von der Landebrücke gelangt man, an der Kasse vorbei wo man die Eintrittskarten löst, in 2 Min. zum *Schloßhotel, mit schattiger Terrasse (35 B. zu 2.20-3, P. 5½-6½ ℳ; Schirme erst im Schloß abgeben!). Von hier durch die Anlagen am *alten Schloß* (ehem. Benediktinerkloster), weiter durch Wald in 10 Min. zum *Schloß Herrenchiemsee*, einem nach O. geöffneten Viereck mit 102m langer Westfront, an das nach N. ein 149m l. Seitenflügel geplant war. Die Springbrunnen sind jetzt ohne Wasser.

Durch das Vestibül, in dem eine prachtvolle farbig emaillierte Pfauengruppe, gelangt man in den 40m l. Marmorhof und r. in das prächtige, mit Marmor, Stuck und Wandmalereien reich geschmückte *Treppenhaus*. Im ersten Stock r. die *Salle des Gardes* (Hartschiersaal), mit Bildern und Büsten aus der Zeit Ludwigs XIV.; das *Erste Vorzimmer* (lila); der *Salon* de l'*Œil du Bœuf* (grün), mit Reiterstatue Ludwigs XIV. von Perron; die **Chambre de Parade* (purpur mit Gold) mit reich vergoldetem Prachtbett; die *Salle du Conseil* (hellblau); dann die 75m l. *Spiegelgalerie*, mit 35 Kristall-Kronleuchtern und 32 Kandelabern, für 2500 Kerzen, und die r. und l. an sie anstoßenden *Salle de la Guerre* und *Salle de la Paix*. Weiter im n. Querflügel das *Schlaf-, Arbeits-* und *Ruhezimmer* des Königs, der *Porzellan-* oder *Ovale Salon*, das *Speisezimmer* mit Aufzichtisch und prachtvollem Porzellan-Kronleuchter, und die *kleine Galerie*; endlich im Erdgeschoß das *Bade-* und *Toilettenzimmer*.

Sehr lohnend die Dampfboot-Rundfahrt auf dem See (3mal tägl. in 2 St.; Stationen Herreninsel, Fraueninsel, Gstadt, Chieming, Seebruck u. zurück), bei der sich die Aussicht auf die Alpenkette vollständig entfaltet: ö. in weiter Ferne der Gaisberg (S. 125) bei Salzburg, dann der Teisenberg, Untersberg, Stauffen und Zwiesel; Hoher Göll, Watzmann, Sonntagshorn, Steinernes Meer, Hochkalter, Hochfelln, Hochgern, Loferer Steinberge, Großvenediger, Großglockner, Kitzbühlerhorn, Hochplatte, Kampenwand, Kl. Kaiser, Kranzhorn, Spitzstein, Hochries, Heuberg, Sonnenwendjoch, Soiern, Wendelstein, Breitenstein, Brecherspitz.

Auf der 9ha großen **Fraueninsel**, von Malern viel besucht, ist neben dem ansehnlichen Benediktinerinnen-Kloster (Mädchenpensionat; alte Kirche mit 1000jährigem Portal) ein Fischerdörfchen und gutes Gasthaus (B. $1^1/_2$, P. $3^1/_2$-$4^1/_2$ ℳ). Dampfboot s. S. 91; Kahnfahrt von der Herren- zur Fraueninsel in 20 Min. (50 pf.).

Von *Seebruck* (*Post), am N.-Ende des Sees beim Ausfluß der *Alz* (Dampfboot von Stock nach Seebruck und Chieming 3mal tägl.), Fahrstraße n.w. nach (1 St.) *Seeon* (538m; *Whs.*), ehem. Kloster mit Kirche aus dem XI. Jahrh., auf einer Insel im *Klostersee* (vom *Höhenberg* und *Weinberg* schöne Aussicht). Von hier lohnender Weg über die *Hölltalmühle* an der Alz nach ($1^1/_2$ St.) *Stein an der Traun* (S. 94). — Von *Chieming* (Unterer und Oberer Wirt), Mineralbad am ö. Seeufer, führt ein angenehmer Fußweg (auch Post von Seebruck über Chieming nach Traunstein tägl. in $2^1/_2$ St.) nach (2 St.) *Traunstein* (S. 94).

Gute Unterkunft für Sommerfrischler in den Dörfern *Breitbrunn* (539m; Gasth. zur Schönen Aussicht, nicht teuer), $1^1/_2$ St. n.ö. von Prien, und *Gstadt* (gutes Whs.), Dampfbootstation, gegenüber von Frauenchiemsee.

Von Prien nach Aschau, Zweigbahn in 30 Min. durch das schön bewaldete *Priental*, am Schloß *Wildenwart* vorbei, über (5km) *Umrathausen*. — $9{,}6$km **Niederaschau** (615m; Bahnrestaur., B. 1-$1^1/_2$ ℳ; Gasth. zur Kampenwand, B. 1-$1^1/_2$, P. 4-5 ℳ; im Dorf *Rests Gasth., 27 B. zu 1.30-1.50, P. 4.50 ℳ, Moorbäder), reizend gelegene Sommerfrische. PTF. Angenehme Moorbäder mit Schwimmbad bei *Haindorf*, 20 Min. n.ö. Auf einem Hügel 20 Min. südl. Schloß *Hohenaschau* (693m), Eigentum der Familie v. Cramer-Klett; am Fuß das **Gasth. zur Burg* (35 B. zu 2-3 ℳ), im Sommer meist überfüllt. Hübsche Wasserfälle des *Hammerbachs* 25 Min. vom Gasthof.

Ausflüge (Führer Alois und Jos. Maier in Hohenaschau). Auf gutem Wege w. bergan zur ($1^1/_2$ St.) *Hofalm* (1023m; Wein), mit Aussicht auf Priental und Ebene; umfassender vom *Aschauerkopf* (1074m), $^1/_2$ St. n. Von der Hofalm s.w. an der S.-Seite des *Riesenbergs* aufwärts zur (1 St.) *Riesenalm* und auf die ($^3/_4$ St.) *Hochries* (1569m), mit sehr lohnender Aussicht (n. $^1/_2$ St. unterhalb die bewirtschaftete *Rosenheimer Hütte*, S. 89). — ***Kampenhöhe**, $3^1/_2$ St., leicht. Bequemer $10{,}8$km langer Reitweg (Wegtafeln und Bänke) über die (2 St.) *Schlechtenberger-A.* (Wirtsch.) und (1 St.) *Steinling-A.* (Unterkunft, 6 B.), zuletzt l. zur ($^1/_2$ St.) *Kampenhöhe* (1565m), mit großartiger Aussicht (Tauern usw.). Die zackige Spitze der *Kampenwand* (1669m) ist nur für gute Kletterer zu erreichen (von der

Steinling-A. ¹/₂ St. zum *Sattel*, 1625m; dann r. ¹/₄ St. schwierig hinan). Von der Kampenhöhe rot MW. s.w. zur *Möslarn-A.* und an der O.-Seite der *Scheibenwand* (1598m) hinab zur *Hintern Dalsen-A.* (1032m), wo Wegteilung: l. zur *Vordern Dalsen-A.* (gute Unterkunft) und nach (2¹/₂ St.) *Schleching* (S. 95); r. durch den Klausgraben nach (2 St.) *Hainbach* (s. unten); geradeaus über die *Aschentaler Wände* auf den (3¹/₂ St.) *Geigelstein* (s. unten). — Von der Steinling-A. zur *Hochplatte* (S. 95) 2 St., F. ratsam.

Von Aschau nach Kufstein, 29km (Post bis Sachrang tägl. in 1³/₄ St.). Die Straße führt im Priental über (5km) *Hainbach* (über die *Dalsen* nach *Schleching*, 4¹/₂ St., s. oben) und *Huben* zwischen r. *Spitzstein* (1596m; von Sachrang rot MW. in 2¹/₂-3 St., s. S. 90), l. *Geigelstein* (1808m; von Sachrang über *Schreck-A.* MW. in 3¹/₃ St., vgl. S. 96) nach (12km) **Sachrang** (738m; Neumaier) und zur (12,₅km) Paßhöhe (751m), überschreitet nach 20 Min. die tiroler Grenze und senkt sich über (14,₅km) *Wildbichl* (689m; Gasth., 2 Min. weiter Gasth. Alpenrose, in beiden guter Wein), anfangs allmählich, dann steil hinab (nicht fahrbar) über den *Stein* nach (18,₅km) *Sebi* an der Straße von Walchsee nach Kufstein (S. 218; vorzuziehen der Fußweg von der Alpenrose über *Reit* und *Noppenberg* nach *Sebi*, 1 St.).

Die Eisenbahn umzieht den Chiemsee an der Südseite. 95km **Bernau** (526m; Bahnrest.; im Dorf, 10 Min. s.w.: Altwirt; P. Villa Germania, 20 B. zu 1¹/₂-3, P. 5-6 ℳ; Villa Bernau), Sommerfrische und Wintersportplatz in freundlicher Umgebung.

Hübsche Aussicht vom (5 Min.) *Kalvarienberg* und vom (25 Min.; Waldweg, an der Schießstätte vorbei) *Hitzelsberg*. — Über *Kraimoos* nach dem Gebirgsdorf *Bergham* (¹/₂ St.); zurück auf der Standacher Distriktsstraße (20 Min.). — Über Kraimoos, die *Wolfsschlucht* und *Stiege* nach (1¹/₄ St.) *Gschwendt*, mit herrlicher Aussicht; zurück über Vorder-Gschwendt und Reit (1 St.). — Vom Bahnhof über *Irschen* zum (20 Min.) Chiemsee (Seewirt), mit Badeanstalt. Bei Irschen interessante Moorkulturanstalt (25 Min.).

103km **Übersee** (526m; Gasth. zur Bahn, einf.); nach Marquartstein s. S. 95. Dann über die *Achen*. — 111km **Bergen** (586m; Restaur.); 25 Min. südl. das Dorf (Post; Meindl).

Fahrstraße vom Bahnhof (Post 2mal täglich in ¹/₂ St.) über *Bernhaupten* nach dem 3km s.ö. reizend gelegenen **Wildbad Adelholzen** (657m; Gasth.: *Kurhaus*, 110 Z. zu 2¹/₂-6, P. 5-10 ℳ; *Kuranstalt* Ludwigsbad und Pens. Villa Schmid, 30 Z. von 1 ℳ 20 an, P. o. Z. 3 ℳ), mit Mineral-, Sol- und Moorbädern. PTF. Unterkunft auch in *Alzing* (Gasth. Oberauer; P. Immergrün, 45 B., P. 6-7¹/₂ ℳ, gelobt), 1km ö.; Fahrstraße von hier nach (3km) *Siegsdorf* (S. 97). — 3,₅km s.w. von Adelholzen (1,₆km vom Dorf Bergen) im *Weißachental* die **Maximilianshütte** (619m; *Gasth. zum Eisenhammer*; Hüttenschenke), mit bedeutenden Gießereien, Hochöfen usw.

***Hochfelln** (1670m), von Station Bergen 3¹/₂ St. (F. unnötig, Pferd 10, hin und zurück 16, mit Übernachten 20 ℳ, Sesselwagen bis Brünnling-A. 8 ℳ), leicht. Von der (³/₄ St.) *Maxhütte* (s. oben) im *Weißachental* aufwärts, hinter den letzten Häusern den zweiten (mark.) Weg l. ins *Schwarzachental*, meist durch Buchen- und Fichtenwald hinan; nach ¹/₄ St. tief unten r. die wilde Schlucht der Schwarzachen mit schönem Wasserfall; ³/₄ St. hinterer Schwarzachenfall; ³/₄ St. *Brünnling-A.* (1160m; Wirtsch. mit Betten, F), in schöner Lage. Nun in vielen Windungen hinan (Echo) zur (³/₄ St.) *Fellnscharte*, wo sich plötzlich der Blick auf die Tauern öffnet, und r. zum (20 Min.) *Hochfellnhaus* (*Whs., 16 B. zu 2-3 ℳ u. 30 Matr. zu 50-70 pf., das ganze Jahr offen; PF), 5 Min. unter dem Gipfel (oben die *Taborkapelle*). Großartige *Rundsicht. Abstieg auch nach *Ruhpolding* (S. 97) oder nach *Maria-Eck* (S. 97). — Von der Brünnling-A. zur Maxhütte gute Rodelbahn.

Ähnliche Aussicht vom *Hochgern* (1744m), MW. von der Maxhütte

94   I.R.17.—K.S.90,126.   TRAUNSTEIN.

über die *Hinter-A.* (1132m; Unterkunft) in 4¹/₄ St.; besser von Marquartstein (S. 95). Auf dem Gipfel ein 6,₅m h. eisernes Kreuz.

L. bleibt das hübsch gelegene Dorf *Vachendorf* (Post), 20 Min. von Stat. Bergen.

118km **Traunstein**. — *Bahnrestaur.* — Gasth.: *Parkhotel Traunsteiner Hof, 56 B. zu 2-3¹/₂, P. 6-10 ℳ; *Bahnhof-Hot. zur Krone, Z. von 1¹/₂ ℳ an; in der Stadt *H. Wispauer, 36 B. zu 2-4¹/₂, P. 5-7 ℳ; *Post, 35 B. zu 1¹/₂-3, P. 4¹/₂-7¹/₂ ℳ; Wochingerbräu, B. 1.30-1.50 ℳ; Sailer; Traube; Auwirt, einf. gut. — Bierkeller: *Höllbräu, Wochinger, Sailer,* alle drei mit hübscher Aussicht. — *Kuranstalt Traunstein *(Dr. G. Wolf)*, mit Sol-, Moor- und Fichtennadelbädern und großem Garten, 80 B. zu 1¹/₂-5, P. 6-10 ℳ; *Marienbad und Bad Wimmor, Sol- und Moorbäder. — Städt. *Schwimmbad* (Moorwasser) 10 Min. südl. — *Lesezimmer* des Verschönerungsvereins. — *Kurtaxe* bei mehr als 5täg. Aufenthalt 3 ℳ, Familien 5 ℳ.

Traunstein (591m), wohlhabende Stadt (8080 Einw.) auf einer Anhöhe über der *Traun,* wird als Sommerfrische viel besucht. Schattige Spaziergänge in den nahen Wäldern. Friedensdenkmal; Denkmäler für König Max II. und Prinzregent Luitpold (1905); Luitpoldbrunnen (1894); Liendlbrunnen (1526); histor. Museum des Chiemgaus. Die Salinengebäude mit großen Holzvorräten liegen im Vorort *Au* an der Traun; die Sole wird 36km weit von Reichenhall hergeleitet. — AVS. Traunstein.

Ausflüge. An der Traun ¹/₄ St. abwärts das *Wildbad Empfing (570m; P. von 5 ℳ an), mit Bädern aller Art, Kneippkur usw., in reizender Lage. — Von der *Weinleite,* 20 Min. n.w., hübscher Blick auf Stadt und Gebirge; umfassender vom *Hochberg (772m; Whs. zur hohen Wart), 1¹/₄ St. südl., und vom *Hochhorn (774m), 2¹/₂ St. ö., über *Surrberg* (überall WM.). — *Teisenberg* (1333m), über *Neukirchen* in 4 St. (s. S. 102). — 7km n. *Kammer* (632m; Sommerkeller mit schöner Aussicht). — 12,₆km n.ö. (Eisenbahn in 48 Min. über *Weibhausen*) liegt *Waging* (465m; Post), angenehme Sommerfrische, unweit des *Waginger Sees* (442m). Von Weibhausen (s. oben) Spaziergang in ¹/₂ St. nach *St. Leonhard,* mit Aussicht auf den Dachstein.

Von Traunstein über *Siegsdorf* nach *Ruhpolding,* 13km, Eisenbahn in 55 Min., s. S. 97. — Von Siegsdorf nach *Maria-Eck* usw. s. S. 97.

Von Traunstein über Inzell nach Reichenhall (35km; Eisenbahn in 26 Min. bis Siegsdorf, von wo tägl. Post in 1³/₄ St. bis Inzell), von Inzell an auch für Fußgänger lohnend (vgl. Karten S. 90, 126). Bis (5,₂km) *Siegsdorf* s. S. 97; weiter über den *Roten Traun* über *Molberting* und *Hammer* nach (17,₅km) *Inzell* (693m; Post, gut), Dorf in einem alten Seebecken [weit lohnender der Weg von Traunstein über den *Hochberg* (s. oben), mit schönem Überblick über die Alpenkette, allmählich abwärts über *St. Johann* und *Hammer*]. Ausflüge von Inzell: 1 St. ö. das Forsthaus *Adlgaß* (Erfr.), in schöner Lage; von hier auf den *Teisenberg* (S. 102) MW. in 2 St.; auf den *Zwiesel* (1781m) MW. in 3¹/₂-4 St., direkt 2¹/₂-3 St. (beschwerlich, nur für Geübte; s. S. 102). *Inzeller Kienberg* (1696m) und *Rauschberg* (1672m), je 3 St., lohnend; überall WM. — Die Straße tritt zwischen l. Falkenstein, r. Kienberg in das Gebirge und führt durch das tiefeingeschnittene *Weißbachtal* über das Dorf *Weißbach* (611m), zuletzt (der sog. Neuweg) hoch an der l. Seite des Tals neben der Soleneitung zum (26km) *Mauthäusl (S. 101). Von hier nach (35km) *Reichenhall* s. R. 19.

Nach Trostberg, 21km, Lokalbahn in 1 St. 5 Min. durch das hübsche Trauntal, an der Haltestelle *Empfing* vorbei (Bad Empfing ist bequemer von Traunstein direkt zu erreichen, s. oben). 16km *Stein an der Traun* (542m; Bräuhaus), mit der alten in die Felsen gegrabenen Burg der Törringe (Sage vom Mädchenräuber Heinz von Stein; Besuch interessant,

Führer der Meßner) und neuem Schloß des Grafen Arco-Zinneberg; 18km *Altenmarkt*, hübsch gelegener Markt mit dem alten Kloster *Baumburg* (644m; interessante Grabsteine und hübsche Aussicht). Von hier nach *Seeon* (S. 92) 1½ St. — 21km *Trostberg* an der *Alz* (mehrere Gasth.), in reizender waldreicher Umgebung, ist als Sommerfrische zu empfehlen (gut eingerichtete Badeanstalt). Schöne Aussicht von der *Siegertshöhe* (¼ St.).

Auf 23m h. Brücke über die Traun; südl. der Teisenberg, dann Stauffen, Untersberg und Watzmann. 124km *Lauter*; 134km **Teisendorf** (503m; Bahnrestaur.; Wieninger, Post, beide gut), Sommerfrische (Schwimmbad); 3km w. Ruine *Raschenberg* (Aufstieg zur *Stoißer-A.* am *Teisenberg*, s. S. 97, 102).

146km **Freilassing** (421m; Büfett; Gasth.: *H. Föckerer, 60 B. zu 1.70-2.80, P. 5-10 ℳ; *Zum Schmidhäusl bei Maffei, 10 Min. vom Bahnhof, B. 2-3, P. 6-10 ℳ; Bayr. Hof; Krone; Rieschen), Sommerfrische, Knotenpunkt der Bahnen r. nach Reichenhall (S. 98), l. nach Mühldorf-Landshut (Schnellzüge Berlin-Salzburg in 13¼-14¾ St.). Über die *Saalach* (österr. Grenze); r. Schloß Klesheim, l. Maria-Plain; dann über die *Salzach*. R. die Feste Hohensalzburg.

153km *Salzburg* (österr. Zollamt), s. S. 117.

18. Von Übersee nach Reit im Winkel und über Ruhpolding nach Traunstein.

EISENBAHN von München bis (103km) *Übersee* in 2-4 St., von da VIZINALBAHN nach (8km) *Marquartstein* in ½ St. Von Marquartstein nach *Reit im Winkel* (15km) POST im Sommer tägl. in 2¾ St. (1 ℳ 60). — Von Reit nach *Ruhpolding* (24km) Fahrstraße ohne Postverbindung; von Ruhpolding nach *Traunstein* (13km) Eisenbahn in 55 Min.

Übersee s. S. 93. Die Bahn nach Marquartstein führt südl. durch das breite, von großen Moosen umgrenzte Achental über *Mietenkam* und *Staudach* (535m; Whs. zum Hochgern), mit Zementwerk, Station für die 20 Min. w. gelegene Sommerfrische *Grassau* (*Post, Graßl).

8km **Marquartstein** (542m); *Hofwirt, mit Bädern, 42 B. zu 1.20-2 ℳ; Prinzregent, Alpenrose, beide einf. gut; P. Villa Regina), in waldreicher Umgebung, mit Schloß des Baron Tautphœus. AVS.

Am *Schnappen*, einem Ausläufer des Hochgern, hoch oben (1½-2 St.) die *Schnappenkapelle* (1100m), mit schönem Blick auf Chiemsee usw. — *Hochgern (1744m), von Staudach MW. über *Staudacher-A.* in 3¼ St., oder besser von Marquartstein auf gutem MW. (im Winter Rodelbahn) über *Aggergschwend* zum (3 St.) *Hochgernhaus* auf der *Weitalm* (1450m; ganzjährige *Wirtsch.), mit schöner Aussicht auf die Tauern, und zum (1 St.) Gipfel, s. S. 93. — Von Marquartstein oder Staudach über *Schnappenkapelle, Staudacher-A.*, *Vorder-* und *Hinter-A.*, oder über den *Jochberg* und *Urschlau* nach (5-6 St.) *Ruhpolding* (S. 97), MW., lohnend. — **Hochplatte** (1587m), MW. von Marquartstein über Schloß *Niedernfels* und die *Platten-A.* in 3-3½ St., gleichfalls lohnend (AV.-Weg über die *Piesenhauser Hochalpe* in 2 St. zur *Steinling-A.* an der *Kampenwand*, s. S. 92).

Von Marquartstein nach Kössen, 3¾ St. Fahrweg (von Schleching ab für Wagen kaum geeignet) am l. Ufer der Ache über *Raiten* und *Mettenham* nach (2 St.) **Schleching** (569m; Post), in weitem Talboden schön gelegen (n. Hochplatte, *Kampenwand*, w. Geigelstein, s.w. Breitenstein, Rudersburg). — *Geigelstein (*Wechsel*, 1808m), MW. über *Ettenhausen*, die *Wurstein-A.* und *Wirts-A.* in 4 St., nicht schwierig;

REIT IM WINKEL.

prächtige Aussicht besonders auf Kaisergebirge und Glocknergruppe. Abstieg w. nach ($2^1/_2$ St.) *Walchsee* (S. 218) oder ($2^1/_2$ St.) *Sachrang* (S. 93); n. über die *Aschentaler Wände* zur *Dalsen-A.*, dann l. hinab nach *Hainbach* (S. 93), oder geradeaus hinan über Möslarn-A. zur *Kampenhöhe* (S. 92) und hinab nach ($4^1/_2$-5 St.) *Aschau* (S. 92). — Dann über die Ache zur ($1/_2$ St.) bayrischen Maut *Streichen*, in dem $3/_4$ St. langen *Paß **Klobenstein** (610m) über die tiroler Grenze (bei der Wallfahrtskapelle, fast am Ende, kl. Wirtsch.; unten, 4 Min., die sehenswerte *Entenlochklamm*) und hinab nach (1 St.) *Kössen* (S. 218). — Weit lohnender ist die Fußwanderung von Marquartstein über *Unterwessen* (s. unten) und *Achberg* nach Klobenstein, stets mit herrlicher Aussicht auf Tal und Gebirge.

Die Straße nach Reit (für Fußgänger vorzuziehen der schattige Waldweg vom obern Forstamt bis kurz vor Oberwessen) führt am r. Ufer der Ache nach (3km) *Unterwessen* (570m; Gasth. Schafferer, 40 B. zu 1, P. $4^1/_2$-6 ℳ, gut), Sommerfrische (auf den *Hochgern* $3^1/_2$ St., s. S. 95); dann s.ö. über *Dachsenberg* (Bruckmeier) nach (8km) *Oberwessen* (650m; Friedlwirt; MW. zur Möser-A., s. unten) und am Gasth. Hiller (Badeanstalt) vorbei in engem Waldtal um den *Walmberg* herum (näherer Fußweg nach $3/_4$ St. beim Handweiser r. ab über die Eck-Kapelle), nach (15km) **Reit im Winkel** (695m; Gasth.: Oberwirt oder Post, 70 B. zu 1-3, P. $3^1/_2$-$5^1/_2$ ℳ, Unterwirt, 29 B. zu 1-1.50, P. $3^1/_2$-$4^1/_2$ ℳ, beide gut), einfache Sommerfrische (300 Einw.), in weitem Talboden malerisch gelegen.

AUSFLÜGE. Zur (25 Min.) *Eck-Kapelle* (870m), südl. unterhalb guter Überblick des Tals; von hier r. auf den ($1/_2$ St.) *Walmberg* (1062m; beim Signal Blick auf den Chiemsee); oder von der Kapelle l. über den Bergrücken durch Wald zur *Glapfgschwend* (946m), zurück über *Birnbach* ($1^1/_2$ St. bis Reit). — Zur Glocknerschau, $3/_4$ St. w. am Wege zur Möseralp, über die Höhe *Glapf* und *Birnbach* (s. oben); Aussicht auf den Großglockner. — *Möseralpe* (1320m), MW. in $2^1/_2$ St.; schöne Aussicht auf die Tauern; Abstieg zum ($1/_2$ St.) forellenreichen *Taubensee* (1138m; in der Nähe kl. Wirtsch., Aussicht) und nach ($1^1/_2$ St.) *Kössen* (S. 218), *Schleching* oder *Oberwessen* (s. oben).

*Fellhorn (1766m), $3^1/_2$-4 St., leicht (F. $4^1/_2$ ℳ, entbehrlich). MW. über *Blindau* meist durch Wald zur (3 St.) *Eggenalm* (1693m; Whs., 22 B.), mit schöner Aussicht; dann in 25 Min. zur breiten alpenrosenreichen Kuppe, mit prächtiger Rundsicht, namentlich großartigem Blick auf die Loferer Steinberge; tief unten das Achental. Abstieg nach (3 St.) *Waidring* s. S. 227; zum *Seegatterl* (s. unten) über *Hemmersuppen-A.*, MW. in 2 St.

Von Reit nach *Kössen* (7km) s. S. 218 (Fahrstraße nach Kufstein, S. 218). — Von Reit nach Unken über die *Winkelmoos-A.*, 6-7 St. Beim ($1^1/_2$ St.) *Seegatterl* Karrenweg (rote WM.) r. am *Dürrenbach* hinan zur ($1^1/_2$ St.) *Winkelmoos-A.* (1161m; Whs., einf. gut), hier entweder geradeaus in das *Fischbachtal* zur *Schneider-A.* (S. 97) und nach ($3^1/_4$ St.) *Unken;* oder r. hinab (MW., aber F. ratsam; sumpfige Stellen) zur ($1^1/_4$ St.) Jägerhütte *Schwarzberg* und in die *Schwarzbergklamm* ($2^1/_2$ St. bis Unken, s. S. 166).

Nach Ruhpolding (24km) Fahrstraße durch das bewaldete *Weißlofertal* bis zum (7km) *Seegatterl* (763m; Säge u. einf. Whs.), dann l. durch Wald am *Weit-, Mittel-* und *Löden-See* vorbei zum (16km) **Seehaus** (746m; Whs.), am prächtig grünen *Förchensee*.

Seehauser Kienberg (1693m), vom Seehaus über *Brand-A.*, *Ostertal u. Hochkienberg-A.* in $3^1/_2$ St. m. F., für Schwindelfreie lohnend (Gemsen); vom Gipfel (*Gurnwand* 1693m, *Hörndlwand* 1685m) schöne Aussicht (auch von Ruhpolding über *Brand, Rötelmoos* und *Hochkienberg-A.* in $4^1/_2$ St.). — *Dürrnbachhorn (1776m), vom Seegatterl über

Winkelmoos-A. und *Dürrnbach-A.* in 4 St. m. F., nicht schwierig; prächtige Aussicht; Abstieg über *Wildalm* ins *Heutal* zum *Staubfall* und durchs *Fischbachtal* nach *Laubau*, sehr lohnende Rundtour.

Weiter an der *Seetraun* zum (18,5km) Weiler *Laubau* (693m; im Forsthaus Kaffee), an der Mündung des *Fischbachs* in die Traun. Beim Handweiser r. rote WM. durch das enge *Fischbachtal* zum (1½ St.) *Staubfall, der 175m hoch vom Reiffelberg herabstürzt (österr Grenze, 886m). Der Fußsteig, mit Eisengeländer versehen und ohne Gefahr, führt hinter dem Fall hindurch, weiter an mehreren Fällen des Fischbachs (r. in der Tiefe) vorbei zur (¼ St.) *Schneider-A.* (963m) im *Unkner Heutal* (S. 166); von hier über *Gföll* nach *Unken* 1¾ St., zur *Schwarzbergklamm* 1½ St. (F. ratsam, s. S. 166). — Vom Heutal auf das *Sonntagshorn* (1962m) 2⅓-3 St., s. S. 166.

Die Straße überschreitet die Traun (von hier ab *Weiße Traun*) und führt am (20km) *Gasth. Fritz am Sand* vorbei, weiter über *Fuchsau* und *Nieder-Vachenau* nach (24km) **Ruhpolding** (642m; Bahnwirtsch.; Gasth.: H. Wittelsbach, mit Garten, 60 B. zu 1-1½, P. 3½-4½ *M*; Post, 36 B. zu 1-1½ *M*; Neuwirt), Sommerfrische in hübscher Lage an der Mündung der Urschlauer Ache in die Traun.

AUSFLÜGE. 25 Min. s.w. *Mayergschwend* (Erfr.) mit Schwimmbad, am Wege nach Brand (s. unten); 25 Min. s.ö. *Zum Brandler* (Erfr.; Aussicht). — Durch die **Urschlau** in *Reit im Winkel*, 6 St., lohnend: Fahrweg über *Brand* (Whs.) nach (2½ St.) *Urschlau* (766m; Whs.), dann MW. über die *Klause* und die sumpfige *Rötelmoos-A.* (882m) zum (2 St.) *Seegatterl* (S. 96) und nach (1½ St.) Reit im Winkel. — Vom Rötelmoos MW. über die *Jochberg-A.* nach (1½ St., 4 St. von Ruhpolding) *Unterwessen* (S. 96). — Ö. führt von Ruhpolding eine Fahrstraße über *Zell* und *Aschenau* am kl. *Froschsee* vorbei nach (2 St.) *Inzell* (S. 94). Wer zum *Mauthäusl* (S. 101) will, kann Inzell l. lassen und bei der *Schmelz* (Brauerei, Erfr.) r. durch den Wald in 35 Min. auf die Straße etwas vor Stein 21.5 gelangen. — **Rauschberg** (1672m), MW. über *Hutzenau* und die *Rauschberg-A.* in 4 St. m. F., nur für Geübte; leichter über *Ried* und den *Kienbergsattel* in 4½ St. Auf dem Gipfel ein 6m h. Kreuz. Prächtige Aussicht. — **Hochfelln** (1670m), MW. über die *Hochfelln-A.* in 3½ St., sehr lohnend; s. S. 93.

Von Ruhpolding nach Traunstein, 13km, Eisenbahn in 55 Min. (bis Siegsdorf auch lohnende Fußwanderung auf dem schattigen Salinenweg am r. Ufer der Traun, 2 St.). — 4km *Eisenärzt;* 7,6km **Siegsdorf** (613m; Gasth.: *Alte Post, mit Garten, Mineralquelle, Sol- u. Moorbad; *Forelle, 28 B. zu 80-120 pf., P. 3½-5 *M*; Neue Post; Oberwirt; Pens. Bavaria, von 4 *M* an), großes Dorf (1300 Einw.) unweit der Vereinigung der *Weißen* und *Roten Traun*, Sommerfrische. PTF.

AUSFLÜGE. Fahrstraße w. zum (40 Min.) Wildbad *Adelholzen* (S. 93). Lohnender Ausflug auf den (1 St.) *Hochberg* (774m), s. S. 94. — Nach **Maria-Eck** (882m), Minoritenkloster mit Wallfahrtskirche und Whs., Fahrweg über den *Scharhamberg* in 1 St.; hübsche Aussicht über den Chiemgau. Von da MW. um den *Scheichenberg* herum zur *Hocherb-A.* (1034m) und weiter über *Brünnling-A.* in 4 St. auf den *Hochfelln* (S. 93). — **Teisenberg** (1333m), MW. über *Neukirchen* in 3 St., lohnend (Abstieg auch nach Stat. *Teisendorf*, S. 95, oder *Anger*, S. 101). — Fahrstraße südl. über *Inzell* nach *Reichenhall* s. S. 94.

Weiter am l. Ufer der Traun über *Traundorf* und *Haslach* (Blank, mit Garten) nach (13km) *Traunstein* (S. 94; für Fußgänger lohnender Weg über den *Hochberg*, s. oben).

19. Von München nach Reichenhall.

161km. BAYERISCHE STAATSBAHN, Schnellzug in $3^1/_2$ St. für 15 ℳ, 9 ℳ 70, 6 ℳ, Personenzug in $5^1/_2$ St. für 13 ℳ, 7 ℳ 70, 5 ℳ. — Von *Salzburg* über Freilassing nach Reichenhall, $21{,}_6$km, Schnellzug in 42, Personenzug in 52 Min.

Bis (146km) *Freilassing* s. S. 95. Die Bahn führt am l. Ufer der *Saalach* hinan; l. Gaisberg u. Untersberg. Von (149km) *Hammerau* (440m; Kollerers Restaur.) führt ein schattiger Weg in $^3/_4$ St. auf den aussichtreichen *Johannes-Högel* (703m; Whs.). 157km *Piding* (454m; r. beim Dorf *Mauthausen* Schloß *Stauffeneck* am Fuß des schroff aufragenden *Hochstauffen*, S. 102; dann über die Saalach. 161km **Bad Reichenhall**. — Gasthöfe: *Kurhaus Achselmanustein (Pl. a: C3), mit Kurgarten, 1. Mai-30. Okt., 250 B. zu $3^1/_2$-10, F. 1.40, M. $3^1/_2$-5, A. $3^1/_2$, P. 10-16 ℳ; *Gr.-H. Burkert (Pl. b: C3), am Kurpark, 220 B. zu 3-10, F. $1^1/_2$, M. 4, A. 3, P. 10-17 ℳ; *Gr.-H. Panorama (Pl. c: C3), fünf Häuser mit Park und schöner Aussicht, 160 B. zu 3-10, F. 1.20, M. $3^1/_2$, A. $2^1/_2$, P. 9-20 ℳ; *H. Central (Pl. d: A2), Luitpoldstr., 90 B. zu 2-5, P. 9-12 ℳ; *Deutscher Kaiser (Pl. e: B3), 15. Mai-1. Okt., 160 B. zu 3-5 ℳ, mit Garten-Restaur. und Dependenz Goldner Löwe (letzterer auch im Winter offen, 54 B. zu 2-3 ℳ); *Louisenbad (Pl. f: B3), 100 B. zu $2^1/_2$-6, F. 1.20, M. 3, P. 8-12 ℳ; Ludwigsbad (Pl. g: B4), P. von 6 ℳ an; Mirabell (Pl. h: C2); Christiana (Pl. x: B2); *Lilienbad (Pl. i: D1), in St. Zeno (S. 100), 90 B. zu $2^1/_2$-4, P. 8-9 ℳ; *Bad Kirchberg (S. 100). — Post-Krone (Pl. k: A4), Poststr. 2, 100 B. zu 2-4 ℳ; H. Habsburg (Pl. l: C2) mit Depend. *Villa Stefanie*, beim Bahnhof, Z. $2^1/_2$-5, P. 7-9 ℳ; Deutsches Haus (Pl. m: B4), Poststr. 32, 60 Z. von $1^1/_2$ ℳ; H. Bahnhof (Pl. n: C2), mit Depend. *Elsa* u. *Villa Lohengrin*, Z. von 3, P. von 7 ℳ an; Hessischer Hof (Pl. o: B4), Poststr. 20, Z. $1^1/_2$-$2^1/_2$, P. von 5 ℳ an; Münchnerhof (Pl. p: B4), Poststr. 21, Z. $1^1/_2$-$2^1/_2$ ℳ; Goldner Hirsch (Pl. q: B4), Ludwigstr. 5, 33 B. zu $1^1/_4$-$2^1/_2$ ℳ, Bürgerbräu (Pl. r: A4), Waaggasse 5, beide bürgerlich gut; Hotel garni Trampedeller (Pl. s: B3), Ecke Ludwigstr. und Kaiserplatz, Z. $1^1/_2$-$2^1/_2$ ℳ; Schwarzer Adler (Pl. t: B3, 4), Z. 1-$2^1/_2$ ℳ, Blaue Traube (Pl. u: B4), beide einf.; Hofwirt (Pl. v: C2), in St. Zeno (S. 100). B. $1^1/_2$ ℳ, einf. gut. — H. Bavaria (Pl. w: A5), am Bahnhof Reichenhall-Kirchberg (S. 102), 28 B. zu 1.50-2.20, P. 5.50-6 ℳ. — *H. am Forst in *Bayrisch-Gmain* (S. 100). — Wohnungen mit und ohne Pension in zahlreichen Villen (Verzeichnis nebst illustr. Prospekt und Stadtplan gratis vom Kgl. Badekommissariat, Poststr. 19).

Restaurants in allen Hotels. *Kgl. Kurhaus; Hofbräu* (Thalfried); *Tivoli* (s. unten). — Cafés: *Flora*, Luitpoldstr.; *Wiener Café*, Dahnhofstr.; beim Gradierpark; *Kolonnaden-Café*, *Häußler*, *Schiffmann*, Ludwigstr.; *Tivoli*, über dem Kurgarten Achselmaunstein; *Niedermayer*, $^1/_4$ St. u. nach der Saalach hin hübsch gelegen.

Kurtaxe bei mehr als 7tägi. Aufenthalt in der I. Zone für Einzelne 15 ℳ (ab 1. Sept. 8 ℳ), bei Familien für das Familienhaupt 15 ℳ, Familienglieder je 6 ℳ, Kinder unter 10 Jahren und Dienerschaft 2 ℳ; in der II. und III. Zone, sowie ab 1. Sept. Ermäßigung. — *Kurmusik* tägl. 7-9 U. vorm. u. Mi. u. Sa. 4-6 nachm. im Kurpark, So. Do. 4-6 nachm. im Kurgarten Achselmaunstein, Di. u. Fr. in Kirchberg. — *Theater* im Kurhaus.

Bäder mit Inhalationen und pneumat. Kammern im *Dianabad* (Pl. B4), *Elisenbad* (Pl. C2), *Hygieia* (Pl. B3), *Katharinabad* (Pl. C3), *Lilienbad* (Pl. i: D1), *Reyher* (Pl. B4), *Salus* (Pl. C2), *Fürstenbad* (Pl. B2), *Kurfürstenbad* (Pl. A3), *Thalfried* (Pl. B2), *Wilhelmsbad* (Pl. B2), *Wilcke* (Pl. B2) u. a. Bäder außerdem in allen Hotels und vielen Villen; größere Badeanstalten im *Nordendbad* (Pl. A1, 2), *Kaiserbad* (Pl. e: B3), *Maximiliansbad* (Pl. C3), *Rosenhof* (Pl. B3), *Marienbad* (Pl. B3) und *Giselabad* (Pl. A2). — Heilgymnastische Anstalt in der *Parkvilla* (Pl. C2).

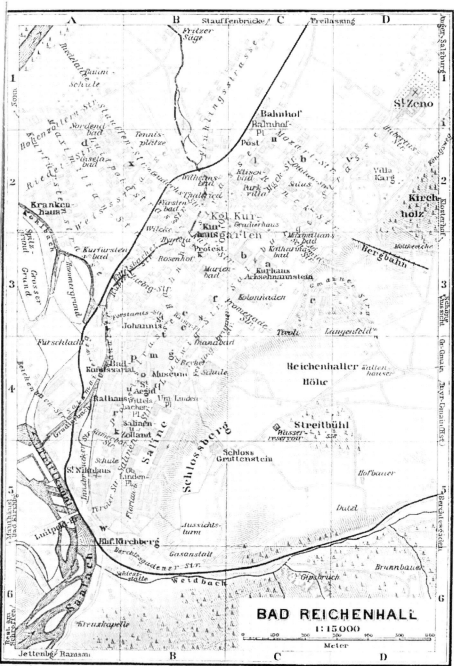

Wagen vom oder zum Bahnhof einsp. 80 pf., zweisp. 1 ℳ 50, nach Kirchberg 1 ℳ 20 u. 2 ℳ 20. Weitere Fahrten (inkl. Rückfahrt): von Reichenhall nach Großgmain einsp. 4, zweisp. 7$^1/_2$ ℳ; zum Mauthäusl 1 u. 13$^1/_2$, Mauthäusl u. Schneizelreut 9 u. 15$^1/_2$, Mauthäusl u. Melleck 8 2 u. 18$^1/_2$; Ramsau u. Königssee 19$^1/_2$ u. 32$^1/_2$; Berchtesgaden über Hallthurm 13$^1/_2$ u. 22$^1/_2$, über Hintersee 14$^1/_2$ u. 24$^1/_2$ ℳ. Trkg. für $^1/_2$ Tag 1 u. 1.50, 1 Tag 1.50 u. 2.50 ℳ.

Post u. Telegraph am Bahnhof (postlagernde Briefe nur hier), in der Kurhaus-Kolonnade und am Wittelsbacher Platz. — Bankgeschäfte: *M. Grundner*, Gradierhausstr. 2; *L. Braechter*, Ludwigstr. 20. — Bergführer: Hans Bose, J. Brandmayer, Jak. Süß, R. Jentsch, Joh. Stetter.

Reichenhall (470m), besuchter Bade- und Luftkurort (6500 Einw.; jährlich ca. 13000 Kurgäste und 15000 Touristen), liegt sehr malerisch im weiten *Saalachtal*, umgeben von einem Kranz schöner Berge (von l. nach r. Untersberg, Lattengebirge, Reiteralpe, Müllnerhorn, Ristfeichthorn, Sonntagshorn, Zwiesel und Hochstauffen).

Vom Bahnhof (Pl. C1; gegenüber der neue Zentaurenbrunnen) führt die Bahnhofstraße südl. zum *kgl. Kurgarten* (Pl. BC2, 3), dem Mittelpunkt des Badelebens, mit dem *Kurhaus*, dem Gradierwerk, Solspringbrunnen und der Wandelbahn mit Trinkhalle (Kurmusik s. S. 98). S.w. die *Protestantische Kirche* (Pl. B3); daneben der Bismarckbrunnen, von Th. Haf. Ö. vom Kurgarten das Kurhaus *Achselmannstein* (S. 98), mit großem Garten und den Kurhauskolonnaden (Pl. C3). — Weiter durch die lädenreiche Ludwigstraße (Pl. B3, 4). In der r. abzweigenden Turnerstr. das kl. *Museum* (Pl. B4; wochentags 9-12 u. 2-5, So. 10-12 u. 3-5) mit prähistorischen und mittelalterlichen Gegenständen und einer naturwissenschaftl. Sammlung (Eintr. je 25 pf.; Saisonkarte 1 ℳ). Dahinter die spätgot. *Ägidienkirche* (Pl. B4). Auf dem Markt- oder Wittelsbacher Platz (Pl. B4) der Wittelsbacher Brunnen (1905). — In der Salinenstraße die großen *Salinengebäude* (Pl. B4, 5): in der Mitte das stattliche Hauptbrunnhaus und der Quellenbau, r. und l. die vier Sudhäuser. Reichenhall ist Vereinigungspunkt für die vier, durch Solenleitungen verbundenen bayrischen Salinen.

Im Quellenbau (tägl. 9-12 u. 3-6 alle halbe Stunde Führung, pro Person 80 pf.) entspringen, 72 Stufen tief, drei Süßwasser- und 16 Solquellen, von denen die beiden stärksten (Karl Theodor- und Edelquelle), mit einem Salzgehalt von 23$^1/_2$ %, zur Salzgewinnung verwendet werden. Die Sole der übrigen Quellen wird auf das Gradierhaus geleitet und zu Inhalationszwecken für die Kurgäste zerstäubt. Die Sole wird durch mächtige Wasserräder in einen Flügel des Hauptbrunnhauses heraufgepumpt (tägliche Salzproduktion 950 Zentner). — Zwei Treppen hoch die *Kapelle* im byzant. Stil mit neuen Glasbildern. Im Hof zwei Springbrunnen mit den Statuen des h. Virgil und h. Rupert.

Ganz im S. der Stadt die schön restaurierte *Pfarrkirche St. Nikolaus* (Pl. A5), im roman. Stil, mit Fresken von M. v. Schwind.

Die stattliche Luitpoldbrücke (Pl. A 5) führt bei Station Reichenhall-Kirchberg (S. 102) über die Saalach zum *Kurhotel Bad Kirchberg* (1. Mai-1. Okt., 100 B. zu 2-4, F. 1, M. 3$^1/_2$, A. 2, P. 7-10 ℳ), mit schattigem Garten. — Bei der Brücke l. ab, dann r. hinan (10 Min.) die *Restauration am Schroffen*, mit hübscher Aussicht.

Umgebung. An der N.-Seite von Reichenhall (8 Min. vom Bahnhof) liegt **St. Zeno** (Hofwirt, mit Garten), uraltes Augustinerkloster, 1803 aufgehoben, seit 1853 Erziehungsanstalt der englischen Fräulein. Die neu hergestellte Kirche, ursprünglich roman. Basilika, hat ein schönes roman. Portal aus dem xii. Jahrh., alten Taufstein, Kanzel und gut geschnitzte Chorstühle. Im Kreuzgang (xii. Jahrh.) an einem Pfeiler ein altes Marmorreliefbild Kaiser Karls des Großen. — Hinter dem Kloster führt der *Königsweg*, im *Kirchholz* allmählich ansteigend, in großem Bogen auf die Höhe zum (½ St.) *Klosterhof* (529m; Wirtsch.). Von hier nach Großgmain 20 Min.; durch die Eichen-Allee an der *Moltke-Eiche* (Pl. D 3) vorbei nach Reichenhall gleichfalls 20 Min.

Nach Großgmain hübscher Spaziergang (40 Min.): Fußweg beim Tivoli oder Fahrstraße am H. Panorama und Langenfeld vorbei über die Höhe, mit schöner Aussicht; l. 5 Min. höher, 20 Min. von Reichenhall, die Hessingsche Villa *Schöne Aussicht*, wohin auch Drahtseilbahn (276m lang) vom Ende der Rinckstr. (Pl. D 3) in 3 Min. (30 pf., abwärts 20 pf.). — Das saubere Dörfchen **Großgmain** (522m; Gasth. zum Untersberg, 100 B. zu 1.20-3 ℳ; Restaur. Kaiser Karl, mit Garten; P. Santa Maria bei Frau Hillebrand, mit Bädern, 20 B., P. 3½-4 ℳ) liegt am r. Ufer des *Weißbachs* über der österr. Grenze. Die Kirche, im Zopfstil, enthält vier Bilder von Rueland Frueauf (1499) und eine Madonna in Steinmasse, angebl. von dem Salzburger Erzbischof Thimo († 1101). 25 Min. ö. die Burgruine *Plain* („Salzbüchsel") mit Aussichtswarte.

An der Berchtesgadener Straße 3km ö. (Eisenbahn in 16 Min., s. S. 102; zu Fuß über Langenfeld und die Schillerpromenade 25 Min.) das hübsch gelegene Dorf **Bayrisch-Gmain** (520m; Bahnhotel; Gasth. Alpgarten, 3 Min. vom Bahnhof). 5 Min. vom Bahnhof *H.-P. am Forst, in schöner Lage am Walde (100 B., P. 6½-12 ℳ); P. Karolinenhof; Restaur. Alpental, am *Alpgarten-Eingang* (Felsental am Lattengebirge, bis zur Klause 10 Min.).

An der Westseite der Stadt gelangt man vom Gradierpark (Omnibus nach Nonn 3mal tägl., hin u. zurück 1 ℳ) über den (12 Min.) *Nonner Steg* (464m) aufs l. Ufer der Saalach in den von Promenadenwegen durchschnittenen *Nonner Wald*. Der am meisten betretene Weg geradefort führt (bei der Wegteilung r. durch das Gatter) in ¼ St. nach **Nonn** (485m; *Hot.-Restaur. Fuchs, mit schöner Aussicht; Rest. Hohenstauffen), Dorf mit alter Kirche (got. *Altar von 1513), am Fuß des Hochstauffen hübsch gelegen.

Von Nonn führt n.ö. der *Strailachweg* zur (½ St.) *Stauffenbrücke* bei Piding (S. 98); hier über die Saalach und auf der Salzburger Straße zurück nach (40 Min.) Reichenhall. Der Weg jenseit des Nonner Stegs l. führt nach (30 Min.) Bad *Kirchberg* (S. 99). Andere Wege führen am „Eichenrondel" vorbei durch die *Weitwiesen* zum (¾ St.) *Kaitl* (S. 101); über Nonn oder direkt vom Nonner Steg an den Villen Stauffenhof und Buchenhof vorbei zur (35 Min.) *Poschenmühle* (Wirtsch., auch Z.), zurück an der Fischzuchtanstalt vorbei über Kirchberg, usw.

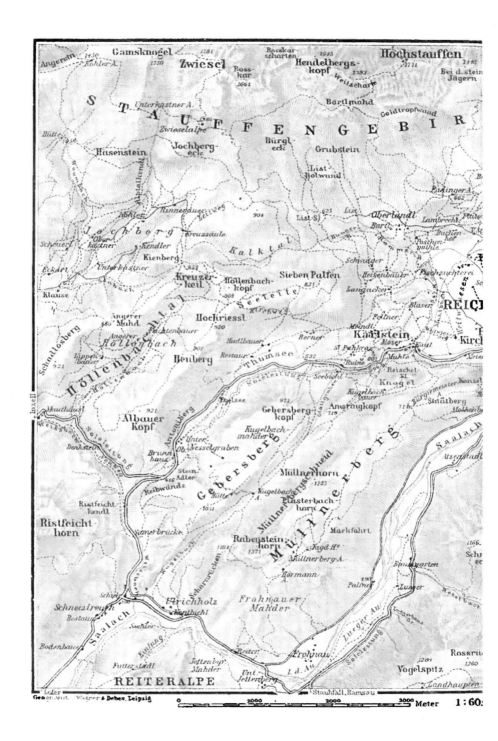

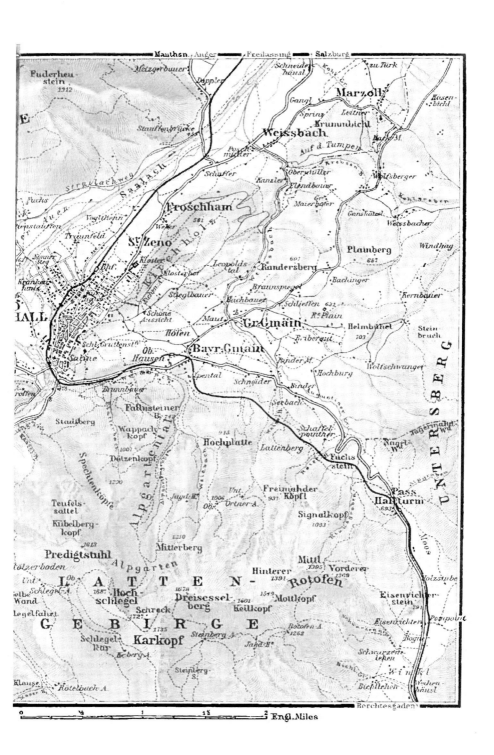

Padinger Alpe (662m), 1¼ St., beim Buchenhof (S. 100) r. den Zickzackweg hinan; oben Wirtsch. u. reizende Aussicht über das Reichenhaller Tal bis Salzburg. Im Winter Rodelbahn. — **Listsee** (625m), waldumschlossener kleiner See am Fuß des Zwiesel, beim Buchenhof geradeaus bergan meist durch Wald, am *Café-Rest. Listsee* vorbei (1¼ St.; bis hierhin Fahrweg); zurück über *Langacker* und (¾ St.) *Bad Kirchberg* (S. 99).

Zum **Molkenbauer** (495m; Restaur.), am l. Ufer der Saalach, Fahrweg, ½ St.; hübscher Blick ins Saalachtal. Der Weg (meist schattig; Fahren nur talaufwärts erlaubt) führt weiter am l. Ufer der Saalach nach (1½ St.) *Frohnau*, dann über die Saalach nach (20 Min.) *Jettenberg* (s. unten); zurück auf dem r. Ufer. — Vom (¼ St.) *Rest. am Schroffen* (S. 99) Waldweg im Zickzack bergan durch die *Teufelshöhle* zur (¾ St.) *Kirchbergkanzel*, mit reizender Aussicht auf Reichenhall, dann zurück und den Seitenpfad l. zur *Hintern Aussicht* (Lattengebirge, Saalachtal usw.).

Kugelbachbauer (643m; ¾ St.), bei der Meierei 5 Min. von Bad Kirchberg l. durch Wald hinan auf dem Fußwege zum Thumsee, nach 15 Min. l. ab an der *Reischelklamm* (Felsspalt mit Brücke 5 Min. r. vom Wege) vorbei zu dem in einer Mulde des *Müllnerhorns* (1371m) gelegenen Hof (Erfr.), mit hübscher Aussicht. Im Winter Rodelbahn.

Nach (1½ St.) **Jettenberg** *(Staubfall)* und über die *Schwarzbachwacht* nach *Ramsau* oder *Hintersee* s. S. 113; die Omnibus zum Mauthäusl (s. unten) halten auf der Rückfahrt in Jettenberg zum Besuch des Falls. — ½ St. vor Jettenberg an der Straße das *Whs. Baumgartner* (510m), von wo der **Hochschlegel** (1687m) im *Lattengebirge* auf rot MW. über die *Rötelbach-A.* (965m) und *Schlegel-A.* (1476m) in 4 St. zu ersteigen ist.

Zum Mauthäusl, 2½ St. (10km; Einsp. 6, Zweisp. 10½ ℳ; Omnibus vom H. Achselmannstein im Sommer tägl. 2 U. 30 nachm., zurück über Schneizelreut und Jettenberg, 2 ℳ 30). Fahrstraße am Bad Kirchberg (S. 99), dem (½ St.) *Kaitl* (Whs. u. Schwimmbad) und *Moser-Whs.* vorbei, dann in enger Waldschlucht bergan; nach 10 Min. bei der Mühle am linken Ufer des Seebachs zweigt r. ab der Treppenweg (277 Stufen; 20 Min.) zur *St. Pankrazkapelle* (601m); auf dem höhern Felskopf ö. gegenüber Ruine *Karlstein*. ¼ St. weiter der fischreiche **Thumsee** (528m), 1km lang, 390m breit (am andern Ufer Restaurant; Überfahrt vom O.-Ende, 30 pf., oder der Mitte des Sees, 20 pf.; rufen!). Die Straße steigt zum (½ St.) Brunnhaus *Nesselgraben* (647m; kürzer der 1 Min. vom Thumsee l. abzweigende „Nesselgrabenweg"), mit hübschem Rückblick auf den Thumsee, und teilt sich 5 Min. weiter: l. steil hinab nach Schneizelreut (bequemer die Straße dorthin über Jettenberg, s. oben u. S. 167); r. (der sog. Neuweg) hoch über dem *Weißbachtal* (gegenüber das kolossale Ristfeichthorn, s.ö. Reiter Alpe und Watzmann) zum (½ St.) ***Mauthäusl** (632m; Whs.), über der tiefen Schlucht des Weißbachs sehr malerisch gelegen.

Schluchtweg (Drahtseile) durch die *Weißbachöfen* am *Schrainbachfall* vorbei nach (1 St.) *Schneizelreut* (S. 166), nur für Geübte. — Vom Mauthäusl nach Reichenhall zurück durch das *Höllenbachtal*, 3 St., lohnend. — Über *Inzell* nach *Traunstein* s. S. 94.

Nach **Anger** (558m; Post; P. Villa Reiter, 22 B. zu 1-1.20 ℳ), Sommerfrische, 11km n.w. von Reichenhall zwischen Högelberg und Teisenberg, Omnibus über *Mauthausen* (Post) und *Aufham* im Sommer 3mal tägl. in 1½ St. Von der hochgelegenen Kirche schöne Aussicht. Hübscher Spaziergang, bei dem Hause halbwegs zwischen der Post und der Mariensäule r. 14 Stufen hinab, dann an dem Lattenzaun entlang zum (½ St.)

Högelwörther See. — **Teisenberg** (1333m), 3 St., sehr lohnend; Fahrweg bis (1½ St.) *Kohlhäusl*, dann stets durch Wald hinan zur *Untern* und (1½ St.) *Obern Stoißeralm* (1277m; Erfr. u. 4 B.), 8 Min. unterm Gipfel. Abstieg nach *Siegsdorf* (S. 97), *Inzell* (S. 94) oder *Teisendorf* (S. 95).

*Zwiesel (1781m), w. höchster Gipfel des *Stauffengebirges*, 4 St., leicht (bis zur Zwiesel-A. Reitweg, F. entbehrlich). Entweder über den (1¼ St.) *Listsee* (S. 101), an der W.-Seite durch einen Einschnitt auf den (10 Min.) Zwieselweg (s. unten) und r. zur (2 St.) Zwiesel-A.; oder oberhalb Bad Kirchberg (Wegtafel) r. durch die *Weitwiesen* zum (1½ St.) Hof *Langacker*, dann gelb MW. im Walde bergan, weiter (1½ St.) *Angerl* r. ab, den Weg zum Listsee r. lassend, meist durch schönen Wald zur (2 St.) *Zwiesel-A.* (1386m) mit dem *Kaiser Wilhelm-Haus* (Wirtsch., 30 B.), von da MW. zum (1 St.) Gipfel, mit prächtiger Aussicht (die höhere Spitze liegt etwas zurück, 10 Min. vom Kreuz). — Ein steiler Steig (blaue WM., F. ratsam) führt 20 Min. unterhalb der Zwiesel-Alp zur *Bartlmahd*, dann Felssteig (Drahtseil) in 2½ St. auf den östl. Gipfel des Stauffengebirges, den **Hoch-** oder **Kreuzstauffen** (1771m), auch von Reichenhall auf MW. über die *Padinger-A.* (S. 101) in 3½ St., oder von *Piding* (S. 98) über die *Koch-A.* in 4 St. zu ersteigen (s. S. 98); oben Unterkunftshütte der AVS.-Reichenhall.

20. Berchtesgaden und Umgebung.

a. Von Reichenhall nach Berchtesgaden.

19km. BAYERISCHE STAATSBAHN in 70 Min. für 1 ℳ 90, 1.30, 90 pf. Fahrkarten werden im Zuge ausgegeben; Schnellzüge von München bis Berchtesgaden (170km, in 3½ St.) ohne Wagenwechsel. — Fuhrwerk s. S. 99.

Reichenhall (470m) s. S. 98. Die Bahn führt an der W.-Seite der Stadt entlang nach (1,7km) *Reichenhall-Kirchberg* (476m; s. S. 99) und wendet sich dann l. ansteigend (1:25), mit kurzem Blick r. auf die Loferer Steinberge, in das Tal des *Weißbachs*. 3,4km *Gmain* (538m), Station für Bayrisch- und Groß-Gmain (s. S. 100). Dann durch Wald, über die Schlucht des Weißbachs zur (7,4km) Stat. **Hallthurm** (693m; *H.-P.* Hallthurm, 30 Z. von 2 ℳ an, P. o. Z. 5 ℳ), Luftkurort, auf der Paßhöhe zwischen Lattengebirge und Untersberg (von hier zum Stöhrhaus 4 St., s. S. 111). Hinab (1:50) durch Wiesen (vorn r. Hochkalter, l. Watzmann) zur (10,2km) HS. *Winkl* (660m) und an der r. herabkommenden *Bischofswieser Ache* zur (13,6km) Stat. *Bischofswiesen* (614m; S. 106); dann durch die wilde *Tristramschlucht* (Tunnel) zur (17,7km) Stat. *Gmundbrücke* (550m; S. 112), an der Vereinigung der Bischofswieser mit der *Ramsauer Ache,* und zur (18,8km) Stat. *Berchtesgaden* (S. 103).

b. Von Salzburg nach Berchtesgaden.

27,6km. ELEKTRISCHE LOKALBAHN UND BAYERISCHE STAATSBAHN in 1 St. 10-1 St. 20 Min. (2. Kl. 2 ℳ 30, 3. Kl. 1.25, Schnellzug 1.95 pf.). — WAGEN nach Berchtesgaden einsp. 10, zweisp. 16, mit Gepäck 12 u. 18, zum Königssee und zurück 17 oder 26 K (einschl. 1 St. Wartens am Salzbergwerk; Fahrzeit 8 St.). Man versehe sich mit deutschem Kleingeld. — Von Salzburg über *Reichenhall* nach *Berchtesgaden* (40,4km, in 2-2¼ St.), s. S. 95 u. 98.

Die Lokalbahn (S. 119) führt durch die Vorstadt *Nonntal*, an den HS. *Kommunalfriedhof* und *Kleingmain* vorbei. 6km *Morzg* (Gasth. zur Einöd, mit schöner Aussicht); 8km HS. *Hellbrunn*

(S. 125); 9km HS. *Anif* (S. 126); dann über den *Almkanal* nach (12km) **Grödig** (*Brauerei Grödig; Löwe; Schnöll), am Fuß des *Untersbergs* (S. 126). R. das alte Schloß Glaneck (S. 126), weiter zurück der spitze Kegel des Hochstauffen (S. 102), l. der Schmittenstein (S. 128) mit dem festungsartigen Gipfel. Weiter am Almkanal (mehrere Zementfabriken) entlang zur (13km) Stat. **St. Leonhard-Gartenau** (453m; Bahnrest.); l. an der Alm das Dorf, darüber am Abhang Schloß *Gartenau*, mit Zementfabrik.

Von St. Leonhard MW. über *Gutratberg* auf den ($1^{1}/_{2}$ St.) **Götschen** (929m), mit lohnender Aussicht. Abstieg event. über *Mehlweg* (auf den *Kl. Barmstein* s. S. 128) zur Straße von *Zill* nach Berchtesgaden (vgl. S. 128).

Die Bahn führt an der Ache aufwärts; bei der (14km) HS. *Drachenloch* (Restaur.) r. hoch oben in der Felswand des Untersbergs eine durchgehende Öffnung, das Drachenloch, dann durch einen Engpaß. 15km HS. *Hangender Stein* (455m), mit dem österr. Zollamt. *Die Bahn durchbohrt den *Hangenden Stein*, eine vorspringende Felswand, mittels eines Tunnels und führt dicht am l. Ufer der Ache entlang, dann aufs r. Ufer nach ($17{,}_8$km) **Schellenberg** (479m; Gasth.: Forelle, 30 B. zu 1.20-2 ℳ, gut; Untersberg, Schafferwirt, beide einf.), altem Markt mit 400 Einw.; bayrisches Zollamt. — Zweimal über die Ache. $21{,}_3$km *Almbachklamm* (506m; *Restaur.; r. die besuchenswerte Almbachklamm, S. 109). Weiter in waldiger Schlucht; vor (21km) *Reckenberg*, beim Whs. zur Bayr. Gemse, kommt l. herab die Straße von Zill-Hallein (S. 128); r. die schroff abstürzende *Graue Wand*. Das Tal öffnet sich und der Große und Kleine Watzmann, dazwischen die Watzmannscharte mit den „Watzmannkindern" und dem Gletscher, treten plötzlich hervor. Über den *Larosbach* (S. 110) und die Ache, dann an der *Gollenbachbrücke* (S. 105) vorbei zur ($25{,}_6$km) Stat. *Bergwerk*, gegenüber dem Salzbergwerk (S. 105). $26{,}_6$km HS. *Breitwiesenbrücke* (S. 105).

$27{,}_6$km **Berchtesgaden.** — Bahnhof (540m) s.w. unterhalb des Ortes am l. Ufer der Ache bei der Saline; auf dem r. Ufer der Königsseebahnhof (S. 107). Omnibus der größeren Gasthöfe bei Ankunft der Züge; Fußgänger kürzen jenseit des Bahnhofs den Treppenweg hinan.

Gasthöfe: *Grand-Hotel & Kurhaus (Pl. a), in freier Lage an der Neuen Reichenhaller Straße, Ende Mai-Ende Sept., 110 B. von $3^{1}/_{2}$ ℳ an, F. $1^{1}/_{4}$, M. 4, A. $2^{1}/_{2}$, P. o. Z. $6^{1}/_{2}$ ℳ. — *Bellevue (Pl. b), 130 B. zu $2^{1}/_{2}$-7, F. 1.20, M. $3^{1}/_{2}$, P. 8-12 ℳ, Omn. 60 pf.; *H. Wittelsbach (Pl. c), 140 B. zu $1^{1}/_{2}$-7, F. 1.20, M. 3, P. 7-15 ℳ; *H. Prinzregent, P. von 7 ℳ an; *H. Leuthaus oder Post (Pl. d), mit Veranda, 110 B. zu 2-5 ℳ, F. 80 pf., P. 6-9 ℳ, Omn. 50 pf.; *Vier Jahreszeiten (Pl. e), 90 B. zu 2-5, F. 1, P. 6-10 ℳ; *Deutsches Haus (Pl. f), 75 B. zu 2-4, P. $6^{1}/_{2}$-8 ℳ; H. Bahnhof (Pl. g), 65 B. zu $1^{1}/_{2}$-$2^{1}/_{2}$, P. 6-8 ℳ, gut; Schwabenwirt (Pl. h), beim Bahnhof, am r. Ufer der Ache, 70 Z. zu $1^{1}/_{2}$-2, P. 6-8 ℳ; *H.-P. Eldorado (Pl. n), 5 Min. oberhalb schön gelegen, 54 B. zu $1^{1}/_{2}$-3, P. $6^{1}/_{2}$-8 ℳ; H. Stiftskeller (Pl. i), 50 B. zu $1^{1}/_{2}$-3, P. 5-7 ℳ, gut; Krone (Pl. k), 100 B. zu 2-3, P. 5-7 ℳ, gelobt; Bayrischer Hof (Pl. l), P. 6-7 ℳ; *H.-P. Bavaria (Pl. o), 50 B., P. 6-8 ℳ, die letzten vier Bahnhofstr.; Watzmann (Pl. p), P. 6-7 ℳ; Neuhaus, Nonnthal, Bär, Hirsch, Triembacher, Zur Königsallee, Zum Salzberg, alle einfach.

Pensionen: Geiger (80 B., P. 7-10 ℳ); P. Villa Auguste und

Gmundschloß (von 10 ℳ an); Villa Vogelthenn (6-10 ℳ); Villa Flora; P. Scheifler; Villa Berghof (6½-8 ℳ); Minerva, mit Park (6-8 ℳ); Viktoria (60 B., P. 7-10 ℳ); Villa Margerita, an der Neuen Reichenhaller Straße 20 Min. w. (5½-8 ℳ); Haus Hienleit (7½-12 ℳ); Luitpold (5-9 ℳ); Schloß Fürstenstein (6½-8 ℳ); P. Maria-Hilf (6-10 ℳ); Schönsicht, am Kälberstein (720m; P. 7-8 ℳ, gelobt); P. Schönfeldspitze, am Rostwald; P. & Café Waldluft (5-6 ℳ); P. & Café Alpenglühen, am Wege zum obern Salzberg (6-8 ℳ); Göhlstein (5-7 ℳ); Park-Hotel (60 B., P. 7-8 K), P. Erika (6-8 ℳ), Villa Franz Josef (5-6 ℳ), Lichtenfels (5½-6½ ℳ), alle vier an der Königsseer Straße. — In *Schönau* (S. 106; ½-1¼ St.): H.-P. Panorama, mit Café-Rest. und schöner Aussicht (P. 6-8 ℳ); Schweizer Pension (5-12 ℳ); Malterlehen (P. 6-10 ℳ); Haus Schöneck (P. 6-9 ℳ); Hofreit (P. 5½-7 ℳ), gelobt; Hochwaldlchen (5-7 ℳ); Grünstein (4½-6 ℳ). — Auf dem *Obern Salzberg* (S. 108; 1-1½ St.): P. Haus Antenberg (P. 10-15 ℳ), P. Moritz (8-10 ℳ), Villa Regina (6-9 ℳ), Steiner, Buchenheim (7-9 ℳ), Waltenborgerheim (7-9 ℳ).

Cafés: *Café u. Konditorei Forstner* (auch Z.); *Café Wittelsbach*, Maximilianstr., mit Aussicht; *Café Wenig*, Nonntal, beim Rathaus. Gutes Bier im *Bräustübl*; Münchner Bier bei *Forstner* (s. oben), in der *Krone* und den *Vier Jahreszeiten*. — Vegetar. Speisehaus, Locksteinstr. 162.

Post beim Bahnhof (für postlagernde Briefe) und im Ort. — **Bäder**, außer in den Hotels und Pensionen: *Wilhelmsbad*, Maximilianstr. (auch Z. mit F. u. A.); *Giselabad*, Maximilianstr.; im *Aschauer Weiher* und *Böcklweiher* (S. 106); im *Königssee* am Landeplatz (S. 107).

Berchtesgadener Schnitzwaren, altberühmt: bei *Stefan* und *Paul Zechmeister*, *A. Kaserer*, *Walch & Söhne*, *Lorenz Wenig*, *Franz Graßl* u. a. — **Buchhandlungen**: *Karl Ermisch* (im H. Wittelsbach); *L. Vonderthann & Sohn* (Leihbibliothek). — Geldwechsler: *M. Grundner*.

Wagen: innerhalb des Marktbezirks Berchtesgaden vom bzw. Bahnhof zum Bestimmungsort für ¼ St. Einsp. 70, Zweisp. 1.20, jede weitere begonnene ¼ St. 50 pf. u. 1 ℳ. Nach dem *Königssee* hin und zurück mit 3stünd. Aufenthalt Einsp. 8, Zweisp. 12 ℳ (für jede weitere Stunde 1 ℳ bzw. 1 ℳ 70 mehr); *Schönau* 5 u. 8 ℳ; *Gasth. Almbachklamm* 5 ℳ 50 u. 8 ℳ, hin und zurück (½ Tag) 8 u. 12 ℳ; *Vordereck* (Pens. Moritz) Zweisp. 12, hin u. zur. 14 ℳ; *Vorderbrand* Zweisp. 14 ℳ, hin u. zurück 18 ℳ; *Ilsank* 5 ℳ 50 u. 8 ℳ; *Wimbachklamm* hin u. zur. 10 u. 14 ℳ; *Ramsau* hin u. zur. 13 u. 20 ℳ; *Hintersee* 10 u. 16, hin u. zurück 13 u. 22 ℳ; *Reichenhall* über Schwarzbachwacht 15 u. 23, mit Rückfahrt über Hallthurm 18 u. 27 ℳ; Trinkgeld einbegriffen, Wege- und Brückengeld extra.

Elektrische Bahn zum *Königssee* s. S. 107; Stellwagen in ½ St. (1 ℳ). — **Motorpost** zum *Hintersee* (H. Wartstein) vom Bahnhof im Sommer 5-12 mal tägl. in 1 St. (1 ℳ 50, bis Ilsank 50, Wimbachklamm 80, Ramsau 90 pf.); auch Stellwagen vom Schwabenwirt jeden Vorm. in 4 St., mit 1 St. Halt an der Wimbachklamm, zurück nachm. in 1½ St. (hin u. zurück 3 ℳ 50).

Führer: Andreas Amort, Andreas, Joh. u. Jos. Angerer, Georg Brandner, Mich. Eder, Lor. Hasenknopf, Jos. Huber, Matth. Kastner, Joh. u. Ant. Kurz, Joh. Moderegger, Franz u. Jakob Pfnür, Kaspar Rasp, Karl Schuster, Gregor Trübenbacher, Seb. Walch in Berchtesgaden, Bartholomä Graf, Johann Graßl, M. Stanga singer, Josef Fegg, Wolfgang Votz in Ilsank, Michael Amort, Michael u. Max Brandner, Joh. u. Nik. Moderegger, Georg Punz in Königssee, Joh. Grill jun. v. Köderbacher, Jos. Aschauer, Mich. Datzmann, Jos. u. Ant. Grill, Jos. Gschoßmann, Jos. Hafner, Jos. Maltan in Ramsau. — **Auskunft** durch den *Verschönerungsverein*, Schloßplatz 2, neben der Stiftskirche. — *Kurtaxe* für 1 Pers. 25 pf., Familie bis einschl. 4 Pers. 50 u. 8 ℳ, mehr als 4 Pers. 75 pf. für jeden Aufenthaltstag bis zu einem Höchstsatze von 5, 10 u. 15 ℳ.

Berchtesgaden (572m), großer Markt mit 2830 Einw., in reizender Lage, als Sommerfrische und Wintersportplatz viel besucht,

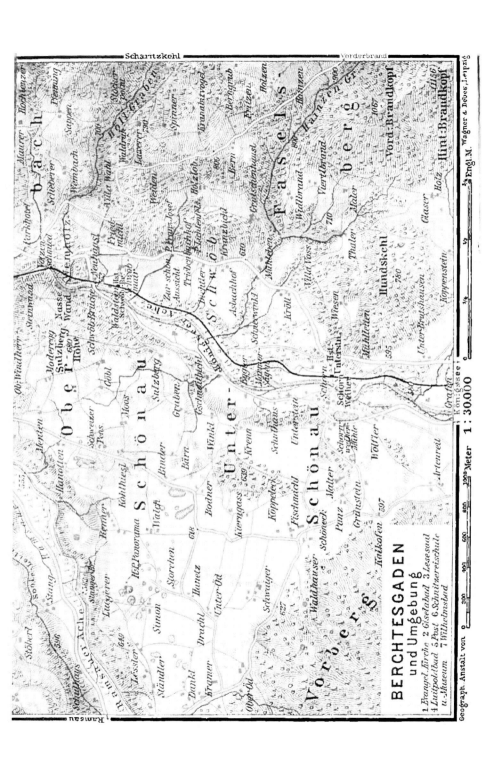

Salzbergwerk. BERCHTESGADEN. *I. R. 20.* 105

war bis 1803 Sitz eines um 1122 gegründeten Augustinerchorherrenstifts, dessen Pröpste Ende des XIII. Jahrh. für das ca. 4 Quadratmeilen große Gebiet Reichsunmittelbarkeit erlangten. Das stattliche ehem. Stiftsgebäude ist jetzt *königl. Schloß*. Die *Stiftskirche*, mit roman. W.-Teil und zierlichem um 1300 erbautem got. Chor, enthält ein roman. Taufgefäß aus Bronze und geschnitzte got. Chorstühle, der romanische Kreuzgang Marmorgrabsteine der Fürstäbte. Mitten im Ort der *Postpark* mit Wetterhäuschen und Lesehalle (Relief des Berchtesgadener Landes von Franz Keil). Südl. bei der *kgl. Villa* der *Luitpold-Hain* mit Bronzestandbild des Prinzregenten Luitpold im Jagdanzug, von Ferd. v. Miller (1893). Schöne Aussicht: l. Schwarzort, Hoher Göll, Hohes Brett, Jenner, im Hintergrund Stuhlgebirge und Schönfeldspitze, r. Kleiner und Großer Watzmann (dazwischen die „Watzmannkinder"), Hochkalter. — Beim Bahnhof die *kgl. Saline*. Im *Schnitzermuseum* bei der Schießstättbrücke (S. 108) eine Ausstellung von Schnitzereien (s. S. 104; 8-1, 2.30-5 Uhr, frei) und die Sammlung des Berchtesgadener Geschichtsvereins (30 pf.); gegenüber die *Distrikts-Schnitzschule*.

Vom Marktplatz führt die Bergwerksstraße hinab zur Breitwiesenbrücke über die *Ache*, dann am r. Ufer in 20 Min. zum **Salzbergwerk** (527m), dessen Besuch 1-1¼ St. erfordert (am Eingang einf. Restaur.). Lokalbahn in 6 Min., s. S. 103.

Allgemeine Einfahrt täglich, mit Ausnahme der beiden Pfingsttage, 8.30-11.30 u. 2.30-5 U., die Person 2 ℳ, Studenten mit Legitimationskarte die Hälfte, Studenten technischer Hochschulen frei. Separateinfahrten für 1-12 Pers. von 7 U. früh bis 5 U. abends, außer der Taxe 3 ℳ Gesamtzuschlag. Das Bergwerk ist elektrisch beleuchtet. Die Temperatur ist kühl (10° R.), warme Kleidung anzuraten. Interessant, die Fahrt über den „Salzsee", ein elektrisch beleuchtetes ausgelaugtes Sinkwerk; Rutschpartie in das verlassene Sinkwerk Kaiser Franz, eine ungeheure unterirdische Halle: zum Schluß Apotheose des Salzbergbaues. — Den Rückweg kann man über die (5 Min.) *Gollenbachbrücke* nehmen, von wo man auf der Salzburger Straße, jenseit der Brücke über den *Gernbach* unweit des *Malerhügels* (l.; Felsblock mit Aussicht) vorüber, dann ansteigend durch den langgestreckten Vorort *Nonntal* 20 Min. bis zum Marktplatz braucht.

Zum **Lockstein* (682m), ½ St.: bei der Stiftskirche r. auf der Alten Reichenhaller Straße den *Doktorberg* hinan, nach 10 Min. vor dem ehem. Krankenhaus den Fahrweg r., hinter der Villa Weinfeld nochmals r. durch Wald; oben Wirtschaft; prächtige Aussicht, am schönsten abends.

Auf dem Doktorberg gegenüber der Villa Scheifler führt l. ein Weg über die **Solenleitung** am Abhang des *Kälbersteins* an der *P. Unterfürstenstein* vorbei zum (¼ St.) *Kalvarienberg* und weiter oberhalb der kgl. Villa vorbei bis zur Neuen Reichenhaller Str.; oder vor dem Kalvarienberg r. hinan zur (10 Min.) *P. Schloß Fürstenstein*, ehem. Sommerschlößchen der Fürstäbte; hier r. auf den Königsweg (S. 106), oder auf dem Fahrweg l. (lohnender Umweg l. über das *Café Belvedere*) nach Berchtesgaden zurück.

Zum Aschauer Weiher (¾ St.): auf dem Doktorberg hinter dem (10 Min.) ehem. Krankenhaus (s. oben) von der Alten Reichenhaller Straße r. ab an Wiesen hin zu der hübsch gelegenen (¼ St.) Kaffeewirtschaft *Rostalm* (638m), dann durch den *Rostwald;* oder auf der Straße weiter zum (¼ St.) *Rosthäusl* (666m), dann r. ab zum (¼ St.) **Aschauer Weiher** (651m), mit Bade- und Schwimmanstalt. 5 Min. ö. die *Restauration Dietfeldkaser*.

Vom Rosthäusl zurück auf dem **Königsweg**, am bewaldeten Abhang des Kälbersteins, zuletzt hinab auf die Alte Reichenhaller Straße, oder weiter bis zur (½ St.) P. Unterfürstenstein (S. 105), lohnend; oder vom Rosthäusl südl. auf dem *Hermannsteig* am Waldsaum entlang, dann über die *Obere Hienleitenhöhe* (700m) am *Stockerlehen* und *Villa Flora* vorbei zur Neuen Reichenhaller Straße und nach (1 St.) Berchtesgaden.

Von Dietfeldkaser Promenadenweg am *Dietfeldhof* vorbei zum (¼ St.) **Schlößlbichl** (633m; Wirtsch.), am Eingang ins Gerntal, unweit des *Etzerschlößls* und der *Etzermühle* (s. unten); weiter an der Gärtnerei *Rosenhof* und dem *Neuen Krankenhaus* vorbei über den Hilgerberg zurück nach (¾ St.) Berchtesgaden.

Vom Schlößlbichl Fahrweg an der Etzermühle und der Rest. & P. Kaiser Karl vorüber zum (20 Min.) Dörfchen **Vordergern** (728m; einf. Whs.) mit der Wallfahrtskirche *Maria-Gern;* 5 Min. oberhalb beim *Seidenlehen* ein Pavillon mit schöner Aussicht. Hinter dem Schulhaus MW. r. hinan; nach 20 Min. Wegteilung: r. zur (3 Min.) **Marxenhöhe* (782m), mit prächtigem Blick auf Watzmann, Göll usw., und über *Marxenlehen* zurück nach (1 St.) Berchtesgaden; l. zum (25 Min.) *Gasperllehen*, am Wege zur Kneifelspitze (S. 110). — Von Vordergern ½ St. talaufwärts am Fuß des schroff abstürzenden *Untersbergs* (S. 110) liegt *Hintergern* (792m), von wo rot MW. r. über die Höhe zum *Dürrlehen* (818m), durch Wald hinab ins Almbachtal zur (¾ St.) *Theresienklause* (S. 109); zurück durch die *Almbachklamm* (bis zur Stat. Almbachklamm, S. 103, 1 St.).

Nach **Bischofswiesen**, auf der Neuen oder Alten Reichenhaller Straße bis zum (1 St.) *Neuwirt* (600m); 7 Min. weiter nach dem Bahnhof hin (S. 102) das Gasth. *Brennerbascht*.

Zurück auf dem **Maximilians-Reitweg*, den man vom (5 Min.) Bahnhof auf MW. über Wiesen, zuletzt ansteigend in 10 Min. erreicht, durch Wald am Abhang des Untersbergs zum (1 St.) Schlößlbichl. — Schöne Aussicht vom *Kastenstein* (749m; Wirtsch.), ½ St. von Bischofswiesen, beim Beginn des Maximilians-Reitwegs l. bergan.

Zum (1 St.) **Böcklweiher** in der *Strub* (605m): auf der Neuen Reichenhaller Straße bis (½ St.) *Reitofen*, dann l. hinab über *Urbanlehen*, auf der Bachingerbrücke (l. der Tristramweg, s. unten) über die Ache und wieder hinan zum (½ St.) *Weiher* (Wirtsch.; Bäder; von hier zur Stat. Bischofswiesen 35 Min.). Zurück auf dem malerischen *Tristramweg* durch die Schlucht der Bischofswieser Ache, 1 St. bis Berchtesgaden; oder vom Böcklweiher südl. am Abhang des *Silbergs* über *Süßenbrunn* zum (35 Min.) **Boschberg* (698m; Wirtsch.) mit reizender Aussicht; hinab über *Dachllehen* zur (½ St.) *Gmundbrücke* (S. 112) und nach (¼ St.) Berchtesgaden. — MW. vom Boschberg über *Vierradlehen* zum (1¼ St.) *Söldenköpfl* (S. 112), sowie l. hinab nach (½ St.) *Ilsank* (S. 112).

Schönau (600-650m), hügeliges Plateau zwischen Königssee und Ramsauer Ache, mit Aussicht auf Hohen Göll, Brett, Kahlersberg: Fahrstraße vom Bahnhof r. bergan an Schloß *Lustheim* vorbei, beim Handweiser r. zur (¾ St.) *P. Panorama* (S. 104); oder auf der Straße geradeaus zur (½ St.) *Schweizer Pension* (610m; S. 104); 2 Min. weiter die *Wirtsch. Kohlhiesl*. Von hier l. über das *Mooslehen* zur Untersteiner Straße (S. 107; 1¼ St. bis Berchtesgaden), oder von Pens. Panorama über die *Stangerbrücke* zur Ramsauer Straße (S. 112; 1½ St. bis Berchtesgaden).

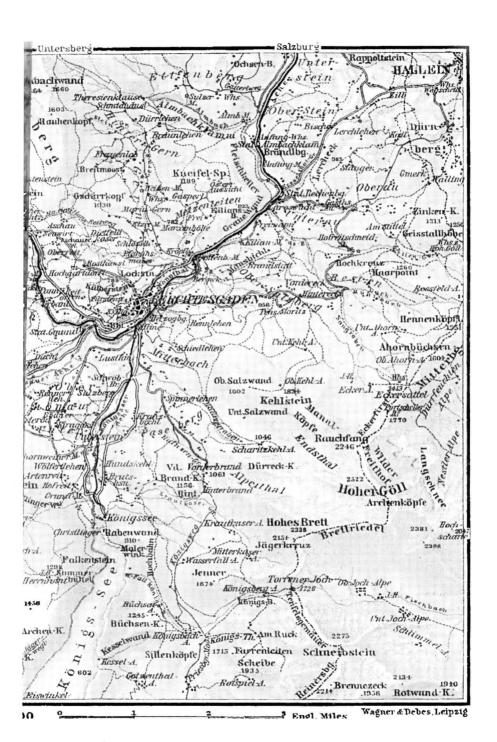

Nach dem Königssee elektrische Bahn 22mal täglich in 8 Min. für 50 oder 30 pf. Abfahrt 2 Min. vom Staatsbahnhof. Die Bahn führt am l. Ufer der Königseer Ache bis zum Wemholz (s. unten), hier aufs r. Ufer, über (3km) HS. *Unterstein* (s. unten) nach (5km) Königssee.

Die Fahrstraße (Wagen s. S. 104; Stellwagen in $^1/_2$ St., 1 ℳ) führt vom Bahnhof auf der *Adelgundenbrücke* über die Ache, dann am *Wemholz* hin, und teilt sich nach 20 Min.: l. Staatsstraße in gleicher Höhe weiter, r. über die *Schwöbbrücke* Distriktsstraße, über *Unterstein* (Whs.), mit gräfl. Arcoschem Landsitz; 8 Min. vor dem See vereinigen sich beide Straßen. — Der vom Bahnhof an der Ache aufwärtsführende Fußweg nach ($1^1/_4$ St.) Königssee hat durch den Bahnbau sehr verloren und ist kaum mehr zu empfehlen.

Der **Königssee (602m), auch *St. Bartholomäussee* genannt, tiefgrün und klar, 8km lang, $^3/_4$-$1^1/_2$km breit, bis 192m tief (Seefläche 517 ha), einer der schönsten Alpenseen, von gewaltigen bis 2000m hohen Felswänden eingeschlossen, ist der Glanzpunkt des Berchtesgadener Gebiets. Am N.-Ende das Dorf *Königssee* (Größwangs Gasth. zum Königssee, 60 B. zu $1^1/_2$-3 ℳ; Gasth. zum Schiffmeister, 40 B. zu $1^1/_2$-4 ℳ; Altes Seewirtshaus, einf.).

Aussichtreicher Fußweg am NO.-Ufer zum ($1/_2$ St.) *Malerwinkel*. — Schöner Blick über den See von der *Rabenwand* (910m), $^3/_4$ St. (rote WM.): 4 Min. n. von der Schiffslände beim *Löwenstein*, einem mächtigen erratischen Block, zwischen Felstrümmern hinan.

Motorboote 10mal tägl., bis Bartholomä in 30 Min. (1 ℳ), bis zur Sallet-A. in 45 Min. (1 ℳ 50, hin u. zurück 2 ℳ 60). — Ruderboote (bei ausreichender Zeit zu empfehlen; bis zur Salletalp $1^1/_2$ St.) erhält man vom Schiffmeister angewiesen: Boot für 1-4 Pers. mit 2 Rud. bis Bartholomä $4^1/_2$; bis zur Salletalp $7^1/_2$ ℳ; 5-7 Pers. mit 3 Ruderern $7^1/_2$ bzw. 12 ℳ u. Trkg. Rundfahrten (6-7mal tägl.) mit großen gedeckten Booten bis zur Salletalp u. zurück die Person $1^1/_2$ ℳ. Beste Beleuchtung morgens früh und am späten Nachmittag.

Bei der Abfahrt l. auf dem Felsvorsprung zwischen Bäumen die *Villa Beust*, im See die kleine Insel *Christlieger* mit Standbild des h. Johann von Nepomuk. Erst wenn das Boot am *Falkenstein* vorbei ist, einer vortretenden Felswand, an der ein Kreuz an ein 1742 gestrandetes Wallfahrerschiff erinnert, erscheint der See in seiner ganzen Ausdehnung, im Hintergrund die Sagereckwand, der Grünsee- und Funtensee-Tauern, r. daneben die Schönfeldspitze. Am O.-Ufer stürzt der *Königsbach* (im Hochsommer unansehnlich) an der roten ca. 800m h. Felswand in den See. Etwas weiter, an der tiefsten Stelle des Sees, wecken zwei Schüsse (50 pf.), w. gegen die *Brentenwand* abgefeuert, ein zweimal nachhallendes Echo. In der Nähe am O.-Ufer kurz vor dem Kessel am Wasserspiegel eine Höhle, das *Kuchler Loch*, aus dem ein Zufluß in den See kommt (vgl. S. 129). Vom *Kessel*, bei einer baumbewachsenen Landzunge östl., führt ein guter Weg bergan zum (10 Min.) *Kesselfall* (auf die Gotzenalm s. S. 108).

Das Boot nimmt seine Richtung s.w. nach **St. Bartholomä**, einem weit in den See vortretenden grünen Vorland mit Kapelle und Jagdschloß (ordentl. Wirtschaft, Saiblinge).

Die vom See nicht sichtbare Kapelle *St. Johann u. Paul*, ¼ St. vom Whs., wird am St. Bartholomäus-Tage (24. Aug.) von Wallfahrern viel besucht, während auf den Höhen abends Feuer brennen. — Die *Eiskapelle* (868m), Lawinenreste in wilder Schlucht zwischen Hachelwand und Watzmann, ist kaum besuchenswert (hin u. zurück 1½-2 St. m. F., ziemlich beschwerlich, bei schwülem Wetter nicht ratsam).

Am SW.-Ufer stürzt der *Schrainbach* aus einer Felsschlucht in den See (Aufstieg zum Steinernen Meer s. S. 111). Das Boot landet an der *Sallet-Alp*, einer durch einen Bergsturz entstandenen Landenge, die das nach SO. umbiegende Ende des Sees abgedämmt hat. Unweit der Landestelle ein Landhaus des Herzogs von Meiningen. In 10 Min. gelangt man zwischen den begrünten Felstrümmern hindurch an den 2km langen einsamen, auf drei Seiten von hohen Felswänden umschlossenen **Obersee** (612m). L. die schroff abstürzende *Talwand;* jenseits ragen die *Teufelshörner* (2361m) empor, von denen an der *Rötwand* ein Bach in silbernen Fäden ca. 500m h. hinabrinnt. Am ö. Ufer die *Fischunkel-Alp*, zu der an der Südseite des Sees ein (nicht zu empfehlender) Fußsteig in ½ St. führt. Das Befahren des Obersees ist nicht gestattet. — Auf dem Rückweg zum Landeplatz prächtiger Blick auf den gewaltigen Watzmann.

Vom Kessel (S. 107) mark. Reitweg in Windungen bergan zur (3½ St.) *Gotzenalm (1685m; F. 5 ℳ, unnötig). Bis zur *Gotzental-A.* (1105m) 1½ St.; hier r. hinan zur (1 St.) *Seeau-A.* (1461m) und zur Höhe, beim Bildstöckel (1698m) geradeaus (der Weg l. führt zur Regenalm, s. unten) zur (¾ St.) *Gotzenalm*, die aber erst Mitte Juli bezogen wird (Einkehr u. Betten in der *Springelhütte*). Prächtige Aussicht, besonders vom *Warteck* (1740m), 10 Min. n.w. Vom (¼ St.) *Feuerpalfen*, am Felsrande etwas 11 n.w., blickt man fast senkrecht hinab auf den über 1100m tiefer liegenden See und St. Bartholomä (Vorsicht!). Rückkehr in 2 St. zum Kessel, wohin der Schiffer für die Rückfahrt (6-7 St. später) zu bestellen ist; oder von der (1½ St.) Gotzental-Alp r. in der Höhe fort zur (½ St.) *Königsbach-A.* (1191m), 5 Min. abwärts bis zu einer kl. Holzbrücke, hier l. hinab über die *Hochbahn* nach (1½ St.) *Königssee*, oder auf dem aussichtreichen *Königsweg* nach (1½ St.) *Vorderbrand* (S. 109).

Von der Gotzenalm zum Obersee über die *Regen-A.* und *Landtal-A.*, dann den steilen *Rötsteig* hinab, bis zur *Fischunkel-A.* (s. oben) 4-5 St., beschwerlich, nur für Geübte m. F. (8 ℳ).

Vom Königssee nach Golling (8 St., F. 10 ℳ, entbehrlich), MW. über die *Königsbach-A.* (1191m) und *Königsberg-A.* (1555m; von hier in 1 St. auf den *Jenner*, s. S. 110) zum (3½-4 St.) **Torrener Joch** (1726m), zwischen *Schneibstein* (S. 110) vom Joch 2 St.) und *Hohem Brett* (S. 110), mit trefflicher Aussicht; hinab zur *Obern* und *Untern Joch-A.* und zu den *Jochfällen*, von wo Fahrstraße über die *Alpwinkel-A.* zum Jagdhaus im *Blüntautal* und nach (4 St.) *Golling;* s. S. 130.

In die Ramsau direkter Fahrweg vom Königssee über *Schönau* (S. 106) nach (1½ St.) *Ilsank* (S. 112). ¼ St. weiter ist der Waldweg von Schönau l. am Fuß des Grünsteins (S. 110) zur Wirtsch. *Hammerstiel* (S. 111), dann entweder r. nach Ilsank, oder l. zur *Wimbachklamm* (S. 112).

Oberer Salzberg (900-1000m; bis P. Moritz oder Hintereck 1½ St.; zweisp. Wagen 12 ℳ): über die *Schießstättbrücke* zum r. Ufer der Ache und auf meist schattigem Fahrweg hinan, am *Café & P. Alpenglühen* (680m) und *Café & P. Buchenheim* (830m) vorbei zur (1 St.) *P. & Rest. Steiner* (850m); oberhalb Wegteilung: r.

zur *P. Haus Antenberg* (920m) und ($^1/_2$ St.) *P. & Rest. Moritz* (956m); l. unterhalb der *P. Regina* vorbei (l. davon Wirtsch. *Vordereck*) zum ($^1/_2$ St.) *Whs. Hintereck* (930m). Die Pensionen auf dem Obern Salzberg (vgl. S. 104) werden wegen der kräftigen Luft als Höhenkurort viel besucht. Im Winter gute Rodelbahn.

Von P. Moritz schöner rot mark. Waldweg über (1$^1/_2$ St.) *Scharitzkehlalp* nach (1 St.) *Vorderbrand* (s. unten). — Von P. Moritz 10 Min. zum *Whs. Hintereck* (s. oben), wo Wegteilung: l. Fahrweg durch die *Resten* nach (1$^1/_4$ St.) *Au* (s. unten), r. MW. zum (2$^1/_2$ St.) *Purtschellerhaus* (S. 111). — Von P. Moritz auf den **Göhlstein** oder *Kehlstein* (1834m), n.w. Ausläufer des Hohen Göll, rot MW. über *Untere* und *Obere Kehl-A.* in 3 St., lohnend (F. 5 ℳ, für Geübte entbehrlich). — *Roßfeld* s. S. 110; *Hoher Göll* S. 111.

*Vorderbrand, 2 St., aussichtreiche Fahrstraße (im Winter gute Rodelbahn), nach 10 Min. beim Park-Hotel (S. 104) von der Königsseer Straße l. ab, am *Café Waldruh* vorbei zur (1$^3/_4$ St.) Alpenwirtschaft *Vorderbrand* (1062m; P. 4$^1/_2$ - 6 ℳ; F), an der Mündung des zum Hohen Göll hinanziehenden *Alpeltals*, mit Aussicht auf Berchtesgadener Tal, Untersberg und Lattengebirge. MW. in 20 Min. auf den *Brandkopf* (1157m), mit schöner Aussicht.

Vom Vorderbrand zur *Wasserfall-A.* (1284m) $^3/_4$ St., nach *Königssee* (S. 107) 1-1$^1/_4$ St., *Gotzenalm* (S. 108) 3$^1/_2$ St., *Torrener Joch* (S. 108) 2$^1/_2$ St.

Scharitzkehlalp, 2-2$^1/_2$ St. (rote WM.; F. unnötig, 3 ℳ, Esel mit Treiber 10 ℳ): jenseit der Schießstättbrücke (S. 108) von der Obersalzberg-Straße (Wegtafel) r. ab den *Herzogberg* hinan zur ($^3/_4$ St.) Wirtsch. am *Kalten Keller*, einer tiefen Felsspalte in wilder Umgebung (hübscher Weg von hier über die aussichtreiche *Ottenhöhe* zur Königsseer Straße), oder jenseit der Adelgundenbrücke (S. 107) von der Königsseer Straße l. ab, zwischen Schwabenwirt und Villa Brandner r. hinan über *Waldhäusl;* vor dem *Schiedlehen* treffen beide Wege zusammen. Besser folgt man der Straße nach Vorderbrand ca. 1 St., dann MW. l. ab über das *Spinnerlehen;* oder auf der Straße weiter bis 10 Min. vor dem Whs. Vorderbrand, hier l. (Handweiser) am *Brüggenlehen* vorbei durch schönen Wald in 35 Min. bis Scharitzkehl. Die Alp (1024m; Erfr.) liegt auf einer waldumschlossenen Wiese in großartiger Bergumrahmung (Göhlstein, Hoher Göll, Hohes Brett, Dürreckkopf). Den Talschluß (steiniger Pfad, 1-1$^1/_4$ St.) bildet das wilde, von Schneeresten und Felstrümmern erfüllte *Endstal*, unmittelbar am W.-Fuß des Hohen Göll. — Von Scharitzkehl bis *P. Moritz* 1$^1/_2$ St. (s. oben).

*Almbachklamm: bis zur Stat. *Almbachklamm* Eisenbahn in 27 Min., s. S. 103 (Fußgänger gehen $^3/_4$ St. von Berchtesgaden auf rot MW. l. über die Brücke); dann l. zur (5 Min.) Brücke über die Ache, am l. Ufer 5 Min. hinab, beim *Restaur. Kugelmühl* über den *Almbach* (Eintr. 30 pf.) und am l. Ufer hinan in die malerische Schlucht, durch die der Bach in einer Reihe von Fällen vom Untersberg hinabstürzt. Der 1894 erbaute *Pionierweg*, anfangs vielfach mit Drahtseilen versehen, für leidlich Schwindelfreie auch weiterhin ganz unbedenklich, führt durch die Klamm (kurzer Tunnel), am *Sulzerfall* (dabei Schutzhütte in Kapellenform) vorüber bis zur (1$^1/_4$ St.) *Theresienklause* (712m), einem mächtigen, als Talsperre für die Holzflößerei erbauten Steindamm. Vor dem Damm l. hinan auf gutem Waldwege über die Höhe nach *Hintergern* und zur (1 St.) Kirche *Maria-Gern* (Whs.), s. S. 106; oder n.ö. auf steilem Steig zur ($^3/_4$ St.) Wallfahrtskirche von *Ettenberg* (832m; Meßner-Whs.), mit schöner Aussicht; hinab durch dem *Gatterlweg* zur ($^1/_2$ St.) *Kugelmühle* (s. oben).

Au (1$^3/_4$ St.): auf der Salzburger Straße oder der schattigen *Königsallee*, erst am l., dann am r. Ufer der Ache bis zur (1 St.) *Laroswacht* (ehem. Zollhaus); hier r. hinan (rote WM.) an einer (20 Min.) Kapelle mit reizender Aussicht vorbei zum (20 Min.) *Gasth. Au* (700m), in herrlicher Lage. Von hier zum Dürnberg (S. 127) 1 St., nach Zill (S. 128) 1 St., über Resten nach Hintereck (S. 109) Fahrweg, 1½ St. — Weniger zu empfehlen ist der Weg über die **Laroswasserleitung** (rote WM.): vom Bergwerk über den *Mausbichl* (³/₄ St.), dann am Abhang des Salzbergs entlang durch zwei Stollen, vom Ende der Wasserleitung in der *Larosschlucht* l. nach (1¼ St.) *Au.* — *Mehlweg* und *Kleiner Barmstein* (3 St., rote WM.) s. S. 128.

BERGTOUREN. — *****Kneifelspitze** (1189m), 2½ St. (MW., F. 4 ℳ, unnötig). Bequemster Weg über *Gern* und *Gasperllehen* (S. 106); oder jenseit des Gernbachs von der Salzburger Straße l. ab, dann r. an Villa Aldefeld vorbei, über *Kropfleiten* und *Freiglehen* zum (1½ St.) *Gasperllehen* (906m) und zum (³/₄ St.) Gipfel, mit der offnen *Paulshütte* und prächtiger Aussicht, namentlich bei Abendbeleuchtung (einige Min. rechts auch auf Salzburg).

*****Toter Mann** (1391m), von Bischofswiesen (S. 106) s.w. in 2¾ St., leicht und lohnend (F. 5 ℳ, unnötig): beim Bahnhof über die Bischofswieser Ache, auf rot MW. (bei Wegteilungen l. halten) stets durch Wald zum Gipfel, mit der offnen *Bezoldhütte* und schöner Rundsicht. Abstieg (MW.) s.ö. zum (³/₄ St.) *Söldenköpfl* (S. 112) und nach (½ St.) *Ilsank;* oder s.w. über *Schwarzeck* zum (1 St.) *Zipfhäusl* (S. 113).

Grünstein (1304m), 4½ St. m. F., mühsam: von (1¼ St.) *Pens. Hofreit* (s. S. 104) r. MW. meist durch Wald unter der *Klingerwand* steil hinan zum (3 St.) Gipfel, mit prächtigem Blick namentlich auf den nahen Watzmann. Abstieg n.w. zur (1½ St.) Wirtsch. *Hammerstiel* (S. 111) und nach (¼ St.) *Ilsank* (S. 112).

Roßfeld (*Hennenköpfl* 1550m, *Ahornbüchsen* 1604m), 4-4½ St., lohnend (MW., F. entbehrlich): vom (1½ St.) Gasth. Au über den *Sattel* im bewaldeten *Lattengraben* l. hinan zum (1½ St.) *Whs. Pechhäusl* (S. 128) und über die (1 St.) *Roßfeld-A.* (1461m; Erfr.) zum (½ St.) Rasengipfel des *Hennenköpfls* (1550m); oder vom (3 St.) *Eckersattel* (S. 111) l. hinan, nach ¼ St. Wegteilung: l. zur (12 Min.) *Obern Ahornkaser* (1525m; Wirtsch.); r. auf die (20 Min.) *Ahornbüchsen* (1604m), mit großartiger Rundsicht. Von hier über den *Hahnenkamm* und das *Hennenköpfl* zur (³/₄ St.) *Roßfeld-A.* und hinab nach (2 St.) *Au,* s. S. 128.

*****Jenner** (1874m), von Vorderbrand über *Mitterkaser-A.* in 3 St. (F. 5 ℳ), oder von Königssee über *Königsberg-A.* (S. 108) in 4½ St., leicht und lohnend. — **Hohes Brett** (2338m), von Vorderbrand über *Mitterkaser* und die *Brettgabel* in 4 St., oder vom (3½ St.) *Torrener Joch* (S. 108) in 1½-2 St., beschwerlich (F. 7 ℳ). Viel Edelweiß. — **Schneibstein** (2274m), von (2 Std.) *Vorderbrand* über *Mitterkaser* und *Königsberg-A.* (S. 108) in 4 St. (F. 8 ℳ), unschwierig und lohnend (reiche Flora). — **Kahlersberg** (2350m), von der *Gotzenalm* (S. 108) über die *Regen-A.* und durch das *Landtal* in 4 St., mühsam (F. 11 ℳ); herrliche Aussicht.

Untersberg (1973m), 5½ St. (F. 8 ℳ, für Geübte entbehrlich), lohnend. Am *Aschauer Weiher* (S. 106) vorbei MW. nach (1 St.) *Oberaschau* (679m), beim Wasserfall über den Bach und r. durch Wald hinan, am Abhang der Rauhen Köpfe zum (1½ St.) *Kalten Brunnen* (Quelle), dann auf dem „Stöhrweg" unter der Almbachwand entlang, zuletzt im Zickzack zur (1½ St.) Einsattelung des *Leiterl* (1602m); — oder von (2 St.) *Hintergern* (S. 106) beim Schwaigerlehen l. hinan, am Holzenlehen vorbei durch Wald zum Kalten Brunnen (s. oben); 2 St. bis zum Leiterl. Von hier r. an der W.-Seite des Kammes (l. unten die Zehn Kaser, s. unten) zum (³/₄ St.) *Stöhrhaus* der AVS. Berchtesgaden (1894m; Wirtsch., 17 B. zu 3.40, AV.-Mitgl. 1.70, und 18 Matr. zu 2 bzw. 1 ℳ), beim Goldbrünnl (gute Quelle), und am Mittagsloch (Höhle) vorbei auf den (25 Min.) *****Berchtesgadener Hochthron** (1973m), den höchsten Gipfel des Untersbergs, mit weiter herrlicher Rundsicht (Panorama von Baumgartner). Vom Berchtesgadener zum *Salzburger Hochthron* (S. 127) über die *Weitscharte* (Mittagsscharte, 1668m) 3-3½ St. m. F. (10 ℳ), beschwerlich. — Auch vom *Paß Hallthurm* (S. 102) führt ein rot MW. über die *Zehn Kaser-A.* (1540m) zum (4 St.) Stöbrhaus.

*****Watzmann**, höchster Gipfel der Berchtesgadener Alpen (Hocheck 2653m, Mittelspitze 2713m, Südspitze 2713m), von Berchtesgaden 7-8 St. m. F. (für Hocheck 10, Mittelspitze 12, über Mittel- und Südspitze ins Wimbachtal 20 ℳ), bis zum Hocheck nicht schwierig. Bei (1¹/₄ St.) *Ilsank* (S. 112; Handweiser) über die Brücke (578m) und auf gutem MW. hinan zur (20 Min.) Wirtsch. *Hammerstiel* (781m); dann in weitem Bogen ins *Schapbachtal* und am Bach aufwärts zur (1 St.) Holzstube (988m); von hier r. durch Wald hinan bis zur (¹/₂ St.) Einmündung des von Ramsau über die Stubenalp heraufkommenden Weges und zur (¹/₂ St.) Jägerhütte *Mitterkaser* (1360m; Bier), mit schöner Aussicht. Nun auf gutem Steig zur (³/₄ St.) *Falzalp* (1645m), wo l. der nicht zu empfehlende Weg von Königssee über die Herrenroint- und Kühroint-A. (4-4¹/₂ St.) einmündet, und zum (50 Min.) WATZMANNHAUS der AVS. München auf dem *Falzköpfl* (1927m; Wirtsch., 16 B. zu 3.20, AVM. 1.60 ℳ, und 23 Matr. zu 2 bzw. 1 ℳ; F nach Ilsank), mit prächtiger Aussicht. Von hier auf gutem AV.-Weg über den Watzmannanger, dann nach einer kurzen steilen Stelle (Eisenstangen) meist über Geröll am Grat entlang zum (2 St.) *Hocheck* (2653m), mit kl. Unterstandshütte (Fremdenbuch) und Kronprinz Friedrich Wilhelm-Gedenktafel 30. Juli 1872. *Aussicht nach S. auf die Tauern (Glocknergruppe durch die Mittelspitze verdeckt), im N. weit hinaus über die bayrische Ebene bis zum Böhmer Wald, in der Tiefe das Wimbachtal, der Königs- und Obersee. Vom Hocheck über den zerklüfteten, durch Drahtseile und Tritte für Schwindelfreie zugänglich gemachten Grat in ¹/₂ St. auf die *Mittelspitze* (2713m), mit eisernem Kreuz und unumschränkter *Rundsicht.

Von der Mittelspitze auf die *Süd-* oder *Schönfeldspitze* (2713m) ³/₄-1 St., interessante Gratwanderung (Drahtseile und Eisenstifte), nur für Geübte mit Führer; ebenso der Abstieg ins Wimbachtal (nicht markiert), 3 St. bis zur *Griesalp* (S. 113).

*Hoher Göll (2522m), 7 St. (F. 12 ℳ), für Geübte nicht schwierig: MW. über (1¹/₂ St.) *Hintereck* (S. 109) zum (1¹/₂ St.) *Eckersattel* (1414m) und r. hinan zum (1 St.) *Purtschellerhaus* der AVS. Sonneberg (1770m; Wirtsch., 30 B. zu 3.40, AVM. 1.70 K, und 7 Matr. zu 2 bzw. 1 K) auf dem *Eckerfirst*, mit prächtiger Aussicht; von hier AV.-Steig über die *Gölleiten* zum (2¹/₂-3 St.) Gipfel, mit großartiger Rundsicht. — Vom Eckersattel nach Hallein oder Golling s. S. 128, 129. — Vom Gipfel beschwerlicher Abstieg (keine WM.) über die Scharte *Heiterer Lueg*, unter den *Archenköpfen* durch, über den *Brettriedel* (2342m) zum (2 St.) *Hohen Brett* (S. 110), dann am *Jägerkreuz* (2154m) vorbei über *Mitterkaser* nach (2 St.) *Vorderbrand* (S. 109).

Steinernes Meer (vgl. Karte S. 156: Wege meist rot markiert, aber Führer bei zweifelhaftem Wetter ratsam: bis Funtensee 9, über Grünsee 10, nach Saalfelden 16 ℳ). Von St. Bartholomä (S. 107; bis zum Kärlingerhaus 4-4¹/₂ St.) MW. am Ufer entlang, oberhalb des *Schrainbachfalls* (S. 108) r. hinan durch Wald zur (1¹/₂ St.) *Unterlahner-A.* (995m); dann durch die steile *Saugasse* in 70 Windungen zur (1¹/₄ St.) verfallenen *Oberlahner-A.* (1400m), wo r. der Steig von *Trischübl* herabkommt (S. 113). Nun unter den *Gjaidköpfen* über die Himmelstiege empor (l. herab kommt der Weg von der Salletalp, S. 112), zuletzt etwas abwärts zum (1¹/₄ St.) **Kärlingerhaus** der S. Berchtesgaden (1620m); *Wirtsch., 35 B. zu 3 ℳ 40, AVM. 1.70, und 20 Matr. zu 2 u. 1 ℳ; TF), 5 Min. w. über dem kleinen *Funtensee* (1601m).

Ein andrer rot bez. Weg (5 St., mit Drahtseilen, Geländern und Stufen versehen, für Geübte ganz gefahrlos, aber für nicht Schwindelfreie an der Sagereckwand namentlich beim Abstieg mißlich) führt von der *Sallet-A.* (S. 108) an der *Sagereckwand* sehr steil hinan, mit herrlichem Blick auf Königssee und Obersee, zur (2½ St.) verfallenen *Sagereck-A.* (1361m; Quelle); von hier weiter bergauf (l. unten bleibt der hübsche *Grünsee,* 1475m) zu dem (2 St.) Einschnitt (1726m) zwischen *Glunkerer* (1828m) und *Simetsberg* (1882m), dann bergab auf den von Bartholomä kommenden Weg und zum (½ St.) *Kärlingerhaus*. — Vom Kärlingerhaus auf das *Feld* (1686m), 1½ St., leicht und lohnend; *Schottmalhorn* (2307m), 2½ St., und *Viehkogel* (2157m), 2 St., beide mühsam; *Funtensee-Tauern* (*Stuhlwand,* 2578m), 3½ St., beschwerlich aber lohnend; *Schönfeldspitze* (*Hochzink,* 2651m), über die *Buchauer Scharte* (2281m) in 4½-5 St., schwierig (besser vom Riemannhaus, S. 163); *Hundstod* (2594m), 5-6 St., mühsam; s. S. 113. — Vom Funtensee nach Saalfelden mehrere Übergänge *(Buchauer, Ramseider, Weißbachl-* und *Diesbach-Scharte);* am kürzesten (6 St.) und interessantesten die **Ramseider Scharte** (2102m; 3-3½ St. vom Funtensee) mit dem *Riemannhaus* (vgl. S. 163); rot MW., an der N.-Seite des Funtensees entlang, an dessen O.-Ende man bei einem Felsen, der sog. Teufelsmühle, den unterirdischen Abfluß rauschen hört; dann ansteigend zu dem eigentlichen, überaus öden Steinernen Meer, mit Blick auf die Schönfeldspitze (s. oben). Abstieg nach Saalfelden für nicht Schwindelfreie nur mit Führer.

Von Berchtesgaden durch die Ramsau nach Reichenhall oder nach Oberweißbach.

Bis zur Straßenteilung in der obern Ramsau 10km; von da nach Reichenhall 17km, nach Oberweißbach 19km. — Über *Ramsau* nach *Hintersee* 14km, lohnender Ausflug (für Fußgänger bis Ramsau einschl. der Wimbachklamm 3½ St., von da zum Hintersee 1¼ St.; mit Motorwagen bequeme Nachmittagspartie). — Motorpost und Wagen s. S. 104.

Die Straße führt vom Bahnhof auf dem l. Ufer der Ache bis zur (1,1km) *Gmundbrücke* (S. 102), wo r. die vom Grand Hotel herabkommende Straße einmündet; hier über die Bischofswieser Ache und im engen Tal der Ramsauer Ache durch Wald hinan. 4km **Ilsank** (590m; *Gasth. zum Watzmann & P. Ilsank, 40 B. zu 1-1½, P. 5-7 ℳ); 5 Min. weiter das *Brunnhaus Ilsank,* wo eine Wassersäulenmaschine die Sole 364m bis zum *Söldenköpfl* hebt und über die Schwarzbachwacht in 30km l. Röhrenleitung nach Reichenhall treibt.

Ein Treppen- und Zickzackweg führt von Ilsank hinauf zum (1¼ St.) **Söldenköpfl** (950m; im Brunnhaus Erfr.), mit herrlicher Aussicht, von wo längs der Solenleitung guter Fußweg mit schönen Aussichtspunkten zum (1¼ St.) *Zipfhäusl* (S. 113) und zur (1¾ St.) Schwarzbachwacht (S. 113). Vom Söldenköpfl steiler MW. auf den (1½ St.) *Toten Mann* (S. 110). — Von Berchtesgaden zum Söldenköpfl bester Zugang (MW.) am *Boschberg* vorbei (2¼ St.; s. S. 106). — Von Ilsank über *Schönau* zum *Königssee* 1¾ St. (s. S. 108). — Auf den *Watzmann* s. S. 111.

Weiter am l. Ufer der schäumenden Ache durch die Schlucht des *Kniepasses* (kurzer Tunnel); l. prächtiger Blick auf den Watzmann, vorn der breite Steinberg. Die ***Ramsau** ist durch den Gegensatz des üppigen Talgrüns und der gewaltigen schön geformten Felsberge besonders malerisch. 7,3km Handweiser „Wimbachklamm, Jagdschloß": Fußpfad l. über die Brücke (626m; Restaur.), bei der Trinkhalle r. hinan, in die (¼ St.) ***Wimbachklamm**. Das bläulich-weiße Wasser bildet die schönsten Fälle in der engen 6 Min. langen Felsschlucht, in die von allen Seiten die Quellen hinabrieseln.

Nach Mittag scheint die Sonne hinein. — 10 Min. vom obern Ende der Klamm öffnet sich der Blick in das *Wimbachtal*.
Das wilde obere **Wimbachtal** ist besuchenswert, doch muß man ca. $^1/_2$ St. über das Jagdhaus hinaus, besser bis zur (2$^1/_2$ St.) Griesalp gehen. Reitweg vom obern Ende der Klamm erst am l., später am r. Ufer durch Fichtenwald, dann quer über das breite Geröllbett, dem der Bach entströmt, zum (1$^1/_4$ St.) *Jagdschloß Wimbach* (938m; Erfr., kein Nachtlager); 1$^1/_4$ St. weiter aufwärts die *Gries-A.* (1327m), mit vollem Überblick des großartigen Talschlusses. — S. führt von hier ein z. T. in den Felsen gehauener Steig zur (1$^1/_2$ St.) Jagdhütte *Trischübl* (1799m; keine Unterkunft), von wo die *Hirschwiese* (2113m), mit trefflichem Ausblick in die großartig wilde Umgebung und auf ein Stück des Königssees, in 1 St. zu ersteigen ist (F. 8 ℳ), und weiter (F. ratsam) über die verfallne *Sigeret-A.* zur (2 St.) *Oberlahner-A.* (S. 111). — **Hundstod** (2594m), von Trischübl durch die *Hundstodgrube* in 3 St., nur für Geübte (F. für 2 Tage 14 ℳ); besser von der Funtenseehütte (S. 112).

An der Straße 12 Min. weiter das **Gasth. Wimbachklamm* (50 B., P. 5 ℳ); 8 Min. **Gasth. zum Hochkalter* (30 B. zu 1-1.50, P. 5 ℳ), dann r. oben *Pens. Villa Steinberg* (gut). — $^1/_4$ St. (9km) **Ramsau** (668m; Oberes Gasth., bei der Kirche, gelobt).

Schöner Spaziergang unweit des Oberwirts beim Handweiser von der Straße r. ab durch Wald zur ($^1/_2$ St.) Wallfahrtskirche *Maria-Kunterweg* (761m), weiter zur ($^1/_4$ St.) *großen Linde* und r. hinauf zum (20 Min.) *Zipfhäusl* (997m; Whs.) an der Solenleitung, 1$^3/_4$ St. von der Schwarzbachwacht und 1$^1/_4$ St. vom Söldenköpfl (S. 112; geradeaus bergan geht's zum *Toten Mann*, S. 110). — Ein andrer Weg führt von der Reichenhaller Straße oberhalb der Abzweigung der Hinterseer Straße beim Handweiser l. hinan zum ($^3/_4$ St.) ***Wartstein** (885m), mit prächtigem Blick auf Hintersee, Blaueisgletscher usw.; etwas unterhalb die *Magdalenen-Kapelle* (860m), Felsengrotte mit Altar. Abstieg zum *Hintersee* $^1/_4$ St. — **Mordau-Alm** (1190m), hübsches Alpental am Fuß des Lattengebirges, vom Taubensee 1$^1/_4$ St., lohnend; reizender Blick auf Hintersee, Hochkalter, Reiteralp usw.

Zum *Hintersee* (S. 114) für Fußgänger schöner **Waldweg**, beim Gasth. zum Hochkalter von der Straße l. ab, über die sog. *Gletscherquellen* (Moosbänke) und später über die neue Straße weg zum Hintersee.

1km weiter teilt sich die Straße: l. geht's zum Hintersee und nach Ober-Weißbach (s. unten). Die Straße nach Reichenhall (17km) steigt geradeaus (r.) am kleinen *Taubensee* (874m) vorbei zur ($^3/_4$ St.) **Schwarzbachwacht** (886m), Brunnhaus auf der Paßhöhe; 5 Min. weiter das einf. *Whs. zur Schwarzbachwacht* („Wachterl"; über die Schwegel-A. zur *Traunsteiner Hütte* 5 St., s. S. 166). Hinab in das tiefe waldige *Schwarzbachtal* zwischen l. Reiteralpe, r. Lattengebirge, nach 1 St. über den Schwarzbach; 20 Min. Brunnhaus *Jettenberg* (556m; Erfr.); 3 Min. unterhalb Brücke über den Schwarzbach, der hier den malerischen *Staubfall* bildet und bald darauf in die Saalach fällt (Fußpfad l. hinab, unter der Brücke durch). L. Straße nach *Schneizelreut* (S. 166). Dann am r. Ufer der Saalach (jenseits die Häuser von *Frohnau*) nach (1$^1/_2$ St.) *Reichenhall* (S. 98).

Die Straße nach Ober-Weißbach (19km) überschreitet die Ache (r. die alte Straße, von der nach ca. 100 Schritten l. ein rot mark. Waldweg zum Hintersee abzweigt), führt am r. Ufer allmählich hinan, mit schönem Blick auf die Reiteralpe, und erreicht bei der

(³/₄ St.) *Hinterseeklause* den 1km l. **Hintersee** (790m; Überfahrt zum Hot. Post oder Gemsbock 10 pf.; läuten!). ¹/₄ St. weiter, 6 Min. vom obern Ende des Sees, das Forsthaus *Hintersee* (794m) und das bayrische Zollamt; gegenüber **Auzingers Gasth.* (P. 4-4¹/₂ ℳ). R. am See (5 Min.) **H. Post & P. Wartstein* (63 B. zu 1¹/₂-2, P. 5-6¹/₂ ℳ) und **H.-P. Gemsbock* (52 B. zu 1¹/₂-2, P. 5-6 ℳ), mit schönem Blick auf den See (südl. der Hochkalter, ö. der Hohe Göll, der sich bei Abendbeleuchtung im See spiegelt).

AUSFLÜGE vom Hintersee (Führer Josef Maltan). Zum *Wartstein* (¹/₂ St.) s. S. 113. — Zum **Blaueis**, dem nördlichsten Gletscher der deutschen Alpen, am N.-Abhang des Hochkalters, mühsam: bis zum *Eisboden* (1901m) am untern Rande 3¹/₂-4 St. (F. 7 ℳ); unterwegs wohl Gemsen zu sehen. — **Edelweißlahnerkopf** (1954m), 4 St. (F. 6 ℳ), mühsam. — **Stadelhorn** (*Großes Mühlsturzhorn*, 2288m), mit herrlicher Aussicht, über die *Halsgrube* und das *Wegkar* für Geübte in 5 St. (F. 8 ℳ), schwierig (Abstieg zur *Traunsteiner Hütte*, S. 166). — **Hochkalter** (2607m), durch das *Ofental* in 5-6 St. (F. ab Berchtesgaden 15 ℳ), nur für Geübte. Sehr schwierig ist der Anstieg über das *Blaueis* (6-7 St., F. 20 ℳ; wegen Randkluft zuweilen nicht möglich); noch schwieriger (zwei F. zu 25 ℳ) aus dem *Wimbachtal* über die *Blaueisscharte* (2483m).

Wer vom Hintersee nach Reichenhall will, schlägt am N.-Ende des Sees den Fahrweg l. über den *Antenbichl* an der W.-Seite des *Wartsteins* ein (Besteigung in 25 Min., s. S. 113), nach 10 Min. den Fußweg l. zur (20 Min.) Reichenhaller Straße ¹/₄ St. unterhalb des Taubensees (S. 113). — Wagen vom Hintersee nach Oberweißbach zweisp. 25 ℳ u. 3 ℳ Trkg.; Vorspann (15 ℳ) nötig, da man sonst beim An- und Abstieg vom Hirschbichl mehrfach aussteigen und zu Fuß gehen muß.

Weiter in schön bewaldetem Tal zwischen l. Hochkalter, r. Reiteralpe, zuletzt steil hinan über die österr. Grenze zum (2 St.) **Hirschbichl** (1153m; Whs.), mit der österr. Maut *Mooswacht*.

***Kammerlinghorn** (*Vorderes*, 2486m), vom Hirschbichl 4-4¹/₂ St. (rote MW.; F. ratsam, 5 ℳ), nicht besonders schwierig, aber steil und schattenlos (früh aufbrechen). Prächtige Aussicht auf Leoganger Steinberge, Zeller See usw. Vom vordern auf das *hintere* oder *Hochkammerlinghorn* (2510m) ¹/₂ St., nur für Geübte (Aussicht kaum lohnender). — **Hocheisspitze** (2523m), vom Hirschbichl über die *Mittereis-A.* und *Hocheis-A.* in 4 St., beschwerlich (Gratübergang vom Hochkammerlinghorn schwierig, nur für geübte Kletterer). — W. rot MW. vom Hirschbichl über den **Kleinen** oder **Loferer Hirschbichl** (1249m), mit prächtiger Aussicht, nach *Wildental* und (1³/₄ St.) *St. Martin* an der Loferer Straße (S. 165).

Die Straße steigt noch wenige Minuten bis zur Paßhöhe (1176m) und senkt sich dann steil hinab in das Saalachtal; vorn die gewaltigen Leoganger Steinberge. Nach 1 St. vor der Säge zeigt ein Handweiser r. den Fußweg in die ***Seisenbergklamm**, vom *Weißbach* ausgewaschen, der über mächtige Felsstufen hinabstürzt. Bei der (45 Min.) *Binder-Mühle* erreicht man das *Saalachtal* und die Loferer Straße; 8 Min. **Oberweißbach** (653m; *Auvogl, s. S. 164), wo l. die Straße vom Hirschbichl herabkommt (s. oben).

Von Oberweißbach nach Saalfelden (Einsp. in 2 St., 10 *K* und Trkg.; Stellwagen im Sommer 2mal tägl. in 2 St., 2 *K*) und nach Lofer s. R. 30. ¹/₄ St. n.w. von Oberweißbach das *Lamprechts-Ofenloch* (S. 164); 1¹/₂ St. n. (zu Wagen ³/₄ St.) die *Vorderkaserklamm* (S. 164).

II. Salzburg und Salzkammergut. Hohe Tauern.

Route	Seite
21. Salzburg und Umgebung	117
Aigen. St. Jakob am Thurn. Gaisberg. Nockstein. Hellbrunn. Leopoldskron. Fürstenbrunn und Marmorbrüche. Maria-Plain 124-126. — Untersberg 126.	
22. Hallein und Golling	127
Dürnberg 127. — Kl. Barmstein. Roßfeld. Hoher Göll. Schlenken. Schmittenstein. Von Hallein nach Berchtesgaden über Zill. Almbachstrub. Faistenau 128. — Salzach-Öfen. Paß Lueg. Von Golling nach Berchtesgaden über Eckersattel oder Roßfeld. Schwarzer Berg 129, 130.	
23. Von Linz nach Salzburg	130
Von Wels nach Grünau. Almsee 130. — Vom Lambach nach Gmunden. Traunfall. Von Attnang nach Schärding. Wolfsegg 131. — Zellersee. Tannberg. Mattsee 132.	
24. Attersee und Mondsee	132
Von Steinbach nach den Langbathseen 133. — Von Unterach oder von Scharfling auf den Schafberg 134. — Ausflüge von Mondsee. Kulmspitz. Kolomannsberg. Schober. Drachenstein. Höllkarschneid 135.	
25. Von Salzburg nach Ischl. Abersee. Schafberg .	135
Ausflüge von St. Gilgen. Falkensteinwand. Zwölferhorn. Schafberg. Von St. Gilgen nach Salzburg. Faistenauer Schafberg 136. — Von St. Wolfgang auf den Schafberg. Schwarzer See. Münichsee 137, 138.	
26. Von Attnang nach Gmunden und Ischl	139
Ausflüge von Gmunden. Landachsee. Traunstein. Almsee 140, 141. — Rötelsee. Kleiner Sonnstein. Ausflüge von Langbath. Langbath-Seen. Alberfeldkogel. Erlakogel 142. — Offensee. Hohe Schrott. Bromberg. Schönberg 143. — Ausflüge von Ischl. Ischler Salzberg. Hütteneckalpe. Hohe Schrott. Schönberg. Zimitz. Hainzen. Predigstuhl. Sandling. Rettenkogel. Von Ischl nach Altaussee 145, 146.	
27. Von Ischl nach Aussee	146
Chorinsky-Klause. Hochkalmberg. Gamsfeld. Predigstuhl. Von Obertraun nach Aussee über den Koppen 146, 147. — Ausflüge von Aussee. Alt-Aussee. Loser. Bräuningzinken. Grundlsee. Toplitz- u. Kammersee. Tressensattel. Sarstein. Rötenstein. Zinken. Totes Gebirge. Von Aussee nach Stoder 148-150.	
28. Von Ischl nach Hallstatt und über Gosau nach Abtenau und Golling	150
Bergtouren von Hallstatt. Steingrabenschneid. Plassen. Hirlatz. Zwölferkogel. Sarstein. Krippenstein. Hoher Gjaidstein. Dachstein 152. — Ausflüge von Gosau. Adamekhütte. Dachstein. Torstein 153. — Über das Steigl nach Filzmoos. Zwieselalp. Donnerkogel. Von der Zwieselalp nach Filzmoos u. Bischofshofen 154. — Bleikogel. Lammeröfen 155.	

Route	Seite
29. Von Salzburg über Zell am See nach Saalfelden (Wörgl, Innsbruck)	155

Blühnbachtal. Tennengebirge. Hochkönig 156. — Hochkeil. Dientner Schneeberg. Liechtenstein-Klamm 157. — Hochgründeck. Sonntagskogel. Großarltal. Übergänge nach Gastein, ins Malta- u. Moritzental. Kleinarltal. Tappenkarsee. Hasloch 158. — Von Schwarzach nach Dienten über Goldegg. Heukareck. Kitzlochklamm 159. — Ausflüge von Bruck. Hönigkogel. Hundstein. Drei Brüder. Imbachhorn 160. — Zeller See. Schmittenhöhe 161. — Pinzgauer Spaziergang. Sausteigen. Schwalbenwand. Glemmtal 162. — Ausflüge von Saalfelden. Kühbühel. Lichtenberg usw. Das Steinerne Meer. Riemannhaus. Breithorn. Urslautal. Hochkönig. Hochseiler. Birnhorn 163.

| 30. Von Saalfelden über Lofer nach Reichenhall | 164 |

Lamprechtsofenloch. Vorderkaserklamm 164. — Loferer Hochtal. Loferer Alpe. Schmidt-Zabierowhütte. Hinter- oder Mitterhorn. Ochsenhorn. Reifhorn 165. — Schwarzbergklamm. Staubfall. Sonntagshorn. Reiteralpe. Traunsteiner Hütte 166.

| 31. Tauernbahn von Schwarzach-St. Veit über Gastein nach Spittal in Kärnten | 167 |

Ausflüge von Hofgastein. Gamskarkogel. Türchlwand. Haseck 168. — Ausflüge vom Bad Gastein. Windischgrätzhöhe usw. Kötschachtal. Tischlerkarkopf. Hüttenkogel. Graukogel. Palfner Scharte. Anlauftal. Ankogel. Tischlerspitze. Über den Hohen Tauern zur Hannoverhütte. Woiskenscharte. Tisch 171, 172. — Naßfeld. Herzog Ernst. Schareck. Über die Pochhard- oder die Riffelscharte nach Rauris. Mallnitzer Tauern 173. — Kreuzkogel. Ausflüge von Mallnitz. Säuleck. Gamskarlspitze. Geiselkopf. Lonzahöhe. Feldseescharte 174. — Hannoverhaus. Ankogel. Hochalmspitze. Gamskarlspitze usw. Über die Groß-Elendscharte ins Maltatal 175, 176.

| 32. Die Rauris | 177 |

Bernkogel. Von Rauris nach Heiligenblut über den Heiligenbluter Tauern 177. — Ausflüge von Kolm-Saigurn. Herzog Ernst. Schareck. Sonnblick. Hocharn. Über den Goldbergtauern nach Fragant; über den Sonnblick, die Klein-Zirknitzscharte, die Windischscharte oder die Brettscharte nach Döllach 178, 179.

| 33. Das Fuscher Tal. Von Ferleiten nach Heiligenblut | 179 |

Hirzbachtal. Gleiwitzerhütte. Imbachhorn. Hirzbachtörl. Hochtenn 179. — Ausflüge von Bad Fusch. Kasereck. Kübkarköpfl. Schwarzkopf. Weichselbachhöhe 180. — Ausflüge von Ferleiten. Durcheckalp. Käfertal. Hochtenn. Hohe Dock. Wiesbachhorn 181. — Von Ferleiten nach Heiligenblut über die Pfandlscharte, die Bockkarscharte oder den Heiligenbluter Tauern 181, 182. — Brennkogel 182.

| 34. Das Kapruner Tal | 183 |

Sigmund-Thun-Klamm 183. — Krefelder Hütte. Kitzsteinhorn. Brandlscharte. Moserboden 184. — Wiesbachhorn. Hocheiser. Hochtenn. Rifftor. Kapruner Törl 185.

Route	Seite
35. Von Zell am See nach Krimml. Ober-Pinzgau	186

Von Uttendorf nach Kals durch das Stubachtal. Rudolfshütte. Granatspitze. Sonnblick. Kals-Stubacher Tauern 186. — Gaisstein. Pihapper Spitze. Hollersbachtal. Über das Sandebentörl oder die Weißenegger Scharte nach Gschlöß 187. — Habachtal. Habachhütte. Schwarzkopfscharte. Habachscharte. Wildkogel 188. — Untersulzbachfall. Durchs Ober-Sulzbachtal zur Kürsingerhütte und auf den Groß-Venediger 189. — Krimmler Wasserfälle 189. — Seekarsee. Gernkogl. Hütteltalkopf 190.

36. Von Krimml über den Krimmler Tauern oder über die Birnlücke nach Kasern (Taufers)	191

Ausflüge vom Krimmler Tauernhaus. Rainbachscharte 191. — Richterhütte. Reichenspitze. Gabelkopf. Wildkarkopf usw. Windbachscharte. Gamsscharte. Roßkarscharte 192. — Neu-Gersdorfer Hütte 193. — Warnsdorfer Hütte 194.

37. Von Lienz nach Wind.-Matrei und Prägraten. Iseltal	194

Weiße Wand. Hochschober 194. — Von Huben nach Kals durch das Kalser Tal. Ausflüge von Windisch-Matrei. Lukaskreuz. Rottenkogel. Zunig. Nussingkogel 195. — Gschlöß. Rote Säule. Von der Prager Hütte auf den Venediger 196. — Von Windisch-Matrei nach Mittersill über den Felber Tauern 197. — Lasörling. Bergerkogel. Von Prägraten auf den Groß-Venediger 198. — Obersulzbachtörl. Krimmler Törl. Maurertal. Maurertörl. Reggentörl. Von Prägraten nach St. Jakob in Deferreggen über das Deferegger Törl, das Prägrater Törl oder die Bachlenke 199. — Ausflüge von der Klarahütte. Dreiherrnspitze. Rötspitze. Simony-, Malham- und Daberspitze. Über das Vordere oder Hintere Umbaltörl nach Kasern 200. — Rotenmanntörl. Schwarzes Törl 201.

38. Von Windisch-Matrei nach Kals und Heiligenblut	201

Ausflüge von Kals. Großglockner. Romariswandkopf, Hochschober, Schönleiten, Roter Knopf, Muntaniz usw. Nach Heiligenblut über das Berger Törl 201-204.

39. Von Dölsach nach Heiligenblut	205

Geiersbühl. Ederplan 205. — Stellkopf. Petzeck. Stanziwurten. Sonnblick 206. — Ausflüge von Heiligenblut. Franz-Josephs-Höhe. Hofmannshütte. Fuscherkarkopf. Sinnabeleck. Großer Burgstall. Bärenköpfe. Wiesbachhorn. Johannisberg. Hohe Riffl. Schneewinkelkopf. Eiskögele. Großglockner. Sandkopf usw. 206-209. — Vom Glocknerhaus über das Rifltor nach Kaprun und über die Obere Ödenwinkelscharte ins Stubachtal. Von Heiligenblut nach Kolm-Saigurn über den Sonnblick oder die Goldzechscharte. Hocharn 209, 210.

21. Salzburg und Umgebung.

STAATSBAHNHOF (Pl. D 1; *Restaurant) an der N.-Seite der Stadt, ¹/₄ St. von der Stadtbrücke. — *Stadtbureau* der k. k. Staatsbahnen, Schwarzstr. 7. — SALZKAMMERGUT-BAHNHOF (Salzburg-Ischl, S. 135) und Bahnhof der LOKALBAHN NACH BERCHTESGADEN (S. 102) dem Staatsbahnhof gegenüber.

Gasthöfe (im Sommer häufig überfüllt, Vorausbestellung ratsam). *In dem Stadtteil am rechten Ufer der Salzach:* *Gr.-H. de l'Europe (Pl. a: D1), am Bahnhof, mit Anfzug und großem Garten, 380 Z. zu 4-12, F. 1.60, G. 4-5, M. 6-7, P. von 13 K an; *H. Bristol (Pl. c: D3), Makartplatz, 170 B. zu $3^1/_2$-8, F. $1^1/_2$, M. 4-5, P. 10-16 K; *Parkhotel & Villa Savoy (Pl. b: D1), 110 B. zu 3-8, F. 1.50, P. von 9 K an; *Österreichischer Hof (Pl. c: D3), Schwarzstr. 5, 180 B. zu 3-7, F. 1.20 K; — *H. Pitter (Pl. l: D2), Z. 3-12 K; *Kaiserin Elisabeth (Pl. el: D1), Elisabethstr. 11, mit Garten, 54 B. zu $2^1/_2$-6, P. 8-12 K; *H.-Rest. Mirabell (Pl. m: D3), mit Garten und Konzertsaal (abends Konzerte u. Variététheater), 50 B. zu 3-6 K; *H. Habsburg (Pl. g: D2), Faberstr. 10, 80 B. zu $2^1/_2$-4 K. — *In der Stadt, am l. Ufer:* *Goldenes Schiff (Pl. d: E4), Residenzplatz, 100 B. zu $2^1/_4$-10 K; Goldene Krone (Pl. f: D3), Goldnes Horn (Pl. o: D4), Goldner Hirsch (Pl. j: D4), Mödlhammer (Pl. n: D4), Sternbräu (Pl. p: D4), Blaue Gans (Pl. q: D4), diese sechs in der Getreidegasse; Gasth. Schranne, Schrannengasse 10, gelobt; Münchner Hof, Dreifaltigkeitsgasse, einf gut; Höllbräu (Pl. r: E4), mit Terrasse, 44 B. zu 1.20-2.50 K., Goldene Birn (Pl. bi: E3, 4), Judengasse 1, 32 B. zu 1.60-2.50 K; H. Ofenloch in Riedenburg, Neutorstr. (Pl. C4). — *Am r. Ufer:* *H. zum Stein (Pl. h: DE3), Giselakai 3, an der Stadtbrücke, 120 B. zu 2-5 K, F. 90 h; Traube (Pl. k: D3), Linzerstr. 4, 100 B. zu 2-3 K, gut, Gablerbräu (Pl. i: D3), 110 B. zu 2-3 K, Römischer Kaiser (Pl. s: D3; viel Geistliche), Goldene Kanone, Paris-Lodronstr. 21, 50 B. zu 1.60-3.40 K, Tiger (Pl. t: DE3), Schlambräu (Pl. u: D3), Schwarzes Rößl (Pl. v: D3), diese alle unweit der Stadtbrücke; *Roter Krebs (Pl. x: D2), Mirabellplatz, Z. 2-3 K; H. Mozart (Pl. mo: D2), Franz-Josefstr. 8, 36 B. zu 2.60-5 K, F. 90 h; Deutscher Hof (Pl. de: D2), Hubert-Sattlergasse 12; H. Wolf-Dietrich (Pl. y: E2), Wolf-Dietrichstr. 16, 60 B. zu $2^1/_2$-5 K; Thalmanns Hôtel garni (Pl.th: C2), Auerspergstr. 15, 25 B. zu 2-3 K, F. 80 h; Gasth. u. P. Goldene Rose (Pl. ro: D2), Auerspergstr. 30; *Zur Neuen Stadt* (Pl. st: D 2), Haydngasse 4, 70 B. zu 1.80-2.50 K, gut und nicht teuer; Goldner Engel, Giselakai, 40 B. zu 1.60-2.50 K, gelobt; Hofwirt (Pl. ho: E2), FranzJosefstr. 43, 65 B. zu $1^1/_2$-$2^1/_2 K$, gelobt; Goldner Löwe (Pl. lo: E2), Schallmooser Hauptstr. 13, 40 B. zu 1.60-3 K, gut; Bergerbräu (Pl. w: D3), Linzergasse 17, 30 B. zu 2 K; H. Bahnhof, 3 Min. vom Bahnhof, 2 K, einf. gut; Stadt Innsbruck, unweit des Bahnhofs, 35 B. zu 1.40-4 K; Schwarz, beim Parkbot., mit Garten. — Hôtel garni Koller, Dreifaltigkeitsgasse, Café (s. unten), 54 B. zu 1.40-2.50 K; Schreiners Maison Meublée, Paris Lodronstr. 18, Z. v. 2 K an, gelobt; P. Marienschlößchen, Mönchsberg 17, in reizender Lage, 11 B., P. 6-8 K; Steinlechner, Aigenerstr. 1, bei Parsch (S. 127), 30 B. zu 2-3, P. 7-8 K.

Cafés: Tomaselli, Ludwig-Viktorplatz (Pl. D4). Am r. Ufer: Theater-Café, Makartplatz; C. Bazar, Central, bei der Franz-Josephs-Brücke (Pl. D3); Koller, Dreifaltigkeitsgasse) auch Z., s. oben); C. Corso, Giselakai; Krimmel, Westbahnstr. — **Konditoreien**: Fürst, Ludwig-Viktorpl.; L. Karuth & Co., Ludwig-Viktorpl. 7 und Getreidegasse 23.

Restaurants: Kurhaus-Rest. im Kurhaus am Stadtpark (s. S. 119; Abendkonzerte; Mi. Alpiner Abend mit Tanz; 2 mal wöchentl. Aufführungen des Salzburger Gebirgsvereins Alpinia, Eintr. 2 K); Rest. Mirabell, Schwarzstr., mit Garten (Abendkonzerte); Zipfer Bierhaus, Universitätsplatz; Rest. Elektrischer Aufzug (S. 122; Konzerte). — **Wein**: *Tiroler Weinstube, Rudolfskai 12 u. Judengasse 1 (Goldne Birne); St. Peters-Stiftskeller (Pl. 35: D4; S. 121); Wachauer Winzerkeller, Rudolfskai; R. Schider, Linzergasse 15; Münchner Hof, Geißler, beide Dreifaltigkeitsgasse; Keller, Getreidegasse. — **Bier**: Stieglkeller (Pl. E4), Festungsgasse 10, mit Mozartzimmer; Sternbräugarten, Getreidegasse; Schanzlkeller, vor dem Kajetanertor, Mödlhammerkeller, vor dem Klausentor, beide mit schöner Aussicht; Augustiner-Bräustübl, im Augustinerkloster in Mülln (Pl. 5: C2), originelles Lokal, von 3 U. Nm. ab geöffnet, sehr besucht.

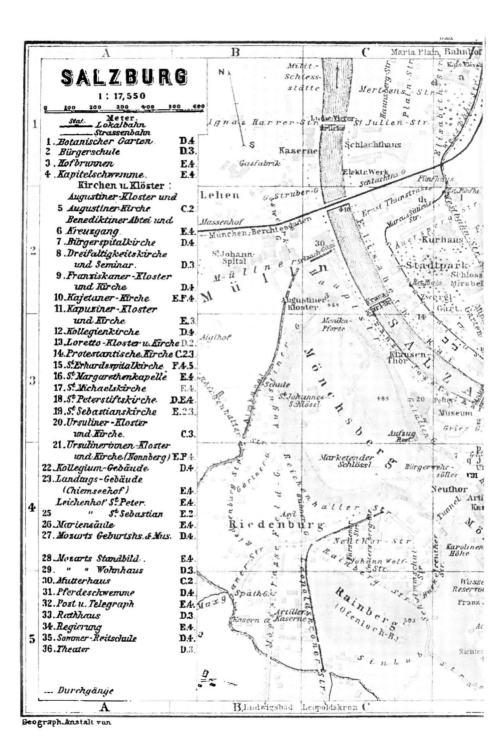

SALZBURG

1 : 17,550

0 100 200 300 400 500 600 Meter

Stat. Lokalbahn
          Strassenbahn

1. Botanischer Garten	D.4
2. Bürgerschule	D.3
3. Hofbrunnen	E.4
4. Kapitelschwemme	E.4
Kirchen u. Klöster :	
Augustiner-Kloster und	
5. Augustiner-Kirche	C.2
Benediktiner Abtei und	
6. Kreuzgang	E.4
7. Bürgerspitalkirche	D.4
8. Dreifaltigkeitskirche und Seminar	D.3
9. Franziskaner-Kloster und Kirche	D.4
10. Kajetaner-Kirche	E.F.4
11. Kapuziner-Kloster und Kirche	E.3
12. Kollegienkirche	D.4
13. Loretto-Kloster u. Kirche	D.2
14. Protestantische Kirche	C.2.3
15. S^t. Erhardsspitalkirche	F.4.5
16. S^t. Margarethenkapelle	E.4
17. S^t. Michaelskirche	E.4
18. S^t. Peterstiftskirche	D.E.4
19. S^t. Sebastianskirche	E.2.3
20. Ursuliner-Kloster und Kirche	C.3
21. Ursulinerinnen-Kloster und Kirche (Nonnberg)	E.F.4
22. Kollegium-Gebäude	D.4
23. Landtags-Gebäude (Chiemseehof)	E.4
24. Leichenhof St Peter	E.4
25. " St Sebastian	E.2
26. Mariensäule	E.4
27. Mozarts Geburtshs. & Mus.	D.4
28. Mozarts Standbild	E.4
29. " " Wohnhaus	D.3
30. Mutterhaus	C.2
31. Pferdeschwemme	D.4
32. Post u. Telegraph	E.4
33. Rathaus	D.3
34. Regierung	E.4
35. Sommer-Reitschule	D.4
36. Theater	D.3

--- Durchgänge

Geograph. Anstalt von

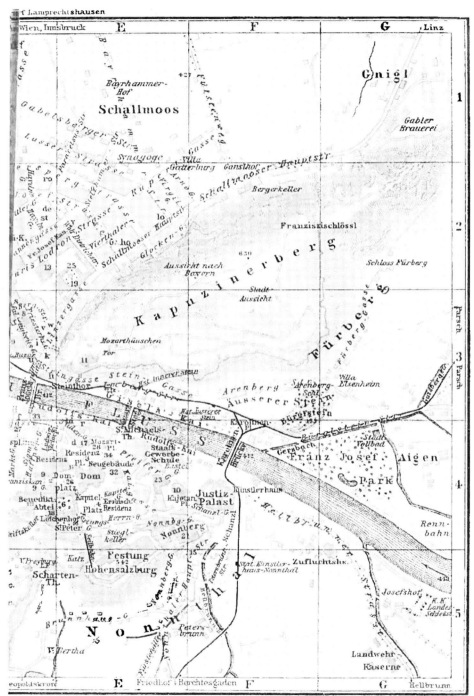

Vorbemerkungen. SALZBURG. *II. R. 21.* 119

Bäder: *Kurhaus* (Pl. D 2; S. 123), Bäder jeder Art, auch Schwimmbassin. *Städt. Vollbad* beim Franz-Joseph-Park (Pl. G 4; S. 124). *Bade-Anstalt Mülln*, gut eingerichtet. Bade- und Schwimmanstalten im Bad *Kreuzbrückl*, ¼ St. s.w. (Omnibus 9 u. 2 U. vom Universitätsplatz) und beim *Schloß Leopoldskron*, ½ St. s.w. (S. 126; Omnibus vom Stadtplatz 9½, 11½, 4¼ u. 7 U., 30 h). *Kur- & Wasserheilanstalt Dr. Breyer* (1. Mai-1. Okt.; 100 B., P. von 6 K an) und *Oberes Kurhaus* in *Parsch* (S. 125), Wasserheilanstalt, Schwimmbad, Restaurant usw. (P. von 5 K an). Moor-, Fichtennadel- und Schlammbäder im *König Ludwigs-Bad*, 25 Min. von der Stadt (S. 126; Omnibus vom H. Krone 4 mal tägl., 20 h; Pens. wöchentl. 28-48 K); *Marienbad*, 5 Min. weiter; *Schallmooser Moorbäder*, Schallmooser Hauptstraße.

Wagen vom Bahnhof in die Stadt mit Gepäck einsp. 1.40. zweisp. 2 K, bei Nacht 2 oder 3 K. Zeitfahrten bis zu ¼ St. 80 oder 1.20, jede weitere ¼ St. 40 u. 60, ½ Tag 8.40 oder 12 K, ganzer Tag 16.80 oder 24 K. Nach Berchtesgaden s. S. 102. Nach Parsch-Bahnhof u. zurück 2 u. 3, Sanatorium 2.70 u. 4.20 K, nach Aigen, Klesheim, Marienbad und zurück 2.60 u. 4 K, nach Hellbrunn 3 u. 4.40, Maria-Plain 5 u. 6, Glaneck 5 u 7, Fürstenbrunn 5.50 u. 7.60 K; vom Bahnhof Salzburg 60 bzw. 80 h Zuschlag. Aufenthalt für jede ¼ St. 40 oder 60 h.

Elektrische Lokalbahn vom *Bahnhof* (Pl. D 1) durch die Stadt nach *St. Leonhard* und *Berchtesgaden* im Sommer stündlich in 1 St. 54 Min. (s. S. 102). Haltestellen in der Stadt: *Fünfhaus*, *Kurhaus*, *Bazar*, *Franz-Josephs-Brücke*, *Mozartsteg*, *Äußerer Stein* (Pl. F 3; Abzweigung nach *Parsch*, S. 125), dann über die Karolinenbrücke zum (2,8km) *Künstlerhaus-Nonntal* (Pl. F 5). Die weiteren Stationen sind S. 102 genannt. Fahrkarten an den Stationskassen vor dem Einsteigen lösen; im Wagen doppelte Taxe. Abonnementskarten vorteilhaft. — ELEKTRISCHE STRASSENBAHN vom Bahnhof durch die Westbahnstraße und über die Stadtbrücke zum Ludwig-Viktorplatz, alle 6 Min. (20 h).

Post und **Telegraph** (Pl. 32: E 4) im Neugebäude auf dem Residenzplatz (S. 120), r. neben der Hauptwache. Nebenämter im Bahnhof (S. 117) und am Makartplatz (S. 123).

Stadttheater (Pl. 36: D 3), Makartplatz (S. 123). — *Variété-Theater* im Garten des H. Mirabell (S. 123).

Kunstausstellungen: im Sommer im *Künstlerhause* (S. 123; Eintr. 1 K, Sonn- u. Feiert. 40 h); Kunstsalon *Swatschek*, Ludwig-Viktorplatz 5 (tägl. 8-7, So. 9-11, Eintritt frei); gewerbliche u. kunstgewerbliche Ausstellung im *Mirabellschloß* (S. 123). — **Panorama** im Stadtpark (S. 123): Salzburg im J. 1825, dabei ein Kosmorama (40 h). — Photograph. Anstalt (Alpenlandschaften) von *Fr. Würthle & Sohn*, Schwarzstr. Photograph. Bedarfsartikel bei *Eigner & Lauterbach*, am Platzl.

GELDWECHSLER: *Bank für Oberösterreich u. Salzburg*, Ludwig-Viktorplatz 4; *Böhmische Unionbank* (Filiale Salzburg), Rathausplatz 4; *Max Kohn*, Dreifaltigkeitsgasse 7. — *Fremdenverkehrsbureau*, Schwarzstr. 7; *Verein zur Hebung des Fremdenverkehrs*, Ludwig-Viktorplatz 7. Wohnungsbureau in *Ed. Höllrigls Buchh.*, Sigmund-Haffnergasse 10. — *Salzburger Kollektivkarte* zum freien oder ermäßigten Eintritt zu den meisten Sehenswürdigkeiten 3 K, Schwarzstr. 1 (vorteilhaft).

Salzburg (433m), das alte *Juvavum*, Hauptstadt des frühern Erzbistums Salzburg, des mächtigsten Hochstifts Süddeutschlands, das 1802 säkularisiert wurde, 1816 als Herzogtum an Österreich kam und seit 1850 ein selbständiges Kronland bildet, ist Sitz der Landesregierung, des Landesgerichts und eines Erzbischofs und hat mit den Vorstädten 40000 Einwohner. Die Stadt, mit der sich an landschaftlicher Schönheit wenige deutsche Städte messen können, liegt auf beiden Ufern der *Salzach*, deren grauweißes Gletscherwasser in breitem Kiesbett dem Inn zueilt, am l. Ufer von dem steilen

Festungs- und *Mönchsberg* eingeschlossen, während der Stadtteil am r. Ufer sich an den *Kapuzinerberg* anlehnt. Häufige Feuersbrünste und die Baulust der Fürsten, namentlich des Erzbischofs Wolf Dietrich (1587-1611), haben aus mittelalterlicher Zeit wenig übrig gelassen; die Kuppelkirchen und andere stattliche Gebäude italienischen Stils geben der Stadt das charakteristische Gepräge eines glänzenden geistlichen Fürstensitzes des XVII.-XVIII. Jahrhunderts. Seit der Regulierung der oft reißenden Salzach sind beide Ufer des Flusses von breiten baumbepflanzten Kais eingefaßt, die sich von der Ludwig-Viktorbrücke bis zur Karolinenbrücke hinziehen.

Auf dem linken Ufer liegt der ältere Stadtteil. Seinen Mittelpunkt bildet der Residenzplatz (Pl. E 4) mit dem 1664-80 von Ant. Dario ausgeführten *Residenz-* oder *Hofbrunnen* (Pl. 3), aus Untersberger Marmor, 14m hoch, in drei Absätzen sich aufbauend; unten vier Poseidonsrosse und Atlanten; oben spritzt ein Triton den Wasserstrahl aus einem Horn 3m hoch. An der Westseite des Platzes die k. k. **Residenz** (Pl. DE 4), 1592-1724 erbaut, jetzt zum Teil von der Großherzogin von Toskana bewohnt (Eintr. tägl. 11-1, im Sommer auch 6-7 Uhr, 40 *h*; Plafondgemälde, Gobelins und Möbel aus erzbischöflicher Zeit). Gegenüber das **Neugebäude** (Pl. 34: E 4), 1588 begonnen, jetzt Sitz der Regierung und des Landesgerichts sowie des Post- und Telegraphenamts (Pl. 32). An der Südseite der *Dom (Pl. E4), 1614-34 von *Solari* im ital. Barockstil erbaut, mit reichem Spätrenaissanceschmuck; vorn im l. Seitenschiff ein Taufbecken in Erz von 1321, mit modernem Deckel; Hochaltarbild von Mascagni. Sehenswerter Domschatz (Erlaubnis zur Besichtigung in der Sakristei, im Querschiff r.). — Auf dem Domplatz eine *Mariensäule* (Pl. 26), Bleiguß von Hagenauer (1771).

Auf dem an den Residenzplatz ö. angrenzenden Mozartplatz *Mozarts Standbild* (Pl. 28: E 4) von Schwanthaler, 1842. Des Meisters (geb. 27. Jan. 1756, † 5. Dez. 1791) *Geburtshaus* (Pl. 27: D 4) ist Getreidegasse 9; im 3. Stock das *Mozart-Museum*, mit vielen Erinnerungen, Handschriften, Porträten, Mozarts Konzertflügel, auch Mozarts Schädel (Eintr. täglich 8-7 Uhr, 1 *K*).

An der Südseite der Domkirche, auf dem Kapitelplatz(Pl. E 4), eine Pferdeschwemme, die *Kapitelschwemme* (Pl. 4), aus Marmor: „LEOPOLDVS PRINCEPS ME EXSTRVXIT" (1732). An der Ostseite des Platzes das *Erzbischöfliche Palais* (Pl. E 4).

In der SW.-Ecke des Kapitelplatzes ist der Eingang zu dem alten **St. Petersfriedhof** (Pl. E4), der sich an die steile Nagelfluhwand zwischen dem Mönchsberg und dem Festungsberg anlehnt. Er ist auf drei Seiten von Familiengrabstätten umgeben. In der Mitte die spätgotische *Margaretenkapelle* (Pl. 16), 1483 erbaut, 1864 restauriert, mit Grabsteinen aus dem XV. Jahrh. In den Arkaden der N.-Seite l., neben dem Chor der Stiftskirche, die *St. Veitskapelle*, mit dem Grabe von Luthers Gönner Joh. v. Staupitz, der 1524 als Abt des Benediktinerstifts in Salzburg starb. In der SW.-Ecke die *Kreuzkapelle*, aus dem XII. Jahrh.; etwas höher die *St. Egidiuskapelle*, von wo Felsstufen nach der *St. Gertrauden-Kapelle* und der *Maximus-Einsiedelei* hinanführen, deren katakombenähnliche Anlage in das III. Jahrh. hinaufreicht. Nach der Legende soll der h. Maximus bei der Zerstörung Juvavums im J. 477 hier von den heidnischen Herulern herabgestürzt worden sein. Der Aufseher, der die verschlossenen Kapellen öffnet (Trkg. 20 *h*), wohnt im ersten Häuschen hinter den Grüften. — Ein Durchgang führt in den Hof der **Benediktinerabtei St. Peter** (Pl. 6: D E 4), im VII. Jahrh. vom h. Rupertus gegründet, die jetzigen Gebäude aus dem XVII.-XVIII. Jahrhundert. L. der Eingang zum *St. Peters-Stiftskeller* (S. 118). R. die *Stiftskirche St. Peter* (Pl. 18), im roman. Stil 1131 erbaut, 1754 im Barockstil restauriert; das romanische Portal mit Skulpturen aus dem XIII. Jahrh. ist innerhalb des Turmvorbaus erhalten; im Innern viele Grabmäler, u. a. im r. Seitenschiff das des h. Rupertus aus dem XV. Jahrh. und des Tonsetzers Mich. Haydn († 1806). L. neben der Kirche ist der Zugang zu dem alten Kreuzgang, mit vielen Grabsteinen. Ebenda erhält man, gewöhnlich um 1 Uhr, die Erlaubnis zur Besichtigung der Stiftsbibliothek (70000 Bände), der Schatzkammer und des Archivs. — Der westl. Durchgang der Gebäude führt nach der Artilleriekaserne (s. unten).

Die **Franziskanerkirche** (Pl. 9: D 4), aus dem XIII. Jahrh., mit roman. SW.-Portal und 1866 neu ausgebautem got. Turm, zeichnet sich aus durch ihren schönen sechseckigen, von Säulen getragenen Chor mit Netzgewölbe und Kapellenkranz (Ende des XV. Jahrh.). — Gegenüber im *Franziskanerkloster* wird tägl. Vm. 10$^{1}/_{2}$ U. ein von dem Pater Peter Singer († 1882) erfundenes „Pansymphonicum" gespielt (Eintritt für Herren gestattet).

In der Nähe der ehem. fürstbischöfl. Marstall, jetzt *Artillerie-Kaserne* (Pl. 35: D 4; Eintr. 20 *h*), mit Sommerreitschule, deren Zuschauergalerien in den Fels des Mönchsbergs eingehauen sind (1693), und Winterreitschule (Deckengemälde ein Karussell, von 1690).

N. von der Kaserne auf dem Sigmundplatz eine römischen Barockbrunnen nachgebildete *Pferdeschwemme* (Pl. 31: D 4), mit Pferdebändiger-Gruppe von Mandl (1695). W. führt hier ein 131m l., 1765-67 durch die Nagelfluh des Mönchsbergs gebrochener Tunnel, das **Neutor** (Pl. D 4), nach der Vorstadt *Riedenburg;* über dem Eingang das Medaillonbild des Erbauers, Erzb. Sigmund III., mit der Überschrift: „Te saxa loquuntur"; am Ausgang ein 5m h. Standbild des h. Sigismund, von Hagenauer (2 Min. l. eine kleine Tropfsteingrotte, elektrisch beleuchtet; Eintr. 20 *h*). — Auf dem Universitätsplatz die **Kollegiumkirche** (Pl. 22: D 4), im Barockstil mit hoher Kuppel, von Fischer v. Erlach 1696-1707 erbaut.

Am Franz-Josef-Kai das **Museum Carolino-Augusteum** (Pl. D 3; Eintr. 9-4, im Winter nur So. u. Feiert. 1-4 Uhr; 1 *K*, So.

60 *h*), eine der reichhaltigsten Provinzial-Sammlungen (an dunkeln Tagen ist vom Besuch abzuraten). Direktor Prof. Eberhard Fugger. In den Anlagen vor dem Museum die Büste des chem. Museumsdirektors Dr. A. Petter, von Aicher.

ERDGESCHOSS. In der *Vorhalle* schöner Bronzebrunnen aus dem XVII. Jahrh. und zahlreiche Steinwappen der Erzbischöfe. *Antikenhalle:* römische Mosaikfußböden, Meilensteine, Grabdenkmale usw. — I. STOCK. *Kunstund Kunstgewerbehalle; Zunftstube* mit Meisterarbeiten. *Musikhalle* mit einer reichen Sammlung musikal. Instrumente der drei letzten Jahrhunderte. *Mathemat. u. physikal. Apparate u. Instrumente. Waffenhalle* mit Waffen aus dem XV.-XIX. Jahrhundert. *Ahnenhalle. Mittelalterliche Küche; Studierstube; Prunkzimmer* aus der Zeit des 30jähr. Krieges; *Jagdstube; Familienstube* mit Erker und alten Glasbildern; *Speisesaal; Burgkapelle mit Sakristei* im roman. Stil mit got. Einrichtung; *gotische Halle; Rokokostübchen; Renaissancehalle.* — II. STOCK. *Historischtopographische Abteilung*, mit Urkunden-, Siegel- und Münzsammlung, Werken Salzburger Maler, der *Keilschen Reliefkarte* von Salzburg und Salzkammergut (vom Major v. Pelikan vollendet) und den *Pelikan'schen Dachstein-* und *Glockner-Reliefs* in 1:25000; *Emigrantenstube* mit Erinnerungen an die evang. Auswanderungen 1731; *Wolf-Dietrich-Zimmer; Salzburger Keramik;* zwei *Salzburger Kostümsäle;* die *volkskundliche Abteilung*, mit Bauernhausrat und Waffen; *Antikenkabinett* (u. a. Bronzehelm vom Paß Lueg); Baron Schwarz'sche *Mineraliensammlung; Hausrat um 1800* aus Salzburger bürgerlichem Besitz; die *Goldegger Gewerkenstube* von 1606; *volkstümliche Kirchenkunst; Öfen-* und *Ofenkeramik;* viele Renaissancetüren aus Salzburger Schlössern.

Über der Stadt auf dem SO.-Gipfel des Mönchsbergs die Festung *Hohensalzburg (542m), zu der eine *Drahtseilbahn* hinaufführt (60 *h*, hin u. zurück 80 *h*). Untere Station in der Festungsgasse neben dem St. Petersfriedhof (Pl. E 4), wo man die Eintrittskarte löst (40 *h*, einschl. Führung). Halbwegs die Haltestelle *Mönchsberg*, bei der Restaur. *Katz* (Zugang zum Mönchsberg, s. unten). Durch einen kurzen Tunnel unter der Festungsmauer erreicht man die obere Endstation im sog. *Hasengraben* (Restaur. Festungskeller, schöne Aussicht). Die Festung, jetzt Kaserne, wurde 1077 unter Erzbischof Gebhard erbaut, in der Folge erweitert und verstärkt; der größte Teil der jetzigen stattlichen Gebäude und Türme ist aus den J. 1496-1519. Die *St. Georgskirche* auf dem Schloßhof, 1502 erbaut, enthält 12 Apostelreliefs in rotem Marmor; an der Außenseite ein Relief-Denkmal des Erbauers Erzb. Leonhard († 1519). Im Schloß die *Fürstenzimmer*, 1851 restauriert; in der *Goldnen Stube* ein schöner Kachelofen von 1501. Von dem 25m h. *Aussichtsturm* (170m über der Stadt) prachtvolle Rundsicht.

Der *Mönchsberg (502m), dessen über ½ St. langer bewaldeter Bergrücken die Westseite der Stadt umschließt, ist sowohl von der Haltestelle Mönchsberg (s. oben) erreichbar, wie auch mit dem *elektrischen Aufzug* Gstättengasse 13 (Pl. C 3; Fahrpreis 40, abwärts 20, hin u. zurück 50 *h*). Bei der obern Station des Aufzugs *Restaurant* (häufig Konzert) und ein auf 157 Stufen bequem zu ersteigender *Aussichtsturm* (20 *h*), 110m über der Salzach. Die Rundsicht ist weniger umfangreich, aber fast noch malerischer als von der Festung, namentlich der Blick auf die von dieser überragte Stadt. — Waldwege führen von hier südl. zum *Bürgerwehrsöller* (Pl. CD 4; Restaur.) und weiter zur *Franz-Josephshöhe* (Pl. D 5) und zur *Richterhöhe* (502m), mit Denkmal des Geographen *Eduard Richter* († 1905) und herrlicher Aussicht.

Der nächste Fußweg auf den Mönchsberg führt im SO. der Artilleriekaserne (S. 121) über 117 Stufen, dann l. auf Fußwegen zur Richterhöhe, r. auf weitern 183 Stufen zum Bürgerwehrsöller (s. oben); eine bequeme aussichtreiche Fahrstraße aus der Vorstadt *Mülln* neben der *Augustinerkirche* (Pl. 5: C 2) bis zum elektrischen Aufzug und Johannschlößchen; ein dritter Weg aus der Vorstadt *Nonntal* (Whs. zum Roten Hahn) durch das *Schartentor* („Bürgermeisterloch"; Pl. D 5).

Der östl. unter der Festung gelegene Ausläufer des Berges heißt der **Nonnberg** (Pl. E F 4) nach dem dortigen Benediktinerinnenkloster. In der got. *Klosterkirche* (1009 gegründet, im XV. Jahrh. erneut) ein schöner Flügelaltar, dahinter ein Glasgemälde aus dem XV. Jahrh.; Krypta mit interessanten Säulen; im Turm alte Wandgemälde, angeblich aus der Zeit Heinrichs des Heiligen. Reizende Aussicht von der Brustwehr. — Oberhalb der Karolinenbrücke an der Salzach das *Künstlerhaus* (Pl. F 4; Kunstausstellung s. S. 119).

S.w. von der Vorstadt Nonntal bei der gleichn. Haltestelle der Lokalbahn der schöngelegene *Kommunal-Friedhof* mit einem Obelisk zur Erinnerung an die seit 200 Jahren gefallenen Krieger des Regiments Erzh. Rainer und vielen schönen Grabdenkmälern, darunter Dr. Oskar Baumann († 1899) und Ludwig Purtscheller († 1900).

Über die Salzach führt vom Rudolfskai die eiserne *Franz-Josephs-* oder *Stadtbrücke* (Pl. D 3). Sie mündet am rechten Ufer auf das „Platzl", wo am Hause Nr. 3 ein kaum noch erkennbares Bildnis an den Arzt und Naturforscher Paracelsus († 1541) erinnert (sein Grab ist in der Kirche St. Sebastian, Pl. 19: E 2). Auf dem nahen Makartplatz (Pl. D 3) r. das Haus, das Mozarts Vater 1769-77 bewohnte (Pl. 29); l. das *Stadttheater* (Pl. 36), ein hübscher Rokokobau von Fellner und Hellmer (1893).

Das **Mirabellschloß** (Pl. D 2), 1606 von Erzb. Wolf Dietrich begonnen, von Erzb. Marcus Sitticus vollendet, nach einem Brande 1818 erneut, ist jetzt städtisches Eigentum. R. vom Haupteingang die Salzburger Gewerbe- und Kunstgewerbe-Ausstellung (Eintr. frei). Im Treppenhaus des Hauptgebäudes Skulpturen von Raphael Donner, 1726; r. der Eingang zu den naturhistor. Abteilungen des Museums (S. 122; So. 10-1, Mi. 1-4 Uhr, 40 h). Der das Schloß umgebende *Mirabellgarten* bietet mit seinen Terrassen, geschnittenen Hecken, Marmorstatuen ein gutes Beispiel der Gartenkunst vom Anfang des XVIII. Jahrhunderts. — Ö. dem Mirabellschloß gegenüber die doppeltürmige *St. Andräkirche*, im got. Stil von Wessicken erbaut (1898), mit schönen Glasgemälden. — N. schließt sich an den Mirabellgarten der Stadtpark (Pl. C D 2) an, mit dem *Kur- und Badhaus* (Restaur.; Konzerte s. S. 118), einigen Büstendenkmälern und dem Sattlerschen Panorama (vgl. S. 119). — Beim Bahnhof ein Marmorstandbild der *Kaiserin Elisabeth* (Pl. D 1), von E. Hellmer, 1900.

Am r. Ufer der Salzach zieht sich unterhalb der Stadtbrücke der Elisabethkai (Pl. C D 3, 2) entlang, mit einer Reihe Villen, dem *Makartsteg* (2 h Brückenzoll), der 1865 erbauten *Protestant. Kirche* (Pl. 14; Gottesdienst So. 9 Uhr vorm.) und schöner Aussicht auf die Stadt, Hohensalzburg und Mönchsberg. Oberhalb der Stadtbrücke der Giselakai (Pl. E F 3, 4), mit dem *Mozartsteg* (2 h) und einem Denkmal des Statthalters Grafen Sigmund Thun (S. 183). Der Giselakai endet am *Franz-Joseph-Park* (Pl. F G 4), dem Prater von Salzburg (Badeanstalt, s. S. 119).

In der Linzergasse, etwa 200 Schritt von der Stadtbrücke, bildet ein gewölbter Torweg unter dem Hause n° 14 (Pl. D 3) r. den Hauptzugang zum *Kapuzinerberg (650m). Man folgt dem Treppenwege, an Passionsstationen vorüber und erreicht in 8 Min. das *Kapuzinerkloster* (Pl. 11: E 3), wohin man übrigens auch aus der malerischen Steingasse (n° 7/9) die steile „Kapuzinerstiege" hinansteigen kann. Oberhalb des Klosters führt ein Tor (schellen, 2 h) in die Parkanlagen. Vorn das *Mozarthäuschen* (Pl. E 3; Eintr. 20 h), ein 1874 aus Wien hierher versetztes Gartenhäuschen, in welchem Mozart 1791 die Zauberflöte vollendete; davor eine Bronzebüste Mozarts von E. Hellmer. Dann r. auf c. 500 Stufen im Walde hinan; nach 15 Min. l. Handweiser „*zur Aussicht nach Bayern*": im Vordergrund die Neustadt am r. Ufer und der Bahnhof, r. Maria-Plain, l. Mülln, in der Mitte die Salzach weit hinab bis in die bayr. Ebene. 2 Min. weiter zeigt r. ein Handweiser (der direkte Weg führt in 7 Min. zum Franciscischlößl) zur (5 Min.) *Stadt-Aussicht* (606m), mit Pavillon und prächtigem Blick auf Stadt und Festung, Hochstaufen, die Reichenhaller Berge, Lattengebirge, Untersberg, Schönfeldspitze, Hohen Göll, Paß Lueg und Tennengebirge: der schönste Punkt des Kapuzinerbergs (beste Beleuchtung früh und abends). Noch 5 Min. weiter bergan das *Franziszi-* oder *Kapuziner-Schlößl* (Pl. F 2; Wirtsch.). Durch eine Hinterpforte, die man sich aufschließen läßt, kann man n.ö. in 20 Min. zum Restaur. Gablerbräu an der Schallmooser Hauptstraße hinabsteigen (Pl. G 1).

Aigen, Schloß und Park des Fürsten Schwarzenberg, am Fuß des Gaisbergs, 6km s.ö. von Salzburg (Bahnstation, s. S. 127; gegenüber Gasth. zum Bahnhof). Am Eingang zum Park (¹/₄ St.) *Park-Hot. u. Restaurant* mit schattiger Terrasse (B. 1.20-2, P. 6-8 *K*, gut). Die Hauptaussichtspunkte im Park sind durch Tafeln bezeichnet. Führer durch die Anlagen bei beschränkter Zeit ratsam (60 h); schönster Punkt die *Kanzel*.

Von Aigen zur *Zistelalp* (S. 125) bequemer Reitweg (1¹/₂ St.) durch den Park, beim Wasserfall l. durch Wald zu den *Steinwandtner Höfen*, dann Fahrweg zur Zistelalp; oder von der *Kanzel* (s. oben) durch schönen Wald zum Weiler *Gaisberg*, dann l. hinan.

1¹/₄ St. oberhalb Aigen liegt das dem Grafen Platz gehörige Schloß St. Jakob am Thurn (520m), trefflicher Aussichtspunkt (von der Haltstelle *Elsbethen*, S. 127, ¹/₂ St.). Das Schloß wird vom Pfarrer bewohnt (*Restaur. und schöne Aussicht). Von der „Aussicht" (5 Min.) übersieht man das

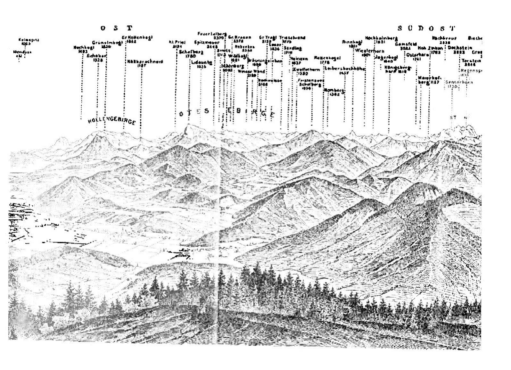

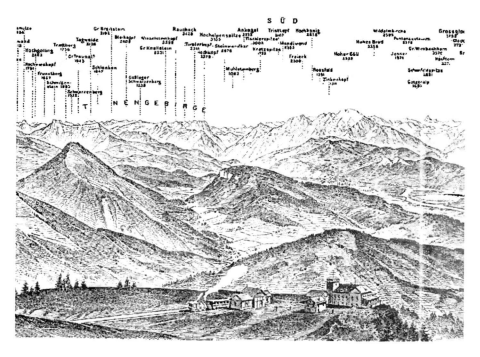

PANORAMA VOM GAISBERG

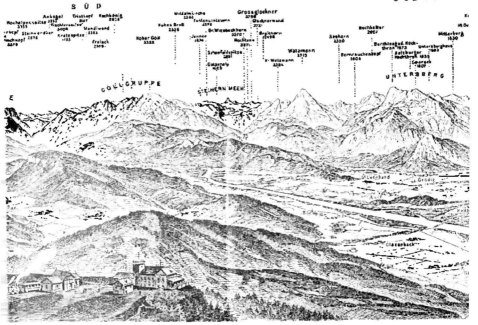

PANORAMA VOM GAISBERG 1286 m

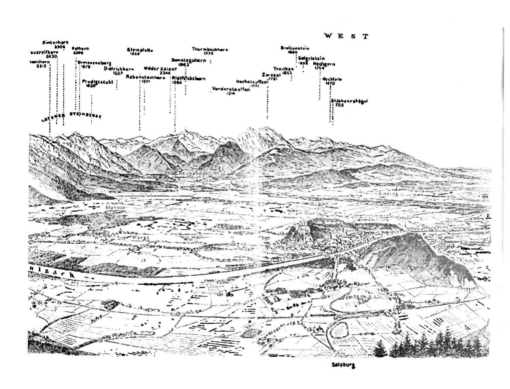

Hellbrunn. SALZBURG. *K. S. 126. — II. R. 21.* 125

Gebirge und die Salzachebene in herrlichster Gruppierung; außer dem Tennengebirge treten besonders Hoher Göll, Watzmann, Hochkalter, Untersberg und Hochstauffen hervor; im Hintergrunde die Stadt Salzburg.

Auf den *Gaisberg (1286m), den lohnendsten Aussichtspunkt in der näheren Umgebung Salzburgs, führt im Sommer (1. Mai-15. Okt.) von der Staatsbahnstation *Parsch* (Fahrzeit von Salzburg 7-8 Min., s. S. 127; mit der S. 119 gen. Lokalbahn 22 Min.) eine *Zahnradbahn* in 35-47 Min. (einf. Fahrt auf- oder abwärts 3 K 50, Rückfahrkarten, 2 Tage gültig, 6 K; letzte Fahrt aufwärts um 5 Uhr). Beim Bahnhof Parsch (430m) das *H.-P. Post* und die *P. Gaisbergbahn;* r. weiter bergan das *Sanatorium Dr. Breyer* und das *Obere Kurhaus* (S. 119). Die Zahnradbahn (5,$_{30}$km lang, Maximalsteigung 25°/$_0$) steigt auf der Südseite des Berges (r. sitzen) meist durch Wald an der HS. *Judenberg-Alp* (737m; Gasth.) vorbei zur (3,$_7$km) Stat. *Zistel-Alp* (996m; Whs.), dann in großer Kurve durch Felseinschnitte zur (5,$_3$km) Endstation (1277m); wenige Schritte w. am NW.-Rande das *Gaisberghotel* (1. Mai - 1. Okt., 50 B. zu 1.60-4, P. 8 K) mit Aussichtsturm (20 h). Von der Endstation zum Gipfel 5 Min. Prächtige *Aussicht, am besten früh oder abends, auf die Salzburger Alpen und die Ebene mit sieben Seen (vgl. das nebenstehende Panorama); vom Hotel schöner Blick auf die Stadt.

Fußgänger (3 St.) gehen von *Parsch* (s. oben) zum (10 Min.) *Obern Kurhaus* am NW.-Fuß des Berges; hier l. auf früh morgens schattigem Wege hinan zur (1 St.) *Gersberg-* oder *Zeisberg-A.* (797m; Whs.) und im Zickzack durch Wald von der N.-Seite her zum (1½ St.) Gipfel (von Gersberg zur Judenberg-A. MW. des ÖTK., 40 Min.). — Von Parsch über *Judenberg-A.* zur *Zistel-A.* (s. oben) zu Fuß 1½ St., Gipfel 1 St. (Weg steinig, aber meist schattig); von *Aigen* zur Zistel-A. s. S. 124.

Der *Nockstein* (1040m), ein an der N.-Seite des Gaisbergs aufragendes Felshorn, ist in 2½ St. zu ersteigen (MW., F. unnötig). Ischler Straße am Kapuzinerberg vorbei bis (1¼ St.) *Guggental* (609m; Hatschek) s. S. 136; gleich hinter dem Wirtshaus führt r. ab der vom ÖTK. erbaute *Lamberg-Steig* in bequemen Windungen zum (1¼ St.) Gipfel, mit schöner Aussicht. Auch von der Gersberg-Alp führt ein vom ÖTK. angelegter Weg in ¾ St. auf den Nockstein.

Das kais. Schloß **Hellbrunn**, 5km südl. von Salzburg, ist sowohl mit der elektr. Bahn Salzburg-Berchtesgaden (S. 103; HS. mit einf. Restaur. w. außerhalb des Gartens; unten beim Schloß ein großes *Gartenrestaurant), wie von der Karolinenbrücke durch die von prächtigen alten Bäumen eingefaßte Hellbrunner Allee zu erreichen (Fiaker s. S. 119). Das Schloß, 1613 im Auftrag des Erzbischofs Marcus Sitticus erbaut und von Mascagni und andern Italienern mit Malereien geschmückt, ist auf der Rückseite von einem Ziergarten mit Wasserkünsten im Geschmack der Zeit und einem prachtvollen großen Park umgeben. Besichtigung des Schloßinneren und der Wasserwerke 20 h (Automat am Eingang). Von den Wasserkünsten sind das mechanische Theater mit Orgelwerk und 154 Figuren und die Neptungrotte mit Vogelgesang hervorzuheben. Der Eintritt in den Park ist frei. Man steigt r. den bewaldeten Hügel hinan zum Teil auf Treppenwegen am *Monatschlößchen* (weil in

1 Monat erbaut) vorbei zur (15 Min.) *Stadtaussicht*, mit Blick auf Salzburg, und weiter zur (10 Min.) *Watzmann-Aussicht*, mit Blick auf den Watzmann und Hohen Göll. Auf dem Rückwege nach 5 Min. r. hinab zum *Steintheater*, einer natürlichen, künstlich zurecht gehauenen Felsgrotte; dann die Treppen hinab in die Allee und zum Schloß zurück. — Am Bahnhof ein 3000qm großes Relief der Salzburger Alpen aus natürlichem Gestein im Maßstab von 1 : 3000 (40 h).

$^1/_2$ St. südl. von Hellbrunn (Lokalbahn s. S. 119) das der Gräfin Sophie Moy gehörige Schloß Anif, mit schönem Park (nicht zugänglich). — Von Hellbrunn nach HS. *Hellbrunn-Glasenbach* (S. 127) $^1/_2$ St., nach *Aigen* (S. 124) 50 Min. Gehens auf meist sonniger Landstraße, über die Sigmund-Thun-Brücke (2 h) und dem Stanzinghof (Wirtsch.).

$^1/_2$ St. s.w. von Salzburg Schloß Leopoldskron (vgl. Pl. D 1) mit Weiher und Schwimmschule (S. 119; Pens.-Restaur.; Bootfahrten). S. das große *Leopoldskroner Moos*, durch das die „Moosstraße" bis Glaneck führt; an ihr eine Kolonie von 200 Häusern (Torfstechereien) und die „Moosbäder" (Omnibus s. S. 119): 20 Min. das *Ludwigsbad*, $^1/_2$ St. das *Marienbad*.

Fürstenbrunn und Marmorbrüche. Von *Grödig* (S. 103; Lokalbahn von Salzburg in $^3/_4$ St.) MW. am Fuß des Untersbergs zum ($^1/_2$ St.) *Rosittenwirt* (10 Min. n. bleibt das alte Schloß *Glaneck*) und zum ($^1/_2$ St.) *Whs. Kugelmühle;* von hier an den Wasserfällen der *Glan* hinan bis zu ihrem Ursprung, dem ($^1/_4$ St.) *Fürstenbrunn* (595m), dessen Wasser (5° C.) jetzt zum Teil nach Salzburg geleitet ist. In der Nähe (Treppenweg, $^1/_2$ St.) die *Marmorbrüche*, wo der schöne Untersberger Marmor gebrochen wird (Zutritt nur mit Erlaubnis der Direktion in Parsch); dabei Gasth. zum Fürstenbrunn.

$1^1/_4$ St. n. am r. Ufer der Salzach weithin sichtbar die 1634 erbaute Wallfahrtskirche Maria-Plain (562m); von der Terrasse des *Plainwirts* (gutes Gasth.) herrliche Aussicht auf Salzburg und das Gebirgsrund (bei Abendbeleuchtung am schönsten).

Der in der Umgebung von Salzburg am meisten hervortretende Untersberg ist ein ansehnlicher Gebirgsstock mit den drei Gipfeln *Geiereck* (1806m), *Salzburger Hochthron* (1853m) und *Berchtesgadener Hochthron* (1973m). Die Wege sind von der AVS. Salzburg rot markiert, Führer für Geübte bei gutem Wetter allenfalls entbehrlich (Josef Hautzinger, Andreas Grünbacher, Josef Starlinger in Salzburg, Josef Külbel im Untersberghaus). — Auf den Salzburger Hochthron, $5^1/_2$-6 St.: von *Grödig* (S. 103) w. über ($^1/_2$ St.) *Rosittenwirt* (s. oben), dann südl. durch das waldige *Rosittental* hinan zur (1 St.) verfallenen *Untern Rositten-A.* (810m), die man auch auf steilem Steig von Grödig über das *Grödiger Törl* (990m) in $1^3/_4$ St. erreicht; von hier steiler bergan, z. T. auf Treppen, zur ($1^1/_2$ St.) gleichfalls zerstörten *Obern Rositten-A.* (1287m). 10 Min. oberhalb zeigt ein Wegweiser l. zum ($^3/_4$ St.) *Schellenberger Sattel* (1433m), von wo man (nur mit F.) l. am *Drachenloch* (S. 103) vorbei über die *Kienberg-A.* zur Berchtesgadener Straße absteigen kann (bis Schellenberg 3 St.). — Vom Handweiser oberhalb der Rositten-A. (s. oben) auf dem Wege r. zu einem zweiten Handweiser; hier r. über den *Kolowratsattel* in den *Nebelgraben* zur ($^1/_2$ St.) **Kolowrathöhle* (1390m), einer 108m l., 34m h. Höhle mit schönen Eisbildungen, in die eine Felsentreppe mit doppelten Geländer 62m tief hinabführt; l. zurück, „nach den Gamslöchern und Geiereck". Auf letzterm Wege weiter; 5 Min. dritter Handweiser: l. die *Gamslöcher*, merkwürdige zusammenhängende Felsklüfte; aus der größten („Halle") hübsche Aussicht. Nun r. geht man auf einer Strecke von 153m in die senkrechten Wände des Geierecks gesprengten *Dopplersteig* hinan (gut versichert, aber nur für Schwindelfreie) zum ($1^1/_4$ St.) Untersberghaus der AVS. Salzburg (1663m; ganzjähr. Wirtsch., 9 B. u. 16 Matr.; meteorolog. Station; F). Von hier auf das ($^1/_2$ St.) *Geiereck* (1806m), mit 11m h. Kreuz, dann über den Kamm am *Jungfernbrünnl* vorbei in 25 Min. auf den ***Salzburger Hochthron**

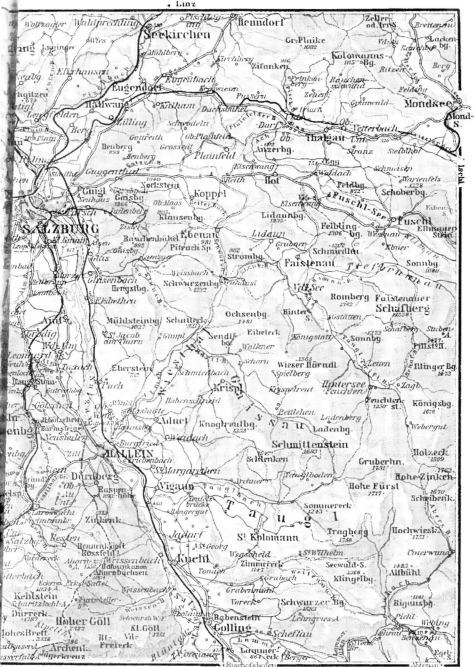

(1853m), mit prächtiger Aussicht. — Abstieg vom Geiereck über den Ostgrat („Purtschellersteig") zum Schellenberger Sattel (S. 126) nur für schwindelfreie Kletterer.

Ein anderer Weg führt vom Rositten-Whs. (S. 126) s.w. durch Wald zur (1½ St.) zerstörten *Firmian-A.* (991m), dann über die *Steinerne Stiege* am *Schafleck* hinan zum (2½ St.) Untersbergbaus. — Interessanter aber mühsamer Abstieg vom Salzburger Hochthron (nach ½ St. r. 5 Min. vom Wege der *Eiskeller*, große Felsenhöhle mit Eisbildung) zur (1½ St.) schön gelegenen *Schweigmüller-A.* (1390m), dann l. unter der *Sausenden Wand* hinab zum (1¼ St.) *Veitlbruch* und nach (1 St.) *Glaneck* (S. 126). — Vom Salzburger zum *Berchtesgadener Hochthron* (1973m) über die *Mittagscharte* 3-3½ St., beschwerlich (WM. mangelhaft, F. ratsam); s. S. 110.

22. Hallein und Golling.

STAATSBAHN (vgl. R. 29) von Salzburg bis Hallein, 18km in 21-35 Min., bis Golling, 29km in 37 Min.-1 St.

Salzburg s. S. 117. Kurz nach der Ausfahrt l. die Wallfahrtskirche Maria-Plain (S. 126). 3km HS. *Gnigl* (Fuchs, Neubauser Hof u. a.). Die Bahn umzieht den Kapuzinerberg; l. das stattliche Schloß *Neuhaus* des Grafen Thun. 5km HS. *Parsch* (*Gaisbergbahn* s. S. 125); 6km *Aigen* (S. 124). Die Bahn nähert sich der Salzach; der schroffe Untersberg tritt immer mächtiger hervor, daneben l. Watzmann und Hoher Göll. 8km HS. *Hellbrunn-Glasenbach* (nach Hellbrunn, S. 125, ½ St.). — 11km HS. *Elsbethen* (440m; Gasth. Zieglau), mit Schloß, Kloster u. Pensionat *Goldenstein;* ½ St. südl. St. Jakob am Thurn (S. 124). Hinter (14km) *Puch-Oberalm* (441m) am l. Salzachufer die große Aktienbrauerei *Kaltenhausen*.

18km **Hallein**. — GASTH.: *Hot. & Solbad Goldener Stern, beim Bahnhof, mit Garten, 80 B. zu 1.60-3, P. 5-7 K; Alte Post; Stampflbräu, mit Garten; *Auböck; Zur Schönen Aussicht, 10 Min. vom Bahnhof, mit Terrasse und Bädern; Schöndorfer; H. Bahnhof. — P. Grübelschlößl *(Dr. K. Berger)*, mit Sol- und Moorbädern, 5 Z. zu 3-6, P. 9-12 K; Kur- u. Wasserheilanstalt Ober-Alm, 10 Min. vom Bahnhof.

Hallein (443m), alte Stadt (7000 Einw.) auf beiden Ufern der Salzach, ist auch zu längerm Aufenthalt geeignet. Hübscher Stadtpark; Solbäder, mit Inhalatorium; Schwimmanstalt; Städtisches Museum mit keltischen und römischen Altertümern. Die Saline erzeugt jährlich 400000 Ztr. Salz (Besichtigung 40 h); großer Holzrechen. — AVS. Hallein.

Die Sole wird im k. k. Salzbergwerk am Dürnberg (770m; Gasth. Sonne; Bergmannstreu) gewonnen, 45 Min. von Hallein zu Fuß oder mit Wagen (zweisp. 8 K und 2 K Trkg.) beim (25 Min.) Gasth. zur Wegscheide (S. 128) l. hinan. Die Art des Betriebes ist S. 145 beschrieben. Die Befahrung des Bergwerks ist das ganze Jahr hindurch (auch an Sonn- u. Feiertagen) von 6 U. früh bis 6 U. abends gestattet und kostet für 1 Person 6, 2 und mehr Personen je 3 K. Im Sommer (1. Mai bis Ende Sept.) tägl. 3-4 U. nachmittags ermäßigte Fahrt (sog. Touristenfahrt), jede Person 2 K (Mindestbeteiligung von 2 Pers. erforderlich). Rauchen ist nicht gestattet, Begehren von Trinkgeldern untersagt. Der Ertrag wird zu wohltätigen Zwecken verwendet. Vor der Einfahrt erhält man frischgewaschene weiße Kleider, Damen in besonderen Kabinetten mit Hilfe einer hierfür angestellten Wärterin. Die Grube ist elektrisch beleuchtet. Die Grubenfahrt selbst dauert 1 St. und führt über Rollen (Rutschbahnen) und durch lang-

HALLEIN.

gedehnte, schön und solid ausgemauerte und ausgezimmerte Stollen zu verschiedenen Stufenkammern, in denen Salzstufen mannigfachster Art, keltische Funde, historische Bilder und in Stein gearbeitete antike Postamente gezeigt werden. Der reich beleuchtete Salzsee, über den die Besucher mittels einer Holzfähre überfahren, macht einen großartigen Eindruck. Rückweg teils zu Fuß, teils auf Rollwagen.

AUSFLÜGE von Hallein (Führer Johann Kurz in Dürnberg). Hübsche Aussicht von der *Raspenhöhe* (893m), ¹/₂ St. vom Dürnberg (MW.). — *****Kleiner Barmstein** (839m), rote WM. über *Theresensruhe* und Ruine *Dierndl* in 1¹/₂ St., leicht; prächtige Aussicht. Felssteig vom Kleinen Barmstein n.w. in ¹/₄ St. auf den *Großen Barmstein* (851m). Von Berchtesgaden, 3 St.: von (2 St.) *Zill* (s. unten) l. ab zu den (25 Min.) Höfen von *Mehlweg*, mit schöner Aussicht (Dachstein usw.), dann in ¹/₂ St. auf den Kl. Barmstein. — Von Mehlweg n.w. MW. über den *Lueg-Bühel* auf den (¹/₂ St.) *Götschen* (S. 103), dann hinab nach (1¹/₄ St.) *St. Leonhard* (S. 103). — **Roßfeld,** n. Vorhöhe des Hohen Göll, 3¹/₂ St., lohnend; steiler Fußweg (WM. mangelhaft) über Dürnberg durch Wald zum (2 St.) *Pechhäusl* (1122m; Wirtsch.) und über die *Roßfeld-A.* (1461m; Erfr.) zum (1¹/₂ St.) *Hennenköpfl* (1551m), mit prächtiger Aussicht; weiter am Kamm entlang, die *Ahornbüchsen* (höchster Gipfel des Roßfeldes, 1605m) l. lassend, über die *obere Ahorn-A.* (Wirtsch.) zum (1¹/₄ St.) *Eckersattel*, s. S. 111.

*****Hoher Göll** (2522m), von Hallein 7¹/₂ St. (F. 14 *K*), für Geübte nicht schwierig: bei der Kirche von Dürnberg MW. l. hinan zur (2 St.) *Truckentann-A.*, weiter am O.-Abhang des Roßfeldes über die *Dürrfeichten-A.* (S. 129) zum (1¹/₂ St.) *Eckersattel* und zum (1 St.) *Purtschellerhaus* (S. 111), dann in 3 St. m. F. zum Gipfel (vgl. S. 111, 129).

Schlenken (1647m), 4¹/₂ St., leicht und lohnend: rot MW. über *Waidach* und (3 St.) *Spumberg* (Gasth. Zillreut) zum (1¹/₄ St.) Gipfel; oder von Hallein direkt über *Rengerberg* (der gleichf. rot MW. über *Adnet*, mit Marmorbrüchen, ist ³/₄ St. weiter). Vom Schlenken MW. ö. über die Schneide auf den (1 St.) **Schmittenstein** (1693m) mit prächtiger Rundsicht.

Über Zill nach Berchtesgaden (2¹/₂ St.) Fahrweg, für Fußgänger lohnend (Anfang und Ende für Wagen steil). An der Kirche vorbei bis zum (25 Min.) *Gasth. zur Wegscheide* (602m; l. Weg zum Dürnberg, s. S. 127); hier r. zur (10 Min.) österr. Grenze; 5 Min. bayr. Zollamt **Zill** (656m; *Whs.*), wo r. die Straße durch das *Tiefenbachtal* nach (1 St.) *Schellenberg* (S. 103) abzweigt. Weiter über ein hügeliges Plateau (r. der Untersberg, geradeaus der Watzmann), dann durch den bewaldeten *Nesseltalgraben* steil hinab, beim (1 St.) *Whs. zur bayr. Gemse* auf die Salzburg-Berchtesgadener Straße (S. 103), unweit der MW. *Reckenberg* der Lokalbahn (S. 103). — Auch vom Dürnberg (S. 127) führt ein direkter Weg über *Oberau* nach (3 St.) Berchtesgaden oder (3 St.) Hintereck (S. 109).

Zum **Almbachstrub,** Fahrstraße durch das *Wies-* oder *Alm-Tal* zum (3¹/₂ St.) *Neuhäusl* (Whs.), dann hinauf die neue Straße, oben (*Franz Reylsteig*) herrliche Blicke in die von gewaltigen Felswänden umschlossene *Klamm des Strubbachs*, 1 St. bis zur *Leopoldinenklause*. Von hier Fahrweg nach (¹/₂ St.) *Faistenau* (786m; Post, gelobt); ³/₄ St. südl. der schöne *Hintersee* (685m; Ebners Whs.). Der *Faistenauer Schafberg* (1558m), mit lohnender Aussicht, ist von Faistenau in 3 St. leicht zu ersteigen; Abstieg durch die *Tiefbrunnau* nach (2¹/₂ St.) *Fuschl* (S. 136).

21km HS. *Vigaun,* dann über den *Tauglbach,* der 1 St. ö. aus tiefen Schluchten hervorbricht. Von (26km) *Kuchl* (465m; Bahnrestaur.; Neuwirt) führt r. über die Salzach ein direkter Weg zum (³/₄ St.) Schwarzbachfall (S. 129). — 29km *Golling-Abtenau.*

Golling. — GASTH.: *Alte Post, im Ort, 70 B. zu 1.60-4, P. 6-10 *K*; Neue Post; Schwarzer Adler, 30 B. zu 1-2 *K*, Touristen zu empfehlen; Traube; — am Bahnhof: *H.-P. Bahnhof, 40 B. zu 1.60-3, P. 6-8 *K*; *Gollinger Hof, 2 Min. vom Bahnhof, 60 B. zu 2-5, P. 7-9 *K*.

Golling (468m), Markt mit 800 Einw., wird als Sommerfrische viel besucht (Bade- u. Schwimmanstalt). Auf einem Felsvorsprung die alte Burg, jetzt Sitz von Behörden. AVS. Schöne Aussicht vom Friedhof neben der Kirche. 10 Min. ö. auf der *Bachstatt*, einem Vorhügel des *Rabensteins*, ein Naturpark mit hübschen Aussichtspunkten. — 1 kl. Stunde w. der *Gollinger Wasserfall oder Schwarzbachfall (Einsp. für 1-2 Pers. 3, 3 Pers. 4 K u. Trkg.). Vom Bahnhof r., beim Gollinger Hof (S. 128) über die Bahn und die Salzach, jenseits r. auf die auf einem Felshügel liegende Kirche *St. Nikolaus* (485m) los; am Fuß (35 Min.) das *Gasth. Torren*, mit Mineralbädern (30 B. von 80 h an, P. 4-6 K); 1 Min. weiter *Gasth. zum Amerikaner;* 6 Min. *Whs. zum Wasserfall*, bei der Mühle. Ein bequemer durch Geländer geschützter Pfad führt am bewaldeten Abhang des Kleinen Göll hinan bis zu der Stelle (579m; 20 Min.), wo der *Schwarzbach* in starkem Strom aus dem Felsen hervorbricht, um alsbald durch ein Felsloch über eine 62m hohe Wand in zwei gewaltigen Absätzen hinabzustürzen. Eine unbegründete Sage bezeichnet ihn als Abfluß des 3 St. s.w. 23m höher gelegenen Königssees (S. 107).

Die *Salzach-Öfen, $^3/_4$ St. südl. von Golling an der Straße nach Werfen (Einsp. in 20 Min., 3-4 K; $^1/_2$ St. von Golling bei der Lammerbrücke das Gasth. Leopold Hofer), sind Schluchten mit wild durcheinander liegenden Felsblöcken, durch die sich die Salzach ihren Weg gebahnt hat. Am N.- und S.-Eingang stehen an der Straße Handweiser, kaum 5 Min. voneinander, während die Wanderung hinab durch die Klamm $^1/_2$ St. erfordert (in der Klamm Wirtsch.). AV.-Weg am l. Ufer nach „der Öfen Ende", mit bestem Überblick der Öfen und Ausblick in den Paß Lueg, und zur (16 Min.) *Kroatenhöhle*, einer ehemals befestigten Felshöhle in der Wand des Hagengebirges. Am S.-Eingang der Öfen die Kapelle Maria-Brunneck (s. unten).

Der *Paß Lueg, eine großartige von der Salzach durchströmte Schlucht zwischen ö. *Tennen-*, w. *Hagengebirge*, ist ein würdiges Tor aus den Voralpen in die Hochalpen (Fußwanderung oder Fahrt im offnen Wagen bis Sulzau zu empfehlen, Einsp. 9 K). Der Paß wurde in den Kämpfen des J. 1809 viel genannt; zur Erinnerung wurde bei der Kapelle *Maria-Brunneck* (554m) „den Landesverteidigern des Pongaus 1809 und ihrem Führer Josef Struber" 1898 auf hohem Felsblock das *Struberdenkmal* errichtet. 5 Min. von der Kapelle 1836 angelegte Befestigungen, $^1/_4$ St. weiter die Brücke der *Staatsbahn* (S. 156). Die Straße führt am r. Ufer an dem (40 Min.) einf. *Whs. Stegenwald* vorbei zur ($^1/_2$ St.) Station *Sulzau* (S. 156; Bahnrest. Struber).

Von Golling nach Berchtesgaden, $6^1/_2$ St. (F. 8 K, für Geübte unnötig): vom Whs. zum Wasserfall (s. oben) MW. n.w. über den *Weißenbach* und an der N.-Seite des Tals (gegenüber der Hohe Göll mit gewaltigen Abstürzen, dem *Wilden Freithof*") hinan zu ($3^1/_4$ St.) *Dürrfeichten-A.* (1349m; Unterkunft) und zum ($^1/_4$ St.) **Eckersattel** (1414m) zwischen Eckerfirst und Ahornbüchsen, mit Aussicht auf Hohen Göll, Tennen-

gebirge, Dachstein, Salzachtal (zum *Purtschellerhaus* 1 St., s. S. 111).
Hinab über *Hintereck* (S. 109) nach (3 St.) *Berchtesgaden*; oder (1½ St. weiter) von der Dürrfeichten-A. r. auf das (1 St.) *Hennenköpfl* (S. 110), hinab zur *Roßfeld-A.* und über *Resten* und *Unterau* zur *Laroswacht* (S. 109).
*Hoher Göll (2522m), vom (4½ St.) *Purtschellerhaus* in 3 St., s. oben, S. 111, 128 (F. 16 K, Mich. Reiter in Golling).
Von Golling zum *Königssee* durch das *Blüntautal* und über das *Torrener Joch*, 7-8 St. (MW., F. entbehrlich), s. S. 108. Fahrstraße bis zum (1 St.) Jagdhaus (518m; oberhalb l. der malerische *Torrener Wasserfall*) und weiter über die *Alpwinkel-A.* bis zu den (3 St.) *Jochfällen* (S. 108).
Von Golling nach *Abtenau* und *Gosau* s. R. 28; die *Lammeröfen* sind 2¼ St., der *Aubachfall* 3 St. von Golling entfernt (Einsp. Lammeröfen und zurück mit Aufenthalt in 4-5 St., 8, Zweisp. 12, Aubachfall 10 u. 16 K).
Von Golling auf den Schwarzen Berg (1583m), blau MW. über *St. Anton* und *Kellau* in 3½-4 St., etwas beschwerlich (F. angenehm); Aussicht lohnend. Abstieg über *Lehngries-A.* nach *Scheffau* (S. 155).

23. Von Linz nach Salzburg.

125km. STAATSBAHN, Schnellzug in 2¾-3 St. für 15.60, 9.50, 6.10 K, Personenzug in 3½-5 St. für 11.80, 7.20, 4.60 K.

Linz s. S. 529. — 10km *Hörsching*; 18km *Marchtrenk*.

24km **Wels** (317m; Bahnrest.; *Hot. zum Greif, 126 B. zu 2.50-4 K; Hromatka's Bahnhof-Hotel, 50 B. zu 1.80-2.40 K; Kaiserin von Österreich, am Bahnhof; Post; Drei Kronen; Weißes Rößl; Kaiserkrone), alte Stadt von 12200 Einw. an der *Traun*, mit got. Stadtpfarrkirche (restauriert) und alter Auerspergscher Burg, wo Kaiser Maximilian I. (S. 251) 1519 starb. Städtisches Museum (tägl. 8-12 u. 2-5, So. nur 8-12 Uhr, 40 h) mit römischen Altertümern, Waffen und kunstgewerbl. Gegenständen. ¼ St. südl. auf dem *Reinberg* (390m) die *Marienwarte*, mit Aussichtsturm (10 h). — Eisenbahn nach Passau, s. *Bædekers Süddeutschland*.

Von Wels nach Grünau, 47km, Lokalbahn in 2 St. durch das malerische *Almtal*. — 5km *Schauersberg*, mit alter got. Wallfahrtskirche; 8km *Steinhaus*; weiterhin schöner Blick auf Prielgruppe, Dachstein, Traunstein. Von (15km) *Sattledt* Zweigbahn l. nach *Kremsmünster* und *Unterrohr* (S. 551; 17km in 40 Min.). Die Bahn wendet sich nach S., tritt vor (24km) *Voitsdorf* in das wiesenreiche Tal des *Aiterbachs*, dann hinter (32km) *Pettenbach* (Aitzetmüller), einem gewerbfleißigen alten Ort, dem röm. Vetonianum, in das dichtbevölkerte *Almtal*. L. am Waldgebirge Schloß *Seisenburg* (Rest.) mit Ausblick ins Flachland. Bei (34km) *Heiligenleiten* l. oben das gleichn. Wallfahrtskirchlein. Weiter über *Steinbachbrücke* und *Viechtwang* nach (41km) *Scharnstein-Mühldorf* (*Lidauer, Abpurg). In Scharnstein große Sensenfabrik und ein dem Stift Kremsmünster gehöriges Schloß; ½ St. s.ö. die interessante Ruine Scharnstein im *Tissenbachgraben* (Alpenrosen). Auf den *Hochsalm* (1403m) 2½ St., MW., leicht und lohnend (F. 6 K, entbehrlich). Fahrstraße w. über *St. Konrad* nach (3 St.) *Gmunden* (S. 139). Weiter über HS. *Kothmühle* und *Traxenbichl* zur (47km) Endstation **Grünau** (522m; Gasth.: *Schaitenwirt; Hochhaus; Kirchenmühle), freundliches Dorf in malerischer Umgebung (vgl. Karte S. 138). MW. s.ö. über die *Farrenau*- und *Kasberg-A.* (Unterkunft) auf den (3½ St.) *Kasberg* (1743m), mit lohnender Aussicht; w. durch den *Hauergraben* und über den *Durchgang* (1153m) zur (4 St.) *Mairalm* (S. 148). — (50km) Von Grünau Fahrstraße (Wagen 14-16 K) meist durch Wald zum (3 St.) *Almsee (589m), 86ha groß, in großartiger Lage am Fuß der schroff abfallenden Ausläufer des *Toten Gebirges* (*Seehaus des

Stifts Kremsmünster, mit Fremdenzimmern). Berühmtes Echo. Aufstieg (MW.) zur *Elmgrube* (S. 150) und auf den *Großen Priel* (S. 552). Übergänge nach *Steyrling, Offensee* (MW.) und *Alt-Aussee* s. S. 552, 143, 150 (Führer in Grünau).

32km *Gunskirchen.* — 38km **Lambach** (366m; Bahnrestaur., auch Z.; Rößl, B. 1.60-4 K, gelobt; Elefant), altes Städtchen (1700 Einw.), an großen Gebäuden auffallend reich, darunter die stattliche, 1032 gegründete *Benediktiner-Abtei* mit ansehnlicher Bibliothek und neun Altarblättern von Sandrart. Von der Höhe am r. Traunufer unterhalb des Einflusses der *Ager* blickt aus Bäumen die Wallfahrtskirche *Paura* hervor, dreieckig, mit drei Türmen, 1722 zu Ehren der h. Dreifaltigkeit erbaut. AVS. Lambach.

Nach G m u n d e n, 28km, Zweigbahn in $1^{1}/_{4}$ St. Die Bahn (normalspurige Lokalbahn, 1821-55 Pferdebahn) wendet sich in großem Bogen nach S. und überschreitet die *Traun;* vorn der *Traunstein* (S. 141), dessen höckeriges Profil, von hier gesehen, Ähnlichkeit mit dem Antlitz Ludwigs XVI. haben soll; daneben die Gletscher des Dachsteins, r. das Höllengebirge. 4km *Stadl-Paura;* 13km *Roitham;* 15km *Traunfall* (436m); ein Fußweg führt neben der Station r. durch Wald in 20 Min. (zurück 25-30 Min.) hinab zum *Traunfall (ordentl. Whs. unten beim Fall), mit Elektrizitätswerk. Durch den halben Fluß erstreckt sich zum l. Ufer hin ein zackiger Damm von Nagelfluh mit einigen höheren Felsriffen, durch und über welche die Traun 13m h. herabstürzt. Bester Standpunkt auf oder unterhalb der Traunbrücke. Am r. Ufer ein im J. 1573 erbauter Kanal, der „gute Fall" (393m lang), den die von Ebensee kommenden Salzschiffe passieren (Durchfahrt 1 Min.). Ein Müllerbursche sperrt diesen Kanal, so daß die ganze Wassermasse l. über die Felsen stürzt, und wirft einige Scheit Holz in den Fall (Trinkg. 40-60 h). Abfahrt der Salzschiffe von Gmunden bei genügendem Wasserstand gewöhnlich Do. u. Freit. 9 U., Sa. $7^{1}/_{2}$ U. vorm.; Fahrzeit bis zum Fall $1^{1}/_{2}$ St.; hübsche gefahrlose Fahrt (Anmeldung Tags zuvor in Gmunden, Schiffslände 4); die Passagiere steigen $^{1}/_{4}$ St. unterhalb aus; Rückfahrt auf der Bahn. Außer den Salzschiffen fahren auch besondere Personenschiffe, wenn sich mindestens 20 Teilnehmer melden. — Fußweg nach Gmunden ($3-3^{1}/_{2}$ St.) s. S. 141.

17km *Aichberg-Steyermühle* mit großer Papierfabrik; 19km *Laakirchen,* 22km *Oberweis,* 26km *Engelhof,* 28km *Gmunden Seebahnhof* ($^{1}/_{2}$ St. vom Staatsbahnhof, s. S. 139).

40km *Markt Lambach.* Die Bahn verläßt die Traun und tritt in das Tal der *Ager* (S. 132); l. Prielgruppe, Traunstein und Höllengebirge, Dachstein. 43km HS. *Neukirchen;* 45km *Breitenschützing;* 49km *Schwanenstadt* (Hirschen; Marscheller; $1^{1}/_{2}$ St. s.ö. der Traunfall, s. oben). — 55km **Attnang-Puchheim** (415m; Bahnhof-Hot. & Restaur.); Abzweigung der Bahn nach Ischl (S. 139).

Nach Schärding, 66km, Eisenbahn in $2^{1}/_{2}$-3 St., s. *Bædeker's Süddeutschland.* Von der zweiten Station (10km) *Manning-Wolfsegg* führt eine Straße ö. nach (40 Min.) **Wolfsegg** (700m; *Hüttl, mit Aussicht; Post), am Abhang des *Hausruck* reizend gelegener Markt. Vom Schloßpark des Grafen St. Julien und von der „Schanze" 10 Min. w. prächtige Aussicht über das Hügelland mit zahlreichen Ortschaften, darüber die Alpen.

L. Schloß *Puchheim,* im Hintergrund das Höllengebirge (S. 133). 59km **Vöcklabruck** (435m; Bahnrest.; Gasth.: Post, 30 B. zu $1^{1}/_{2}$-5 K; Fuchstorfer), Städtchen von 2020 Einw., mit alten Tortürmen und Mauerresten; l. auf einer Anhöhe die alte gotische Kirche von *Schöndorf.* ÖTKS. — Zweigbahn nach *Kammer* am *Attersee* s. S. 132.

Weiter zweimal über die *Vöckla*, die hier in die Ager fällt. 65km *Timmelkam* (450m); 70km HS. *Neukirchen-Gampern;* 71km *Redl-Zipf* (Traumüllers Gasth.); r. die große Zipfer Brauerei. 76km *Vöcklamarkt;* 80km *Frankenmarkt* (511m). Die Bahn verläßt die Vöckla und durchzieht in großen Kurven waldiges Hügelland. — 87km HS. *Pöndorf.* Vor (90km) HS. *Ederbauer* höchster Punkt (601m). Bei (94km) HS. *Rabenschwand-Oberhofen* (551m) zeigt sich l. das überhängende Horn des Schafbergs und der Schober (S. 135).

Fahrstraße (Post bis Mondsee tägl. in 2 St.) über (1km) *Oberhofen* (Schönauer) am **Zeller-** oder **Irrsee** entlang nach (7km) *Zell am Moos* (Bahns Gasth.) und (14km) *Mondsee* (S. 135). Im Irrsee (15 Min. von Oberhofen) angenehme warme Bäder; schöne Aussicht auf den Schafberg usw. In der Nähe des Sees Keltenhügel und andere Altertümer.

97km *Straßwalchen* (Alte Post); 99km *Steindorf* (Bahnrestaur.; Zweigbahn nach *Braunau);* 101km *Neumarkt-Köstendorf* (550m).

Prächtige Aussicht vom **Tannberg** (784m), von (1/4 St.) *Neumarkt* über *Köstendorf* in 1½ St. bequem zu erreichen (MW.; oben Restaur. und 22m h. Aussichtsturm). Abstieg w. nach (1½ St.) *Mattsee* (s. unten).

Jenseit (106km) HS. *Weng* tritt die Bahn an den freundlichen 6km l. *Wallersee* (504m). 108km HS. *Wallersee* (Sigl; Motorboot nach *Henndorf,* am O.-Ufer); 111km *Seekirchen-Mattsee* (510m; H. Bahnhof; Ehrenthaler, 4 Min. n. in Seewalchen).

Post 3mal tägl. in 50 Min. über *Obertrum* (Sigls Brauerei) nach (13km) **Mattsee** (503m; Gasth.: Post; Igelhauser; Kapitelwirt), auf einer Landzunge zwischen den *Mattseen (Ober-* und *Nieder-Trumer See)* reizend gelegene Sommerfrische (531 Einw.) mit altem, von Herzog Thassilo von Bayern 777 gegründetem Stift (Bibliothek, Petrefaktensammlung); am W.-Ufer des Obertrumer Sees *Seeham* (H.-P. Kohlberger, mit Park), gleichfalls als Sommerfrische besucht. ½ St. n.w. der kleinere *Grabensee.* Vom Schloßberg (566m; ¼ St. von Mattsee) guter Umblick; umfassendere Rundsicht vom (1½ St.) *Buchberg* (796m).

Weiter durch waldige Gegend, mehrfach über die tief eingeschnittene *Fischach.* 115km HS. *Eugendorf* (S. 135); 118km *Hallwang-Elixhausen* (Gmachl). Die Bahn wendet sich durch bewaldete Einschnitte nach S. in das *Salzachtal;* l. die runde Kuppe des Gaisbergs, r. Hoher Göll, Tennengebirge, Untersberg, Stauffen, darüber das große Schneefeld der Übergossenen Alp. 122km HS. *Berg-Maria-Plain* (S. 126); 125km *Salzburg* (S. 117).

24. Attersee und Mondsee.

ATTERSEE-LOKALBAHN von Vöcklabruck nach *Kammer,* 12km in 32 Min. (1 *K* 40, 90, 50 *h*). — DAMPFBOOT auf dem Attersee von Kammer nach *Unterach* im Sommer 6mal tägl. in 2 St. 20 Min. für 3.20 oder 2.10 *K*. — ELEKTRISCHE LOKALBAHN von Unterach nach *See* im Sommer stündlich in 14 Min. (60 *h*). — DAMPFBOOT auf dem Mondsee im Sommer 10mal tägl. von *See* nach *Mondsee* in 1-1¼ St. für 1.80 oder 1.20 *K* (bis *Scharfling* in ½ St. für 90 oder 60 *h*). Übergang vom Dampfboot auf dem Mondsee zur Eisenbahn in Stat. *Plomberg* (S. 134).

Vöcklabruck s. S. 131. Die Bahn folgt der Staatsbahn w. bis jenseit der *Vöcklabrücke* (s. oben), zweigt dann l. ab und nähert sich der vielgewundenen *Ager.* 4km *Oberthalheim-Timmelkam;* 5km

Pichlwang; l. über schönbewaldeten Hügeln der Traunstein und das Höllengebirge. 7km *Lenzing;* 9km *Siebenmühlen* (l. die sieben Mühlen in der Au), dann über die Ager nach

12km **Kammer**. — Gasth.: *H.-P. S e e h o f, mit Park u. Bädern, 80 Z. zu 1.50-4 *K;* H o f w i r t, 30 B. zu 1.60-3 *K,* gelobt; T r a u b e, 22 B., einf. gut; S t a l l i n g e r, H ä u p l, in *Seewalchen,* 20 Min. n.w.; B l a u e T r a u b e, Mittendorfer, in *Schörfling,* 10 Min. ö. Wohnungen auch im Schloß und mehreren Villen. Öffentl. Badeanstalt in der Ager.

Kammer, Dörfchen mit ehem. Khevenhüllerschem Schloß, am N.-Ende des Attersees hübsch gelegen, wird als Sommerfrische viel besucht. — Über den *Hongar* nach *Gmunden* s. S. 141.

Der **Atter-** oder **Kammersee** (465m), 20km lang, 2-3km breit, 171m tief, ist der größte österreichische See (46,$_7$ qkm). Nach N. flachen sich die Ufer allmählich ab; im S. steigt r. der schöngeformte Schafberg auf; s.ö. zieht sich der breite Rücken des Höllengebirges zum Traunsee hinüber.

Das **D a m p f b o o t** (Landebrücke beim Bahnhof) fährt am ö. Ufer entlang nach *Weyregg* (Post), Fundort römischer Altertümer, dann quer über den See, stets mit Blick auf Höllengebirge und Schafberg, nach dem Dorf **Attersee** (*H.-P. Attersee, mit Bädern, 100 B. zu 2-4, P. o. Z. 4.50 *K*), am Fuß des bewaldeten *Buchbergs* (807m) anmutig gelegen, Sommerfrische, mit kath. und protest. Kirche. Weiter Stat. *Morganhof, Nußdorf* (Hofmann), *Parschallen* und *Stockwinkel* (Gasth.) am w., *Steinbach* (Gasth. zum Höllengebirge) und *Forstamt Weißenbach* am ö. Ufer.

Nach den Langbathseen rot MW. von Steinbach in 3½ St.: Fahrweg (lohnender, aber nur bei trocknem Wetter ratsam, der Fußweg über *Feuchten*) beim (10 Min.) Gasth. zum Höllengebirge l. ab zur (¾ St.) *Kienklause* (592m), dann durch Wald am Kienbach hinan, über das *Krabergtaferl* (833m) zur (1 St.) *Aurachklause;* von hier im Aurachtal abwärts zur (½ St.) *Großalm* (S. 140) und über den *Lueg* (S. 140; gelbe WM.) zum (1¼ St.) *Hintern Langbathsee* (S. 142).

Das Boot nähert sich nun den bewaldeten Bergwänden, die das obere Ende des Sees umschließen. Von **Weißenbach** (*Post, 1. Ranges, 180 B. zu 2-8, P. o. Z. 5 *K*; PF), Sommerfrische, an der SO.-Ecke des Sees hübsch gelegen, führt eine gute Straße durch das einsame *Weißenbachtal* zwischen Höllengebirge und Leonsberg nach (15km) *Mitterweißenbach* (S. 143; Automobilfahrt nach Ischl im Sommer 3mal tägl. in ¾ St. für 3 *K*, s. S. 146). — Dann an dem bewaldeten *Breitenberg* entlang nach *Unter-Burgau* (H. Burgau), in reizender Lage an See und Wald, und

Unterach (Gasth.: *Hotel am See bei H. Sellner, 50 B. zu 1.20-4, P. 5-8 *K;* *Post, am See; *Gasth. zum Kastanienwald, 40 B. zu 1.60-4 *K,* gut; Schiff; Anker), Sommerfrische am Einfluß der aus dem Mondsee kommenden *See-Ache* schön gelegen.

Ausflüge (Führer Josef Forstner). Schöner Spaziergang auf der Straße am See zum (20 Min.) *Kaiserbrunnen* und an der (10 Min.) Mündung des *Burggrabens* vorbei, in dem 20 Min. aufwärts die großartige *Burgauklamm* (für Schwindelfreie auf versichertem Steig zugänglich), weiter über (20 Min.) *Unter-Burgau* nach (40 Min.) *Weißenbach*. — Durch den Burggraben mark. AV.-Weg, erst am l. Ufer, hoch über der Klamm, mit schönen Blicken in die Tiefe (an schwindligen Stellen Geländer), nach $^1/_2$ St. über den Bach, dann geradeaus über die *Moosalp* zum (1$^1/_2$ St.) *Schwarzen See* (S. 137) und nach (1$^1/_2$ St.) *St. Wolfgang* (S. 137).

Von Unterach auf den Schafberg (S. 137) 4-4$^1/_2$ St., fast durchweg schattig, nicht zu fehlen (für nicht Schwindelfreie F. angenehm, 6 K, von See am Mondsee 4.80 K). Von der Mondseer Straße nach 10 Min. l. ab (Wegtafel) über die Brücke, am r. Ufer der Ache aufwärts durch schönen Wald, bei der ($^1/_4$ St.) Wegteilung l. (r. der Fußweg nach dem Mondsee, s. unten), auf bequemem Steig (rote WM.) durch Wald bergan zur (2 St.) *Eisenauer-A.* (1022m; Erfr.). Von hier zur (1 St.) *Suissen-A.* oberhalb des kl. *Grünsees* (im Hochsommer fast trocken); noch 5 Min. bergan, dann r. 25 Min. lang am Absturz der Schafbergwand fast eben weiter, mit freiem Ausblick auf Attersee und Mondsee; zuletzt an der *Kaiserquelle* vorbei auf in den Felsen gehauenem Treppenweg (mit Geländer versehen und ganz gefahrlos) zu der durch die Felsen des *Schaflochs* gesprengten *Himmelspforte*, wo sich plötzlich ein prächtiger Blick auf Dachstein und Hochkönig entfaltet, und gleich darauf zum ($^1/_2$ St.) *Schafberg-Hotel* (S. 138). — Von der Suissen-A. (s. oben) interessanter AV.-Steig (nur für Schwindelfreie) am Grünsee vorbei über das *Schafberggatterl* zum (1 St.) *Münichsee* (1262m), dann auf dem „Purtschellersteig" (Hanfseil) zum ($^3/_4$ St.) *Wetterloch* (S. 138) und zum ($^1/_2$ St.) Schafberghotel; oder vom Münichsee MW. über die *Aurissen-A.* und durch das Dietlbachtal nach (1$^1/_2$ St.) St. Wolfgang. — Wer vom Mondsee her auf dem Unteracher Wege den Schafberg besteigen will, schlägt den von See (s. unten) direkt aufwärts führenden Weg ein, der sich nach $^1/_2$ St. mit dem Unteracher Wege vereinigt.

Von Unterach elektr. Lokalbahn (S. 132) am l. Ufer der Ache über HS. *Mühleitnerbrücke* und *Au*, oder hübscher Waldweg am r. Ufer der Ache in 1 St. über *Oberburgau* (Gasth. Wiesenau, gelobt) zur Dampfbootstation *See* (Gasth.), am O.-Ende des 11km langen, 1,5-2km breiten **Mondsees** (481m), in den die Vorberge des Schafbergs steil abfallen; vorn der Drachenstein, dahinter der Schober (S. 135). Von See Fahrstraße nach (1 St.) *Scharfling* (s. unten), an dem steil abfallenden Südufer des Mondsees entlang (kurzer Durchbruch durch die *Kienbergwand*). Das D a m p f b o o t berührt die Stat. *Kreuzstein* an der Kienbergwand (S.-Ufer; *Waldhotel Kreuzstein, 40 B. zu 3-5 K; von hier 8 Min. zum *Altersbach-Wasserfall*) und *Pichl* (*Auhof, 60 B. zu 1.20-2.40 K), in einer Bucht des N.-Ufers reizend gelegen; dann **Scharfling** (H. Wesenauer, Z. 2-3 K), Sommerfrische am S.-Ufer, 10 Min. von der Bahnstation (S. 136).

Auf den Schafberg (S. 137; 4 St., F. 8 K, unnötig): auf der St. Gilgener Straße durch Wald bergan; nach 25 Min. (Handweiser) l. ab, Reitweg, meist durch Wald hinan, über die *Elisabethhöhe* (hübscher Blick auf den Mondsee) zur ($^3/_4$ St.) *Kessel-A.*, mit Aussicht auf den Krottensee und St. Gilgen. 1 St. weiter aufwärts tritt der Weg aus dem Walde und führt r. am Bergabhang entlang zum ($^1/_2$ St.) *Schafberg-A.* (S. 138).

Weiter am S.-Ufer, an dem sich die Ischl-Salzburger Lokalbahn entlangzieht, zur Station **Plomberg** (*Gasth., mit Garten am See und mächtiger Linde, 15 B. zu 1.60 K), auch Bahn-Haltestelle (s. S. 136); dann quer über den See, mit schönem Rundblick (s.ö. der mächtig aufsteigende Schafberg, im Hintergrund das Höllengebirge; südl. der Drachenstein, durch dessen Wand oben ein Loch geht, und der zweispitzige Schober), nach

Mondsee. — GASTH.: Post, Krone, Z. 2½-4 K, beide gut; Traube, 28 B. zu 1.40-2 K; Bräuhaus Kofler; Adler; Weißes Rößl. — *H. Königsbad, 10 Min. ö. am See, 27 B. zu 2-3 K, P. von 8 K an; Kur- und Badeanstalt des *Dr. Lechner;* Bäder in *Dr. Müllers* Wasserheilanstalt. — *See-Restaurant,* am See.

Mondsee (481m), stattlicher Markt (1500 Einw.) mit gräflich Almeidaschem Schloß (ehem. Benediktinerabtei), großer Kirche und vielen Landhäusern, in hübscher Lage am NW.-Ende des Sees, als Sommerfrische besucht. Am See der *Franz Josephskai,* mit hübschen Anlagen. Schöne Aussicht von der Kapelle *Mariahilf,* 10 Min. ö. — AVS.

AUSFLÜGE (Führer Jos. Fink). **Kulmspitze** (1095m), MW. über den *Stabauerhof* in 2 St., leicht und lohnend; vorzügliche Rundsicht. — **Kolomansberg** (1115m), MW. w. vom (½ St.) Sensenwerk über *Leiten* zum (2 St.) *Schernthann* (976m; Sommerwirtsch.), mit schöner Aussicht (Orientierungstisch), ½ St. unter dem Gipfel (Aussicht verwachsen). — **Schober** (1328m), 3½ St. m. F., nur für Geübte, mühsam: von (1 St.) *Teufelmühle* (s. unten) über *Schwand* hinan zur (1½ St.) Ruine *Wartenfels* (Schutzhütte, Wirtsch.), mit schöner Aussicht, dann steil zum (1¼ St.) Gipfel. Abstieg auf MW. nach (1 St.) Fuschl (S. 136) oder (1½ St.) Thalgau (s. unten). — **Drachenstein** (1169m), von *Plomberg* (S. 137) 3 St. m. F., steil und beschwerlich. — *Höllkar* (1187m), MW. von Plomberg in 3 St., sehr lohnend; Abstieg auch w. zum *Eibensee* und nach (1½ St.) Fuschl oder ö. nach (1¾ St.) Hüttenstein (S. 136).

Salzkammergut-Lokalbahn von Mondsee (Bahnrest.) über *St. Lorenz* nach *Salzburg* (32km in 1½ St.) s. unten.

25. Von Salzburg nach Ischl. Abersee. Schafberg.

67km. SALZKAMMERGUT-LOKALBAHN in 2½-3 St. (1. Kl. 8.50, 3. Kl. 4.30, hin und zurück 13.80 oder 12 K; an Sonn- u. Feiertagen Rückfahrkarte 3. Kl. 5 K). Hübsche Fahrt, mit der sich mit 4-5 St. Zeitaufwand der Besuch des *Schafbergs* bequem verbinden läßt. Von Stat. *Lueg* ab Dampfbootfahrt vorzuziehen (s. S. 137). — Abonnementkarten s. S. 139. Von Salzburg zum Schafberg Rückfahrkarte 1. Kl. 18 K, 2. Kl. 14 K 40; Ausflugskarte (mehrmals wöchentlich) III. Kl., einschl. Dampfboot und Bergbahn, hin und zurück 7 K; ebenso von Mondsee und Ischl (6 K 40). Man erkundige sich nach Tag und Stunde.

Salzburg (Lokalbahnhof gegenüber dem Staatsbahnhof) s. S. 117. Die Bahn führt neben der Staatsbahn, dann unter ihr hindurch nach (2km) *Itzling* (r. Untersberg, Hoher Göll, Tennengebirge, Gaisberg mit dem Nockstein). Weiter zwischen waldbedeckten Höhen allmählich bergan über (5km) *Söllheim* nach (10km) *Eugendorf-Kalham* (559m; l. das große Dorf Eugendorf, S. 132). Nun über die wiesenreiche, von vielen Höfen belebte Hochebene über (13km) *Kraiwiesen* bis zur Wasserscheide bei (17km) *Enzersberg* (632m), dann in Windungen hinab nach (19km) *Irlach* und über den *Fischbach* nach (21km) **Thalgau** (539m; Neuwirt; Bräuhaus), freundlicher Markt mit 670 Einw., an der *Fuschler Ache;* östl. Schober, (MW. in 2½ St., s. oben), Drachenstein und Schafberg. Weiter über *Vetterbach* und *Teufelmühle* (Restaur., mit Wellenbad) nach (28km)

II. R. 25.—K. S. 126,138. **ST. GILGEN.** *Salzkammergut.*

St. Lorenz (488m; Bahnrestaur.), Knotenpunkt der Zweigbahn nach (4km in 10 Min.) *Mondsee* (S. 135).

Vor (31km) HS. *Plomberg* (aussteigen für das Dampfboot über den Mondsee, s. S. 132) tritt die Bahn an den **Mondsee** (S. 134), in den r. der Schafberg steil abfällt, steigt allmählich (Tunnel) an offener Halde, dann durch Wald und wendet sich r. ab durch einen 96m l. Tunnel zur (33km) HS. **Scharfling** (540m); l. unten das Dorf (S. 134). Weiter hoch am Abhang (Felssprengungen), durch einen kurzen und den 422m l. *Eibenberg-Tunnel* (580m), am waldumkränzten *Krottensee* vorbei zur (35km) HS. **Hüttenstein** (Gasth. Krottensee), mit Schloß des Hrn. v. Franck (auf den Schafberg s. unten). Hinab durch Wiesen und Wald, dann an steiler Bergwand (24°/₀₀ Gefäll), mit Blick auf den Abersee, zur (38km) HS. *Billroth* und in großem Bogen nach

39km **St. Gilgen.** — *Büfett.* — GASTH.: *Seehotel, am See, 1. Juni-Ende Sept., 80 B. zu 2½-6½, P. 8½-12 K; *Post, 60 B. zu 1.60·3, P. 7-10 K; *Restaurant am See, 30 B., mit Seebad; Ochse; Radetzky; Kendler, 50 B. zu 1.20 K.

St. Gilgen (550m), besuchte Sommerfrische (700 Einw.), liegt am NW.-Ende des Abersees. AVS.

AUSFLÜGE (Führer Franz Schubert). Nach *Lueg* (gutes Gasth., s. S. 137) auf der Straße 20 Min., angenehmer Waldweg ½ St. Für Geübtere auf dem rot bez. Marie Leuk-Wege über die *Weiße Wand*, mit herrlicher Aussicht, 1 St. — ½ St. n.w. von St. Gilgen im Walde die *Steinklüfte*, zugänglich gemachte Trümmer eines großartigen Bergsturzes (näheres auf der Tafel am Eingang). — **Falkensteinwand**, 1-1¼ St., lohnend. Mit Dampfboot in 10 Min., oder zu Fuß über *Brunnwinkel* um die N.-Spitze des Sees herum in ½ St. nach *Fürberg* (Ebner, gut); von hier am (15 Min.) *Scheffeldenkmal* (4m h. Steinpyramide mit Inschrift aus dem „Bergpsalmen") vorbei hinan zum (½ St.) Wallfahrtskirchlein und der Einsiedelei des h. Wolfgang mit dem Wolfgangbrunnen (der Weg führt weiter zur Dampfboot-Haltestelle *Falkenstein-Ried* und an der Villa Haiser vorbei in 1½ St. nach St. Wolfgang). — Bei der Felswand 12 Min. vom Beginn des Anstiegs MW. r. zum (¼ St.) *Abersee-Panorama* und (2 Min.) *Scheffelblick* auf der Höhe der Falkensteinwand. —

Zwölferhorn (1520m), von St. Gilgen AVW. an der Weißen Wand (s. oben) vorbei über die *Saustall-A.* (Erfr.) in 2½-3 St., lohnend; unterm Gipfel Schutzhaus der AVS. St. Gilgen (Sommerwirtsch.); sehr malerische Aussicht.

Von St. Gilgen auf den **Schafberg** (S. 137), Reitweg, 3½ St. Am besten mit Bahn in 10 Min. bis Stat. *Hüttenstein* (s. oben), beim Restaur. Krottensee ö. durch Wiesen zum (5 Min.) *Reitberg-Whs.*, wohin man auch von St. Gilgen zu Fuß über *Winkel* in 35 Min., von *Fürberg* (s. unten) in 20 Min. gelangt. Hier etwas weiter r., dann l. scharf bergan (rote WM.) durch Wald zur (½ St.) *Fürsten-A.* (969m) und, zuletzt in Windungen durch Wald, zur (1¼ St.) *Schafberg-A.* (S. 138).

Von St. Gilgen nach Salzburg, 28km, Fahrstraße über (7km) **Fuschl** (669m; Mohr, Brunnenwirt, beide einf.), am O.-Ende des 4km l. *Fuschl-Sees* (vgl. Karte S. 126). Von hier MW. über Ruine *Wartenfels* (Restaur.) nach Stat. *Teufelmühle* (S. 135). — Von Fuschl durch die *Tiefbrunnau* auf den **Faistenauer Schafberg** (1558m) 3½ St., lohnend. Abstieg nach *Faistenau* und von dort über *Wiestal (Almbachstrub)* nach (7 St.) *Hallein* s. S. 128. — Die Straße steigt unweit des südl. Seeufers bis (15km) *Hof* (737m; Post) und senkt sich dann, am *Nockstein* (S. 125) vorbei, über *Guggental* (609m; Hatschek) nach (28km) *Salzburg* (S. 117).

Der *Abersee oder St. Wolfgang-See (539m), 11km lang, 2km breit (Flächenraum 13qkm), bis 114m tief, wird n. vom Schafberg überragt; südl. über den bewaldeten Uferhöhen eine Reihe schöngeformter Berge: Zwölferhorn, Königsberghorn, Hoher Zinken, Sparber u. a. Dampfboot (für nicht Eilige der Eisenbahn vorzuziehen) von St. Gilgen über St. Wolfgang nach Strobl (und umgekehrt) im Sommer 6mal tägl. in $1^1/_4$ St. Das Boot hält am O.-Ufer in *Fürberg* ($^1/_4$ St. ö. das Scheffeldenkmal, s. S. 136) und fährt dann über den See nach *Lueg* (*Hotel, 50 B.), bei der gleichn. Bahn-Haltestelle (s. unten und S. 135). N., an der Wand des *Falkensteins*, 29m über dem See, in 1m h. Buchstaben die Inschrift: „Dem Dichter der Bergpsalmen J. V. v. Scheffel der D. u. Ö. Alpenverein 1888." Das Boot berührt die HS. *Falkenstein-Ried*, fährt am *Frauenstein* vorbei durch die 240m breite See-Enge vor St. Wolfgang, legt bei der *Station der Schafbergbahn*, gleich darauf beim Markt *St. Wolfgang* an und erreicht am *Pürglstein* vorbei die Endstation *Strobl*, 10 Min. w. vom Bahnhof (S. 138).

Die Eisenbahn führt von St. Gilgen am SW.-Ufer des Sees über (41km) HS. *Lueg* (Dampfbootstation, s. oben) nach (43km) *Gschwandt* (Restaur.), dann bei (45km) HS. *Zinkenbach* (Kronsteiner) auf 50m l. Brücke über den Zinkenbach, zur (47km) HS. *St. Wolfgang* (Erzh. Franz Karl), Station für *St. Wolfgang* und die *Schafbergbahn* (Dampfbootüberfahrt bis zum Markt in 5 Min., zum Zahnradbahnhof in 10 Min., hin u. zurück 80 *h*).

St. Wolfgang. — GASTH.: *H.-P. Peter, in erhöhter Lage, mit Bädern, 140 B. zu 2-4, M. 3, P. von 8 *K* an, F zum Schafberghotel; *H. Peter zur Schafbergbahn, s. S. 141; *Weißes Rößl, mit Veranda am See, 120 B. zu 2.40-6, F. 1.20, P. 7-12 *K*; Zimmerbräu, 36 B. zu 1.60-3 *K*, gut; Zum Touristen, gelobt; Alter Peterbräu, 20 B. zu 1.20-2.40 *K*; *H.-P. zum Cortisen, am W.-Ende des Orts, 5 Min. vom Zahnradbahnhof, mit Garten; Kölblinger, gelobt; Weißer Hirsch, am See, einf. gut. — FÜHRER: Josef Lang.

St. Wolfgang (549m), alter Markt (600 Einw.), auf schmalem Ufersaum am Fuß des Schafbergs malerisch gelegen, wird als Sommerfrische besucht (gut eingerichtete Seebadeanstalten). In der got. Kirche ein *Schnitzaltar von *Michael Pacher* aus Bruneck (1481); im Vorhof ein Brunnen mit guten Reliefs (1515). ÖTKS.

Nähere Spaziergänge: zur *Zyklamenwiese (Steinsruhe)*, mit Restaurant (15 Min.); *Dietlbach-Wildnis* (20 Min.); zur *Villa Haiser* auf dem *Frauenstein* (1 St.; Eintritt in den Park auf Anfrage gestattet). — Nach St. Gilgen über die *Falkensteinwand* und *Fürberg*, 2 St., s. S. 136 (von der Zahnradbahnstation St. Wolfgang bis zum Café-Rest. Falkenstein-Ried 20 Min.). — Hübscher Ausflug (rot MW.) über das *Strubeck* zum ($1^1/_2$ St.) Schwarzen See (711m; Whs.), am SO.-Fuß des Schafbergs; von hier durch das *Moos* in den (1 St.) Holzstuben, dann hinab nach ($1^1/_2$ St.) *Unterach* oder ($1^3/_4$ St.) *Weißenbach* (S. 133); oder s.ö. hinab zur Ischler Straße und nach ($1^3/_4$ St.) St. Wolfgang oder ($2^1/_2$ St.) Ischl.

Der *Schafberg (1780m), ein aus Muschelkalkstein bestehender Gebirgsstock zwischen Aber-, Mond- und Attersee, bietet eine der schönsten und malerischsten Aussichten in den deutsch-österreichischen Alpen. ZAHNRADBAHN von St. Wolfgang, 6km in 1 St. (Bergfahrt 6.30, Talfahrt 4.20, Hin- u. Rückfahrt 9.50 K). Der BAHNHOF (*$H.$-$P.$ *Peter zur Schafbergbahn*, mit Café-Restaur. und Garten am See, 160 B. zu $2^1/_2$-$4^1/_2$, M. $3^1/_2$, P. von 8 K an) ist 10 Min. w. vom Markt St. Wolfgang. Die Bahn überschreitet den *Dietlbach* (S. 137) und führt dann durch Wald mit einer Durchschnittssteigung von 25% bis zur ($2{,}_6$ km) Wasserstation. Der See sinkt immer tiefer; l. unten bleibt die *Dorner-A.* (955m); im SW. tauchen Übergossene Alp, Watzmann, Hoher Göll usw. empor. Vor der (4km) HS. *Schafbergalpe* (1361m; Gasth. Ratz, 40 B. zu 1.20-2.40 K), mit prächtiger Aussicht (l. in der Tiefe der Krottensee, ein Stück des Mondsees und der Zeller oder Irr-See), verläßt die Bahn den Wald und steigt am kahlen Schafberggipfel hinan, zuletzt durch einen 100m l. Tunnel zur ($5{,}_8$km) Endstation *Schafbergspitze* (1730m), 5 Min. unter dem Gipfel (*Hotel, 40 B. zu 3-4, M. 4, P. von 7 K an; ratsam, Z. vorauszubestellen; F zum H. Peter in St. Wolfgang). Die *Aussicht umfaßt die Gebirge und Seen des Salzkammerguts, die steirischen und salzburgischen Alpen, Oberösterreich bis zum Böhmerwald, die bayrische Ebene bis zum Chiemsee und Waginger See. Besonders großartig erscheint die im S. aufragende Dachsteingruppe.

$1/_4$ St. ö. vom Gasth. die 30m l. und 9m h. *Adlerhöhle*, mit Blick auf den Attersee. — Der Weg zu den am Südabhange des Berges gelegenen *Wetterlochhöhlen* ist verfallen, die Höhlen selbst geschlossen. — Vom Wetterloch zum ($3/_4$ St.) *Münichsee* und zur (1 St.) *Suissen-A.* (für Schwindelfreie sehr lohnend), s. S. 134.

Der Reitweg von St. Wolfgang auf den Schafberg ($3^3/_4$-4 St.; blau-rot bez., aber schlecht unterhalten) führt w. am (12 Min.) *Gasth. Försterheim* vorbei, dann r. bergan, stets unterhalb der Bahn, zur ($1^1/_4$ St.) *Dorner-A.* und der (1 St.) *Schafberg-A.* (s. oben); von hier auf steinigem Wege zum ($1^1/_4$ St.) Gipfel. — Reit- und Fußwege auf den Schafberg von *St. Gilgen* oder *Hüttenstein* s. S. 136, von *Scharfling* s. S. 134, von *Unterach* s. S. 134.

Die Bahn nach Ischl führt von der Station St. Wolfgang (S. 137) am Abersee entlang (vorn Sparber und Rettenkogel, im Hintergrund das Tote Gebirge) nach (51km) **Strobl**; 10 Min. n. am O.-Ende des Sees das Dorf (*Hotel am See, mit Garten u. Seebädern, 100 Z. zu 3-8 K; Brandauer; Aigner; Restaur. Münchnerhof), mit Dampfbootstation (S. 137; Fahrzeit bis St. Wolfgang 15 Min.). Weiter über den *Weißenbach* nach (54km) *Aigen-Voglhub* (521m; Rest. zur Voglhub) und zur (56km) HS. *Wacht* (Whs.), an der Mündung des *Schiffautals* (S. 145); dann über die aus dem Abersee abfließende *Ischl* zur (57km) HS. *Aschau* (zum Nussensee s. S. 145) und (59km) HS. *Pfandl* (Rest. Pfandl, 3 Min. vom Bahnhof). Die Bahn tritt wieder auf das r. Ufer der Ischl, wendet sich in großem Bogen nach S. und durchdringt den Ischler Kalvarienberg mittels eines 670m l. Tunnels. 64km HS. *Kaltenbach* (S. 143), am SW.-Ende von Ischl; dann am Fuß des Siriuskogels (S. 144) über die *Traun* und um die Vorstadt *Gries* herum, nochmals über die Traun in den Bahnhof von (67km) *Ischl* (S. 143).

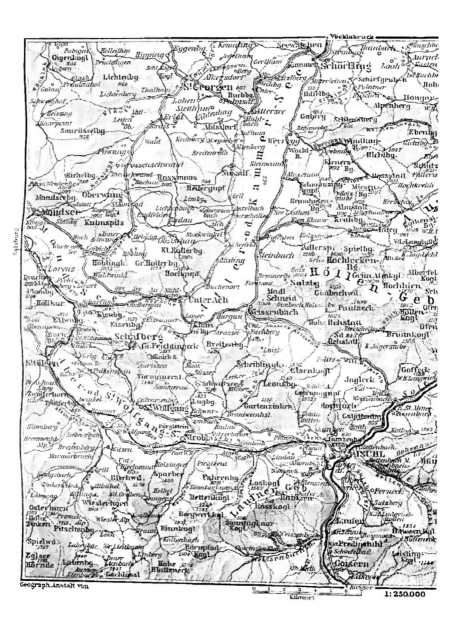

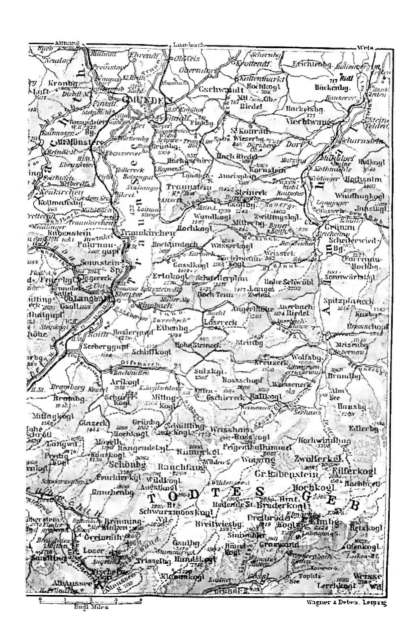

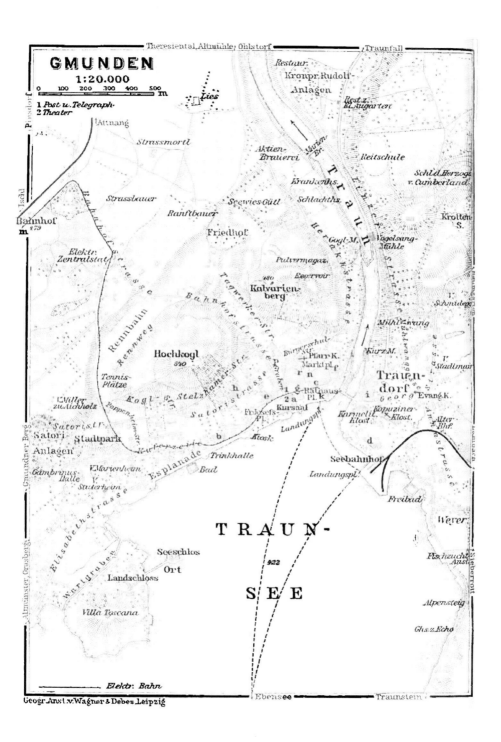

26. Von Attnang nach Gmunden und Ischl.

ÖSTERR. STAATSBAHN, bis *Gmunden*, 13km in 20-30 Min.; bis *Ischl*, 45km in 1¼-1½ St. [Von *Salzburg* über Attnang nach Ischl, 115km in 2⅓-4 St.; von *Wien* nach Ischl über Attnang (288km), Schnellzug in 6 St. (an Werktagen vor Sonn- und Feiertagen in 5½ St.), über Amstetten und Selztal (308km) in 8¾ St.] — ABONNEMENTKARTEN für Touren im Salzkammergut (Staatsbahn u. Salzkammergut-Lokalbahn) für 15 Tage 1. Kl. 66, 2. Klasse 46, 3. Kl. 26, für 30 Tage 98, 66 u. 40 *K*.

Attnang s. S. 131. Die Bahn überschreitet die *Ager* (r. Schloß *Puchheim*, S. 131), dann die *Aurach* und führt durch das freundliche Aurachtal über (2km) *Wankham*, (6km) *Aurachkirchen* (465m; ¼ St. südl. die *Rabenmühle*, S. 140) und (10km) *Pinsdorf* nach (13km) *Gmunden* (Staatsbahnhof, 495m).

Gmunden. — Der *Staatsbahnhof* liegt w. oberhalb der Stadt 25 Min. vom See (elektr. Straßenbahn s. unten; Hôtelomnibus 40 *h*-1 *K*). — *Seebahnhof* der Linie Lambach-Gmunden (S. 131) im SW. des Orts, 5 Min. von der Traunbrücke.

GASTH.: *H. Austria (Pl. a), Juni-Okt., 120 B. zu 3½-7, F. 1.20, M. 5, P. von 10 *K* an, *H. Bellevue (Pl. b), Mai-Okt., 120 B. zu 3-20, P. o. Z. 7 *K*, beide 1. Kl., am See; *Goldnes Schiff (Pl. c), 100 B. zu 2-6, F. 1, P. 10-14 *K*; *H. Mucha (Pl. d), mit Garten-Restaur. am See, 80 B. zu 2-4 *K*; — *Krone (Pl. e), 70 B. von 1.60 *K* an; *Post (Pl. p), 60 B. zu 2.20-4.40 *K*; Goldener Brunnen (Pl. f), Traungasse, 42 B. zu 1.60-4 *K*, gut; *Goldne Sonne (Pl. g), 50 B. zu 2-3 *K*; *Schwan (Pl. k), Rathaus-Platz; Goldner Hirsch (Pl. i), mit Garten; Stadt Gmunden (Pl. n); Goldner Löwe (Pl. r), B. 2-4 *K*, — Bahnhof-Hotel (Pl. m), 52 B. zu 1.60-3 *K*, beim Staatsbahnhof (s. oben).

*Kurhotel (Pl. h), Satoristr. 18-20, 100 B. zu 4-10, P. 11-18 *K*, verbunden mit Kuranstalt und Sanatorium (Bäder jeder Art, Kaltwasserkur, Inhalatorium, pneumat. Kammer usw.).

CAFÉS: *Kursaal* am See, mit Veranda, Restaurant, Lesesaal usw. (Eintritt frei). *Kaffeepavillon*, *Café Corso*, an der Esplanade; *Brandl*, *Goldnes Schiff* (s. oben), beide Rathausplatz. Konditoreien: *Grellinger*, Franz-Josephplatz; *Schallmeiner*, Graben 5; *Wöll*, im Theater.

BÄDER im *Kurhotel* und den *Hot. Bellevue* und *Austria*; *Theresienbad*, Elisabethstr. 76; *Seebade-Anstalt* an der Esplanade (Bad mit Wäsche 70 *h*).

THEATER (Pl. 2) vom Juni bis Mitte Sept. — KURTAXE vom dritten Tage an für jede Person täglich 50 *h*; nach 40 tägigem Aufenthalt Saisontaxe, für jede großjährige oder einzelnstehende Person 20 *K* (d. i. für Kur- und Musiktaxe je 10 *K*), minderjährige Personen, sowie Hofmeister, Gouvernanten usw. 10 *K*, niedere Dienerschaft 2 *K*.

FIAKER: Fahrt in der Stadt einsp. 1, zweisp. 1.40 *K*; zum Staatsbahnhof 2 oder 3, nachts 3 oder 4 *K*; Satori-Anlage 2 u. 3, Altmünster 3.20 u. 5, Baumgarten 4 u. 6, Ebenzweier 4 u. 6, desgl. über Satori 5 u. 7, Traunfall 9 u. 14, Kammer am Attersee 12 u. 20, Almsee 19 u. 30 *K*; Langbathseen 16 u. 24 *K* (Tagespartie); Rückfahrt einbegriffen, 1 St. Wartezeit, für längern Aufenthalt 40 u. 60 *h* Wartegeld die Viertelstunde.

ELEKTRISCHE STRASSENBAHN zum Staatsbahnhof (s. oben) in 15 Min., 40 *h*; Abfahrt vom Rathausplatz ½ St. vor Abgang der Züge.

BOOTE mit 1 Ruderer nach Ort oder Weyer 60, Steinhaus 1.30, Altmünster, Kleine Ramsau 2, Ebenzweier 2.20, Hoisen 2.40, Staininger 3.20, Lainaustiege 4 *K* (Rückfahrt einbegriffen), mit 2 Schiffern die Hälfte mehr; Wartegeld für ¼ St. 25 *h*, Zeitfahrten die Stunde 1.60 *K*.

Gmunden (425m), freundliches Städtchen mit 7500 Einw., am Ausfluß der *Traun* aus dem *Traunsee* reizend gelegen, wird als Kurort und Sommerfrische besucht. In der *Stadtpfarrkirche* (Pl. 3) ein Holzschnitzaltar von 1626. Neue *evangelische Kirche*

(1876). Vor der Traunbrücke l. das *Salzkammergut-Museum* (Eintr. tägl. 9-11 u. 2-5 U., 50 h), mit sehenswerten Sammlungen. Am See die schattige *Esplanade* (tägl. 8-9, $11^1/_2$-$12^1/_2$ und 5-$6^1/_2$ oder 7 U., So. 5-6 Nm. Musik), mit Marmorbüste des Kaisers Franz Joseph und schöner Aussicht (Orientierungstisch): l. der bewaldete Grünberg, dann der fast senkrecht aufsteigende Traunstein, der Erlakogel, weiter r. im Hintergrund der Schönberg (Wilde Kogel), den See anscheinend schließend der Kleine Sonnstein, r. die Sonnstein-Höhe, die breite Fahrnau, der Alberfeldkogel und das Höllengebirge. Hübsche Anlagen, Gärten und Villen umgeben den Ort. AVS.; ÖTKS.

Spaziergänge (Wege überall markiert): n. ($^1/_4$ St.) der *Kalvarienberg* (480m), mit schönem Überblick über Stadt und Umgebung; n.w. (10 Min.) der *Hochkogel* (540m), von der Satoristraße auf bequemem Serpentinenweg zu erreichen; w. (10 Min.) der *Stadtpark* und, vom obern Ausgang 5 Min. weiter, die *Satori-Anlagen*, schöner Park der Familie v. Miller zu Aichholz (sehenswertes Brahms-Museum); s.w. *Ort* ($^1/_2$ St.) mit zwei Schlössern, von denen das Seeschloß durch eine 130m lange Brücke mit dem Landschloß verbunden ist. Am r. Ufer der Traun (Fußweg von der Traunbrücke l. über den Steg, dann über die Marienbrücke) die *Kronprinz Rudolf-Anlagen* mit Restaur. zur Marienbrücke ($^1/_2$ St.). N.ö. auf der Höhe ($^1/_2$ St.) das *Schloß des Herzogs von Cumberland* mit schönen Anlagen. Ö. *Baumgarten* ($^3/_4$ St.), s.ö. *Sieberroith* ($^3/_4$ St.), am N.-Abhang des Grünbergs, beide mit Wirtschaft. — Am ö. Seeufer führt eine Fahrstraße (vorm. schattig) an den Restaurants *Alpensteig* (15 Min.), *Echo* (20 Min.), *Steinhaus* (40 Min.), *Kleine Ramsau* (1 St.) und *Hoisen* (70 Min.) vorbei zum ($1^1/_2$ St.) Kalkgewerk *Staininger* (die vier letzten sind Dampfboothaltestellen). Vom Hoisen steiler rot mark. Weg zur (1 St.) *Überraschung*, mit herrlicher Aussicht, sowie mark. Aufstieg in die grotesken Felspartien der *Kaltenbachwildnis* und hinab zum Staininger ($1^1/_4$ St.).

Weitere Spaziergänge: auf der Elisabethstraße an Schloß Ort, der *Villa Toskana* und *Villa Württemberg* vorbei nach ($^3/_4$ St.) *Altmünster* (Restaur.) und über (10 Min.) *Ebenzweier* (S. 141) nach ($1^1/_2$ St.) *Traunkirchen* (S. 141). — Durch die Satori-Aulagen MW. auf den ($1^1/_2$ St.) Gmundner Berg (822m) mit schöner Aussicht (Whs. zur Luft); hinab zur (1 St.) *Reindlmühle* im Aurachtal (s. unten) und über Dichtlmühle, oder über Ebenzweier nach (2 St.) Gmunden zurück (im ganzen $4^1/_2$ St.). — Über Altmünster gelb MW. auf den ($1^1/_2$ St.) *Grasberg* (743m; Whs. Pracka), mit schöner Aussicht auf Höllengebirge und Traunsee. — Am l. Traunufer abwärts zur Baumwollspinnerei *Theresiental* und der *Altmühle* (Whs.) $^1/_2$ St., *Ohlsdorf* (Whs.) $1^1/_4$ St. — Am Staatsbahnhof vorbei über *Pinsdorf* (interessante Versteinerungen im Restaur. zum Steinbruch) n. w. zur ($1^1/_2$ St.) hübsch gelegene *Rabenmühle* (Wirtsch.; a. S. 139); oder w. zum (1 St.) *Kufhaus* (Touristenheim; 5 Min. n. die *Dichtlmühle*). Von Kufhaus im *Aurachtal* hinan zur ($1^1/_4$ St.) *Reindlmühle* (Whs.) und über *Neukirchen* (Whs.), bis wohin auch Fahrstraße von Gmunden über Ebenzweier in $2^1/_2$ St., zur ($2^1/_2$ St.) *Großalm* (640m; Wolfsgrubers Gasth.); von da entweder auf hübschem Waldweg über den *Luegsattel* (833m) zum (1 St.) *Hintern Langbathsee* (S. 142); oder über das *Kraberg-Taferl* zur *Kienklause* und auf Fahrweg (oder Fußweg über *Feuchten*) nach (2 St.) *Steinbach* am Attersee (S. 133; F. ab Gmunden 8 *K*). — Von der Dichtlmühle (S. 140) rot-gelb MW. über den *Kronberg* (806m) und *Hohe Luft* (917m) auf den (1¼ St.) **Hongar** (943m), mit Aussicht auf den Attersee. Über den Kamm weiter zum (½ St.) *Alpenberg* (967m), dann r. durch Wald hinab zur *Pointner-A.* und über den *Sickingerbach* nach *Schörfling* und (1¾ St.) *Kammer* am Attersee (S. 133; F. ab Gmunden 7 *K*). — *Traunfall (S. 131), zu Fuß rot MW. meist durch Wald in 3½, zu Wagen 1½ St.; empfehlenswerter mit der Lambacher Eisenbahn (S. 131) oder auf einem der S. 131 genannten Schiffe.

WEITERE AUSFLÜGE. Über die *Himmelreichwiese* (790m; rot-gelbe WM., 1½ St.), die *Schneewiese* (½ St.) und das (⅓ St.) *Hochgschirr* (957m), mit Pavillon und Blick auf den Dachstein, zum (¾ St.) **Laudachsee** (881m), an der NO.-Seite des Traunsteins malerisch gelegen; zurück entweder in 2 St. (blau MW.) über *Franzl im Holz* (Wirtsch.) oder (rot-gelb) über die (1½ St.) *Kleine Ramsau* (S. 140) und mit Dampfboot (oder Ruderboot in ¾ St.) nach Gmunden (F. 6 *K*, entbehrlich).

Traunstein (1691m), von Lainaustiege 4 St., nicht schwierig (F. ratsam, 8 *K*); Erlaubnisschein der ÖTKS. oder der k. k. Forstdirektion in Gmunden erforderlich. Mit Dampfboot in 35 Min. zum Staininger und auf dem vom ÖTK. angelegten „Miesweg" in ¾ St. zur *Lainaustiege*, oder mit Ruderboot in 1¼ St. (4 *K*) direkt dorthin; über eine 40m hohe Felsenstiege hinauf, dann Fahrweg im *Lainautal* hinan zum (1 St.) *Kaisersitz* (geradeaus noch 20 Min. aufwärts r. die *Mairalm*, 860m, mit Unterkunft); hier l. (WM.) steil hinauf in 2½ St. zum w. Gipfel oder *Fahnenkogel* (1661m), mit der offnen *Gmundener Hütte* des ÖTK. und prächtiger Aussicht, zum (20 Min.) *Pyramidenkogel* (höchster Gipfel, 1691m). ½ St. kürzer ist der Anstieg von der Nordseite (kurz vor Staininger l. hinauf) auf dem *Hans Herler-Steig* (nur für Geübte). — Von der Mairalm (s. oben) rot MW. n. über die *Scharte* zum (2½ St.) *Laudachsee;* ö. rot MW. über den *Durchgang* (1153m) nach (3½-4 St., F. 7 *K*) *Grünau* (S. 130).

Almsee, zu Wagen 6 St. (Einspänner 19, Zweisp. 30 *K*). Fahrstraße über *Baumgarten* (S. 140), *Kranichsteg* (Whs.), *St. Konrad* nach (3 St.) *Scharnstein-Mühldorf* im hübschen *Almtal*, Station der Lokalbahn von Wels nach (1 St.) *Grünau* (von hier zum *Almsee* noch 3 St., vgl. S. 130).

Von Gmunden nach Ischl. — EISENBAHN bis Ebensee in 26 Min., bis Ischl in ¾-1 St. — DAMPFBOOT über den Traunsee bis Ebensee in 1 St., der Eisenbahn vorzuziehen; in Ebensee-Landungsplatz Anschluß an die Bahnzüge; es werden kombinierte Billette ausgegeben, die zur Bahn- und Dampfbootfahrt berechtigen. Stationen: *Gmunden-Stadt, Gmunden-Seebahnhof, Steinhaus, Altmünster, Ebenzweier, Kleine Ramsau, Hoisen, Püreth, Staininger, Stein-Winkl, Traunkirchen, Ebensee.*

Die Bahn (links sitzen!) führt hinter dem Schloß des Herzogs von Württemberg vorbei und nähert sich hinter *Altmünster* dem schönen 12km langen *Traunsee (422m). 17km HS. *Ebenzweier* (Restaur.), mit Schloß des Don Alfonso von Bourbon, in dem auch die Mädchenschule des Orts untergebracht ist. Die Landschaft wird, wie man sich dem Südende des Sees nähert, großartiger; hinter dem Traunstein erscheint der Hochkogel, weiter der schöne Erlakogel (S. 142). — 22km Stat. *Traunkirchen* (5 Min. südl. am See das gute *Gasth. am Stein* mit Veranda und Garten, 30 B. zu 2-5, P. von 7 *K* an); 24km *Traunkirchen-Ort,* HS. für das auf einer Landzunge reizend gelegene Dorf **Traunkirchen** (Post, 39 B. von 1.60 *K* an; Burgstaller, mit Terrasse; beide einf. gut; Seebadeanstalt). Das Kloster (jetzt Pfarrwohnung) verdient einen Besuch; in der

142   II. R. 26. — K. S. 138.   EBENSEE.   *Salzkammergut.*

Kirche originelle holzgeschnitzte Kanzel in Gestalt eines Schiffs, mit Netzen und Fischen.

Vom *Kalvarienberg*, 20 Min. oberhalb der Post, herrliche Aussicht, am schönsten nachm. oder abends. Auf einem in den See vorspringenden Felsen das alte *Johanniskirchlein*. — Gegenüber am ö. Seeufer in einer Höhle des *Erlakogels* (s. unten) der interessante **Rötelsee**, nach $^1/_2$ stündig. Kahnfahrt von der *Karbachmühle* (Erfr.) für Geübte in 1 St. zu erreichen (Führer mit Fackeln nötig, 5 K). MW. von Karbachmühle über den *Karbach-Wasserfall* zur ($2^1/_2$ St.) *Mairalm* (S. 141). — Zur *Kreh* im Langbath-Tal (s. unten) führen vom Gasth. am Stein rot mark. Wege über den *Rabenstein-Sattel* oder (bequemer) über die *Hochsteinwiese* in $2^1/_2$ St.

Kleiner Sonnstein (923m), $1^3/_4$ St. (für Ungeübte F. ratsam, 5 K): von Traunkirchen $^1/_4$ St. auf der Straße gegen Ebensee, dann MW. r. hinan zum ($1^1/_2$ St.) Gipfel (die letzten 20 Min. über Felsen), mit reizender Aussicht auf den See.

Zwei kurze Tunnel, dann der 1428m l. *Sonnstein-Tunnel* (um die Außenseite des Sonnsteins am See hin führt die durch ihren kühnen Bau ausgezeichnete Straße; vorn an der Ecke, von der Bahn nicht sichtbar, ein steinerner Löwe). 28km HS. *Ebensee-Landungsplatz* (See-Restaurant; Post, 40 B. zu $2^1/_2$-3 K; Bäckerwirt, gut; Krone; Sonne; zwei Seebadeanstalten, Bad 40 h), dann über die *Traun* nach (29km) **Ebensee-Bahnhof** (425m; gegenüber Gasth. zum Auerhahn), ansehnlicher Ort (mit *Langbath* 5860 Einw.) in hübscher Lage, mit k. k. Saline, Uhren- und großer Ammoniak-Soda-Fabrik.   Die Sole wird von Ischl und Hallstatt hergeleitet. Solbadeanstalt.   Schöne Aussicht vom Kalvarienberg.

AUSFLÜGE (Führer Johann Hüdl). Hübscher Spaziergang am l. Traunufer längs der Solenleitung zum ($^3/_4$ St.) *Gasth. Steinkogl*, in schöner Lage, 10 Min. von der gleichn. Haltestelle (s. unten).

Zum **Rinnbachstrub** (Wasserfall), 1 St. ö., nur nach Regentagen lohnend (halbwegs in der Mühle Erfr.). Omnibus von Ebensee-Landungsplatz nach *Rinnbach* im Juli und Aug. 5 mal tägl. in $^1/_4$ St. (40 h).

***Langbath-Seen**, $2^3/_4$ St.: Omnibus von Ebensee-Landungsplatz zum Vordern See 3mal tägl. in $1^1/_2$ St., 2 K, von der Kreh zurück (nicht sicher auf Platz zu rechnen) in $^3/_4$ St., 1.20, Hin- u. Rückfahrt 3 K; Einspänner hin u. zurück 11 K. Fahrweg durch das bewaldete *Langbath-Tal* zum ($1^1/_2$ St.) *Whs. in der Kreh* (651m) und dem (25 Min.) *Vordern Langbathsee* (675m); von da MW. l. um den See und am kais. Jagdschloß vorbei hinan zum (50 Min.) kleinern aber schönern *Hintern See* (727m), in großartiger Lage am Fuß des Höllengebirges. Unweit n. vom Ö.-Ende des Hintern Sees im Walde treffliche Quelle. Ein Jägersteig führt im Walde um den Hintern See herum. Über *Lueg* zur *Großalm* s. S. 140. Rückweg von der Kreh nach Traunkirchen-Bahnhof über die Hornauerwiese und den Mühlbachberg $2^1/_2$-3 St.

Kranabetsattel im Höllengebirge, $3^1/_4$ St., lohnend (F. angenehm). MW. über den Kalvarienberg (s. oben) oder von Steinkogl (s. unten) durch den Mühlleitengraben zum (2 St.) *Gsoll* (1129m) und zur ($1^1/_4$ St.) *Kranabetsattel-A.* (Unterkunft). Von hier in $^1/_4$ St. auf den *Feuerkogel* (1623m), mit trefflicher Aussicht. Umfassender ist der Blick vom *Alberfeldkogel* (1706m), vom Feuerkogel am Grat entlang $^3/_4$ St. m. F. Abstieg vom Feuerkogel über die *Pledl-A.* zum (2 St.) Whs. in der Kreh (s. oben).

Erlakogel (1570m), von Rinnbach (s. oben) MW. über die *Spitzstein-Alp* in 4 St. (F. 7 K), zuletzt steil; Aussicht lohnend.

Weiter durch das Trauntal zur (42km) HS. **Steinkogl** (438m; Gasth. Steinkogl, s. oben; Marien-Gasth., 10 Min. ö.).

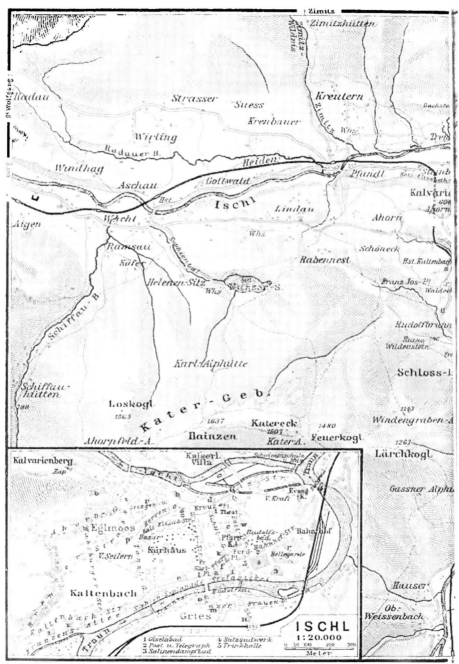

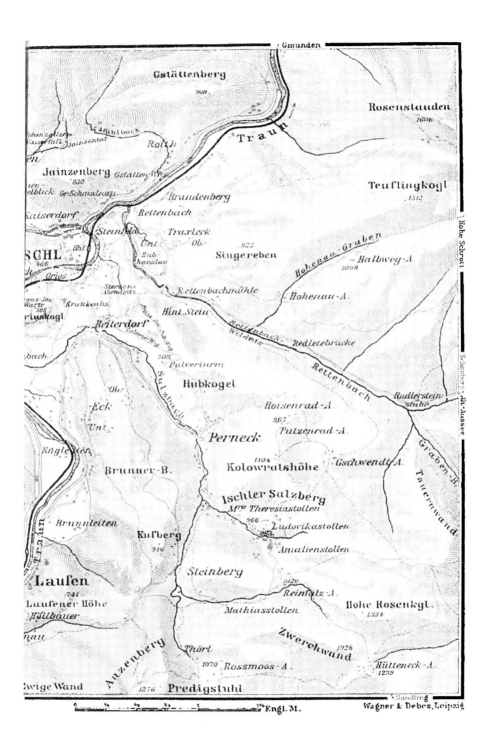

Zum **Offensee** (651m) durch das *Traunweißenbach*- und *Offenseebach*-*Tal* Fahrstraße (daneben Schienenstrang zum Holztransport) am neuen Elektrizitätswerk vorbei in 2¼ St. Der See, mit kais. Jagdschloß (keine Unterkunft), liegt malerisch in grünem Talkessel, südl. überragt vom *Toten Gebirge* (S. 150). Von hier über die *Weißeneck-A.* und den *Hohen Pfad* (1050m) zum (3½ St.) *Almsee* (S. 141), rote WM., F. 8 *K*, entbehrlich; über den *Wilden See* (1554m) und die *Wildensee-A.* nach (7-8 St.) *Alt-Aussee* (S. 148) beschwerlich (F. von Ebensee 15 *K*). Von der Wildensee-A. auf den *Gr. Woising* (2061m) 2 St. mit F. (14 *K*), lohnend.

Hohe Schrott (1783m), von Steinkogl über die *Gimbach - A.* (bis hier Fahrweg) und *Dielau-A.* in 4½ St., anstrengend (F. 9 *K*; besser von Ischl, vgl. S. 145). — **Bromberg** (1646m), n. Ausläufer der Hohen Schrott, von Steinkogl über die *Bromberg-A.* 3½ St. (F. 7 *K*), lohnend. — **Schönberg** (*Wilder Kogel*, 2093m), von Steinkogl durch das *Traunweißenbach-Tal* in 6 St. (F. 12, mit Abstieg nach Aussee oder Ischl 14 *K*), mühsam aber lohnend (vgl. S. 145); großartige Aussicht.

Über den *Traunweißenbach*, durch Wald. 35km HS. *Langwies* (Gasth. u. Café; 40km *Mitterweißenbach* (452m; nach Weißenbach am Attersee s. S. 133). Vor Ischl über die Traun.

44km **Bad Ischl.** — BAHNHOF *(Restaurant)*, für die Staatsbahn und Ischl-Salzburger Lokalbahn gemeinsam, auf der Ostseite des Ortes. Für die Ausflüge nach St. Wolfgang, Mondsee, Salzburg usw. wird die Haltestelle *Kaltenbach* der Lokalbahn (S. 138, 145) viel benutzt.

GASTH.: *H. Kaiserin Elisabeth (Pl. a), 80 Z. zu 5-14, F. 1.20, P. 15-24, Omn. 1 *K*, mit Rathauskeller-Restaur. (M. 3 *K*), *H. vorm. Bauer (Pl. b), in schöner Lage ¼ St. oberhalb Ischl, 100 Z. zu 6-20 *K*, beide ersten Ranges, nur im Sommer; *Post (Pl. c), 180 B. zu 3-10, P. 10-15 *K*; *Goldenes Kreuz (Pl. d), Mai-Okt., 100 B. zu 3-15, F. 1.20, P. 10-14 *K* (zwei Häuser, die bessern Z. im neuen); H. Austria (Pl. e), Esplanade, 100 B. zu 3-4 *K*, gut; H. Victoria (Pl. f), Pfarrstr. 2, 64 B. zu 3-4, P. 8-12 *K*; Erzherzog Franz Karl (Pl. g), 110 B. zu 2½-6, P. 10-16 *K*, gut; *Kaiserkrone (Pl. h), 1. Mai-30. Okt., 100 B. zu 3½-7, F. 1.20, P. 8-12 *K*; die letzten fünf mit Garten-Restaur. — Gold. Stern (Pl. i), 58 B. von 3 *K* an, bürgerlich gut; Zum Goldnen Hufeisen (Pl. k), Pfarrgasse 13, 50 B. zu 2-4 *K*, mit Weinrestaurant; *Bayrischer Hof (Pl. l); Schwarzer Adler (Pl. m), Grazerstr. 10, 60 B. zu 1.80-3, P. von 6 *K* an, gut), Drei Mohren (Pl. n), Goldner Ochs (Pl. o), alle drei in Gries; Zur Neuen Welt; Gasth. zum Staats- u. Lokalbahnhof (Kienesberger), beim Güterbahnhof, bescheiden; Sandwirt, Stadt Prag (Pl. r), Eglmoosgasse 4 und 7, einf.; Zum Wilden Mann (Pl. p), Elisabethstr. 74, einf.; Auer Wastls Bräuhaus-Restaur., Esplanade 36, einf., 16 B. zu 1-3 *K*. — In *Kaltenbach* (s. oben), 10 Min. w.: *H.-P. Rudolfshöhe (Pl. 5), bei HS. Kaltenbach (S. 138) schön gelegen, neun Häuser mit 100 Z., P. 9-15 *K*; H.-P. Habsburger Hof (Pl. t); Flora (Pl. v), Lindaustr., 30 B. zu 3-10, P. 8-12 *K*. Hotels garnis: Ramsauer (Pl. w), Poststr. 8 (24 B. zu 2½-5 *K*); Athen, Edelweiß, 40 B. zu 2.40-3.40 *K*, beide Kreuzplatz. — WASSERHEILANSTALTEN: *Dr. Hertzka & Dr. Winternitz* (Pl. H), 10 Min. vom Ende der Esplanade, P. mit Bädern von 62 *K* wöchentlich an; *Dr. Emil Wiener* (Pl. x), Kaltenbachstr. 11, 1. Mai-1. Okt., 75 B., P. 12-20 *K*.

CAFÉS: *Walter, Austria*, Esplanade; *Kursaal* (s. S. 144); *Ramsauer* (s. oben); *Rudolfshöhe* (s. oben). — Konditorei *Zauner*, Pfarrgasse 7; *Dusch*, Kreuzplatz 24. — *Nürnberger Bratwurst-Glöcklein*, gutes Bier.

Theater am Kreuzplatz (im Sommer). — Schwimmschule am 1. Ufer der Ischl (40 h). — *Heilgymnast. und Massage-Anstalt*, Kreuzplatz 24; *Dr. Bullings Inhalatorium*, Valeriestr. 4; *Pneumatische Anstalt*, Rudolfspark.

KURTAXE bei mehr als 1tägigem Aufenthalt für jede Person pro Tag in der 1. Kl. 50 *h*, Musiktaxe 30 *h*, in der 2. Kl. 30 u. 20 *h*; bei mehr als 3 wöchigem Aufenthalt Saisontax: in der 1. Kl. Familienhaupt 24 u. 12, Gattin 12 u. 9, Kinder unter 15 J. 4.50 u. 4.50, über 15 J. 6 u. 9, Dienerschaft 4 *K*; in der 2. Kl. Familienhaupt 16 u. 8, Gattin 8 u. 6, Kinder 3 u. 3 bzw. 4 u. 6 *K*. Kurmusik im Rudolfspark, Kurpark oder auf der Esplanade 2-3 mal täglich.

Fiaker vom Bahnhof in die Stadt oder umgekehrt einsp. 1.20, zweisp. 2 *K*, bei Nacht 1.60 u. 2.80 *K*. Tourfahrten innerhalb des Kurorts 0.80 u. 1.60, bei Nacht 1.40 u. 2.40 *K*. Nach Hallstatt in 2½ St., 13.20 u. 22 *K*; Gosau-Schmied in 4 St., 18.30 u. 30.30 *K*; Weißenbach am Attersee in 2½ St., 14 u. 25 *K*. Rückfahrt und Trinkgeld überall einbegriffen.

Buch- u. Kunsthandlung u. Leihbibliothek: *E. Mänhardt*, Pfarrgasse.

Bad Ischl (466m), besuchter Kurort mit 9655 Einwohnern, liegt reizend auf einer von der *Traun* und *Ischl* umflossenen Halbinsel, umrahmt von waldreichen Höhen. Vom Bahnhof führt die Bahnhofstraße am (r.) *Rudolfsbad* und *Rudolfspark* mit Büste des Erzherzogs Rudolf (weil. Kard.-Erzbischof von Olmütz), sowie an *Post- u Telegraphenamt* vorbei zum Kaiser Ferdinandsplatz. Hier die *Trinkhalle* (Pl. 5) mit Wandelbahn, dahinter l. das *Salzsudwerk* (Pl. 4) mit dem *Salinendampfbad* (Pl. 3) und r. das *Giselabad* (Pl. 1). Über dem Ferdinandsplatz die *Pfarrkirche*, unter Maria Theresia erbaut, 1877-80 renoviert, mit Fresken von Mader und Altarbildern von Kupelwieser.

Vom Kaiser-Ferdinandsplatz durch die Pfarrgasse zum Franz Karl-Platz, mit hübschem Brunnen zu Ehren der Eltern des Kaisers Franz Joseph, und zur Traunbrücke. Am l. Ufer der Traun beginnt hier die *Sophien-Esplanade*, mit Café (weiter zur HS. Kaltenbach usw. s. S. 145). — An der vom Franz Karl-Platz n. auslaufenden Wirerstraße, mit Büste des Dr. Wirer von Rettenbach († 1844), der *Kurpark* mit dem stattlichen *Kurhaus*. 8 Min. n. vom Bahnhof neben der Schwimmschule (S. 143) das *Museum* (tägl. 9-12 u. 2-5 Uhr, 40 *h*; Sonn- und Feiertags geschlossen).

Spaziergänge. Die *Kaiserl. Villa* mit schönem Park (bei Anwesenheit des Kaisers, gewöhnlich Juli bis September, gesperrt). — ½ St. n.ö. l. über der Straße nach Ebensee die *Große Schmalnau*, Kaffeewirtsch. mit hübschem Blick auf Ischl und Dachstein; hinab l. zum (20 Min.) *Gstätten-Whs.* und längs der Solenleitung nach Ischl zurück (½ St.). — Zum (½ St.) *Sophien-Doppelblick* (Café; Aussicht auf Ischl, Dachstein und St. Wolfgang-Tal), weiter n. zur (¼ St.) *Dachstein-Aussicht* und dem meist unbedeutenden *Hohenzollern-Wasserfall;* zurück r. über *Trenkelbach* (¾ St.) oder l. durchs *Jainzental* zum *Gstätten-Whs.* (1 St. bis Ischl). — Am r. Traunufer auf den *Sirius- oder *Hundskogel* (598m), ½ St.; oben die Kaiser Franz Josephs-Warte mit schönem Rundblick (kl. Restaur.). — Über die *Steinfeldbrücke* zur (½ St.) *Rettenbach-Mühle* (Café; nach Aussee s. S. 146) und (¼ St.) *Rettenbach-Wildnis* (hübsche Klamm); durch die *Hubhanslau* oder über Sterzens Abendsitz (S. 145) in ¾ St. nach Ischl zurück.

W. zum *Kalvarienberg* (606m; ½ St.); von hier l. Waldpfad zum (¼ St.) *Ahornbühl* (Café); r. vor der Kapelle *Kaiserin Elisabeth-Waldweg* (sehr empfehlenswert) nach (½ St.) *Pfandl* (S. 138).

Von Gries s.ö. über *Sterzens Abendsitz* und den aussichtreichen *Kaiser Franz Josephs-Jubiläumsweg* über den *Hubkogel*, nach ³/₄ St. l. (Hdw.; geradeaus 20 Min. bis Perneck, s. unten) durch Wald, zuletzt steil über Wiesen hinan zur (1¹/₄ St.) *Hoisenradalpe* (967m; Wirtsch.) und zur (20 Min.) *Kolowratshöhe* (1104m), mit schöner Aussicht auf Dachstein und Loser. Von hier ö. hinab über *Gschwendt-A.* zur (1¹/₄ St.) Rettenbach-Wildnis, oder w. zum Salzberg und nach Perneck (s. unten).

Von der Esplanade durch die *Franzens-Allee* am Denkmal des „Reformators der Volksschule" *L. v. Hasner* († 1891) vorbei zu der Haltestelle *Kaltenbach* (S. 143) mit dem *H.-P. Rudolfshöhe* (S. 143; im Park Denkmäler der Kaiserin Elisabeth und Johannes Brahms', von L. Petter); weiter zum *Fürst Metternich-Platz* und zur *Villa Waldeck*, hier r. hinan zum *Kaiser Franz Josephplatz* (¹/₂ St.); oder von der Villa Waldeck weiter an der Kaffeewirtsch. Zierler vorbei zur (1 St.) Ruine *Wildenstein* (596m) am Abhang des Katergebirges. — Über die Wirtsch. Zierler und oberhalb des *Rudolfbrunnens* (Wirtsch.) am Jagddenkmal des Kaisers Franz Josef I. vorbei nach (1¹/₄ St.) *Laufen* (S. 146). — Zum *Nussensee* (601m) 1¹/₂ St. (Einsp. 8, Zweisp. 12 K): von Kaltenbach auf der Fahrstraße nach *Lindau*, beim Handweiser l. zum waldumsäumten See (Erfr.), am Fuß des Hainzen (s. unten; Fahrstraße durch das Sophiental in ¹/₂ St. zur HS. Aschau, S. 138). — Auf dem Fahrweg u.w. über Trenkelbach nach *Kreutern* (Wirtsch.), oder mit Bahn bis *Pfandl* (S. 138) und von hier in das *Zimitztal* zur *Zimitzwildnis* (Kaffeewirtsch. Toni) und *Eiskapelle* (1¹/₂ St. von Ischl).

Zum Ischler Salzberg (966m), 1¹/₂ St.; Fahrweg (Einsp. 6 K) über *Reiterdorf* (Bachwirt, Bärenwirt) im *Sulzbachtal* hinan, am *Sulzbachstrub* vorbei, jenseit dessen der Valerie-Waldpfad zum *Valerie-Blick* führt, nach (1 St.) *Perneck* (Café zum Salzberg) und zu den Berghäusern, wo man sich meldet (3 Pers. 6 K 90 mit, 4 K 80 ohne Wageneinfahrt); dann noch 25 Min. bis zum *Ludovikastollen*. Besuchsdauer 1¹/₂ St. Die Gruben bestehen aus 12 Stollen oder Galerien, die horizontal eine über der andern in den Berg getrieben sind. Zur Gewinnung der Sole wird Süßwasser in die großen Kammern geleitet, das 4-6 Wochen stehen bleibt, die Salzadern auslaugt und dann als gesättigte Sole nach Ischl und Ebensee (S. 142) geleitet und dort versotten wird. — Vom Salzberg rot MW. (bei der kl. Kapelle r. halten), der bald im Walde in ca. 1000 Stufen übergeht, über *Reinfalz-A.* (1020m) zur (1¹/₂ St.) *Hütteneckalm* (1239m; Wirtsch.), mit prächtiger Aussicht auf Dachstein, Donnerkögel und Hallstätter See. Von hier über *Roßmoos-A.* zum *Predigstuhl* (S. 146) ³/₄ St.; Abstieg über *Lichtenecker-A.* nach (1¹/₂ St.) *Goisern* (S. 146).

BERGTOUREN (überall rote WM.; Führer Matth. Röchenbauer, Alois Watzinger, Jos. Bromberger). **Zimitz** (*Leonsberg-Zinken*, 1743m), durch den *Zimitzgraben* und über die *Schütt-A.* in 4 St., ziemlich mühsam (F. 7 K); schöne Aussicht auf Dachstein, Aber-, Mond- und Attersee. — **Hohe Schrott** (1783m), 4-4¹/₂ St., MW. über *Hohenau-*, *Halbweg-* und *Mitter-A.*, sehr lohnend; F. 8 K, ratsam (vgl. S. 143). — **Schönberg** (*Wilder Kogl*, 2093m), rote WM. über die *Rettenbach-A.* (S. 146) 7¹/₂ St. m. F. (12 K), mühsam aber lohnend (s. S. 143); großartige Aussicht. — **Hainzen** (1637m), MW. über die *Kater-A.* in 3¹/₂ St. (F. 6 K); Abstieg n. über die *Karl-A.* zum *Nussensee* (s. oben) und nach (3 St.) *Aschau* (S. 138; F. 8 K), oder w. über den *Roßkogel* (1661m) zur *Ahornfeld-A.* und zur (3 St.) HS. *Wacht*

Bædeker's Südbayern. 34. Aufl. 10.

(S. 138). — **Predigstuhl** (*Törlwand*, 1276m), MW. vom (1½ St.) Salzberg über *Roßmoos-A*. in 1½ St., oder über *Hütteneck-A*. (S. 145) in 2 St. (F. 2.60 *K*), leicht und lohnend. Abstieg nach Goisern (1½ St.) s. unten. — **Sandling** (1716m), MW. über Hütteneck-A., *Raschberg-A*. und *Vordere Sandling-A*., zuletzt steil über Fels in 5½ St. (F. 8 *K*), lohnend (vgl. S. 149). — **Rettenkogel** (1778m), von der *Wacht* (S. 138) durchs *Schiffautal* über die *Sonntagskar-Alp* in 3½ St. (F. 6 *K*); charakteristische Gebirgsformation, prachtvolle Aussicht.

Von Ischl nach Alt-Aussee direkt, neuer, der Solenleitung folgender Fahrweg (für Fußgänger 4½ St., lohnend) im *Rettenbachtal* (S. 144) durch Wald hinan zur (1¾ St.) *Rettenbach-A*. (638m; Einkehr im Forsthause), am S.-Fuß der Hohen Schrott; dann in der Strubeckklamm durch einen Felstunnel und über den Ahornbergsteg, an den Solenstuben Nagelsteg und Brunnkogelwald vorbei zur (1½ St.) *Blaa-A*. (ca. 950m; ordentl. Wirtsch.) mit Aussicht auf den Loser (S. 149); zuletzt in 1 St. hinab über *Ramsau* und durch das Angstbachtal nach (18km) *Alt-Aussee* (S. 148).

Von Ischl auf den *Schafberg (bequeme Halbtagestour, nicht zu versäumen!) s. S. 137; Rückfahrkarte 3. Kl. 12 *K*, Ausflugskarte (vgl. S. 135) 6.40 *K*. — Nach *Weißenbach* am *Attersee* (S. 133) Autobus über *Mitter-Weißenbach* (S. 143) im Sommer 3 mal tägl. in ¾ St. (3 *K*).

27. Von Ischl nach Aussee.

34 km. ÖSTERR. STAATSBAHN in 1-1¼ St.; Schnellzug 4.90, 3, 1.60, Personenzug 3.40, 2, 1.10 *K*.

Ischl (466m) s. S. 143. Die Bahn (rechts sitzen!) tritt auf das r. Ufer der Traun und umzieht den Fuß des Siriuskogels (S. 144); dann wieder aufs l. Ufer. — 5km HS. **Laufen**, 5 Min. n. von dem am r. Ufer malerisch gelegenen Markt (479m; Weißes Rößl, mit Garten, gut; Krone). Die Traun hat hier Stromschnellen („Wilder Laufen"). Promenadenweg nach Ischl s. S. 145. Schöne Aussicht von der *Laufener Höhe* (741m; MW., ¾ St.). — Wieder über die Traun nach (8km) *Anzenau* (Whs. zum Gamsfeld); ¼ St. w. vom l. Ufer *Ober-Weißenbach* (Petter, Schilcher), mit großen Holzlagern.

AUSFLÜGE von Ober-Weißenbach. Fahrstraße am r. Ufer des Weißenbachs zur (1¼ St.) **Chorinsky-Klause** (627m), einem großen gemauerten Damm mit drei Toren, zum Schwemmen der Baumstämme erbaut, jetzt aufgelassen. Den Rückweg kann man am l. Ufer des Weißenbachs nehmen. — Bequemer Waldweg hinter Gasth. Petter l. auf den (1½ St.) **Hochmuth** (*Jochwand*, 850m), mit lohnender Aussicht. — Bergtouren: **Hochkalmberg** oder **Kahlenberg** (1831m; S. 147), AVW. über den Hochmuth (s. oben) und die *Scharten-A*. in 4 St. — **Gamsfeld** (2024m), MW. über die Chorinskyklause und *Hohe Knall-A*., am *Brettkogel* (1589m) und *Jägerkogel* (1840m) entlang in 7 St. m. F. (s. S. 147, 154); sehr lohnend.

Das Tal erweitert sich; r. der Hochkalmberg, l. der Sarstein (S. 152). 10km **Goisern** (496m; Gasth.: *Petter zur Post, B. 1½- 5 *K*; *Goiserer Mühle*, mit Café und Schwimmbad, 35 B. zu 2-4, P. 5-8 *K*; H. Ramsauer, 28 B. zu 2-10, P. 7-15 *K*; zur Wartburg; Bären, 22 B. zu 2-5 *K*), Sommerfrische mit 1200 Einwohnern. AVS. 20 Min. n. das *Erzherzogin Marie-Valerie-Bad* (Jod-Schwefelquellen; 60 B. zu 2-4, P. von 7 *K* an).

AUSFLÜGE (Führer Josef Ellmer). Hübscher Spaziergang zum (20 Min.) *Café zum Grünen Wald* am Wege nach Ramsau. — **Predigstuhl** (1276m), MW. über die *Lichteneck-A*. in 2½ St., s. oben. — **Hütteneckalm**

(1276m, s. S. 145), auf meist schattigem MW. über die *Kriemoos-A.* in 3 St.; hinab nach Ischl 2 St., nach Aussee 3 St. (F. entbehrlich). — **Hochkalmberg** (1831m, s. S. 146), durch den *Ramsau* über die *Trockerton-A.* und *Scharten-A.* (Erfr.) 4-4$^1/_2$ St. (F. 6 K). Abstieg über *Iglmoos-A.* nach (2-2$^1/_2$ St.) Gosau; oder von der Scharten-A. weiter über die *Hohe Knall-A.* in 3$^1/_2$ St. (F. 12 K) auf das *Gamsfeld* (S. 146); hinab über *Angerkar-A.* nach (2 St.) *Rußbach* (S. 154) oder durchs *Weißenbachtal* nach *Strobl* (S. 138). — **Sarstein** (1972m), MW. in 4$^1/_2$ St., s. S. 152.

Bei *Stambach*, 20 Min. südl., führt l. bergan die alte Straße über *St. Agata* und die **Pötschenhöhe** (982m) nach (3$^1/_2$ St.) Aussee (beim *Bachwirt* l. Fußweg nach Altaussee, s. S. 149).

13km *Steeg* (514m; *Goldnes Schiff; Zauners Gasth. in Au, gelobt), am N.-Ende des **Hallstätter Sees** (S. 150). Am See beim Ausfluß der Traun der Wiener Ferienhort für Knaben. Die Bahn umzieht das O.-Ufer des Sees, am jäh abstürzenden Fuß des Sarsteins streckenweise in den Fels gesprengt. 18km HS. *Gosaumühle* (S. 153; Überfahrt zum W.-Ufer in 13 Min., 20 h); weiter durch einen kurzen Tunnel und über den *Wehrgraben* zur (21km) HS. **Hallstatt,** gegenüber dem Markt (S. 150). Dann hinter dem viertürmigen Schloß *Grub* vorbei durch Wald nach (23km) **Obertraun** (511m; Gasth. zum Sarstein u. a.), am SO.-Ende des Sees (S. 151).

Fahrstraße um das S.-Ufer des Sees herum nach der *Lahn* und (1 St.) *Hallstatt* s. S. 151. — Nach Aussee über den **Koppen** (672m) 3 St., Fußwanderung auf der „Koppenstraße", meist durch Wald. 1$^1/_4$ St. von Obertraun im *Brüllergraben* l. unterhalb der Straße, die *Koppenbrüllerhöhle*, durch die ein Bach tost (zum Besuch Führer und Fackeln nötig).

Weiter durch das enge wilde *Koppental.* Die seit dem Hochwasser von 1897 höher gelegte Bahn führt durch einen 231m l. Tunnel und überschreitet dreimal die Traun; endlich öffnet sich die Schlucht vor (34km) Stat. *Aussee* (638m; Bahnrest.; H. Bahnhof, B. 1-3 K), in *Unter-Kainisch* (k. k. Salzsudwerk), 20 Min. südl. von

Aussee. — GASTH.: *Hackingers H. zum Kaiser von Österreich, 100 B. zu 3-6, P. 10-14 K, Omnibus 60 h; *Erzherzog Franz Karl (Post), 100 B. zu 3-5, P. 10-12 K; Erzherzog Johann, B. 3-4$^1/_2$, P. 8-12 K, gut; Sonne, 50 B. zu 2-3 K; Wilder Mann, Ischler-Str., 40 B. zu 1.60-3 K; H. Huemer, Ischler Str. 81; Zum Touristen, Grundlseer Str., 32 B. zu 1.60-3 K, einf.; Blaue Traube, Kirchengasse 165, einf.; Rößl, Hauptplatz, 22 B. zu 1.20-2 K; Stadt Wien, neben dem Kurhaus, gelobt. — *P. Hürsch, 80 B. zu 3.30-14.30, P. 13.20-24.20 K, an der Altausseer Promenade; P. Szamvald, Ischler Straße, 24 K, P. 7-10 K; P. Eichelhof, Bahnhofstr. — *Kurhaus*, mit Wiener Café, Lesezimmer usw.; *Café Vesco* am Kurhausplatz und in Praunfalk.

BÄDER jeder Art im *Kaiser Franz Josefsbad* an der Bahnhofstr.; bei *Vitzthum*, Hauptstr. 145; in der Kuranstalt *Alpenheim* (S. 148) usw. — Schwimmschule an der Altausseer Traun.

FIAKER vom Bahnhof zum Markt einsp. 1.60, zweisp. 2.40 K; vom Markt nach Grundlsee oder Alt-Aussee 3.60 oder 6, hin u. zurück mit 1 St. Warten 6 oder 9.20 K (vom Bahnhof 7 und 11 K); über Grundlsee nach Gößl und zurück mit 1 St. Warten 8.60 oder 13 K; jede weitere Stunde Warten 1.20 bez. 2 K; Trinkgeld überall einbegriffen.

KURTAXE für die Saison 14 K, Kinder unter 12 J. die Hälfte, Dienerschaft 2 K. Bei Aufenthalt unter 14 Tagen täglich 60 h.

BERGFÜHRER: Franz Angerer, Matthias Gasperl, Johann Hüdl in Aussee, Johann und Alois Wimmer in Altaussee, Alois Preßl am Grundlsee.

148 II. R. 27. — K. S. 146.   ALTAUSSEE.   Salzkammergut.

Aussee (650m), steirischer Markt (1600 Einw.) im engen Tal der *Traun*, umgeben von einem Kranz schöner Berge, wird als Sommerfrische und Kurort (Solbäder) viel besucht. Nadelholzwälder mit Promenadewegen dicht beim Ort. In der kl. *Spitalkirche* ein got. Flügelaltar von 1449. AVS. Aussee. — Einige Min. n. vom Markt an der Altausseer Straße (s. unten) die **Kuranstalt Alpenheim*, mit Bädern jeder Art und Wasserheilanstalt (15. Mai-30. Sept.; 80 B., P. 9-15 K), und 10 Min. weiter in Praunfalk das **Badehotel Elisabeth* (B. 3-6, P. o. Z. 8 K).

SPAZIERGÄNGE. *Kurpark* und *Mecséry-Promenade* beim Kurhaus; *Wildleiten* und *Schwabenwald-Promenade* (Erzh. Johann-Denkmal) am r. Ufer der Altausseer Traun; von da über die *Erzh. Johann-Promenade* auf die ($^1/_4$ St.) *Sixtleiten*, mit Orientierungstafel; *Elisabeth-* und *Payer-Promenade* am Wege nach Altaussee (in Praunfalk 20 Min. n. Café Vesco) usw. — Zur *Tauscherin* und *Dichterruhe*, $^1/_4$ St. südl.; n. über die schattige *Cramerpromenade* zum ($^1/_2$ St.) *Café Loitzl* in Obertressen, mit Dachsteinaussicht, dann durch Wald zum ($^1/_4$ St.) *Bärenmoos* und dem ($^1/_2$ St.) *Fuchssteinblick* oder zum (1 St.) Grundlsee (S. 149); s.ö. nach ($^1/_2$ St.) *St. Leonhard*, mit altem Kirchlein (Erfr. beim Mesner); w. zum ($^3/_4$ St.) *Wasner*, n.w. zum ($^1/_2$ St.) *Schmidgut*, beide mit Café und Aussicht.

BERGTOUREN. Von Aussee zur *Pfeiferin-A.* (1000m) am ö. Abhang des Sarsteins, gelb MW. über den *Wasner* (s. oben) in $2^1/_2$ St., lohnend (F. 2 K, unnötig). — *Sarstein (1973m), $4^1/_2$-5 St. m. F. (6 K), rot MW. am *Wasner* (s. oben) vorbei durch den Knappenwald zur ($3^3/_4$ St.) Scharte (1720m) oberhalb der *Niedern Sarstein-A.* (S. 152), dann AV.-Steig l. auf ($^3/_4$ St.) Gipfel, s. S. 152. — Rötelstein (1610m), 3 St., lohnend; Fahrstraße über *St. Leonhard* (s. oben) und *Anger* bis (1 St.) *Straußental*, am *Radlingsattel* (S. 556), dann rot MW. l. ab über die *Langmoos-A.* zum (2 St.) Gipfel (F. 6 K). — Zinken (1856m), MW. von Unter-Kainisch (S. 147) über die *Handler-A.* in $3^1/_2$ St. (F. 5 K), gleichfalls leicht u. lohnend.

Nach Alt-Aussee, 4km; Fiaker s. S. 147, Fahrzeit $^1/_2$ St.; Omnibus 1 K. Die Straße (für Fußgänger vorzuziehen die Elisabeth- und Payer-Promenade, s. oben; $1^1/_4$ St.) führt durch das waldige Tal der *Altausseer Traun*, die sie dreimal überschreitet, an der Altausseer Mühle vorbei nach **Alt-Aussee** (720m; Kitzerhof, mit Gartenrestaur., 70 B.; Brunthaler, mit Badeanstalt, 20 B. zu 2-8 K, einf. gut; Grüner Baum; Pens. Nassau; Bachwirt); 12 Min. weiter **Fischerndorf** (717m; *Hotel am See [Seewirt] & Parkhotel-Pens. Seehaus, zusammen 150 B. zu 3.60-14, P. o. Z. 7-8 K), besuchte Sommerfrischen, an dem 3km l., 1km br. *Alt-Ausseer See (709m), ö. überragt von der senkrecht abfallenden Trisselwand, s. Tressenstein, n. Loser und w. Sandling. Kahnfahrt zu empfehlen (Boote beim Seewirt). Schwimmschule bei der Klause am SW.-Ende des Sees (Überfahrt 40 h).

AUSFLÜGE. Vom Seewirt Promenadenweg am N.-Ufer in $^3/_4$ St. (Überfahrt in $^1/_2$ St., 2 K, Aufenthalt von $^1/_2$ St. 1.20, 1 St. 2 K), an der Villa Andrian und am Jägerhaus vorbei zum Restaurant *Seewiese*, am NO.-Ende; von hier durch Wald auf den (1 St.) *Gaisknechtstein*, mit malerischem Blick auf den See und den Dachstein. Von der Seewiese zurück am O.- und S.-Ufer auf der *Erzherzog Franz Karl-Promenade*, bis Alt-Aussee 1¼ St. — W. zum (½ St.) *Fuchsbauer* (Wirtsch.), mit schönem Rundblick über das Alt-Ausseer Tal, Dachstein usw. Weiter zur (⅜ St.) Ruine *Pflindsberg*, mit kl. Wasserfall (im Sommer oft trocken), oder besser über *Lichtersberg* zum (¾ St.) *Bachwirt* (Wirtsch.) in *Lupitsch* und auf der Ischler Straße am *Schmidgut* (Aussicht) vorbei zurück nach (1¼ St.) Aussee. — Zum **Ausseer Salzberg** (948m) am *Sandling* 1 St.; Eintritt 2 K, Besuchsdauer 1 St. *Hoher Sandling* (1716m), vom Berghaus über die *Sandling-A.* 2½ St. m. F. (6 K), MW. (Drahtseil an den steilsten Stellen; vgl. S. 146). — *****Loser** (1836m), 4 St., nicht schwierig (F. 6 K, entbehrlich). Vom Seewirt Straße im *Fludergraben* 25 Min. hinan, dann r. auf mark. Reitweg an einer Quelle vorbei über die (2¾ St.) *Augst-A.* (1440m) zur (¼ St.) *Loserhütte* der AVS. Aussee (1500m; Wirtsch., 10 B. u. 16 Matr.) und l. zum (1 St.) Gipfel, mit prächtiger Aussicht. [Ein etwas kürzerer, aber ziemlich steiler Weg (rot mark.) führt von der Kirche r. hinan in 3 St. zur Loserhütte.] Noch umfassender ist die Rundsicht vom *****Bräuningzinken** (1899m), von der Loserhütte am kl. *Augstsee* (1634m) und der *Bräuning-A.* vorbei in 2 St. (WM.). — Von Alt-Aussee nach *Ischl* durch das *Rettenbachtal* s. S. 146; über den *Wildensee* zum *Offensee* und nach *Ebensee* s. S. 143.

Von Alt-Aussee zum Grundlsee über den *Sattel* 2½ St. (F. 2 K 40, entbehrlich). Von der Seeklause am SW.-Ende des Alt-Ausseer Sees rot MW. r. an der *Steigwand* hinan (in den Fels gesprengt und vielfach mit Geländer versehen, aber Schwindligen abzuraten) zum (1½ St.) **Tressensattel** (975m; Café Kaunz), mit reizender Aussicht; hinab durch Wiesen und Wald zum (1 St.) H. Schraml. Vom Sattel w. blau MW. auf den (¾ St.) *Tressenstein* (1214m) mit Wirtsch. u. Aussichtswarte, leicht und lohnend; n.ö. auf die *Trisselwand* (1773m) 2½ St., etwas mühsamer, aber gleichfalls lohnend (gelbe WM.). — Bequemer ist der meist schattige Weg von Altaussee über den *Dachsteinblick*, das *Café Loitzl* und die *Cramerpromenade* (S. 148) zum (1½-2 St.) Grundlsee.

Zum **Grundlsee**, 5km von Aussee bis zur Seeklause; Fiaker s. S. 147; Omnibus vom Kurhausplatz in ½ St., 1 K. Fahrstraße am l. Ufer der *Grundlsee-Traun* meist durch Wald, an den Kaffeewirtschaften Waldruhe und Traunmühle vorbei, zur (1 St.) *Seeklause* (Wirtsch.); für Fußgänger angenehmer die Rebenburgpromenade an der Traun entlang, 1 St., oder der schattige Weg über Café Loitzl und die Cramerpromenade, 1½ St. ¼ St. vor der Klause r. über dem See *H. Bellevue* mit Aussichtsterrasse, 60 B. zu 3-6, P. 9-14 K. Dampfboot von der Klause 6 mal tägl. in ½ St. für 90 h über Schraml (s. unten) nach Gößl, am obern Ende des Sees. Die Fahrstraße führt von der Klause am N.-Ufer entlang am Gasth. Stöckl vorbei zum (15 Min.) *H. Schraml*, mit Aussichtsterrasse (36 B. zu 2-5 K, F; unterhalb am See Badehaus mit Sol- und Seebädern); weiter am (¾ St.) *Whs. Ladner* vorbei zur (½ St.) Veit-Wirtsch. in *Gößl*, 8 Min. vom Dampfbootlandeplatz. Der *****Grundlsee** (709m), 6km l., 1km br., 64m tief, sehr fischreich, ist von waldigen Bergen umschlossen; östl. im Hintergrund die kahlen Gipfel des *Toten Gebirges*. — Vom Veit (s. oben) Karrenweg unter der senkrechten *Gößlwand* vorbei zum (12 Min.) dunkeln waldumschlossenen *****Toplitz-See** (716m), 2km lang, ½km br., 112m tief, mit zwei Wasserfällen (am Ufer kein Weg, Überfahrt mit Boot in 25 Min.); 5 Min. vom obern Ende der kleine *Kammersee* (719m),

150 *II.R.27.—K.S.146.* HALLSTÄTTER SEE. *Salzkammergut.*

in wilder Einsamkeit am Fuß des Toten Gebirges (sehr lohnende Partie, die „Drei-Seen-Tour" von der Klause zum Kammersee und zurück 3 St.; Fahrpreis hin und zurück mit Überfahrt über den Toplitzsee 2.70 K; dem Schiffer kl. Trkg.). — 20 Min. w. von Gößl die *Ranftlmühle* mit dem malerischen Fall des *Zimitzbachs*.

Totes Gebirge, interessant aber beschwerlich. Von Gößl (S. 149) MW. (F. 6 K, für Geübte entbehrlich) zum (3$^1/_2$ St.) *Großen Lahngangsee* (1555m) und am *Kleinen Lahngangsee* vorbei zum ($^3/_4$ St.) *Elm-Jagdhaus* der AVS. Linz in der *Elmgrube* (1670; 12 Matr.), von wo MW. auf den *Wilden Gößl* (2030m; 1$^1/_2$ St.). Von hier zum ($^1/_2$ St.) *Elmsee* (1670m), dann (nur mit F., 20 K) über den *Rotkogel* und das *Schneetal* auf den (5 St.) *Großen Priel* (2514m); hinab nach (3 St.) *Stoder* (S. 552).

Nach Stoder über den *Salzsteig*, von Gößl 8-9 St. m. F. (16 K), für Schwindelfreie lohnend: über die *Schwecken-A.* (blaue WM.) ins *Salzatal*, auf dem *Salzsteig* hinan zur *Ödern-A.*, über das *Öderertörl* (1588m) zum *Groß-See*, der *Tauplitz-A.* und *Steyrersee-Hütte* (S. 556); weiter am malerischen *Steyrer See* vorbei zum *Schwarzen See* (S. 552), von wo der Weg mit dem von Klachau über Tauplitz zusammenfällt.

Eisenbahn von Aussee nach *Stainach* und *Selztal* s. R. 99.

28. Von Ischl nach Hallstatt und über Gosau nach Abtenau und Golling.

Eisenbahn bis (21km) *Hallstatt* (Haltestelle) in 40-45 Min.; Dampfboot zwischen Haltestelle und Markt Hallstatt zu jedem Zug in 7 Min. (50, hin u. zurück 80 h). Bahnkasse für Eisenbahn- bzw. Dampfbootbillette in Hallstatt im Hot. Kainz). — Omnibus (9 Plätze) von Hallstatt nach Gosauschmied (19km) im Sommer (1. Juli-15. Sept.) tägl. 7.30 Vm., zurück 3 U. 45 Nm. in 2$^1/_2$ St.; 3, hin und zurück 4 K (Karten im H. Kainz, besser am Vorabend zu lösen). Omnibus von Gosaumühl nach Gosau (Brandwirt) und Gosauschmied im Sommer tägl. 10 U. 20 früh in ca. 2 St., zurück 3 U. nachm. (3 K, hin und zurück 4 K); außerdem von Gosaumühl zum Brandwirt 5 U. nachm. in 1$^1/_2$ St., zurück 5 U. 25 früh in 1$^1/_4$ St. (2 K, hin u. zurück 3 K). — Einspänner von *Ischl* nach Hallstatt in 2$^1/_2$ St., 13.20, Zweisp. 22 K; nach Gosau (Brandwirt) in 3$^1/_2$ St., 14.30 u. 24.60 K; Gosauschmied in 4 St., 16.30 u. 28.60 K (Trinkg. einbegriffen). Einsp. von Hallstatt oder Gosaumühl nach Gosauschmied u. zurück 16, Zweisp. 24 K einschl. Trkg.; von Steeg (Goldnes Schiff) 14 u. 22 K einschl. Trkg. — Post von Gosau nach *Abtenau* tägl. in 3 St. (3.40 K); von Abtenau nach *Golling* 2 mal tägl. in 2$^1/_4$ St. (2.60 K); Zweisp. von Gosau nach Golling 36 K; Einsp. von Gosau (Brandwirt) nach Abtenau 12 K; von Abtenau nach Golling 8 K u. 1.20 K Trkg., Zweisp. 14-16 K u. 2 K Trkg.; von Gosau nach Abtenau Einsp. 9, Zweisp. 16, zum Gosauschmied 22 u. 40, Hallstatt 32 u. 60 K.

Eisenbahn von Ischl bis (21km) *Hallstatt* (Haltestelle) s. S. 147. Der *Hallstätter See (494m), 8km lang, 1-2km breit, 125m tief, von ernstem und großartigem Charakter, ist auf drei Seiten von gewaltigen Bergen umschlossen (ö. Sarstein, südl. Krippenstein, Zwölferkogel, Hirlatz, w. Plassen, Gosauhals, Ramsauer Gebirge).

Hallstatt. — Gasth.: *H. Kainz, mit Terrasse am See, 15. Juni-15. Sept., 80 B. zu 3-6, M. 4, P. 7-12 K; Grüner Baum, 60 B. zu 1.20-3, P. 5-8 K, Zur Simonyhütte, 30 B. zu 1.60-2 K, gelobt, beide mit Garten am See; Adler, Lamm, Loitzl, Anker, einf. — Ruderboote 1 K die Stunde; Ruderer 1.60, zwei 2.20 K.

Hallstatt, Marktflecken mit 800 Einw., liegt sehr malerisch am

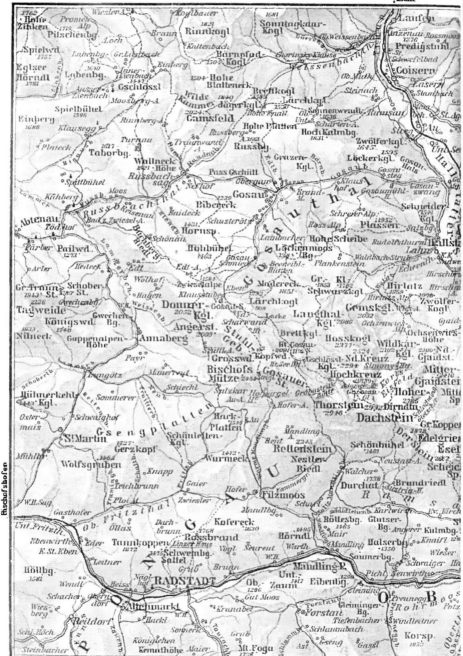

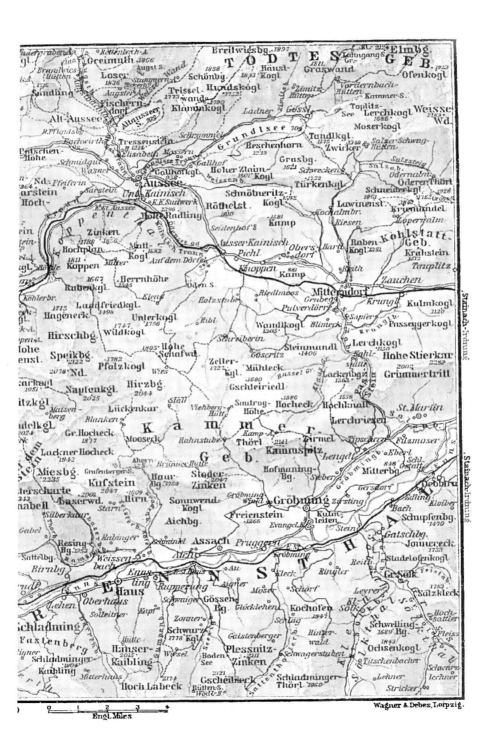

SW.-Ende des Sees. Der Ufersaum ist so schmal, daß die Häuser wie Schwalbennester an der Bergwand zu kleben scheinen. Mitten im Ort ergießt sich von der Höhe der *Mühlbach* über die Felsen und bildet einen Wasserfall. In der *Pfarrkirche* ein Holzschnitzaltar aus dem XV. Jahrh.; im Beinhaus Tausende von Schädeln (Trkg.). Von der Kirchenterrasse hübsche Aussicht. Am See die *evangel. Kirche* (der Ort ist zu einem Drittel evangelisch). Im alten z. T. in den Felsen gehauenen „Gefängnishause" das *Museum* (Eintr. im Sommer 8-12 u. 1-6 U., 40 h): zwei vollständige Keltengräber (s. unten), kelt. und römische Skelette, Reste eines keltischen Holzbaues, hallstätter Altertümer aus dem Mittelalter u. neuerer Zeit, Mineralien, Versteinerungen usw. Fahrstraße südl. in die (15 Min.) *Lahn* (zwei einf. Whser.), ein vom *Waldbach* angeschwemmtes Vorland mit dem k. k. Sudwerk; 10 Min. höher der *Kalvarienberg* („Vesperblick"), mit schöner Aussicht.

AUSFLÜGE. — Zum Rudolfsturm (853m), der Wohnung des Bergverwalters, führt vom Marktplatz anfangs auf Stiegen ein schattiger Weg in vielen Windungen in 50 Minuten. Halbwegs ist gegenüber einer Bank eine Tafel in den Felsen eingemauert, mit der Inschrift: „hie. hat. gerast. der. hohlöblich Rö. künig. Maximilliä als. er. gangen. ist die. saltzperg. zu besehen. den. 5. tag januarj. Aö. 1504." Von der Aussichtsbank vorn hübscher Blick auf den See. In der Nähe wurden seit 1846 auf einem Begräbnisplatz (an 2000 Gräber sind geöffnet), wahrscheinlich keltischer Salzarbeiter aus der III. oder IV. Jahrh. v. Chr., zahlreiche Gegenstände ausgegraben, meist aus Bronze oder Eisen, viel Schmucksachen; der größere Teil wurde in das Hofmuseum in Wien und in das Museum in Linz gebracht; einzelnes im Hallstätter Museum (s. oben). — ³/₄ St. höher ist das Berghaus und der Eingangstollen zum **Hallstätter Salzberg** (1120m; vgl. S. 145; Karten zum Einfahren im Berghause, 1 Pers. 3 K 30, 2 Pers. 4 K 20, 3 Pers. 4 K 80 usw.; Besuchsdauer 1 St.). Abstieg über den *Gangsteig* (rot MW., F. entbehrlich) zum (1 St.) Waldbachstrub (s. unten), zuletzt ziemlich steil. — *Solenleitungsweg* zum (1 St.) Gosauzwang s. S. 153 (hinter dem kath. Friedhof zum Teil auf Stufen r. 20 Min. ziemlich steil bergan; auch vom Rudolfsturm zugänglich).

Der **Waldbachstrub** (629m), 1 St. s.w. von Hallstatt im bewaldeten *Echerntal*, stürzt in drei Absätzen 93m hoch durch einen Felsspalt hinab. Der Weg führt in der Lahn (s. oben) r. ab, an (½ St.) *Croattos Gasth.* (l. der Kaiser Franz-Josefs-Reitweg, S. 152) und dem (10 Min.) *Whs. zur Grünen Wiese* vorbei, zuletzt r. steiler aufwärts zum (20 Min.) Aussichtspunkt dem Fall gegenüber. In dieselbe Tiefe stürzt r. über eine Felswand der *Schleierfall*. — Von Croattos Whs. kann man auf dem *Malerweg* am r. Ufer des Waldbachs nach der Lahn zurückkehren.

Am südl. Seeufer führt von der Lahn eine Fahrstraße durch die *Hirschau*, am *Hirschbrunn* und *Kessel* (zwei periodischen Quellen) vorbei nach *Winkl* und (1 St.) *Obertraun* (S. 147). — 1 St. von der Lahn (vom Wege zum Kalvarienberg l. ab) die *Hirschau-A.*, am Rande des großartigen Hirschaukessels, mit besten Überblick des Sees.

BERGTOUREN (Führer: Franz Unterberger, Gottl. Grill, Joh., Alois, Jos. und Leop. Seethaler, Franz Fuckne). — Von Hallstatt zum *Hintern Gosausee*, 8 St., beschwerlich aber lohnend (F. angenehm, 12 K): rot MW., vom Kaiser Franz-Josefs-Reitweg (S. 152) r. ab, nahe dem Wasserfall über den Waldbach, hinan über *Klaus-A.*, *Landner-A.* (1150m) und

Radltal-A. zu den *Angerhütten* und zum *Beerwurzensattel*, zwischen Angerkogl und Beerwurzenkogel; hinab zu den *Naßtalhütten* und zum Sattel zwischen Brettkogel und Kofner, dann steil hinab durch die *Koglgasse* zum See (S. 153).

Steingrabenschneid (*Schneidkogel*, 1541m), rot MW. über den Salzberg in 3 St. (F. 6 *K*, entbehrlich); vorzüglicher Blick auf den Dachstein.

*****Plassen** (1952m), von Hallstatt blau MW. über den Salzberg und den Nordostgrat in 5 St. (F. 8 *K*, angenehm), leicht; prachtvoller Blick auf den Dachstein, die salzburgischen und steirischen Alpen, das Traun- und Gosautal. Abstieg über die *Schreier-A.* nach (3 St.) *Gosau.*

*****Sarstein** (1973m), von Obertraun 5 St. (F. 10 *K*): rot MW. steil durch Wald zur (2½-3 St.) *Vordern Sarstein-A.* (1650m), über den breitgewölbten Rücken *(Steinhüttelgrat)* zur (1½ St.) *Hohen Sarstein-A.* und zum (¾ St.) Gipfel *(Hoher Sarstein)*, mit herrlicher Rundsicht (Panorama von Geyer). — Besteigung auch von Goisern (S. 146) über St. Agata auf rot MW. über die *Niedere Sarstein-A.* (Unterkunft) in 4½ St. (bester Weg), und von *Aussee* (S. 148) in 4½ St.

Hirlatz (1959m), über die *Wiesalp* (s. unten) in 5 St. (F. 8 *K*); **Zwölferkogel** (1978m), 5½ St. (F. 10 *K*), beschwerlicher und weniger lohnend.

Krippenstein (2105m), 5 St. (F. 10 *K*). Über *Winkl* (S. 151) steil hinan zur *Niedern* und (2¼ St.) *Hohen Schafeck-A.* (1350m); durch die *Krippengasse* zum (¾ St.) *Krippenbrunnen* (1550m); ¾ St. *Krippeneck* (1739m), hier scharf l. am *Niedern Krippenstein* vorbei auf den (1½ St.) *Hohen Krippenstein*, mit lohnender Aussicht auf Hallstätter See und Dachsteingruppe. 10 Min. w. vom Krippeneck die *Gjaid-A.* (1787m); von hier durch die *Zirbengrube* und das *Taubenkar* zur *Simonyhütte* (s. unten) 2¾ St. — Südl. führt von der Gjaidalp ein durch Dauben markierter Steig über das Kalkplateau am Stein zur *Feisterscharte* (2209m) und in die *Ramsau* (S. 558; bis Schladming 6½-7 St., F. 20 *K*).

Hoher Gjaidstein (2786m), 7½ St. (F. 18 *K*), lohnend: von der (4 St.) *Gjaid-A.* (s. oben) am *Taubenkogel* (2300m) vorbei über den *Niedern Gjaidstein* (2476m) in 3½ St. (besser von der *Simonyhütte*, s. unten, in 2½ St.).

*****Dachstein** (2992m), zweithöchster Gipfel der nördl. Kalkalpen (Parseierspitze 3038m, Zugspitze 2963m), 9-9½ St., anstrengend, nur für Geübte (F. 20, mit Abstieg nach Gosau 24, zur Austria- oder Hofpürglhütte 25 *K*). Der Aufstieg zur Simonyhütte (5½-6 St., F. 8, mit Übernachten 13 *K*) ist auch minder Geübten zu empfehlen, die den Dachstein nicht besteigen wollen. Im *Echerntal* (S. 151) von Croattos Whs. auf dem „Kaiser Franz-Josefs-Reitweg" (Denkstein für Fr. Simony, S. 153) hinan zum (1½ St.) *Alten Herd*, hier l. an der Tropfwand vorbei zum (1½ St.) *Tiergartenbrunnen* (Erfr.) und durch den Tiergarten zur (¾ St.) *Tiergartenhöhe;* dann r. (die *Wies-A.* und *Ochsenwies-A.* bleiben l.) über den Wiesberg zur (1½ St.) *Ochsenwieshöhe* (1988m), mit Aussicht auf den Dachstein, und durch das Wildkar und die Speikleite zur (1 St.) **Simonyhütte** der AVS. Austria (2210m; *Wirtsch., 19 B. zu 4.80, AVM. 2.40, und 16 Matr. zu 2.40 bzw. 1.20 *K*), in großartiger Lage am Rande des *Karlseisfeldes* oder *Hallstätter Gletschers*. Von hier zum Gipfel 3-3½ St.: hinab zum (10 Min.) Gletscher und über ihn zur (2-2½ St.) Kammhöhe (2700m), wo die Aussicht nach S. sich öffnet (von der nahen *Dachsteinwarte* Blick auf den gewaltigen Südabsturz des Dachsteins); hier r. hinan über den Felsgrat (Hanfseil, Felsstufen und Eisenstifte) zur Firnschneide der *Schulter* und hoch über der malerisch. — *Linzerweg* zur (4 St.) *Hofpürglhütte* s. S. 560 (F. 12 *K*). — Zur *Simonyhütte* über die *Steinerscharte* oder die *Simonyscharte* s. S. 153.

Nach Filzmoos führt vom Vordern See ein lohnender AV.-Steig (6 St., F. 10 *K*) über die *Scharwand-A.*, das *Ahornkar* und auf dem (3½ St.) **Steigl** (2100m) über den *Gosaustein*, hinab zur (1 St.) *Hofpürglhütte* und nach (1½ St.) *Filzmoos* (S. 560).

Von Gosau nach Abtenau, 14km. Die Straße steigt steil durch Wald zum (3km) **Paß Gschütt** (971m; Whs.), Grenze zwischen Oberösterreich und Salzburg; hinab nach (6km) *Rußbach* (811m; zwei einf. Whser.), am Fuß des *Gamsfeldes* (2024m; über die Angerkar-A. in 3½ St. zu ersteigen, S. 146). Dann durch das Rußbachtal zur (10km) *Schweighofbrücke* über die Lammer (620m; 10 Min. s.ö. das Zwieselbad, S. 155) und nach (14km) *Abtenau* (S. 155).

Weit vorzuziehen ist die Wanderung über die ***Zwieselalp** (1584m): von Gosau hinauf 3 St., bis Abtenau 6 St. (F. 4, bis Abtenau 8 *K*, entbehrlich; Gepäck befördert die Post nach Abtenau). MW. vom Brandwirt über den Kalvarienberg meist durch Wald hinan; oben am Fuß der Kuppe jenseit des Gatters gelangt man r. zur *Ed-Alpe* (2½ St.; s. unten); der Weg l., kürzer aber steiler, steigt an der Ostseite direkt zum Gipfel. — Vom Gosauschmied wendet man sich vom Wege zum Gosausee nach 25 Min. r. ab (Wegtafel, rot MW.) durch Wald hinan zur (2 St.) *Ed-Alpe* (Gasth. Alpenrose, 18 B. zu 2-3 *K*, ordentlich), 20 Min. unter dem Gipfel. Auch vom Vordern See führt ein steiler MW. in 2 St. durch den sog. Krautgarten dicht unter den Donnerkögeln hinauf.

Vom Gipfel (oben Tisch und Bank) prächtige *Aussicht: im S. neben den Donnerkögeln r. die Hochalmspitze, dann die Tauernkette bis zum Großglockner, der weit und entschieden mit seinen Schneefeldern hervortritt; daneben das nashornartige Wiesbachhorn; r. hinter dem Bergsattel hervorblickend der Großvenediger. S.w. im Vordergrund das Tennengebirge, weiter l. der Übergossene Alp mit dem Hochkönig; w. der Hohe Göll; r. etwas weiter der lange Untersberg. Über dem Gosautal ö. der Dachstein mit den Gosaugletschern, r. der Torstein, tief unten die Gosaulacke und der Hintere Gosausee (etwa 50 Schritte weiter vorn am Abhang erblickt man auch den Vordern See).

Von der Zwieselalp auf den *Großen Donnerkogel* (2052m), AV.-Steig in 2 St., F. 8 *K*, lohnend.

Wer direkt nach dem Pongau will, wendet sich nach den drei westl. unter der Zwieselalp liegenden Sennhütten (½ St.); von hier MW. nach (2 St.) **Annaberg** (770m; Post; Neuwirt), von wo Fahrstraße (tägl. Post) über *Lungötz* (828m; Penn) und (2 St.) *St. Martin* (950m; *Post) zur (2 St.) Station *Brunnhäusl* (S. 561). — Von Lungötz über den *Jockel-Riedel* (1720m) nach *Werfen* (S. 156), 5 St., lohnend. — Von St. Martin Aufstieg w. zum (3 St.) *Frommerkogel* (1887m) mit lohnender Aussicht.

Nach Filzmoos führt von der Zwieselalp ein lohnender aber mühsamer Steig (6 St., F. ratsam, 8 *K*) Hinterm Stein um die Westseite der Donnerkögeln herum zur (2 St.) *Stuhl-A.* (1473m), mit schöner Aussicht auf die Tauern; dann in der *Stuhlklamm* steil aufwärts, über die *Stuhllochhöhe* (1700m) und die *Looseck* zur (2 St.) *Sulzkar-A.*, über die *Hacklplatten* (1472m) zur (1 St.) *Au-A.* und nach (1 St.) *Filzmoos* (S. 560).

Der Weg nach Abtenau (3-3½ St., weiß-rote WM.) zieht sich von der Ed-Alp, das Gatter r. lassend, n.w. in die Einsattelung, gerade fort auf die Wiese, dann l. hinab, anfangs durch Wald, weiter abwärts mit schönem Blick in das Lammertal, w. Tennengebirge und Übergossene Alp; zuletzt am Weiler *Ed* vorbei zur (1½ St.) *Lammerbrücke*. Nun entweder über diese auf die schattenlose Straße von Annaberg nach (1½ St.) *Abtenau*; oder vor der Brücke den Fahrweg r. durch Wald zum (½ St.) *Bad Abtenau oder *Zwieselbad* (712m; 90 B. von 1.60, P. von 7 *K* an) mit Bitterwasserquelle und Bädern, dann bei der (10 Min.) *Schweighofbrücke* auf die Gosauer Straße (S. 154) und über die Lammer nach (1¼ St.) **Abtenau** (712m; Gasth.: Roter Ochs; Post; Bräu), Markt mit 750 Einwohnern am n.ö. Fuß des *Tennengebirges*. AVS.; PT.

Bleikogel (2409m), Zentralgipfel des Tennengebirges, mit trefflichem Überblick des zerklüfteten Plateaus und bedeutender Fernsicht, von Abtenau über das *Törl* und die *Tenn-A.* in 6 St. m. F. (12 *K*), beschwerlich. Abstieg auch über die *Pitschenberg-A.* nach *Werfen* (S. 156). Führer Matthäus Guggenberger in Abtenau.

Die Straße von Abtenau nach Golling (19km; Post u. Fuhrwerk S. 150) führt n.w. über (½ St.) *Mühlrain* und senkt sich dann in das tiefe schön bewaldete Tal des *Schwarzbachs*, den sie vor seiner Mündung in die *Lammer* überschreitet (½ St.). Weiter am l. Ufer der Lammer; 5 Min. *Whs. zur Voglau*, gegenüber am r. Ufer die Höfe von *Pichl*. Das Tal verengt sich, auf beiden Seiten bewaldete Felswände. Nach 7 Min. zeigt ein Handweiser r. über die Lammer zu dem 70 m h. **Pichl-* oder *Aubachfall* und den *Öfen des Aubachs*. 25 Min. weiter r. unterhalb der Straße die *St. Veitsbrücke*, mit schönem Blick in die *Lammeröfen* (s. unten). Die Straße senkt sich zur (20 Min.) *Lammerbrücke* (504m), wo der steile alte Weg über den *Strubberg* l. herabkommt (Brückenwirt, am r. Ufer); weiter über (1 St.) *Scheffau* nach (1 St.) *Golling* (S. 128).

Zum Besuch der *Lammeröfen („Veits-Brückl-Klamm"; für Ungeübte F. ratsam) verläßt man ½ St. unterhalb der St. Veitsbrücke beim Hdw. r. die Straße und steigt auf etwas beschwerlichem Treppensteig durch den obern, engsten Teil der Klamm, dann durch die weitere untere Schlucht in ca. 25 Min. zum Brückenwirt an der Lammerbrücke (s. oben) hinab.

Wo, ½ St. vor Golling, Straße und Lammer sich trennen, geht l. ein Fußsteig auf die Brücke los, über welche die Salzburger Landstraße führt. Kaum 15 Min. von der Brücke ist der Eingang zu den *Salzach-Öfen* (S. 129), so daß man, wenn man diese besuchen will, mindestens 1 St. Gehens spart, wenn man sich von hier direkt dorthin wendet. — Von Scheffau auf den *Schwarzen Berg* s. S. 130.

29. Von Salzburg nach Zell am See und Saalfelden *(Wörgl-Innsbruck)*.

113km. ÖSTERREICH. STAATSBAHN, bis *Zell am See*, 100km, Schnellzug in 2¼ St. (11 *K* 90, 7 *K* 30, 4 *K* 60 *h*), Personenzug in 3-3¼ St. (10 *K*, 6 *K* 10, 3 *K* 90 *h*); bis *Saalfelden*, 113km, Schnellzug in 2½ St. (14 *K* 20, 8.70, 5.50), Personenzug in 3½ St. (10 *K* 80, 6.60, 4.20). Bei dem Mittagsschnellzug Speisewagen (M. 3.60 *K*).

Bis (29km) *Golling-Abtenau* s. S. 128. Die Bahn führt in südl. Richtung durch den weiten Talboden, in den r. das *Blüntautal*

(S. 108, 130), l. das *Lammertal* (S. 155) münden, überschreitet die *Lammer*, dann die *Salzach* und tritt in den 928m l. Tunnel durch den *Ofenauer Berg*, einen Ausläufer des Hagengebirges. Jenseits auf 95m l. Eisenbrücke wieder über die Salzach, dann am r. Ufer durch den *Paß Lueg (S. 129). — 39km *Sulzau* (507m; Bahnrestaur. Struber); 43km HS. *Concordiahütte* (520m; Rainer), an der Mündung des *Blühnbachtals*.

In dem gemsenreichen Blühnbachtal führt eine schöne neue Straße durch die malerische Klamm zwischen l. *Imlau-Gebirge*, r. *Hagengebirge* zum (2 St.) *Jagdschloß* des Erzherzogs Franz Ferdinand (819m; keine Unterkunft) und noch darüber hinaus. Aus dem (1½ St.) Talende (*Tennboden*, 1288m) führen schwierige Übergänge w. über das *Blühnbachtörl* (2138m) oder die *Mauerscharte* (2180m) zum (7-8 St.) *Obersee* (S. 108); südl. über die *Torscharte* (2283m) nach (7 St.) *Hintertal* im obersten *Urslau-Tal* (S. 163), dann entweder r. nach (3 St.) *Saalfelden* (S. 162), oder l. über den *Filzensattel* (S. 163) nach *Dienten* und (5½ St.) *Lend* (S. 159).

Die Bahn bleibt am r. Ufer und überschreitet einige Wildbäche (l. der Absturz des Tennengebirges mit dem Raucheck); dann erscheint r. auf bewaldetem, von der Salzach umflossenem Felsen die alte Feste *Hohenwerfen* (633m), 1076 erbaut, im XVI. Jahrh. erneut, jetzt von Erzherzog Eugen hergestellt (Besuch gestattet).

46km **Werfen** (524m); gegenüber am l. Ufer der stattliche Markt (*H.-P. Post; Löwe; Hirsch; Adler; Rößl), mit 725 Einw., am Fuß der Übergossenen Alp (s. unten), Sommerfrische. ÖTKS.

20 Min. ö. vom Markt die **Erzherzog Eugen-Klamm*, ½ St. l. Schlucht am Fuß des Tennengebirges mit malerischen Wasserfällen (besonders schön bei der Sturzfall, der Stiegenkessel-, Stufen- und Schleierfall).

Das **Tennengebirge**, ein gegen 6 St. langer, 4 St. br. Gebirgsstock zwischen Salzach-, Lammer- und Fritztal, ist am besten von hier aus zu besuchen. Von Pfarr-Werfen (s. unten) ö. über das Dorf *Werfenweng* (914m); *Eberharter* zur (4 St.) *Werfener Hütte* des ÖTK. auf dem *Elmauer Kamm* (1930m; 10 Matr., in der Nähe Almwirtsch.), von wo der *Hochthron* (2366m) in 1½-2 St. (schwierig), das *Hintere Fieberhorn* (2379m) in 1½-2 St. und das *Raucheck* (2428m), der höchste Gipfel des Tennengebirges, über die *Griesscharte* (2245m) in 2½ St. m. F. zu besteigen sind. Abstieg vom Raucheck über Karrenfelder am *Hochpfeiler* (2401m), *Hochkopf* (2279m) und *Tirolerkopf* (2314m) vorbei (alle unschwierig) zur *Vordern Pitschenberg-A.* (1707m), mit Jägerhaus (keine Unterkunft); dann über die *Steinerne Stiege* in den *Paß Lueg* zum (2½ St.) *Whs. Stegenwald* (S. 129).

48km HS. *Pfarr-Werfen*. Das Tal erweitert sich; die Bahn überschreitet den *Fritzbach* (S. 561), dann die Salzach.

53km **Bischofshofen** (547m; *Bahnrest. & H. Bahnhof, 30 B. zu 2-4 *K*; Neue Post, 15 B. zu 1.60-2.40 *K*, gelobt; Böcklinger; Alte Post, 20 B. zu 1-2 *K*), alter Markt (2000 Einw.) mit drei Kirchen, Knotenpunkt der Ennstalbahn (R. 99). ¼ St. w. der 51m h. Wasserfall des *Gainfeldbachs*.

***Hochkönig** (2938m), 9-10 St., für Geübte nicht schwierig (F. 18, von Mitterberg 10 *K*; Felix Reich, Johann Bachler, Matthias Jungfrau, Ewald Granegger in Bischofshofen, Rupert Deutinger und Josef Huttegger in Mühlbach; auch die Bergknappen gehen als Führer mit). Fahrstraße durch das *Mühlbachtal* (S. 157) nach (2½ St.) **Mühlbach** (853m; *Oberwirt), dann schmaler Fahrweg an den Kupfergruben vorbei zum (2 St.) *Whs. Mitterberg* (1513m; näherer MW. von Bischofshofen durch das *Gain-*

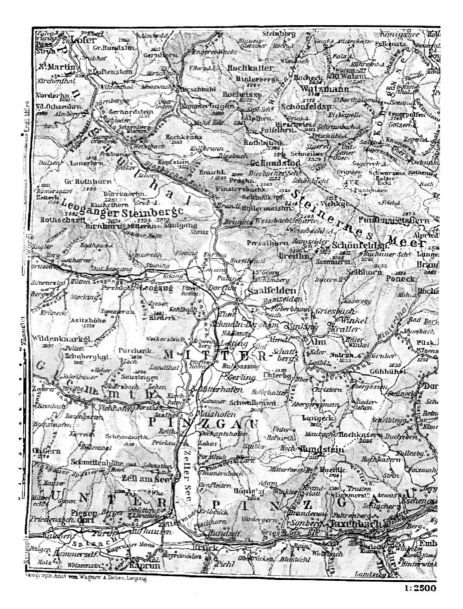

1:2500

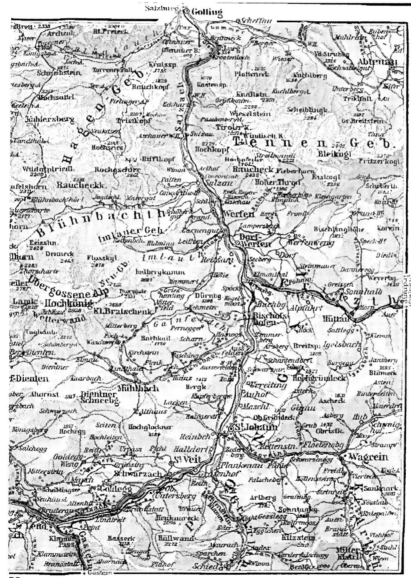

feldtal, 3½ St.). Die Gruben sind seit uralter Zeit im Betrieb; im Gewerkshause prähistorische Funde: Stein- und Bronzewerkzeuge usw. Von hier MW. zur (½ St.) *Mitterfeld-A.* (1670m), dann über die *Gaisnase* ins *Ochsenkar*, an der vielzackigen *Mandlwand* (Echo) und der imposanten *Torsäule* (2591m; jenseits sehr kalte Quelle) vorbei zur (3 St.) *Übergossenen Alpe* („Ewiger Schnee", 2633m), einem 4km l., 2km br. Gletscher, der nach N. allmählich abfällt; über den Firn hinan, zuletzt Felssteig (Drahtseil), zum (1¼ St.) Gipfel, mit dem *Kaiser-Jubiläumshaus* des ÖTK. (Wirtsch., 9 B. u. 28 Matr.). Großartige *Rundsicht (Panorama von Mühlbacher). — Abstieg nach (3½ St.) *Hintertal* durch das *Teufelsloch* auf gut versichertem Felssteig, für Schwindelfreie nicht schwierig, aber F. nötig (s. S. 163); zur *Erichhütte* und nach *Dienten* (für Geübte 4 St. m. F., s. S. 163).

Von Mitterberg auf den *Hochkeil (1779m) 1 St., MW. (F. entbehrlich); treffliche Aussicht auf die Tauern und ö. den Dachstein. — Kleiner oder **Dientner Schneeberg** (1917m), von Mühlbach in 3 St. (F. 8 *K*), gleichfalls leicht und lohnend. — Von Mühlbach über die *Dientner Alp* nach (3 St.) *Dienten* s. S. 163.

*Hochgründeck (1827m), von Bischofshofen MW. über *Arzberg* in 3½-4 St.; bequemer von St. Johann (S. 158) oder Hüttau (S. 561).

Weiter in breitem Tal am l. Ufer der Salzach: schöner Rückblick auf die Zacken und Wände des Tennengebirges. 56km HS. *Außerfelden* (Abfalters Gasth., Schlackenbäder), mit großer Kupferhütte, an der Mündung des *Mühlbachtals* (S. 156).

62 km **St. Johann im Pongau.** — Am Bahnhof Wagen nach der Liechtensteinklamm: Einsp. zwei Pers. 4.40, Zweisp. vier Pers. 7.20 hin u. zurück einschl. 1½ St. Wartens. — Omnibus über Plankenau bis zum Eingang der Klamm 1.60 *K*.

GASTH.: beim Bahnhof *Pongauer Hof, mit Garten, 40 B. zu 1.80-3.50, P. 6-8 *K*; Brückenwirt, am r. Flußufer, Linde, beide 4-5 Min. vom Bahnhof, einfach. — Oben im Ort: *Schiffer (zur Post), 40 B. zu 1½-3, P. 5½-8 *K*; Lackner, 30 B. von 1.30 *K* an; Franz Prem (Neue Post); Zum Andräll; Goldnes Kreuz; alle gut, meist mit Gärten; Schwaiger, B. 1.20-2 *K*; Hirschen, meist teuer. — Moorbad nahe dem Bahnhof; Mineralbadeanstalt von *Weninger* und Schwimmbad im Ort. — AVS. Pongau. — Führer: Jos. Andexer.

St. Johann im Pongau (563m), großer Markt (1340 Einw.) und besuchte Sommerfrische, liegt ¼ St. vom Bahnhof auf dem r. Ufer der Salzach am Bergabhang. Der Fahrweg führt von der Brücke geradeaus und wendet sich nach 5 Min. links hinan; etwas näher der Fußweg, gleich jenseit der Brücke l. ab. Oben die zweitürmige Dekanatskirche. Hübsche Aussicht von der *Rabenkanzel* (¼ St.).

Nach der Liechtensteinklamm (zu Fuß 1¼-1½ St., zu Wagen ½ St.) folgt man dem 5 Min. von der Brücke r. abzweigenden Fahrwege, über den Wagreiner Bach am Gebirge hin. ¾ St. Dorf *Plankenau* (einf. Gasth.). Hier Wegeteilung: geradeaus Fahrweg in dem bewaldeten Tal der *Großarler Ache* aufwärts über das ehem. Hüttenwerk *Oberarl*; l. Waldweg bei den Gasthäusern *Oberlechner* und zur *Liechtensteinklamm* (oder auch noch am Gasth. *Schöne Aussicht*) vorbei zum (½ St.) Eingang der Klamm, wo bei *Schartners Restaur.* die Eintrittskarten zu lösen sind (60 *h*, im Winter geschlossen; Mantel ratsam; beste Beleuchtung morgens). Die *Liechtensteinklamm*, durch die die Großarler Ache schäumend und brausend in zahlreichen Fällen hinabstürzt, ist eine der großartigsten Felsschluchten der Alpen. Die Begehung erfordert hin u. zurük $^3/_4$ St. Der von der AVS. Pongau angelegte Weg ist vielfach in den Felsen gesprengt und überall mit Geländer versehen. Am Ende der ersten Klamm ein von 100m hohen Felswänden umschlossener Kessel. Der Weg windet sich um einen vortretenden Felsen und tritt in die nur 2-4m breite *zweite Klamm; hier über die Ache und am r. Ufer durch einen 60m l. Tunnel zum 50m h. Wasserfall am Ende der Klamm (890m vom Eingang).

Der Steig führt weiter (nicht lohnend) in $1/_2$ St. zum „Bad", einer verfallnen Hütte, wo früher die unweit entspringenden warmen Quellen von den Umwohnern benutzt wurden. L. hinan führt von hier ein Steig zur Großarler Straße und zum (1 St.) Gasth. zur Liechtensteinklammhöhe (von oben Blick in die Klamm). Der Klammsteig geht vom „Bad" noch weiter, dann an steiler Felswand („Sautersteig") zur ($^3/_4$ St.) Großarler Straße, bei der Stegenwacht (s. unten); von dort nach St. Johann $1^1/_4$ St. — Vom Eingang der Klamm r. über die Höhe führt ein Fußsteig (rote WM.) zur (1 St.) Station *Schwarzach-St. Veit* (S. 159).

*Hochgründeck (1827m), von St. Johann auf meist schattigem Reitweg (rot-weiße WM.) in 3-$3^1/_2$ St., leicht (F. 7 *K*, unnötig, Reittier 14 *K*). Beim *Schurzachbauern*, 1 St. von St. Johann, gute u. billige Erfr.; 10 Min. unterm Gipfel das *Hochgründeckhaus* der AVS. Pongau (1800m; Wirtsch., 18 B. u. 6 Matr.). Prächtige Aussicht auf die ganze Tauernkette, Ubergossene Alp, Hagen- und Tennengebirge, Duchstein usw. (Panorama von Baumgartner, 1.20 *K*). Abstieg n.w. nach ($2^1/_2$ St.) *Bischofshofen* (S. 157), n.ö. nach (2 St.) *Hüttau* (S. 561) oder s.ö. nach ($2^1/_2$ St.) *Wagrein* (S. 561).

— Sonntagskogel (1845m), von St. Johann über die *Wachelberg-A.* $3^1/_2$-4 St. m. F., leicht und lohnend; Abstieg auf MW. über die *Grafenberg-A.* (1700m; Unterkunft) nach Wagrein.

In dem 7 St. langen Großarltal führt ein Fahrweg (Post bis Großarl tägl. in 3 St., 4 *K*) in Windungen hinan, hoch über der Liechtensteinklamm (für Fußgänger lohnender der Weg durch die Klamm, s. oben) zum (2 St.) *Gasth. zur Liechtensteinklammhöhe* (gelobt), beim *Paß Stegenwacht* (1100m), in malerischer Lage; von hier steil hinab zur Ache und am linken, dann wieder am rechten Ufer nach ($1^1/_2$ St.) Großarl (920m; *Alte Post bei Linsinger, 18 B. zu 1, P. 3.60 *K*; Neuwirt), Pfarrdorf mit 608 Einw. Von hier über das *Arltörl* (1802m) nach Dorf Gastein 5 St. (F. 8 *K*); über die *Aigen-A.* und die *Rastetzenscharte* (2167m) nach Hofgastein $5^1/_2$ St. (F. 9 *K*); über die *Bacher-A.* und den *Gamskarkogel (S. 168) nach Badgastein 7-8 St. (F. 12 *K*); über die *Tofererscharte* (2088m) nach Badgastein MW. in 7-8 St. (F. 10 *K;* von der Scharte auf den *Gamskarkogel* 1 St.). — $1^1/_2$ St. *Hüttschlag* (1020m; Lederer); weiter über ($^3/_4$ St.) *Kardeis* (1014m; Whs.), an der Mündung des *Kardeisgrabens* mit verlassenen Kupfergruben (über *Kardeis-A.* und *Tappenkarhöhe* zum *Tappenkarsee* $3^1/_2$ St., s. S. 159) und *Aschau*, an der Mündung des *Krehtals* vorbei zum ($1^1/_4$ St.) *Seegut* (1040m), Jagdhaus des Fürsten Schwarzenberg an kleinem See, wo der Fahrweg aufhört; dann l. im *Schödertal* hinan zur ($1^1/_4$ St.) *Schöder-* oder *Stockham-A.* (1409m) unterhalb des versumpften kleinen *Schödersees*, wo das Tal sich gabelt. Lohnender Übergang (MW., aber F. angenehm, von Hüttschlag 11 *K*) von hier durch das *Kulmtal* und über die Arlscharte (2258m) zur (4 St.) *Samerhütte* im hintern Maltatal und von da r. zur ($1^1/_2$ St.) *Osnabrücker Hütte* (S. 601), l. zur (2 St.) *Gmünder Hütte* (S. 601). — Von Aschau (s. oben) über die *Kreh-A.* und das *Murtörl* (2263m) nach (6-7 St., F. 12 *K*) *Moritzen*, s. S. 562.

Ö. führt von St. Johann eine Fahrstraße (Post 1.40 *K*) über (9km) *Wagrein* (836m; Neuwirt) nach (21km) *Altenmarkt* (S. 561). — Bei Wagrein mündet südl. das Kleinarltal, westlichstes Tal der *Niedern Tauern*. Fahrweg über ($1^3/_4$ St.) *Mitter-Kleinarl* (1014m; Whs.) zum ($1^1/_4$ St.) malerischen *Jägersee* (1081m) mit Jagdhaus des Freiherrn v. Imhof;

noch ³/₄ St. eben fort bis zur *Schwabach-A.* (1200m), dann Saumweg steil aufwärts zur (1¹/₂ St.) *Tappenkar-A.*, an der NW.-Seite des schönen **Tappenkarsees** (1762m); von der (1 St.) *Tappenkarhöhe* (2000m) guter Überblick (MW. nach *Kardeis* s. S. 158). — Von der Tappenkar-A. in den Lungau MW. (F. angenehm) über Rasen zur (1¹/₂ St.) Paßhöhe am **Hasiloch** (2100m), n. von der *Klingspitze* (2431m); Besteigung in 1 St., lohnend); steil hinab ins *Rieding-Tal* zur (1 St.) *Königs-A.* (1650m) und nach (4 St.) *Zederhaus* (1215m), 3 St. von *St. Michael* (S. 562).

67km **Schwarzach-St. Veit** (590m; Bahnrestaur.; *Bahnhofhot. Linsinger, 45 B. zu 1.60-4 *K*), Knotenpunkt für die Tauernbahn nach Gastein-Spittal (S. 167). Der Markt *Schwarzach* (*H. Egger, mit Gartenwirtsch., 35 B. zu 1-3, P. 6-9 *K*; Schwarzacher Hof, 40 B. zu 1.20-3 *K*, ordentlich; Holzers Gasth.) liegt 5 Min. vom Bahnhof am l. Ufer der Salzach. ¹/₂ St. n.ö. auf der Höhe das Dorf *St. Veit* (700m; Doppler; Neuwirt).

In Schwarzach schlossen die protestantischen Pongauer und Gasteiner Bauern und Bergleute den Bund, dem der Auswanderungsbefehl des Salzburger Fürstbischofs Leopold hervorrief, infolgedessen 22151 im J. 1731 das Land verließen. Im Eggerschen Gasth., wo die Bauern den Bund nach alter Sitte durch Eintauchen der Finger in Salz bekräftigt hatten, wird noch die alte Tischplatte gezeigt, mit gemalter Darstellung der Handlung und der Inschrift: Das ist der nemliche Tisch, worauf die luterischen Bauern Salz geleckt haben im Jahre 1729.

Von Schwarzach-St. Veit zur Liechtensteinklamm (1 St.): dem Bahnhof gegenüber schmaler Fahrweg am r. Ufer der Salzach abwärts (rote WM.); 10 Min. r. unter der Bahnlinie durch und bergan; oben schöner Rückblick auf Schwarzach und darüber Schloß Goldegg; 20 Min. Höfe von *Weiding;* 5 Min. Hof *Oberreith;* hier r., schöner Weg durch Wald; 30 Min. Eingang der Klamm (S. 157).

Fahrstraße von Schwarzach nach (1 St.) **Goldegg** (825m; Gasth. Seehof), mit Schloß des Grafen Galen (schöner Wappensaal) und kl. See; weiter über die *March* oder über *Wengg* (Neuwirt) am kl. *Scheibling-See* vorbei durch die Schlucht des *Dientenbachs* nach (4 St.) *Dienten* (S. 163). Von hier zur *Erichhütte* und auf den (6 St.) *Hochkönig*, schwierig, s. S. 157, 163.

*****Heukareck** (2096m), von Stat. Schwarzach über die *Thurn-A.* 4 St. m. F., für Geübte nicht schwierig; prächtige Aussicht.

Über die Salzach und in engem Tal am r. Ufer des brausenden Flusses; zahlreiche Kurven, Felssprengungen und ein Tunnel. Wieder über die Salzach nach (76km) **Lend** (631m; Post; Turri).

10 Min. unterhalb am r. Ufer bei der Aluminium- und Kalcium-Karbidfabrik bildet die *Gasteiner Ache* einen jetzt stark verbauten 63m h. Wasserfall (Grenze zwischen Pongau und Pinzgau). — Für Fußgänger lohnender Weg auf der Straße durch die großartige *Gasteiner Klamm* bis (1¹/₄ St.) Stat. *Klammstein* (S. 167).

Oberhalb (81km) *Eschenau* zweimal über die Salzach, dann durch einen 320m l. Tunnel. 84km HS. *Rauris-Kitzloch*, an der Mündung des *Rauristals* (S. 177).

*****Kitzlochklamm**, 1¹/₄ St. hin und zurück. Über die Salzach zum *Restaur. Lackner*, dann über die *Rauriser Ache* (Eintr. 40 h) und am r. Ufer aufwärts, beim (¹/₄ St.) Beginn der Klamm auf das l. Ufer, an einer kl. Tropfsteinhöhle vorbei zum (8 Min.) Kessel, in den die Ache 100m hoch in vier Absätzen hinabstürzt. Über die Brücke, im Zickzack auf Treppen hinan; von zwei Ausbauten schöner Blick in den tosenden Schlund. Oben r. durch zwei kurze und einen 53m l. Tunnel; von der Brücke hinter dem letztern (³/₄ St. vom Bahnhof) prächtiger Blick in die Tiefe und geradeaus auf den Ödwandspitz (von hier zum *Landsteg* ¹/₂ St., s. S. 177).

Zurück vom obern Ende des Treppenwegs r. etwas bergan durch zwei kurze Tunnel, dann hinab auf gutem Fußpfad zur ($^1/_2$ St.) HS. Rauris-Kitzloch.

Gleich darauf durch einen 270m l. Tunnel nach (85km) **Taxenbach** (711m); der Markt (754m; Alte und Neue Post, Post, beide gut), mit 480 Einw., liegt 20 Min. höher ö.; im Schloß, auf einem Felsen über der Salzach, jetzt das Bezirksgericht.

***Hundstein** (2116m), von Taxenbach auf rot MW. über den *Lummerstein* und *Kuchelkopf* in 5 St. (F. unnötig), leicht; oben das *Statzerhaus* des ÖTK. (Wirtsch., 5 B. u. 10 Matr.); prächtige Aussicht. Rauggelfest am 25. Juli. Abstieg südl. nach ($2^1/_2$ St.) *Gries* oder (3 St.) *Bruck-Fusch* (s. unten), w. nach ($2^1/_2$ St.) *Thumersbach* (S. 161), n. nach ($2^1/_2$ St.) *Alm* (S. 163).

Das Tal erweitert sich; bei (90km) HS. *Gries* (Gmachl; MW. auf den *Hundstein*, $3^1/_2$ St., s. oben) r. die Wallfahrtskirche *St. Georgen* (826m); l. die Drei Brüder (s. unten) und der schneebedeckte Hochtenn. Über die Salzach und die *Fuscher Ache* nach

94km **Bruck-Fusch** (757m; Gasth.: H. Kronprinz von Österreich, am Bahnhof, 40 B. zu 2.40 *K*; im Dorf Bruck: Gasth. Lukashansl, 50 B. zu 1.20-2.50, P. 6-7 *K*; Gmachls Gasth., 40 B. zu 1.40-2.40 *K*, beide gut), Dorf mit 410 Einw., gegenüber der Mündung des *Fuscher Tals* (S. 179). — $^1/_4$ St. n.w. das fürstl. Liechtensteinsche Schloß *Fischhorn*, aus dem XI. Jahrh., von Fr. Schmidt stilvoll hergestellt (Eintritt nur mit Erlaubnis).

Ausflüge von Bruck (Führer Peter Stöckl). **Hönig-** oder **Königkogel** (1854m), MW. in $3^1/_2$ St., leicht und lohnend. — ***Hundstein** (2116m), MW. am Hönigkogel vorbei in $4^1/_2$ St., s. oben. S. 162. — **Drei Brüder** (*Stolzkopf* 2187m, *Breitkopf* 2183m, *Archenkopf* 2257m), von HS. *Gries* (s. oben) MW. über die *Fürstau-A.* in 4-$4^1/_2$ St., lohnend (F. für Geübte entbehrlich). — **Imbachhorn** (2472m), von Bruck MW. des ÖTK. s.w. über den *Rettenbachkogel* und die *Wachtberg-A.* in 5 St. m. F., nicht schwierig (bequemer von der Gleiwitzer Hütte, s. S. 179).

Die Bahn überschreitet die Salzach (l. weiter Blick in den Ober-Pinzgau; s.w. das schöne Kitzsteinhorn), durchschneidet das entsumpfte Zeller Moos und tritt an den Zeller See.

100km **Zell am See.** — Gasth.: *Böhms Grand Hotel am See, 1. Juni-18. Sept., 170 B., Z. 4-7, F. 1.10, P. o. Z. 7 *K*; Hotel Kaiserin Elisabeth, am See und Bahnhof, Ende Mai bis 1. Okt., 180 B. zu $3^1/_2$-8 *K*; H. Lebzelter, mit Depend. *Hochtennhaus*, 80 B. zu 3-4 *K*; H.-P. Austria, 90 B. zu 2-4, P. 8-10 *K*; Pinzgauer Hof, beim Bahnhof, 70 B. zu 1.60-5, P. 7-10 *K*; Krone & H. Central, am See, 140 B. zu 2-5 *K*, gut; Neue u. Alte Post; Metzger Schwaiger, mit Depend. *Villa Schmittenhöhe*, 76 B. zu 1.60-3, F. 1 *K*; Geisters Café-Rest. Seehof, am See, 32 B. zu 1.60-3 *K*, gelobt; Bodingbaur, 60 B. zu 1.60-5 *K*; H. Elektra, 80 B. zu 1.50-3.50, P. 7-10 *K*; H.-P. Seespitz, am SW.-Ende des Sees (S. 161), 30 B. zu 2-$3^1/_2$ *K*; Neuwirt, 70 B. zu 1.60-3.50 *K*; Grüner Baum, gelobt; Goldonkels Gast- u. Kaffeehaus, am Wege nach der Schmittenhöhe, einf. — Pensionen: **Villa Olga, Zellerhof, Kauer* (überall P. von 6-7 *K* an); viele Privatwohnungen. — Konditorei *Jenny*. — Saisontaxe, auch bei kurzem Aufenthalt, tägl. 20 *h*.

Führer: Johann Machreich, Josef Nußbaumer, Josef Andexer, Peter Mühlbauer; für kleinere Touren Joh. Buchner. — *Verkehrsbureau* im Hot. Lebzelter. — Im *Pfarrhof* ein kleines Relief der Umgebung von Zell im Maßstab von 1:25000 (8-6 U., 20 *h*).

Zell am See (753m), am westl. Seeufer reizend gelegener Markt (1600 Einw.), wird als Sommerfrische und Wintersportplatz viel besucht. AVS. Die Zeller blieben 1526 bei dem Bauernaufstand dem Erzbischof treu, der ihnen zum Lohn eine jährliche Wallfahrt nach Salzburg gestattete, wo sie zum Schluß bewirtet wurden. „Die Pinzgauer wollten wallfahrten gehn", heißt's im Pinzgauer Spottlied.

Der *Zeller See (750m), 4km lang, 1,5km breit, 69m tief, bietet treffliche Gelegenheit zum Baden (angenehmes, mildes Wasser, 20-24° C.; drei Badeanstalten) und zu Kahnfahrten (Überfahrt nach Thumersbach 1, 2, 3, 4 Pers. 40, 60, 70, 80 h; Stunde 80, 120, 140, 160 h). Zwei elektr. Motorboote befahren den See; Rundfahrt 9 mal tägl. in 1 St. (1 K 20); Überfahrt nach Thumersbach vorm. stündlich, nachm. halbstündlich in 10 Min. (40, hin u. zur. 70 h). Erst auf der Mitte des Sees entfaltet sich die volle *Rundsicht, die am W.-Ufer zum Teil verdeckt ist: gerade im S. zwischen Fuscher und Kapruner Tal das Imbachhorn und der Hochtenn, l. davon Brennkogel und Schwarzkopf, r. Johannisberg, Grieskogel, Hocheiser und die schöne Pyramide des Kitzsteinhorns mit dem Schmiedinger Kees; w. der breite Rücken der Schmittenhöhe, n. Leoganger Steinberge (Birnhorn), Steinernes Meer, im Hintergrund durch die Lücke der Hohlwege die drei Mühlsturzhörner, ö. der Hundstein. Abendbeleuchtung am schönsten. Am SW.-Ende die Haltestelle *Seespitz* (Gasth.); am O.-Ufer *Thumersbach* (*H.-Rest. Bellevue, 80 B. zu 2-6, P. 6-10 K; Rest. Lohninghof), weiter die Haltestelle *Kitzsteinhorn-Restaurant* (Aussicht) und an der NW.-Ecke die Haltestelle *Seehäusl* (Restaur.). — Guter Überblick über den See vom Gasth. *Wimm*, vom Wege nach Schmitten l. ab 10 Min. bergan.

Promenadenwege führen am See entlang zum S.-Ende (H.-P. Seespitz, S. 160) und ö. um den See herum („Karl Vogt-Weg") am Whs. zum Hirschen vorbei nach Schloß *Fischhorn* (S. 160) und Bruck; n. durch den *Gemeindepark*, mit Büste Riemanns (S. 190), zur *Villa Freiberg* beim Kalvarienberg und weiter bis *Seehäusl* (s. oben); von hier Fahrstraße über *Prielau* nach Thumersbach, oder Fußweg, am *Whs. am Bichl* vorbei, nach (1 St. von Zell) *Maishofen* (S. 162). — Am 23. Juni und 17. August (Vorabend von Kaisers Geburtstag) findet alljährlich eine See- und Bergbeleuchtung statt (sehenswert).

Die *Schmittenhöhe (1968m) gehört zu den lohnendsten und am leichtesten erreichbaren Aussichtspunkten in den österr. Alpen (3-3½ St., F. unnötig, 5 K, Pferd 12 K; einsitziges „Bergwagerl" 12, hin u. zurück mit 2stünd. Aufenthalt 16, mit Übernachten 24 K; Briefpost, auch für Handgepäck, im Sommer 7.15 früh u. 5.15 abends in 3½ St.). Fahrweg w. im Schmittental zu den Häusern von (¼ St.) *Schmitten* (836m; Gasth. Stadt Wien); hier l. ab auf streckenweise steilem Reitweg in Windungen hinan, meist durch Wald. Nach 20 Min. erreicht man die *Stefaniequelle* und noch einige Min. höher eine Aussichtsbank (l. ¼ St. zur *Ebenberg-A.*, mit hübscher Aussicht, und zum Restaur. Wimm, s. oben); 1 St. *Gasth. Schweizerhaus* oder *Mittelstation* (1368m; 7 B. zu 1.60 K); ³/₄ St. *Gasth.*

zum Großglockner (1590m); zuletzt über den Bergkamm zum (1¹/₄ St.) Gipfel (**Haschkes Hotel*, das ganze Jahr geöffnet, 90 B., Z. mit 1 B. 2.50-5, mit 2 B. im neuen Hause 5-9, im alten Hause 3.20 *K*; PTF), mit der 1904 erbauten *Elisabethkapelle*. Die großartige Rundsicht (Orientierungstisch; vgl. das nebenstehende Panorama) umfaßt im S. die ganze Tauernkette, im N. die Kalkalpen vom Kaisergebirge bis zum Dachstein.

Ein stellenweise undeutlicher Weg (rote WM.), der Pinzgauer Spaziergang, führt von der Schmittenhöhe längs des Gebirgskamms bis zum (9 St.) *Gaisstein* (S. 232). Er bietet eine Reihe prächtiger Blicke auf die Tauern, ist aber lang und ermüdend; Proviant u. F. nötig (s. S. 160; bis zum Gaisstein 16 *K*). Von der Schmittenhöhe 10 Min. w. erst abwärts durch die Mulde, dann wieder hinan und nun stets in ziemlich gleicher Höhe (ca. 1800m) unter der Kammhöhe entlang, am (5 St.) *Sommertor* (1962m) und der (1¹/₂ St.) *Murnauer Scharte* (1967m) vorbei, dann, die *Bürglhütte* (S. 187) l. unten lassend, von SO. her auf den (2¹/₂ St.) *Gaisstein* (S. 187, 232). Hinab nach (3 St.) *Mittersill* (S. 187), oder über *Sintersbach-A.* nach (3 St.) *Jochberg* (S. 231).

*Hundstein (2116m), mark. Reitsteig von Thumersbach in 4 St. (F. 9 *K*, entbehrlich; Pferd 15-18 *K*), sehr lohnend (vgl. S. 160); Abstieg auch nach Bruck, Gries, Taxenbach, Saalfelden oder Alm (S. 160, 163).

Ins *Kapruner Tal* s. S. 183; nach *Krimml* s. S. 186.

Die Bahn verläßt den See bei (r.) dem alten Schloß *Prielau*, von Bauern bewohnt (Wirtsch.). — 105km **Maishofen** (766m; Post, 15 B. zu 1-1¹/₂, P. 3-4 *K*, gelobt), an der Mündung des *Glemmtals*, aus dem die *Saalach* hervorströmt.

Lohnende Ausflüge w. auf die *Sausteigen* (1914m), MW. in 3-3¹/₂ St., und s.ö. auf die *Schwalbenwand* (2009m), MW. in 3¹/₂ St., beide mit ähnlicher Aussicht wie von der Schmittenhöhe.

Durch das einförmige Glemmtal führt eine Fahrstraße (Post von Zell nach Saalbach tägl. in 3³/₄ St.) über (11km) *Viehhofen* (859m; Oberwirt) nach (20km) *Saalbach* (1003m; Neuhaus; Ober- und Unterwirt), im Winter von Skifahrern besucht, und weiter bis (30km) *Lengau* (1123m; Whs.), von wo der **Gaisstein* (2366m) in 3¹/₂-4 St. bequem zu ersteigen ist (vgl. S. 232 und Karte S. 228). — Von Saalbach Karrenweg n. über die *Alte Schanze* (1311m) s.w. vom *Spielberghorn* (2045m; über das Spielbergtörl in 2¹/₂ St. zu ersteigen, s. S. 233) nach (4 St.) *Fieberbrunn* (S. 233).

Die Bahn überschreitet die Saalach und führt durch das breite Wiesental des *Mitter-Pinzgaus* zur (109km) HS. *Gerling* (Wirtsch.; von hier auf die *Schwalbenwand* MW. in 3 St., s. oben). Dann wieder aufs r. Ufer nach

113 km Stat. **Saalfelden** (744m; *Bahnrestaur., B. 2 *K*; Dicks Gasth., 34 B. zu 1.30-2 *K*, gut); 2km ö. (Omnibus in 10 Min., 20 *h*; neben der Straße Promenadenweg) der Markt (*Berkas Gasth. Neue Post, mit Garten, 60 B. zu 1-2 *K*; Post, 50 B. zu 1-2 *K*, gelobt; Stöcklwirt; Oberbräu; Hirschen), mit 1800 Einw., in weitem Talboden an der *Urslauer Ache* schön gelegen. Vom Friedhof bester Umblick: n.w. Leoganger Steinberge, Birnhorn, n. Steinernes Meer, ö. Übergossene Alp, südl. Hochtenn, Johannisberg, Kitzsteinhorn usw. 5 Min. südl. Badeanstalt mit Schwimmbad (Torfmoorwasser; Restaur., 20 B., P. 5 *K*).

Loferer u. Lenganger
Steinberge

PANORAMA VON DER SCHMITT
1968 Meter

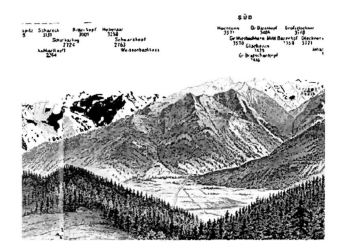

Umfassender ist der Blick vom **Kühbühel** (858m), ³/₄ St. südl. (oben Pavillon mit Orientierungstafel). — 1 St. n. (MW.) am Fuß des schroff aufragenden *Persalhorns* Schloß **Lichtenberg** (912m), mit Aussicht auf Zeller See und Tauern; 10 Min. höher eine an die Felswand angebaute Einsiedelei und die *St. Georgskapelle* mit Felsenkanzel (beim „Einsiedler" einf. Erfr.). ¹/₂ St. weiter (MW.) die *Steinalm* (1251m), mit schöner Aussicht. — Von Saalfelden auf den *Hundstein* (2116m), MW. über den *Unterberg* (1470m) und *Schönwieskopf* (1901m) in 5¹/₂ St. m. F., s. S. 162.

Steinernes Meer (vgl. S. 111), von Saalfelden kürzer als vom Königssee (für nicht Schwindelfreie nur mit Führer, bis Königssee 18 K; Georg Fuchslechner, Josef Pfeffer). MW., bei der Zollwache r. („Kaiser-Jubiläumsweg") in den Wald, zum (2 St.) *Fürstenbrunnen*, dann auf kühnem Felssteig der S. Saalfelden (Ringe und Drahtseil; für Geübte unbedenklich) zur (2 St.) **Ramseider Scharte** (2102m), mit dem *Riemannhaus* der AVS. Ingolstadt (2130m; *Wirtsch., 26 B. zu 3.60, AVM. 1.80, und 26 Matr. zu 2 bzw. 1 K), in großartiger Lage (in der Nähe Fundorte von Versteinerungen). Von hier auf den *Sommerstein* (2306m) ¹/₂ St., leicht; *Breithorn* (2496m), MW. in 1¹/₄ St., nicht schwierig, prächtige Aussicht; *Schönfeldspitze* (*Hochzink*. 2651m), 2-2¹/₂ St. m. F., für Schwindelfreie sehr lohnend (s. S. 112). — Vom Riemannhaus über das Steinerne Meer zum (3 St.) *Funtenseehaus* und von da zum *Königssee* s. S. 112. — Andre Übergänge (nur mit Führer) von Saalfelden zum Königssee sind die *Weißbachscharte* (2245m), zwischen Hollermais- und Achselhorn, die *Buchauer Scharte* (2281m), zwischen Selbhorn und Schönfeldspitze, und die *Diesbachscharte* (ca. 2123m), s.ö. vom Kleinen Hundstod, alle drei mühsam (8-10 St. bis zum Funtensee).

Durch das ö. ansteigende **Urslau-Tal** führt von Saalfelden ein Fahrweg (Einsp. bis Hintertal in 1¹/₂ St., 8 K) nach (1¹/₄ St.) **Alm** (795m; Almerwirt; Bichlerwirt), mit Wallfahrtskirche, von wo der *Hundstein* (2116m) in 4¹/₂ St. (vgl. S. 162) und das **Selbhorn** (höchster Gipfel des Steinernen Meeres, 2655m) über die Jagdhütte am *Pragstein* (1806m) und die *Luegscharte*, oder (schwieriger, nur für geübte Kletterer) auf dem Touristenklubsteige (Drahtseile) durch die Südwand in 6 St. m. F. zu ersteigen ist (Führer Joh. Herzog sen. u. jun. in der Alm.) 2 St. aufwärts liegt *Hintertal* (1011m; Botenwirt), am Fuß der Übergossenen Alp; 25 Min. weiter *Bad Hintertal*, jetzt Privatbesitz. *****Hochkönig** (2938m), von Hintertal 6 St. m. F., für Geübte sehr lohnend: über die *Pirchl-A.* (1329m) und durch das großartige Schneekar zwischen r. Lausköpfen, l. Klammeck zur (2¹/₂ St.) kl. *Bertgenhütte* des OTK. (1950m; Wirtsch.), dann auf dem „Mooshammersteig" des ÖTK. in anstrengender Kletterei durch das *große Teufelsloch* zum Gletscher der Übergossenen Alp und zum (3¹/₂ St.) Kaiser-Jubiläumshaus (vgl. S. 157). — **Hochseiler** (2781m), 5-6 St. m. F., gleichfalls nur für Geübte; entweder wie oben auf dem Mooshammersteig bis zum Gletscher, dann l. zum Gipfel; oder auf Felssteig des ÖTK. über die *Torscharte* (s. unten), dann die N.-Abstürze des Hochseilers nach r. umgehend von der O.-Seite her zum Gipfel. — Von Hintertal Fahrstraße über den *Filzensattel* (1292m) nach (1¹/₂ St.) *Dienten* (1071m; Gasth.) und (4 St.) *Schwarzach*, s. S. 159. Von Dienten auf den Hochkönig über die *Schönberg-A.* (1550m), mit der *Erichhütte* des AVS. Lend-Dienten (14 Matr.), und durch das großartige *Birgkar*, AV.-Steig für Geübte, 6 St. mit F., s. S. 157. — Nach Mühlbach über die *Dientner-A.* (1351m), mit prächtigem Blick auf den Hochkönig, MW. in 3 St. — Über die *Torscharte* (2283m) ins *Blühnbachtal* (bis zum Jagdschloß 7 St. mit F., beschwerlich), s. S. 156.

Von Saalfelden über *Lofer* nach *Reichenhall* s. R. 30.

Die Bahn wendet sich n.w. über die Saalach und führt ansteigend am Fuß des *Leoganger Steinbergs* nach der letzten salzburgischen Station (121km) **Leogang** (840m; Gasth.); ¹/₄ St. n. das einf. *Bad Leogang* (860m); unten ¹/₂ St. s.ö. das Dorf (786m; Kirchenwirt).

*Birnhorn (2634m), höchster Gipfel des Leoganger Steinbergs, 5½-6 St. mit F. (Jos. Oberlader I u. II in Leogang), beschwerlich. Vom Bad Leogang MW. durch den *Birnbachgraben* zur (3½ St.) *Passauer Hütte* auf der *Mittagscharte* (2020m; Wirtsch., 6 B. zu 2 *K*), in schöner Lage), dann auf AV.-Weg an der Nordwand (leichter als der „Kletterweg" über das *Melkerloch* und die Südwand) zur (1¼ St.) *Kuchlnieder* (2425m; von hier in 20 Min. auf das *Kuchlhorn*, 2497m, leicht u. lohnend) und zum (³/₄ St.) Gipfel, mit großartiger Aussicht. Abstieg (MW.) von der Passauer Hütte über die *Niedergrub-A.* nach (2-3 St.) *Diesbach* (s. unten).

Von Leogang über *Hochfilzen* (Tiroler Grenze) nach (158km) *Kitzbühel* und (193km) *Wörgl* s. R. 43.

30. Von Saalfelden über Lofer nach Reichenhall.

51,2 km. Post bis *Lofer* (25,₆km) im Sommer 2 mal tägl. in 3½ St. (3 *K*); von Lofer bis *Reichenhall* (25,₆km) 2 mal tägl. in 4 St. (3 *K* 60). Einspänner nach Lofer 12, Zweisp. 20, mit Vorderkaserklamm 16 u. 24 *K*; auch Reichenhall Einsp. 24, Zweisp. 44 *K*; über den Hirschbichl nach Berchtesgaden Einsp. nebst Vorspann 48, Zweisp. 75 *K* u. Trkg.

Saalfelden (728m) s. S. 162. Die Straße führt in n. Richtung durch den weiten Talboden der Saalach, mit Aussicht l. auf die Leoganger Steinberge, r. das Steinerne Meer; nach S. schöner Rückblick auf die Tauern. Nach 1 St. verengt sich das Tal; beim (7km) *Brandlbauer* der einzige Punkt, wo vom Tal aus der Großglockner sichtbar ist (Übersichtstafel der AVS. Saalfelden). Die Straße tritt in die *Diesbacher Hohlwege*, einen 2 St. langen, von der Saalach durchströmten Engpaß; bei der (10km) *Diesbachmühle* (676m) r. schöner Wasserfall; l. AV.-Weg zur (3½ St.) Passauer Hütte (s. oben). — 15km *Frohnwies* (Post, B. 1-3 *K*); 16km **Ober-Weißbach** oder *Weißbach bei Lofer* (653m; *Gasth. Anvogl, B. 1.20-2 *K*), wo r. die Straße von Berchtesgaden über den Hirschbichl herabkommt (*Seisenbergklamm s. S. 114).

Die Straße tritt auf das l. Ufer der Saalach. ¼ St. weiter ist l. der Eingang zum *Lamprechtsofenloch*.

Die *Lamprechtsofenlochhöhlen, von der AVS. Passau zugänglich gemacht und elektrisch beleuchtet, sind sehr besuchenswert (das ganze Jahr geöffnet; Eintr. 1½ *K*). Die Weg- und Treppenanlagen führen bis zum Wasserfall in der „Joh. Steinerhalle", 350m vom Eingang und 52m höher. Großartige Hallen und merkwürdige Auswaschungen und Felsformationen.

Nach ½ St. mündet l. der *Schüttachgraben*.

³/₄ St. aufwärts die großartige *Vorderkaserklamm, 400m lang, zwischen 60-70m hohen, oft nur 60cm voneinander entfernten, häufig überhängenden Felswänden und von oben her eingekeilten Felsblöcken, 1881 durch zahlreiche Brücken und Treppen zugänglich gemacht. Fahrweg bis zum Whs. *Vorderkaser*, wo Eintrittskarten zu 40 h zu lösen sind; von da zu Fuß in ¼ St. hinauf zum Eingang der Klamm (die Besichtigung erfordert ¾-1 St.; Schirm oder Wettermantel mitnehmen). — Von der Vorderkaserklamm nach *Hochfilzen* (S. 233) 3½ St., MW. über *Dalsen-A.*, den *Römersattel* (1208m) und die Alpen *Schüttach* und *Willeck*. — Nach *St. Ulrich am Pillersee* (S. 227) 7 St., rot MW. durch den wilden *Rotschüttgraben* steil aufwärts zur *Schieder-A.* (1511m) am Grenzkamm

zwischen Salzburg und Tirol, in großartiger Lage; hinab zum *Niederkaser* und durch den romantischen *Schmidtgraben* zur Häusergruppe *Weisleiten* und nach St. Ulrich.

Die Straße führt durch den ehemals befestigten *Paß Luftenstein* (Whs.) nach (22,6km) *St. Martin* (*Post, Steiner), wo r. der Weg über Wildental zum Kleinen Hirschbichl (S. 114) abzweigt; weiter durch das Hochmoos (s. unten) nach

25,6km **Lofer**. — Gasth.: *Post, 60 B. zu 1.40-2 K; *Bräu, 50 B. zu 2-3 K; *Zum Schweizer, 30 B. zu 1.20-3, P. 5-7 K, mit Schwimmbad, alle drei mit Garten; Metzgerwirt; Steinerwirt; Botenwirt. — Einspänner nach Unken 5, Zweisp. 9 K; nach Frohnwies 4 u. 8, Saalfelden 13 u. 25, Waidring 4.60 u. 8.60, St. Ulrich am Pillersee 6 u. 10. St. Johann in Tirol 13 und 25, Berchtesgaden 36 u. 64 K; nach Reichenhall Einsp. 12, Phaethon 20, Landauer 24 K.

Lofer (639m), Markt mit 510 Einwohnern, in großartiger Umgebung (ö. Reiteralpe, s.w. Loferer Steinberge), wird als Sommerfrische viel besucht. Schöne Aussicht vom *Kalvarienberg*, $1/4$ St. w.

Ausflüge (überall mark. Wege; Führer Georg Sock, Josef Ensmann). Hübscher Spaziergang zur (25 Min.) *Exenbachquelle (Loferer Bründl)*, südl. von der Straße nach Waidring, am Eingang des großartigen, von den *Loferer Steinbergen* (Breithorn, Hinterhorn, Reifhorn, Ochsenhorn) umschlossenen *Loferer Hochtals (volle Rundsicht 10-15 Min. taleinwärts). Von der Exenbachquelle l. auf dem grün mark. „Salzburger Weg" über den *Wechsel* (1100m) nach (1¼ St.) *Kirchental* (s. unten), oder (blauweiße WM.) über die *Karolinenhöhe* nach ($1/2$ St.) Lofer zurück. — Südl. auf der Saalfelder Straße zum (25 Min.) *Hochmoos* (Wsh.) mit Moorwasserbädern, dann r. auf dem „Tiroler Steig" ($3/4$ St.) und *Wallfahrt Kirchental* (856m; Whs.), oder am r. Saalachufer nach (1½ St.) *Wildental*, am Wege zum Kl. Hirschbichl (s. oben). — N.ö. über den *Teufelssteg* in den schattigen *Baierau-Park* und zum ($3/4$ St.) Dorf *Au* (Café Ennsmann), mit herrlicher Aussicht, zurück über die Auerbrücke (s. unten) am 1. Saalachufer. Von Au MW. am Auer Bach hinan in die malerische *Mairbergklamm* (1½ St.). — Auf der Tiroler Straße (s. S. 227) oder der Augusten-Promenade zum (20 Min.) *Gasth. Hinterhorn*, am Eingang in den Paß Strub (S. 227), und zum Kriegsdenkmal; usw.

Loferer Alpe (1462m; Erfr. im *Madlkaser* auf Obertrett), $2^1/_2$-3 St., rot-weiße WM., F. 5 K, entbehrlich. Schöne Aussicht vom *Schönbichl* (1627m), *Schwarzeck (Ganisköpf*, 1567m; je $1/2$ St.) und *Grubhörndl (1750m; 1 St.). — Von der Loferer-A. über *Mitterfußtal* zur *Schwarzbergklamm* $2^1/_2$ St.; über Mitterfußtal und *Kammerköhr-A.* nach *Waidring* 3 St. (vgl. S. 227).

*Hinter- oder Mitterhorn (2506m), 6 St. m. F. (9 K), für Geübte nicht schwierig. MW. durch das Loferer Tal an der (2 St.) *Steinbergalmhütte* (1277m; verschlossen) vorbei zur (2 St.) **v. Schmidt-Zabierow-Hütte** der AVS. Passau (2005m; Wirtsch., 5 B. u. 11 Matr.; Führer Simon Widmoser), in der *Großen Wehrgrube*, dann über die *Waidringer Nieder* zwischen l. Hinterhorn, r. *Breithorn* (2415m; in $1/2$ St. zu ersteigen) auf das (2 St.) *Hinterhorn*, mit großartiger Aussicht. Von der Waidringer Nieder Abstieg (MW., aber F. nötig) auf dem „Griesbacher Steig" der S. Passau nach (3 St.) Waidring (S. 227). — *Ochsenhorn* (2512m), von der v. Schmidt-Zabierow-Hütte durch die *Kleine Wehrgrube* in 3 St., und **Kreuzreifhorn** (2430m), 3-3½ St., beide beschwerlich; schwieriger das Gr. **Reifhorn** (2498m), vom Kreuzreifhorn südl. über den Grat in $3/4$ St.

Die Straße nach Reichenhall führt am l. Ufer der Saalach abwärts über (2,5km) *Maurach* (r. über die Saalach Fahrweg nach *Au*, s. oben), *Hallenstein* (Wirtsch.) und (5,5km) *Reit* (bleibt am r.

Ufer; zur Traunsteiner Hütte s. unten) durch den *Kniepaß*, bei dem (8km) schöngelegenen Bad *Oberrain* (548m; *P. Oberrain, 40 B., P. 4½-6 ℳ) über den *Unkenbach* nach

9km **Unken** (552m; Gasth.: *Post, 36 B. zu 1.40-1.80 *K*; Zum Krämer; Kaltenbach), besuchte Sommerfrische in schöner Lage. Bei längerm Aufenthalt Kurtaxe (5, 2 und 1 *K*).

AUSFLÜGE (überall WM.; Führer Sebastian Wimmer). — ***Schwarzbergklamm**, 2½ St. (F. unnötig, 3 *K*, Pferd 9 *K*). Reitweg (bis zum Engstübl einförmig) von Unken oder Oberrain w. im *Unkental* zum (³/₄ St.) Forsthaus (Handweiser); beim (10 Min.) *Friedl* (Whs.) l. 5 Min. bergan; 30 Min. über den Unkenbach oder Schwarzbach (l. kleiner Wasserfall), gleich darauf durch die *Eiblklamm*; dann an einem meist verschlossenen Arbeiterhaus („Engstübl") vorbei zum (1 St.) Beginn des Treppenwegs (806m) in der vom Schwarzbach durchströmten, 1830 zugänglich gemachten Klamm, merkwürdig durch die schraubenförmige Gestalt der gewaltigen 30m hohen, vielfach fast zusammenstoßenden Felswände; am Eingang die von Bayern gesetzte Inschrift (nach Properz): Gutta cavat lapidem non vi sed saepe cadendo. Am obern Ende (5 Min.) führen Holztreppen hinauf zur Jagdhütte *Schwarzberg* mit guter Quelle. — Von hier über die *Kammerköhr-A.* (1648m) nach *Waidring* 4½ St. (F. 7 *K*), s. S. 227; über *Mitterfußtal* und *Loferer-A.* (S. 165) nach *Lofer* 4-5 St. (F. 6 *K*); über *Winkelmoos-A.* nach *Reit im Winkel* 4½ St. (bis zur Alp F. angenehm), s. S. 96.

*****Staubfall**, 2½ St. (F. entbehrlich), besonders nach Regen lohnend: vom Wege zur Schwarzbergklamm (s. oben) beim (³/₄ St.) Forsthaus r. ab den Fahrweg ins *Heutal*, am Fuß des Sonntagshorns bei der Wegteilung l. talauf an der (1½ St.) *Schneider-A.* (963m) vorbei in ¼ St. zum 200m h. Fall, hinter dem der Weg hindurchführt (durch das *Fischbachtal* nach *Seehaus* und *Ruhpolding* s. S. 96). Man kann Schwarzbergklamm und Staubfall verbinden, aber nur mit Führer (6 *K*).

*****Sonntagshorn** (1961m), 4½-5 St. (F. 6 *K*, für Geübte entbehrlich). MW. am Forsthaus vorbei in das Heutal, bei der Wegteilung (s. oben) r. über die *Hochalm* zur (3 St.) *Sonntagshornhütte* des ÖTK. (1650m; Wirtsch., 12 B.), dann über den (³/₄ St.) *Roßkarsattel* (1650m) zum (³/₄ St.) Gipfel, mit prächtiger Rundsicht. Von Melleck (s. unten) kürzester Weg (rote WM., aber F. angenehm) durch das *Steinbachtal* zum (3½ St.) *Roßkarsattel* und (³/₄ St.) Gipfel.

Reiteralpe. Straße von Unken durch den Kniepaß bis (1 St.) *Reit* (545m) s. S. 165. Hier über die Saalach und im *Donnersbachtal* hinan über die *Alpa-Alp* (1256m) und den *Guggenbühl-Sattel* zur (3½ St.) **Traunsteiner Hütte** (1600m; Wirtsch., 6 B. u. 8 Matr.), in herrlicher Lage, Ausgangspunkt für *Weitschartenkopf* (1979m; 1¼ St.), *Drei Brüder* (1860m; der westl. Große Bruder leicht in 1 St., der Kleine und Mittlere Bruder sehr schwierig), *Häuselhorn* (2287m; MW., 2½ St.), *Wagendrischelhorn* (2251m; 3 St.), *Stadelhorn* (2286m; 3½ St.) usw. Abstieg von der Traunsteiner Hütte n. über den *Schrecksattel* (1610m) nach *Jettenberg* (S. 101), n.ö. über *Grünanger-* und *Schwegel-A.* zur *Schwarzbachwacht* (S. 113), s.ö. auf dem *Böselsteig* durch die *Halsgrube* zum *Hintersee* (S. 114).

Die Straße führt durch den in den Fels gesprengten *Steinpaß*, am österreich. Zollamt vorbei über den *Steinbach* (bayrische Grenze), dann in einer großen Kehre hinan (Fußsteig kürzt) nach (12km) **Melleck** (615m; *Whs., vom Garten schöne Aussicht), mit dem bayr. Zollamt (auf das Sonntagshorn s. oben). Weiter über *Ristfeicht*, dann am *Bodenbühl* hinab nach (16km) **Schneizelreut** (509m; Whs.), im breiten Saalachtal. Von hier entweder (für Wagen

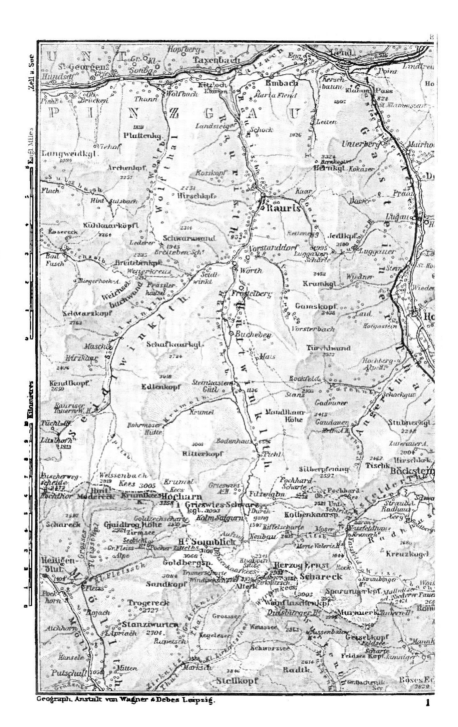

bequemer) auf der neuen Straße über (19km) *Jettenberg* (S. 101) und durchs Saalachtal nach (25,₆km) *Reichenhall;* oder (für Fußgänger lohnender) auf der alten Straße l. scharf bergan zwischen r. *Müllnerhorn* (1371m), l. *Ristfeichthorn* (1564m; früh und abends häufig Gemsen zu sehen) zum (³/₄ St.) Brunnhaus *Nesselgraben* (647m; vorher zweigt l. ab die Straße zum Mauthäusl, s. S. 101); hinab am *Thumsee* vorbei nach (2 St.) *Reichenhall*, s. S. 98.

31. Tauernbahn von Schwarzach-St. Veit über Gastein nach Spittal in Kärnten.

105km. ÖSTERREICHISCHE STAATSBAHN: bis *Badgastein* in 1¼-1½ St., für 4 *K* 70, 2.90, 1.80 oder 3.60, 2.00, 1.40; bis *Spittal* in 2¾-3¼ St., für 13 *K* 10, 8.10, 5.10 oder 10, 6.10, 3.90. Die Tauernbahn bildet den nördlichsten Teil der großen, 1901-08 erbauten Alpenbahn, durch die Salzburg bzw. Süddeutschland direkt mit Triest verbunden werden (vgl. R. 111, Karawanken- und Wocheiner Bahn); Schnellzug München-Salzburg-Villach-Triest in 12¼ St., Berlin-Landshut-Mühldorf-Salzburg-Triest in 23 St.

Schwarzach-St. Veit (590m) s. S. 159. Die Tauernbahn zieht sich mit 25°/₀₀ Steigung an dem steilen Gehänge über der Salzach und der Eisenbahn nach Zell-Wörgl entlang, bald mit schönem Blick ins Tal und n. auf den mächtigen Hochkönig. Tunnel, Viadukte, gewaltige Stützmauern folgen in raschem Wechsel. Hinter (9km) HS. *Loifarn* (722m) tritt die Bahn nach S. durch den 732m l. *Untern Klammtunnel* in die großartige *Gasteiner Klamm*, in der das Gasteiner Tal zum Salzachtal abstürzt. Sie überschreitet die Ache (kurzer Blick r. in die Schlucht) und steigt durch den 744m l. *Obern Klammtunnel* zur (14km) HS. *Klammstein* (797m) und zu der großen unteren Stufe des Gasteiner Tals (Hofgasteiner Becken), auf der sie ziemlich eben weiterführt. R. der doppelgipfelige Bernkogel (S. 177). 19km *Dorfgastein* (823m; Gasth. Egger; Besteigung des Bernkogel, 5 St.).

24km **Hofgastein.** — *Bahnhof* 3km n. vom Ort; Postautomobil 7 mal tägl., 60 *h*; Hotelomnibus 1 *K*. — Die S. 168 gen. *Personenhaltestelle* liegt näher am Ort, aber 50m oberhalb und hat keine Fahrverbindung.

GASTH. mit Bädern: *Moser zum Goldnen Adler (Haus aus dem XVI. Jahrh., in allen Stockwerken gewölbt), 60 B. zu 3-5 *K*, F. 80 *h*, P. 7-10 *K*; *H. Central, 80 B. zu 2-4, P. 6-12 *K*; H. Turri, 50 B. zu 2-4 *K*; Salzburger Hof, 70 B. zu 2-6 *K*; Post, 40 B. zu 1.40-4 *K*; Eisl zum Boten, 35 B. zu 1.40-3 *K*. — Miethäuser mit Bädern: Kurhaus; Villa Ida, 30 B. zu 3-5, P. 8-12 *K*; M. Schmeller, 70 B. zu 3-6, P. 8-12 *K*; Gutenbrunn, 30 B.; Irnberger; Österreich. Hof, 50 B.; Winkler, 33 B., P. 5-8 *K*; Edelweiß, Anna, Rainer, Josef Moser, Villa Engel, Friedrichsburg, Elisabethof. — BÄDER im *Zentralbad*, in den Gasthäusern und vielen Privatbädern. Zwei Militär-Kurhäuser. — *Kurtaxe* bei mehr als 5 tägigem Aufenthalt 3-24 *K*, in fünf Klassen, vgl. S. 169. — *Lesezimmer* am S.-Ende und in der Mitte des Orts am Kaiserplatz. — AVS.

Hofgastein (869m), Hauptort des Tals (1000 Einw.), war im XVI. Jahrh., als der Goldbergbau am Radhausberg (S. 172) in Blüte

Gasteiner stand, nächst Salzburg der reichste Ort des Landes und wird jetzt als billiger ruhiger Kurort besucht, dem das Thermalwasser aus Badgastein durch einen 1906 vollendeten Rohrkanal mit geringem Wärmeverlust zugeführt wird. An die Legung der ersten Leitung im J. 1828 erinnert eine Büste des Kaisers Franz I. Die spätgot. *Pfarrkirche* hat an der westl. und südl. Außenseite, wie auch im Innern l. vom Chor Grabsteine der Berggewerkenfamilien Straßer, Weitmoser, Zott usw. Kleiner Kurgarten. Am westl. Talabhang, an dem die Eisenbahn aufwärts führt, mehrere Kaffeewirtschaften: n.w. (20 Min.) die *Kaltenbrunnmühle*, etwas höher, oberhalb der Bahnlinie, *Café-Rest. Tivoli*; w. (25 Min.) über dem Steinbachviadukt *Café-Rest. Pyrkershöhe*, s.w. (20 Min.) das *Weitmoser-Schlößchen* (Rest.), mit zwei Rundtürmen, 1545 erbaut. Am östl. Talabhang 20 Min. oberhalb des Orts der Wasserfall des *Rastetzenbachs*.

AUSFLÜGE (Führer Felix Moises). S.ö. zum (1¹/₂ St.) *Planizer Bauern*, mit Aussicht auf den Sonnblick; n.w. auf die (2¹/₂ St.) *Biber-Alpe*, mit schöner Aussicht auf die Ankogelgruppe. — *Gamskarkogel (2465m), 4¹/₂ St., leicht (F. 10, bis Badgastein 11 *K*, entbehrlich, Pferd m. F. 21.60 *K*). Nach ¹/₂ St. Steigens die Kapelle r. lassen, nach wenigen Schritten nicht den betretenen Weg l., sondern r. aufwärts, durch Wald im *Rastetzental* hinan, an einer (1 St.) Aussichtsbank vorbei; 1 St. *Rastetzen-A.* (1727m; Erfr.); dann auf AV.-Weg (nach 10 Min. beim Handweiser l.) zum (2 St.) Gipfel, mit offner Hütte. In der prächtigen *Rundsicht treten südl. der schneebedeckte Ankogel mit der Hochalmspitze, der Gebirgskranz des Naßfeldes, Sonnblick und Hocharn am meisten hervor, w. Großglockner und Wiesbachhorn, n. Übergossene Alm, n.ö. Dachstein und Hochgolling. Abstieg nach Badgastein s. S. 171; nach Großarl s. S. 158.

Türchlwand (2573m), von Hofgastein durch das *Angertal* (s. unten) und über die *Bockfeld-A.* 5¹/₂ St. (F. 12, mit Abstieg nach Bucheben 16 *K*), mühsam aber lohnend; prächtige Aussicht. — Silberpfenning (2597m), durch das Angertal in 5¹/₂ St. (F. 11, bis Böckstein 16 *K*), unschwierig u. lohnend (vgl. S. 173). — Haseck (2118m), MW. von Dorfgastein über *Grub* und die *Mairhofer-A.* in 4¹/₂-5 St. (F. 7 *K*), leicht und lohnend. — Bernkogel (2324m), von Dorfgastein 5 St. (F. 8 *K*), mühsam (s. S. 177).

ÜBERGÄNGE. Über das *Arltörl* (F. 12 *K*) oder die *Rastetzenscharte* (F. 16 *K*) nach *Großarl* s. S. 158. — Durch das *Angertal* und über die *Stanz* nach (6 St.) *Bucheben* s. S. 177 (F. 16 *K*). — Über die *Seebach-* oder *Luggauer Scharte* (1995m) nach (6-7 St.) *Rauris* (S. 177), rote WM. (F. 14 *K*, ratsam).

Die Bahn steigt wieder stärker, um die obere Talstufe zu erreichen. 29km *Personenhaltestelle Hofgastein* (911m; Gasth. Tivoli, s. oben), 20 Min. oberhalb des Orts (Promenadenwege). Blick auf den Gamskarkogel und s.ö. in das Kötschachtal mit Ankogel und Tischlerkarkees. Weiter über mehrere Viadukte, der bedeutendste die 110m l. eiserne Angertalbrücke, 83m über dem brausenden Lafennbach. 33km HS. *Angertal* (975m). L. unten am Ausgang des Kötschachtals (S. 171) die Dörfer *Kötschach* und *Badbrack*, dann über der Erzh. Johann-Promenade hin (S. 170).

40km **Badgastein**. — *Bahnhof* (1088m; Pl. A B 4), auf der oberen Talstufe (S. 171), ¹/₄ St. vom Straubingerplatz; Hotelomnibus warten bei Ankunft der Züge, falls Z. frei sind; Wagen bis Gasteiner Hof einsp. 2.40, zweisp. 3.60, darüber hinaus 3.50, 5.20.

GASTHÖFE (Saison Mai-Ende Sept.; für Juni Vorausbestellung ratsam, für Juli-Aug. notwendig; in der Hochsaison bedeutend erhöhte Zimmer-

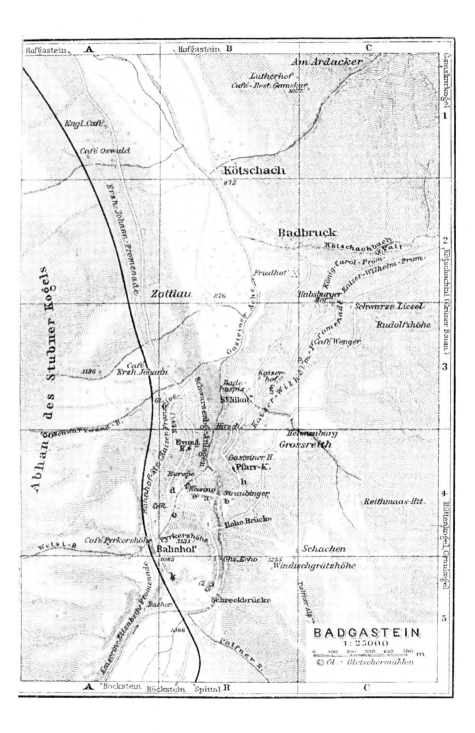

preise): *Kaiserhof (Pl. B 3), am östl. Talabhang, Kaiserpromenade, 15 Min. vom Straubingerplatz, mit freier Aussicht talabwärts, allerersten Ranges, 1. Mai-1. Okt., 150 B. zu 15-30, F. $1^1/_2$, M. 6 K, mit Dependenz *Habsburger Hof* (Pl. C 2, 3; s. unten; 40 B. zu 5-15 K); *H. Straubinger (Pl. B 4), Straubingerplatz, 100 Z. zu 3-10 K, F. 1.40, M. 5 K, mit Dependenz *Austria* (Pl. a), 115 Z. zu 5-14 K; *Badeschloß (Pl. b: B 4; 1794 erbaut; in kais. Besitz, verpachtet, 1863-87 Absteigequartier Kaiser Wilhelms I.), am Straubingerplatz, Familienh. mit 30 Z. und Restaurant; *H. Weismayr (Pl. f: B 4), neben dem Kurkasino, 65 Z. zu 3-10 K; *Gr. H. de l'Europe (Pl. B 4), am westl. Talabhang, mit komfortabler Einrichtung, 15. Mai-15. Sept., 150 B. zu 8-12, F. $1^1/_2$, M. von 4 K an, mit der alten *Villa Solitude* als Dependenz. Am östlichen Talabhang schließen sich jenseit der kathol. Pfarrkirche an: *Gasteinerhof (Pl. B 4), 100 Z. zu 4-10 K, mit Dependenzen und Terrasse; *Hirsch (Pl. B 3), 55 Z. zu 4-8 K, *Germania (Pl. g: B 3), 75 B., F. 1.20, M. 3.50-5 K, beide an der Kaiserpromenade, mit Aussicht. Näher dem Bahnhof: Salzburger Hof (Pl. c: B 4), 50 Z. zu 3-6, P. 7-11 K; Bellevue (Pl. d: B 4), 34 Z. zu 3-5 K. Alle Gasthöfe haben Thermalbäder im Hause (2-3 K) und sind mit Restaurants verbunden, einige auch mit etwas billigeren Wein- und Bierstuben im Unterstock. — Für Touristen: Krone (Pl. B 5), beim Bahnhof, und Touristenheim (vorm. Patschg; Pl. B 5), $^1/_4$ St. vom Bahnhof, einfach.

MIET- & BADEHÄUSER (nur F. zu haben). Westl. vom Straubingerplatz, nach dem Bahnhof hin: Elisabethhof (Pl. e: B 4; 170 Z.), dem Kurkasino gegenüber, Z. 3-10 K; Villa Meran (14 Z.), Villa Victoria (22 Z.), Villa Clara (15 Z.), Annenheim (37 Z.), Angerer (34 Z.), Villa Hollandia (16 Z.). — Unterhalb des Straubingerplatzes: V. Luise (20 Z.), V. Ella (20 Z.). — Am östl. Talabhang, bei und jenseit der kath. Pfarrkirche: Schwaigerhaus (27 Z.), Gruber (45 Z.), Lainer (14 Z.), Moser (36 Z.), Irnberger (30 Z.), Imperial (45 Z.), Villa Dr. Schider (26 Z.), Mühlberger (38 Z.), Villa Dr. Wassing (30 Z.), Laura Windischbauer (20 Z.) u. a. — *Ohne Bäder:* Königsvilla (Pl. k: B 3), 28 Z., mit Restaurant; Waldheim; Villa Rieder; Edelweiß; Villa Gravenegg; Alpenrose; Deutsch; Möller; Villa Frohsinn u. a.

KAFFEEHÄUSER & KONDITOREIEN: *Sponfelder*, bei der Achenbrücke neben dem Kurkasino, mit Terrasse (auch 18 Z.); *Gasteinerhof*, s. oben; *Habsburger Hof* (s. oben), an der Kaiserpromenade, $^1/_2$ St. vom Straubingerplatz, nachm. Musik; *Erzherzog Johann* s. S. 170.

POST und TELEGRAPH am Straubingerplatz. — BANK FÜR OBERÖSTERREICH UND SALZBURG (Agentur für Schlafwagen), gegenüber dem Kurkasino.

KURTAXE bei mehr als 5 täg. Aufenthalt je nach Rang und Titeln 15-52 K. Die Quellen sind seit 1886 in kaiserlichem Besitz. Bäder ($1^1/_2$-3 K) werden nur auf Verordnung eines der Badeärzte verabreicht, vorm. von 4 Uhr früh an. — BADEMUSIK: tägl. 12-1 Uhr und 6-8 abends auf dem Straubingerplatz oder in der Wandelhalle, bei gutem Wetter auch vorm. oder nachm. an den Promenaden. — ELEKTR. BELEUCHTUNG DER WASSERFÄLLE: Di. Do. Sa. 9-10, vom 1. Aug. an $8^1/_2$-$9^1/_2$ Uhr abends. — Besichtigung des *Franz-Josephstollens* (ö. vom Badeschloß), wo die bedeutendsten Quellen zusammenkommen: Di. Do. Sa. 3-4 Uhr nachm.

EVANG. GOTTESDIENST: Juni-Sept. So. 11 Uhr; Wohnung des Geistlichen im ev. Hospiz *Villa Helenenburg*, oberhalb der Kaiserpromenade.

WAGEN, hin und zurück, Böckstein einsp. 6, zweisp. 9 K; Hofgastein 8, 12 K, Grüner Baum (S. 170) 8, 12 K; nur hin $1^1/_2$, 2 K weniger. — FÜHRER: Peter Kogler, Joh. Schweiger, Leonh. Mayer, Joh. Weinig I u. II, Adam Waggerl, Ed. Unterganschnigg in Bad Gastein; Paul Gugganig, Balth. u. Leopold Mayer in Böckstein. — AVS. Gastein.

Badgastein (991-1046 m; 800 Einw.) liegt malerisch am obern Ende des Gasteiner Tals zu beiden Seiten der *Ache*, die mitten im

Ort in zwei großartigen, 63 und 85m hohen Fällen durch die Talschlucht herabbraust, der größere Teil ö. am Fuße des Graukogls, der kleinere, seit Eröffnung der Eisenbahn mehr u. mehr anwachsende Teil w. am Fuße des Stubner Kogls. Die 45-49° C. warmen Heilquellen sind seit dem Mittelalter bekannt und neuerdings durch die alljährlichen Kuren Kaiser Wilhelms I. zu besonderer Berühmtheit gelangt. Ihre bewährte Wirksamkeit bei Nervenleiden, Gicht, Rheumatismus, Altersschwäche wird dem 1898 nachgewiesenen Radiumgehalt des Thermalwassers zugeschrieben. Das Klima ist frisch (Sommermittel $14,_1°$ C.; Mai $10,_4°$, Sept. $11,_6°$) und anregend, aber auch feucht und reich an Niederschlägen. Zahl der Kurgäste jährlich 8000-9000.

Mittelpunkt des Badeverkehrs sind der kleine *Straubingerplatz* (Pl. B4) östl. und die *Wandelbahn* mit dem *Kurkasino* westl. von der Brücke am oberen Wasserfall, den man von ihr gut überblickt. Am östl. Talhang die 1875 vollendete kath. *Pfarrkirche*, hinter der man unten von einem Ausbau zwischen Moser und Gasteiner Hof den unteren Fall gut sieht, und weiterhin die alte *St. Nikolauskirche* (Pl. B3), aus dem Ende des XIV. Jahrhunderts. Am westl. Talhang, wo zwischen dem mächtigen Hot. de l'Europe und Pens. Viktoria die kleine 1873 erbaute *evang. Kirche* sichtbar ist, münden die von Hofgastein kommende Reichsstraße und die Bahnhofstraße. An dem bewaldeten Abhang oberhalb des Elisabethhofs steigt die Fahrstraße nach Böckstein weiter (S. 172), von der l. über die *Hohe Brücke* (Pl. B4) der Fahrweg ins Kötschachtal abzweigt (s. unten). Bei den Erdarbeiten für die Eisenbahn sind sowohl an der Bahnhofstraße wie bei der Böcksteiner Straße mehrere alte Gletschermühlen gefunden worden, deren Lage unser Plan andeutet (Pl. Gl.: A 2, 3; B 5).

Promenadenwege mit vielen Bänken umgeben den Kurort. Am westl. Talhang: r. unterhalb der Reichsstraße die *Schwarzenberg-Anlagen* (Pl. B 3, 4) und weiterhin l. oberhalb der Straße, bei dem Miet- und Kaffeehaus Erzh. Johann beginnend, die *Erzherzog Johann-Promenade*, die am *Café Oswald* (Pl. A 1) endet ($^1/_2$ St.). — Am östl. Talhang zieht sich die *Kaiser Wilhelm-Promenade* (Pl. BC 3, 2) vom Hirschen bis in das Kötschachtal; jenseits des Kaiserhofs ein Kaiser Wilhelm-Denkmal (Pl. D: BC 3); die abzweigenden Wege führen: r. bergan zum Café-Rest. *Schwarze Liesel* (Pl. C 3; $^1/_2$ St. vom Straubingerplatz), hinter dem der Fahrweg von der Hohen Brücke her vorbeiläuft); l. bergab zur *König Carol-Promenade* (Pl. C 2), an den Kötschachfällen hin (über die Brücke zum Café Gamskar s. unten). Im Kötschachtal, $^3/_4$-1 St. vom Straubingerplatz, das besuchte Garten-Café-Restaurant *Grüner Baum*, mit Aussicht talaufwärts bis zum Kesselkees (S. 171). Beim zweiten Zugang zur K. Carolpromenade zeigt der Wegweiser des Café Gamskar hinab nach der Brücke am Hauptfall des Kötschachbachs; auf dem andern Ufer bergan l. in $^1/_4$ St. zum *Café-Rest. Gamskar* (Pl. BC 1; 1027m), einem im Gasteiner Tal weit sichtbaren Neubau mit Terrasse und schönstem Blick auf Badgastein (auch Z.; P. 8-10 *K*). Dem Wirt gehört der alte *Lutherhof* (eigentl. Lodingerhof), einige Schritte weiter.

Auf der oberen Talstufe (80m über Gastein), dem Böcksteiner Becken, das w. vom Hirschkarkopf, ö. vom Hohen Stuhl, südl. vom Radhausberg eingefaßt wird, erstreckt sich die *Kaiserin Elisabeth-Promenade* (Pl. A 5; nächster Zugang von der Bahnhofstr. her, kurz vor dem Bahnhof r. unter der Bahn durch), bei einem im Fels angebrachten Bronzemedaillon der Kaiserin vorüber, am l. Ufer der Ache hin bis nach Böckstein (1¼ St., S. 172). Die Landstraße (s. S. 170) führt jenseit der Abzweigung zur Hohen Brücke und des Gasth. *zum Echo* an einer (r.) überhängenden Felswand vorbei, von der das Rauschen des Wasserfalls wiedertönt. Dann r. Fußpfad zur *Pyrkershöhe* (Pl. B 4; 1131m; Aussicht; Abstieg zum Bahnhof). Die Landstraße teilt sich: r. zum Bahnhof (l. Abzweigung unter der Bahn durch nach der Elisabethpromenade), l. über die Ache, dann unter der Eisenbahn durch, bei den Gasthäusern *Touristenheim* (Patschger, S. 169; 1086m) und *zum Hirschkar* vorüber nach Böckstein (S. 172; 1 St.).

Zwischen dem Straubingerplatz und dem Schwaigerhaus steigen Fußpfade am Abhang aufwärts zum Fahrweg Hohe Brücke-Kötschachtal (S. 170). 2 Min. vor der Brücke zeigt ein Wegweiser r. nach der *Windischgrätzhöhe* (Pl. B C 5; 1255m; 40 Min., steiler Pfad), mit schönem Blick über das Böcksteiner Talbecken auf die Tauern, n. über das Gasteiner Tal bis zum Hochkönig. Bequemer, aber weiter ist der Aufstieg von der Böcksteiner Landstraße aus, jenseit der Ache vor dem Durchgang unter der Eisenbahn links. Von der Windischgrätzhöhe mag man auf dem Wege nach der Palfner Alp (s. unten) noch ½ St. bis zu einer Waldlichtung steigen, wo sich ein freier Blick auf das Naßfeld öffnet.

AUSFLÜGE. — Vom Restaur. Grüner Baum im Kötschachtal aufwärts durch Wald, an der l. jenseit des Bachs aufragenden *Himmelwand* vorbei, in 1½ St. nach der Alp **Proßau** (1295m; Wirtsch.); kurz vor der Alp r. 20 Min. weiter schöner Blick auf den Talabschluß, in den mehrere Bäche in hohen Fällen abstürzen. Hinter der Proßau-A. AV.-Weg über die *Kessel-A.* (1806m), den *Kesselkees* und die *Klein-Elendscharte* (2747m) nach der Osnabrücker Hütte im Maltatal (S. 603; 8½ St., mühsam, F. nötig, 24 *K*). — Am Proßauweg zeigt 40 Min. vom Grünen Baum r. ein Wegweiser über die Kötschach zum *Reedsee* (1840m; 2¾ St., F. 8 *K*, entbehrlich); weiter über die Palfner Scharte zur Palfner A. s. S. 172. — Von der Proßau nach den **Tischlerkarkopf** (3012m), über den Bärensteig, das Tischlerkarkees und die Tischlerkarscharte 7-8 St., schwierig, nur für Geübte m. F. (20 *K*). Die gleichfalls schwierige *Tischlerspitze* (2998m) kann damit verbunden werden (2 St. mehr; F. 35 *K*; vgl. S. 172, 176, 602).

*Gamskarkogel (2465m; 4½ St.; F. 10 *K*, entbehrlich): AVW. vor dem Café Gamskar r. steil bergan durch Wald zur (1½ St.) *Egger-A.* (1643m; Erfr.), dann bequemer. Vgl. S. 168.

Hüttenkogel (2237m), rot MW. unweit der Hohen Brücke von der Straße zum Kötschachtal r. ab, über die *Reihüben-A.* in 3½ St. (F. 8 *K*, entbehrlich), leicht und lohnend. ¾ St. weiter (4¼ St. von Gastein, F. 10 *K*) der **Graukogel** (2497m): Aussicht der vom Gamskarkogel ähnlich, die Gletscher aber viel näher, am Fuß des Berges der Reedsee und der Palfner See. — Übergang ins Kötschachtal (8-9 St., F. 12 *K*): von der

Windischgrätzhöhe zur *Palfner Alp* (1460m, ³/₄ St.), steil bergan zum *Palfner See* (2070m) und zur **Palfner Scharte** (2332m), zwischen Graukogel und Kreuzkogel; hinab zum Reedsee usw. s. S. 171.
Von Böckstein ins **Anlauftal** (Café-Rest. von Barb. Kummetz, auch B., 7-8 Min. vom Bahnhof) hübscher Spaziergang: jenseit der Arbeiterhäuser r. zur Brücke über den *Miörkurbach*, der r. schöne Fälle bildet. Weiter am l. Ufer des Anlaufbachs am Tauernkreuz und (r.) an dem (1 St.) malerischen *Tauernbachfall* vorüber (von hier ab nicht mehr lohnend) bis zur (1¹/₂ St.) *obern Radeck-A.* (1670m; Erfr. und dürftiges Nachtlager), mit Blick auf Ankogel, Tischlerspitze usw. **Ankogel** (3262m), von der Radeck-A. über die *Radeckscharte* (2876m) und den *Kl. Ankogel* (3097m) in 5¹/₂-6 St. (F. von Böckstein 18, mit Abstieg zur Osnabrücker Hütte 26, nach Mallnitz 20 *K*), beschwerlich, nur für Geübte (besser von Mallnitz über das Hannoverhaus, S. 175). — **Tischlerspitze** (*Faschnock*, 2998m), über die *Grubenkarscharte* (2982m) und die SO.-Wand in 5¹/₂-6 St., schwierig, nur für Geübte (F. von Böckstein 22, mit Abstieg zur Osnabrücker Hütte 30 *K*; s. S. 176 u. 602). — Über den **Hohen Tauern** zum **Hannoverhaus**, 8 St., oder direkt nach **Mallnitz**, 7¹/₂ St. von **Badgastein** (F. von Böckstein 14 *K*, für Geübte bei gutem Wetter entbehrlich), unschwierig und lohnend (dem Niedern Tauern vorzuziehen). Im Anlauftal beim Tauernkreuz (s. oben) r. über die Brücke, auf AV.-Weg hinan am *Gr. Tauernsee* (2125m) vorbei zum (4¹/₂ St. von Böckstein) **Hohen** oder **Korn-Tauern** (2470m), mit schöner Aussicht (auf beiden Seiten des Passes ansehnliche Reste einer römischen oder vorrömischen Straße). Hinab zum (¹/₂ St.) malerischen *Kleinen Tauernsee* (2302m), unterhalb dessen Wegteilung: l. zum (2¹/₄ St.) *Hannoverhaus* (S. 175), r. abwärts nach (2¹/₂ St.) *Mallnitz* (S. 174). — Vom Korntauern r. am *Grünecker See* (2312m) und am südl. Fuß der *Gamskarlspitze* vorbei über das *Woiskenkees* zur **Woiskenscharte** (2448m) und hinab zum *Naßfeldhaus* (S. 173), 6-7 St. (F. 14 *K*), mühsam.

Zitterauer Tisch (2409m), von Badgastein w. rot MW. über die *Zitterauer-A.* und das *Hirschkar* in 4 St. (F. 9 *K*, für Geübte entbehrlich), lohnend.

Die Tauernbahn überschreitet die Ache und steigt am östl. Talhang aufwärts nach

Böckstein: 43km *Personenhaltestelle* (1149m), zunächst dem Ort, zu dem ein Fußweg hinabführt; 45km *Hauptstation* (1171m; Bahnrestaur.), ¹/₄ St. im Anlauftal aufwärts unmittelbar beim Tauerntunnel (S. 174), für den Wagenverkehr. Böckstein besteht aus dem seit dem Bahnbau entstandenen östlichen Ort (Scholz' Café-Rest. zur Tauernbahn, auch Z.), den auch die Landstraße von Gastein zuerst berührt, und dem 15 Min. westl. gelegenen alten Dorf (1127m; Gasth.: Kurhaus, mit Garten-Rest., P. 10 *K*; Edlinger, vorm. Mühlberger, P. 5-8 *K*). Auf dem Hügel n. vom Dorf eine Kuppelkirche von 1766 und ein Jagdschloß des Grafen Czernin von 1883; hübsche Blicke nach den Schneebergen des Anlauf- und des Naßfeldtals. Im Dorf nahe der Achenbrücke hat die Verwaltung des jetzt nur noch unbedeutenden Goldbergbaues im Radhausberg ihren Sitz.

In das von der Ache durchflossene Naßfeldtal führt ein schmaler Fahrweg, den bei der Achenbrücke in Böckstein, ¹/₄ St. von der Eisenbahnhaltestelle, ein Wegweiser anzeigt (2 St.). Bei dem (l.) *Café-Rest. Evianquelle* vorüber erreicht man in ¹/₂ St. ein Gatter, bis wohin man von Gastein fahren kann (Einsp. 6 *K*). Weiter auf steilerem Fahrweg (nur für Bergwagen; von Böckstein einsitzig 11, zweisitzig 13 *K* hin u. zurück); r. bleibt die Straubingerhütte. Am

Eingang der Felsschlucht *Asten* bildet die Ache den schönen (1/2 St.) *Kesselfall*. Der Weg tritt auf das l. Ufer. R. an der 100m h. Felswand der zierliche (1/2 St.) *Schleierfall*, der Ausfluß des Pochhardsees. Am (5 Min.) Ausgang der Schlucht, wo die Ache den *Bärenfall* bildet, öffnet sich das **Naßfeld**, ein 3/4 St. langes Hochtal, umgeben von zum Teil schneebedeckten Bergen (von l. nach r. Geiselkopf, Murauerkopf, Sparangerkopf, Schlapperebenspitze mit dem Schlapperebenkees, Strabelebenkopf und Schareck). Der Weg führt nochmals über die Ache und endet nach 8 Min. beim **Erzherzogin Marie-Valerie-Haus** (1605m; *Wirtsch., 20 B. zu 4 *K*; F).

AUSFLÜGE (Tarif vom Valeriehaus). **Herzog Ernst** (2933m), von der (2 3/4 St.) *Riffelscharte* (s. unten) AV.-Weg über den *Neunerkogelgrat* in 1 3/4 St. m. F., unschwierig und lohnend. — *Schareck (3131m), vom Valeriehaus auf dem „Neuwirt-Wege" über den NO.-Grat in 4 1/2-5 St., nur für Geübte (F. 14 *K*); oder vom (4 1/2 St.) *Herzog Ernst* (s. oben) über den NW.-Grat (Drahtseile) in 3/4 St. (F. 18, über den Goldberggletscher zum Sonnblick 24, nach Heiligenblut 32 *K*). Großartige Rundsicht. Abstieg nach *Kolm Saigurn* oder zur *Duisburger Hütte* s. S. 178, 604.

Nach Kolm-Saigurn über die Pochhardscharte, 4 1/2 St., lohnend (F. angenehm, 9 *K*). Vom Valeriehaus r. ins *Siglitztal*, rot MW. hinan zum (1 1/4 St.) *Pochhard-See* (1851m; offne Schutzhütte) und am (3/4 St.) *Obern Pochhard-See* (2061m), mit verlassenen Stollen, vorbei zur (3/4 St.) **Pochhardscharte** (2238m), zwischen l. Seekopf, r. Silberpfenning, mit schönem Blick auf die Rauriser Gletscher, Ankogel usw. (umfassendere Aussicht vom *Silberpfenning*, 2797m, von der Scharte in 1 1/2 St. leicht zu ersteigen; F. entbehrlich). Hinab (gute WM.) über *Filzen-* und *Durchgang-A.* nach (1 1/2 St.) *Kolm-Saigurn* (S. 177).

Über die Riffelscharte nach Kolm-Saigurn (5 St., F. 12 *K*) oder auf den Sonnblick (7 St., F. 18 *K*), nicht schwierig. Vom Valeriehaus an der (1/4 St.) *Moserhütte* (1632m; Erfr.) vorbei im *Siglitztal* steil hinan zur (2 1/2 St.) **Riffelscharte** (2405m), mit prächtiger Aussicht (AV.-Weg l. über den Herzog Ernst auf das Schareck s. oben); hinab auf dem „*Verwaltersteig*" am steilen Abhang der *Riffelhöhe* zum (1-1 1/4 St.) *Neubau* und nach (3/4 St.) *Kolm-Saigurn*, oder auf den (3 St.) *Sonnblick* (S. 178; F. von Gastein bis Heiligenblut 26 *K*).

Nach Mallnitz über den Niedern Tauern, 5 1/2 St., Saumweg, F. bei gutem Wetter entbehrlich, vom Valeriehaus 11 *K*, Pferd von Böckstein bis zum Tauernhaus mit Trkg. 15.60, Mallnitz 21.60 *K* (vom Tauernhaus ist auf dem steilen Weg hergab das Reiten unangenehm). Vom Valeriehaus in 3/4 St. bis zur *Reckhütte* am Südende des Naßfeldes. Der Saumweg, durch Stangen bezeichnet und nicht zu fehlen, steigt in vielen Windungen an steiler Bergwand (oben gute Quelle), zuletzt weniger steil durch das *Eselkar* (rückwärts Hocharn und Pochhardsee) zum (2 1/2-3 St.) **Mallnitzer** oder **Niedern Tauern** (2421m), einem muldenförmigen Sattel mit zwei Handweisern, Grenze zwischen Salzburg und Kärnten. Einige hundert Schritt unterhalb das *Mallnitzer Tauernhaus* (2320m), das jetzt von der AVS. Hagen als *Hagener Hütte* vollständig umgebaut wird. Von hier auf den *Geiselkopf* (2968m) 2 St., leicht und lohnend (s. 174). AV.-Wege w. zur *Feldseescharte* und *Duisburger Hütte* (S. 604), ö. zum *Hohen Tauern* und *Hannoverhaus* im Bau. — Weiter abwärts öffnet sich bald eine Fernsicht nach S. bis zum Triglav; w. der Glockner, tief unten das Mallnitzer Tal. Der Weg führt an der (1 St.) *Mannhart-Hütte* (1840m; S. 175) vorbei (r. der Mallnitzer Weg zur *Feldseescharte* und *Duisburger Hütte*, S. 175), tritt vor der (10 Min.) *Jamniger Hütte* (1748m) auf das r. Ufer des Bachs und führt dann, erst steil hinab, weiter bequem durch Wald und Wiesen, nach 1 St. auf das l. Ufer des Bachs, an der Mündung des *Seebachtals* vorbei (im Hintergrund der Ankogel, S. 175) nach (1/2 St.) Mallnitz (S. 174).

Den höchsten Gipfel des Radhausbergs, den *Kreuzkogel (2686m), besteigt man von Böckstein in $4^1/_2$ St. (F. 11 K): am Naßfeldwege 2 Min. oberhalb der Achenbrücke (Wegweiser) l. steil hinan zum ($2^1/_2$ St.) *Knappenhaus* beim Goldbergwerk (1900m), dann in $2^1/_2$ St. zur Spitze, mit prächtiger Rundsicht. Reiche Flora. Bequemer Abstieg zum Naßfeldhaus (S. 172; F. 11 K).

Die Eisenbahn durchdringt im *Tauerntunnel* (8505m l.; 8-10 Min. Durchfahrt) die Hohen Tauern, den von keiner Straße überquerten südl. Grenzwall Salzburgs, und erreicht im *Seebachtal* (Tunnelmündung 1219m) das Kronland Kärnten. R. Blick ins Tauerntal, l. ins Seebachtal mit dem Ankogel.

58km **Mallnitz** (1178m), der Bahnhof $^1/_4$ St. von dem am l. Ufer des *Mallnitzbachs* gelegenen Dorf (Kirche 1192m; Gasth.: Drei Gemsen, altes Haus, bessere Z. in den Dependenzen; Bäder, Forellenzucht; Alber's Alpenhotel & Touristenheim, B. 1.60-2 K, gelobt; H. Ankogel; Hohenwarters Gasthaus zu den Hohen Tauern; Elise Noisternig), in hübscher Umgebung an der Vereinigung des Tauernbachs mit dem Seebach, Sommerfrische (guter Angelsport). AVS.

SPAZIERGÄNGE. Schöne Rundschau vom Moränenhügel *Heiligersruhe* (10 Min.) und von der Aussichtswarte der S. Mallnitz am *Winklerpalfen*, 15 Min. s.w. am r. Ufer des Tauernbachs. Beim Gasth. Drei Gemsen r. ab, oder am l. Ufer des Tauernbachs hinan, jenseit der Villa Mojsisovics r. zum ($^1/_2$ St.) *Park am Weiher* (1202m), einem hübschen Naturpark am Fuß der Lieskehle. — Über den Seebach (an der Brücke große Wegetafel) zu den Häusern von *Stappitz*, dann am l. Ufer hinan, unter der Tauernbahn hindurch (kurz vorher mündet ein Pfad vom Park am Weiher), dann unweit der Tunnelmündung über den Seebach und am r. Ufer, zuletzt den Weg zum Hannoverhaus (S. 175) l. lassend, zum ($1^1/_4$ St.) *Stappitzer See* (1277m), mit schönem Blick auf Ankogel und Hochalmspitze. Weiter an Wasserfällen vorbei zur ($^1/_2$ St.) *unteren* und ($^1/_4$ St.) *oberen Lassacheralpe* (1343m), in herrlicher Umgebung. — Im Tauerntal (S. 173) hinan zur (2 St.) *Mannharthütte*, s. S. 175. — S.ö. zum (4 St.) *Dössener See* (s. unten).

BERGTOUREN (Führer Josef u. Joh. Gfrerer, Jakob u. Joh. Roßkopf, Ulr. Ladinig, Chr. Manhart, Al. Stranig). — Säuleck (3087m), 7-8 St. (F. 14, bis Maltein 24 K), mühsam aber lohnend: von Stappitz durch das malerische, blumen- und gemsenreiche *Dössener Tal* MW. zur ($3^1/_2$ St.) *Egger-A.* (1983m) und zur ($^3/_4$ St.) *Arthur v. Schmid-Hütte* der AVS. Graz am malerischen *Dössener See* (2281m; Wirtsch., 20 B.), dann l. hinan über Fels, Geröll und Schnee (Wegbau geplant) zum SO.-Kamm und (3-4 St.) Gipfel, mit prächtiger Aussicht; oder auch vom Dössener See r. hinan zur ($1^1/_4$ St.) *Dössener Scharte* (S. 601) und l. an der Gr. Göß entlang zum SO.-Grat und ($1^1/_2$ St.) Gipfel. Abstieg in den *Gößgraben* direkt schwierig, leichter von der Dössener Scharte. — Hochalmspitze (3362m), von der (4 St.) A. v. Schmid-Hütte über die Scharte zwischen Gr. Göß und Säuleck ins Hohe Gößkar, dann über das westl. Trippkees in $4^1/_2$-5 St. (F. 18, mit Abstieg zur Osnabrücker oder Villacher Hütte 22 K), beschwerlich, besser vom Hannoverhaus (S. 175). — Gamskarlspitze (2834m), 5-6 St. (F. 12, bis Böckstein 18 K), beschwerlich: im Tauerntal hinan zur (1 St.) *Stocker-A.* (1285m), dann r. durch Wald steil hinan zur *Passhuber-A.* und *Resmer-A.*, über die Geröllhänge der *Woisken* und das *Woiskenkees* zur (3 St.) *Gamskarlscharte* und über den Westgrat in ($^3/_4$ St.) Gipfel. Schwieriger ist der Anstieg vom *Grünecker See* aus (s. S. 176). Traversierung des Gipfels sehr zu empfehlen. — *Geiselkopf (2968m), 5-6 St. (F. 14 K), von der (2 St.) Mannharthütte über die Feldseescharte (S. 175) in $2^1/_2$ St., oder vom Mallnitzer Tauernhaus (S. 173) in 2 St., nicht schwierig; großartiger Blick nach W. auf die Goldberg- und Glocknergruppe, nach

O. auf die Ankogelgruppe und Hochalmspitze. — **Lonzahöhe** (2177m), 3-4 St. (F. 5, mit Abstieg nach Obervellach 7 *K*), AV.-Weg, beim (20 Min.) Handweiser vom Tauernwege l. ab über den Mallnitzbach, zur *Häusler-A.* (1864m) und über den breiten Rücken zum Steinmandl (andre Anstiege steil und mühsam). Lohnende Aussicht, reiche Flora. — *Feldseekopf* (2855m; 4¹/₂-5 St., F. 12 *K*), *Böseck* (2839m; 5-6 St., F. 10 *K*), *Maresenspitze* (2910m; 5-6 St., F. 10 *K*) und *Lieskehlenspitze* (2403m; 3 St., F. 8 *K*) sind gleichfalls von Mallnitz zu besteigen. — Über die *Dössener Scharte* nach *Maltein* (10 St., F. bis Pflüglhof 17 *K;* Wegbau geplant) s. S. 601 (das *Säuleck* damit zu verbinden, s. S. 174). Über den *Niedern Tauern* oder den *Korntauern* nach *Gastein* (9 St., F. bis Böckstein 12 *K*) s. S. 173, 172.
   Zur Duisburger Hütte, 5¹/₂-6 St. m. F., lohnend. Von Mallnitz w. im Tauerntal hinan, nach ¹/₂ St. aufs r. Ufer, zur (1¹/₄ St.) *Jamniger Hütte* (1748m) und (¹/₄ St.) *Mannharthütte* (1840m; gute Unterkunft, 6 B.), wo r. der Weg vom Mallnitzer Tauernhaus herabkommt (s. S. 173). Von hier auf dem „Walter Böninger-Weg" zur (1¹/₂ St.) **Feldseescharte** (2680m), zwischen l. *Feldseekopf* (2855m; von der Scharte ³/₄ St.), r. *Geiselkopf* (2968m; von der Scharte 1 St., s. S. 174), mit schöner Aussicht nach O. auf Mallnitz und die Hochalmspitze, nach W. auf die Goldberggruppe; hinab auf das Schneefeld unter dem Geiselkopf, dann am Abhange über dem *Wurtental* immer in einer Höhe von ca. 2550m fast horizontal unter den Abstürzen der Murauerköpfe, der Schlapperebenspitze und des Weinflaschenkopfs zur (2 St.) *Duisburger Hütte* (S. 604), Ausgangspunkt für Schareck, Sonnblick usw.; s. S. 604.

Den besten Stützpunkt für Besteigungen auf der Südseite der Hohen Tauern bietet das Hannoverhaus, wohin aus dem Seebachtal (S. 174) 1 St. von Mallnitz (Hdw. „nach Gastein") ein rot bez. Reitweg in vielen Windungen hinaufführt: bei der (1¹/₂ St.) *Victorquelle* (Hdw.) r., über die *Lackenböden* zur (1¹/₂ St.) *alten Hannoverhütte* auf den *Elschesattel* (2510m), dann n. über den Kamm zum (40 Min.) neuen **Hannoverhaus** auf der *Arnoldhöhe* (2719m; Wirtsch., 26 B. zu 3, AVM. 1.50 *K;* Eröffnung 1910), mit prächtiger Aussicht, auch auf die Dolomiten und den Großglockner.

BERGTOUREN (Führer s. S. 174). *****Ankogel** (3262m), von der alten oder neuen Hannoverhütte über das *Lassacher Kees*, die *Radeckscharte* (2876m) und den *Kleinen Ankogel* 2-2¹/₂ St. (F. 10, mit Abstieg zur Osnabrücker Hütte 13, nach Böckstein 20 *K*), für etwas Geübte nicht schwierig, nur die letzte Hälfte beschwerlich. Großartige Rundschau. Abstieg zur *Groß-Elendscharte* oder über den schmalen Ostgrat (Steig), das oberste *Klein-Elendkees* und die *Schwarzhornseescharte* (2670m) zur (3¹/₂-4 St.) *Osnabrücker Hütte* nicht schwierig (s. S. 602); in das *Anlauftal* steil und beschwerlich (s. S. 172).
   *****Hochalmspitze** (3362m), 7-8 St., für Geübte nicht schwierig (F. 14, mit Abstieg zur Villacher oder Osnabrücker Hütte 20, zur Arthur v. Schmidhütte 22 *K*): über die *Groß-Elendscharte* (S. 176) zum *Pleßnitzkees* und an dessen O.-Rande r. ab zum *Kälberspitzkees*, über die *Hannoverscharte* (2911m) zwischen Kälberspitzen und Kärlspitze auf das *Groß-Elendkees*, dann über die *Preimelscharte* (2963m) auf das *Hochalmkees* und r. zum Gipfel. Kürzer (5¹/₂-6 St.) aber schwieriger der *Arnoldweg:* von der Hannoverscharte (s. oben) über das Groß-Elendkees r. zum Fuß des *Groß-Elendkopfs* (3312m), an diesem steil (Stufenhauen) empor, in halber Höhe auf die Lassacher Seite (Drahtseil) und durch eine Schneerunse auf die Hochalmspitze. Abstieg zur (2 St.) *Villacher Hütte* s. S. 602. — Von der Hannoverhütte unter den Westwänden der Hochalmspitze über die *Lassacher* oder *Winkelscharte* (2871m) zur *Arthur v. Schmidhütte* im Dössener Tal (S. 174) 7-8 St. m. F., anstrengend (AV.-Weg im Bau).
   Gamskarlspitze (2824m), 4¹/₂ St. (F. 10, bis Böckstein 14 *K*), schwierig: auf dem Korntauernwege (S. 172) zum *Kl. Tauernsee* (2295m), dann

w. oberhalb des *Grünecker Sees* vorbei über steile Geröll- und Firnhänge und den Südgrat zum Gipfel (s. S. 174). Abstieg auch zum *Woiskenkees* und über die *Woiskenscharte* (S. 172) nach (4-5 St.) Böckstein. — **Grauleitenspitze** (2762m), vom neuen Hannoverhaus in $^1/_2$ St. (F. $1^1/_2$ K), leicht und lohnend. — **Tischlerspitze** (*Faschnock*, 2998m), 5-6 St. m. F. (bis Böckstein 25 K), nur für ausdauernde geübte Steiger, nach Überschreitung des Ankogels vom Klein-Elendkees aus (vgl. S. 172).

Über die **Groß-Elendscharte** ins Maltatal, bis zur Osnabrücker Hütte $3^1/_2$ St. (F. 10 K), leicht und lohnend. MW. vom Hannoverhaus über die *Klanhapscharte* (2529m) zur ($1^1/_2$ St.) **Groß-Elendscharte** (2680m); hinab über das *Pleßnitzkees* ins *Groß-Elendtal* und am Wasserfall des *Fallbachs* vorbei zur ($1^1/_2$ St.) *Osnabrücker Hütte* (S. 601). Beim Wasserfall unter dem Pleßnitzkees (s. oben) führt ein Steig l. hinan an den *Schwarzhornseen* (S. 602) vorbei zur ($1^1/_2$ St.) *Schwarzhornseescharte* (ca. 2580m), mit prächtigem Blick auf die Gletscher des Klein- und Groß-Elendtals (von hier in 1 St. auf das *Schwarzhorn*, S. 602), dann MW. hinab ins Groß-Elendtal zur ($1^1/_4$ St.) *Osnabrücker Hütte* (S. 601; F. 12 K). — Nach Gastein über den *Hohen* oder *Korn-Tauern* 5-6 St. (rote WM., F. für Geübte entbehrlich, bis Böckstein 12 K; vgl. S. 172). Über die *Radeckscharte* (2876m), 6-7 St. m. F. (12 K), beschwerlich, nur für Geübte.

Die Straße von Mallnitz nach Obervellach (S. 604) führt über die Höhe des *Rabisch* (1206m) hinab nach ($^3/_4$ St.) *Lassach* (1012m; Brückenwirt), gegenüber der Mündung des Dössener Tals (S. 174) mit dem Säuleck; dann über den Mallnitzbach (r. Burg Groppenstein und der Groppensteiner Fall, S. 604) ins *Mölltal* und nach ($^3/_4$ St.) *Obervellach*. — Wer von Mallnitz nach *Heiligenblut* (S. 206) will, gewinnt ca. $^3/_4$ St., wenn er von *Lassach* (s. oben) r. ab um den Bergabhang herum, oberhalb der Burg Groppenstein (S. 604) vorbei, direkt nach *Semslach* geht (bis Flattach 2 St., s. S. 604). Für Geübtere schönster Weg über *Feldseescharte*, *Duisburger Hütte* und *Sonnblick*, 13-14 St. bis Heiligenblut; vgl. S. 175).

Die Eisenbahn führt über dem Mallnitztal hin, das in das Mölltal mündet, dann durch den Dössentunnel und hoch oben an dem bewaldeten Abhang des *Mölltals* abwärts (25,5 $^0/_{00}$ Gefäll) über mehrere Viadukte. Herrliche Aussicht über das breite, s.ö. vom Polinik (S. 604) überragte Tal. Vor Obervellach die Burg *Groppenstein* (S. 604). 67km Stat. **Obervellach** (1050m), 360m über dem Ort (S. 604). Weiter zwei Tunnel, zwischen denen man die neu hergestellte Burg *Unter-Falkenstein* und die große Ruine *Ober-Falkenstein* über Stallhofen (S. 603) erblickt. Viadukte, der erste über das *Kapponigtal*, und Tunnel wechseln. 76km Stat. **Penk** (898m), 285m über dem Dorf (S. 603). Den Blick ins Mölltal unterbricht der aus diesem aufragende, von einem Kirchlein gekrönte, bewaldete *Danielsberg* (S. 603). Dann auf hohem Viadukt über den *Rickengraben*, wo sich die Aussicht über das fruchtbare Tal wieder öffnet. 86km Stat. **Kolbnitz** (747m; S. 603). Über den *Rottauergraben* und den *Mühldorfer Bach* (158m l. Viadukt; l. oben das Stahlwerk Mühldorf mit dem Waldschlößchen, S. 603). Jenseit (92km) Stat. **Mühldorf-Möllbrücke** (623m; s. S. 593) erreicht die Bahn den Talboden. — 97km **Pusarnitz** (662m; Puller, Schmölzer), hübsch gelegenes Dorf. Bei *Lendorf* (S. 592) nähert sich die Tauernbahn der breiten *Drau*, an deren l. Ufer sie neben der Südbahn (S. 592) entlang läuft. — 105km *Spittal* und von da nach Villach-Klagenfurt s. S. 591-588; von Villach nach Triest s. R. 111.

32. Die Rauris.

Durch das in seinem mittlern Teil einförmige *Rauris-Tal* führt der eisfreie, aber lange und wenig lohnende Weg über den *Heiligenbluter Tauern* nach (11 St.) *Heiligenblut*. Der s.ö. Talarm (*Hüttwinkel*, s. unten) gehört in seinem obern Teil zu den schönsten Tauerntälern und besitzt im *Sonnblick* einen leicht zu erreichenden Aussichtspunkt ersten Ranges, der zugleich einen der lohnendsten Übergänge nach Heiligenblut vermittelt (16-17 St.: bis Kolm-Saigurn 7½ St., Sonnblick 4½-5, Heiligenblut 4½ St.). — Fahrstraße von Taxenbach nach Rauris, von da Fahrweg bis Bodenhaus; Postbotenfahrt bis Rauris im Sommer 2mal täglich in 2¼ St. (2.70 *K*).

Die Straße von Taxenbach nach Rauris (12,5 km) führt beim Bahnhof Taxenbach (S. 160) über die Salzach, steigt in Windungen zur Höhe der *March* (1013m) und mündet beim (8km) *Landsteg* (s. unten) in die alte Straße von Lend über *Embach* (1013m). — Der nächste und lohnendste Fußweg führt von der HS. *Rauris-Kitzloch* (S. 159) durch die *Kitzlochklamm* (S. 159), auf dem (1 St.) *Landsteg* (890m; einf. Whs.) über die Ache, dann auf der Fahrstraße (s. oben) am l. Ufer, bald mit Aussicht auf Schareck, Hocharn usw., nach (1 St.) **Rauris** (912m; Gasth.: *Alter Bräuer, mit Garten und Aussicht, 16 B. zu 1-2 *K*; Hofmann, gelobt; Neue Post; Heitzmann), alter Markt (550 Einwohner) in hübscher Lage, Sommerfrische. AVS.; PF.

AUSFLÜGE. **Bernkogel** (*Bärenkogel*, 2321m), 4½ St. (F. 8 *K*, ratsam). Von Rauris ö. ins *Gaisbachtal*, nach ¼ St. MW. 1. ab unter dem Grubereck durch Wald hinan zum (3½ St.) *Slatin-Sattel* (2100m) und an der offnen *Bernkogelhütte* (2200m) vorbei zum (¾ St.) Gipfel, mit prächtiger Aussicht. Abstieg ö. über *Kokaser-A.* nach *Dorf Gastein* (S. 167; F. 12 *K*) oder n. durch das *Leitental* nach *Lend* (S. 159; F. 11 *K*). — Über die *Seebach-* oder *Luggauer Scharte* nach (6-7 St., F. 10 *K*) *Hofgastein* s. S. 168.

Bei (1 St.) **Wörth** (942m; Zembacher; Pfeiffenberger, Mineralien zu kaufen) teilt sich das Tal in r. *Seidlwinkel*, l. *Hüttwinkel*. — Über die *Weichselbachhöhe* nach *Bad Fusch* (5-6 St.) s. S. 180.

Im Seidlwinkeltal führt der Tauernweg (bis Heiligenblut 8 St., F. 18 *K*) an der *Schock-A.* und dem *Reiterhof*, weiter am hübschen *Spritzbachfall* vorbei zum (3 St.) *Rauriser Tauernhaus* (1514m); einf. Unterkunft). Von hier n. steiler bergan (schlechter Weg) über die einsame *Annenderwirt-A.* (1813m), dann über Schiefergeröll und Schnee zur (2 St.) *Fuscher Wegscheide* (2420m), wo r. der Weg vom Fuscher Törl einmündet (S. 182), und an einem verfallenen Knappenhaus vorbei zum (¾ St.) *Heiligenbluter Hochtor* (2572m). Hinab nach (3 St.) *Heiligenblut*, s. S. 182.

Im **Hüttwinkeltal** folgt (1¼ St.) das *Frohn-Whs.* (1060m; ordentlich). L. oben bleibt *Bucheben* (1143m; Geßl).

Ö. führt von hier ein nicht beschwerlicher, aber wenig lohnender Weg (rote MW.; F. 9 *K*) über die Stanz (2103m) und durch das *Angertal* nach (6 St.) *Hofgastein* (S. 168).

Der Weg überschreitet die Ache, dann den *Krumelbach* (vorn Ritterkopf, l. Herzog Ernst und Schareck); beim (1½ St.) *Bodenhaus* (1226m; Seidls Gasth., F) über den *Hüttwinkelbach*, dann durch Wald in Windungen bergan, zuletzt mit prächtigem Blick auf den gletschererfüllten Talschluß, nach (1½ St.) **Kolm-Saigurn** (1597m), aufgelassenes Goldbergwerk in großartiger Umgebung

(8 Min. vorher l. *Gasth. Hoher Tauernhof, 42 B. zu 1.60-3, P. 5-8 K; F). Der Aufzug zum Maschinenhaus ist wie dieses selbst verfallen. Der Saumweg steigt l. hinan zum (1½ St.) Neubau (2173m), wo l. der „Verwaltersteig" von der Riffelscharte herabkommt (s. S. 173), und, den Sonnblickweg (s. unten) r. lassend, zum (¾ St.) **Knappenhaus am Hohen Goldberg** (2341m; keine Unterkunft), auf der Moräne des Goldberggletschers, der einen Teil der alten Gruben bedeckt hat.

AUSFLÜGE (Führer, in Kolm-Saigurn: Matthias Mayacher, Jos. Winkler, J. G. Salchegger, Jos. Trigler, Seb. Mühlthaler, Christ. Fleißner, Peter Saupper). Vom Knappenhaus auf den **Herzog Ernst** (2933m), 2 St., unschwierig (F. 9 K). Umfassendere Aussicht vom ***Schareck** (3131m), vom Herzog Ernst in ¾ St., oder vom Knappenhaus über die Fraganter Scharte und das Wurtenkees in 2½ St. (F. 12 K). Vgl. S. 173, 604).

***Sonnblick** (3103m), von Kolm-Saigurn 4½-5 St. (F. 12, bis Heiligenblut 20 K), nicht schwierig. Guter Weg oberhalb des (1½ St.) Neubaus r. ab, über die Zunge des Östl. Sonnblickkeeses zu den Felsen des SO.-Grats, wo die (2 St.) Rojacherhütte (2750m) des Hrn. W. v. Arlt (AV.-Schloß); weiter über das ziemlich steile Vogelmaier-Ochsenkarkees oder (für Geübte) auf dem Gratweg zum (1½ St.) ZITTELHAUS der AVS. Salzburg (ganzjährige *Wirtsch., 20 B. zu 4, AVM. 3 u. 2, u. 19 Matr. zu 2 bzw. 1 K; Eintr. bei Tage 1 K u. 50 h; F), auf dem Gipfel, mit meteorolog. Station I. Ordnung, der höchsten in den deutschen Alpen. Großartige *Aussicht (Panorama von Siegl).

Abstieg über die Sonnblickscharte und das Kl. Fleißkees zum (1½ St.) Seebichlhaus und nach (2½ St.) Heiligenblut (S. 210; F. 20 K), oder über die Tramerscharte (2802m) ins Gr. Zirknitztal und nach (4 St.) Döllach (S. 206; F. 20 K). Über die Riffelscharte ins Naßfeld (4 St., F. 18 K) s. S. 173. Über die Niedere Scharte zur Duisburger Hütte und von da über die Feldseescharte nach (9 St.) Mallnitz (F. 34 K) s. S. 175, 604.

Hocharn (Hochnarr, 3258m), höchster Gipfel der Goldberggruppe, 5-6 St., beschwerlich (F. 12, bis Heiligenblut 23 K). Von Kolm-Saigurn zum Hocharnkees, dann entweder über die Goldzechscharte (2810m) und den Südgrat, oder über den vom Hocharn ö. zum Grieswies-Schwarzkogel (3093m) ziehenden Firnkamm zum Gipfel, mit prächtiger Aussicht. Abstieg zum Seebichlhaus s. S. 210. Vom Hocharn zum Sonnblick über die Goldzechscharte, dann über den Goldzechkopf (3052m) oder um ihn herum über den steilen obersten Firnhang des Kl. Fleißkees in 3-4 St., nur für Geübte (Vorsicht!; F. bis Kolm-Saigurn 22, bis Heiligenblut 28 K).

ÜBERGÄNGE. Von Kolm-Saigurn nach Fragant, 8-9 St. (F. 18 K). Vom (2½ St.) Knappenhaus l. hinan an verlassenen Schachten vorbei, dann über die Wintergasse (Firnfeld) entweder r. zur (1¼ St.) **Niedern Scharte** (2710m), zwischen Goldbergtauernkopf (2770m) und Alteck, oder l. zur (1¼ St.) **Fraganter Scharte** (Goldbergtauern, 2764m), zwischen Goldbergtauernkopf und Herzog Ernst; hinab über das Wurtenkees zur (1 St.) Duisburger Hütte und nach (3 St.) Außer-Fragant (S. 604), oder über die Feldseescharte (S. 175) nach (6-7 St.) Mallnitz.

Nach Heiligenblut lohnendster Übergang über den *Sonnblick (9-10 St., F. 20 K), s. oben und S. 210. Über die Goldzechscharte (8 St., F. 20 K) s. S. 210. — Nach Döllach über die Klein-Zirknitzscharte, 9 St. (F. 15 K). Vom (2½ St.) Knappenhaus über den Goldberggletscher zur (1¼ St.) Niedern Scharte (s. oben) und über das oberste Wurtenkees zur (¾ St.) **Klein-Zirknitzscharte** (2719m); hinab über das

Klein-Zirknitzkees ins *Kl. Zirknitztal*, r. oberhalb des *Großsees* und *Kegelsees* hin, zu den (2 St.) obersten Alphütten (2106m). $^3/_4$ St. weiter abwärts bei der *Untern Kaser-A.* (1588m) vereinigt sich das *Klein-* mit dem *Groß-Zirknitztal;* nun besserer Weg an den *Neun Brunnen* (Wasserfall) vorbei, auf 32m h. Brücke über die Zirknitzschlucht, hinter dem nächsten Bauernhof den Fußpfad l. hinab nach (2 St.) *Döllach* (S. 206). — Über die **Windisch-Scharte** (2727m), zwischen Windischkopf (2860m) und Tramerkopf (2838m), oder die **Brettscharte** (2802m), zwischen Tramerkopf und Goldbergspitze (3066m), hinab ins *Groß-Zirknitztal* und nach (8-9 St.) *Döllach*, beide mühsam (F. 15 K).

Nach Gastein über die *Pochhardscharte* oder die *Riffelscharte* (6-7 St.; F. ins Naßfeld 7, bis Böckstein 9 K) s. S. 173.

33. Das Fuscher Tal. Von Ferleiten nach Heiligenblut.

Der sehr zu empfehlende Besuch des **Fuscher Tals* wird meist mit einem der Tauernübergänge verbunden (S. 181). FAHRSTRABE bis *Ferleiten* (17km; Post von Bruck-Fusch im Sommer 2 mal tägl. in 3 St., 3 K; auch Omnibus vom Gasth. Lukashansl 2 mal tägl., 3 K) und zum *Bad Fusch* (12km; Post im Sommer tägl. in $2^3/_4$ St., 3 K). — OMNIBUS von Zell am See nach Ferleiten im Sommer (15. Juli-1. Sept.) 2 mal tägl. (6 U. früh u. 3 U. nachm.) in $3^1/_2$ St. (4 K, hin u. zurück 7 K). — ZWEISP. von Bruck nach Ferleiten oder Bad Fusch 16, von Zell am See 30 K.

Bruck-Fusch (757m) s. S. 160. Die Straße führt am l. Ufer der *Fuscher Ache* über *Judendorf* (Whs.) zum (7km) Dorf **Fusch** (807m; *Gasth. Imbachhorn, 50 B. zu 1.50-3, P. o. Z. 4 K; Embacher, einf.). AVS. Fusch. Hinter der Kirche (20 Min. w.) der sehenswerte *Hirzbachfall;* 25 Min. n.ö. die *Sulzbachklamm* mit Wasserfall.

FÜHRER: Georg Schranz, Jakob Oberhollenzer, Alois Heugenhauser, Seb. Mühlthaler; gleicher Tarif wie von Ferleiten, wohin für die von dort ausgehenden Touren die Führer das Gepäck gratis bringen.

In dem w. sich öffnenden *Hirzbachtal* führt ein Fahrweg (F. bis zur Gleiwitzer Hütte 7 K, unnötig; Sesselwagen bis zur Hirzbach-A. 10, hin und zurück 13 K) am Hirzbachfall vorbei viel durch Wald (lohnender Abkürzungsweg durch die malerische Hirzbachklamm, 40 h) zur ($2^1/_2$ St.) *Hirzbach-A.* (1708m), in schöner Lage; von hier Reitweg w. hinan zur ($1^1/_2$ St.) **Gleiwitzer Hütte** der AVS. Gleiwitz (2250m; *Wirtsch., 14 B. zu 4, AVM. 2 K, u. 8 Matr.). — AUSFLÜGE. ***Imbachhorn** (2472m), von der Gleiwitzer Hütte 1 St., leicht (F. ab Fusch 10 K, unnötig): guter Reitweg über die (40 Min.) *Brandlscharte* (2351m) zum (20 Min.) Gipfel, mit prächtiger Rundsicht (Panorama von Baumgartner, 1 K). — Abstieg vom Imbachhorn n.ö. auf MW. über den *Türkelkopf* und die *Wachtberg-A.* nach ($3^1/_2$ St.) *Bruck-Fusch* (S. 160); oder von der Brandlscharte auf AV.-Weg w. im Zickzack zum *Roßkopf* (1998m), dann l. durch Wald zum ($3^1/_2$ St.) *Kesselfall-Alpenhaus* (S. 184; F. 15 K).

*Hochtenn (3371m), $5^1/_2$-6 St. m. F. (ab Fusch 20-21 K), nur für Geübte. Von der Gleiwitzer Hütte südl. auf gutem Wege 40 Min. taleinwärts und auf versichertem Steige und mehreren Holzleitern zur Scharte oberhalb des *Spitzbretts* (2517m); dann auf dem durch Drahtseil versicherten Grat der Spitzbrettwand an deren Ostseite zur ($2^1/_2$ St.) *Jagerscharte* (2737m) und auf dem N.-Grat fast bis zur Höhe des *Bauernbrachkopfs* (3126m), stets mit prächtiger Aussicht (Max Hirschelweg zum Moserboden s. S. 180). Nun r. um den Bauernbrachkopf herum (1 St.) *Hirzbachtörl* (3042m), zwischen Bauernbrachkopf und Hochtenn, und weiter über den *Kleinen Tenn* und den NW.-Grat (Drahtseil und Eisenstifte) zur ($1^1/_2$ St.) *Hochtenn-Schneespitze* oder *Gletschergipfel* (3322m), von da zur (1/2 St.) *Hochtenn-Bergspitze* (3311m), mit großartiger Aussicht. — Abstiege vom Hochtenn ö. über das *Zwingköpfl* (3130m) und die *Walcher Bratschen* (MW.) zur *Walcher-A.* und nach (3½ St.) *Ferleiten* (s. unten; F. 22 *K*), oder vom Zwingköpfl n.ö. durch die *Schmalzgruben* zum (3½ St.) *Bären-Whs.* (s. unten); schwieriger vom Zwingköpfl n. am *Bratschenkopf* (2709m) entlang zum *Brechelboden* und zur (4 St.) *Hirzbach-A.;* oder vom Brechelboden über die *Streicheckhöhe* zur (4½ St.) *Gleiwitzer Hütte.* Sehr schwierig sind die Abstiege nach W. von der Hochtenn-Bergspitze über das *Wiesbachschartl* (3032m) zur *Rainerhütte* oder zum *Moserbodenhotel* (S. 184; F. 32 *K*); noch schwieriger, aber hochinteressant, die Gratwanderung über die *Kleine* und *Große Wiesbachhorn* zur *Mainzer Hütte* (S. 182; F. bis Ferleiten 45 *K*) oder zum *Heinrich Schwaigerhaus* (S. 185; F. 50 *K*).

Von der Gleiwitzer Hütte zum Moserboden 6-7 St. auf dem „Max Hirschelwege" der S. Gleiwitz, für Geübte lohnend (F. nötig, ab Fusch 17 *K*). Von der Höhe am Bauernbrachkopf (S. 179) südl. im Zickzack hinab durch die Bratschen und über Geröll, dann ziemlich eben über Rasenhänge zur *Hauseben,* am Ende des *Wielingerkees* auf fester Brücke über den Gletscherbach zum *Münchner Weg* und auf diesem r. zum (6 St.) Moserboden, l. hinauf zum (7 St.) Heinrich Schwaigerhaus (S. 185).

[Fahrstraße (Fuhrwerk s. S. 179) gleich oberhalb des Dorfs l. ab über die Ache und an der Ostseite des Tals bergan, mit schönen Blicken auf Hochtenn und Wiesbachhorn, zum (1 St.) **Bad Fusch** oder **St. Wolfgang** *im Weichselbachtal* (1231m; Gasth.: *H. Weilguni, 15. Mai-15. Sept., 150 B. zu 2-5, P. 9-11 *K*; *H. Grimm zur Post, P. von 6 *K* an), Luftkurort mit 5 indifferenten Kalkquellen (5-7° C.) und gutgehaltenen Promenadenwegen (Kurtaxe bei mehr als 3 täg. Aufenthalt 10 oder 7, Begleitung 4 und 2 *K*). PTF.

Ausflüge (Führer Peter Gschwandtner, Joh. Langegger). Zum (20 Min.) *Restaur. Leberbründl.* — Über die *Thallmayerhütte* und *Marienhütte* zur (1½ St.) *Dierzerhütte,* zurück über die *Embach-A.* (Erfr.). — *Loninger-A.* — Über die *Reiter-A.* (Erfr.) auf das (1 St.) **Kasereck** (1585m); oben die *Hildahütte.* Von hier neuer MW. auf die (1½ St.) *Guteben* (1884m), mit schöner Rundsicht; hinab nach (2½-3 St.) Dorf Fusch. — Auf das *Kühkarköpfl (2264m), mit sehr lohnender Aussicht, 3-3½ St. (F. 5 *K*), MW. über die Reiter-A., *Gmachl-A.* und die aufgelassene *Adelenhütte* zum östlichen Gipfel, mit der offenen *Karl Rasthütte.* — *Schwarzkopf (2763m), 4½ St., etwas mühsam (F. entbehrlich, 8, hinab nach Ferleiten 10 *K*): mark. AVW. s.ö. zur *Rieger-A.* (1791m), weiter durch eine Talenge, über Geröll und die *Grünkarscharte* zum Gipfel, mit großartiger Aussicht. Abstieg von der Grünkarscharte über die *Durcheck-A.* nach (2 St.) *Ferleiten,* s. 181. — Vom Bad Fusch nach *Wörth* in der Rauris (S. 177) über die **Weichselbachhöhe** (2217m), 5½ St., lohnend (blaue WM., aber F. angenehm, 10 *K*). — Vom Bad Fusch nach Ferleiten (1½ St.) auf dem aussichtreichen *Fürstenwege,* am Walde entlang zur Fahrstraße, nicht zu fehlen (vormittags schattig, mehrfach Handweiser).]

Vom Dorf Fusch weiter am l. Ufer, dann über die Ache, am (11km) *Bärenwirt* (821m; gelobt) vorbei und auf der O.-Seite des Tals oberhalb der *Bärenschlucht* (durch diese auch schattiger Fußweg, 40 h) hinan zum Talboden von (17km) **Ferleiten** (1151m; *Gasth. Lukashansl, am r. Ufer der Ache in freier Lage, 20. Mai-15. Okt., 70 B. zu 1.20-4, P. 7-8 *K*, PTF; *Bernsteiners Tauerngasthof am l. Ufer, 1. Mai-15. Okt., 80 B. zu 1.40-3, P. 5-8 *K*), mit schönem Blick auf den Talschluß (S. 181).

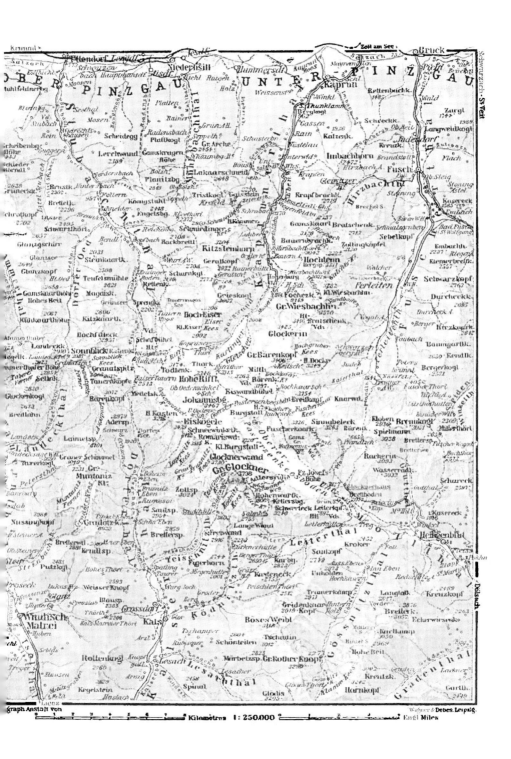

Ausflüge (Führer Johann u. Josef Burgsteiner, Georg u. Johann Embacher, Josef Granitzer, Sebastian Herzog, Egidius Hölzl, Johann Hutter, P. u. R. Mitterwurzer, Georg Rieß, Johann Laimgruber, P. Mitteregger, Jos. Rathgeb, Al. u. Jos. Voithofer, Jos. Reichholf, Georg Lechner, Jakob Oberhollenzer, Ant. Unterberger, Johann Machreich). Ebener Spaziergang zum (20 Min.) *Oberstall-Wasserfall* (Blick auf das Wiesbachhorn). — Schöne Aussicht von der (2 St.) **Oberen Durcheck-A.** (1827m; Erfr.); guter Weg (bis 9 vorm. schattig) von Ferleiten an der ö. Talwand in Windungen hinan, an der (³/₄ St.) *Glocknerbank*, mit reizender Aussicht, vorbei; 5 Min. hinter der untern Alp (1414m) l. durch das Gatter. Bei der Quelle 2 Min. hinter der Alphütte guter Blick auf das Steinerne Meer, den Watzmann usw. MW. von der Durcheck-A. über die Grünkarscharte auf den (3 St.) *Schwarzkopf* (S. 180). — ³/₄ St. w. am Wege zur *Walcher-A.* (s. unten) die hübschen Fälle des *Ferleitenbachs*. — Zur (2 St.) *Trauneralpe* s. unten. — Ins **Käfertal** (s. unten), lohnend: vom Wege zur Pfandlscharte beim (1 St.) Hdw. r. ab, über Wiesen hinan zur (¹/₂ St.) *Judenalpe* (1490m), dann am Abhang entlang noch ¹/₄ St. weiter ins Bockkar. Imposante Wasserfälle und Eislawinen. — Zur *Mainzer Hütte* (3¹/₂ St.), bequemer, gut mark. Reitweg, F. unnötig, s. unten. — **Hochtenn** (3371m), von Ferleiten über die *Walcher-A.* (1800m) und *Walcher Bratschen* in 7-8 St. (F. mit Abstieg nach Dorf Fusch 20, zum Kesselfallhaus 24, Moserboden 28 *K*), schwierig (besser von der Gleiwitzer Hütte über das Hirzbachtörl, S. 179).

Von Ferleiten zum Glocknerhaus über die Pfandlscharte, 6¹/₂ St. (F. 12 *K*), für Ungeübte mühsam, aber lohnend (übernachten im Gasth. Trauneralpe; besser in umgekehrter Richtung, s. S. 209), 10 Min. vom Lukashansl-Gasth. über die Ache und am l. Ufer aufwärts, an den Handweisern (20 Min.) r. zur Mainzerhütte (s. unten), (15 Min.) l. zum Hochtor (s. S. 182) und (10 Min.) r. ins Käfertal (s. oben), vorbei; 15 Min. weiter wieder über die Ache (1271m) und scharf bergan zum (³/₄ St.) *Gasth.* **Traunerâlpe** (1541m; 10. Juni-30. Sept., 25 B. zu 2-5, P. 6-8 *K;* F), mit herrlichem Blick in das *Käfertal* (s. oben) mit dem *Fuscher Eiskar*, seinen Wasserfällen und seiner großartigen Umrahmung (von l. nach r. Sinnabeleck, Fuscherkarkopf, Breitkopf, Hohe Docke, Bratschenkopf, Gr. und Kl. Wiesbachhorn, Hochtenn). Von hier Fußpfad r. bergan (bis zum Gletscher kann man reiten) über den *Pfandlboden*, r. in der Tiefe der Pfandlbach; nach 2¹/₂ St. erreicht man das *nördl. Pfandlscharten-* oder *Spielmannkees* und in einer weitern Stunde (5¹/₂ St. von Ferleiten) die **Untere Pfandlscharte** (2665m), zwischen r. Bärenkopf (2872m), l. Spielmann (3028m). Nun quer über das *südl. Pfandlschartenkees*, dann auf Reitweg über Moränenschutt, Geröll und Rasen, mit Aussicht auf Schobergruppe, Glockner und Pasterze, hinab zum (1¹/₄ St.) *Glocknerhaus* (S. 207). — Bei trocknem Wetter kann man durch das *Naßfeld* zur (1 St.) *Franz Josefshöhe* absteigen (s. S. 207; 20 Min. unter der Pfandlscharte r. hinab; F. 3 *K* mehr).

Von Ferleiten zum Glocknerhaus über den Hohen Gang und die Bockkarscharte, 9 St., großartige Gletscherwanderung, für Geübte nicht schwierig (F. 18 *K*). Rot mark. Reitweg (F. unnötig), beim Handweiser (s. oben) r. ab, an der *Vögal-A.* (1275m) vorbei in bequemen Windungen bergan zur (3¹/₂ St.)

Mainzer Hütte (früher *Schwarzenberghütte*) der AVS. Mainz (2388m; *Wirtsch., zwei Häuser, im neuen Schlafhaus 22 B. zu 5 u. 4, AVM. 2.50 u. 2, im alten Hause 14 Matr. zu 2 bzw. 1 K), in prächtiger Lage am *Hochgruberkees* unter der Hohen Dock.

BERGTOUREN von der Mainzer Hütte. *Hohe Dock (3349m), 3 St. (F. von Ferleiten 16 K), unschwierig und sehr lohnend; neue Weganlage der S. Mainz, beim Remsschartl (s. unten) r. ab, in Windungen hinan zum Vorgipfel (3266m) und längs des Grates zur Spitze, mit herrlicher Aussicht über die ganze Glocknergruppe. Abstieg w. zu der Scharte (3233m) zwischen Hoher Dock und Gr. Bärenkopf, dann über das Bockkarkees zur (1 St.) *Bockkarscharte* (s. unten), oder n.w. zur *Gruberscharte* und von dort zur *Wielinger Scharte* und zum *Heinrich Schwaigerhaus* (vgl. S. 185, 208). — *Großes Wiesbachhorn (3570m), 5-6 St. (F. 22, mit Abstieg zum Moserboden 26, zum Glocknerhaus 30 K), unter normalen Verhältnissen für Geübte ungefährlich: von der Mainzer Hütte AVW. über das *Hochgruberkees* an den *Bratschenwänden* hinan (Drahtseile) bis fast zur Spitze des *Vordern Bratschenkopfs* (3403m), dann r. über den Firn des *Teufelsmühlkees* gegen die *Wielingerscharte* und r. hinan über Firn und Fels zum (1 St.) Gipfel (leichter über die Hohe Dock, s. oben u. vgl. S. 208). — *Gr. Bärenkopf* (3406m; F. 16 K), *Fuscherkarkopf* (3336m; F. 18 K), *Vorderer* (3403m) und *Hinterer* (3416m) *Bratschenkopf* (F. je 20 K) sind gleichfalls von der Mainzer Hütte zu ersteigen.

Von der Mainzer Hütte MW. über das *Remsschartl* (2640m) und den *Hohen Gang* (breites Felsband) zum *Bockkarkees* und zur (2½ St.) **Bockkarscharte** (3046m), mit prächtiger Aussicht (umfassender vom *Eiswandbühel*, 3197m, von der Scharte w. leicht in ½ St.). Hinab über den Pasterzengletscher (r. der *Gr. Burgstall* mit der Oberwalderhütte, S. 208) und am Gehänge des Fuscherkarkopfs zur (1½ St.) *Hofmannshütte*, zum (1 St.) *Franz Josefshaus* und (¾ St.) *Glocknerhaus* (S. 207).

Von Ferleiten über das Hochtor nach Heiligenblut, 8½-9 St. (F. 13 K, für Geübte bei gutem Wetter entbehrlich), bis zum Fuscher Törl lohnend (Proviant mitnehmen). Beim (¾ St.) Handweiser (S. 181) vom Wege zur Traueralp l. ab über die Ache und r. bergan (MW.), mit schönen Ausblicken, zuletzt l. umbiegend durch das *Untere Naßfeld* zum (2½ St.) *Petersbrunnen* (1994m). Prächtiger Blick auf das großartige Amphitheater von Gletschern und Schneebergen vom Brennkogel bis zum Hochtenn. Von hier durch das *Obere Naßfeld* zum (¾ St.) **Fuschertörl** (2405m) zwischen r. *Brennkogel* (s. unten), l. *Bergerkogel* (2571m); kurz vorher erscheint r. plötzlich der Großglockner. Hinab r. zur (35 Min.) *Fuscher Eislacke* (Quelle) und am Fuß des Brennkogels entlang, dann wieder hinan zum (¾ St.) *Mittertörl* (2386m) und über Geröll zur (¾ St.) *Fuscher Wegscheide* (2420m; Handweiser), wo l. der Weg aus der Rauris heraufkommt (S. 177); hier r., zuweilen über Schnee hinan zum (¾ St.) **Heiligenbluter Hochtor** (*Bluter Tauern*, 2572m); Aussicht beschränkt. Hinab zum (20 Min.) *Samerbrunnen* (2416m), unterhalb über den Tauernbach und l. am Abhang hin, bald mit schönem Blick auf den Großglockner, zur (¾ St.) Kapelle am *Kasereck* (1914m), wo sich der Blick ins Mölltal öffnet, und l. hinab nach (¾ St.) *Heiligenblut* (S. 206).

Der **Brennkogel** (3021m), mit sehr lohnender Aussicht, ist vom *Mittertörl* (s. oben) über den NO.-Grat in 2 St. zu ersteigen (F. 16 K, s. S. 209).

Nach Kaprun über die *Keilscharte* (3186m), von der Mainzerhütte zum H. Moserboden 5 St., beschwerlich; besser über die *Bockkarscharte* und das *Rifftor* (3115m; S. 209), 7 St. bis zum H. Moserboden (F. 24 K); oder, für Geübte, über den *Vordern Bratschenkopf* und die *Wielingerscharte* (auf das *Wiesbachhorn* s. oben u. S. 185) zum *Heinrich Schwaigerhaus* und (7 St.) *Moserbodenhotel* (S. 184).

34. Das Kapruner Tal.

Der Besuch des *Kapruner Tals* und *Moserbodens* ist von Zell am See aus sehr zu empfehlen: bis zum Moserboden und zurück, wenn man bis zum Abend im Kesselfall-Alpenhaus bleibt, eine lange Tagestour; besser in 1½ Tag mit Übernachten im Kesselfall-Alpenhaus: Abfahrt von Zell 3.30 oder 6.05 nachm., Besichtigung der Sigmund Thun-Klamm, abends elektr. Beleuchtung des Kesselfalls; am andern Morgen früh vor 6 U., wo der Weg noch kühl und schattig ist, hinauf zum Moserboden. — Fahrstraße („Kaiser Franz-Josephstraße") bis zum (18km) Kesselfall-Alpenhaus; von da schmaler Fahrweg („Fürst Liechtensteinweg") für Sesselwagen bis zum (3 St.) Moserboden. OMNIBUS von Zell am See (Abfahrt vom Verkehrsbureau am Marktplatz) zum Kesselfall-Alpenhaus vom 16. Juli bis 31. August 5 mal, 1. Juni - 15. Juli u. 1.-20. Sept. 3 mal tägl. in 2½ St. (mit Aufenthalt an der Sigmund Thun-Klamm), zurück in 1 St. 40 Min.; Eilfahrt (vierspännig) 3.90, Hin- u. Rückfahrt 6.90, zweispänn. 3.40 u. 6.30 K (Rückfahrkarten gelten 8 Tage). — EINSPÄNNER von Zell zur Sigmund Thun-Klamm und zurück mit 1 stünd. Aufenthalt 9, Zweisp. 12 K, zum Kesselfall-Alpenhaus 12 u. 17, hin und zurück mit 3 stünd. Aufenthalt 16 u. 23, ganzer Tag 17 u. 28, Übernachten 3 u. 5 K. Reittier vom Kesselfall-Alpenhaus zum Moserboden und zurück 16, Sesselwagen 20 K.

Zell am See s. S. 160. Die Straße nach Kaprun kreuzt die Pinzgauer Lokalbahn bei der HS. *Bruckberg* (r. Denkmal für Kaiser Franz Joseph, mit Reliefporträt) und führt durch das Moos, auf der *Mayreinödbrücke* (758m; Whs.) über die *Salzach*, dann langsam steigend an der Berglehne entlang, hinter dem halbverfallenen *Schloß Kaprun* (786m) abwärts zum (9km) Dorf **Kaprun** (763m; Gasth.: Zum Kitzsteinhorn, 15 B. zu 1-1.20, P. 6-7 K; Neuwirt Orgler, Mitteregger), am Talausgang auf beiden Ufern der *Kapruner Ache* hübsch gelegen.

Die „Kaiser Franz Joseph-Straße" führt am r. Ufer der Ache eben fort und steigt dann in Windungen den das Tal absperrenden *Birkkogel* (953m) hinan. Bald nach Beginn des Anstiegs (2km von Kaprun, 1¼-1½ St. Fahrens von Zell) zeigt eine Tafel r. den 150 Schritt langen Weg zur *Sigmund Thun-Klamm*, nach dem ehem. Statthalter von Salzburg Grafen Sigm. Thun (S. 124) benannt (die Fahrgäste steigen aus, gehen in 15 Min. durch die Klamm und steigen am obern Ende wieder ein; Schirm mitnehmen). Vom Eingangstor (Eintr. 60 h, für Thunklamm u. Kesselfall 1 K) gelangt man alsbald in den großartigsten Teil der durch bequeme 350m l. Steganlagen zugänglich gemachten Schlucht, durch die der wasserreiche Bergstrom donnernd hinabstürzt. Die Straße steigt in Windungen, überschreitet die Klamm auf der (10,5km) *Bilinskibrücke*, tritt 5 Min. weiter wieder auf das r. Ufer der Ache (l. mündet hier der Klammweg, s. oben) und führt durch das Hochtal der (15km) *Wüstelau* (874m; r. Fall des Grubbachs; zur Salzburger und Krefelder Hütte s. S. 184). 12 Min. oberhalb beim *Gasth. zum Kaprunertörl* (29 B. zu 1.20-2, P. 5-7 K, gelobt) tritt die Straße in den *Ebenwald* und steigt, am *Käskeller* (Felsloch) vorbei, in großer Kehre zum (18km) **Kesselfall-Alpenhaus** (1056m; Hotel

1. **Ranges**, 75 B. zu 3-6, P. 9-13 K; PTF), in schön bewaldetem engem Tal; einfache Touristenzimmer in dem Hause neben der Kapelle. R. führen Treppen hinab in die Schlucht zum *Kesselfall (Eintr. 60 h; abends 9-9.30 elektrische Beleuchtung, sehenswert).

AUSFLÜGE (Führer s. S. 185). Vom Kesselfall-Alpenhaus führt ein mark. Reitsteig („Erzherzog Rainerweg") durch Wald und über die Hänge der Breitwiesenalp steil hinan zur (2 St.) kleinen *Salzburgerhütte* des OTK. auf der obern *Hänsel-A.* (1857m; Wirtsch.), wohin auch MW. des OTK. von der Wüstelau (S. 183) durch das *Grubbachtal* in 3 St. Von hier am NW.-Abhang des *Gaissteins* (2230m); von der Krefelder Hütte in $^1/_2$ St. zu erreichen, prächtige Aussicht) zur ($1^1/_4$ St.) **Krefelder Hütte** auf dem *Roßkopf* (2290m; *Wirtsch., 20 B. und 10 Matr.; F), in schöner Lage. — BERGTOUREN. *Kitzsteinhorn (2304m), 3-$3^1/_2$ St., für Geübte nicht schwierig (F. 18 K): von der Hütte in $^3/_4$ St. zu dem sanft ansteigenden *Schmiedinger Kees* und über den NW.-Grat (Drahtseile) zum ($2^1/_2$ St.) Gipfel, mit großartiger Rundsicht. Steiler Abstieg (nur für Schwindelfreie) direkt zum Wasserfallboden oder Moserboden (F. 20 K). — *Schmiedinger* (2960m) und *Maurerkogel* (3001m), über das Schmiedinger Kees in je $2^1/_2$ St. (F. 15 K), beide unschwierig und lohnend. — Von der Krefelder Hütte zum *Moserboden*, AV.-Weg in $3^1/_2$ St., s. S. 185. — Von der Krefelder Hütte AV.-Steig w. zur $^3/_4$ St. *Lakarscharte* (2493m), von wo Abstieg durch das *Mühlbachtal* nach (3 St.) *Niedernsill* (S. 186).

Vom Kesselfall-Alpenhaus zur Gleiwitzer Hütte $4^1/_2$ St. (F. 8 K). nicht schwierig: AV.-Weg (rot mark.) durch Wald hinan um den *Roßkopf* (1998m) herum zur (4 St.) *Brandlscharte* (2351m), von wo das *Imbachhorn* (2472m) in 20 Min. leicht zu ersteigen ist (s. S. 179); von der Scharte hinab zur ($^1/_2$ St.) *Gleiwitzer Hütte* und nach (3 St.) Dorf *Fusch* (S. 179).

Die Fahrstraße für Zweispänner endet hier; der schmalere Fahrweg („Fürst Liechtenstein-Weg"; Wegezoll für Fußgänger 10 h) zum (3-$3^1/_2$ St.) Moserboden überschreitet die Ache und steigt erst durch Wald, dann schattenlos in steilen Kehren hinan; oben am ($1^1/_2$ St.) *Königsstuhl* öffnet sich der Blick auf die Gletscher; schöner Rückblick bis zum Steinernen Meer. Weiter am l. Ufer zur (20 Min.) *Limberg-A.* (1568m; Erfr.), am Beginn des *Wasserfallbodens* (l. das Wiesbachhorn), und fast eben fort (am r. Ufer bleibt die *Bauern-A.*) zur (25 Min.) *Orglerhütte* und der (6 Min.) *Rainerhütte* (1621m; beide dem Orglerwirt in Kaprun gehörig, zusammen 50 B. zu 1.60-2 K, einfach). Schöner Blick auf Hochtenn, Wielinger Kees, Fochezkopf, Gockerin und Bärenköpfe; r. im Hintergrund des Tals Wasserfälle der Ache und des Ehmatbachs.

Der Fahrweg tritt nun auf das r. Ufer und steigt in einer langen Kehre bis zum ($1^1/_4$ St.) *H. Moserboden* (50 B. zu 3-8, P. 10-15 K, im Touristenhaus B. 2-$2^1/_2$ K, recht gut; Zimmerkarten im Kesselfallhaus und in Zell am See; F) am Eingang der obersten Talstufe, des *Moserbodens (1968m). Der Blick auf den prächtigen Berg- und Gletscherkranz, der den von zahlreichen Wasseradern durchzogenen Talboden umgibt, ist großartig (von l. nach r. Hochtenn, Fochezkopf, Hinterer Bratschenkopf, Glockerin, Bärenköpfe, Riffltor, Hohe Riffl, Torkopf, Kapruner Törl, Eiser, Grieskogel, Kitzsteinhorn); im Mittelgrund das große *Karlinger Kees*, das sich in imposantem Absturz vom Riffltor herabsenkt. R. führt ein Weg am *Kaiserstein* vorbei (Gedenktafel an den Besuch des Kaisers

Franz Joseph 1893) bis zum ($^3/_4$ St.) Gletscher (2008m), wo r. neben dem Fochezkopf das Wiesbachhorn sichtbar wird. Begehung des Gletscherendes ganz unbedenklich.
Guter Überblick des Moserbodens von der *Höhenburg (2110m), dem Querriegel, der den Wasserfallboden vom Moserboden scheidet (beim Hot. Moserboden l. hinan, $^1/_2$ St.). Von hier erblickt man auch über dem Riffltor den schneebedeckten Johannisberg.

Ausflüge (Führer: Josef Hetz, Thomas und Josef Altenberger, Johann Maierhofer, Franz und Kaspar Nußbaumer, Georg Höller, P. Mitteregger, Josef Schranz, G. Mayrhofer). — Vom Moserboden zur Krefelder Hütte, 4 St. (F. ratsam). AV.-Steig, zuerst mäßig ansteigend, dann steiler zur (3 St.) *Kammerscharte* (2636m), südl. von der *Hohen Kammer* (2638m); hinab zum *Schmiedingerkees*, das man in 20 Min. überschreitet (l. halten!), und in einer weitern $^1/_2$ St. zur *Krefelder Hütte* (S. 184).

*Großes Wiesbachhorn (3570m), vom Moserboden 5-5$^1/_2$ St. (F. 18, mit Abstieg nach Ferleiten 24, zum Glocknerhaus 30 K), nur für Geübte. Vom H. Moserboden AVW. zum (2$^1/_2$ St.) *Heinrich Schwaigerhaus* der AVS. München (2959m; Wirtsch., 12 B. zu 6 und 4 Matr. zu 4 K, AV.-Mitgl. die Hälfte; Eintr. 40 h; F); dann AV.-Steig (Drahtseile) über den *Fochezkopf* (3159m), den vereisten *Kaindlgrat* (Schwindelfreiheit erforderlich) und die (1$^1/_2$ St.) *Wielingerscharte* (3267m) von W. her über steilen Firn zum (1 St.) Gipfel, mit großartiger Aussicht. Abstieg über die *Bockkarscharte* zum (5$^1/_2$ St.) *Franz Josefshaus* (S. 208), über den *Bratschenkopf* oder die *Hohe Dock* zur (3$^1/_2$-4 St.) *Mainzerhütte* (S. 182), oder (sehr schwierig) über den *Hochtenn* zur *Gleiwitzer Hütte* (S. 179; F. 45 K).

Hocheiser (3206m), vom Moserboden auf Jagdsteig über den *Grieskogel* (3067m) in 4 St., mühsam aber lohnend (F. 14, mit Abstieg über den Südgrat 16, zur Rudolfshütte 21 K).

Hochtenn (3371m), vom Moserboden auf dem Hirschelwege (S. 180) über das *Hirzbachtörl* in 6-7 St. (F. 20 K), beschwerlich (besser von der Gleiwitzer Hütte, S. 179).

Übergänge. Zur Mainzerhütte über *Heinrich Schwaigerhaus*, *Wielingerscharte* und *Hohe Dock*, oder (beschwerlicher) über *Vordern Bratschenkopf*, *Bratschenwände* und *Hochgruberkees*, 8 St. m. F. (18 K), für Geübte sehr lohnend, s. S. 182. — Über *Riffltor* (s. unten) und *Bockkarscharte* (S. 182) zur Mainzerhütte 8-9 St. (F. bis Ferleiten 20 K), für Geübte nicht schwierig (am Wege die Oberwalderhütte, S. 208).

Über das Riffltor zum Glocknerhaus, 8 St. vom H. Moserboden (F. 22 K), für Geübte nicht schwierig und sehr lohnend. AV.-Weg über die Moräne des Karlingergletschers, dann unterm Schwarzköpfl hin auf aperm Boden ca. 2 St. hinan und über den sanft ansteigenden, wenig zerklüfteten Gletscher zum (1$^1/_2$ St.) *Riffltor* (3115m), von wo *Hohe Riffl* (3346m) und *Johannisberg* (3467m) in 1 bzw. 1$^1/_2$ St. zu besteigen sind (s. S. 208). Hinab s.ö. über den obersten Pasterzenboden zur *Oberwalderhütte* auf dem *Gr. Burgstall* (S. 208) und zum *Franz Jozefshaus* (S. 207), oder vom Riffltor südl. über den Pasterzenboden am *Kleinen Burgstall* vorbei zum *Hofmannsweg* auf den *Großglockner* (S. 209); vom Moserboden zur Adlersruhe 9-10 St.).

Über das Kapruner Törl ins Stubachtal, lohnend und nicht schwierig (vom Hot. Moserboden zur Rudolfshütte 5$^1/_2$, bis Kals 11-12 St.; F. für nicht Geübte ratsam, bis zur Rudolfshütte 10, Kals 20 K). Vom ($^3/_4$ St.) Ende des Moserbodens auf dem „Austriawege" neben der Zunge des *Karlinger Kees* und über die schuttbedeckte *Wintergasse* zum (2 St.) Kapruner Törl (2635m) zwischen l. *Torkopf*, r. *Kleinem Eiser*, mit schöner Aussicht auf Granatspitzgruppe, Wiesbachhorn, Hochtenn usw. Hinab zum *Rifflkees* und l. über dessen Endmoräne (Gletschertische), dann AVW. ins Tal, steil hinab zum Bach und am andern Ufer hinauf z. T. auf Stufen (Vorsicht!) zur (2$^1/_2$ St.) *Rudolfshütte* (S. 186).

Zur Gleiwitzer Hütte auf dem *Hirschelweg* (6 St. m. F.) s. S. 180.

35. Von Zell am See nach Krimml.
Ober-Pinzgau.

53km. PINZGAUER LOKALBAHN in 2³/₄-3 St.; 5 K 60 oder 2 K 10 h.
Zell am See (753m) s. S. 160. Die Bahn führt erst am See, dann an Moosgründen entlang; l. öffnet sich das Fuscher Tal, darüber l. die Drei Brüder (S. 160), r. Hochtenn und Imbachhorn. Jenseit der (3km) HS. *Bruckberg* (Restaur.) wendet sich die Bahn nach W. in das *Salzachtal*, das hier über ¹/₂ St. breit und zum Teil versumpft ist; l. mündet das Kapruner Tal, von dem schönen Kitzsteinhorn überragt. 7km **Fürth-Kaprun** (Gasth. Touristenheim); Fahrweg in 40 Min. zum Dorf Kaprun (S. 183). — 9km *Piesendorf* (761m; Restaur. beim Bahnhof; Mitterwirt; Neuwirt); 11km *Walchen* (Kofler); 15km *Niedernsill*, am r. Ufer das Dorf (768m; Oberwirt, gelobt; Bachler), an der Mündung des *Mühlbachtals* (über die Lakarscharte zur Krefelder Hütte 6 St., s. S. 184); 17km HS. *Lengdorf*. Bei (21km) **Uttendorf** (778m; Whs. beim Bahnhof; Niederbichler; Post, gelobt; Liesenwirt) öffnet sich südl. das *Stubachtal*, in dessen Hintergrund weiterhin Johannisberg und Eiskögele sichtbar werden.

Von Uttendorf nach Kals durch das **Stubachtal**, lohnender Übergang über den *Kalser Tauern* in 13-14 St. (bis zur Rudolfshütte 7 St.; F. angenehm, bis zur Rudolfshütte 7, bis Kals 17 K; Peter Mühlbauer in Piesendorf, Peter Dürnberger, Franz Griesenauer, B. Kaltenhauser in Uttendorf). Fahrweg (Einsp. bis Schneider-A. in 1¹/₂ St., 10 K) am (2 St.) *Fellerer Bauern* (957m) vorbei zur (¹/₄ St.) *Schneider-Alpe* (990m; Whs., 20 B., Reittiere zu haben); r. mündet die *Dorfer Öd*, durch die ein unschwieriger Übergang über das *Landeckkees* und die *Weite Scharte* (2701m) zur (8¹/₂ St.) *Landecksäge* (S. 196) führt. Nun rot mark. Saumweg („Fischerweg") hinan zum (1³/₄ St.) *Enzinger Boden* (1452m) und zum (³/₄ St.) malerischen *Grünsee* (1699m); weiter an der Jägerhütte *Französach* (1786m) vorbei, am Abhang des *Schafbühels* zum *Weißsee* (2218m) und zur (1¹/₂ St.) **Rudolfshütte** der AVS. Austria (2242m; *Wirtsch., 24 B. zu 4.40, AVM. 2.20, u. 24 Matr. zu 2 bzw. 1 K), in schöner Lage.

Vom (20 Min.) *Hintern Schafbühel* (2350m) prächtige Aussicht auf das Ödenwinkelkees und seine großartige Umrahmung. — Von der Rudolfshütte über das *Kapruner Törl* zum *Moserboden* (F. 10 K) s. S. 185; über die *Obere Ödenwinkelscharte* zum *Glocknerhaus* (F. 22 K) s. S. 208. — **Granatspitze** (3085m) und **Sonnblick** (3087m) sind von hier über die *Granatscharte* (2967m) für Geübte in je 3¹/₂ St. zu ersteigen (F. 10 K). Von der Granatscharte Abstieg über das *Granatspitzkees* ins *Landecktal* zur (3¹/₂ St.) *Landecksäge* (S. 196), oder über *Granatspitz-* und *Taberkees* zum (4¹/₂ St.) *Matreier Tauernhaus* (S. 196).

Von der Rudolfshütte steigt der Weg über Geröll und Schnee zum (1¹/₄ St.) Kreuz auf dem **Kalser Tauern** (2512m); Aussicht beschränkt (vom *Tauernkopf*, 2672m, ¹/₂ St. w., schöne

Aussicht auf Glockner- und Granatspitzgruppe; Vorsicht!). Hinab steil über Geröll zum (20 Min.) *Tauernbrünnl* (2222m) und über die *Grund-A.* zum (1¹/₄ St.) *Dorfer See* (1930m); dann über einen mächtigen Geröllriegel (Überrest eines alten Bergsturzes) steil abwärts und am l. Ufer des *See-* oder *Kalser Bachs* über die Abflüsse des *Laperwitz-* und *Frusnitz-Gletschers* über die (³/₄ St.) *Dorfer Alpe*, mit schönen Matten und vielen Hütten, zur (¹/₂ St.) *Schußhütte* auf der *Rumesoi-Eben* (einf. Unterkunft). Am Ende des Talbodens stürzt der Bach in eine ungangbare Klamm; der Weg steigt l. ³/₄ St. an der *Stiegenwand* empor (oben „am Eck", 1820m, schöner Umblick), dann hinab über den *Teischnitzbach* nach (2 St.) Kals (S. 201). Vom Eck MW. durch das *Teischnitztal* zur (4 St.) *Stüdlhütte* (S. 202; für Glocknerbesteiger ein ganzer Tag Zeitersparnis).

Oberhalb Uttendorf bildete die Salzach früher ein weites Inselmeer, jetzt größtenteils ausgetrocknet. 24km *Pirtendorf*; 25km *Stuhlfelden* (Post); 26km *Burgwies* (778m), kleines Schwefelbad.

28km **Mittersill** (788m; Bahnwirtsch.; Gasth.: *Post, am Bahnhof, 20 B. zu 1.20-1.60 *K*; *Bräurupp, Grundnerwirt, am r. Ufer), Hauptort des Pinzgaus (700 Einw.). AVS. Oberpinzgau. Schöne Aussicht vom alten Schloß Mittersill, ¹/₂ St. n. (943m; Eintritt gestattet).

AUSFLÜGE (Führer Johann Brugger, Friedrich Steinberger, Johann Stöckl). *Gaisstein (2366m), 4¹/₂-5 St. m. F. (10 *K*), unschwierig; MW. durch das *Mühltal* über die *Bürgl-A.* (1699m) zur (3¹/₂ St.) *Bürglhütte* (2000m; Wirtsch., 7 B.) und zum (1¹/₄ St.) Gipfel (vgl. S. 162, 232). — **Pihapperspitze** (2514m), MW. über die *Lach-A.* 6 St. m. F. (8 *K*), gleichfalls lohnend. — Über den *Paß Thurn* nach *Kitzbühel* s. S. 232; über den *Felber Tauern* nach *Windisch-Matrei* s. S. 197 (F. 18 *K*; beschwerlich und wenig lohnend; übernachten im Tauernhaus Schößwend, 2 St., oder Spital, 2¹/₄ St. von Mittersill; Führer mitbringen). 8 Min. vor Schößwend Abzweigung l. zum *Schößwendklamml*, mit großartigen Felsauswaschungen (oberhalb wieder auf den Tauernweg).

31km HS. *Rettenbach.* — 33km *Hollersbach* (Bahnrestaur., 10 B.); am r. Ufer, 8 Min. vom Bahnhof, das Dorf (804m; Kaltenhauser, 16 B. zu 1-2 *K*, gut).

Durch das **Hollersbachtal** (Führer Franz Gasser in Hollersbach) Fahrweg an der *Leitner-A.* vorbei zur (2 St.) *Dorfer-Alpe* (1276m; Gasth. Edelweiß, 8 B., gut); dann mark. AVW. zur (³/₄ St.) *Roßgrub-A.* (1431m), am Fuß der Lienzinger-pitze, und zur (¹/₂ St.) *Ofner-A.* (1580m). Oberhalb gabelt sich das Tal; durch den r. (w.) Talarm führt ein AV.-Weg am schönen *Kratzenberger See* (2154m) vorbei, dann l. hinan zum (3¹/₂ St.) **Sandebentörl** (2759m), mit schöner Aussicht; hinab entweder l. nach (2 St.) *Inner-Gschlöß* (S. 196; F. 18 *K*), oder r. zur *Plenitzschurte* (2693m), dann über das *Viltragenkees* und *Kesseltörl* zur (3¹/₂ St.) *Prager Hütte* (S. 196; F. 21 *K*). — Im l. (ö.) Talarm steigt der Pfad über die *Weißeneck-A.*, zuletzt mühsam über Geröll zur (3 St.) **Weißenecker Scharte** (2633m) zwischen r. Dichtenkogel, l. Fechtenkogel; steil hinab am kl. *Dichtensee* (2443m) vorbei zum (2¹/₂ St., F. 16 *K*) *Matreier Tauernhaus* (S. 196). — Über die *Larmkogelscharte* zur *Habachhütte* s. S. 188.

35km HS. *Dorf Paß-Thurn.* — 37km **Mühlbach** (820m; Restaur. beim Bahnhof; Post bei Ottl), an der Mündung des *Mühlbachtals*. Über das *Stangenjoch* ins *Spertental* und nach *Kirchberg* s. S. 229; Fußweg zum *Paß Thurn* s. S. 232.

39km **Bramberg** (824m; Gasth.: *Seningerbräu, 30 B. zu 1-1.60, P. 4-5 *K*, im 1. Stock ein paar schöne alte Zimmer; Ledererwirt). MW. zum (3 St.) *Wildkogelhaus* (s. unten). — 42km HS. *Habachtal*. R. der *Weyerhof* (Whs., mit alter Holzvertäfelung), darüber Ruine *Weyerburg*. L. öffnet sich das *Habachtal*, im Hintergrund das Habachkees, Hoher Fürlegg, Habachkopf und Kratzenberg.

Durch das Habachtal zur Prager Hütte, $10^1/_2$-11 St., mühsam aber lohnend (F. bis zur Habachhütte 6, Prager Hütte 14 *K*; Georg Schragl, Nikolaus und Karl Wurnitsch in Bramberg). Von Bramberg, wo man am besten übernachtet, über die Salzach, durch Wiesen über die *Einödhöfe* zum ($^3/_4$ St.) Eingang ins Habachtal, dann l. hinan, bald aufs l. Ufer des Habachs, durch schönen Wald an einem ($^1/_2$ St.) Wasserfall auf der andern Talseite vorbei (kurz dahinter am Wege gute Quelle). Beim (20 Min.) Austritt aus dem Walde Aussicht auf den Schwarzkopf; $^1/_4$ St. weiter aufs r. Ufer (1096m), wo sich bald ein schöner Blick auf den Talschluß vom Schwarzkopf im O. bis zur Hohen Fürleg und den Leiterkeesen im W. öffnet; r. die schroffe *Feschwand* (2293m). Dann über die *Kramer-A.* und *Brosinger-A.* zum ($1^1/_4$ St., 3 St. von Bramberg) *Gasth. Alpenrose* auf der *Mahdl-A.* (1430m; Bett 1.60 *K*); von hier an der *Mayr-A.* vorbei durch die Talenge *Keesau* (1734m), dann in zahlreichen Kehren l. hinan zur *Großen Weid-A.* und der (3 St., 6 St. von Bramberg) **Habachhütte** der AVS. Berlin (2368m; Wirtsch., 13 B. zu 3.20, AVM. 1.60 *K*), unweit des zerklüfteten *Habachkeeses*, mit herrlicher Aussicht, Ausgangspunkt für *Larmkogel* (3014m), über die Larmkogelscharte (s. unten) in $2-2^1/_2$ St. (F. 6 *K*, unschwierig); *Kratzenberg* (3030m), über die Schwarzkopfscharte (s. unten) in $2^1/_2$-3 St. (F. 8 *K*); *Plattigen Habachkopf* (3218m), über die zerklüftete Habachkees und die Habachscharte (s. unten) in $3^1/_2$ St. (F. 14 *K*), und *Hohe Fürlegg* (3244m), vom Plattigen Habachkopf w. über den Firnkamm in $1-1^1/_2$ St. (F. 14 *K*). Übergänge von der Hütte südl. über die *Habachkees* und die **Schwarzkopfscharte** (2868m), zwischen Kratzenberg (von hier in $^1/_2$ St., leicht, s. oben) und Schwarzkopf, oder (schwieriger) über die **Habachscharte** (2964m), zwischen Grünem und Plattigem Habachkopf; von beiden Pässen über Firn und Fels hinab zum *Viltragenkees* (2486m) und wieder hinan über das *Kesseltörl* zur ($4^1/_2$-5 St.; F. 8 *K*) *Prager Hütte* (S. 196). Über die *Larmkogelscharte* (2760m) ins *Hollersbachtal*, $3^1/_2$ St. bis zur *Ofner-A.*, s. S. 187 (F. bis Hollersbach 12 *K*).

Jenseit des ansehnlichen Dorfs (44km) **Neukirchen** (854m; Restaur. am Bahnhof; Gasth.: Post, 50 B. zu 1.60-2 *K*; Kammerlander, 20 B. zu 1-1.40 *K*; Neuwirt), mit altem Schloß, tritt die Bahn in das „*Rosental*". AVS.

AUSFLÜGE (Führer Sigmund Stockmaier, Dom. Kronbichler, Kajetan u. Franz Nußbaumer, Joh. Georg Schwärzler, Joh. Kogler, Albert Ritsch, Josef Steiner; vgl. K. S. 228). Vom *Rechteckbauer*, 1 St. n.w. von Neukirchen am Abhang des *Roßbergs*, prächtiger Blick auf den Venediger und die beiden Sulzbachtäler. — *Wildkogel (2227m), $3^1/_2$ St., leicht (F. unnötig). Reitweg (für kl. Sesselwagen fahrbar) von Neukirchen zum (3 St.) *Wildkogel-Alpengasthof* (2097m; 1. Juni-15. Okt., 30 B. zu 1.60-2, P. 5-6 *K*; F), in aussichtreicher Lage; von hier Fußweg zum (35 Min.) Gipfel, mit Wetterschutzhütte und prachtvoller Aussicht. — MW. vom Wildkogelhaus über die ($^1/_2$ St.) *Filzenhöhe* (2038m) und an den ö. Hängen des Braunkogel, Frühmesser, Laubkogel zum ($2^1/_2$ St.) *Stangenjoch* (1762m), nach (2 St.) *Aschau* im *Spertental* und (2 St.) *Kirchberg* in Tirol (S. 239). Wer den **Großen Rettenstein** (2363m) anschließen will (2 St. mehr; F. ratsam), biegt vor dem Stangenjoch l. ab, um die SO.-Flanke des Rettensteins herum über Schutthänge n.w. auf den von der *Schöntal-A.* heraufführenden Münchner Weg (S. 229) und zum ($1^1/_2$ St.) Westgipfel. Abstieg durch den *Untern Grund* nach (3 St.) *Aschau* (S. 229). — Über die *Geigenscharte* ins *Spertental* (7 St. bis Kirchberg) s. S. 229.

48km **Rosental-Großvenediger** (854m; *Hubers Gasth., 24 B. zu 1-3 *K*). L. münden, durch den *Mitterkopf* getrennt, die beiden *Sulzbachtäler;* im *Untersulzbachtal* erscheint der Groß- und Klein-Venediger mit dem Untersulzbachkees; im *Obersulzbachtal* das Obersulzbachkees mit dem Maurerkecskopf.

AUSFLÜGE (Führer s. S. 188). Zum **Untersulzbachfall** ($^3/_4$ St.), vom Bahnhof (Handweiser) über die Salzach, dann l. meist durch Wald; am l. Ufer drei, am r. Ufer sieben Aussichtskanzeln mit schönen Blicken auf den 50m h. Fall. — Im *Untersulzbachtal* steiler Pfad zum (3 St.) Jägerhaus auf der *Ober-Ascham-A.* (1595m), $^3/_4$ St. vom Ende des *Untersulzbachgletschers;* von hier auf den *Venediger* (s. unten) 7-8 St., sehr beschwerlich; über das *Untersulzbachtörl* (2865m) nach *Gschlöß* (S. 196) 8 St. (F. 21 *K*), schwierig.

Im **Obersulzbachtal** (bis zur Kürsingerhütte $6^1/_2$ St., F. 9 *K*, entbehrlich) anfangs Reitweg über *Hollaus* am r. Ufer des Sulzbachs hinan, an dem schönen *Seebachfall* vorbei zur ($2^1/_2$ St.) *Berndl-Alp* (Wirtsch., 7 B.), dann an der (1 St.) *Post-A.* (1677m; Wirtsch.) vorbei und an der *Stierlahner-* und *Keeslahner-Wand* hinan zur ($2^1/_2$ St.) **Kürsingerhütte** der AVS. Salzburg (2558m; Wirtsch., 14 B. zu 4, AVM. 2 *K*, Eintr. 20 *h*), mit prächtigem Blick auf das mächtige *Obersulzbachkees* (der Absturz „Türkische Zeltstadt"), rings umgeben von den Gipfeln der Venediger- gruppe, dem Großvenediger, Großen Geiger, Mauererkecsköpfen, Sonn- tagskopf und Schlieferspitze. Von der Kürsingerhütte auf den **Großvenediger** (3660m) $4^1/_2$-5 St. (F. ab Rosental 22, bis zur Pragerhütte oder Johannishütte 25 *K*), beschwerlich: über das *Obersulzbachkees*, das *Zwischensulzbachtörl* (2878m) und die *Venedigerscharte* (3421m) zwischen Klein- und Groß-Venediger, dann r. über den NO.-Grat zum Gipfel. — Von der Kürsingerhütte ferner auf den *Keeskogel* (3298m; 3 St., F. 16 *K*); *Gr. Geiger* (3365m; 4 St., F. 24, mit Abstieg zur Johannishütte 30 *K*); *Hint. Maurerkeeskopf* (3316m; 5 St., F. 23, nach Prägraten 31 *K*) usw. — Über das *Obersulzbachtörl* oder das *Maurertörl* nach *Prägraten* (F. 22 *K*) s. S. 199; über das *Zwischen-* und *Unter-Sulzbachtörl* nach *Gschlöß* (F. 22 *K*) s. S. 197; über das *Krimmlertörl (Gamsspitzel)* zur *Warnsdorfer Hütte* (sehr lohnend, F. von der Kürsingerhütte 7*K*) s. S. 194, 199.

R. am Abhang Ruine *Hieburg*. Bei (49km) *Wald* (884m; Strasser, 35 B. zu 1 *K*) zweigt r. ab der Weg über *Ronach* nach ($4^1/_2$ St.) *Gerlos* (S. 236). Weiter in einer Kurve über die von Ronach kommende *Salza* unmittelbar vor ihrem Einfluß in die *Krimmler Ache;* der Fluß heißt von hier an *Salzach*. — 53km Station **Krimml** (920m; H. Bahnhof, 30 B. zu 1.50-3 *K*), am Fuß des *Falkensteins* (1057m; oben *Gasth., 23 B. zu 1-2, P. 4-6 *K*, mit schöner Aussicht; Fuß- pfad vom Bahnhof in 25 Min., vom Falkenstein nach Krimml 30 Min.).
— Fahrstraße (Hotelomnibus am Bahnhof, aufwärts in 30, abwärts in 20 Min., je 1 *K*) über *Unter-Krimml* nach (40 Min.)

Krimml. — GASTH.: *H. Krimmlerhof, mit Aussicht auf die Fälle, 1. Juni-15. Sept., 96 B. zu 1.60-4, M. 3, P. 6-10 *K*; *H. Waltl zur Post, 150 B. zu 1-3, P. 5-9 *K*, mit Bädern; *Hofers H.-P. Krimm- lerfälle, 35 B. zu 1.50-3.50, P. 5-8 *K;* Krimbachers Gasth. zu den Wasserfällen, 40 B. von 1, P. von 5 *K*. an. — PTF.

Krimml (1067m), Dorf mit 360 Einw., in geschützter Lage in schönem, waldreichem Tal, wird als Sommerfrische, namentlich aber wegen der **Krimmler Wasserfälle** viel besucht, der schönsten und großartigsten in den deutschen Alpen. Die Krimmler Ache, der Abfluß des großen Krimmler Gletschers und Hauptquellfluß der Salzach, stürzt in drei Fällen von zusammen 380m Höhe zu Tal. Die verschiedenen Aussichtspunkte sind durch den von der AVS. Warnsdorf erbauten, 4,₃km langen Promenadenweg bequem zugänglich gemacht (bis zur Schettbrücke 3 St. hin und zurück; Wegezoll 40, AVM. 20 *h*; Sesselwagen zu haben). Von 10-1 Uhr ist die Regenbogenbildung besonders reizvoll, am spätern Nachmittag häufig die Wasserfälle noch gewaltiger. Jenseit des Dorfs ein Denkmal für den Freiheitshelden Anton Wallner (1909). Gleich hinter dem Gasth. zu den Wasserfällen (S. 189) ein Denkstein an den Straßenbau; hier den Fahrweg r. (Denkstein für Anton Richter, S. 192), mit prächtigem Blick auf die Fälle, dann durch Wald am Elektrizitätswerk vorbei. Nach 25 Min. l. hinab zur *1. Ansicht* des untersten Falls, der mit donnerndem Getöse in einen Kessel hinabstürzt und weithin einen Regen von Wasserstaub verbreitet, in dem sich bei Sonnenschein (vorm.) Regenbogen bilden. Zurück auf den AV.-Weg und in 10 Min. zur 2. *Ansicht (Regenkanzel)*, stets vom Wasserstaub überschüttet; dann in 5 Min. zur *3. Ansicht* und 6 Min. weiter zur *4. Ansicht*. 4 Min. oberhalb die *5. Ansicht (Riemannkanzel* zu Ehren des † Präsidenten der AVS. Pinzgau benannt), ein vortretender Felsen mit Geländer über dem Beginn des untersten Falls, mit Aussicht auf Krimml. Weiter zum mittlern Fall, an der *6.* und *7. Ansicht* vorbei; 15 Min. *Hofers Gasth. am zweiten Wasserfall* (1306m; 20 B. zu 1.50-3.50, P. 6-8 *K*) auf dem *Schönangerl*, mit prächtigem Blick auf den *obersten Fall*, der in imposantem, 140m h. Sturz über eine Gneiswand hinabdonnert. Weiter hin in 10 Min. zum Fuß des letzteren und durch Wald zur Felsenkanzel *Berger-Blick* (nach dem um den Wegbau verdienten Vorsitzenden der S. Warnsdorf), mit schönster *Ansicht des Falls; dann in Windungen, stets mit großartigen Ausblicken, zum (20 Min.) Beginn des obersten Falles. Oben führt ein Fußweg über die dicht am Achensturz befindliche *Schettbrücke* (1463m) zum Talblick und Tauernwege, während der Fahrweg unweit oberhalb auf einer zweiten Brücke die Ache überschreitet und ebenfalls (ins Achental abkürzend) den Tauernweg erreicht (s. unten).

Andere Ausflüge von Krimml (Führer Peter Hofer, Joh. Unterberger, Jos. u. Simon Krabichler, J. Möschl, Joh. Scharr, Mich. Wechselberger, Mich. Kirchler, Franz Heim, Franz Lechner, A. Geißler, Peter Kogler in Krimml, Peter Gasser in Wald. Zum (3¹/₂ St.) Seekarsee (2244m; F. 6 *K*) und auf den (¹/₂ St.) *Arbeskogel* (2401m; F. 9 *K*) oder den (1¹/₂ St.) *Seekarkopf* (2620m; F. 11 *K*), beide lohnend. — Gernkogel (2269m), von Wald (S. 189) n. über die *Bacher-A.* 4-4¹/₂ St. (F. 9 *K*), leicht und lohnend; Abstieg auch nach Hopfgarten (7 St.). — Hütteltalkopf (2963m), 5¹/₂ St., vom Krimmler Tauernhaus 3¹/₂ St. (F. 12 *K*), nicht schwierig, lohnend. — Interessante, nicht schwierige Rundtouren: Wasserfälle-Warnsdorferhütte-Gamsspitzl-Kürsingerhütte-Obersulzbachtal-Krimml; oder Platte-Zittauerhütte-Krimmler Tauernhaus-Warnsdorferhütte-Krimml (oder wie oben zur Kürsingerhütte usw.); oder Platte-Zittauerhütte-Richterhütte-Krimmler Tauern-Neugersdorferhütte-Birnlücke-Warnsdorferhütte, usw.

Über die Platte nach Gerlos 5 St., Reitweg, F. 6 *K*, unnötig (Pferd bis zur Filzsteinalp (Vorderplatte) 5, Mitterplatte 6, Plattenkogel 8, Gerlos 12, Zell am Ziller 24 *K*); s. S. 236. Von Krimml auf den *Platten-

Pinzgau. KRIMMLER TAUERNHAUS. *K.S.196. – II.R.36.* 191

kogel (2040m) 2½ St., F. (6 *K*) unnötig: Saumweg zur (1½ St.) *Filzstein-A.* (1641m; Sommerwirtsch.), dann rot MW. 1. zum (1 St.) Gipfel; zurück über das *Mitterplattengasth.* (S. 236) nach (2 St.) Krimml. — Vom (2 St.) Mitterplattengasth. zur *Zittauer Hütte* (S. 236), aussichtreicher, aber mangelhafter und dürftig mark. Steig (F. 8 *K*; Wegbau der AVS. Warnsdorf ab Krimml direkt geplant) über die Abhänge des Plattenkogels, die *Wild-A.* und *Trissel-A.* in ca. 4 St.; besser vom Plattengasth. hinab zur Wegteilung (r. nach Ronach, S. 189), dann auf MW. 1. durch das Wildgerlostal (S. 236; 4½ St. bis zur Zittauer Hütte).

36. Von Krimml über den Krimmler Tauern oder über die Birnlücke nach Kasern *(Taufers).*

Von Krimml nach Kasern über den Tauern 9 St., über die Birnlücke 10 St. (über Warnsdorfer Hütte und Birnlücke 11½ St.; über Birnlücke und Neu-Gersdorfer Hütte 11 St.); über Richterhütte und Krimmler Tauern 11 St. Überall MW. (bis zur Warnsdorfer Hütte Reitweg); F. für Geübte entbehrlich, bei unsicherm Wetter oder Neuschnee aber anzuraten (von Krimml mitnehmen). — Der Weg über den Krimmler Tauern bietet von der Paßhöhe und Neu-Gersdorfer Hütte eine herrliche Aussicht, während der lohnendere und meist begangene Weg über die Warnsdorfer Hütte und Birnlücke einen bessern Einblick in die Gletscherwelt des Krimmler Achentals gewährt. Durch den Lausitzer Weg (S. 193) lassen sich beide Übergänge verbinden.

TOURISTENGEPÄCK-BEFÖRDERUNG (Aufgabe bei Frau Agnes Hofer in Krimml, neben der Kirche; Anmeldung am Vortage bis 9 U. abends) vom 1. Juli bis 31. Aug. tägl. 6 U. 30 früh, bis zum Krimmler Tauernhaus (Ankunft 11 U.) das kg 20 *h*, bis zur Richterhütte (Ankunft 6 U. nachm.) oder zur Warnsdorfer Hütte (Ankunft 6 U.) das kg 40 *h;* Abgang von der Richter- oder Warnsdorfer Hütte 9 U. vorm., vom Tauernhaus 2 U. nachm., Ankunft in Krimml 5 U. nachm. In der Warnsdorfer Hütte schließt die Touristengepäckbeförderung zur Neu-Gersdorfer Hütte und nach Kasern an (s. S. 477).

Von Krimml zum Tauernhause 3½ St. (F. 5 *K*, unnötig, Pferd 10 *K*). Bis zur (1½ St.) *Schettbrücke* s. S. 190. Von hier auf dem von der AVS. Warnsdorf verbesserten Tauernwege (1,₅m br. Reitweg) mäßig steigend am r. Achenufer entlang, zuletzt aufs l. Ufer zum (1¾-2 St.) **Krimmler Tauernhaus** (1631m; Gasth., das ganze Jahr geöffnet, 34 B. zu 1.60-3.60 *K*, F. 80 *h*, gut; Gepäckbeförderung s. oben; im Sommer P).

AUSFLÜGE (Führer von Krimml mitbringen; Tarif vom Tauernhause). *Hoher Schaflkopf* (3062m), 4 St. (F. 15 *K*), und *Trisselkopf* (3078m), 5 St. (F. 13 *K*), beide mühsam; *Roßkopf* (2845m); 3½ St., F. 12 *K*, s. S. 192); *Glockenkarkopf* (2914m; 4½ St., F. 14, bis Kasern 17 *K*, s. S. 193), mühsam. — Über die Rainbachscharte zur Zittauer Hütte (4-4½ St., F. 6, bis Gerlos 12 *K*, angenehm) nicht schwierig, lohnend: AVW. beim (40 Min.) Handweiser vor der *Rainbach-A.* (S. 192) r. hinan am *Rainbachkarsee* (2412m) vorbei zur (2½ St.) **Rainbachscharte** (2733m), zwischen Hohem Schaflkopf und Roßkopf; hinab am *Obern Gerlossee* vorbei zur (1 St.) *Zittauer Hütte* (S. 236) und durch das *Wildgerlostal* nach (3½-4 St.) *Gerlos* (S. 235) oder (5 St.) *Krimml* (S. 189). — Über die *Roßkarscharte* s. S. 192.

Vom Tauernhaus zur Richterhütte 2½ St., lohnend (F ab Krimml 7 *K*, entbehrlich). AV.-Weg w. über den *Rainbach*, am l. Ufer in Windungen hinan; 40 Min. Abzweigung des Weges zur

Rainbachscharte (S. 191); 20 Min. *Rainbach-A.* (1880m); hier aufs r. Ufer und mäßig steigend zum ($^3/_4$ St.) Talschluß, umgeben von Gabelkopf, Reichenspitze, Zillerspitze, Schwarzkopf, Rainbachspitze, Zillerschartenspitze; zuletzt steiler hinan (r. kommt der Weg von der Roßkarscharte herab, s. unten) zur ($^3/_4$ St.) **Richterhütte** (2360m; Wirtsch., 16 Z. mit 40 B. zu 4, AVM. 2, u. 12 Matr. zu 2 bzw. 1 *K;* Eintr. 40 *h*), von Hrn. Anton Richter († 1905) erbaut, in großartiger Lage. Gepäckbeförderung s. S. 191.

AUSFLÜGE (Tarif von der Richterhütte). *Roßkopf* (2845m), 3 St. (F. mit Abstieg zur Zittauer Hütte 6 *K*), leicht; *Mandlkarkopf* (2873m), 3 St. (F. 11 *K*), leicht; *Gabelkopf (Hohe Gabel*, 3267m), 3$^1/_2$ St. (F. 10 *K*), mittelschwierig; *Reichenspitze* (3305m), 3-3$^1/_2$ St. (F. 12, mit Abstieg zur Plauener Hütte 16, zur Zittauer Hütte 14, bis Gerlos 22 *K*), mittelschwierig (Hanfseil und Stifte; über die Scharte zum Gahelkopf 1 St., Abstieg zur Zittauer Hütte 2 St.); *Zillerspitze* (3103m), 3-3$^1/_2$ St. (F. 13, zur Plauener Hütte 17 *K*), mittelschwierig; *Richterspitze* (3064m), mit eisernem Kreuz, MW. in 2$^1/_2$-3 St., leicht (F. 5, zur Plauener Hütte 7 *K*); *Nördl. Schwarze Wand* (3100m), 4 St., sehr schwierig; *Südl. Schwarze Wand* (3046m), 3$^1/_2$ St., schwierig; *Spatenspitze* (2959m), 3$^1/_2$ St., sehr schwierig; *Nadelspitze* (2949m), 3 St., schwierig; *Schwarzkopf* (3070m), 3$^1/_2$ St. (F. 15, zur Plauener Hütte 19 *K*), schwierig; *Zillerschartenspitze* (3137m), 4 St., schwierig; *Rainbachspitze* (3059m), 3 St. (F. 13 *K*), mittelschwierig; *Zillerplattenspitze* (3146m), 4 St., mittelschwierig; *Windbachtalkopf* (2846m), MW., 2 St. (F. 2, zur Neugersdorfer Hütte 7 *K*), leicht u. lohnend; *Windbachkarkopf* (2767m), 3 St. (F. 12 *K*), leicht; *Wildgerlosspitze* (3282m), 4$^1/_2$-5 St. (F. 16, zur Plauener Hütte 18 *K*), schwierig. — ÜBERGÄNGE. Über die Windbachscharte zum Krimmler Tauern, 3$^1/_2$ St. (MW., bei Neuschnee oder Nebel F. ratsam, 5 *K*). AV.-Steig n.ö. steil hinan zur (1 St.) **Windbachscharte** (2700m); von hier eine Min. steil hinab, weiter in südl. Richtung ziemlich eben am Abhang hoch über dem *Windbachtal* hin. Nach $^3/_4$ St. kommt r. herab der Weg von der Plauener Hütte über die Zillerplatte (S. 239); 20 Min. weiter beginnt der Anstieg zur ($^3/_4$ St.) Paßhöhe, vor der der Weg vom Tauernhause einmündet (s. unten). — Über die Gamsscharte zur Plauener Hütte 3$^1/_2$-4 St. (F. 6 *K*, bei ungünstigen Schneeverhältnissen auch für Geübte ratsam), ungefährlich und lohnend. Von der Richterhütte MW. zur (2-2$^1/_2$ St.) **Gamsscharte** (2930m), zwischen *Richterspitze* (s. oben; von der Scharte $^1/_2$ St.) und Nördl. Schwarzer Wand, mit Wetterschutzhütte und prächtiger Aussicht; hinab (Hanfseil) ins *Kuchelmooskar* zur (1$^1/_2$ St.) *Plauener Hütte* (2275m; s. S. 238); von hier über die *Bärenbad-A.* und *Brandberg* nach (5$^1/_2$ St.) *Mayrhofen* (S. 237), oder über das *Heiliggeist-Jöchl* nach (5 St.) *Kasern* (S. 476). — Über die Roßkarscharte nach Gerlos, 7 St., leicht und lohnend (AVW., aber F. angenehm, bis zur Zittauer Hütte 5 *K*). Durch das oberste Rainbachtal um den Gabelkopf und Mandlkarkopf herum zur (2 St.) **Roßkarscharte** (2692m), zwischen Roßkopf und Mandlkarkopf, hinab zur (1 St.) *Zittauer Hütte* (S. 236) und nach (4 St.) *Gerlos* (S. 235).

Vom Tauernhaus über den Krimmler Tauern nach Kasern, 6 St. (MW., F. für Geübte entbehrlich; ab Krimml 16 *K*). 25 Min. vom Tauernhaus hinter der *Unlaß-A.* (1660m) nicht geradeaus (zur Warnsdorfer Hütte, s. S. 193), sondern r. ab über die Ache und auf dem verbesserten Landes-Saumweg anfangs steil am *Windbach* hinan durch Arvenwald, über den Bach und an der (50 Min.) *Windbach-A.* (1877m) vorbei in den hintern Talgrund, dann wieder über den Bach, beim (1$^1/_4$ St.) Wegweiser über den Bach und in Windungen scharf bergan zum (1$^1/_4$ St.) **Krimmler Tauern** (2634m), mit Kreuz und prächtiger Aussicht auf Dreiherrnspitze, Rötspitze und Rieserferner. Einige Minuten jenseit der Paßhöhe ö. am Lausitzer Weg (s. unten) die **Neu-Gersdorfer Hütte** der AVS. Warnsdorf (2600m; *Wirtsch., 10 B. zu 4, AVM. 2, u. 9 Matr. zu 2 bzw. 1 K; F; Touristengepäck-Beförderung s. S. 477), in schöner Lage.

AUSFLÜGE (Tarif von der Neu-Gersdorfer Hütte; F. dorthin von Krimml 10 K). *Glockenkarkopf* (2914m), auf zwei mark. Wegen in 2 St. zu erreichen (F. 5, mit Abstieg zur Birnlückenhütte 6, zur Warnsdorfer Hütte 8 K); oben Wetterschutzhütte und großartige Rundsicht; *Tauernkopf* (2919m, F. 6 K), *Pfaffenspitze* (2872m, F. 6 K), *Steinkarspitze* (2842m, F. 6 K), *Dreiecker* (Feldspitze, 2893m, F. 5 K), *Keeskarkopf* (2920m, F. 6 K), *Zillerplattenspitze* (3146m, F. 8 K); *Rauchkofel* (3252m), über das Heiligengeistjöchl MW. in ca. 4 St., s. S. 477. — ÜBERGÄNGE: ö. auf dem *Lausitzer Weg* der AVS. Lausitz zur (2 St.) *Birnlücke* und weiter zur (2 St.) *Warnsdorfer Hütte* (S. 194), leicht und lohnend (bei Neuschnee F. ratsam). — Über die Windbachscharte zur Richterhütte s. S. 192; über die Zillerplattenscharte zur Plauener Hütte, 5-5½ St., F. 7 K, s. S. 239; über das Heiligengeistjöchl zur Plauener Hütte, neuer MW. in 3½-4 St. (sehr lohnend), s. S. 239.

Von der Neu-Gersdorfer Hütte oder direkt von der Paßhöhe auf gutem Saumwege hinab am Herzogsbrunnen (gute Quelle) vorbei zur (1 St.) *Tauern-A.* (2024; Milch) und zum (½ St.) *Trinkstein* im Talboden, wo l. der Weg von der Birnlücke einmündet (s. unten). Bei *Mairs Gasth. zum Trinkstein* (Stellwagen nach Kasern 3 mal tägl.) beginnt der Fahrweg, auf dem man, bei der Kirche *Heiligengeist* (S. 476), die auf der andern Talseite liegen bleibt, vorüber in ¾ St. *Kasern* (S. 476) erreicht.

Vom Krimmler Tauernhaus über die Birnlücke nach Kasern, 7 St. (F. ab Krimml 16, über Warnsdorfer Hütte 18 K, für Geübte entbehrlich), der lohnendere und meist begangene Weg (mit 1 St. Mehraufwand mit dem Abstieg über Lausitzer Weg-Neugersdorfer Hütte bequem zu verbinden). Von der (25 Min.) *Unlaß-A.* (S. 192) l. an der Ache entlang auf mark. Reitweg der AVS. Warnsdorf über die *Jaidbach-A.* und *Außerkees-A.* zur (1¼ St.) *Innerkees-A.* (1802m); nach 20 Min. entweder l. zur *Warnsdorfer Hütte* (s. unten), oder r. (s.w.) auf rot mark. Steig hinan, stets mit Blick auf das große Krimmler Kees, zur (2½ St.) **Birnlücke** (2671m); von der *Leitenschneide*, l. 10 Min. hinan, prächtige Aussicht auf die nahe Dreiherrnspitze. Unterhalb des Jochs zweigt r. ab der Lausitzer Weg zur Neu-Gersdorfer Hütte (s. oben). Hinab (l. Prettaukees und Lahnerkees) zur (25 Min.) *Birnlückenhütte* am *Bockeck* (2480m; Wirtsch., 20 B.; Eintritt 20 h), dann über *Lahner-* und *Kehrer-A.* zum (1¾ St.) *Trinkstein* (Mairs Gasth., s. oben) und nach (¾ St.) *Kasern* (S. 476).

Von der Birnlückenhütte zur *Lenkjöchlhütte* (S. 476) über *Prettau-* und *Lahnerkees*, *Althaus-Schneide* (3278m) und *Hinteres Umbaltörl* 5 St. m. F. (6 K), für Geübte nicht schwierig. — Von der Birnlückenhütte über das Lahnerkees auf die *Dreiherrnspitze* (3505m), 4-4½ St. m. F. (13, mit Abstieg zur Klarahütte 16 K), beschwerlich (vgl. S. 200).

Hinter der (1¼ St.) *Innerkees-A.* (s. oben) führt der Reitweg

Bædeker's Südbayern. 34. Aufl.

(MW., F. unnötig, von Krimml 7 K) l. im Zickzack hinan zur ($1^{1}/_{2}$ St.; 6 St. von Krimml) **Warnsdorfer Hütte** (2430m; *Wirtsch., 24 B. zu 1.60-4, AVM. 80 h-2 K; Gepäckbeförderung s. S. 191, 477), in herrlicher Lage angesichts des *Krimmler Gletschers*, umgeben von Schlieferspitze, Sonntagskopf, Maurerkeesköpfen, Simonyspitzen, Dreiherrnspitze; rückwärts die Berge des Krimmler Achentals und die östl. Zillertaler (Reichenspitze usw.).

Von der Hütte MW. (man lasse sich den Anfang des Weges zeigen; F. bei Neuschnee angenehm, 3 K) auf das ($1^{1}/_{4}$ St.) *Gamsspitzl* (2895m) beim Krimmler Törl (s. unten), mit prächtiger Aussicht. — BERGTOUREN (Führertarif ab Warnsdorfer Hütte). *Sonntagskopf* (3135m, $2^{1}/_{2}$ St., F. 12 K) und *Schlieferspitze (3290m, $3^{1}/_{2}$ St., F. 15 K), leicht; *Großvenediger* (3660m, 6-7 St., F. 21 K), beschwerlich; *Gr. Geiger* (3365m, 5 St., F. 19 K), *Hinterer Maurerkeeskopf* (3316m, 4-5 St., F. 18 K), *Simonyspitze* (3489m, 5 St., F. 30 K), *Dreiherrnspitze* (3505m, 6-7 St., F. 21 K), alle schwierig. — ÜBERGÄNGE. Von der Warnsdorfer Hütte über das *Krimmler Törl* (2826m; besser über das *Gamsspitzl*, s. oben) und das *Obersulzbachkees* zur *Kürsingerhütte* (S. 189) $3^{1}/_{2}$ St. (F. 6 K), unschwierig und lohnend; über Gamsspitzl und *Maurertörl* (3105m) nach *Prägraten* (S. 198) $7^{1}/_{2}$ St. (F. 19 K), bei gutem Schnee nicht schwierig (vom Maurerkees ab AVW. der S. Warnsdorf). — Sehr lohnende zweitägige Rundtour (15-16 St., bei normalen Verhältnissen nicht schwierig) von der Warnsdorfer Hütte über ($1^{1}/_{4}$ St.) *Gamsspitzl* - ($1^{1}/_{4}$ St.) *Maurertörl* - *Maurerkees* - ($2^{1}/_{2}$ St.) *Türmljoch* (2743m, zwischen Kl. Geiger und Türml) - (1 St.) *Johannishütte* - ($2^{1}/_{2}$ St.) *Defreggerhütte* (Übernachten) - ($2^{1}/_{2}$ St.) *Großvenediger* - ($2^{1}/_{2}$ St.) *Kürsingerhütte* - (3 St.) Warnsdorfer Hütte. — Über die *Birnlücke* nach Kasern ($5^{1}/_{2}$ St., F. 8, über Neu-Gersdorfer Hütte 10 K) s. S. 193 und 477: der obere „Gletscherweg", dicht unter der Warnsdorfer Hütte l. abbiegend, nur m. F. und nicht immer gangbar; der mark. „Moränenweg", nach 20-25 Min. abwärts l. vom Reitweg abbiegend, leicht).

37. Von Lienz nach Windisch-Matrei und Prägraten. Iseltal.

POST von Lienz bis Windisch-Matrei ($29{,}5$km) im Sommer 2 mal tägl. (6 U. und 9 U. 15 vorm.) in $4\text{-}5^{1}/_{4}$ St. (3, bis Huben 2 K); auch Stellwagen von der Sonne tägl. 10 U. vorm. und 6 U. nachm.); EINSPÄNNER (in 4 St.) 15, ZWEISP. 26, nach Huben 9 u. 16, St. Johann im Wald 7 u. 11 K.

Lienz (676m) s. S. 467. Die Straße führt am Schloß *Bruck* vorbei, über die *Isel*, weiter am l. Ufer durch Wald. R. bleibt *Oberlienz*; im Hintergrund des Iseltals l. das Eichhamkees. 8km *Ainet* (Schneeberger; Egger); dann am Schloß und Bad *Weierburg* vorbei über *Unter-Leibnig* nach (13km) **St. Johann im Wald** (732m; *Vereiners Whs.), wo die Straße auf das r. Ufer zurücktritt.

AUSFLÜGE (Führer s. S. 468). **Weiße Wand** oder **Rudnig** (2429m), rot MW. über *Michelbach* in 5 St. (F. 10 K), mühsam aber lohnend; schöne Aussicht auf Glocknergruppe usw. — **Hochschober** (3250m, 8 St. (F. 16 K), beschwerlich: von St. Johann ö. steil hinan durch das bewaldete *Leibnigtal* zur ($3^{1}/_{2}$ St.) dürftigen *Leibniger-A.* (1886m) und zum ($1^{1}/_{4}$ St.) *Naßfeld* (2318m), dann über Geröll zur (1 St.) *Gartelscharte* (2613m) beim kl. *Gartelsee* und über den SO.-Grat zum (2 St.) Gipfel. Abstieg ins *Debanttal* zur *Lienzerhütte* oder ins *Lesachtal* nach *Kals*, s. S. 469 u. 204.

$^{1}/_{2}$ St. Ruine *Kienburg*, dann neue Brücke über die Isel (nächster Weg ins Kalsertal, $^{3}/_{4}$ St. kürzer als über Huben, s. S. 195). Weiter l. Handweiser zur (10 Min.) *Glockner-Ansicht mit Blick auf den Großglockner. Dann über die *Schwarzach* nach (19km) **Huben** (854m; *Gasth. zur Hube, 24 B. von 2 *K* an; PT), Häusergruppe an der Mündung des *Defereggentals* (S. 478). Auf den *Rottenkogel* s. unten.

Von Huben nach Kals (3½ St.), Karrenweg (Fahren nicht ratsam) durch das **Kalser Tal**. Hinter dem Gasth. r. durch Wiesen zum (2 Min.) Steg über die Isel, dann rot MW. durch Wald, nach 20 Min. bei einer Hütte l. hinan nach (30 Min.) *Ober-Peischlach* (1057m; das Dorf bleibt l.), wo der Weg ins *Kalser Tal* einbiegt; weiterhin meist guter Weg, wenig steigend, stellenweise dicht an dem Abgrund hin, in dem tief unten der Kalser Bach schäumt. Vor (40 Min.) *Straniska* (1099m) erscheint vorn der Großglockner mit der Glocknerwand, dem Ködnitz und Teischnitz-Kees — ein prächtiges Bild. Das Tal erweitert sich bei (40 Min.) *Haslach* (1097m; Whs.); r. ein hübscher Wasserfall. Weiterhin mehrfach über Reste von Geröllmuren, die zuweilen den Weg vollständig zerstören. R. an der Mündung des *Lesachtals* (S. 204) der Weiler *Lesach* (im Hintergrund Glödis und Ganot); weiter in breiterem Tal, am r. Ufer nochmals über die Geschiebe einer Mure, nach (1 St.) *Kals* (S. 201).

Weiter auf dem r. Ufer der Isel durch Wald allmählich bergan, nach 1¼ St. über die Isel und durch den offnen Talboden nach (1 St.) 29,₅km **Windisch-Matrei** (975m; Gasth.: *Zum Rauter bei Obwexer, 40 B. zu 1-2, P. 5-6 *K*; Wohlgemuth, 17 B. von 1 *K* an, Weißes Rößl, beide einf. gut; Schneebergers Whs. und Brauerei; Z. u. F. bei Fr. Wibmer), nach dem Brande von 1897 großenteils neu aufgebauter Markt (640 Einw.), Hauptort des Iseltals, das weiter aufwärts *Virgental* heißt, unweit seiner Vereinigung mit dem *Tauerntal*. Durch den Ort fließt zwischen mächtigen Steindämmen der durch seine Verheerungen berüchtigte *Bretterwandbach*. AVS.; PTF. — ¼ St. u. das schön gelegene Schloß *Weißenstein* des Frhrn. v. Mengershausen (1040m; *Pens. für längern Aufenthalt, wöchentlich 77-91 *K*; F; keine Restauration für Passanten), mit Parkanlagen und bequemen Waldwegen.

AUSFLÜGE (Führer Joh. Untersteiner, Vinzenz Ganzer, Joh. u. Karl Amoser, Johann Eder, Peter Stocker, Anton Steiner, Anton Preßlaber, Tobias, Josef und Alois Trost). *Tauernbachklamm *(Proseggklamm)*, bis zum Aussichtspunkt unterhalb des schönen *Steinerfalls* (S. 196) blaue WM., 1¼ St.; neuer Weg von hier durch die Totenklamm (22m l. Tunnel) hinauf zum Felber Tauernweg. — An der (¾ St.) *St. Nikolauskirche* mit hergestellten Fresken vorbei über die *Guggenberger Höfe* zum (⅜ St.; F. 3 *K*, unnötig) Lukaskreuz (1250m) mit Aussicht auf den Lasörling und die Gletscher des Virgentals. Umfassender ist der Blick vom **Reiterboden** (2290m), vom Lukaskreuz AV.-Weg in 2½ St. (F. 6 *K*, entbehrlich).

Zum *Kals-Matreier Törl (2206m), mit prachtvoller Aussicht auf Glockner-, Schober- und Venedigergruppe, 3½ St., u. dann (5, bis Kals 9 *K*). Vgl. S. 201. — *Rottenkogel (2760m), 6 St., vom Törl auf rot mark. Steig in 2½ St. (F. 11 *K*, für Geübte unnötig). Besteigung auch von Huben (s. oben) über *Ober-Peischlach* und den *Kegelstein* in 6 St. m. F. — **Nussingkogel** (2988m), 6 St. m. F. (14 *K*), anstrengend aber lohnend. Reitweg beim Schloß Weißenstein r. teilweise durch Wald hinan zur (3 St.) *Äußern Steiner-A.* (1926m; Nachtlager); von hier n. am *Trugenköpfl* (2619m) vorbei zum (3½ St.) Gipfel, mit herrlicher Aussicht. — **Gr. Muntanitz** (3231m), höchster Gipfel zwischen Dorfer- und Tauerntal, 7-8 St. m. F. (17 *K*), beschwerlich aber lohnend; von der (3 St.) Äußern Steiner-A. über steile Gras- und Geröllhänge, zuletzt 2 St. über das

Gradötzkees. Abstieg in 4½ St. nach *Kals* (S. 204; F. 20 K). — **Kendlspitze** (3086m), 7 St. m. F. (15 K), schwierige Klettertour; sehr lohnende Aussicht. — **Zunigspitze** (2769m), östl. Gipfel des Defereggen-Virgener Scheidekamms, AVW. in 5 St. m. F. (10 K), lohnend. — **Kristallkopf** (3008m), über *Zedlach* und durchs Mitteldorfer Tal 6-7 St. (F. 14 K), schwierig aber lohnend.

Ins *Gschlöß, 5-5½ St. (F. 6, hin u. zurück 9, bis Pragerhütte 11, hin u. zur. 18, mit Übernachten 20 *K*; Pferd bis zum Tauernhaus 14, bis Gschlöß 18 *K*). Saumweg (Felber Tauernweg, s. S. 197) durch das n. ansteigende *Tauerntal*, an Schloß Weißenstein (S. 195) vorbei, nach 20 Min. aufs r. Ufer des *Tauernbachs*, der hier aus der Tauernbachklamm hervorbricht (Klammweg s. oben); dann bergan über *Prosegg*, mit schönem Rückblick auf W.-Matrei; gegenüber am l. Ufer der prächtige *Steinerfall* und hoch oben die Höfe von *Stein* (S. 195). ½ St. Kapelle; ¼ St. weiter auf das l. Ufer des Bachs; l. bleiben (½ St.) die Hütten von *Gruben* (1135m), an der Mündung des *Froßnitztals*. Nun in allmählicher Steigung, noch zweimal über den Bach, zum (¾ St.) Weiler *Raneburg* (1285m) und der (½ St.) *Landecksäge* (1330m; Gasth., 18 B. zu 1 *K* 50) an der Mündung des *Landecktals* (über die *Granatscharte* zur *Rudolfshütte*, 7 St., s. S. 186). Hier über den *Landeckbach* (hübscher Fall), dann am l. Ufer des Tauernbachs streckenweise durch Wald hinan, an der *Hofer-A.* vorbei (gegenüber am r. Ufer die *Schild-A.*) zum (1¼ St.) **Matreier Tauernhaus** (1501m; einf. Whs., 14 B.; F). ¼ St. weiter bei der *Ganzer-A.* (1539m) zweigt der Tauernweg (S. 197) r. ab; hier geradeaus über den Tauernbach (schöner Wasserfall) zu den Hütten von *Außer-* und (¾ St.) **Inner-Gschlöß** (1685m; *Venedigerhaus der Frau Anna Schneeberger, 26 B. zu 2-3 *K*; Wibmers Touristenheim, 20 B.), in grünem Tal, in das w. das zerklüftete *Schlatenkees* abstürzt, vom Klein- und Groß-Venediger, der Schwarzen Wand und Kristallwand überragt; r., durch den Kesselkopf geschieden, das *Viltragenkees*. Interessant die in einen Gneisblock gehauene Kapelle.

AUSFLÜGE (Führer von W.-Matrei mitbringen). **Rote Säule** (2995m), 3½-4 St. m. F. (von Gschlöß 6 *K*), unschwierig; schöne Aussicht auf die Venedigergruppe. Abstieg auch ins *Hollersbachtal* (S. 187). — Von Gschlöß führt ein direkter MW. zum Felber Tauern (S. 197). — Über das *Sandebentörl* oder die *Weißenegger Scharte* (F. 19 *K*) nach *Hollersbach* s. S. 187; über das *Untersulzbachtörl* zur *Kürsingerhütte* (F. 24 *K*) s. S. 189.

***Großvenediger** (3660m), 6½-7½ St. von Inner-Gschlöß, für Geübte leicht (vgl. S. 198). Führer (einer genügt für 1-3 Pers.) von Windisch-Matrei 24, mit Abstieg zur Kürsingerhütte 26, Warnsdorferhütte 32, Habachhütte 30 *K*. Von Inner-Gschlöß am r. Ufer des Gschlößbachs, dann über Rasenhänge und Moränenschutt auf gutem Steig hinan zur (2½-3 St.) alten *Prager Hütte* (2481m; aufgelassen) und zur (1 St.) neuen **Prager Hütte** der AVS. Prag (2805m; *Wirtsch., 20 B. zu 5, AVM. 2.50, u. 24 Matr. zu 2 bzw. 1 *K*; Eintr. 40 *h*), in großartiger Lage am Fuß des *Hintern Kesselkopfs* (2904m; in 25 Min. zu ersteigen, sehr lohnend). Von der Hütte (Aufbruch um 3 Uhr mit Laterne) am Geröllhang des Kesselkopfs

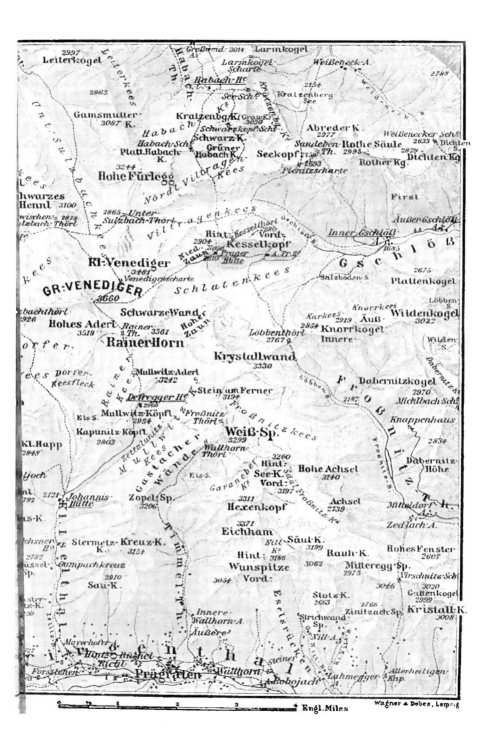

zum *Niedern Zaun* (2957m); weiter über sanft geneigte Firnhänge empor; der *Klein-Venediger* (3481m) bleibt r.; bald wird l. das *Rainerhorn* sichtbar, dann vorn der sanft gewölbte Kamm des Großvenedigers, dessen Gipfel man, von SO. her ansteigend, in 3-3^1/$_2$ St. erreicht. Bis zum äußersten höchsten Punkt des langgestreckten Firnkamms vorzudringen, ist wegen der gewaltigen, gegen das Obersulzbachkees überhängenden Schneewächte nicht ratsam. Die *Aussicht umfaßt nach O. die Glockner- und Schobergruppe, im S. die Dolomiten, nach W. Dreiherrnspitze, Rötspitze, Daberspitze, Rieserferner, fern am Horizont Adamello, Ortler, Bernina, Ötztaler, Stubaier, Zillertaler Alpen, im N. Kitzbühler Gebirge, Chiemsee, die nördl. Kalkalpen bis zum Dachstein.

Abstieg nach Prägraten: über den Schlatenfirn zum *Rainertörl* (S. 198), dann über das *Rainerkees* zum (1^1/$_2$ St.) *Defreggerhaus* (vgl. S. 198; bis Prägraten 5 St.). — Ins Obersulzbach- oder Krimmler Tal bequemer Abstieg über die *Venedigerscharte*, das *Untersulzbachkees*, das *Zwischen-Sulzbachtörl* (2878m) und *Obersulzbachkees*, immer auf sanft geneigter Schneefläche, zuletzt ^{3}/$_4$ St. über Moräne und Fels zur (3 St.) *Kürsingerhütte* (S. 189); von hier (F. unnötig) hinab nach (5 St.) *Neukirchen* (S. 188), oder (m. F.) über das *Krimmler Törl (Gamsspitzl)* zur (3^1/$_2$-4 St.) *Warnsdorfer Hütte* (S. 194).
Von der Prager Hütte über das *Kesseltörl* (2853m) zum *Viltragenkees* und über die *Schwarzkopfscharte* oder die *Habachscharte* zur (5 St.) *Habachhütte* s. S. 188 (F. ab Windischmatrei mit Besteigung des Venediger 30 *K*).

Vom Matreier Tauernhaus über den Felber Tauern nach Mittersill, 7^1/$_2$-8 St. (F. für Ungeübte ratsam, von Windisch-Matrei 18, bis Schößwend oder Spital 14 *K*). Saumweg (MW., an der Paßhöhe Stangen) bei der (20 Min.) *Ganzer-A.* (S. 196) vom Wege ins Gschlöß r. ab steil bergan, mit Blick auf Schlatenkees und Venediger, zum (1^1/$_4$ St.) Zirbenkreuz (1983m), wo l. ein Weg von Gschlöß heraufkommt; weiter am l. Ufer des Tauernbachs an einer verfallenen Windhütte vorbei zum (1^1/$_2$ St.) **Felber** oder **Velber Tauern** (2545m; St. Pöltener Hütte projektiert); Aussicht beschränkt, sehr lohnend aber von dem w. für Geübte in 1^1/$_2$ St. zu ersteigenden *Tauernkogel* (2986m; F. 3 *K* mehr). Abstieg über Schnee, dann auf neuem Reitweg an der l. Talseite unter den Abstürzen der *Freiwand* entlang, den kl. *Plattsee* l. lassend, zum *Naßfeld;* hier zur r. Talseite und ansteigend hoch am Abhang der *Schrankleiten,* an einer verfallenen Schafhütte (2059m) vorbei (der *Hintersee,* 1312m, bleibt l. unten), beim (1 St.) Kreuz steil im Zickzack hinab zur *Schönau-A.,* zuletzt auf besserm Wege ins *Felber Tal* zum (1^1/$_2$ St.) *Tauernhaus Spital* (1174m) und dem (^{1}/$_4$ St.) *Tauernhaus Schößwend* (1003m; in beiden einf. Wirtsch.). Weiter auf dem Talweg oder (interessanter und kürzer) durch das neu erschlossene *Schößwendklamml* nach (1^3/$_4$ St.) *Mittersill* (S. 187).

Von Windisch-Matrei ins Virgental (bis Prägraten, 3^3/$_4$ St., schlechter Fahrweg; Pferd 10, Träger 5 *K*). Der Weg führt über den Tauernbach, dann am l. Ufer der Isel durch Wald über

Mitteldorf nach (1³/₄ St.) **Virgen** (1191m; Gasth. zum Panzl, einf. gut), Dorf mit 300 Einw. PTF. R. oben Ruine *Rabenstein* (1410m), l. (s.w.) der *Lasörling*.

Lasörling (3096m), 6-7 St., beschwerlich aber lohnend (Führer Alois u. Jos. Gasser, Paul Resinger, Joh. Wurnitsch; 14 *K*, bis St. Jakob 18 *K*). Von (³/₄ St.) Welzelach (s. unten) südl. im *Mullitztal* zur (2 St.) *Stadlerhütte* des ÖTK. auf der *Rainer-A.* (1800m; Wirtsch.), um die *Roßleitenhöhe* (2621m) herum r. in die Felsmulde des *Glaurat* und über ein großes Schuttkar zum S.-Fuß des Gipfels, dann über den SW.-Grat sehr steil hinan (3½-4 St.). Aussicht großartig: n. Venedigergruppe, w. Rieserferner, ö. Glockner- u. Schober-Gruppe, südl. Defereggen Gebirge, Dolomiten. Abstieg über das *Prägrater Törl* nach *St. Jakob* s. S. 199, 478. — *Mullitz-Törl* s. S. 199.

Der Karrenweg führt im Talgrund weiter über (³/₄ St.) *Welzelach* (1119m) nach (1 St.) Prägraten. Lohnender der Fußweg (rote WM.) von Virgen über (20 Min.) *Obermauer* (1404m), mit alter Wallfahrtskirche, dann stets hoch an der n. Talseite durch Wald über (50 Min.) *Bobojach* nach (40 Min.) **Prägraten** (1312m; Gasth.: Steiner; Ploner, einf.), schön gelegenes Dorf (311 Einw.). PTF.

BERGTOUREN (Führer Thomas Berger, Johann u. Jos. Steiner, Anton Kröll, Franz und Andrä Leitner, Andrä Mariacher, Ferd. Kratzer, Jakob Trojer, Joh. Pichler). — **Bergerkogel** (2656m), 4 St. m. F. (7 *K*): südl. durch das *Zopatnitzen-Tal* zum (2½ St.) *Berger See* (2174m) und zum (1½ St.) Gipfel, mit treffl. Aussicht namentlich auf die Venedigergruppe. Ähnliche Aussicht vom **Toinig** (2657m), zwischen *Lasnitzen-* und *Kleinbachtal*, 4 St. m. F. (8 *K*).

Lasörling (3096m), von Prägraten über das *Prägrater Törl* 6½-7 St. m. F. (16 *K*), schwierig (vgl. S. 199); besser von *Welzelach* durchs *Mullitztal* (s. oben).

***Großvenediger** (3660m), 8-9 St., für Geübte nicht schwierig (F. 18, hinab zur Prager- oder Kürsingerhütte 22, Warnsdorferhütte 28, Habachhütte 30 *K*). Auf dem Talweg (S. 200) w. entweder bis zum (½ St.) Handweiser beim Kruzifix, dann den Fußsteig r. hinan auf den Saumweg; oder w. bis (³/₄ St.) *Hinterbichl* (1331m), dann Saumweg (Wegtafeln) r. bergan in das *Kleine Isel-* oder *Dorfer Tal*, das vor seiner Mündung eine enge Klamm bildet; l. die steilen Wände der Schlüsselspitze und des Niklaskopfs. Der *Islitzbach* mit zahlreichen Fällen bleibt stets l. und stürzt weiter aufwärts unterirdisch durch einen tiefen schauerlichen Schlund, in den man hineinblicken kann *(*Gumpachfall)*. Vor dem (2 St.) *Gumpach Kreuz* (1958m) öffnet sich plötzlich die Aussicht auf Großvenediger, Hohes Aderl, Rainerhorn, Dorfer-, Rainer- und Mullwitz-Kees. Weiter an der Ochsnerhütte vorbei zur (½ St.) kleinen *Johannishütte* der AVS. Prag auf der *Dorfer-A.* (2089m; Wirtsch., 6 Matr.); dann Reitsteig r. hinan über Rasen, Geröll und Fels, das *Kapunizach-Köpfl* (2803m) nach r. umgehend (das Zettalunitzkees bleibt r., das Dorferkees l. unten), zum (2½ St.) **Defreggerhaus** des ÖTK. (2960m; Wirtsch., 9 Matr. zu 3 *K*, Eintr. 60 *h*), in schöner Lage am *Mullwitz-Aderl* (3242m), einem Felsgrat zwischen Mullwitz- und Rainer-Kees. Hinab aufs Rainerkees, dann hinan zum *Rainertörl* (3428m), zwischen Hohem Aderl und Rainerhorn, und über Firn zum (2½ St.) Gipfel (vgl. S. 197). — Abstieg über das *Schlatenkees* zur *Prager Hütte* s. S. 196; zur *Kürsingerhütte* oder *Warnsdorfer Hütte* s. S. 189 und unten.

ÜBERGÄNGE. Von Prägraten zur Kürsingerhütte über das Obersulzbachtörl, 8 St. (F. 18, bis Neukirchen 24 K): von der (3 St.) Johannishütte (s. oben) über das sanft ansteigende *Dorfer Kees* zum (3 St.) **Obersulzbachtörl** (2926m), mit prächtiger Aussicht über die Nordseite des Venedigerstocks, l. Sonntagskopf, Schlieferspitze, r. Keeskogel (bis zum Törl auch als eigner Ausflug lohnend, von Prägraten 10 St. hin u. zurück, F. 12 K). Steil hinab über das *Obersulzbachkees*, vor dem Absturz („Türkische Zeltstadt") r. hinüber zur (2 St.) *Kürsingerhütte* (S. 189).
— Zur Warnsdorfer Hütte über das Obersulzbachtörl und Krimmlertörl 9 St. (F. 17 K): vom (6 St.) *Obersulzbachtörl* (s. oben) l. über das *Obersulzbachkees*, unter dem Gr. Geiger und den Maurerkeesköpfen hin zum (2 St.) *Gamsspitzl* (2895m) beim *Krimmlertörl;* hinab zur (³/₄ St.) *Warnsdorfer Hütte* (S. 194).

Zur Warnsdorfer Hütte über das Maurertörl, 9 St., unschwierig und sehr lohnend (F. 20 K). Im Iseltal bis (1¼ St.) *Streden* s. S. 200; hier über den Maurerbach, dann r. ins **Maurertal** über die *Maurer-A.* und (20 Min.) *Göriacher-A.* (1450m); AV.-Weg am l. Ufer empor. Sobald man die Waldgrenze überschritten hat, prachtvoller Zirkus von Schneegipfeln und Gletschern: w. Malham- und Gubach-Spitze, dazwischen das Reggentörl, n.w. Simonyspitze, n. Maurerkeesköpfe u. Gr. Geiger, ö. Gr. Happ u. Kl. Geiger. Dann an der (1³/₄ St.) *Ochsnerhütte* (1953m) vorbei über Grashänge und Moränentrümmer ansteigend, zur (1¼ St.) Zunge des *Maurerkeeses* (2282m) und über den wenig steilen Rücken des Gletschers, zuletzt über einen 30m h. Felshang (Steiganlage der S. Warnsdorf) zum (2½ St.) **Maurertörl** (3105m), zwischen *Hinterm Maurerkeeskopf* (3316m) und *Gr. Geiger* (3365m; vom Maurerkees für Geübte zu ersteigen, F. 1 K mehr). Von hier l. über das *Obersulzbachkees* zum (1 St.) *Gamsspitzl* und hinab zur (³/₄ St.) *Warnsdorfer Hütte* (S. 194).

Zum Reggentörl: aus dem obersten Maurertal l. am Gehänge der *Dellacher Keesflecken* empor, auf das *Simony-Kees*, dann am Rande des südl. Gletscherarms steil zum (5½-6 St. von Streden) **Reggentörl** (3057m) zwischen Malham- und südl. Gubach-Spitze; schöner Blick auf Dreiherrnspitze und Umbalkees. Hinab über das sanft geneigte und wenig zerklüftete *Umbalkees* zur (3 St.) *Klarahütte* (S. 200). Wer nach Prettau will, geht vom Reggentörl direkt zum (1½ St.) *Hintern Umbaltörl* (S. 200) und der (1½ St.) *Lenkjöchlhütte* (S. 476; F. bis Kasern 18 K).

Ins Defereggental drei Übergänge von Prägraten: das *Defereggen Törl*, das *Prägrater Törl* und die *Bachlenke*. Zum erstern (wenig lohnend; 8 St. bis St. Jakob, F. 15 K) MW. von (1 St.) *Welzelach* (S. 198) südl. im *Mullitztal* hinan zur (2 St.) *Stadlerhütte* (S. 198), weiter am SO.-Fuß des *Lasörling* (S. 198) l. über den Bach und steil hinan zum (2½ St.) **Defereggen** oder **Mullitz-Törl** (2617m), mit Rückblick auf die Venedigergruppe. Hinab r. in das bewaldete *Froditztal*, nach (2 St.) *Bruggen* und (1 St.) *St. Jakob* (S. 478). — Von Prägraten über das **Prägrater Törl** (2846m) nach St. Jakob, 8 St. (F. 15 K), mühsam. MW. im *Mullitzental* hinan zur (5 St.) Jochhöhe, s.w. vom *Lasörling* (für Geübte über den SW.-Grat in 2 St. zu er steigen, s. S. 198); hinab durchs *Tögischtal* nach (3 St.) *St. Jakob* (S. 478).
— Lohnender die **Bachlenke** (8 St., rot MW., F. 15 K, entbehrlich): von Prägraten talaufwärts bis zur (1½ St.) *Pebell-A.* (S. 200); oberhalb l. über die Isel und in dem wasserfallreichen *Großbachtal* hinan zur *Untern Alp;* dann über steiler Anstieg (l. schöner Wasserfall) zur *Obern Alp* und zur (3½ St.) **Bachlenke** (*Trojer Törl*, 2613m), zwischen Gösleswand und Grauer Wand; vorher prächtiger Rückblick auf Venediger und Dreiherrnspitze. Hinab, zuerst r. ausbiegend (l. der kl. *Bödensee*), ins *Trojeralmtal* (r. Alplesspitze u. Seespitze) und an den steilen Grashängen der l. Talwand, bald auf besserem Wege, zur *Obern* und *Untern Trojer-A.* (1817m); dann durch das hübsche enge Tal hinaus nach (3 St.) *St. Jakob*.

Der Weg ins **Umbaltal** oder oberste Iseltal (4 St. von Prägraten bis zur Klarahütte, F. 7 K, für Geübte unnötig) führt am *Bichl* vorbei, bei den Häusern von ($^3/_4$ St.) *Hinterbichl* (1331m) über den *Islitzbach* (S. 198), zum (25 Min.) letzten Hof *Streden* (1403m) an der Mündung des *Maurertals* (S. 199); im Hintergrund die Maurerkeesköpfe. $^1/_2$ St. weiter bei der *Pebell-A.* (1516m) über die Isel; l. der 100m h. Fall des *Kleinbachs*, 10 Min. weiter der schöne Fall des *Großbachs* (S. 199); dann steiler am r. Ufer hinan (l. schöner Fall der Isel) durch Wald, nach 1 St. auf dem *Lessensteg* (1866m) wieder über die Isel und auf schmalem Pfad an den steilen Grashängen des l. Ufers entlang, an einer ($^1/_2$ St.) Steinhütte (1903m) vorbei. L. öffnet sich das *Dabertal* (s. unten), im Hintergrund Totenkar- und Panargenspitze; vorn die Rötspitze. Der Weg steigt noch etwas über einen Felsriegel zur ($^3/_4$ St.) **Klarahütte** der AVS. Prag (2103m; Wirtsch., 3 B. zu 5, AVM. 2.50, und 10 Matr. zu 2 bzw. 1 K; Eintr. 40 h). $^1/_2$ St. aufwärts (von der Hütte nicht sichtbar) senkt sich der prächtige *Umbalgletscher* ins Tal.

BERGTOUREN (Führertaxen von Prägraten, s. S. 198). *Dreiherrnspitze (3505m), 5$^1/_2$-6 St. (F. 22 K), beschwerlich, nur für Geübte. Über den untern fast ebenen Teil des Umbalgletschers (1$^1/_2$ St.), dann an den Hängen der *Schlaitner Keesflecken* hinan zur obern Terrasse und r. unter der *Althaus-Schneide* durch, zuletzt steil empor zu einer in s.w. Richtung vortretenden Felskante und auf dieser (Vorsicht wegen des brüchigen Gesteins) zu dem Firnplateau gleich unterhalb des Gipfels, den man über einen Firnkamm erreicht. Abstieg über das *Hintere Umbaltörl* zur *Lenkjöchlhütte* und nach *Kasern* (S. 476; F. 24 bzw. 28 K), oder über das zerklüftete *Lahnerkees* zur *Birnlückenhütte* (S. 193).

*Rötspitze (*Welitz*, 3496m), 5-6 St. (F. 18, hinab zur Lenkjöchlhütte 24, nach Kasern oder Jagdhaus 26 K), beschwerlich. Von der Klarahütte w. über die Isel und an steilen Grashängen im Zickzack hinan, das *Welitzkees* nach links umgehend, bis man es in seiner Firnregion betritt; steil empor gegen die Scharte zwischen Daberspitze und Rötspitze, vorher r. ab über den Südgrat zum breiten Felsgipfel. — Abstieg über den NW.-Grat (Drahtseile) und das *Rötkees* zur (2 St.) *Lenkjöchlhütte* (S. 476); s.w. über die *Welitzscharte* (3214m) und das *Schwarzachkees* zur (3$^1/_2$ St.) *Jagdhausalp* (S. 479), nur für Geübte.

Simonyspitze (*Westliche*, 3489m; 5-6 St., F. 24, mit Abstieg zur Warnsdorfer Hütte 30 K), Malhamspitze (3373m; 4-5 St., F. 16, mit Abstieg nach Kasern 26 K) und Daberspitze (*Hohe Säule*, 3408m; 6-7 St., F. 22, mit Abstieg zur Jagdhausalp 28 K) können von der Klarahütte gleichfalls erstiegen werden.

ÜBERGÄNGE. Über das **Umbaltörl** nach Kasern 6 St., ziemlich mühsam (F. 15, bis zur Lenkjöchlhütte 12, Birnlückenhütte 16, Neugersdorferhütte 18 K). Von der Klarahütte im Umbaltal aufwärts, beim ($^3/_4$ St.) Handweiser quer über das *Umbalkees* ($^1/_2$-$^3/_4$ St.), nur anfangs etwas steil; an der W.-Seite steil aufwärts über Geröll und Fels, zuletzt Schnee zum (2 St.) **Vordern Umbaltörl** (2928m), südl. vom *Ahrnerkopf* (3051m; vom Törl 25 Min., lohnend). Im Ansteigen prächtige Blicke auf den Umbalgletscher, Dreiherrnspitze, Simony-, Gubach- und Malham-Spitzen; auf dem Törl erscheint im W. die lange Kette der Zillertaler. Abstieg ins *Windtal* steil und beschwerlich (2$^1/_2$ St. bis *Kasern*, S. 476), besser über Geröll und den *Windtalgletscher* auf AV.-Steig zur (1$^1/_2$ St.) *Lenkjöchlhütte* (S. 476).

Das **Hintere Umbaltörl** (2849m) ist gleichfalls gefahrlos, bei guten Schneeverhältnissen vorzuziehen (F. bis Kasern 15, bis zur Birnlückenhütte 16 K). Von der Klarahütte über den Umbalgletscher, dann zwischen Schlaitner Keesflecken und Ahrnerkopf (S. 200) über Firn zum (2½ St.) Törl. Abstieg ins *Windtal* anfangs steil (3 St. bis *Kasern*, S. 476); besser l. über das *Rötkees* zur (2 St.) *Lenkjöchlhütte* (s. S. 200 u. 476). Wer nach Krimml will, geht vom Hintern Törl über Althausschneide und Lahnerkees direkt zur (2½ St.) *Birnlückenhütte* (S. 193).

Durch das wilde *Dabertal* (s. oben) und über das Rotenmanntörl (2996m), zwischen *Rotenmannspitze* (3075m) und *Totenkarspitze* (3118m), zur (5 St. von der Klarahütte) *Seebach-A.* (S. 479), oder über das Schwarze Törl (2941m), n. zwischen Rotenmannspitze und *Törlspitze* (3053m), zur (5 St.) *Jagdhausalp* (S. 479), beide beschwerlich, nur für Geübte (F. 16 K).

38. Von Windisch-Matrei nach Kals und Heiligenblut.

Der schönste Weg nach Kals führt von Windisch-Matrei über das *Kals-Matreier Törl* (Reitweg, bis zum Törl 3-3½, bis Kals 5-5½ St.; F. 9 K, unnötig; Pferd zum Törl 12 K). — Von Lienz nach Kals 7 St. Fahrstraße bis *Huben* (S. 195), dann Saumweg durch das *Kalser Tal* (S. 195). — Von Uttendorf im Pinzgau nach Kals über den *Kals-Stubacher Tauern* 12 St. (besser in 2 Tagen mit Übernachten in der Rudolfshütte, S. 186; F. 22 K). — Von Heiligenblut nach Kals über das *Berger Törl*, 7½ St., s. S. 204.

Windisch-Matrei (975m) s. S. 195. An der Post vorbei den Kapellenberg hinan; hinter der (20 Min.) Kapelle geradeaus, an einem Kreuz vorbei, dann bei den (15 Min.) Häusern von *Klaunz* r. bergan; 40 Min. Handweiser; weiter durch Wald an einem Kapellchen vorbei, oberhalb der Schlucht des *Bretterwandbachs* bergan; nach 40 Min. über den *Goldriedbach;* 25 Min. weiter tritt man aus dem Walde, über Grasboden (r. halten) steiler bergan, über den Bach (oben wird das Törlhaus sichtbar), nach 10 Min. nochmals, dann im Zickzack streckenweise steil, z. T. durch Wald, zum (1 St., 3-3½ St. von W.-Matrei) *Kals-Matreier Törl (2206m; einf. Whs. bei H. Obwexer), mit prächtiger Aussicht auf Venediger-, Glockner- und Schobergruppe (vgl. das umstehende Panorama nach J. Stüdl).

Noch schöner ist die Aussicht von der zweiten Höhe südl. vom Törl, mit trigonometr. Steinsäule (bis zum Steinmandl 1 St., F. unnötig). — Auf den *Rottenkogel* (2760m) rot MW. in 2½ St., s. S. 195.

Der Weg hinab nach (1¾ St.) Kals hält sich links, später durch Wald; im Tal nicht l. über *Großdorf* (¼ St. weiter), sondern r. auf das untere Ende von Kals los (man lasse sich den Weg schon oben auf dem Törl, wo man ihn verfolgen kann, genau beschreiben); zuletzt hinab zum Kalser Bach, über die Brücke und am l. Ufer zum Dorf (r. Unter-, l. Oberwirt).

Kals (1322m; Glocknerwirt Joh. Groder, 30 B. zu 1.60 K, einf. gut; interessantes Fremdenbuch, im „Glocknerbuch" Verzeichnis der von Kals ausgeführten Erstlingstouren; Oberwirt „zum Alpenverein", 30 B. von 1.85 K an), in breitem Tal freundlich gelegenes Dorf (1046 Einw.), gutes Standquartier für Bergtouren. PT.

FÜHRER: Andrä Hutter, Johann und Alois Kerer, Joh. Unterweger, Josef und Johann Groder, Rupert Entstraßer, Rupert Figer, Peter Schneider,

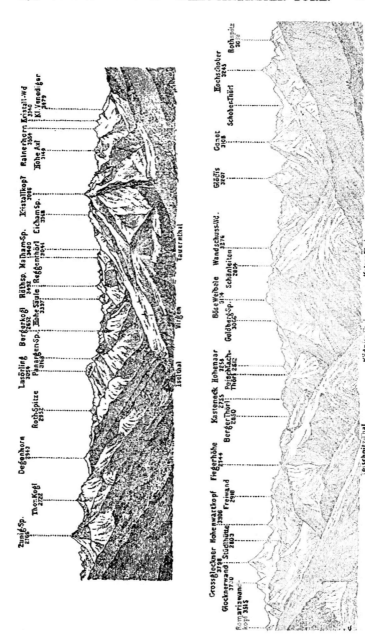

Paul u. Stefan Schnell, Veit Oberlohr, Peter Seeber. Tarif für Übernachten im Glocknerhaus, Haritzerhaus oder Rudolfshütte 4 *K*, in der Erzherzog-Johannhütte 3 *K* mehr.

Die Besteigung des ***Großglockner** (3798m) ist von Kals kürzer und leichter als von Heiligenblut (S. 209), aber nur geübten Bergsteigern anzuraten ($7^1/_2$-$8^1/_2$ St.; bis zur Stüdlhütte 4-$4^1/_2$ St., von da zum Gipfel $3^1/_2$-4 St.; F. 21, mit Abstieg über den Hofmannweg zum Glocknerhaus 30 *K*). Erste Ersteigung von Kals 1855 durch G. Aigner und J. Mayr aus Lienz. An der Kirche vorbei Saumweg im *Ködnitztal* bis zu den Höfen von (1 St. 10 Min.) *Groder* (1719m), hier l. hinan, nach 25 Min. über den Ködnitzbach (Wegtafel; r. der Weg zum Bergertörl, S. 204), an der (40 Min.) *Jörgenhütte* (1959m) vorbei, weiter AV.-Weg (die Lucknerhütte bleibt r., s. unten) am Abhang der *Freiwand* hinan zur ($2^1/_2$ St.) **Stüdlhütte** auf der *Vanitscharte* (2803m; Wirtsch., 7 B. zu 4, AVM. 2, u. 15 Matr. zu 2 bzw. 1 *K*), von dem verdienten Alpenforscher Joh. Stüdl in Prag 1868 erbaut und später vergrößert, mit schöner Aussicht s.w. über das Kalser Törl hinweg auf die Ampezzaner Dolomiten; steigt man südl. an der Freiwand etwas hinan, so erblickt man n. anscheinend ganz nahe die Spitze des Großglockner; n.ö. Ködnitzkees und Adlersruhe, w. das Teischnitztal (S. 187) mit dem Teischnitzkees. Von hier führen zwei Wege auf den Großglockner. Der „Alte Kalserweg" steigt n. über Geröll zum *Teischnitzkees*, über eine Einsenkung des vom Glockner herabziehenden *Luisengrats* auf das *Ködnitzkees* und anfangs mäßig, zuletzt steil hinan zur ($2^1/_4$ St.) **Erzherzog Johannhütte** des ÖAK. auf der *Adlersruhe* (3464m; Wirtsch. mit Schlafhaus, 70 Matr. zu 4, AVM. 2 *K*), mit herrlicher Aussicht (Panorama von Oberlercher). Von hier über Firn und Fels auf den (1-$1^1/_4$ St.) *Kleinglockner* (3764m); an der NW.-Seite 8-10m steil hinab (Drahtseil und Eisenstifte) zur *Obern Glocknerscharte* und am Drahtseil (drei übereinander) über die ca. 9m lange, 40cm br. Schneeschneide (r. ca. 1300m tief zur Pasterze, l. 800m zum Ködnitzkees abfallend); dann ebenso steil wieder hinan (Drahtseil und Eisenstifte, bei viel Neuschnee nutzlos) zum (25 Min.) Gipfel des Großglockner. Oben eine hölzerne Gradmessungs-Pyramide und das vom ÖAC. errichtete $2{,}5$m h. eiserne *Kaiserkreuz*. Die **Aussicht erstreckt sich w. bis zum Rhätikon und Silvretta, s.w. bis zum Bernina und Adamello; s.ö. Triglav, ö. Kleine Karpaten, n.ö. das mährisch-böhmische Gebirge, u. die bayrische Ebene bis gegen Regensburg hin.

Der „Neue Kalserweg" oder **Stüdlweg**, für Geübte der interessanteste Anstieg (F. 24 *K*; Steigeisen nötig; dicke wollene Fausthandschuh ratsam), führt über den *Luisengrat* (s. oben) zwischen Teischnitz- und Ködnitzkees (Drahtseile und Eisenstifte) direkt zum (3-$3^1/_2$ St.) Gipfel des Großglockner, mit Vermeidung des Kleinglockners und der Scharte, erfordert aber völlige Schwindelfreiheit und ist bei Vereisung oder Neuschnee ungangbar.

Der „Neueste Kalserweg" oder **Mürztalersteig** (nur für Schwindelfreie) führt vom (1 St. 10 Min.) *Groder* (s. oben) im Ködnitztal hinan, oberhalb der *Jörgenhütte* über den Bach zur ($1^1/_2$ St.) *Lucknerhütte* (2248m;

Unterkunft, 4 B.); hier r. hinan auf dem von der alpinen Gesellschaft "Mürztaler" erbauten Steige am Abhang der *Langen Wand* und der *Blauen Köpfe* (Drahtseil und Eisenstifte), hoch über dem Ködnitzkees, direkt aber sehr steil zur (3½-4 St.) *Erzherzog Johannhütte* (S. 203).

Abstieg über den *Hofmannsweg* zum (3 St.) *Franz Josefshaus* (Geübten bei festem Schnee zu empfehlen), oder durch das *Leitertal* nach (6 St.) *Heiligenblut* s. S. 209. — Besteigung des Großglockner von der Stüdlhütte über den *Nordwestgrat* (*Untere Glocknerscharte* oder *Teischnitzscharte*, 3622m) sehr schwierig, 1879 zuerst von G. Gröger mit Chr. Ranggetiner (S. 206) ausgeführt. Der direkte Anstieg von der Pasterze zur *Obern Glocknerscharte* (S. 203) wurde zuerst 1876 von dem Markgrafen Alfred Pallavicini (S. 206) gemacht, zum zweitenmal 1899 von V. Pillwax aus Wien. Letzterer erstieg auch 1891 den Glockner direkt vom Ködnitzkees und 1905 direkt vom Teischnitzkees über die Westflanke.

*Romariswandkopf (3515m), von der Stüdlhütte 2½ St. (F. 18 *K*): über das *Teischnitzkees*, dann in n. Richtung gegen die Glocknerwand über den (1 St.) *Gramulsattel* auf das *Frusnitzkees* und über Firnhänge ohne große Schwierigkeit zum (1½ St.) Gipfel. Abstieg über die *Pasterze* zur *Oberwalder Hütte* oder zum (3½ St.) *Franz Josefshaus* (S. 207).

Schönleiten (2807m), w. Ausläufer der *Schobergruppe*, zwischen Ködnitz- und Lesachtal, von Kals 4 St. m. F., nicht schwierig; prächtiger Blick auf Glockner-, Schober- u. Venedigergruppe. — Hochschober (3250m), 7½ St. (F. 18 *K*): von Kals über *Ober-Lesach* und die (2½ St.) *Lesacher-A.* (1825m; Nachtlager), dann über den *Rolfferner* und das *Schobertörl* (2903m) in 4½-5 St., beschwerlich (vgl. S. 194, 469). — Glödis (3205m), von der Lesacher-A. über das *Kalsertörl* (2803m) in 5 St. (F. 18 *K*), gleichfalls beschwerlich. — Großer Roter Knopf oder Wanschuß (3296m), höchster Gipfel der Schobergruppe, von der Lesacher-A. über das *Schartl* in 5½ St. (F. 22 *K*), schwierig.

*Rottenkogel (2760m), 4-4½ St. (F. 10, bis Wind.-Matrei 15 *K*), s. S. 195. — Gr.-Muntanitz (3231m), über das *Gradötzkees* in 6-7 St. (F. 18, bis Wind.-Matrei 20 *K*), beschwerlich aber lohnend (s. S. 195).

Nach Windisch-Matrei über das *Kals-Matreier-Törl (2206m), 4½-5 St. (F. 9 *K*, entbehrlich), s. S. 201. Der Besuch des Törls (hin und zurück 5 St., F. 5 *K*) ist wegen der prachtvollen Aussicht unbedingt anzuraten, auch wenn man nicht nach Matrei will.

Nach *Uttendorf* über den *Kals-Stubacher Tauern*, 12 St. (F. 22, bis zur Rudolfshütte 10 *K*), s. S. 186; zum *Moserboden* über den Stubacher Tauern und das *Kapruner Törl* (12 St., F. 20 *K*) s. S. 185.

Von Kals über das Berger Törl nach Heiligenblut 7½ St., MW., F. 13 *K*, für Geübte entbehrlich. An der Kirche vorbei Saumweg im *Ködnitztal* hinan zu den Höfen von (1 St. 10 Min.) *Groder* (1719m); 25 Min. oberhalb über den Ködnitzbach, beim Handweiser r. (l. der Weg zur Stüdlhütte, S. 203) über Alpweiden steil bergan, anfangs mit schönem Blick auf den Großglockner, zum (2½ St.) Berger Törl (2646m), mit der *Glorerhütte* des Kalser Führervereins (Wirtsch., 7 B.) und lohnender Aussicht (südl. Schober, s.w. Defereggher Berge, Dolomiten, w. Hochgall, ö. die Goldberggruppe mit Hocharn, Sonnblick usw.). Beim Hinabsteigen öffnet sich bald der Blick l. auf Leiterkees, Adlersruhe und Glockner. Der Weg führt steil hinab ins *Leitertal* (n. Schwert und Leiterköpfe), über den Leiterbach zur (1¼ St.) obern und (8 Min.) *untern Leiterhütte* (2016m); 25 Min. weiter Wegteilung (l. zum Glocknerhaus, S. 205), hier r. über den Bach, am r. Ufer bergan zur *Trog-A.* (1866m), dann stets bergab auf angenehmem Waldweg;

zuletzt über den *Gößnitzbach* (Gößnitzfall s. S. 207), dann weiter über die *Möll* und bergan nach (1½ St.) *Heiligenblut*.

Der Übergang über das *Peischlach-Törl* (2512m), südl. vom Berger Törl, ist wegen des schlechten Weges nicht zu empfehlen (F. 14 *K*).

Wer von Kals zur Franz-Josefshöhe oder nach Ferleiten will, ohne Heiligenblut zu berühren, spart einen Tag, wenn er bei der Wegteilung 25 Min. unterhalb der *Leiterhütte* (S. 204) l. auf dem *Obern Leiterwege* (F. entbehrlich) über eine Naturbrücke direkt zum (2 St.) *Glocknerhause* geht (s. S. 209; von Kals zum Glocknerhaus 7-7½ St., F. 12, über die Pfandlscharte bis Ferleiten 24 *K*).

39. Von Dölsach nach Heiligenblut.

Von Süden, vom Pustertal aus, führt der nächste und bequemste Weg von *Dölsach* über *Winklern* nach (8 St.) Heiligenblut. Postbotenfahrt vom Bahnhof Dölsach bis Heiligenblut (38km) im Sommer tägl. in 7 St. (6 *K* 40 *h*; 5 kg Freigepäck); OMNIBUS (vom Tiroler Hof) vom 1. Juli bis 31. Aug. tägl. in 8 St., 6 *K*; Einsp. 16, Zweisp. 28, hin und zurück mit Übernachten 28 u. 48 *K*. Von Lienz (Hot. Post) nach Heiligenblut Omnibus tägl. in 9 St.; Einsp. hin und zurück für 2 Tage 36, für 3 Tage 44, Zweisp. 56 und 72 *K*. Besser geht man zu Fuß von Dölsach bis (3 St.) Winklern (Träger 3 *K*) und nimmt dort einen Wagen (bis Heiligenblut 10-12 *K*). — Von *Möllbrücke* über *Obervellach* nach Winklern s. S. 603; von *Kals* nach Heiligenblut über das *Berger Törl* s. S. 204.

Von Norden her führen die lohnendsten Wege nach Heiligenblut durch das *Fuschertal* über die *Pfandlscharte* (S. 181) oder die *Bockkarscharte* (S. 182). — Von *Rauris* über den *Heiligenbluter Tauern* nach Heiligenblut s. S. 177, 182; über den *Sonnblick* s. S. 178, 210.

Von *Lienz* Eisenbahn in 8 Min. nach (5km) **Dölsach** (654m; Bahnrest.; Putzenbachers Gasth., 5 Min. vom Bahnhof), s. S. 594; 2km n. das Dorf (700m; Tirolerhof bei Jos. Eder, 50 B. zu 2-3, P. 6-8 *K*); in der Kirche ein Altarbild (heil. Familie) von Franz Defregger (1835 auf dem Ederhof bei Dölsach geboren). — Die Straße steigt in großen Kehren (rot mark. Abkürzungswege), mit prächtigen Blicken auf das Drautal, Lienz und die Lienzer Dolomiten, zum (6km) Dörfchen *Iselsberg* (1111m), wohin auch von Lienz rot MW. über *Nußdorf* und *Debant* in 3½ St.; weiter am (8km) *Gasth. zur Wacht* vorbei über die kärntner Grenze zur (9km) Höhe des **Iselsbergs** (1204m; *Hot. Defreggerhof*, 50 B. zu 1.60-2 *K*). Hinab zum (9,5km) *H.-P. Bad Iselsberg* (90 B. zu 1.80-2.20 *K*), dann durch Wald nach

13km **Winklern** (952m; Gasth.: Post, gut; Geiler, 20 B. zu 1.10-1.60 *K*, gelobt; Trojer; Z. in Villa Merzinger), Dorf mit 359 Einw., am Abhang über dem *Mölltal* schön gelegen. AVS.

AUSFLÜGE. **Geiersbühl** (1898m), über *St. Benedikt* 2½-3 St., lohnend; Aussicht auf Schobergruppe, Lienzer Dolomiten usw. — ***Ederplan** (1982m), 3½ St., leicht; Reitweg, nach 10 Min. von der Iselsbergstraße l. ab, in dem O.-Abhang des *Stronachkopfs* herum über *Zwischenbergen* zum (3 St.) *Anna-Schutzhaus* des OTK. (1960m; Wirtsch., 4 B. u. 9 Matr.), 10 Min. unter dem Gipfel. Prächtige Aussicht. — Vom Ederplan MW. auf den (2 St.) *Zietenkopf* (2481m; vgl. S. 469).

Hinab ins Tal und über die Möll. Bei (20,5km) *Mörtschach* (930m; Wallner; Jos. Kaponig, einf. gut) mündet r. das *Astental*, bei (23km)

Stampfen, wo die Straße auf das r. Ufer tritt, l. das *Wangernitztal*. — 28km **Döllach** (1024m; *Gasth. Ortner bei Haritzer, 34 B. zu 1-2 *K*; Post), Dorf mit 319 Einw., an der Mündung des *Zirknitzbachs* (S. 179). In der Schlucht 10 Min. aufwärts (MW.) die *Zirknitzgrotte* und ¹/₄ St. weiter der 50m h. *Zirknitzfall.

Ausflüge (Führer Johann Schmidl, Joh. Plößnig, Joh. Zlöbl). ***Stellkopf** (2846m), von der *Steinerkaser* (1736m) im Klein-Zirknitztal über die *Kluidscharte* (2500m) und *Stellhöhe* (2810m) in 3 St. (F. 12 *K*), oder von Döllach über das *Göritzertörl* (2452m) u. vom Mauerkopf, den *Waschgang* (altes Goldbergwerk) und die Kluidscharte in 6 St., ziemlich mühsam; prächtiger Blick auf Goldberg-, Glockner- und Schobergruppe. — **Petzeck** (3283m), ö. Hauptgipfel der Schobergruppe, durch das *Gradental* zur *Graden-A.* (1709m; Nachtlager), weiter über das *Gradenkees* und die *Petzeckscharte* (2950m) in 7 St. (F. 22 *K*), beschwerlich; großartige Aussicht. Abstieg über die *Gradenscharte* (2775m) zur *Lienzer Hütte* (S. 469; F. 26 *K*), oder von der Petzeckscharte zu den *Wangernitzseen* (2413m) und durchs *Wangernitztal* nach *Stampfen* (s. oben). — **Stanziwurten** (2704m), über den *Zirknitzbauer*, die *Kulmer* und *Rieger-A.* in 4¹/₂-5 St. m. F. (10 *K*), leicht und lohnend. — ***Sonnblick** (3106m), 7¹/₂ St. (F. 20, mit Abstieg nach Heiligenblut 22, nach Kolm-Saigurn 24, über Riffelscharte nach Böckstein 28 *K*), für Geübte nicht schwierig: MW. durchs *Zirknitztal* über die *Hohe Brücke* und an den *Neun Brunnen* (Wasserfall) vorbei zur (2 St.) *Unterkaser-A.* (1588m), dann l. hinan über die *Hochkaser* (1836m) zur (4¹/₂ St.) *Brettscharte* (2802m) und über das Vogelmaier-Ochsenkarkees zum (1¹/₂ St.) *Zittelhaus* (S. 178). — Über die *Klein-Zirknitz-Scharte* (2719m) zur *Duisburger Hütte* (7 St., F. 16 *K*), oder nach *Kolm Saigurn* (9-10 St., F. 18 *K*) s. S. 604, 179; über *Albitzen* und das *Schobertörl* (2356m) nach *Außerfragant* (7-8 St., F. 16 *K*) s. S. 605.

Bei (31km) *Putschall* (1058m), an der Mündung des wilden *Gradentals* (s. oben), tritt die Straße auf das r. Ufer der Möll, 2km weiter über die *Judenbrücke* wieder aufs l. Ufer, dann bergan; l. (¹/₄ St.) der *Jungfernsprung*, ein 130m h. Wasserfall. 37km *Pockhorn* (1087m; Kramser), Dörfchen mit gotischer Kirche an der Mündung des *Fleißtals* (S. 207). Vorn erscheint die Spitze des Großglockners. Das Mölltal ist hier durch einen 100m h. Felswall, den *Zlapperriegel*, abgeschlossen, über den die Möll in wilder Schlucht hinabstürzt (ein Fußsteig führt zum Fall, oben wieder auf die Straße). Die neue Straße steigt r. in großen Kehren hinan; Fußgänger kürzen auf der alten Straße.

40km **Heiligenblut**. — Gasth.: *H.-P. Rupertihaus, fünf Häuser mit komfortabler Einrichtung, 20. Mai-1. Okt., 50 B. zu 1.20-5, F. 1.20, M. 3.20, P. 7.20-12 *K*, gute Küche; *Post, B. 1.60-3 *K*, beide mit schöner Aussicht; Gasth. Schober bei der Kirche, B. 1.80 *K*; Joh. Pichlers Touristengasth., 10 B. zu 1-2 *K*, einf. — PTF.

Heiligenblut (1279m), kleines Alpenkirchdorf (165 Einw.) in grünem Hochtal, in das n.w. die schlanke Firnpyramide des Großglockners hineinschaut, hat seinen Namen von einem Fläschchen des Blutes Christi, das, vom sel. Briccius aus Konstantinopel gebracht, in der 1483 erbauten Kirche in einem zierlichen Sakramentshäuschen aufbewahrt wird (schöner Schnitzaltar von Wolfgang Maller, 1520; in der Krypta das Grab des sel. Briccius). Auf dem Friedhofe die Gräber der 1886 an der Glocknerwand verunglückten Bergsteiger Alfred Pallavicini und H. Crommelin, sowie der Führer Ranggetiner und Rubesoier.

AUSFLÜGE. — FÜHRER: Joseph Tribuser II, Veit, Lorenz, Anton u. Alexander Granögger, Matth. u. Georg Aßlaber, Anton Lackner I u. II, Georg Lackner I u. II, Joh. Lackner, Jos. Bernhart, Jos. Bernsteiner, Jos. Kellner, Jak. u. Georg Pichler, Joh., Peter u. Vinc. Rupitsch, Ant. Schmiedl, Peter Oberdorfer, Anton u. Nikolaus Wallner. Der Obmann des Führervereins findet sich jeden Abend in den Gasthäusern ein und bestimmt Führer und Träger für den nächsten Tag. — PFERD zum Glocknerhaus 12 K (zurück gleichfalls 12 K), bis zum Pfandlschartenkees 18 K. — EINSPÄNNER nach Döllach 5, Winklern 10, Dölsach 18 K.

Zur Obern Fleiß (1449m), $^3/_4$ St. ö. von Heiligenblut, guter Weg beim Rupertihaus l. hinan über den *Schulerbüchel*, dann in ziemlich gleicher Höhe fort; 25 Min. Häuser der *Untern Fleiß;* 5 Min. Brücke über den *Fleißbach*, am andern Ufer r. durch Wald hinan zum (10 Min.) *Whs. zur Obern Fleiß* (einf. gut, B. 1 K). Schönster Punkt $^1/_4$ St. weiter (durch den Hof des Whses. und l. hinan) bei der *Mattkapelle*, wo sich der Blick ins Pasterzental öffnet. — Zum **Gößnitzfall** ($^3/_4$ St.), auf dem Kalser Saumweg (S. 205) über die (10 Min.) Möll, dann l. hinan auf angenehmem Waldweg zum 100m h. Fall des Gößnitzbachs. — Zum *Leiterfall* ($1^1/_2$ St.) s. unten.

*Zur Franz-Josefshöhe, sehr lohnend und keinenfalls zu versäumen: bis zum Glocknerhaus 3-$3^1/_2$ St., von da zum Franz-Josefhaus 1 St., zurück im ganzen 3 St.; Pferd 12, F. bis Franz-Josefshaus (unnötig) 8, hin und zurück 12 $K;$ Straßenzoll für Einsp. 4, Zweisp. 8, Automobil 20 K. Die aussichtreiche *Kaiserin Elisabeth-Hochstraße* ($11{,}_2$km lang) steigt in großen Kehren hinan (Fußwege kürzen), bei der *Gipper-A.* (1630m) über das *Guttal*, zur ($2^1/_2$ St., $8{,}_5$km von Heiligenblut) Höhe des *Pallik* (1950m; Schubers Gasth., B. 1.60 K), mit schöner Aussicht, und ins Mölltal einbiegend zum (1 St., $11{,}_2$km) Glocknerhaus. — Der *Haritzersteig* zweigt bei der (10 Min.) ersten Kehre („Himmlerschleife") von der Elisabethstraße l. ab und zieht sich in allmählicher Steigung am Abhang hinan zur (1 St.) *Sattelalm* (1521m); schöner Rückblick; nach einigen Schritten öffnet sich der Blick auf den Absturz des Pasterzengletschers. Weiter über Alpweiden, z. T. durch Wald zur (20 Min.) *Bricciuskapelle* (1612m; gutes Trinkwasser), dem schönen 130m h. *Leiterfall* gegenüber; dann schärfer bergan zur ($^3/_4$ St.) *Marxhütte*, wo l. ein mark. Steig zum Leiterfall abzweigt; hier erster Blick auf den Großglockner und das Franz Josefhaus. Nun r. im Zickzack den Felssattel der *Bösen Platte* hinan zum ($^1/_2$ St.) *Untern Brettboden* (2097m) und über Alpwiesen zum ($^1/_2$ St.) **Glocknerhaus** der AVS. Klagenfurt auf der *Elisabethruhe* (2138m; *Wirtsch., 13 Z. mit 36 B. zu 2.40, Extrazimmer mit 2 Betten zu 4 $K;$ Hüttengebühr 40 $h;$ PF), mit trefflichem Blick auf den Absturz des Pasterzengletschers und den Großglockner.

Der Weg führt weiter über den *Pfandlbach* (S. 181), dann l. hinan zum (1 St.) *Kaiser Franz-Josefhaus* (*Gasth. des P. Haritzer, 30 B. zu 1.60-4 u. 15 Matr. 1 $K;$ F) und zur (5 Min.) **Franz-Josefshöhe** (2418m), am geröllbedeckten Abhang der *Freiwand*, mit vollem Überblick des mächtigen *Pasterzen-Keeses*, des größten Gletschers der Ostalpen, 10km lang, bis 1650m breit (Flächeninhalt 3196 ha). Geradeaus fast senkrecht aufragend der Großglockner mit seinen beiden Spitzen, l. von ihm Adlersruhe, Hohenwartkopf, Kellersberg, Schwerteck, Schwert und die drei Leiterköpfe; r. vom Glockner Hofmannspitze, Glocknerwand, Teufelskamp, Romariswandkopf, Schneewinkelkopf, Eiskögele, Untere Ödenwinkelscharte, Johannisberg, Obere Ödenwinkelscharte und Hohe Riffl; die drei Felsköpfe im obersten Pasterzenboden sind der Kleine, Mittlere und Hohe Burgstall. In einem Chloritschieferblock unter Verschluß eine Marmortafel mit Inschrift zur Erinnerung an Karl Hofmann aus München (s. S. 209; 1870 bei Sedan gefallen.

Um den Gletscher zu betreten, empfiehlt es sich, die Wanderung bis zur *Hofmannshütte* fortzusetzen. Der Weg (F. angenehm, vom Glocknerhaus hin u. zurück 5 *K*) führt etwas bergab, an und auf der Moräne hin, dann über den Mittleren Pasterzenboden fast eben fort, zuletzt bergan zur (1¼ St.) **Hofmannshütte** (2443m) in der *Gamsgrube*, am Fuß des *Fuscherkarkopfs*. Die Hütte, auf Kosten des Erzherzogs Johann erbaut, später durch Stüdl und Hofmann hergestellt, war Ausgangspunkt für viele Erstlingstouren, wird aber jetzt nicht mehr benutzt.

BERGTOUREN VOM GLOCKNERHAUSE BZW. VOM FRANZ JOSEFHAUS (alle nur für Geübte; Tarif vom Glocknerhaus, wo meist Führer zu finden sind; von Heiligenblut telephonisch anfragen). **Fuscherkarkopf** (3336m), von der Hofmannshütte durch die Gamsgrube in 3½ St. (F. 14 *K*), ziemlich mühsam; vorzüglicher Überblick der Glocknergruppe. — **Sinnabeleck** oder **Sonnenwelleck** (3263m), vom Glocknerhaus über die *Obere Pfandelscharte* (2745m) in 3½ St. (F. 14 *K*), mühsam und weniger lohnend. Vom Fuscherkarkopf über den nach der Mitte sich senkenden Grat zum Sinnabeleck 1 St.

Großer oder **Hoher Burgstall** (2965m), vom Franz Josefhaus über den Pasterzenkeesboden in 3 St. (F. 9 *K*); oben die *Oberwalder-Hütte* der AVS. Austria (Wirtsch.), nächster Ausgangspunkt für Bärenköpfe, Rifflitor, Johannisberg. Vom Burgstall zur *Bockkarscharte* (S. 182) Gletscherweg (durch Stangen bez.) in 1 St.

Großer Bärenkopf (3406m), vom Franz Josefhaus 5½ oder von der Oberwalder Hütte 2½ St. (F. 22, zur Mainzerhütte, 24 *K*). Über die *Bockkarscharte* (S. 182) aufs *Bockkarkees* oder zur *Keilscharte* (3186m) zwischen Mittlerem und Großem Bärenkopf, dann r. hinan auf den letzteren. Abstieg auch ö. über die *Hohe Dock* (3349m) zur *Mainzerhütte* (S. 182).

*****Großes Wiesbachhorn** (3570m), vom Franz Josefhaus 8-9, von der Oberwalder Hütte 5-6 St. (F. 26, zum Ferleiten 28, zum Moserboden 32 *K*), beschwerlich: über die *Keilscharte* (s. oben) den Großen Bärenkopf an der NW.-Seite umgehend, zur *Gruberscharte* (3093m); weiter an den ö. Firnhängen der *Glockerin* (3425m) hinan, über den *Hintern Bratschenkopf* (3416m) zur *Wielingerscharte* (S. 185) und über den SW.-Grat zum Gipfel. Abstieg zum *Heinrich Schwaigerhaus* s. S. 185; zur *Mainzerhütte* s. S. 182.

*****Johannisberg** (3467m), vom Franz Josefhaus 6-7 oder von der Oberwalder Hütte 3-4 St. (F. 18 *K*): vom Gr. Burgstall über den obersten Pasterzenboden und den Ostgrat, oder über die Obere Ödenwinkelscharte und den Nordgrat zum Gipfel, der nach W. steil ins Stubachtal zum Ödenwinkelkees abstürzt. Vorzüglicher Überblick der Glocknergruppe und weite Aussicht nach N. (Zeller See). — **Hohe Riffl** (3346m), 5-6 St. vom Franz Josefhaus, 2-3 St. von der Oberwalder Hütte (F. 18 *K*), vom obersten Pasterzenboden über die Obere Ödenwinkelscharte und den Südgrat, oder auch über das Rifflitor (S. 185, 209). — **Eiskögele** (3439m), **Schneewinkelkopf** (3490m) und **Romariswandkopf** (3515m); vgl. S. 204) sind gleichfalls vom obersten Pasterzenboden zu ersteigen, die beiden letztern über die *Schneewinkelscharte* (ca. 3300m): vom Franz Josefhaus je 5, von der Oberwalder Hütte 2-2½ St. m. F. Ausdauernde

Berggänger können Romariswandkopf, Schneewinkelkopf und Eiskögele verbinden.

*Großglockner (3798m), von Heiligenblut 9-10 St., anstrengend, aber für Geübte und Schwindelfreie nicht sehr schwierig (F. über den Leiter- oder Hofmannsweg u. zurück 30, mit Abstieg zur Stüdlhütte 34, bis Kals 38 *K*). Erste Besteigung des Kleinglockners 1799 durch Graf S. Hohenwart, Generalvikar des Kardinals Grafen Salm-Reifferscheidt, des Großglockners 1800 durch Pfarrer Horasch von Döllach, beide von Heiligenblut aus (von Kals s. S. 203). Der ALTE GLOCKNERWEG (Salmweg oder Leitertalweg) führt von Heiligenblut über die *Trogalm* (S. 204) in 3 St. zur *Leiterhütte* (2016m); oberhalb vom Wege nach Kals (S. 204) r. ab, hinan zur (2½ St.) aufgelassenen *Salmhütte* am *Hasenpalfen* (2755m), dann über das *Leiterkees* zur (1½ St.) *Hohenwartscharte* (3184m), zwischen Hohenwartkopf und Kellersberg, und zur (1 St.) *Erzherzog Johannhütte* auf der *Adlersruhe* (S. 203). — Vom Glocknerhause (S. 207) erreicht man die Leiterhütte über die Naturbrücke und den Obern Leiterweg in 2¼ St., s. S. 204.

Lohnender, aber auch mühsamer ist der HOFMANNSWEG (1869 von K. Hofmann eröffnet), 5½-6 St. vom Franz-Josefhause (F. vom Glocknerhause 22, mit Abstieg zur Stüdlhütte 26, bis Kals 30 *K*), nur geübten Steigern bei gutem Schnee anzuraten und besonders als Abstieg zu empfehlen. Vom Franz-Josefhaus (S. 207) auf schmalem Steig hinab zum Pasterzengletscher und in ¾ St. schräg hinüber zum AV.-Steig, der durch das *Äußere Glocknerkar* hinanführt, weiter aufwärts über das zerklüftete Äußere Glocknerkarkees gegen die Hohenwartscharte (s. oben), dann r. unter dem Kamm fort zur (3½-4 St.) *Erzherzog Johannhütte* (S. 203).

Sandkopf (3084m), von Heiligenblut 5 St. (F. 14 *K*), unschwierig, lohnend: vom Fleiß-Whs. (S. 207) über die Matten des *Mönchsbergs* hinan (Edelweiß), am *1.* und *2.* Wetterkreuz (2415 u. 2754m) vorbei, zuletzt über Geröll und Fels zum Gipfel, mit prächtiger Aussicht. — Brennkogel (3021m), durch das *Guttal* 5 St. (F. 12, bis Ferleiten 23 *K*), mühsam aber lohnend (leichter vom Heiligenbluter Tauern, s. S. 182).

ÜBERGÄNGE. — Vom Glocknerhaus nach *Ferleiten* über die *Pfandlscharte* 5½-6 St., bis Traueralpe 4-4½ St. (F. für Geübte entbehrlich, bis Ferleiten 14, von Heiligenblut 16, mit Franz-Josefshöhe 19 *K*), von hier aus bequemer als von Ferleiten (S. 181). Pferd vom Glocknerhaus bis zum Gletscher 7 *K*. — Über die *Bockkarscharte* und den *Hohen Gang* zur *Mainzerhütte* und nach *Ferleiten*, vom Glocknerhaus 9-10 St. (F. 19 *K*), großartige und unschwierige Gletschertour, s. S. 182.

Vom Glocknerhaus nach *Kals* über das *Berger Törl* (7 St., F. 13 *K*; von Heiligenblut 8 St., F. 14 *K*), s. S. 204.

Über das Riffltor zum Moserboden, vom Franz-Josefhaus 8-9 St. (F. 23, ab Heiligenblut 32 *K*), für Geübte nicht schwierig und sehr lohnend. Über den obersten Pasterzenboden zum (5 St., von der Oberwalderhütte 2 St.) Riffltor (3115m), zwischen ö. *Vordern Bärenkopf* (3263m; in ½ St. leicht zu ersteigen) und w. *Hoher Riffl* (S. 208; 1 St.); hinab (r. halten) über das in einem dem Teil wenig zerklüftete *Karlinger Kees* (vgl. S. 185) zum (3 St.) *Moserbodenhotel* (S. 184).

Über die Obere Ödenwinkelscharte zur Rudolfshütte, 10 St. vom Franz-Josefhaus (F. 23 *K*), beschwerlich. Bis zur Mitte des obersten Pasterzenbodens Weg zum Riffltor (S. 209), dann l. zur **Obern Ödenwinkelscharte** (3219m), zwischen *Hoher Riffl* und *Johannisberg* (beide von hier zu ersteigen, s. S. 208). Hinab steil und schwierig zum *Ödenwinkelkees* und der *Rudolfshütte* (S. 186). — Die **Untere Ödenwinkelscharte** (3194m), zwischen Johannisberg und Eiskögele, 1869 von Hofmann und Stüdl vom Stubachtal aus zuerst überschritten, ist sehr schwierig und durch Steinfälle gefährlich.

Von Heiligenblut über das *Heiligenbluter Hochtor* nach *Ferleiten* oder *Rauris* (8-9 St.; F. 16 bzw. 19 K, entbehrlich) s. S. 182, 177.

Über den Sonnblick nach Kolm-Saigurn (Rauris), 10 St. (F. 22 K), für Geübte nicht schwierig. Von Heiligenblut zum ($^3/_4$ St.) *Fleiß-Whs.* s. S. 207; von hier Saumweg auf der r. Seite des *Fleißtals* hinan, das sich nach $^1/_4$ St. in u. *Große* und ö. *Kleine Fleiß* gabelt. In letzterer 3 St. aufwärts das **Seebichlhaus** der AVS. Klagenfurt (2464m; Wirtsch., 9 B.), beim kl. *Zirmsee* (2499m), am Fuß des *Goldzechkopfs* (3052m). Die *Gjaidtroghöhe* (2984m) zwischen Kl. und Gr. Fleiß, mit gutem Blick auf Glockner- und Goldberggruppe, ist von hier in 2 St. leicht zu ersteigen. — Vom Seebichlhaus s.ö. über den *Seebichl*, dann über das *Kl. Fleißkees*, zuletzt steil zur (2$^1/_2$ St.) *Kl. Fleißscharte* (2979m) und l. über den Grat zum ($^1/_2$ St.) *Zittelhaus* auf dem **Sonnblick** (3103m; S. 178); hinab über das *Vogelmaier-Ochsenkarkees* an der *Rojacher Hütte* vorbei zum *Neubau* und nach (3$^1/_2$ St.) *Kolm-Saigurn* (S. 177), oder vom Neubau über die *Riffelscharte* ins (4 St.) *Naßfeld* (S. 173; F. von Heiligenblut über Sonnblick und Riffelscharte nach Böckstein 32 K). Weiter und beschwerlicher, aber für Geübte höchst lohnend ist der Weg vom Sonnblick über den *Herzog Ernst* (2933m) und das *Schareck* (3131m) zum (6-7 St.) Naßfeldhaus (F. bis Böckstein 36 K; vgl. S. 178, 173).

Über die Goldzechscharte nach Kolm-Saigurn, 8$^1/_2$-9 St. (F. 22 K), nur für Geübte. Vom (4 St.) *Seebichlhaus* (s. oben) am SO.-Ufer des Zirmsees hinan, weiter über Eis und Fels im verfallenen Goldzechknappenhaus vorbei zur (1$^1/_4$ St.) **Goldzechscharte** (2810m) zwischen l. Hocharn, r. Goldzechkopf. [Von der Scharte n. auf den **Hocharn** oder **Hochnarr** (3258m) 1$^1/_2$ St. (von Heiligenblut 6 St., F. 3 K mehr), nicht schwierig; prächtige Aussicht; — südl. um den *Goldzechkopf* herum und über die *Kl. Fleißscharte* auf den *Sonnblick* (s. S. 178) 2 St., mühsam.] Hinab über das *Hocharnkees* (zuweilen viel Spalten) nach (3 St.) *Kolm-Saigurn* (S. 177).

III. Nord-Tirol.

Route	Seite
40. Kufstein und Umgebung	214

Tierberg. Duxerköpfl. Brandkogel. Kaisertal. Hinterbärnbadhütte. Stripsenkopf. Ellmauer Halt. Sonneck. Griesener Alpe. Feldberg. Vorderkaiserfelden. Naunspitze. Pyramidenspitze. Hintersteiner See. Von Kufstein nach Kössen. Walchsee 215-218.

41. Von Kufstein nach Innsbruck 218

Mariastein 218. — Häring. Kramsach 219. — Alpbachtal. Galtenberg. Gratlspitze. Vorder-Sonnwendjoch. Markspitze. Nach Falepp durch das Brandenberger Tal. St. Georgenberg 220. — Von Jenbach nach dem Achensee 221. — Ausflüge von Schwaz. Weerberg. Kellerjoch. Lamsenjoch. Stanserjoch. Vomper-Tal 223. — Wattens. Geiseljoch. Rastkogel 223. — Absam. Judenstein. Gnadenwald. Haller Salzberg. Bettelwurfspitze 224. — Voldertal. Navisjoch 225.

42. Von Wörgl über Ellman und Waidring nach Lofer . 225

Gaudeamushütte. Gruttenhütte 226. — Kammerköhr-Alp. Fellhorn. Pillersee 227.

43. Von Wörgl über Kitzbühel nach Zell am See . . 227

Hohe Salve. Kelchsautal. Salzachjoch. Windautal. Filzensattel 228. — Spertental. Gr. Rettenstein. Haarlaßanger 229. — Ausflüge von Kitzbühel Schwarzsee. Reith. Kitzbühler Horn. Steinbergkogel. Nach Mittersill über den Paß Thurn 231. — Gaisstein. Gamshag. Kl. Rettenstein 232. — Ausflüge von Fieberbrunn. Wildseeloder 233.

44. Das Zillertal 234

Schlitterberg. Kellerjoch. Kreuzjoch. Hämmererscharte 234. — Ausflüge von Zell. Klöpfelstaudach. Gerloswand. Marchkopf. Ausflüge von Gerlos. Schönachtal. Torhelm 235. — Kreuzjoch. Brandberger Joch u. Kolm. Wilderlosgtal. Zittauer Hütte. Über die Platte oder den Plattenkogel nach Krimml 236, 237. — Astegg. Stillupklamm. Ahornspitze 237. — Zillergrund. Grundschartner. Hörndljoch. Hundskehljoch. Rauchkofel. Napfspitze. Plauener Hütte 238. — Heiliggeistjöchl. Stilluptal. Keilbachjoch. Fraukbachjoch. Lapenscharte 239. — Tuxer Tal. Grünberg. Rastkogel. Frauenwand. Spannagelhaus. Rifflerscharte 240. — Ausflüge von Ginzling. Tristner. Floitental. Greizer Hütte. Gr. Löffler. Gigelitz. Schwarzenstein. Trippachsattel. Mörchnerscharte. Gunkel. Melkerschartl. Ingent. Feldkopf 241, 242. — Riffler. Schwarzensteingrund. Berliner Hütte 243. — Ochsner. Rotkopf. Feldkopf. Gr. Mörchner. Gr. Löffler. Schwarzenstein. Hornspitzen. Schönbichlerhorn. Gr. Greiner. Tratterjoch. Roßruckjoch 244. — Olpererhütte. Olperer. Riepenscharte. Furtschaglhaus. Alpeiner Scharte 245. — Landshuter Weg vom Pfitscherjoch zum Brenner. Wienerhütte. Hochfeiler. Hochferner. Weißzint 246. — Wilde Kreuzspitze. Pfundersjoch. Sandjoch 247.

45. Innsbruck und Umgebung 247

Berg Isel. Weiherburg. Hungerburg. Mühlau. Kranebitter Klamm. Hafelekar. Schloß Ambras. Igls. Lanserköpfe. Patscherkofel. Schönberg 254-259.

Route	Seite
46. Von Bregenz nach Landeck. Arlbergbahn	259

Ausflüge von Bregenz. Gebhardsberg, Pfänder usw. 260. — Ausflüge von Dornbirn. Zanzenberg. Gütle usw. 261. — Bödele. Von Dornbirn nach Egg über Alberschwende. Hohe Kugel. Von Götzis über Klaus und Rötis nach Rankweil 262. — Laternser Tal. Hoher Freschen 263. — Ausflüge von Feldkirch. Margaretenkapf. Alpele. Drei Schwestern 263, 264. — Von Feldkirch nach Buchs. Vaduz. Gaflei. Kuhgratspitze. Sücca. Gallinakopf. Naafkopf usw. Von Vaduz nach Maienfeld. Lavena-Alp. Falknis. Luziensteig 264, 265. — Gamperdonatal. Nenzinger Himmel. Scesaplana. Großes Walsertal. Schadonapaß 266. — Hoher Frassen. Mondspitze. Brandner Tal 267. — Douglaßhütte. Lüner See. Scesaplana. Straßburger Hütte. Cavelljoch. Zimbaspitze 268. — Von Dalaas über den Kristberg nach Schruns. Von Langen nach St. Anton über den Arlberg. Ulmerhütte 269. — Reutlinger Hütte. Ausflüge von St. Anton. Darmstädter Hütte. Konstanzer Hütte usw. 270-272. — Almejurjoch. Kaiserjoch. Kapplerjoch. Riffler 272. — Eisenspitze. Ansbacher Hütte 273.

| 47. Von Bregenz zum Schröcken. Bregenzer Wald | 274 |

Von Lingenau über Hittisau nach Oberstaufen od. Oberstdorf 274. — Ausflüge von Egg. Winterstaude. Bezegg. Hochhälple 275. — Schnepfegg. Mörzelspitze. Caniefluh. Von Au über Damüls nach Rankweil. Mittagspitze 276. — Ausflüge vom Schröcken. Widderstein, Kinzelspitze usw. Vom Schröcken nach Oberstdorf über das Gentscheljoch. Vom Schröcken zum Arlberg 277.

| 48. Von Reutte zum Arlberg durch das Lechtal | 277 |

Von Weißenbach durch das Rotlechtal nach Nassereit. Thaneller. Namloser Wetterspitze. Hahntennjoch. Hanauer Hütte 278. — Lichtspitze. Gramaistal. Gufelgrasjoch. Uhde-Beruaysweg. Hermann von Barthhütte 279. — Memminger Hütte. Seescharte. Spiehlerweg zur Augsburger Hütte. Großbergjoch. Alperschonjoch. Flarschjoch. Wetterspitze. Simmshütte 280. — Kaisertal. Von Lech über Formarinsee nach Dalaas und ins Walsertal 281. — Rotewandspitze. Von Lech nach Klösterle über Spullersee. Schafberg. Flexensattel. Ausflüge von Zürs 282.

| 49. Montafon und Paznaun | 282 |

Ausflüge von Schruns. Tschagguns. Vandans. Bartholomäberg. Silbertal. Montenëu. Itonskopf. Lobspitze. Mittagspitze. Schwarzhorn. Drusenfluh. Drei Türme. Wormser Hütte. Kreuzjoch. Hochjoch. Madererspitze. Sulzfluh 283, 284. — Durch das Rellstal oder Gauertal zum Lünersee. Lindauer Hütte. Ofenpaß. Alp Verajöchl. Übergänge ins Prätigau (Schweizertor, Drusentor, Grubenpaß, Plasseggenjoch). Durch das Silbertal nach St. Anton 285. — Gargellen. Rotbühelspitze. Madrishorn. Madrisa. Heimspitze 286. — Ausflüge von Gaschurn. Tübinger Hütte. Plattenspitze. Hochmaderer. Versailspitze, Schafbodenberg. Madererspitze. Über das Gaschurner Winterjöchl nach St. Anton. Vallüla. Zeinisjoch 287. — Bielerhöhe. Madlenerhaus. Saarbrücker Hütte. Wiesbadener Hütte. Hohes Rad. Piz Buin. Vermuntpaß. Über die Fuorcla del Confin nach Klosters 288. — Tiroler Scharte usw. Jamtalhütte. Futschölpaß. Urezasjoch. Jamjoch 289. — Vesulspitze. Bürkel-

III. NORD-TIROL. 213

Route	Seite
kopf. Von Ischgl nach Samnaun über das Zeblesjoch. Heidelberger Hütte 290. — Fimberpaß. Kappler Joch. Peziner Spitze. Ascherhütte. Rotpleißkopf. Furgljoch. Furgler. Hexenkopf 291, 292.	
50. Von Innsbruck über den Brenner nach Franzensfeste Maria-Waldrast. Serlesspitze. Blaser. Mieslkopf 293. — Gschnitztal. Naturfreundehaus. Bremer Hütte. Pflerscher Pinkel. Tribulaun 294. — Schmirner Tal. Valser Tal. Geraer Hütte. Obernbergtal 296. — Kreuzjoch. Padaunerkogel. Wolfendorn. Kraxentrager. Landshuter Hütte 296. — Schlüsseljoch. Ausflüge von Gossensaß 297. — Amthorspitze. Landshuter Weg. Roßkopf. Pflerschtal Tribulaun. Magdeburger Hütte 298. — Ellesjoch. Magde. burger Scharte 299. — Ausflüge von Sterzing. Roßkopf-Telfer Weißen usw. 300. — Jakobspitze. Tagewaldhorn 301.	292
51. Das Stubaital . . . . Saile 301. — Serlesspitze. Hoher Burgstall. Kalkkögel 302. — Pinniser Joch. Habicht. Oberberg. Franz-Senn-Hütte. Schwarzenbergjoch. Brunnenkogelscharte. Hölltalscharte 303. — Pfandler-A. Falbesontal. Ruderhofspitze. Lautererseejoch. Trauljoch. Langental. Nürnberger Hütte. Wilder Freiger. Östl. Feuerstein 304. — Simmingjöchl. Nürnberger Scharte. Pflerscher Hochjoch. Rote Gratscharte. Weite Scharte. Freigerscharte usw. Sulzenau. Pfaffennieder. Mutterberger Joch 305. — Dresdner Hütte. Eggessengrat. Zuckerhüttl. Bildstöckljoch. Isidornieder. Schaufelspitze 306.	301
52. Das Ridnauntal . . . . Gilfenklamm. Mareiter Stein. Hohe Ferse. Wetterspitze 307. — Übeltalferner. Grohmannhütte. Egetjoch. Schwarzseespitze. Teplitzer Hütte. Kaiserin Elisabethhaus 309. — Über Schneeberg ins Passeier 310, 311.	307
53. Von Innsbruck nach Landeck . . . . Martinswand. Solstein 311. — Neuburgerhütte. Anichhütte 312. — Stamser Alpe. Ausflüge von Imst. Starkenberg 313. — Tschirgant. Muttekopf. Laaggers. Alpleskopf 314. — Ausflüge von Landeck. Lötzerklamm. Stanz. Thialspitze. Venetberg. Augsburger Hütte. Parseierspitze. Gatschkopf. Augsburger Höhenweg 315.	311
54. Das Sellraintal . . . . Adolf Pichlerhütte. Kalkkögel 316. — Gleierschtal. Roßkogel. Finstertalscharte. Niederreichscharte 317. — Fensnser Tal. Ausflüge von Praxmar. Westfalenhaus. Fernerkogel. Sebleskogel. Brunnenkogel 318. — Winnebachjoch. Längentaler Joch 319.	316
55. Das Ötztal . . . . Pipurger See. Auer Klamm. Wetterkreuzkogel. Acherkogel 319. — Stuibenfall. Feiler. Wildgrat usw. 320. — Sulztal. Gamskogel. Winnebachseehütte. Amberger hütte. Schrankogel 321. — Daunjoch. Breitlehner Jöchl. Brunnenkogel 322. — Hildesheimerhütte. Nöderkogel 323. — Breslauer Hütte. Wildspitze. Vernagthütte 324. — Brandenburger Haus. Großer Ramolkogel. Taufkarjoch 325. — Sextenjoch. Taschachjoch. Tiefenbachjoch. Seiterjöchl. Gepatschjoch. Kesselwandjoch. Sammoarhütte. Kreuzspitze. Schalfkogel 326. — Similaun. Niederjoch. Groß-	319

Route	Seite
vernagt-Ferner 327. — Hochjoch. Weißkugel. Langtauferer Joch. Steinschlagjoch. Oberettesjoch 328. — Tascheljoch. Mastaunjoch. Pfossental. Eisjöchl. Niederjöchl 329. — Ausflüge von Gurgl. Gurgler Ferner. Karlsruher Hütte. Gaisburgferner. Hohe Mutt. Hangerer. Schalfkogel usw. 330, 331. — Von Gurgl nach Vent über das Ramoljoch. Übergänge von Gurgl ins Passeier und Schnalser Tal. Rotmoosjoch. Langtaler Joch. Gurgler Eisjoch 331.	
56. Das Pitztal	331
Pillerhöhe. Venetberg. Rofelewand. Wallfahrtjöchl. Ausflüge von Plangeroß. Kaunergrathütte. Madatschjoch 332. — Verpeiljoch. Hohe Geige. Puikogel. Weißmaurachjoch. Braunschweiger Hütte. Mittagskogel. Hinterer Brunnenkogel. Rechter und Linker Fernerkogel. Kaarleskogel. Polleskogel. Wildspitze. Pitztaler Jöchl. Pollesjoch 333. — Taschachhaus. Riffelsee. Ölgrubenjoch. Wurmtaler Joch. Watzejoch. Rostizjoch 334.	
57. Von Landeck nach Spondinig (Trafoi, Meran) . .	334
Obladis. Schönjöchl. Das Kaunsertal. Verpeilhütte 335. — Gepatschhaus. Rauhekopfhütte. Vordere und Hintere Ölgrubenspitze. Weißseespitze. Glockturm. Übergänge ins Pitztal, Ötztal, Langtauferer und Radurschel-Tal 336. — Serfaus. Radurscheltal 337. — Piz Lat. Schmalzkopf 338. — Langtauferer Tal. Weißkugelhütte. Weißkugel. Weißseespitze. Freibrunnerspitze. Schafkopf. Danzebell 339. — Hohes Joch. Schlinigtal. Pforzheimerhütte 340. — Glurns. Von Mals ins Münstertal. Matscher Tal 341.	
58. Das Passeiertal	342
Nach Sterzing über den Jaufen 343. — Zwickauer Hütte. Stettiner Hütte 344. — Stieberfälle. Essener Hütte. Nach Gurgl über das Verwalljoch. Granatkogelscharte 345. — Hoher First. Nach Sölden über das Timmeljoch 346.	

40. Kufstein und Umgebung.

Der *Bahnhof* (s. S. 90; Restaurant; österreichische und bayrische Zollabfertigung) liegt am l. Innufer, 2 Min. von der Innbrücke.

GASTHÖFE. *H. Egger, am obern Stadtplatz, mit Terrasse, 130 B. zu 2-5, F. 1.20, P. 7-10 K; *Auracher, 80 B. zu 1.60-5, P. 6-10 K; *Drei Könige, 56 B. zu 1.80-4, P. 6-8.50 K; *Post, am Inn, mit Terrasse, 60 B. zu 1.50-6, F. 1, P. 5-7 K; Stern; Neuwirt; Hirsch; Zur Gräfin; Zum Waldl; Buchauer, mit Garten, 26 B. zu 1.40-2.50 K, gelobt. — Auf dem l. Ufer, beim Bahnhof: *H. Gisela, 60 B. zu 1.60-5 K; Traube, 30 B. zu 1-3 K. — Zellerburg ($1/4$ St.) und Edschlößl ($1/2$ St.) s. unten. — Wein bei *Schicketanz*. — *Auracher Schankgarten* am Inn.

WAGEN: Einsp. für $1/_2$ Tag 8, Zweisp. 14 K. — GELDWECHSLER U. SPEDITEUR: *Reel & Co.* — Fremdenverkehrsverein im Rathaus. — Photogr. Bedarfsartikel bei *A. Karg.* — FÜHRER: Michael Kaindl, Kosmas Schreier, Johann u. Josef Schwaighofer, Franz Stöger, Johann Tavernaro.

Kufstein (483m), Stadt von 5000 Einw., liegt am r. Ufer des Inn, überragt von der ehem. Festung *Geroldseck* (606m) auf steilem Fels, im XIII.-XIV. Jahrh. bayrisch, 1505 von Kaiser Maximilian I. erobert, 1703-4 von den Bayern besetzt, 1805-14 nochmals bayrisch. Der Zugang zur Festung ist am untern Stadtplatz; daneben l. ein Büsten-

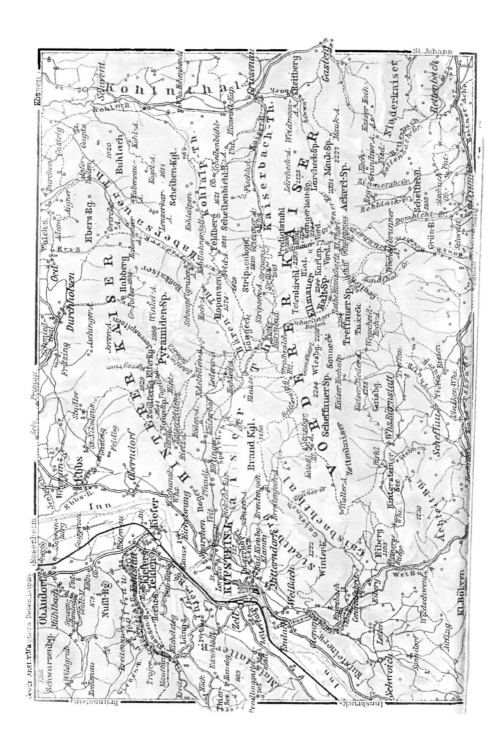

denkmal des Dekans *Hoerfarter* († 1896). Ein überdeckter Stufengang führt hinauf; Eintrittskarten (20 h) oben im Restaurant; schöne Aussicht vom Kaiserturm. In der untern Schloßkaserne das Museum des Histor. Vereins (9-6 Uhr; 20 h). Hübsche Aussicht vom *Kalvarienberg*, 20 Min. vom Bahnhof; 5 Min. weiter *Bad Kienbergklamm* (500m; P. von 5 K an), in geschützter Lage am Walde. An der Hoerfarterpromenade (s. unten) das Denkmal des Nationalökonomen *Friedrich List*, der 1846 in Kufstein starb und auf dem nahen Friedhof ruht, von Pfretzschner.

AUSFLÜGE. Am l. Innufer 15 Min. vom Bahnhof das *Gasth. zur Zellerburg* (gelobt), am Fuß des bewaldeten *Zellerrains* (593m; Promenadenwege und hübsche Aussichtspunkte). — Über den Bahnhofsteg und *Zell* (Gasth. Birnberg) an der gut eingerichteten städt. Bade- und Schwimmanstalt vorbei zur ($^1/_2$ St.) *P. Edschlößl* (30 B., P. 6-7 K). Von hier in 20 Min. hinan zum waldumschlossenen kleinen *Pfrillensee* (609m; Schwimmbad), dann n. zum (20 Min.) *Längsee* (628m); zurück auf der Tierseer Straße ($^1/_2$ St. bis Kufstein); oder vom Längsee weiter durch Wald zum (25 Min.) Hechtsee (s. unten). — Auf der Landstraße am l. Ufer des Inn entlang zur ($^1/_2$ St.) *Klause* (S. 90; Gasth.) mit der König Otto-Kapelle.

Zum **Tierberg**, 1 St.: über Zell (s. oben) Fahrstraße r. bergan, an der Villenkolonie *Hohen-Staßng* vorbei; vom ($^1/_2$ St.) *Edschlößl* (s. oben; MW., $^1/_9$ St.); oder unterhalb des Bahnhofs l. den Waldweg hinan, am *obern Tierberghof* vorbei. Vom Turm (748m), aus dem XI. Jahrh., prächtige Aussicht (Schlüssel und Panorama beim „Einsiedler"). Von hier Waldweg n. hinab zum (25 Min.) dunkeln waldumschlossenen *Hechtsee* (544m); von der W.-Seite großartiger Blick auf das Kaisergebirge, am schönsten bei Abendbeleuchtung. Hinab zur Otto-Kapelle und (25 Min.) *Klause* (s. oben).

Tiersee-Tal, Landl, Bayr.-Zell s. S. 87, 86 (Einsp. bis Ursprung 24 K). — ***Pendling** (1565m), von Kufstein auf teilweise neuem Wege in 3-3$^1/_2$ St. (von Vorder-Tiersee 2$^1/_2$ St., s. S. 87), sehr lohnend; oben Schutzhaus der AVS. Kufstein. Herrliche Aussicht.

Vom Bad Kienbergklamm hübscher Spaziergang auf dem Hoerfarterweg (Listdenkmal s. oben) am Abhang des Duxerköpfls zur (1 St.) *Dickichtkapelle* (703m) im Kaisertal, gegenüber der *Geisterschmiedewand* (vor der Kapelle l. beschwerlicher Weg zum Veitenhof, $^3/_4$ St.). — Zum **Duxerköpfl** (733m), $^3/_4$-1 St., entweder hinter dem Friedhof r. hinan auf neuem Fahrweg nach ($^1/_2$ St.) *Vorderdux* (gutes Whs.), oder von Bad Kienbergklamm Fußweg r. hinan (für Schwindelfreie lohnender der Weg über die *Hochwand*). Von Vorderdux $^1/_4$ St. zum Köpfl, mit schöner Aussicht über das Inntal bis zu den Stubaier Fernern. — **Brentenjoch** (1262m), 2$^1/_2$ St., leicht und lohnend (im Winter Rodelbahn); MW. am Duxerköpfl vorbei zum (1$^1/_4$ St.) *Duxer Alpl* und zum Sattel, dann r. auf die grüne Kuppe (Unterkunft im Jägerhaus, 2 Min. unterhalb); oder weit lohnender vom Sattel l. auf den ($^3/_4$ St., 3 St. von Kufstein) ***Brand-** oder **Gamskogel** (1450m), mit prächtiger Aussicht auf Kaisergebirge und Inntal. Abstieg über den *Bettlersteig* nach (3$^1/_2$ St.) *Hinterbärenbad* (S. 216) ziemlich beschwerlich (F. angenehm); besser südl. hinab ins *Gaisbachtal* und wieder hinan zur (1 St.) *Kaindlhütte* auf der *Steinberg-A.* (1318m; gute Unterkunft), in schöner Lage am Fuß des Scheffauers, dann über die *Waller-A.* zum (1$^1/_2$ St.) *Hintersteiner See* (S. 217; MW., F. 6 K, für Geübte entbehrlich).

***Kaisertal** (bis Hinterbärenbad 3-3$^1/_2$ St., MW., F. 4 K, unnötig; Reittier von Sparchen 6 K). Entweder Fahrstraße, oder am Ausgang von Kufstein den kürzeren Wiesenweg r. zur ($^1/_2$ St.) *Sparchenmühle* mit dem städtischen Elektrizitätswerk, an der klammartigen Mündung des Tals. Jenseit der Brücke gleich hinter der Mühle den Saumweg hinan, beim Kreuz r. über die „Stiege" zur (25 Min.) *Neapelbank*, mit Aussicht über das Inntal bis zu den Stubaier Fernern. Nun guter Weg hoch über dem Tal zu den sechs „Kaiserhöfen", im ($^1/_4$ St.) dritten (*Veitenhof*, 709m) gutes Whs.; l. rot-weiße WM. in 20 Min. auf die *Teufelskanzel* (804m), mit hübscher Aussicht. — 10 Min. Handweiser l. zum Vorderkaiserfeldenhaus (S. 217); 10 Min. *Pfandlhof* (873m; Whs.); 30 Min. *Hinterkaiserhof* (867m). Von hier führen zwei Wege nach Hinterbärenbad: der Hauptweg (bequemer Reitweg) r. durch Wald hinab ins Kaisertal zur *vordern Triftklause* (742m), über den *Bärenbach*, dann durch die Bärenbader Klause zum l. Ufer des Sparchenbachs und zum ($1^1/_2$ St.) Anton Karghaus; oder (rot-weiß MW., aussichtreich aber $^1/_2$ St. weiter) l. steil hinan, dann bergauf bergab, fast schattenlos, über die *Böden-* und *Hochleiten-A.*, das *Bärental* und *Längeck*, nach **Hinterbärenbad** mit dem **Anton Karg-Haus** der S. Kufstein (831m; ganzjähr. *Wirtschaft, 92 B. zu 2 u. 2.50. AVM. 1 u. 2 *K*; F), meteorologische Station, in großartiger Umgebung, AUSFLÜGE (Führer Michael Gschwendtner). Mark. Saumweg zum (2 St.) **Stripsenjoch** (1580m), zwischen Stripsenkopf und Totenkirchl, mit dem *Stripsenjochhaus* der AVS. Kufstein (Wirtsch., 38 B. zu 2. u. 2.50, AVM. 1.50-2 *K*, u. 20 Matr.; F) und schöner Aussicht. Von hier MW. l. (Drahtseile; F. 6 *K*, entbehrlich) auf den ($^3/_4$ St.) **Stripsenkopf** (1810m), mit großartigem Blick auf das Kaisergebirge. — *Totenkirchl* (2193m), sehr schwierige Klettertour (F. 24 *K*). — Vom Stripsenjoch zur *Griesneralpe* s. unten; über Tristecken auf den *Feldberg* s. S. 217; nach *Vorderkaiserfelden* s. S. 217.

***Ellmauer Haltspitze** (2344m), höchster Gipfel des Kaisergebirges, von Hinterbärenbad über die *Scharlinger Böden*, die *Rote Rinnscharte* (2080m) und die *Achselrinne* in $4^1/_2$-5 St. (F. 12 *K*), für Geübte nicht sehr schwierig und höchst lohnend (vgl. S. 226); oben die kl. *Babenstuberhütte* des Münchner Turneralpenkränzchens und ein 3m h. eisernes Kreuz (Panorama von Reschreiter). Steiler Abstieg (Drahtseil) von der Roten Rinnscharte s.ö. über die *Gamsänger* zur *Gruttenhütte* (S. 226; F. 14 *K*). — **Sonneck** (2258m), von Hinterbärenbad über das *Jägereck* und das *Gamskar* in $4^1/_2$ St. (F. 9, bis Bärnstatt 12 *K*), beschwerlich; Abstieg (anfangs steil, Drahtseil) über den *Wiesberg* und die *Kaiser-Hochalpe* nach (3 St.) *Bärnstatt* (S. 217, 226).

Von Hinterbärenbad nach St. Johann in Tirol, $7^1/_2$ St., lohnend (F. 14, bis Griesener-A. 6 *K*, entbehrlich). Saumweg über das (2 St.) *Stripsenjoch* (s. oben) ins *Kaiserbachtal* zur ($1^1/_4$ St.) **Griesneralpe** (1024m; Whs., einf. gut), Ausgangspunkt für *Ackerlspitze* (2331m, F. 13 *K*), *Lärcheck* (2125m, F. 13 *K*), *Goinger Haltspitzen* (Vordere 2244m, Hintere 2194m, F. 9 u. 11 bzw. 16 *K*), *Predigtstuhl* (2100m; F. 50-70 *K*, sehr schwierig) und die Übergänge über *Kleines Törl* (2111m) und *Ellmauer Tor* (1959m) zur Gaudeamus- oder Gruttenhütte (S. 226; F. 8 *K*). Lohnende Rundtour mit F. (6 *K*) auf mangelhaft mark. Steig über das *Kleine* und *Große Griesner Tor* ins *Griesnerkar*; großartige Felsszenerie. — Von Griesneralpe Sträßchen nach ($1^1/_4$ St.) *Griesenau* (727m), hier entweder l. Fahrweg über *Schwendt* nach ($2^1/_2$ St.) *Kössen* (S. 218), oder r. über *Gasteig* (S. 218) nach (2 St.) *St. Johann* (S. 232).

Von Hinterbärenbad zur Gruttenhütte über das *Kopftörl* (2050m) 4 St. (Weg bezeichnet und gesichert, F. 10 *K*, für Geübte entbehrlich), beschwerlich aber lohnend (s. S. 226; die *Ellmauer Hall* mit 2 St. Mehraufwand damit zu verbinden). Schwieriger über die *Rote Rinnscharte* (2080m) oder auf dem „Joseph Egger-Steig" vom Stripsenjoch durch die *Steinerne Rinne* und über das *Ellmauer Tor* s. S. 226. — Von Hinterbärenbad zum Hintersteiner See 4½ St. (F. 9 K); auf dem *Bettlersteig* (MW., aber F. angenehm, 8 K) zur (3 St.) *Kaindlhütte* (S. 216), dann über *Waller-A.* hinab zum (2 St.) *Hintersteiner See* (s. unten). — Von Hinterbärenbad zum Walchsee 4½-5 St.: MW. (F. 10 K, entbehrlich) über das *Längeck* (S. 216) und den (2 St.) Sattel (1428m) zwischen Stripsenkopf und Ropanzen zur (¼ St.) *Feldalpe* (1348m), von wo der *Feldberg* (1814m), mit sehr lohnender Aussicht, in 1½ St. zu besteigen ist (vom Stripsenkopf zum Feldberg über *Tristecken* 1½ St., lohnend, aber nur für Geübte m. F.; Abstieg auch über den *Scheibenbichlberg* nach Griesenau oder Schwendt, s. S. 216). Von der Feldalp hinab durch das *Habersauer Tal* nach (2¼ St.) *Walchsee* (S. 218).

5 Min. hinter dem *Veitenhof* (S. 216) führt l. ab ein rot MW. (im Winter gute Rodelbahn) über die *Rietz-A.* zum (2 St., 3-3½ St. von Kufstein) **Vorderkaiserfeldenhaus** der AVS. Oberland (1389m; ganzjährige *Wirtsch., 24 B. zu 2.80, AVM. 1.40, und 23 Matr. zu 1 K bzw. 60 h; F), mit Aussicht auf Inntal und Kaisergebirge, am schönsten bei Abendbeleuchtung.

AUSFLÜGE. **Naunspitze** (1632m), ¾ St., leicht und lohnend (F. unnötig, von der Hütte 2 K). — ***Pyramidenspitze** (1999m), höchster Gipfel des Hintern Kaisers, über die *Hinterkaiserfelden-A.* (1481m) in 2½-3 St. (F. 5 K), nicht schwierig; oben ein 6m h. Kreuz; prächtige Aussicht. Von der Naunspitze führt auch ein interessanter Steig (2½ St.; MW., doch F. ratsam, 9 K) über das Plateau des Hinterkaisers, am N.-Rande des Kars und am *Einser* (1920m) vorbei zum *Zwölfer*, an dessen 5. Abfall sich beide Wege vereinigen. Hinab durch den *Vogelbadkamin* zum *Vogelbad* (1860m) und am *Elfer* vorbei zum Gipfel. — Von der Pyramidenspitze direkter Abstieg (MW., aber F. ratsam, 9 K) nach (2½-3 St.) *Hinterbärenbad* (S. 216). Von Vorderkaiserfelden nach Hinterbärenbad 2 St., MW., F. 4 K, entbehrlich; zum Stripsenjoch über die *Hochalpe* (1404m) und den *Ropanzen* (1574m) 3½-4 St., aussichtreicher aber etwas beschwerlicher Höhenweg (F. 6 K).

Zum Hintersteiner See, 3 St. (F. 4 K, unnötig). Von Kufstein südl. über *Mitterndorf* rot-weiß MW. unter der Seiltransmission des Zementwerks hindurch, beim (½ St.) Handweiser l. hinan durch Wald über die *Locherer Kapelle* und *Egersbach*, dann über den *Gaisbach* zu den (1 St.) Höfen von *Eiberg* (673m; Schmiedlwirt); hier r., nach 15 Min. l. über die *Steinerne Stiege*, einen sichern Treppenweg an steiler Felswand (oben, 864m, schöner Blick auf das Inntal) zum (½ St.) *Whs. Widauer* (einf.), 10 Min. vom W.-Ende des malerischen, von den steilen Wänden des Vordern Kaisers überragten ***Hintersteiner Sees** (892m; um die N.-Seite des Sees herum bis zum Gasth. in *Bärnstatt* noch ¾ St.).

Bergtouren von hier s. S. 226. — Von Bärnstatt über *Scheffau* nach *Ellmau* MW. in 2 St., s. S. 226; zur *Gruttenhütte* (S. 226) 4-4½ St.; zur *Kaindlhütte* (S. 215) 3 St. — Von Eiberg (s. oben) kann man auch auf Fahrweg durch das *Weißachtal* über *Egersbach* und *Klemm* (Bayr. Hof) nach (2½ St.) Kufstein zurückkehren.

Von Kufstein nach Kössen, 27,5km, Post tägl. in 4¼ St., 3 K; Einspänner 12, Zweisp. 21 K. Lokalbahn geplant. Die Straße (für Automobile verboten) führt von der *Sparchenmühle* (S. 215) an dem guten *Gasth. zur Schanze* vorbei über *Oberndorf* nach (8,5km) *Ebbs* (473m; Oberwirt; Post), stattliches Dorf mit großer Kirche. (Für Fußgänger näherer Weg vor Ebbs r. hinan über das Kirchlein *St. Nikolaus*, 585m, mit Whs. und lohnender Aussicht, in 1^1/$_2$ St. nach Durchholzen, s. unten.) Die Straße vereinigt sich (^{1}/$_2$ St.) mit der von Oberaudorf (S. 90) über das Zollhaus und Niederndorf kommenden Straße und steigt in dem malerischen Waldtal des Jennbachs über (11,$_5$km) *Sebi* (gutes Whs.), wo l. der Weg aus dem Priental über den Stein herabkommt (S. 93), und (13km) *Primau* (Weinwirt) nach (16km) *Durchholzen* (684m; Blattl) und (18,$_5$km) **Walchsee** (668m; Gasth.: Post oder Fischerwirt, 70 B. zu 1-1.40 *K*, Kramerwirt, 36 B., beide gut), Dorf mit 650 Einw., am fischreichen *Walchsee* hübsch gelegen, Sommerfrische (Bäder, Bootfahrten). PTF. Südl. der *Hintere Kaiser* (S. 217).

AUSFLÜGE (Führer Peter Schwaiger). N. auf den (1^1/$_2$ St.) **Brennkopf** (1355m), mit herrlicher Aussicht. — **Geigelstein** (1808m), durch den *Baumgartengraben* in 3^1/$_2$-4 St., etwas mühsam aber sehr lohnend; s. S. 95. — S. über *Durchholzen* (s. oben) und *Großpoiter-A.* zur (2^1/$_2$ St.) **Winkelalp** (1205m), in dem großartigen *Winkelkar* zwischen den Wänden des *Roßkaisers* und der *Pyramidenspitze* (S. 217; für Geübte in 4 St. m. F. zu ersteigen). — **Heuberg** oder **Habberg** (1608m), über Durchholzen, Großpoiter-A. und das *Jöchl* (1500m) 4 St. m. F., lohnend; prächtige Aussicht auf Kaisergebirge, Lofercr Steinberge, Tauern usw. — Nach Hinterbärenbad über die *Feld-A.*, 5^1/$_2$ St. m. F., s. S. 217.

Weiter jenseit *Kranzach* zweimal über den *Weißenbach* und an dem guten Gasth. zur Kapelle (50 B. zu 1.20-2, P. 6 *K*) vorbei, dann über die *Große Ache* nach

27,$_5$km **Kössen** (588m; Gasth.: *Neue Post, B. 1 K; Erzherzog Rainer; Barten; Metzgerwirt; Auwirt), Sommerfrische (1700 Einw.), im weiten Tal der *Großen Ache* hübsch gelegen. AVS.; PT. Von der (5 Min.) *Schlechterhöhe* und vom (15 Min.) *Kalvarienberg* guter Umblick (s.w. das Kaisergebirge).

AUSFLÜGE. Nach *Reit im Winkel* (Fahrstraße, 7km) s. S. 96. — *Taubensee* (1^3/$_4$ St.) und *Möseralpe* (2^1/$_2$ St.) s. S. 96. — *Eggenalm* und *Fellhorn* (4 St., ziemlich mühsam), s. S. 96. — *Unterberghorn* (1774m), über die *Unterberg-A.* in 3 St. m. F., lohnend. — Durch den *Paß Klobenstein* nach *Schleching* s. S. 96. — S. führt eine Fahrstraße durch das einförmige *Kössener Tal* zwischen r. Unterberghorn, l. Fellhorn nach (2^1/$_2$ St.) *Erpfendorf* (S. 227). Lohnender der etwas weitere Weg über *Schwendt* (697m; Mayrwirt) durchs *Kohltal* am Whs. Hohenkendl vorbei nach (2^1/$_2$ St.) *Griesenau* (727m), an der Mündung des *Kaiserbachtals* (zur *Griesener-A.* und über das *Stripsenjoch* nach *Kufstein* s. S. 216) und über (^{3}/$_4$ St.) *Gasteig* (765m; Todwirt; Vorderjager; Mitterjager; Führer Mich. Wimmer), mit schönem Blick auf die Loferer Steinberge, nach (1^1/$_4$ St.) *St. Johann* (S. 232).

41. Von Kufstein nach Innsbruck.

73km. SÜDBAHN, Schnellzug in 1 St. 12 bis 1 St. 26 Min. für 8.20, 6.10, 4 *K*; Personenzug in 2 St. 5 bis 2 St. 18 Min. für 6.30, 4.70, 3.10 *K*.

Kufstein (483m) s. S. 214; weiter am l. Ufer des Inn. — 7km HS. *Langkampfen* (550m; Grüner Baum), am Fuß des Pendling (S. 215).

Fahrweg über *Niederbreitenbach* nach (1 St.) **Mariastein** (578m; Oberwirt, Unterwirt), Wallfahrtsort mit altem Schloß (im Turm drei Kapellen übereinander). Von hier Fußweg über den *Angerberg* nach (^{3}/$_4$ St.) *Angath* (500m; 2 Whser.) und mit Fähre über den Inn nach (^{1}/$_2$ St.) *Wörgl*; oder über den Rücken des Angerbergs s.w. bis (1^1/$_2$ St.) *Klein-Söll*

(594m; Whs.), mit schöner Aussicht; hinab nach *Breitenbach* (513m; Rapold) und über die Innbrücke nach (¹/₂ St.) *Kundl* (s. unten).

Die Bahn überschreitet den Inn. Vor (10km) **Kirchbichl** (523m; Gasth.: *Oberreiter, 24 B. zu 1.20-2 *K*; Post, 38 B. zu 1.40-1.60 *K*; Bahnhof), großes Dorf mit 3000 Einw., l. das *Perlmooser Zementwerk*.

Fahrweg ö. nach (³/₄ St.) **Häring** (650m; Neuwirt; Altwirt) mit dem *Franziszi-Bad* (warme Schwefelquelle von 39° C.; Badhaus mit 25 Z., P. 5-6 *K*). Von hier auf das *Jufinger Jöchl* (*Paißelberg*, 1182m), 2 St., lohnend; etwas mühsamer auf den (3 St.) *Kleinen Bölven* (1560m; s. S. 226).

Dann über die *Brixentaler Ache* nach

14km **Wörgl** (512m; Bahnrestaur.; *H. Bahnhof, 34 B. zu 1.40-2 *K*), Knotenpunkt der österr. Staatsbahn (R. 43); das große Dorf (511m; Gasth.: Neue Post; Alte Post; Rose; Lamm), mit 1880 Einw., liegt 10 Min. südl.; 20 Min. vom Bahnhof *Bad Eisenstein* (15 B. zu 1¹/₂-3, P. 4-7 *K*), mit Eisenquellen. — *Hohe Salve* s. S. 228; über *Ellmau* nach *St. Johann* s. S. 225.

Jenseit (20km) *Kundl* (529m; Bräuhaus) l. an der Landstraße die kleine *St. Leonhardskirche*, angeblich 1019 von Kaiser Heinrich II. erbaut. An der Nordseite des breiten Inntals der lange Rücken des Brandenberger Jochs (S. 220). — 28km **Rattenberg** (513m; Bahnrest., mit Veranda; Post, Kramerbräu, Ledererbräu, gelobt, Platzbräu, Adler, Krone), altertümliches Städtchen (752 Einw.). — Tunnel unter der Ruine der Feste Rattenberg.

29km **Brixlegg** (539m; Gasth.: *Brixlegger Hof; Herrenhaus; Judenwirt; Wolf; Gratlspitz; Schreyer; Siegwart), besuchte Sommerfrische (1200 Einw.) in hübscher Lage 10 Min. vom Bahnhof, an der Mündung des *Alpbachs* in den Inn. Im Sommer patriot. Volksschauspiele; Passionsspiele in 10 jährigen Zwischenräumen.

Ausflüge (Führer Joh. Georg Hörhager in Kramsach). Schöne Aussicht von der *Mariahilfkapelle*, 20 Min. n.ö. (von der Straße nach Rattenberg r. bergan). — Am Mühlbichl s.w. von Brixlegg das *Steub-Denkmal*, von Ernst Pfeifer (1898). — 10 Min. s.ö. am Alpbach das Mineralbad *Mehrn*. — 15 Min. s.w. das Schloß *Matzen* des Hrn. W. Bailic-Grohmann (Eintr. an Wochentagen 3-5, So. 10-12 U.; 1 *K*, zum Besten der Armen). — Am l. Innufer, 20 Min. von Brixlegg, 10 Min. von Rattenberg die Sommerfrische **Kramsach** (519m; *Pens. Geiger zum Glashaus, P. 5-6 *K*; Luchnerwirt; zur Eiche), mit 1646 Einw., an der Mündung der *Brandenberger Ache* hübsch gelegen (Glashütte; große Holztriftwerke); am l. Ufer der Ache *Achenrain* (Gappenwirt, mit Garten, gelobt), mit Schloß des Grafen Taxis und Messingwerk; ¹/₄ St. weiter im Achental das Kloster *Mariatal* (536m; Gasth. Mariatal, 24 B. zu 1.20-1.60, P. 6 *K*). Von Achenrain r. (n.ö.) aufwärts MW. am *Buchsee* und *Krummsee* (Schwimmbad, 30 *h*) vorbei zum (¹/₂ St.) hübschen blauen *Reintaler See* (555m), am Fuß des Brandenberger Jochs (S. 220); noch ³/₄ St. höher im Walde der kleine *Berglsteiner See*; von der Anhöhe 10 Min. vom O.-Ende (765m) schöne Aussicht auf das Inntal.

Nach (1¹/₂ St.) **Straß** am Ausgang des Zillertals, auf der Landstraße an Schloß *Matzen* (Eintr. 3-5, So. 10-12, 1 *K*) und der Burg *Lichtwer* vorbei über *St. Gertraudi* (r. Ruine *Kropfsberg*) zum *Whs. zum Kühlen Keller*, dann über den Ziller (l. Aussicht ins Zillertal) nach *Straß* (S. 234). — Nach (¹/₂ St.) **Reith** (657m; Stocker) und auf den (2 St.) *Reitherkogel* (1337m), F. 4 *K*; Gipfel bewachsen, aber einige schöne Ausblicke.

Ins **Alpbachtal**, lohnender Weg über *Reith* zum (2½ St.) Dorf *Alpbach* (973m; Knollenwirt oder Post, 12 B., nicht teuer), in hübscher Lage am Fuß der Gratlspitze (s. unten). Übergänge nach Wildschönau 2 St., Fügen im Zillertal (S. 234) 3 St., in den Märzengrund (S. 234) 3 St. — Der *Galtenberg (2425m), mit prächtiger Aussicht, ist von hier über die *Greit-* und *Formkeil-A.* in 4½ St. leicht zu ersteigen; Abstieg auch südl. in den *Märzengrund*, nach *Stumm* im Zillertal (S. 234). — **Gratlspitze** (1894m), von Brixlegg 3½-4 St., lohnend (F. 5 *K*, entbehrlich). MW. am *Moserwirt* vorbei zur (2½ St.) *Holzalpe* (1447m; Unterkunft) und zum (1¼ St.) Gipfel, mit der *Gratlspitzhütte* der AVS. Unterinntal und schöner Rundsicht. Abstieg über das *Höseljoch* (1407m), mit Wallfahrtskapelle, nach (2 St.) *Alpbach* (s. oben).

*Vorderes **Sonnwendjoch** (2224m), 4½-5 St., leicht und sehr lohnend. MW. von Kramsach zur (3 St.) *Sonnwendjoch-Rofanhütte* auf der *Bergl-A.* (1575 m; Wirtsch., 30 B.) und zum (1½-2 St.) Gipfel, mit prächtiger Aussicht (Abstieg zur Erfurter Hütte s. S. 82). — Vom Sonnwendjoch n. AV.-Weg über den Kamm am *Sagzahn* (Drahtseil) vorbei auf die **Rofanspitze** (2260m; s. S. 82), zurück über den *Schafsteigsattel* (S. 82) zur *Zireiner Alp* (s. unten), sehr lohnend.

Markspitze (2002m), 4½ St., MW. von Kramsach streckenweise steil an (2 St.) *Lipperheides Ruh* mit hübscher Aussicht vorbei zur *Ludoi-A.* (1471m) und (1½ St.) *Zireiner-A.* (1766m), in schöner Lage; hinan am *Zireiner See* (1793m) vorbei zum (50 Min.) *Markgatterl* (1911m), dann r. zum (15 Min.) Gipfel, mit prächtiger Aussicht. Vom Markgatterl MW. zur *Schmalzklausen-A.* und nach *Steinberg* oder zum *Achensee*, s. S. 81.

Von Brixlegg nach Falepp durch das *Brandenberger Tal*, 9 St., ermüdend aber im ganzen lohnend. Von Kramsach über Achenrain (S. 219) r. hinan nach (2½ St.) **Brandenberg** (922m; *Ascher), mit prächtiger Aussicht bei der Kirche, von wo das *Brandenberger Joch* (*Voldeppspitze;* 1510m) in 2½ St. m. F. zu ersteigen ist. Hinab zur Brandenberger Ache, über den Brückensteg aufs r. Ufer, zum (1½ St.) Forsthaus *Pinegg*, an der Mündung der Steinberger Ache (s. unten), und zum (1 St.) *Kaiserhaus* (Whs.); weiter durch die Kaiserklamm zur (2 St.) *Erzherzog Johannklause* und nach (1¾ St.) *Falepp*, s. S. 84. — Ein näherer Weg führt von Kramsach über *Mariatal* (S. 219) durch die Schlucht der Brandenberger Ache nach (2½ St.) *Aschau* (Whs.) und (½ St.) Pinegg. — Von Aschau nach *Steinberg* (S. 80), 2½ St., rauher Weg über den *Wildmoossattel*, steil hinab zur Steinberger Ache und am l. Ufer wieder hinan auf den vom Kaiserhaus (S. 84) kommenden Weg.

Die Bahn tritt wieder auf das l. Ufer des Inn; am r. Ufer auf Felshügeln die Burgen *Matzen* und *Lichtwer*, dann die Ruine *Kropfsberg*. 35km HS. *Zillertal* (Überfahrt nach *Straß*, S. 234).

39km **Jenbach**. — GASTH.: Prantls Bahnhotel Toleranz, am Bahnhof, 60 B. zu 1.50-3, P. 6-8 *K*, ganz gut; Alte Toleranz, 3 Min. vom Bahnhof, 30 B. zu 1-2 *K*; Bräuhaus oben im Dorf, mit Veranda, 54 B. zu 1.40-2, P. 5-6 *K*; Post, 26 B. zu 1.20-2 *K*; Stern; Zum Alpenverein; Prinz Karl; Neuwirt; Rofner, B. 1-1.20 *K*, einf. gut. — Z. bei *M. Kastner*. — *Bade- u. Schwimmanstalt.*

Jenbach (562m), mit 1900 Einw., Hüttenwerk und Senseindustrie, ist Station für den Achensee (S. 221) und das Zillertal (R. 44).

UMGEBUNG. Spaziergänge nach *Burgeck* (20 Min.), *St. Margarethen* am r. Innufer (Innfähre; 25 Min.), *Buch* (Wasserfall, ¾ St.). — ¾ St. w. am Bergabhang das stattliche Schloß *Tratzberg* (634m) des Grafen Enzenberg, aus dem XVI. Jahrh., mit wertvoller alter Einrichtung, Waffensammlung usw. (Eintr. 1 *K*); von den Anlagen oberhalb schöne Aussicht über das Inntal. — Sehr lohnender Ausflug (von Jenbach über Tratzberg in 2½ St., von Stans in 1½ St. oder von Schwaz über *Fiecht* Fahrweg in 2 St.) zur Wallfahrtskirche **St. Georgenberg** (895m; ordentl. Whs.), w. im *Stallental* auf einem Felsvorsprung über wilder Schlucht höchst malerisch gelegen. 20 Min. oberhalb die großartige ½ St. lange *Gamsgartenklamm* (nur zu einem Drittel erschlossen).

*Nach dem Achensee (S. 80), 6,35km, schmalspurige Lokalbahn (bis Eben Zahnradbahn) im Sommer 8mal tägl. in 36 Min.; Fahrpreis aufwärts 3 *K*, abwärts 2 *K*, hin u. zurück mit 10täg. Gültigkeit 4 *K*. Die Bahn umzieht (10%) Steigung) den Ort Jenbach, bald mit hübschen Blicken r. und l. ins Inntal, zur (1,4km) HS. *Burgeck* (612m), am obern Ende des Dorfs. Weiter in stärkerer Steigung (16%) auf der O.-Seite des *Kasbachtals* (s. unten), dann rechts abbiegend am *Stangelgut* vorbei; prächtiger Blick in das Inntal bis zum Kaisergebirge und auf die Mündung des Zillertals mit den oben genannten Burgen; n.ö. das Sonnwendjoch. Bei (3,6km) Stat. **Eben** (963m; Kirchenwirt), Wallfahrtsort mit dem Grabe der h. Nothburga († 1313), erreicht die Bahn ihren höchsten Punkt; vorn öffnet sich der Blick auf den Achensee (MW. r. in 1½ St. zur *Aschenau-A.*, 1483m, mit schöner Aussicht). Die Zahnstange endet hier; die Bahn führt eben fort zur (5km) HS. *Maurach* (958m; Neuwirt) und senkt sich dann zur (6,35km) Station **Achensee** (933m), beim *Gasth. Seespitz* (S. 82; die Dampfbootfahrten schließen an die Bahnzüge an). — Fußgängern ist die Straße nach dem Achensee durch das bewaldete *Kasbachtal* zu empfehlen (1½ St. bis Seespitz); vgl. S. 82. Lohnend ist auch der Fußweg über *Eben* (s. oben) zum Achensee (vom Sägewerk hinter Jenbach r. ab, blau-weiß mark. Stationenweg bis Eben).

Bei der Weiterfahrt r. am Berge das Schloß Tratzberg (S. 220). — 44km HS. **Stans** (566m; Gasth.: Zum alten Marschall; Neuwirt), Dorf (600 Einw.) mit Kaltwasserheilanstalt. — ½ St. n.w. die großartige *Wolfsklamm* des Stanserbachs, 300m lang, mit Wasserfällen, Tümpeln, Stollen usw. (zur Zeit unpassierbar).

Vor Schwaz (10 Min. vom Bahnhof) r. das Benediktinerstift *Fiecht* (567m; Wirtsch., guter Wein).

47km **Schwaz**. — *Bahnrestaur*. — Gasth.: *Post, 15 B. zu 1.20-1.80 *K*; Zur Brücke, am Inn, 30 B. zu 1-2, P. 5-7 *K*; Roter Turm, 20 B. zu 1.40-2 *K*; Zum Freundsberg, 24 B. von 1 *K* an; diese mit Garten; Goldner Stern, mit altdeutscher Weinstube, gelobt; Krone; Hölzls Gasth., am Bahnhof. — Weinstuben: *Grafeneck, Krippe, Mohrenwirt*. — AVS. — Führer: Ant. Dirlinger in Schloß Freundsberg, Seb. Schrettl in Vomp.

Schwaz (538m), alte Stadt mit 7000 Einw., liegt ¼ St. vom Bahnhof am r. Ufer des Inn, überragt von der Burg *Freundsberg*. Nahe der Brücke das *Fuggerhaus* mit Erker und bemalter Fassade. Die *Pfarrkirche*, ein vierschiffiger Hallenbau aus dem xv. Jahrh., mit westl. und östl. Chor, ist mit Kupferplatten gedeckt; die Fassade ist von 1502, das Innere im Rokokostil umgestaltet; Grabmal in Erzguß von 1573. Neben der Kirche u. die Michaelskapelle in reichem spätgot. Stil. Im Kreuzgang neben der *Franziskanerkirche* Fresken aus dem Anfang des xvi. Jahrh. Große k. k. Tabakfabrik (1200 Arbeiterinnen); Majolikafabrik.

Ausflüge. Zum (¼ St. südl.) Schlößchen *Friedheim* (Aussicht); zur (25 Min.) Burg *Freundsberg* (707m), mit schöner Aussicht vom Berchfrit und interessantem Fremdenbuch (Schlüssel beim Mesner); am r. Innufer nach (1½ St.) *Koglmoos* und nach (1¼ St.) *Gallzain* mit hübschen Aussichten; am l. Innufer zum (1½ St.) Schloß *Tratzberg* (S. 220).

Nach Weerberg (2 St.): auf der Landstraße am r. Innufer aufwärts am Heiligkreuzkirchlein vorbei nach (¾ St.) *Pill* (556m; Whs.); l. von der Kirche über die *Oswaldhöhe* hinauf nach (1¼ St.) **Mitter-**

Weerberg (882m; Whs.). Von hier über *Inner-Weerberg* und das *Geiseljoch* (2291m) nach (6-7 St.) *Lanersbach*, s. S. 223. Von Weerberg zurück nach Schwaz über *Pillberg*, Schloß *Friedheim* und *Pirchanger*.

*****Kellerjoch** (2344m), 5-5½ St., unschwierig (F. 8 *K*, unnötig). Entweder guter rot MW. (im Winter gute Rodelbahn) über Burg Freundsberg an der (2½ St.) Rodelhütte *Grafenast* (1330m; gute Unterkunft) vorbei zum (2½ St.) *Kellerjochhaus* der AVS. Schwaz auf dem *Kreuzjoch* (2237m; Wirtsch., 15 B. u. 8 Matr.) und zum (20 Min.) Gipfel, mit Kapelle und weiter prächtiger Aussicht über das Inntal bis Innsbruck, die nördl. Kalkalpen, Zillertaler, Stubaier, Ötztaler, Tauern usw.; oder (6 St.) 20 Min. oberhalb Freundsberg r. ab auf mark. Waldwege zum (3½ St.) *Loas-Whs.*, ¼ St. unter dem *Loas-Sattel* (1683m), zwischen *Gilfert* (2505m; für Geübte in 2½ St., WM., F. 12 *K*, lohnend) und Kellerjoch; dann l. zum (1½ St.) Kellerjochhaus. Abstieg ö. nach (3½-4 St.) *Fügen* (S. 234), oder n. über die *Schwade* (Eisenerzbergwerk) nach *Koglmoos* (S. 221) und (4 St.) Schwaz. Sehr lohnende Höhenwanderung (WM.) vom Loassattel über Gilfert, Pfaffenbühel, Pfundsjoch, Rastkogel nach Lanersbach im Tuxertal (S. 240).

Von Schwaz nach Hinterriß über das Lamsenjoch, 10-11 St. (F. 15 *K*, unnötig), leicht u. lohnend. Oberhalb Fiecht beim *Wenghof* vom Wege nach St. Georgenberg l. ab, MW. am *Bauhof* vorbei auf der r. Seite des bewaldeten *Stallentals* zum *Stallenboden* (1212m) und der (3 St.) *Stallen-A.* (1328m); von hier l. hinan am N.-Fuß des Hochnißl (s. unten) zur (2 St.) **Lamsenjochhütte** der AVS. Oberland (1974m; Wirtsch., 26 B. zu 4, AVM. 2, u. 40 Matr. zu 2 bzw. 1 *K*), beim *östlichen Lamsenjoch* (1941m), zwischen Rotwandlspitze und Schafjöchl, und zum (20 Min.) *westlichen Lamsenjoch* (1933m), s.w. vom Hahnkampl; hinab zur *Bins-A.* (1472m), in die (1½ St.) *Eng* (1198m; Whs). und nach (3½ St.) *Hinterriß* (S. 74). — Bergtouren von der Lamsenjochhütte: *Schafjöchl* (2118m; 1 St.) und *Hahnkampl* (2082m; 1 St.), beide leicht; *Sonnjoch* (2457m), über das *Grammaijoch* 3½-4 St. m. F., nicht schwierig, s. S. 81; *Lamsenspitze* (2504m), über das *Lamsschartel* 2½ St. m. F., schwierig, s. unten. — Von Pertisau durch das *Falzturntal* zum Lamsenjoch 4½ St. (s. S. 81).

Über das Stanserjoch zum Achensee, 7 St., F. 10 *K*, mühsam: von (2 St.) *St. Georgenberg* (S. 220) steil hinan über die *Platten-A.* zum (3 St.) **Stanserjoch** (2102m), mit schöner Aussicht; hinab zur *Weißenbach-A.* (1698m) und l. über *Bärenbad-A.* nach (2 St.) *Pertisau* (S. 81), oder r. durchs *Weißenbachtal* nach (2 St.) *Seespitz* (S. 82).

Oberhalb Schwaz mündet w. das 7 St. l. **Vomper Tal**, eins der wildesten Täler der nördl. Kalkalpen. Von der Innbrücke Fahrweg s.w. nach (½ St.) **Vomp** (566m; *Vomperhof, 24 B. zu 1 *K*, P. 4 *K*; Pelikan) mit dem Schloß *Sigmundslust*, dann Waldweg zum (½ St.) *Whs. Pfannenschmiede* (602m), in der wilden Schlucht des *Vomperbachs* (dahinter Elektrizitätswerk), von wo ein Fußsteig noch 20 Min. am Bache aufwärts zur Schleuse führt). Hier l. hinan (MW., aber F. ratsam) durch Wald um den *Walderkamm* herum zur (2½ St.) *Gan-A.* (1189m), wo l. der Weg von der Walder Alpe herabkommt (zuerst schwer erkennbar, s. S. 224); dann auf dem *Knappensteig* (streckenweise Drahtseil), an einer (1½ St.) Rasenbank mit schöner Aussicht vorbei, zuletzt steil hinab zum (1½ St.) kais. Jagdhaus *In der Au* (1075m); besser von Vomp über *Vomperberg* (825m) rot MW. an der N.-Seite des Tals, über *Melanser-A.*, die Jagdhütte im *Zwerchloch* (1008m) und die *Katzenleiter* (Drahtseil) für Geübte und Schwindelfreie in ½ St. zu erreichen. ½ St. weiter am Talende das dürftige *Lochhüttl* (1244m); von hier MW. steil hinan über den *Überschall* (1914m) zum (3 St.) *Haller-Angerhaus* (S. 64). — Bergtouren in der Vomperkette: *Mittagspitze* (2335m), von Vomp über Vomperberg 5-6 St. (F. 10 *K*), schwierig; *Hochnißl* (2543m), über Vomperberg 5-6 St. (F. 12 *K*), mühsam; *Lamsenspitze* (2504m), von der Zwerchlochhütte 8-9 St. (F. 15 *K*), schwierig (kürzer von der Lamsenjochhütte, s. oben); *Grubenkarspitze* (2664m), vom Lochhüttl durchs *Grubenkar* 5 St. (F. 18 *K*), beschwerlich (s. S. 65); alle nur für Geübte mit Führer.

R. das reizend gelegene Dorf *Vomp* und Schloß Sigmundslust (S. 222). Die Bahn überschreitet den *Vomper Bach* und tritt an den Inn. — 53km HS. *Terfens-Weer* (Restaur. Klingler, beim Bahnhof, sehr einfach; *Arnold, Neuwirt, beide nicht teuer).
57km HS. *Fritzens-Wattens* (555m; Bahnwirtsch.).

Von *Fritzens* (Traube) führt eine Brücke (8 h) über den Inn nach (¹/₄ St.) Wattens (567m; Gasth.: *Greiderer; Post; Adler; Neuwirt), Sommerfrische an der Mündung des *Wattentals*, dessen Bach 10 Min. südl. in schönem Fall aus einer Schlucht hervorbricht (zugänglich). Von hier Alpweg am (3¹/₂ St.) *Walchen-Whs.* (1402m) vorbei zur (2 St.) schönen *Lizum-A.* (1996m; Schutzhütte der AVS. Schwaz wird gebaut); dann entweder r. über das *Klammerjoch* (2360m) nach (3¹/₂-4 St.) *Navis* (S. 293), oder l. über das *Junsjoch* (2487m) nach (4¹/₂ St.) *Lanersbach* (S. 240). — Lohnender ist der Weg über das Geiseljoch (bis Lanersbach 8¹/₂ St.; F. 16 *K*, für Geübte entbehrlich; vgl. Karte S. 234): von Wattens an der (¹/₂ St.) *Lourdes-Kapelle* und (20 Min.) Ruine *Rettenburg* vorüber über den *Kolsaßberg* oberhalb des l. Weerbach-Ufers hinan, an Gehöften vorbei, später durch Wald (1¹/₂ St. Pflanzgarten), über den *Krovenzbach* und den *Nurpenbach*, bei der Säge hinauf zum (3 St. von Wattens) *Innersten Wirt* (1287m); von hier rote WM. r. durch das *Krovenztal* über die *Nafing-A.* zum (3¹/₂ St.) Geiseljoch (2291m), mit schöner Aussicht, hinab zur *Geisel-A.* und nach (2 St.) *Lanersbach* (S. 240). — Weit lohnender geht man (F. nötig, 20 *K*) vom Innersten Wirt l. über *Stalln-A.* (1606m) und durch das *Nurpental*, an der *Nurpen-A.* und den *Haglhütten* vorbei zum (4 St.) *Nurpenjoch* (2525m) und von da l. auf den (1 St.) *Rastkogel* (2760m), mit herrlicher Aussicht auf die Zillertaler; hinab über *Lämmerbichl-A.* nach (2 St.) *Lanersbach* (S. 240; F. 20 *K*).

60km HS. *Volders-Baumkirchen;* 10 Min. n.ö. das hübsch gelegene *Bad Baumkirchen* (B. 80-120 *h*, P. 4.40 *K*; Gasth. Schindl, nicht teuer), Sommerfrische, mit erdig-salinischer Quelle. Am r. Innufer (¹/₂ St.) das Dorf *Volders* (*Post, Bräu u. a.), mit dem Schloß *Friedberg*, an der Mündung des Voldertals (S. 225).

65km Hall. — GASTH.: *Bären, 38 B. zu 1.20-2.60, P. 5-6 *K*; *Postgasth. zur Krone; Bahnhof-Hot., 20 B. zu 2-3 *K*; Engel, Stern, mit Garten, beide ganz gut; Plainer; P. Tömlschlößl, in freier Lage 20 Min. vom Bahnhof, P. 4-5 *K*; Hirsch, Rößl, Lamm u. a. — Dr. Schedlbauers Sanatorium, 16 B., P. 10-15 *K*. — *H.-P. Volderwaldhof (605m), in schöner Lage 20 Min. ö. am r. Innufer (S. 225), 30 B. zu 2-3, P. 5-6 *K*. — Künstlerstübchen im Gasth. zur Bretze. — *Lesekasino* der „Stuben-Gesellschaft" (im XVI. Jahrh. gegründet). — Gut eingerichtete *städt. Badeanstalt; Solbäder* (s. unten).

Hall (578m), altertümliche Stadt mit 6400 Einw., verdankt ihre alte Bedeutung dem seit dem frühen Mittelalter betriebenen Salzbergwerk (s. S. 224). Am untern Stadtplatz unweit des Bahnhofs die Sudhäuser der k. k. Saline, mit kräftigen Solbädern, und das Amtsgebäude; dahinter im ehem. Schloß *Hasegg* ein merkwürdiger alter Turm, dessen Name, *Münzturm*, an die im XV. Jahrh. errichtete Münzstätte erinnert, wo u. a. Andreas Hofer 1809 die nach ihm benannten Kreuzer und Zwanziger prägen ließ. Altertümliches *Rathaus* mit sehenswerten Sälen und Archiv (im Sommer tägl. 10-12 u. 2-5 Uhr; Eintr. 60 *h*, So. Di. Fr. frei). Die got. *Pfarrkirche*, aus dem XV. Jahrh., Inneres 1752 im Rokokostil umgestaltet, enthält schöne spätgot. Schmiedearbeiten, Grabsteine aus dem XVI. und XVII. Jahrh.

und unter dem Orgelchor ein Freskogemälde aus der 1. Hälfte des XV. Jahrh. Bronzestandbild *J. Speckbachers* (s. unten), von Penz (1908). — AVS. — Lokalbahn nach *Innsbruck* s. S. 249.

AUSFLÜGE (Führer Stefan Steinlechner und Andrä Suitner in Hall, Andrä Rathgeber in Absam). — Südl. über die Innbrücke auf schattigen Wegen zum (12 Min.) *Kienbergsteig*. — N.w. über ($^1/_4$ St.) *Heiligkreuz* (*Solbad Gasser, 40 B. zu 1.60-2.40, P. von 5 K an; Traube) zum (20 Min.) Dorf *Thaur* (633m; Stangl); von der ($^1/_2$ St.) Schloßruine (800m) schöne Aussicht. — $^1/_2$ St. n. von Hall das Dorf **Absam** (632m; *Bogner vom Garten Aussicht; *Ebner, mit Garten), mit besuchter Wallfahrtskirche, Geburtsort des Geigenbauers Jak. Stainer († 1683; Denkmal an der Kirche). — Südl. über die Innbrücke und durch das *Zimmertal* nach (1$^1/_2$ St.) **Judenstein** (907m; P. Erlacher) mit Wallfahrtskirche ($^1/_4$ St. n.ö. der *Speckbacher Hof* mit Denktafel); von hier auf der Fahrstraße über *Rinn* (918m; *H. Rinnerhof, 18 B. zu 1.60-5, P. 5-10 *K*; Neuwirt; Arche), mit dem Lavierenbad (Gasth.), oder besser direkt durch Wald nach (1$^1/_2$ St.) *Aldrans* (S. 257); oder $^3/_4$ St. hinter Rinn 1. ab über *Sistrans* (S. 258) nach (2 St.) *Lans* (S. 258), dann mit Lokalbahn oder zu Fuß nach (1 St.) Innsbruck.

In den **Gnadenwald**, schönes Mittelgebirge am N.-Ufer des Inn (Stellwagen vom Bahnhof und Gasth. Engel in Hall nach St. Martin 3 mal tägl., 1 *K*; Einspänner in 1$^1/_4$ St., 6, Zweispänner 8.50 *K*). Fahrweg von der Salzstraße (s. unten) nach $^3/_4$ St. r. ab, über den *Weißenbach* hinan zum ($^1/_2$ St.) *H.-P. Wiesenhof* (851m; 60 B. zu 1.50-5, P. 6-8 *K*), in schöner Lage, und nach ($^1/_4$ St.) St. **Martin** (891m; H. Gnadenwalderhof, mit Bädern, 40 B. zu 1.50-4, P. 6-8 *K;* Speckbacher, einf.; Führer Franz Kern), Geburtsort Speckbachers (s. oben). Von hier über ($^1/_2$ St.) *St. Michael* (879m) zum ($^1/_2$ St.) *Gungl-Whs.* (874m), dann hinab zur ($^1/_2$ St.) Wallfahrtskirche *Maria-Larch* (680m) und nach ($^1/_4$ St.) HS. *Terfens* (S. 223); oder von St. Martin zurück auf MW. durch Wald über *Mils* nach Hall. — MW. von St. Martin zur (1$^3/_4$ St.) *Walder-Alp* (1501m; Erfr.); vom *Walder Joch* (1666m), 25 Min. ö., herrliche Aussicht auf das Inntal, die Tuxer und Stubaier Ferner und die nördl. Kalkalpen. Schöne Aussicht auch von der *Hinterhorn-A.* (1524m; Wirtsch.), $^1/_2$ St. w. von der Walder-A. (1$^3/_4$ St. von St. Martin). — Abstieg von der Walder-A. entweder n.w. auf den Knappensteig (Drahtseile) ins Vomperloch zum (2$^1/_2$ St.) Jagdhaus in der Au (S. 222), oder n.ö. zur (1$^1/_4$ St.) *Gan-A.* (S. 222), dann zur (1$^1/_2$ St.) *Pfannschmiede* (S. 222), oder über *Ummelberg* nach (2 St.) *Terfens*.

Zum **Haller Salzberg** 3 St., lohnend. Fahrweg („Salzstraße", im Winter gute Rodelbahn) n. an *Absam* vorbei (vorzuziehen der Fußweg über Absam, der nach 1 St. in den Fahrweg mündet), im *Halltal* aufwärts zum (1$^1/_2$ St.) *Bettelwurfeck* (zur Bettelwurfhütte s. unten), dann entweder auf der Straße weiter, oder auf dem 1. abzweigenden Steig über *St. Magdalena* (1298m; Erfr.) zu den (1$^1/_2$ St.) *Herrenhäusern* am *Salzberg* (1481m; Erfr.; Übernachten nur mit Erlaubnis des Salinenamtes in Hall). Besichtigung des „Königsberg-Stollens". Fahrt über den Salzsee usw. interessant (nur Mo.-Do.; Dauer 1$^1/_2$ St., Eintr. 1 Pers. mit Beleuchtung 4 *K*, jede weitere Person 2 *K*). Schöne Aussicht von der *Kaisersäule* (*Franzens-Denkmal*, 1701m), rote WM. über das *Törl* (1774m) in 1$^1/_4$ St.; umfassender vom *Zunderkopf* (1964m; AV.-Steig vom Törl $^3/_4$ St.). Steiler Abstieg (MW., für Ungeübte F. nötig, 8 *K*) vom Törl zur *Thaurer-A*. und über *Thaur* (s. oben) nach (3 St.) Hall. — Von den Herrenhäusern das Sträßchen weiter aufwärts zum *Ißjöchl* (1668m), dann Fahrweg zum ($^1/_2$ St.) *Ißanger* (1631m), in großartiger Felswildnis. Übergänge von hier über *Lafatscher Joch* (2085m; zur Bettelwurfhütte s. S. 225) zum (2$^1/_2$ St.) *Haller-Angerhaus* und durch das *Hinterautal* nach (3$^1/_2$-4 St.) *Scharnitz* (S. 64); oder (beschwerlich) über das *Stempeljoch* (2218m) ins *Samertal* (8-9 St. bis Scharnitz; vgl. S. 65).

Große Bettelwurfspitze (2725m), von Hall 6$^1/_2$-7 St., für Geübte nicht schwierig (F. 12 *K*): im Halltal bis zum (1$^1/_2$ St.) *Bettelwurfeck*

(S. 224; Brunnen), dann entweder auf rot mark. Steig r. meist steil hinan über die *Bettelwurfreiße* und das *Klamml* (Drahtseile) in $3^1/_2$ St. zur Bettelwurfhütte; oder (bequemer) auf dem Sträßchen weiter zu den ($1^1/_2$ St.) *Herrenhäusern* (S. 224); von hier über den Ißanger zum (2 St.) *Lafatscher Joch* (s. S. 224 u. 65) und r. auf blau-rot MW. (nach 10 Min. l. Steig zur *Speckkarspitze*, S. 65) zur ($1^1/_4$ St.) *Bettelwurfhütte* der AVS. Innsbruck (2250m; *Wirtsch., 13 B. u. 14 Matr.), in aussichtreicher Lage, dann zurück über den Graben und l. auf steilem Steig (Drahtseile) zum (2 St.) Gipfel. Schwieriger Gratübergang zur *Kleinen Bettelwurfspitze* (2593m), 1 St.

Ins **Voldertal**: von Hall über die Innbrücke Fahrweg am (20 Min.) *II.-P. Vorderwaldhof* (S. 223) und (10 Min.) Gasth. *Kreuzhäusl* vorbei nach ($^1/_2$ St.) *Gasteig* (659m), dann über *Klein-Volderberg* (1028m) um die *Windegg* (s. unten) herum zum ($1^1/_2$ St.) **Wildbad Voldertal** oder *Volderbad* (1112m; 90 B., P. 5-6 *K*, gut), Sommerfrische mit alkalisch-erdiger Quelle, in Wiesen und Wald schön gelegen (auch von Volders, S. 223, auf dem neuen bequemen Talweg in 2 St. zu erreichen; Wagen, vorher zu bestellen, von Hall 22, von Volders 16 *K*). Schöne Aussicht vom (20 Min.) *Hof Windegg* (1220m; Wirtsch., P. 5.40-6 *K*). Ausflüge: auf die *Largatz-A.* (2215m), MW. in 3 St. (F. entbehrlich); *Hanneburger* (2642m; $4^1/_2$ St., F. ab Hall 10 *K*); *Glungezer* (2679m; $5^1/_2$ St., F. 10, bis zum Patscherkofel, S. 258, 15 *K*); *Rosenjoch* (2798m; MW. in 6 St., F. 15, mit Abstieg nach Matrei 16 *K*), alle unschwierig und lohnend. — Über das **Navisjoch nach Matrei** an der Brennerbahn, 8 St., leicht und vom Joch ab lohnend (vgl. Karte S. 234; F. 10 *K*, bei gutem Wetter entbehrlich, Andrä Posch in Volders). Vom Volderbad rote WM. am l. Bachufer hinan, nach $1^1/_2$ St. aufs r. Ufer, zur ($^1/_2$ St.) *Vorberg-A.* (1666m), am Fuß des *Malgrübler* (2816m; MW. in 4 St., F. 10 *K*); dann über die (1 St.) *Steinkasern-A.* (2000m) zum ($1^1/_2$ St.) **Navisjoch** (2477m), mit schönem Blick auf Tuxer und Stubaier Ferner. Hinab über steile Matten ins *Navistal*, über *Zehenter-* und *Stipler-A.* nach ($1^1/_2$ St.) *Navis* (1343m; Unterkunft beim Kurat, guter Wein), von wo Karrenweg nach (2 St.) *Matrei* (S. 293).

Die Bahn verläßt den Inn; r. der *Zunderkopf* mit der weißen *Kaisersäule* (S. 224), am Fuß des Gebirges die Dörfer *Thaur*, *Rum* (HS.) und *Arzl*; l. auf dem südl. Mittelgebirge am Fuß des Glungezer das Dorf *Rinn*, einst Wohnort Speckbachers (S. 224), weiter unten Schloß *Amras* (S. 256). Dann oberhalb der Mündung der *Sill* über den Inn und auf langem Viadukt in den Bahnhof von (73km) *Innsbruck* (S. 247).

42. Von Wörgl über Ellmau und Waidring nach Lofer.

80km. Von Wörgl bis Ellmau (18km) keine Postverbindung; von Ellmau nach St. Johann (11km) Post tägl. in 70 Min. für 1 *K* (Eisenbahn von Wörgl über Kitzbühel in $1^1/_2$ St., s. R. 43). Von St. Johann bis Waidring (15km) Post 2 mal tägl. in $2^3/_4$ St. für 2 *K*, von Waidring bis Lofer (10km) tägl. in $1^1/_4$ St. für 1 *K*.

Wörgl (512m) s. S. 219. Die Straße überschreitet die *Brixentaler Ache* am *Grattenbergl*, führt am r. Ufer aufwärts (gegenüber die Staatsbahn mit der HS. *Söll-Leukental*, S. 227) und steigt dann angesichts des Schlosses *Itter* (S. 227) n.ö. hinan zu dem niedern Sattel, der das *Sölland*, den Talboden von Söll, vom Achental scheidet; n.w. Jufinger Jöchl und Bölven. — 10km **Söll** (703m; Gasth.: Post; Feldwebel; Egger); von hier auf die *Hohe Salve* s. S. 228; auf

den *Kleinen Bölven* (1564m) 2½ St., lohnend (s. S. 219). — 1 St. *Scheffau* bleibt l.; an der Straße das *Blaiken-Whs.*
Vom Blaiken-Whs. MW. über *Scheffau* (718m; einf. Whser.) nach (1 St.) *Bärnstatt* (924m; Whs.), ¼ St. vom O.-Ende des *Hintersteiner Sees* (S. 217; von hier über die *Steinerne Stiege* nach *Kufstein* 3 St.). *Scheffauer* (2244m; 3½ St., F. 6 K), *Sonneck* (2258m; 4½ St., F. 9 K), *Treffauer* (2304m; 5 St., F. 10 K) u. a. sind für Geübte von Bärnstatt zu ersteigen (s. unten). Von Bärnstatt zur *Gruttenhütte* (s. unten) 4 St. (F. 6 K).

18km **Ellmau** (812m; *Post; Hochfilzer; Lobenwein), schön gelegenes Dorf (850 Einw.) am Fuß des *Wilden Kaisers*.

Das **Kaisergebirge** (s. S. 216) besteht aus zwei, durch das *Kaisertal* und das *Kaiserbachtal* getrennten Bergketten, die nördliche der *Hintere Kaiser*, die südl., an deren Fuß unsere Straße hinführt, der *Vordere* oder *Wilde Kaiser* genannt. In dieser die höchsten Spitzen (Ellmauer Halt, Treffauer, Sonneck, Karlspitzen, Ackerlspitze, Maukspitze). Besteigungen meist schwierig, nur für Geübte, aber jetzt auch von dieser Seite durch zwei Unterkunftshütten, die Gaudeamus- und Gruttenhütte, wesentlich erleichtert (Führer Josef Schlechter in Ellmau, Georg Hochfilzer und Seb. Klausner in Going, Jak. Brunner und Joh. Rothart in St. Johann; vgl. auch S. 214). — Von Ellmau n. auf gutem Wege hinan über die (1¼ St.) *Wochenbrunner-A.* (1084m; Wirtsch.) zur (¾ St.) **Gaudeamushütte** der Ak. S. Berlin im *Kübelkar* (1270m; 14 Matr., Prov.-Depot), mit schöner Aussicht auf Tauern usw., Ausgangspunkt für *Ellmauer Halt* (2344m; 3½-4 St.; F. 7, mit Abstieg nach Hinterbärenbad 11 K), *Vordere* und *Hintere Karlspitze* (2288 u. 2295m; F. je 12, beide 15, bis Hinterbärenbad 15 bzw. 19 K), *Vordere Goinger Haltspitze* (2244m; F. 7, mit Abstieg über Steinerne Rinne zur Griesneralpe 12 K), *Törlspitzen* (2202m), *Ackerlspitze* (2335m) und *Maukspitze* (2227m), sowie für die Übergänge über das *Kopftörl* oder die *Rote Rinnscharte* nach *Hinterbärenbad* (S. 216; F. 8 K) und über das *Ellmauer Tor* (1959m) oder das *Kleine Törl* (2111m) zur *Griesneralp* (S. 216; F. 8 K). — N.w. 2½-3 St. von Ellman (bei der Wochenbrunner-A. l. hinan, F. 4 K; von der Gaudeamushütte steiler MW. durch das *Klammerl* in ¾ St.) die **Gruttenhütte** des Münchner Turner-Alpenkränzchens (1593m; Wirtsch., 5 B. u. 16 Matr.), in prächtiger aussichtreicher Lage beim *Gruttenbründl*, von wo *Treffauer* (2304m, 4 St.; F. 10, bis Hinterstein 12 K), *Ellmauer Halt* (2344m; über die *Gamsänger* und *Achselrinne*, in 2½-3 St., s. S. 216), *Sonneck* (2258m, 4 St., F. 12, bis Hinterbärenbad 15 K), *Vordere Karlspitze* (2288m), *Hintere Karlspitze* (2295m), *Hintere Goinger Halt* (2194m; MW., leicht und sehr lohnend), *Vordere Goinger Halt* (2244m), *Törlspitzen* usw. zu besteigen sind. — Von *Kufstein* zur Gruttenhütte nächster Weg über den *Hintersteiner See* (S. 217): bis Bärnstatt 3 St., von da zum Grutten MW. in 4-4½ St. — Übergänge über das *Kopftörl* (2050m) und den *Hohen Winkel* (MW.) zum (3½ St.) *Stripsenjochhaus* (S. 216; F. 9 K) oder nach (3 St.) *Hinterbärenbad* (F. 8 K, für Geübte entbehrlich); über die *Gamsänger*, *Rote Rinnscharte* (2080m) und *Scharlinger Böden* nach (4 St.) *Hinterbärenbad* (S. 216; F. 8 K); über das *Ellmauer Tor* (1959m) und die *Steinerne Rinne* zum (5½ St.) *Stripsenjochhaus*, zur (5 St.) *Griesneralp* (S. 216) oder nach (6½ St.) *Hinterbärenbad* („Joseph Egger-Steig", S. 216).

Guter Überblick des Kaisergebirges vom *Hartkaserköpfl* (1529m), 1½ St. südl. von Ellmau; Abstieg nach Kirchberg 1½ St., nach Kitzbühel 2½ St. — Schöne Aussicht auf die Tauern vom *Gamskögerl* (1550m) unter der Maukspitze (über *Reg.-A.* 3 St. m. F.).

Hinab nach (20km) **Going** (731m; Gasth.: Schnabl, Schlechter), Dorf mit 750 Einwohnern. — 1km weiter der *Stanglwirt*.

S.ö. führt von hier ein Fahrsträßchen über den *Röhrerbühel* (früher bedeutendes Silberbergwerk) nach (¾ St.) *Oberndorf* (S. 232) und (2 St.) *Kitzbühel*. Lohnender der „Römerweg" durch das *Bühlach* (S. 231) über den *Rettenberg* (863m), mit schöner Aussicht, und am *Gieringer Weiher* vrei zum (2½ St.) *Schwarzsee* (S. 231). — Von Going zur *Gaudeamushe* (S. 226), MW. in 2 St.

Weiter an der *Reitner Ache* entlang nach *Spital* (S. 232), dann über die *Große Ache* nach

29km **St. Johann in Tirol** (658m), Eisenbahnstation (S. 232), am N.-Fuß des *Kitzbühler Horns* (S. 231).

Lohnender als die einförmige Straße über Erpfendorf ist die Bahnfat bis *Fieberbrunn* (S. 233), von da zu Fuß über *St. Jakob im Haus* u *St. Ullrich am Pillersee* und (3½ St.) *Waidring* (s. S. 233 u. unten).

Die Loferer Straße führt n.ö. durch das breite Tal der *Großen Ae* (*Leukental*), verläßt es bei (37km) *Erpfendorf* (636m; Whs.; na. *Kössen* s. S. 218) und wendet sich ö. über *Reiterdorf* nach

14km **Waidring** (780m; Gasth.: *Post, 50 B. von 1.40, P. 5 K; Wdringer Hof, gelobt; Mengg), Dorf mit 840 Einw., auf der Wserscheide zwischen Achen und Saalachtal, Sommerfrische. PT.

AUSFLÜGE. Zum *Hausberg* (1110m), mit Blick auf den Großglockner, 1 S; *Dalsen-A.* (980m; Wirtsch.), 1 St. — Über die *Grünwaldhütte* zur (2½ St.) *Kammerköhralp* (1648m) und durch die *Schwarzbergklamm* nach (4 S) *Unken* s. S. 166 (F. nötig). Von der Kammerköhr-A. auf die *Kammerköh* oder *Steinplatte* (1869m) 1 St., bequem und lohnend. — **Fellhorn** (176m), über *Reiterdorf* 3½-4 St. m. F., lohnend (s. S. 96); n. 20 Min. unterhalb des Gipfels das *Whs. Eggenalm*. Abstieg nach Reit im Winkel s. S 96. — **Hinterhorn** (2506m), auf dem *Griesbacher Steig* der S. Passu über die *Waidringer Nieder* in 6-6½ St. m. F., für Geübte sehr lohnad (s. S. 165).

Fahrstraße südl. im Tal des *Griesbachs* durch die *Waidringer Öfen* (Felskamm) am (¾ St.) Kirchlein *St. Adolari* 847m; einf. Whs.) vorbei zum (⅔ St.) forellenreichen *Pillersee* (834m), an dessen S.-Ende (½ St.) das Dorf *S. Ulrich* (846m; *Gasth. am See, 30 B. zu 1-2 K; zum Bräu, in beiden Forellen; Führer Clem. Widmoser, Joh. Wagstätter), mit Schwefelbad. Von hiet über *St. Jakob im Haus* nach (2 St.) *Fieberbrunn* s. S. 233.

Hinter Waidring verengt sich das malerische, vom Loferer Bach durchflossene Tal mehr und mehr; im engsten Teil der *Paß Strub* (688m), Grenze zwischen Tirol und Salzburg, früher befestigt, 1800, 1805 und 1809 von den Tirolern tapfer verteidigt. Beim Strub-Whs. (guter Wein) auf mächtigem Felsblock ein 1887 errichteter Granitobelisk. Die Straße führt beim *Gasth. Hinterhorn* vorbei und tritt in das weite *Saalachtal* (S. 165).

54km *Lofer* und von da nach *Saalfelden* oder *Reichenhall* s. R. 30.

43. Von Wörgl über Kitzbühel nach Zell am See.

93km. ÖSTERREICH. STAATSBAHN, Schnellzug in 2¼ St. (11 K 90, 7.30, 4.60), Personenzug in 3 St. (9 K, 5.50, 3.50).

Wörgl (512m) s. S. 219. Die Bahn führt am l. Ufer der *Brixentaler Ache* zur (4km) Stat. *Söll-Leukental* (Restaur.), mit großen Zementwerken, und tritt unterhalb des l. oben gelegenen Schlosses *Itter* in einen engen Felseinschnitt, die *Brixentaler Klause*, in der sie hinter einem kurzen Tunnel die Ache überschreitet.

9km **Hopfgarten** (600m; Gasth. Filiale Post, am Bahnhof, 14 B. zu 1-1.60 *K*); 20 Min. ö. der ansehnliche Markt (619m; *Post, 20 B. zu 1-1.60 *K;* Rose, 20 B. zu 1.20-1.60 *K;* Diewald; Krämerwirt; Ober- u. Unterbräu), Sommerfrische und Wintersportplatz, mit 2890 Einwohnern und großer Rokoko-Kirche.

Die *Hohe Salve (1829m), ein altberühmter Aussichtsberg, wird meist von Hopfgarten aus bestiegen (3½ St.; MW., F. unnötig, Reittier 10, Tragsessel mit 4 Trägern 24 *K*). Vom Bahnhof r. zum (20 Min.) Dorf, in der Hauptstraße gerade fort, beim (5 Min.) Handweiser l. hinan (Weg und WM. stellenweise mangelhaft) zum (1½ St.) *Thennwirt* (1165m; 12 B., einf. gut; Reittier zum Gipfel 5 *K*); hier l. hinan, dann r. (vielfach Richtsteige); 1 St. *Kalbn-A.* (1505m); nun ö. die Kuppe hinan zum (1 St.) *Gasth.* (40 B. zu 1.20-2 *K*) südl. etwas unterhalb des Gipfels. Oben eine Kapelle und ein 8m hohes Kreuz.

Die *Aussicht (vgl. das nebenstehende Panorama) umfaßt südl. die ganze Tauernkette vom Hochtenn und Wiesbachhorn bis zu den Zillertaler Fernern (gerade im S. der Großvenediger, l. davon der phantastisch aufragende Große Rettenstein), weiter w. die nördl. Kalkalpen, die kirchenähnliche Steinbergerspitze; n. Gr. und Kl. Bölven, Miesing, Wendelstein, dann das mächtige Kaisergebirge; ö. die Loferer Steinberge, das Steinerne Meer, im Vordergrund das Kitzbühler Horn.

Von *Brixen* (S. 229) auf die Hohe Salve 3 St.: Reitweg, r. began, bei den (1 St.) Sennhütten l. hinauf (nicht geradeaus); bei der (³/₄ St.) Kapelle l. zur Alp und im Zickzack scharf bergan zum (³/₄ St.) Gpfel.

Von *Westendorf* (s. unten) 3 St.: Reitweg (das letzte Drittel schlecht gehalten).

Von *Söll* (S. 225) 3-3½ St., mark. Reitweg, schlecht unterhalten/südl. zum *Stampfanger Graben*, vor der (20 Min.) Kapelle r. hinan durch Wald, über die *Salvenmöser*, *Angern-A.* und *Köth-A.* zum Gipfel.

Südl. von Hopfgarten mündet das von der *Grundache* durchflossene **Kelchsautal**, durch das ein lohnender Übergang über das *Salzachjoch* nach (9 St.) Krimml führt. Fahrstraße (Einsp. 5 *K*) über *Hörbrunn* bis (2 St.) *Kelchsau* (789m; Neuwirt; Fuchswirt); ½ St. weiter teilt sich das Tal: r. der *Lange Grund*, aus dem ein wenig lohnender Übergang (F. ratsam) durch den *Frommgrund* und über das *Frommeljoch* (2297m) zwischen Pollspitze und Frommelkogl nach (8 St.) Gerlos führt; l. der *Kurze Grund*, mit Saumpfad (F. für Geübte entbehrlich) über die (2 St.) Brennhütte *Schelchenrain* (1426m; Unterkunft, 12 B.), die *Kuhwild-A.* (1735m) und das (2 St.) **Salzachjoch** (*Markkirchl*, 1987m), mit herrlicher Aussicht auf die Tauernkette, nach (3 St.) *Ronach* im Pinzgau (S. 189). Von Schelchenrain auf den *Schafsiedel* (2449m), 3-3½ St. m. F., über die Roßwild-A. und an drei kl. Seen vorbei, unschwierig u. lohnend. — Durch das **Windautal** (s. unten) zur (2½ St.) Jägerhütte *Rettenbach* (810m; Einkehr) und über den *Filzensattel* (1693m) nach (6-7 St.) *Wald* im Pinzgau (S. 189), beschwerlich.

Oberhalb Hopfgarten bei *Haslau* überschreitet die Bahn die Brixentaler Ache (Wasserfall), biegt r. in das *Windautal* (s. oben), an dessen W.-Seite sie stark ansteigt (330m l. Tunnel), wendet sich dann auf 23m h. Viadukt in großer Kurve zurück zur O.-Seite des Windautals und gewinnt mittels eines 200m l. Tunnels die obere Stufe des Brixentals. — 19km **Westendorf** (762m; Gasth. zur Hohen Salve, am Bahnhof; auf die Hohe Salve s. oben), 20 Min. n.ö. vom Dorf (785m; Kohlerwirt; Jakobwirt); 10 Min. s.w. *Bad Westen-*

PANORAMA VON DE
1829 M

HOHEN SALVE.

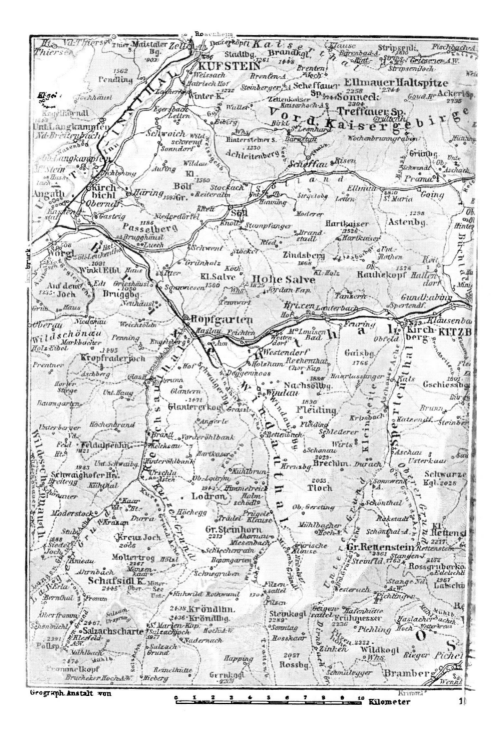

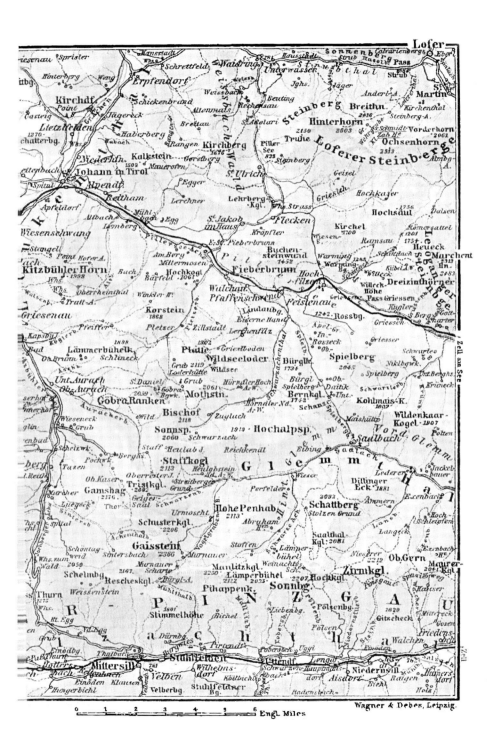

dorf (794m; 40 B.) mit Mineral- und Moorbädern. — 22km **Lauterbach**, HS. für das Dorf *Brixen im Tal* (795m; Mairwirt); 20 Min. s.w. das *Maria-Luisenbad* (808m), Eisensäuerling.

26km **Kirchberg** *in Tirol* (823m; Bahnrest.; Gasth. zum Bechl, 20 B. zu 70 h-1 K; Kalswirt; Rainwirt), großes Dorf (1700 Einw.) an der Mündung des *Spertentals*.

Durch das **Spertental** Karrenweg am ($1^1/_4$ St.) *Whs. Rettenstein* vorbei bis ($^3/_4$ St.) *Aschau* (1014m; Gredwirt, einf. gut; Führer Joseph Schroll), wo das Tal sich gabelt: w. *Unterer Grund*, ö. *Oberer Grund*. Unschwierige Übergänge führen durch den Untern Grund über die *Geige* (2031m) nach (7 St.) *Neukirchen* (S. 188); durch den Obern Grund zum ($2^1/_2$ St.) *Stangenjoch* (1719m), hier entweder l. in 3 St. einförmig nach *Mühlbach* (S. 187), oder hinab an den Mühlbach (F. ratsam), später über einen Steg zum r. Ufer und nach ($2^1/_2$ St.) *Bramberg* (S. 188). Vom Stangenjoch mangelhaft mark. Weg über die *Filzenhöhe* zum ($3^1/_2$ St.) *Wildkogelhaus* (auf den *Wildkogel* 35 Min.) und nach ($1^3/_4$ St.) *Neukirchen* (vgl. S. 188). — *Großer **Rettenstein** (2363m), von Aschau $4^1/_2$ St. m. F., etwas mühsam: MW. durch den Untern Grund über die ($1^1/_2$ St.) *Sonnwend-A.* zur *untern* und ($1^1/_2$ St.) *obern Schöntal-A.* (1880m; Heulager) und auf AV.-Steig der S. München an den „Steinernen Frauen" vorbei zum ($1^1/_2$ St.) N.-Gipfel, mit trigonom. Signal und großartiger Aussicht. Abstieg zum (3 St.) *Wildkogelhaus* s. S. 188.

MW. von Kirchberg s.w. über *Bärstätt-A.* zur (2 St.) Wallfahrt **Haarlaßanger** (1532m; Whs.); von hier MW. auf den *Gampenkogel* (1960m), den *Fleiding* (1896m) und das *Brechhorn* (2032m), alle drei mit lohnender Aussicht.

Weiter bei *Klausen* (l. Blick auf das Kaisergebirge) über die aus dem Spertental abfließende *Aschauer Ache* und an der (30km) HS. *Schwarzensee* (S. 231) vorbei, zuletzt in großer Kurve über die *Kitzbühler Ache* nach

35km **Kitzbühel.** — GASTH.: *Gr.-H. Kitzbühel, in freier Lage, mit Park, auch im Winter (Dez.-April) offen, 120 B. zu 3-8, F. 1.50, P. 10-16, Omnibus 1.25 *K*. — Tiefenbrunner, 60 B. zu 2-5 *K*; Hinterbräu, 44 B. zu 1.60-2.50 *K*; Goldner Greif; *Pens. Schloß Lebenberg, 20 Min. nördl. (P. 8 *K*; englisch); P. Tirol (für Damen); H.-P. zum Wilden Kaiser, 60 B. zu 1.20-2.50, P. 6-8 *K*; Schwarzer Adler; Amberger, B. 1.20-1.80 *K*; Daimer; Roter Adler; Weißes Rößl; Stern; Haas, am Bahnhof. — *Café u. Konditorei Franz Reisch* (Hotel garni, B. 2-3 *K*). — Viel Privatwohnungen. Fremdenverkehrs-Verein.

WAGEN (einschl. Trinkg.) vom und zum Bahnhof Einsp. 1.40, Zweisp. 2.80, Schwarzsee 2 u. 3.40, Mittersill 13 u. 22 *K*.

Kitzbühel (770m), hübsch gelegenes altes Städtchen mit 3500 Einw., wird als Sommerfrische und Wintersportplatz viel besucht. AVS. — $^1/_4$ St. südl. vom Bahnhof das *Kitzbühler Bad* (50 B. zu 1.20-2, P. 4.60 *K*) mit erdig-salinischer Quelle.

SPAZIERGÄNGE (überall WM.). Östl. am Schloß *Kapsburg* des Grafen Lamberg vorbei zur ($^3/_4$ St.) *Ebnerkapelle*, mit schöner Aussicht; von hier zum ($^1/_4$ St.) *Schleierfall* im *Köglergraben*, zurück durch die *Zephirau* (1 St.); s.ö. am Kitzbühler Bad vorbei zum *Buchenwald* (1 St.), zurück über *Bicheln*; beide Spaziergänge mit Blick auf den Großvenediger. — Südl. zu den ($^1/_2$ St.) *Ehrenbachfällen* in wilder Schlucht, 20 Min. oberhalb auf einem Felsvorsprung das *Whs. Einsiedelei* mit Quelle u. lohnender Aussicht; von hier in

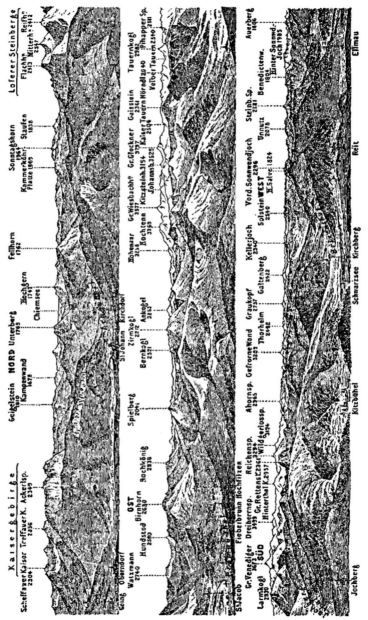

Panorama vom Kitzbühler Horn (2000m).

$^1/_2$ St. (oder von Kitzbühel über Ecking und Kuselhalde in $1^1/_4$ St.) auf die *Seidlalpe* (1206m; Wirtsch.), mit reizender Aussicht. — N.w. Fahrweg über *Ecking* und den *Hinterbräukeller*, oder über *Hirzing* und *Seebichlhof* zum ($^1/_2$ St.) **Schwarzsee** (812m; auch Bahn-Haltestelle, s. S. 229), mit Restaur., Badeanstalt (Moorwasser, 22-27° C.) und Kahnfahrt. — Vom Schwarzsee Fahrweg n.ö. über *Münichau* (Whs.) mit altem Burghaus nach ($^3/_4$ St.) **Reit** (821m; Reiterwirt; Tischlerwirt), Kirchdorf mit schönem Blick auf das Kaisergebirge.

N. grenzt an den Schwarzsee das waldige Hügelland **Bühlach** mit mannigfachen Spaziergängen (nach Regen manchmal sumpfige Stellen): vom Seebichlhof (s. oben) über *Haus* nach *Steuerberg* (836m; einf. Whs.) mit hübscher Aussicht; von Haus w. über *Wald* nach *Bruck* (Rundtour um den Schwarzsee); von Haus n.w. zum *Gieringer Weiher* und nach *Münichau* (s. oben), oder über *Bicheln* und *Rettenberg* (Aussicht) auf dem „Römerweg" nach *Going* (S. 226) usw.

*Kitzbühler Horn (1998m), $3^1/_2$-4 St., leicht (F. 7 *K*, unnötig, Pferd 10, hin und zurück 14, Sesselwagen 12, hin und zurück mit 3 St. Aufenthalt 16, mit Übernachten 24 *K*). Vom Bahnhof südl. an der Bahn oder r. am Wasser entlang, nach 4 Min. (Handweiser) l. über die Bahn, dann auf aussichtreichem Fahrweg (mehrfach Bänke und gutes Trinkwasser) zum (1 St.) *Whs. Obholz* (1076m), mit Aussicht ins Jochberger Tal und auf einen Teil der Tauern; weiter zum ($1^1/_2$-2 St.) *Alpenhaus* (1669m; 30 B. zu 1.60-2 *K*, auch im Winter offen) oberhalb der *Tratt-A.* und zum (1 St.) *Gipfelhaus* (1970m; 40 B. zu 2-3, P. 7 *K*, gut; PF), 3 Min. ö. unterhalb des Gipfels (1998m). Oben eine Kapelle. Die *Aussicht (vgl. das nebenstehende Panorama) übertrifft die von der Hohen Salve, namentlich nach S. auf die Tauern, und ist besonders auch durch die malerische Gruppierung der sieben am Fuß des Berges zusammenlaufenden Täler ausgezeichnet. Reiche Flora.

Abstieg n. auf dem „Ludwig Scheiber-Wege" über *Ruppen-A.* nach *St. Johann* (S. 232); ö. (weiß-rote WM., nicht zu empfehlen) über *Rheintal-A.* nach (4 St.) *Fieberbrunn* (S. 233). — Vom Kitzbühler Horn zum Gaisstein (S. 232) 8-9 St., beschwerlich (WM. mangelhaft, F. und Proviant nötig), stets über den neben dem nach S. laufenden Bergkamm, über *Lämmerbühl*, *Göbra-Joch*, am *Bischof*, *Staffkogel*, *Tristkogel* und *Gamshag* vorbei.

Steinbergkogel (1971m), $3^1/_2$ St., leicht. Mark. Reitweg (F. entbehrlich), anfangs durch Wald, über die *Einsiedelei* (S. 229) dann entweder über *Leitner-A.* und *Blaufeld-A.* (1692m), oder über *Ehrenbach-A.* und *Streiteck-A.* zur (3 St.) *Jufen-A.* (1871m) und l. zum (20 Min.) Gipfel, mit sehr lohnender Aussicht. — Von der Jufen-A. rote WM. am *Pengelstein* (1940m) vorbei über den Kamm zum (3 St.) *Kleinen Rettenstein* (S. 232).

Von Kitzbühel nach Mittersill, 31km, Fahrstraße ohne Postverbindung (Einspänner bis Paß Thurn 10, Zweisp. 16, bis Mittersill 14 u. 24 *K*). Die Straße überschreitet die Ache und führt am *Kitzbühler Bad* (S. 229), weiter an (l.) *Aurach* vorbei über (5km) *Wiesenegg*, wo im S. der Großvenediger sichtbar wird, beim ehem. Kupferschmelzwerk über die *Jochberger Ache*, dann schärfer bergan nach (9km) **Jochberg** (924m; Gasth.: Huber zur Post, Schwarzer Adler, beide gut), Sommerfrische mit 949 Einw.

*Gaisstein** (2366m), 4½-5 St., für Neulinge F. angenehm: rot MW. durch den *Sintersbachgraben* (schöner Wasserfall) steil hinan zur *untern* und (3½ St.) *obern Sintersbach-A.* und über die *Sintersbachscharte* (2063m) zum (1½ St.) Gipfel, mit prächtiger Aussicht auf die Tauern. Bequemer auf MW. direkt von Kitzbühel (5½-6 St.) über *Wiesenegg* (S. 231), *Kelch-A.* und das *Tor* (reiche Flora). — Abstieg zur *Bürglhütte* (nach Mittersill) s. S. 187; nach *Saalbach* s. S. 162; zum *Kitzbühler Horn* s. S. 231. *Pinzgauer Spaziergang* zur (9 St.) *Schmittenhöhe* s. S. 162; Proviant und Führer nötig.

Gamshag (2176m), 3½ St., lohnend, F. entbehrlich: auf dem ersten von der Straße zum Paß Thurn l. abzweigenden Steig (ca. 5 Min. von der Kirche) über (1¼ St.) *Luegeck-A.* und (1¼ St.) *Wild-A.* zum (1 St.) Gipfel.

Kleiner Rettenstein (2217m), von Jochberg entweder durch den *Saukasergraben* (MW.) oder den *Aubachgraben* in 4 St. (F. angenehm), lohnend; großartiger Blick auf die Tauern. Abstieg auch über *Trattenbach-A.* und *Hangler-A.* zum *Paß Thurn* (s. unten).

Nun wenig steigend am (12,5km) *Whs. an der Wacht* (999m) vorbei, zuletzt über die Ache zur (15km) Wallfahrt *Jochbergwald* (1063m; Gasth. Waldwirt), dann in großen Kehren durch Wald hinan (kürzerer Fußpfad l. dem Telegraphen nach) und über die Salzburger Grenze zum (19km) **Paß Thurn** (1273m; einf. Whs.). Von der *Elisabethruhe*, ½ St. w., lohnende Aussicht auf die Tauern; schöner 2 St. weiter aufwärts von der *Resterhöhe* (1896m). — Hinab, am (20km) *Whs. zum Weißen* (1225m) vorbei, mit Aussicht auf den Pinzgau und die Tauern, zum (23km) *Gasth. zur Hohen Brücke* (1000m) und in großen Windungen (rot mark. Fußsteig 10 Min. hinter dem Gasth. r. hinab kürzt) nach (31km) *Mittersill* (S. 187); oder, falls man nach Krimml will, 200 Schritt unterhalb des Whses. zum Weißen MW. r. hinab nach (1¼ St.) *Mühlbach* (S. 187) oder *Hollersbach* (S. 187).

Die Bahn nach Zell am See führt am r. Ufer der Kitzbühler Ache, mit prachtvollem Blick l. auf das Kaisergebirge, über (40km) HS. *Wiesenschwang-Oberndorf* (683m; Lindner) nach

45km **St. Johann in Tirol.** — GASTH.: Zum Hohen Kaiser, am Bahnhof, 25 B. zu 80-2 *K* 40 *h*; *Post, mit Garten; *Bär, 40 B. zu 1-3, P. 6-8 *K*; Löwe, 24 B. zu 80-140 *h*, Maut, beide am Hauptplatz.

St. Johann in Tirol (658m), stattliches Dorf (3100 Einw.) mit schönen Tirolerhäusern, im breiten *Leukental* (Achental) freundlich gelegen, wird als Sommerfrische und Wintersportplatz besucht (Schwimmbad; Parkanlagen). 40 Min. s.ö. vom Dorf das *Theresienbad* (Restaur.); 20 Min. w. an der Straße nach Ellmau (S. 227) das Dorf *Spital* mit gotischem Kirchlein (XIV. Jahrh.).

AUSFLÜGE (Führer Jak. Brunner u. Joh. Rothart). Ins *Kaisergebirge*, von St. Johann zur *Griesener-Alpe* 3½ St., nach *Ellmau* (Gaudeamus- und Gruttenhütte) 2¼ St., s. S. 216, 226. — Nach *Waidring* und *Lofer* s. S. 227; nach *Kössen* über *Griesenau* und *Schwendt* s. S. 218; über das *Stripsenjoch* nach *Kufstein* s. S. 216.

*Kitzbühler Horn** (1998m), auf dem „Ludwig Scheiber-Wege" der AVS. St. Johann über die *Angerer-A.* (Wirtsch.) und *Ruppen-A.* in 3½-4 St., leicht und sehr lohnend (s. S. 231).

Weiter an der Sommerfrische *Reitham* (Fischer) vorbei, zweimal über die *Pillersee-Ache,* dann in deren Tal r. scharf bergan.

53km **Fieberbrunn**. — GASTH.: am Bahnhof Wieshofer, mit
hübscher Aussicht; unten im Tal r. (5 Min.) das H. Obermeier, l.
(5 Min.) beim Eisenwerk der Hammerwirt, weiter Hüttenwirt,
Auwirt, dann im (¹/₄ St.) Dorf Fieberbrunn (788m) Post oder Neuwirt, *Sieberer, Metzgerwirt.

Fieberbrunn (788m), großes Dorf (1800 Einw.) in schöner Lage,
wird als Sommerfrische viel besucht. Moor-Schwimmbad; Eisen-
mineralbad im Dorf; Schwefelbad 20 Min. vom Obermeier. AVS.

AUSFLÜGE (Führer Franz Miedler). Hübscher Spaziergang an der
Ache aufwärts am (¹/₄ St.) *Gasth. Dandler* vorbei durch Wald zum (³/₄ St.)
Whs. zur Eisernen Hand, dann s.w. im *Schwarzachental* zu den (³/₄ St.)
Drei Schreienden Brunnen; das angeblich vom Wildalpsee (s. unten) ab-
fließende Wasser stürzt in schönen Fällen zu Tal. — Von der Eisernen
Hand n.ö. über *Feistenau* nach *Hochfilzen* (s. unten) ³/₄ St.

Hochkogel (1055m), 1 St., vom Auwirt durch den *Pletzergraben*
r. hinan, leicht und lohnend (guter Überblick der Umgebung); beim
Hochkogelbauern Erfr. — **Buchensteinwand** (1455m), 2 St., leicht und
lohnend; MW. vom Gasth. Dandler durch einen schattigen Hohlweg l.
hinan zum Dörfchen *Buchau*, dann über Matten zum Gipfel. Schöner
Blick ins Piller-, Leuken- und Leogang-Tal, auf Loferer und Leoganger
Steinberge, Kaisergebirge und Glocknergruppe.

*****Wildseeloder** (2119m), 4 St., leicht (F. entbehrlich). MW., ent-
weder vom Auwirt im Pletzergraben hinan, bei der Talteilung l. über *Zill-
statt-A.* (1122m) zur (2¹/₂ St.) *Wild-A.* (Erfr.), oder vom Gasth. Sieberer
über *Lärchenfilz-* und *Griesboden-A.* zur (2¹/₂ St.) *Wild-A.* Von hier
AV.-Weg zum (³/₄ St.) *Wildseeloderhaus* der AVS. Fieberbrunn (2008m;
Wirtsch., 8 B. u. 10 Matr.), am felsumschlossenen *Wildalpsee*, der trotz
seiner Höhe noch Forellen birgt; dann steiler Zickzackweg über das *Törl*
zum (³/₄ St.) Gipfel, mit großartiger Rundsicht.

Göbra-Ranken (2059m), 4¹/₂ St., F. ratsam: vom Auwirt durch den
Pletzergraben über *Fahrmanger-A.* zum (3¹/₂ St.) Eisenbergwerk *Göbra-
Lannern* (1663m) und zum (1 St.) Gipfel, mit vortrefflicher Aussicht.

Spielberghorn (2045m), 4¹/₂ St. m. F., lohnend: vom (1 St.) *Whs.
zur Eisernen Hand* (s. oben) über die *Spielberg-A.* und *Bräu-A.* zum
(3¹/₂ St.) Gipfel. Abstieg ö. ins *Leogang-Tal* (S. 163) oder s.w. zur *Alten
Schanze* (S. 162).

Kitzbühlerhorn (1998m), WM. vom Auwirt über die *Bärfeld-* u.
Rheintal-A. in 5 St., mühsam; besser von Kitzbühel oder St. Johann
(vgl. S. 231, 232).

Von der *Eisernen Hand* (s. oben) geht südl. der Weg über die *Alte
Schanze* nach (3 St.) Saalbach im *Glemmtal* (vgl. S. 162). — N. führt von
Fieberbrunn eine Straße nach (³/₄ St.) **St. Jakob im Haus** (853m;
Riegerwirt), auf dem Sattel zwischen Pramau- und Strubachental; hinab
über *Flecken* (Straßwirt) nach (1¹/₄ St.) *St. Ulrich am Pillersee* (S. 227)
und (1¹/₂ St.) *Waidring* (S. 227).

58km HS. *Pfaffenschwendt*, dann in starker Steigung auf der
N.-Seite des Pramau- oder Pillersee-Achentals hinan. — 62km
Hochfilzen (965m; Gasth.: Dankl, am Bahnhof; Wieshofer, Würtl,
im Dorf), auf der Wasserscheide.

Fahrweg n. über *Warming* am kl. *Wiesensee* (928m) vorbei nach (3 St.)
St. Ulrich (S. 227). — Zur *Vorderkaserklamm* Fußweg über den *Ramern-*
oder *Römersattel* (1208m) in 3 St. (vgl. S. 164).

Die Bahn überschreitet die Salzburger Grenze und senkt sich an
dem sumpfigen *Grießensee* vorbei, über den Grießenbach und Weißbach nach (72km) *Leogang* (S. 163). Von hier über *Saalfelden*
nach (93km) *Zell am See* s. R. 29 und Karte S. 156.

44. Das Zillertal.

Von *Jenbach* bis *Mayrhofen*, 32km, ZILLERTALBAHN in 1 St. 42 Min.; 2. Kl. 3 *K* 80, 3. Kl. 2 *K* 40 *h*. — Das **Zillertal** ist in seinem untern Teil ein breites, von bewaldeten Höhen eingefaßtes Wiesental. Weiter aufwärts verzweigt es sich in zahlreiche, meist bis hoch in die Schneeregion hinaufreichende Äste („Gründe", S. 237), die z. T. durch die Wege- und Hüttenbauten des D. & Ö. A. V. bequem zugänglich gemacht sind und viel besucht werden. Unschwierige Übergänge (auch zum Reiten) führen über den Gerlospaß in den Pinzgau (S. 236) und über das Pfitscherjoch (S. 246) oder Tuxerjoch (S. 241) zur Brennerbahn; mühsamere aus dem Zillergrund (Heiliggeistjöchl u. a., S. 238, 239), Floiten- und Schwarzensteingrund (S. 242, 244) in das Ahrntal.

Jenbach s. S. 220 (Abfahrt vom Südbahnhof). Die Bahn führt über den Inn nach (2km) *Rotholz* (Esterhammer, 50 B. zu 1-1½ *K*), mit Landwirtschaftsschule, und (3km) *Straß* (522m; Post), am Eingang des Zillertals. R. oben die Kapelle *Maria-Brettfall* (682m; ½ St., hübsche Aussicht). — Vor (6km) **Schlitters** (536m; Zum Jäger; Stern), mit 490 Einw. und Mineralbad, erscheinen im Hintergrund Brandberger Kolm, Torhelm, Gerloswand und Ahornspitze.

MW. r. hinan in 1¼ St. auf den aussichtreichen **Schlitterberg** (952m; *Gasth. Schlitterbergerhof*, 20 B. zu 1-1.80 *K*), mit mehreren Gehöften, in waldreicher Umgebung; auch von Rotholz (s. oben) auf bequemen Wege durch Wald (im Winter Rodelbahn) in 1¼ St., und von Straß an der Kapelle Brettfall vorbei in 1½ St. zu erreichen. Von dem Bergvorsprung ¼ St. n. vom Whs. Blick auf den Achensee, Rofan- und Karwendelgruppe. Rot MW. (F. angenehm) durch das bewaldete *Öchseltal*, über die *Roßhütten-A.* und das *Damjoch* (1696m) auf das (4½ St.) *Kellerjoch* (s. unten).

8km *Gagering*. — 10km **Fügen** (544m; Bahnrestaur.; Gasth.: Post, Stern, Aigner, Sonne, alle gut), freundliches Dorf mit 1000 Einw., Sitz des Bezirksgerichts, Sommerfrische.

*Kellerjoch (2344m), 5½ St., leicht (F. 7 *K*, für Geübte entbehrlich), besser von Schwaz (S. 222). Von der Post Alpweg ins *Finsingtal* zum (2 St.) Wegweiser auf dem *Pankrazberg* (1138m), hier entweder l. über (½ St.) Alpengasthütte *Schellenberg* und den (1½ St.) *Loassattel* (S. 222) zum (2 St.) *Kellerjochhaus* auf dem *Kreuzjoch* und zum (20 Min.) Gipfel; oder r. (rote WM.) über (1¼ St.) *Gart-A.* direkt zum (2 St.) Gipfel. Abstieg nach (3 St.) *Schwaz* s. S. 222.

12km *Kapfing* (Mayer zur Schönen Aussicht; Rose; Huber); dann über den *Finsingbach* nach (13km) *Uderns* (549m; Pachmair, Gasth. zum Erzherzog Johann bei Rainer, in Finsing, 2 Min. vom Bahnhof, die Wirtsleute gute Natursänger) und über (15km) *Ried* (Mayer, Pircher) nach (17km) **Kaltenbach** (560m; *Post, B. 80- 120 *h*; Brückenwirt; Rieger), hübsch gelegenes Dorf (419 Einw.).

Am r. Ufer des Ziller (¼ St.) das freundliche Dorf **Stumm** (554m; Nester; Pinzger; Linde; zum Schießstand); 10 Min. n. schöner Wasserfall im *Märzengrund*. Kreuzjoch (2508m), von Stumm 5½ St. (F. 6 *K*), über die *Kapauns-A.* (1911m), unschwierig und lohnend; Abstieg s.ö. durch das *Riedertal* nach *Gerlos* (S. 236), oder s.w. über *Gründel-A.* und *Rohrberg* nach *Zell* (S. 235). — Durch den Märzengrund zur (3 St.) *Gmünd-A.* (1350m; Unterkunft) und über die *Hämmerer-* oder *Maurerscharte* (2331m) nach Gerlos (S. 235), 4 St. m. F. (8 *K*), mühsam.

Nun am *Ziller* entlang über (20km) *Aschau* (Löwe) und (22km) *Erlach*, zuletzt aufs r. Ufer.

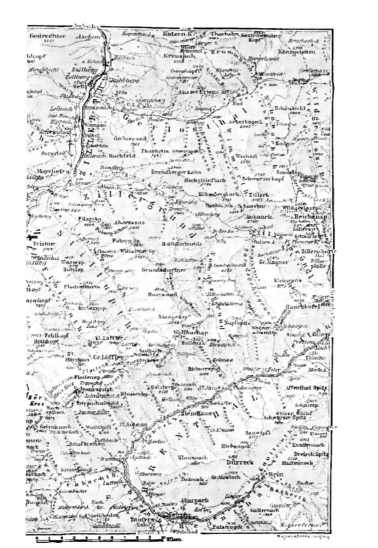

24km Zell am Ziller. — Gasth.: Zum Bräu, mit Lesezimmer und Garten, 60 B. zu 1.20-3, P. 5-6 K, Zum Welschen, Schneeberger, Neuwirt, Tuscher, Engel, Waldheim, Tirolerheim, am r. Ufer; Post bei *Strasser*, 40 B. zu 1.20-3, P. 5-7 K, Daviter, mit Garten, am l. Ufer, alle ganz gut. — Bäder bei *Dengg, Weindl* und *Hofer*.

Zell am Ziller (575m), Dorf mit 1235 Einw., als Sommerfrische besucht, liegt zum größeren Teil auf dem r. Ufer des Ziller. Ö. der Hainzenberg mit der Maria-Rast-Kapelle und die mauerähnlich aufragende Gerloswand; südl. die stumpfe Pyramide des Tristner und die Schneefelder des Ingent (S. 242).

Ausflüge (Führer Franz Schönherr, Stanislaus Thaurer, Joh. Schwendberger). Am l. Ufer (10 Min.) die hübsche *Erzherzog Eugen - Waldpromenade*; am r. Ufer hinter Gasth. Bräu beginnend die *Troger-Promenade*. — MW. von der Post w. hinan nach (³/₄ St.) **Klöpfelstaudach** (760m), Bauernhof auf einem Vorsprung des *Zellbergs*, mit herrlicher Aussicht. — Auf dem r. Ufer ¼ St. s.ö. am Fuß des Hainzenberges ein kleines Goldbergwerk. MW. von hier an der „Hohen Mur" (Wasserfall) vorbei durch die wilde *Gerlosklamm* zum (2½ St.) *Erzherzog Ferdinand Karl-Wasserfall* (½ St. vor dem Fall führt r. hinan ein Weg zum Ötschen-Whs., s. unten). — **Gerloswand** (2166m), MW. über *Hainzenberg* und die *Gerlosstein-A.* in 4½-5 St. (F. 8 K), nicht schwierig, lohnend. — **Marchkopf** (2500m), von Zell w. auf rot MW. über den *Zellberg* und die *Hirschbichl-A.* 5½ St. m. F., lohnend; prächtige Aussicht.

Östl. von Zell öffnet sich das **Gerlostal**, durch das ein viel begangener Saumweg in den Pinzgau führt (bis Gerlos 4½ St., von Gerlos über die Platte nach Krimml 4, über den Plattenkogel 5 St.; F. entbehrlich, von Zell über die Platte bis Krimml 11, über den Plattenkogel 12 K). Von Zell s.ö. zum (15 Min.) Fuß des *Hainzenbergs*, dann r. steil hinan (schlechtes Steinpflaster) an der (20 Min.) Kapelle *Maria-Rast* (707m; Whs.) vorbei zum (30 Min.) Dorf *Hainzenberg*, wo r. der bessere Weg von Mayrhofen heraufkommt (s. S. 236), und zum (35 Min.) *Ötschen-Whs.* (1081m), mit Aussicht über das untere Zillertal bis zum Sonnwendgebirge (S. 220). Weiter meist durch Wald, viel bergauf und ab, l. in der Tiefe der Gerlosbach; 15 Min. *Marteck* (zwei Häuser); 10 Min. über den *Schönbergbach* (1119m), unterhalb tiefe Schlucht; 30 Min. über den *Zaberbach*, in wüster Geröllschlucht; 20 Min. über den *Weißbach*; 10 Min. (3 St. von Zell) über die *Schwarzach*, beim *Gasth. zur Kühlen Rast* (r. Weg zum Brandberger Joch, S. 236); 20 Min. über den *Wimmerbach* und gleich darauf über den Gerlosbach zum (5 Min.) Dorf *Gmünd* (1182m; Kammerlanders Gasth. zum Kröller, 25 B. zu 60-120 h, gelobt). Nun in breiterem Tal, noch zweimal über den Gerlosbach, dann über den *Riederbach* nach dem (45 Min.) langgestreckten Dorf **Gerlos** (1241m; Gasth.: Alpenrose, B. 80-120 h; Stöckl; Kammerlander, 25 B. zu 60-120 h, gut).

Ausflüge (Führer Johann Kriegler). Ins Schönachtal zur (1½ St.) *Iß-Aste* (1466m), mit schönem Blick auf den Talschluß (Schönachkees, Zillerkopf usw.). — Von der *Ebenfeld-Aste* (1876m), 1¾ St. n., schöner Blick auf die Reichenspitzgruppe. — **Torhelm** (2495m), n. von Gerlos 3½-4 St. m. F., nicht schwierig: im *Krummbachtal* hinan bis zum Talende (*Wilde Krimml*), dann r. zur *Hämmererscharte* (S. 234) und von W.

hinan; treffliche Übersicht der Zillertaler. — **Kreuzjoch** (2508m), MW. durch das *Riedertal* in 3½-4 St., lohnend (s. S. 234).

Von Gerlos nach Mayrhofen, 5 St.; MW., im Dorf *Hainzenberg* (S. 235) l. hinab, über *Ramsau* und *Hollenzen*. Lohnender über das **Brandberger Joch** (7 St., MW., F. 10 K, entbehrlich). Beim (1 St.) *Gasth. zur Kühlen Rast* (S. 235) l. hinan durch das *Schwarzachtal* zur *Untern* und (1¼ St.) *Obern Schwarzach-A.* (1651m) und zum (1³/₄ St.) **Brandberger Joch** (2310m), zwischen Brandberger Kolm und Torhelm, mit schöner Aussicht; steil hinab durchs *Brandberger Kar* nach *Brandberg* (S. 238) und (3 St.) *Mayrhofen* (S. 237). — Vom Joch auf den **Brandberger Kolm** (2700m), mit vorzüglichem Überblick der Zillertaler, 1½ St. für Geübte nicht schwierig (F. 2 K mehr).

Weiter an der Mündung des *Schönachtals* vorbei, über den *Krummbach* (1266m), dann durch Wald hinan zum (1 St.) *Durlasboden* (1403m), mit Blick auf die Pinzgauer Platte, und geradeaus über Wiesen zum (20 Min.) Wegweiser zur Zittauer Hütte. Das Gerlostal wendet sich hier nach S. *(Wildgerlostal)*, im Hintergrund Hohe Gabel, Reichenspitze und Wildgerlosspitze.

Ins **Wildgerlostal**, bei dem oben gen. Wegweiser r. auf von der S. Warnsdorf hergestelltem Saumwege erst eben über die *Finkau* und *Trissel-A.*, dann in Windungen hinan in 4 St. (5¼ St. von Gerlos; F. 7, von Zell 12, bei Anschluß von Bergtouren 10 K) zur **Zittauer Hütte** der AVS. Warnsdorf (2330m; *Wirtsch., 10 B. zu 4, AVM. 2, u. 8 Matr. zu 1.60 bzw. 80 h; Wirt der Führer A. Ritsch), in herrlicher Lage am *Untern Gerlossee* (2319m; Kahnfahrt), von wo (für Geübte) *Trisselkopf* (3078m; 2½ St.; F. ab Hütte 10 K), *Roßkopf* (2845m; 1½ St., F. 5 K, leicht), *Mandlkarkopf* (2873m; 2 St.; F. 7 K), *Gabelkopf* (3267m; 3-3½ St., F. 9 K), *Reichenspitze* (3305m; 4 St.; F. 12, mit Abstieg zur Richterhütte 14, zur Plauener Hütte 16 K) und *Wildgerlosspitze* (3282m; 4-4½ St.; F. 15 K) zu ersteigen sind (die beiden letzten nicht schwierig). — Über die *Rainbachscharte* (2733m) zum (3½ St.) *Krimmler Tauernhaus*, oder über die *Roßkarscharte* (2692m) zur (3 St.) *Richterhütte*, beide leicht und lohnend (MW.; s. S. 191, 192). — Von der Trissel-A. zum *Mitterplatten-Gasth.* über *Wildkar-A.*, mangelhafter Steig (besser talauswärts über den Durlasboden; s. oben u. S. 191).

Weiter zur linken Ecke des vom Plattenkogel kommenden Wäldchens, wo versteckt die (10 Min.) Brücke über den *Hollenzer Bach* (Grenze zwischen Tirol und Salzburg); 7 Min. weiter Wegteilung: l. nach Ronach und Wald, r. zur Zittauer Hütte, geradeaus zur Platte. Der direkte Weg in den Pinzgau wendet sich hier l. am Bach hinan, überschreitet ihn zweimal und erreicht scharf nach N. umbiegend das flache Joch, den (³/₄ St.) **Gerlospaß** oder die *Pinzgauer Höhe* (1486m). Hinab über (½ St.) *Ronach* (1380m; einf. Whs.) und (³/₄ St.) *Waldberg* (1170m) nach (³/₄ St.) *Wald* (S. 189).

Vorzuziehen ist der Reitweg nach **Krimml** direkt über die **Pinzgauer Platte** (4 St.; MW., F. entbehrlich). Bei der (½ St. vom Durlasboden) Wegteilung (s. oben) am NW.-Abhang des Plattenkogels hinan, dann l. zu (³/₄ St.) **Waltls Gasth.* auf der *Mitterplatten-A.* (1695m; 24 B. zu 1-2, P. 5-6 K; MW. in 6 Min. zur *Reichenspitz-Ansicht*). Weiter an der (½ St.) *Leitner-A.* (1698m) vorbei zur (10 Min.) *Filzstein-A.* (1641m; Wirtsch.) auf der *Vorderplatte;* gleich darauf öffnet sich der ***Blick** auf den Pinzgau und ins Krimmler Tal mit den Wasserfällen. Nun r. durch Wald im Zickzack hinab nach (1 St.) *Krimml* (S. 189).

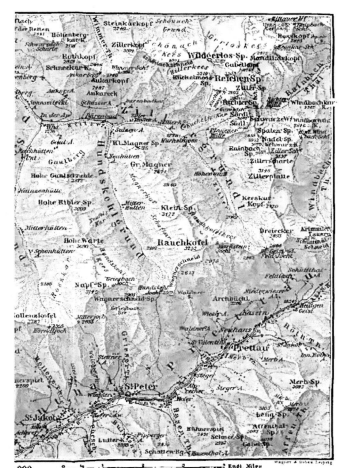

Noch lohnender ist bei gutem Wetter der 1 St. weitere Weg über den *Plattenkogel* (rote MW., F. entbehrlich). Beim (2¼ St.) *Mitterplatten-Gasth.* (S. 236) r. bergan, in s.ö. Richtung auf die Kuppe los, an (40 Min.) drei Sennhütten (Handweiser) vorbei zum (20 Min.) *Plattenkogel (2040m), mit herrlichem Blick über den Pinzgau, s.ö. Dreiherrnspitze, s.w. Reichenspitze und Gerloskees, tief unten Krimml mit den Wasserfällen. Hinab beim *Schwarzenberg-Denkmal* vorbei, am Bergrande entlang in n.ö. Richtung durch ein Gatter bei den *Handlhütten*, dann r. hinab, oder besser geradeaus (MW.) hinab zur Filzstein-A. (S. 236) und nach (1½ St.) Krimml.

Die Bahn nach Mayrhofen führt am r. Ufer des Ziller aufwärts, mit Aussicht r. auf Penkenberg, Grünberg und Tristner. 28km *Ramsberg-Hippach;* 10 Min. w. am l. Ufer das Dorf *Hippach* (Christlwirt; Post; Zenzer; Leitner). — 29km *Bühel* (Bergers Gasth.). 32km **Mayrhofen.** — Gasth.: *Neuhaus bei *Moigg*, 60 Z. zu 1.20-2.50, P. 6-10 K; *Stern bei *Wildauer*, 70 B. zu 1.40-2, P. 5-7 K; Alte Post bei *Dengg*, 52 B. zu 1.20-2.40, P. 6-7 K, gelobt; Bruggers Bad-Hot., 5 Min. n. vom Bahnhof, am l. Ufer des Ziller, 52 B. zu 1.20-2, P. 5-7 K; Rose *(Simon Kröll)*; Zum Kramer *(Franz Kröll)*, 36 B. zu 1-1.20 K, gut; Bichlwirt; Geislers Gasth. in *Straß*, 10 Min. oberhalb Mayrhofen (S. 241), 40 B. zu 1.60 K; 10 Min. weiter in *Haus* Gasth. zur Stillupklamm, 40 B. zu 1-1.40, P. 5 K, Omnibus 60 h, gelobt. — PTF.

Mayrhofen (630m), Dorf mit 1300 Einw., Endpunkt der Zillertalbahn, als Sommerfrische viel besucht, liegt reizend auf grünem Plan in einem Kranz hoher Berge (Ahornspitze, Filzenberg, Tristner, Grünberg). Das Zillertal teilt sich hier in vier Äste („Gründe"): ö. Zillergrund, s.ö. Stillup, s.w. Zemmtal, w. Tuxertal. — AVS. Zillertal.

Ausflüge. — Führer: Georg Kröll, Josef Danner, Ludwig Fankhauser, Josef Wechselberger, Andrä und Simon Wegscheider, Johann und Alex. Lechner in Mayrhofen, Andrä Pfister, Franz Mitterer, Johann Dengg, Jos. Erler, Andr. Hotter in Finkenberg; vgl. S. 241, 243. Tarif: nach Ginzling (3 St.) 4, Roßhag (4 St.) 5, Breitlahner (5 St.) 6, Berlinerhütte (8 St.) 10, Dominikushütte (7 St.) 9, Olpererhütte (10 St.) 12, Rifflerhütte (7 St.) 9, Greizerhütte (7½ St.) 9, Plauenerhütte (8 St.) 10 K.

Lohnender Ausflug auf dem bequemen *Mariensteig* von Bruggers Hot. am l. Ufer des Ziller durch Wald hinan nach (1¾ St.) **Astegg** (1174m; *Eberl's Gasth.), mit schöner Aussicht auf die vier Gründe und die Gebirgskette von der Gerloswand bis zum Grünberg (zwischen Ahornspitze und Tristner der Gr. Löffler, zwischen Ingent und Grünberg Kl. u. Gr. Greiner); hinab auf steinigem Fußsteig, aber mit hübschen Ausblicken, über *Finkenberg* (S. 240), 2 St. bis Mayrhofen. Der *Penkenberg (2095m), mit herrlicher Aussicht, ist von Astegg über die *Mösing-A.* (Erfr.) in 2¾ St. zu ersteigen (MW., F. entbehrlich).

Stillupklamm, lohnend (hin und zurück 2 St., bis zum Lackner-Whs. und zurück 3 St.): hinter dem (20 Min.) Gasth. zur Stillupklamm (S. 239) beim Handweiser l. ab, neuer Felsenweg am r. Ufer des Stillupbachs aufwärts, an schönen Wasserfällen vorbei zum (¾ St.) *Wassersteg* (915m), wo der alte Stillupweg einmündet, auf dem man zurückkehrt (s. S. 239).

***Ahornspitze** (2971m), 6-6½ St. (F. 12 K, für Geübte entbehrlich), nicht schwierig: gleich jenseit der (10 Min.) Zillerbrücke (S. 241) l. auf rot MW. in Windungen meist durch Wald zum (2 St.) Whs. Alpenrose auf der *untern Fellenberg-A.* (1400m) und zur (2½ St.) *Edelhütte* der AVS. Würzburg (2238m; Wirtsch., 24 B. zu 3, AVM. 1.50, und 7 Matr. zu 1.60 bzw. 80 h) im *Fellenbergkar*, dann in 2 St. zum Gipfel, mit großartiger und malerischer Aussicht (Panorama in der Edelhütte, 1.20 K). — Abstieg von der Edelhütte auf AV.-Steig zur (1 St.) *Filzen-A.* (1906m), mit Aussicht auf die Gletscher des Stillupgrundes, dann s.w. über die *Kretzlberg-A.* (1599m) gut MW. in 1¹/₂ St. ins Stilluptal, 10 Min. oberhalb des Gasth. Lackneraste (S. 239).

Durch den **Zillergrund**, dem der *Ziller* entströmt, führen verschiedene Übergänge ins Ahrntal; der am meisten begangene über das *Heiliggeistjöchl* (13 St. von Mayrhofen bis Kasern; F. 16 *K*, entbehrlich). Von Mayrhofen Waldweg l. hinan (neuer Weg am Bach entlang wird gebaut) nach (1¹/₂ St.) **Brandberg** (1092m; Tanner), malerisch gelegenes Dörfchen (über das Brandbergerjoch nach Gerlos s. S. 236); dann am r. Ufer des Ziller nach (1¹/₂ St.) *Häusling* (1051m; Kröll, einf.) und an der *Höhenberg-A.* vorbei zum (1¹/₂ St.) *Whs. in der Au* (1276m; 14 B. zu 1-2 *K*, gelobt).

Grundschartner (3066m), von der Au (Führer Josef Bliem) über die *Kainzenhütten* (s. unten) und das *Kainzenkees* 6 St. mit F. (ab Mayrhofen 18 *K*), für Geübte nicht schwierig; großartige Aussicht. Abstieg w. zur (2¹/₂ St.) *Birberg-Aste* (S. 239).

Durch den bei der Au südl. mündenden *Sondergrund* führt der Weg zum *Hörndljoch* (12¹/₂ St. von Mayrhofen bis St. Jakob; rote WM., F. 16 *K*, für Ungeübte angenehm) einförmig hinan, an den *Kainzenhütten* (1564m), *Mitterhütten* (1717m) und *Schönhütten* (1778m) vorbei, zuletzt mühsam über Geröll zum (5 St.) **Hörndljoch** (2555m), mit Aussicht auf Rieserferner, Rötspitze usw.; hinab durch das *Hollenztal*, zuletzt durch Wald, nach (2¹/₂-3 St.) *St. Jakob* im Ahrntal (S. 476). — Statt über das Hörndljoch nach St. Jakob, kann man in der gleichen Zeit über das **Mitterjoch** (2635m) nach *St. Peter* im Ahrntal gehen (F. ratsam).

Im Zillergrund folgt (³/₄ St.) die *Bärenbad-A.* (1433m; *Wegscheiders Whs., der Wirt guter Führer), wo das Tal sich gabelt: r. der Hundskehlgrund, l. (geradefort) das Zillergründl.

Durch den *Hundskehlgrund* (12¹/₂-13 St. von Mayrhofen bis St. Peter, F. 16 *K*, für Ungeübte ratsam) führt ein viel begangner Weg r. hinan über die *Sulzen-A.*, *Neuhütten* und *Mitterhütten*, an drei kleinen Seen vorbei, zuletzt über Geröll zum (4 St.) **Hundskehljoch** (2561m), mit Aussicht auf Rieserferner usw.; hinab nach (3 St.) *St. Peter* im Ahrntal (S. 476).

Aus dem Hundskohlgrund auf den **Rauchkofel** (3252m), beim ersten See (2102m; 2³/₄ St. von der Bärenbad-A.) l. hinan durch das Geröllkar an der W.-Seite in 3 St. m. F. (von Mayrhofen 15 *K*), mühsam aber lohnend; Abstieg zum *Heiligengeistjöchl* (S. 239), oder zum *Waldnersee* und nach *St. Valentin* (S. 476). — **Napfspitze** (3145m), vom ersten See r. hinan über den *Hundskehlgletscher* in 3 St. (F. 15, bis St. Peter 22 *K*), für Geübte nicht schwierig, lohnend.

Im *Zillergründl* steigt der Weg von der Bärenbad-Alp (s. oben) am r. Ufer steiler bergan, an der *Zillerplatten-A.* (1681m) und (1 St.) *Zillerhütten-A.* (1722m) vorbei zur (20 Min.) *Kuchelmoos-A.* (1778m); hier l. hinan AVW. zur (1¹/₄ St.; 8 St. von Mayrhofen) **Plauener Hütte** im *Kuchelmooskar* (2300m; Wirtsch., 20 B. zu 4, AVM. 2 u. 1.60, und 8 Matr. zu 1.20 bzw. 60 *h*), in großartiger Lage.

BERGTOUREN (Tarif von der Plauener Hütte; von Mayrhofen zur Plauener Hütte F. 12, bei Anschluß von Bergtouren 10 *K*). *Reichenspitze* (3305m), über das zerklüftete *Kuchelmooskees* in 4 St. (F. 10 *K*; vgl. S. 192, 236), *Kuchelmoosspitze* (3219m; 3¹/₂ St., F. 9 *K*), *Wildgerlosspitze* (3282m; 4¹/₂ St., F. 10 *K*), *Zillerplattenspitze* (3146m; 3¹/₂ St., MW., F. 10 *K*); *Zillerschartenspitze* (3137m; 3¹/₂ St., F. 10 *K*); *Schwarzkopf* (3070m; 3¹/₂-4 St., F. 12 *K*), die drei letzten mit Abstieg zur Richterhütte 2 *K* mehr. Vgl. S. 192. —

Zillertal. STILLUP. *K. S. 236. — III. R. 44.* 239

Über die *Gamsscharte* (2930m) zur (4 St.) *Richterhütte* s. S. 192 (F. 7 *K*, ratsam); vom Joch auf die *Richterspitze* (3064m) ¹/₂ St., F. 2 *K* mehr (vgl. S. 192). — Über die *Zillerplatte* (2840m) zur *Neu-Gersdorfer Hütte* am Krimmler Tauern (S. 193), MW. der S. Plauen in 5 St. (bei Neuschnee oder Nebel F. angenehm), lohnend. — Von Kasern über Plauener Hütte, Gamsscharte, Richterhütte, Tauernhaus nach Krimml 13-14 St., sehr zu empfehlen (s. S. 191, 477).

Von der Plauener Hütte AV.-Weg an den ö. Hängen des Zillergründls in allmählicher Steigung, zuletzt schärfer bergan zum (2¹/₂ St.) **Heiliggeist-** oder **Feldjöchl** (2658m), mit Aussicht auf Dreiherrenspitze, Rötspitze usw.; steil hinab nach (2¹/₂ St.) *Kasern* (S. 476), oder l. abzweigend auf neuem MW. (aussichtreich und lohnend) zur (1 St.) *Neu-Gersdorfer Hütte* (S. 193).

Kürzer, aber weit beschwerlicher ist der Weg von der Kuchelmoos-A. (S. 238) durch das Zillergründl an der *Höhenau-A.* (1870m) vorbei, über Geröll und Felsblöcke zum (3 St.) Heiliggeistjöchl.

Das **Stilluptal** zieht sich von Mayrhofen zwischen l. Ahornspitze, r. Tristner s.ö. ca. 7 St. lang zum Zillertaler Hauptkamm hinan. Bis zu Moiggs Whs. lohnender Ausflug (3¹/₂ St.; F. 4 *K*, unnötig). Hinter dem (20 Min.) Gasth. zur Stillupklamm (S. 237) l. auf neuem Felsenweg durch die *Stillupklamm* (S. 237) hinan, beim (³/₄ St.) *Wassersteg* (915m) auf den alten Stillupweg und durch die enge Schlucht hinaus zum (¹/₂ St.) Gasth. *Lackneraste* (1040m), am Beginn der obern Talstufe. Weiter über Wiesen am l. Ufer, beim (¹/₂ St.) Hdw. über die Brücke aufs r. Ufer zur *Eberl-A.* und zum (1 St.) *Vinzenz-Jagdhaus* (1094m); ¹/₄ St. weiter *Moiggs Stilluphaus* (1200m; Wirtsch., 10 B.), mit schönem Blick auf den Talschluß. Von hier auf die *Ahornspitze* (6 St.) s. S. 238. — Nun an der *Birberg-Aste* (1267m) vorbei (auf den *Grundschartner*, 4 St., s. S. 238) zur (2 St.) *Taxach-A.* (1413m), mit Jägerhaus, und der (1 St.) obersten *Stapfen-A.* (1666m), in felsumschlossenem Talkessel.

Stangenspitze (3240m; 5 St.) und *Wollbachspitze* (3201m; 5 St.) sind von hier für Geübte zu ersteigen (F. je 18 *K*). — Übergänge ins Ahrntal (wenig begangen): von der Stapfen-A. nach *Steinhaus* (S. 476) über das *Stillupkees* und das **Keilbachjoch** (2868m), zwischen Grüner Wand und Gfallenspitze, 7-8 St., beschwerlich (F. von Mayrhofen 18 *K*). Über das **Frankbachjoch** (2755m), zwischen Gr. Löffler und Keilbachspitze, hinab über das *Frankbachkees*, 8 St., schöne Gletschertour, aber schwierig (F. 19 *K*). Vom Joch ö. auf die *Keilbachspitze* (3096m) 1¹/₂ St., w. auf den *Gr. Löffler* (3382m) 2¹/₂ St., beide schwierig (s. S. 244, 476). — Von der Taxachhütte über die **Lapenscharte** (2707m) zur *Greizer Hütte* (S. 242) 5¹/₂ St. mit F., nur für Geübte (Besteigung des *Gigelitz damit zu verbinden, s. S. 242).

Durch das am meisten bevölkerte **Tuxer Tal** geht w. ein viel begangener Weg (Fahrweg wird gebaut) nach (11¹/₂ St.) *St. Jodok* an der Brennerbahn (S. 294; bis Hintertux 5¹/₂ St., Gepäckbeförderung vom Gasth. Stern in Mayrhofen im Sommer tägl. 12¹/₂ Uhr mittags durch Maulesel in 7 St., das kg 10 *h*). Auf dem S. 241 gen. *Untern* oder *Gstein-Steg* (30 Min. von Mayrhofen) über den *Zemmbach*, dann hinan nach ($^3/_4$ St.) **Finkenberg** (839m; Eberl, Neuwirt, einf.) und an den Hütten von *Persal* vorbei (Hausers Whs.; über die Teufelsbrücke und Großdornau zum Whs. Jochberg s. unten) hoch am Abhang hin, mit Rückblick auf Ahornspitze usw.; hinter ($^3/_4$ St.) *Innerberg* (1049m; Krapfenwirt, einf.) auf das r. Ufer des Tuxer Bachs, dann durch Wald, kurz vor ($1^1/_4$ St.) *Vorder-Lanersbach* (1256m; Kapellenwirt, gut) wieder aufs l. Ufer.

$^1/_2$ St. **Lanersbach** oder *Vordertux* (1290 m; Stockwirt Brückenwirt, Jägerwirt, alle einf.). PF.

AUSFLÜGE. **Grünberg** (2867m), über das *Kreuzjoch* in 5 St. (F. 12, mit Abstieg nach Ginzling 15 K), für Geübte nicht schwierig, lohnend. — *Rastkogel (2760m), von Vorder-Lanersbach über die *Lämmerbichl-A.* $4^1/_2$ St. mit F. (8 K), nicht schwierig; vorzügliche Aussicht auf die Zillertaler. — Über das *Geiseljoch* oder *Junsjoch* nach *Schwaz* s. S. 223.

Der *Dornauberg* (s. S. 241) läßt sich durch einen Mehraufwand von $1^1/_2$ St. mit dem Tuxer Tal verbinden, wenn man dem S. 241 beschriebenen Wege bis zum Karlsteg ($1^3/_4$ St. von Mayrhofen) folgt und nun zurück an der w. Bergwand den *Schumannweg* hinansteigt (s. S. 241), auf der ($1^1/_4$ St.) *Persalbrücke* (*Teufelsbrücke*, 885m) über den Tuxer Bach; jenseits das Gasth. zur Persalbrücke bei Simon Hauser (s. oben). Auch vom Gasth. Jochberg, $^1/_2$ St. vor dem Karlsteg (S. 241), führt ein neuer Weg über *Großdornau* zur Teufelsbrücke.

Hinter Lanersbach zweimal über den Bach, dann am l. Ufer über *Junsberg* und *Madseit*, mit Aussicht auf Olperer, Gefrorne Wand und Kasererspitzen, zuletzt über eine Waldhöhe nach (2 St.) **Hintertux** (1494m; Kirchlers Gasth., 63 B. zu 1-1.60 K, im Hochsommer oft überfüllt, mit Bad (indifferente Therme von 22°C.; Schwimmbad, Wannenbäder einfach); Z. bei Führer Tipotsch und in andern Privathäusern). F.

Interessant (am l. Bachufer hinan) der Besuch der drei **Tuxer Fälle**, die donnernd in tiefe Felskessel hinabstürzen, mit natürlichen Felsbrücken darüber, $^3/_4$ St. bis zum obersten Fall ("Schraubenfall"). — Einen Überblick der Gletscher erlangt man erst, wenn man auf dem Tuxerjochwege bis zum Walde ($^1/_2$ St.) oder besser bis zum ($1^1/_4$ St.) Handweiser (S. 241) hinansteigt; hier l. zur (10 Min.) **Sommerberg-** oder **Kaser-Alp** (1968m), mit prachtvollem Blick auf die Gefrorne Wand und reicher Flora. Schöner noch ist die Aussicht von der *Frauenwand (2540m), $^3/_4$ St. s. vom Tuxerjoch (S. 241; $3^1/_2$ St. von Hintertux; F. 6 K, entbehrlich).

BERGTOUREN (Führer Sim. und Jos. Tipotsch). Vom obersten Tuxer Fall (s. oben), oder vom Wege zum Tuxerjoch l. ab über den Sommerberg-A. führt ein guter MW. zum ($3^1/_2$ St.) **Spannagelhaus** des ÖTK. (2533m; Wirtsch., 14 B. zu 3, Mitgl. des ÖTK. 1.50, und 16 Matr. zu 1.60 bzw. 80 h; Eintr. 40 h), in prächtiger Lage am Rande des *Gefrornen Wand*, von wo *Kleine Kasererspitze* (3094m; F. 9 K) in $2^1/_2$ St., *Große Kasererspitze* (3270m; F. 10 K) in 3 St., *Gefrornewandspitzen* (nördl. oder große 3291m, leicht, südl. 3275m, mühsam) in 3-$3^1/_2$ St. (F. 12 K), *Riffler* (3245m) in $3^1/_2$ St. (F. 10, bis Roßhag 15 K), *Olperer* (3480m) in 4 St. (schwierig, F. 15, bis zur Dominikushütte 18 K) zu ersteigen sind (vgl. S. 243, 245). Rot MW. über die Moräne der Gefrornen Wand zum (2 St.) Tuxer Joch (S. 241).

Von Hintertux über die **Rifflerscharte** (2881m) und das *Federbettkees* zur (6 St.) *Rifflerhütte* und nach (2 St.) *Roßhag* (S. 242; F. 12 K), lohnend. Damit leicht zu verbinden die Besteigung des *Riffler* (s. S. 243; von der Rifflerscharte über das Federbettkees $1^1/_2$ St.) und der *Realspitze* (3043m), vom Federbettkees 1 St. (F. je 3 K mehr). — Vom Spannagelhaus über die *Riepenscharte* (3092m) zur *Dominikushütte* (5 St., F. von Hintertux 12 K) s. S. 245.

Von Hintertux steigt der Saumweg (rot bez., F. entbehrlich, bis Kasern 6, St. Jodok 8 *K*) am *Kaiserbrunn* vorbei bis zur ($^3/_4$ St.) Brücke über den *Weitenbach*, jenseits l. zum ($^1/_2$ St.) Handweiser, wo l. der Weg zur Sommerberg-A. und dem Spannagelhaus abzweigt (s. S. 240); hier r. (geradeaus) hinan zum ($1^1/_4$ St.) Kreuz (2308m) auf dem Sattel gegen das öde *Weitental*, das in großem Bogen ö. nach Hintertux zurückführt. Nun scharf l. an *Hotters Touristengasth.* (13 B.) vorbei zum (10 Min.) **Tuxer** oder **Schmirner Joch** (2340m); Aussicht beschränkt (von hier auf die *Frauenwand* $^3/_4$ St., s. S. 240). Hinab zur Ochsenhütte (Quelle), dann r. an steilem, felsigen Abhang in vielen Windungen ins (1 St.) **Schmirner Tal** (1742m), nach ($^1/_2$ St.) *Kasern* (1628m; Zingerle) und ($^3/_4$ St.) *Inner-Schmirn* (1449m), an der Mündung des *Wildlahnertals*, aus dem der Olperer hervorblickt (blau MW. zur *Geraer Hütte*, s. S. 295). Dann über ($^1/_2$ St.) *Außer-Schmirn* (1422m; Eller; Fischer) zur ($1^1/_4$ St.) HS. *St. Jodok* (S. 294).

Das **Zemmtal** teilt sich bei Breitlahner (5 St. von Mayrhofen, s. S. 243) in l. (s.ö.) Zemmgrund (nach dem Ahrntal), r. (w.) Zamser Tal (über Pfitscherjoch nach Sterzing). Besuch sehr lohnend, F. unnötig. Hinter Mairhofen bei (10 Min.) *Straß* (Geislers Gasth.) über den *Ziller* (l. rot MW. zur Edelhütte, S. 237; r. zum Granatenhändler *Kreidl* mit reicher Sammlung); dann jenseit des Weilers *Haus* beim (10 Min.) *Gasth. zur Stillupklamm* (S. 239) über den *Stillupbach*; nach 100 Schritten den Saumweg l. (r. über den *Untern Steg* nach Finkenberg, S. 240) zum (15 Min.) *Hochsteg* (660m), 15m über dem aus wilder Schlucht hervorstürzenden *Zemmbach* (jenseits das *Gasth. Hochsteg*, 32 B. zu 1.20-2, P. von 5 *K* an). Dann am l. Ufer bergan über die Matten von *Lindtal*, am (15 Min.) *Whs. zur Linde* vorbei in die *Dornaubergklamm, zu beiden Seiten fichtenbewachsene Felswände, unten der brausende Zemmbach mit zahllosen Fällen. Schönster Blick in die Klamm von einem Vorsprung beim (15 Min.) *Gasth. Jochberg* (gelobt; nach Finkenberg s. S. 240). Nach 30 Min. über den *Karlsteg* (860m) aufs r. Ufer (r. der „Schumannweg" nach Finkenberg, S. 240); vorn erscheint das Eiskar des Ingent (S. 242). 15 Min. *Whs. zum Karlsteg* (bleibt am l. Ufer); 40 Min. *Gasth. Schliffstein* (Franz Hörhager; 20 Min. (3 St. von Mayrhofen) **Ginzling** oder **Dornauberg** (999m; Krölls Gasth., 40 B. zu 1.20 *K*, mit Bädern, gut; Tipotschs Gasth. Neu-Ginzling, 30 B. zu 1-1.40 *K*), an der Mündung des *Floitentals* hübsch gelegen. F.

Ausflüge. — Führer: Siegfried Schneeberger, Josef Rauch, David Fankhauser sen. u. jun., Joh. u. Jos. Fankhauser, Franz und Georg Hauser, Alfons Hörhager (Wirt im Fürtschagelhaus), Josef Kröll, Wilhelm Kröll (Wirt in der Greizer Hütte), Franz Lechner, Jak. u. Andrä Pfister, Stefan Schneeberger. — Tarif: zur Rifflerhütte 5, Greizerhütte 8, Berlinerhütte 8, Dominicushütte 5, Olpererhütte 9 *K*.

*Tristner (Tristenspitze, 2763m) von Ginzling 5-5$^1/_2$ St. (F. 9, mit Abstieg in die Stillup 11 *K*), nicht schwierig: n.ö. steil bergan zum schön gelegenen (2½ St.) Jägerhaus *Wandeck* (1802m), dann 2½ St. steilen Steigens zum Gipfel, mit prächtiger Aussicht.

S.ö. öffnet sich das malerische *Floitental* (bis zur Greizer Hütte 4½ St.; F. 8 *K*, entbehrlich). Reitweg (rot mark.), hinter Tipotschs Gasth. l. hinauf über den Bach oder hinter Krölls Gasth. am l. Ufer des Bachs hinan über die (¾ St.) *Höhenberg-A.* (1188m; kurz vorher öffnet sich der Blick auf das Floitenkees) zur (¼ St.) *Sulzen-A.* (1300m); bald darauf auf das r. Ufer zum (25 Min.) *Gasth. Steinbock* bei Jos. Egger (8 B. zu 1.20-2 *K*, gelobt), in schöner Lage am Fuß der *Drei Könige* (2725m). 5 Min. *Bockach-A.* (1403m); ¾ St. *Baumgarten-A.* (1520m); dann auf gutem Steig l. hinan zur (2 St.) Greizer Hütte (2203m; Wirtsch., 14 B. zu 3.60, AVM. 1.80, und 7 Matr. zu 2 bzw. 1 *K*), in prächtiger Lage am *Griesfeld*, mit vollem Überblick des zerklüfteten Floitengletschers, umgeben von Löffler, Floitenspitze und Mörchner.

BERGTOUREN (Tarif von der Greizer Hütte). *Gr. Löffler (3382m), über das spaltenreiche *Floitenkees* und den SW.-Grat in 4-5 St., beschwerlich, nur für Geübte (F. 13, mit Abstieg zur Berliner Hütte 16, Schwarzensteinhütte 15 *K*); s. S. 244. Großartige Rundsicht. — *Gigelitz (3062m), 3 St. (F. 9 *K*), auf dem Wege zur *Lapenscharte* (S. 239) 1¼ St. hinan, dann l. über Fels u. Geröll zum (1¾ St.) Gipfel, ziemlich mühsam; herrliche Aussicht. Steiler Abstieg durchs *Lapenkar* in die Stillup (S. 239). — *Schwarzenstein (3370m), über das *Floitenkees* und den *Trippachsattel* in 4-4½ St. (F. zur Schwarzensteinhütte 12, zur Berliner Hütte 14 *K*), beschwerlich (leichter von der Berliner Hütte, s. S. 244, 475). — *Lapenspitze* (2997m; 2½ St., leicht), *Kl. Löffler* (3009m; 3 St.; schwierig), *Floitenspitze* (3158m; 3½ St.; F. 10 *K*, beschwerlich) und *Gr. Mörchner* (3287m; 4 St.; F. 12 *K*, schwierig) können gleichfalls von der Greizer Hütte erstiegen werden. — Über den Trippachsattel (3054m) zur *Schwarzensteinhütte* (3½ St., F. 10 *K*) und nach *Taufers* (8½ St., F. 16 *K*), schöne Gletscherwanderung, aber etwas beschwerlich (Besteigung des *Schwarzensteins* leicht damit zu verbinden, s. oben, S. 244 u. 475). — Über die Mörchnerscharte (2887m), zwischen Kleinem Mörchner und Feldkopf, zur *Berliner Hütte* 6-7 St. m. F. (11 *K*), für Geübte nicht schwierig (früh aufbrechen wegen Steinschlags), lohnend; die Besteigung des *Feldkopfs* (s. unten) für gute Kletterer damit zu verbinden (von der Greizer Hütte ca. 5½ St.; F. 15 *K*); s. S. 244.

In die Gunkel, von Ginzling bis zur Maxhütte 1¾ St. (F. 2 *K*, entbehrlich). MW. am r. Ufer des Zemmbachs aufwärts, nach ¼ St. l. ab durch Wald hinan zum (1½ St.) Jägerhaus *Maxhütte* (1486m), mit schönem Blick auf den Talschluß (Feldkopf, Rotkopf, Ochsner usw.). Von hier beschwerlicher aber lohnender Übergang über die *Gunkelplatte* und die Melkerscharte (2906m) zwischen Feldkopf und Rotkopf zum *Schwarzen See* und der (6½-7 St., F. von Ginzling 10 *K*) *Berliner Hütte* (S. 243; besser in umgekehrter Richtung). — Gr. Ingent (2918m), von der Maxhütte durch das *Gunkelkar* in 4½ St. (F. 10 *K*), mühsam aber lohnend. — Feldkopf (*Zsigmondyspitze*, 3085m), über die Melkerscharte (s. oben) 4½-5 St. (F. 13, bis zur Berliner Hütte 15 *K*), sehr schwierig (1879 von Emil und Otto Zsigmondy zuerst erstiegen); besser von der Berliner Hütte (S. 244).

Der Zemmtaler Weg tritt vor der Kirche von *Dornauberg* auf das l. Ufer des Zemmbaches und führt gegenüber dem Wasserfall des *Gunkelbachs* an der alkoholfreien Wirtsch. Neuleiten vorbei nach (1 St.) Roßhag (1096m; *Gasth. von David Fankhauser, 32 B. zu 1-1.20 *K*; F).

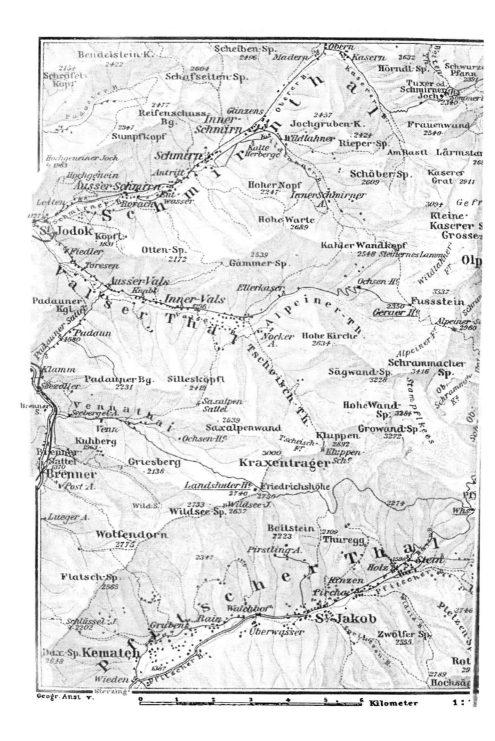

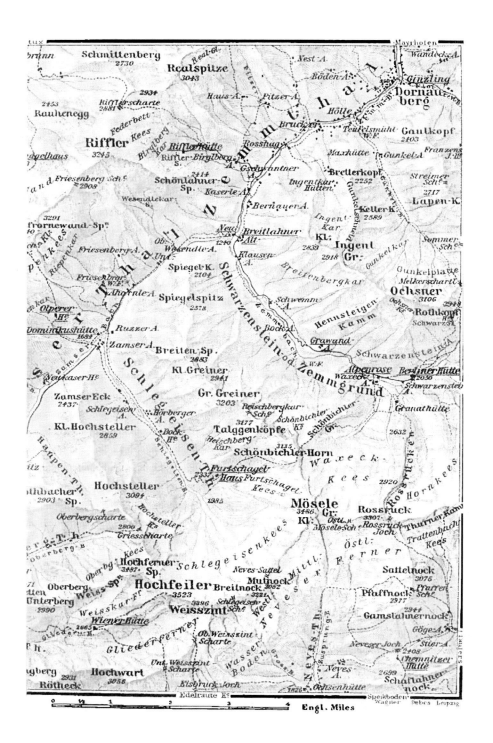

BERGTOUREN (Führer Friedrich und Ludwig Wechselberger, Stan. Tipotsch). Rot mark. Reitweg (F. 4 K, entbehrlich) 20 Min. oberhalb Roßhag r. ab über die *Gschwantner-A.* und *Birglberg-A.* zur ($3^1/_2$ St.) **Rifflerhütte** der AVS. Berlin (2234m; Prov.-Depot), in prächtiger Lage im *Birglbergkar*; von hier an dem in wildem Steinkar eingebetteten *Rifflersee* (2314m) vorbei zum ($1^1/_2$ St.) *Federbettkees* und über den fast spaltenlosen Gletscher auf den (2 St.) ***Riffler** (3245m), mit großartiger Aussicht (F. 10 K). Abstieg n. über die (1 St.) Rifflerscharte nach ($2^1/_2$ St.) *Hintertux* (S. 240; F. 15 K); schwieriger w. über das *Gefrorne Wandkees* zum ($2^1/_2$ St.) *Spannagelhaus* (S. 240). — Von der Rifflerhütte über die **Rifflerscharte** (2881m) nach ($4^1/_2$ St.) *Hintertux* s. S. 240 (F. 11 K); *Realspitze* (3043m, von der Rifflerhütte $2^1/_2$-3 St.) damit leicht zu verbinden (F. 3 K mehr). — Abstieg nach *Breitlahner* unterhalb der Gschwantner-A. (s. oben) beim Handweiser r. direkt zur *Kaserle-A.* (s. unten).

Weiter am l. Ufer des Zemmbachs (neuer Weg wird gebaut) über den Rifflerbach (zur Rifflerhütte s. oben) zur *Kaserle-A.* und nach (1 St.) **Neu-Breitlahner** (1249m; *Eders Gasth., 85 B. zu 1-1.60 K, mit Bad; PF), an der Vereinigung des Zemm- und Zamserbachs hübsch gelegen.

S.ö. öffnet sich der vielbesuchte ***Zemm-** oder **Schwarzensteingrund** (bis zur Berliner Hütte $3^1/_2$ St., F. 7 K, unnötig, bei Anschluß von Hochtouren 4, ab Ginzling 9 u. 6 K). Über den Zemmbach zum Jagdhaus u. Gasthof *Alt-Breitlahner* und am r. Ufer zur ($3/_4$ St.) *Schwemm-A.* (1361m), in breitem geröllbedeckten Talboden; r. der Große Greiner (S. 244). 30 Min. weiter auf gutem AV.-Weg l. hinan zur ($3/_4$ St.) *Grawándhütte* (1735m; Gasth., 12 B. von 70 h an), in schöner Lage am Fuß gewaltiger Felswände; von hier zum ($3/_4$ St.) *Gasth. Alpenrose* (1858m; 24 B. zu 1.40 K; F), gegenüber der auf dem l. Ufer am Fuß des *Waxeckgletschers* gelegenen *Waxeck-A.*, und zur ($1/_2$ St.) **Berliner Hütte** (2057m) auf der *Schwarzenstein-A.*, drei Häuser (*Wirtsch., 93 B. zu 3.20, AVM. 1.60, und 41 Matr. zu 2 bzw. 1 K; PF; ratsam Zimmer vorauszubestellen), in prächtiger Lage: s.ö. Schwarzenstein-, südl. Horn- und Waxeck-Kees, umgeben von Ochsner, Rotkopf, Kl. und Gr. Mörchner, Schwarzenstein, Hornspitzen, Turnerkamp, Mösele, Schönbichlerhorn, Talggenköpfe und Gr. Greiner.

GEPÄCKBEFÖRDERUNG von Mayrhofen zur Berliner Hütte durch die Post vom 1. Juli bis 15. Sept. tägl. $11^1/_2$ U. in 9 St., 5 kg 30 h (u. 12 h Begleitadresse), nur Pakete bis 10 kg zulässig; außerdem vom 1. Juli bis 30. Aug. vom Gasth. Stern tägl. 7 U. früh in $9^1/_2$ St., das kg 40 h.

AUSFLÜGE. 5 Min. von der Hütte im *Hornkees* eine künstliche Gletscherhöhle (50 h); von hier (rote WM.) um die Zunge des Hornkeeses herum zu den (20 Min.) *Granathütten* am *Waxeckkees* (1985m). — Zur (1 St.) *Hornschneide* (ca. 2400m) zwischen Schwarzenstein- und Hornkees, und zum ($1^3/_4$ St.) *Roßrucken* (ca. 2600m), zwischen Horn- und Waxeckkees, F. entbehrlich (Wegtafeln); prächtige Aussicht.

MW. n.ö. zum ($1^1/_2$ St.) **Schwarzsee** (2469m) am Fuß des Rotkopfs (offene Unterstandshütte), mit herrlichem Blick, namentlich von der N.-Seite über den See hin, auf den großartigen Berg- und Gletscherkranz.

BERGTOUREN (Tarif von der Berliner Hütte; Führer Johann Huber, Matthias und Johann Fiechtl; bei gutem Wetter sind in der Regel eine Anzahl Führer oben; telephonisch aufragen). **Ochsner** (3106m), $3^1/_2$-4 St. (F. 8 K), für Geübte nicht schwierig; Aussicht sehr instruktiv und lohnend. — **Rotkopf** (2948m), $3^1/_2$ St. (F. 9 K), interessante Klettertour für

16*

244   III. R. 44. — K. S. 242.   BERLINER HÜTTE.   Zillertal.

Geübte (schwieriger Gratübergang vom Rotkopf zum Ochsner, 1½ St.). — **Feldkopf** (*Zsigmondyspitze*, 3085m), 3½-4 St. (F. 10 K), schwierige Klettertour: am (1½ St.) Schwarzsee vorbei zur (1 St.) *Feldscharte*, am SO.-Fuß, dann l. über steile und glatte Felsen zum (1 St.) Gipfel (vgl. S. 242). — *Gr. **Mörchner** (3287m), über das *Schwarzensteinkees* in 4½-5 St. (F. 9, bis zur Schwarzensteinhütte 11 K), bei gutem Schnee nicht schwierig, lohnend (mit 1 St. Umweg leicht mit der Besteigung des Schwarzensteins zu verbinden). — Gr. **Löffler** (3382m), über das *Schwarzenstein-* und *Floiten-Kees* in 7-8 St., anstrengend und schwierig (s. S. 242, 475; F. 17, zur Greizerhütte 16, Schwarzensteinhütte 18, bis Taufers 25 K).
  *Schwarzenstein** (3370m), 4½-5 St. (F. 10, bis zur Schwarzensteinhütte 12, Daimerhütte 15, Taufers 19, Greizerhütte 14 K), unschwierig. Auf dem Schwarzseewege (S. 243) ¾ St. hinan, bei der Wegtafel rot MW. r. in Windungen zum (¾ St.) Steinmandl am *Saurüssel* (2732 m) und zum (1 St.) *Schwarzensteingletscher*, über diesen l. hinan zum Firnsattel (3103m) gegen das Floitenkees und r. über den Firnkamm zum (2 St.) Gipfel, mit kl. Schutzhütte (Wein-Depot), verfallner Gradmessungspyramide und herrlicher Aussicht. Abstieg über den *Trippachsattel* zur (1 St.) *Schwarzensteinhütte* (S. 475), dann (F. bis zum Ende des Rotbachkeeses nötig) zur (1½ St.) *Daimerhütte* und über *Luttach* nach (3½ St.) *Taufers* (S. 471); oder vom Firnsattel (s. oben) beschwerlich über das zerklüftete *Floitenkees* zur (3 St.) *Greizer Hütte* (S. 242). Wer ins obere Ahrntal will, kann von der Daimerhütte l. auf MW. über den *Rohrberg* direkt nach *St. Johann* absteigen (s. S. 476).
  Berliner Spitze (*dritte Hornspitze*, 3272m), 5 St. (F. 10 K), nicht sehr schwierig. Abstieg südl. zum (20 Min.) *Mitterbachjoch* (3130m) und nach (3½ St.) *Weißenbach* (S. 474; F. bis Taufers 19 K). Die übrigen *Hornspitzen* (im Hauptkamm von O. nach W.: *erste* 3234m und *zweite* 3173m über dem Schwarzensteinkees, *vierte* 3172m und *fünfte* 3168m über dem Hornkees) sind von hier aus weniger lohnend (am besten mit den unten genannten Übergängen nach Taufers zu verbinden). — **Turnerkamp** (3422m), über *Hornkees* und *Roßruckjoch* 5-6 St., sehr schwierig (F. 18, bis zur Chemnitzer Hütte 20 K); ebenso **Mösele** (3486m), über *Waxeckkees* und *östl. Mösescharte* (3273m) 6 St. (F. 14, bis Furtschagel 16, Chemnitzer Hütte 20 K). Beide besser von der S.-Seite (S. 475).
  *Schönbichlerhorn** (3135m), mit großartiger Aussicht, auf dem gut angelegten „Berliner Weg" (rote WM.) an den *Granathütten* (S. 243) vorbei über das *Waxeckkees* und den *Schönbichlergrat* (ansteigender Firnkamm) in 4 St. (F. 10 K), unschwierig; Abstieg zum (1½ St.) *Furtschagelhaus* (S. 245; F. 10 K). — Gr. **Greiner** (3203m), von der *Waxeck-A.* (S. 243) über das *Greinerkees* und den *Schneesattel* (2439m) 4½-5 St. (F. 15 K), schwierige Klettertour für Geübte (s. S. 245).
  Zur Chemnitzer Hütte (S. 474) über das **Tratterjoch** (3033m), 7-8 St. mit F. (bis Taufers 17 K), mühsam; besser (für Geübte nicht schwierig) über das **Roßruckjoch** (3247m), 6½-7 St. m. F. (12 K). Über den *Roßrucken* (S. 243) und das *Hornkees* zum (4-4½ St.) Joch (neue Drahtseilanlage), von wo die *Roßruckspitze* (3307m), mit prächtiger Aussicht, für Geübte in 20 Min. zu ersteigen ist; hinab zum Trattenbachferner und auf AVW. zur (2½-3 St.) Chemnitzer Hütte. — Weniger lohnend sind die *Schwarzenbachscharte* und das *Schwarzenbachjoch* (s. S. 475; F. 17-18 K). — Über die *Melkerscharte* in die *Gunkel* (bis Ginzling 6½ St., F. 10 K) und über die *Mörchnerscharte* zur *Greizer Hütte* (6 St., F. 11 K) s. S. 242.

Von Breitlahner über das Pfitscherjoch und durch das Pfitscher Tal nach Sterzing, 10-10½ St., oder über die Landshuter Hütte zum Brenner, 11-11½ St. (F. bei gutem Wetter entbehrlich: von Breitlahner bis St. Jakob 11, von da bis Sterzing 6 K; von Breitlahner über Landshuter Hütte zum Brenner

17 *K*). Von Neu-Breitlahner am l. Ufer des *Zamserbachs* den *Zamser Schinder* hinan (oben Blick in den Schwarzensteingrund), weiter an der *Wesendle-A.* und dem *Friesenberger Wasserfall* vorbei zur (2½ St.) **Dominikushütte** (1684m; Wirtsch., 36 B. zu 1.60-2 *K;* F), in schöner Lage gegenüber der Mündung des Schlegeistals (s. unten). Am r. Ufer des Zamserbachs die *Zamser-A.*

Ein anfangs etwas steiler Pfad führt oberhalb der Dominikushütte r. hinan zur (2½ St.) **Olpererhütte** der AVS. Berlin (2385m; 9 Matr., Prov.-Depot) im *Riepenkar*, mit prächtigem Blick in das großartige Schlegeistal. Von hier auf den *Olperer (3480m) über das *Riepenkees* und den *Schneegupf* in 3½-4 St., zuletzt Kletterei über den Olpererkamm, für Schwindelfreie bei apermem Fels nicht besonders schwierig; derbe Fausthandschuh ratsam (F. 15, mit Abstieg nach Hintertux oder zur Geraer Hütte 20 *K*); großartige Aussicht (vgl. S. 240, 295). — *Gefrornewandspitzen* (nördl. Spitze 3291m, südl. 3275m), über die *Riepenscharte* unschwierig in 3½ St. (F. 10, nach Hintertux 16 *K*); *Fußstein* (3337m; 4 St., schwierig; F. 13, zur Geraer Hütte 16 *K*), und *Schrammacher* (3416m; 6 St., beschwerlich; F. 13, nach St. Jakob 17 *K*); s. S. 246, 295.

Von der Olpererhütte über die *Riepenscharte* (3092m), zwischen Olperer und Gefrornewandspitzen, zum *Spannagelhaus* (S. 240), 5 St. (bis Hintertux 7½ St., zum Tuxerjoch 7-8 St.), interessante Gletschertour, nicht schwierig (F. bis Hintertux 12 *K*).

Sehr lohnend der Besuch des *Schlegeistals: MW. von der Dominikushütte (F. 2-3 *K*, entbehrlich) über die *Schlegeis-* und *Hörberger-A.* zum (2½-3 St.) **Furtschagelhaus** der AVS. Berlin (2337m; *Wirtsch., 27 B. zu 3.20, AVM. 1.60, und 25 Matr. zu 2 bzw. 1 *K;* F), am Fuß des *Furtschagel-* und *Schlegeisferners*, mit vollem Überblick des großartigen Gletscherrundes (von W. nach O. Hochsteller, Hochferner, Hochfeiler, Weißzint, Breitnock, Mutnock, Mösele, Schönbichlerhorn, Talggenköpfe).

BERGTOUREN: *Schönbichlerhorn* (3135m), 3 St. (F. 8 *K*, für Geübte entbehrlich), leicht und sehr lohnend (vgl. S. 244); Abstieg zur (3 St.) *Berliner Hütte* (F. 9 *K*) s. S. 244. — *Talggenköpfe* (3177 u. 3124m), 3½ St. (F. 8 *K*), mühsam. — *Gr. Greiner* (3203m), durchs *Reischbergkar* in 4-4½ St. (F. 13, mit Abstieg zur Berliner Hütte 15 *K*), zuletzt schwierige Felskletterei (s. S. 244). — *Mösele* (3486m), über das *Furtschagelkees* in 4½ St. (F. 10, zur Chemnitzer Hütte 15 *K*), beschwerlich aber für Geübte interessant, s. S. 244, 475. — *Mutnock* (3082m) und *Breitnock* (3221m), über den *Schlegeisferner* und *Nevessattel* in 3½ bzw. 4 St. (F. 8 *K*), für Geübte nicht schwierig. — *Hochfeiler* (3523m), über das *Hochstellerkees* (sehr steile 500m h. Wand) und *Oberbergkees* in 5-6 St. (F. 16 *K*), und *Weißzint* (3396m), über die *Schlegeisscharte* und den NO.-Grat in 4½-5 St. (F. 14 *K*), beide von hier schwierig (s. S. 246). — Über den *Neves-Sattel* (3039m) zur *Chemnitzer Hütte* 6½-7 St. m. F. (11 *K*), beschwerlich aber lohnend (bis zum Schlegeisgletscher neuer „Furtschagelweg" der S. Berlin), s. S. 475. — Über die *Griesscharte* (2800m), zwischen Hochferner und Hochsteller, ins *Oberbergtal* (S. 246; 7 St. bis St. Jakob, F. 11 *K*), beschwerlich.

Von der Dominikushütte über die Alpeiner Scharte zur Geraer Hütte, 5½-6 St. (F. 10 *K*, bis über das Schneefeld jenseit der Scharte ratsam), etwas mühsam aber sehr lohnend. 20 Min. oberhalb der Dominikushütte vom Pfitscherjochwege r. ab (Wegtafel) über den Zamserbach zur *Neukaserhütte* (1824m); hier auf dem rot bez. „Reußischen Wege" der AVS. Gera durch das bewaldete *Unterschrammachtal* im Zickzack hinan zu den „Lakeln" im geröllreichen *Unterschrammachkar* (2300m), dann l. allmählich hinauf zur (3 St.) Quelle unterm

Schrammacher (ca. 2600m). Kurz vorher zweigt l. ab (Wegtafel, blaue WM.) der aussichtreiche „Schrammacher-Weg" der S. Gera zum (2 St.) *Pfitscher Joch* (s. unten). Der rot mark. „Reußische Weg" führt von der Quelle hinauf, zuletzt über ein Schneefeld zur (1 St., 4-4½ St. von der Dominikushütte) **Alpeiner Scharte** (2960m), zwischen Fußstein und Schrammacher, mit herrlicher *Aussicht auf Stubaier und Ötztaler bis zur Zugspitze, rückwärts auf die Zillertaler. Hinab über ein steiles Schneefeld, dann auf gut angelegtem Wege zur (1¼ St.) *Geraer Hütte* (S. 295).

Von der Dominikushütte auf dem r. Ufer des Zamserbachs hinan, durch Wald und über Matten, an der *Lovitz-A.* vorbei (r. oben das Stampflkees) zum (2½ St.) **Pfitscherjoch** (2248m; Rainers Whs., 36 B. zu 1.20-2 *K*, einf. gut). Schöner Blick ö. auf Rotbacher Spitze, Hochferner, vorn tief unten das grüne Pfitschertal, s.w. die zackige Kette gegen das Pfunderstal, mit Pletzenspitze, Rotem Beil und Grabspitze; w. die Rollspitze, in der Ferne Ortler und Ötztaler Alpen. Vom Pfitscherjoch auf die *Rotbacher Spitze* (2903m), 2½ St. (F. 7 *K*), mühsam aber lohnend. — *Hohe Wandspitze* (3284m; 4 St., F. 10 *K*), *Sägewandspitze* (3228m; 4 St., F. 10 *K*) und *Schrammacher* (3416m; 5 St., F. 13 *K*; beschwerlich) sind gleichfalls vom Pfitscherjoch über das *Stampflkees* zu ersteigen (vgl. S. 245, 295). — MW. vom Pfitscherjoch ins Untergertal zum Wege nach der Wiener Hütte (s. unten).

Vom Pfitscherjoch zum Brenner auf dem Landshuter Weg, 6½-7 St. Blau-weiß MW., vom Joch erst r. abwärts, dann l. unterhalb des Kluppen und Kraxentragers an der Berglehne fort, mit Aussicht l. auf die Pfitschtaler Kette vom Hochferner bis zur Wilden Kreuzspitze (halbwegs Abzweigung des AV.-Wegs nach St. Jakob, S. 247), zuletzt ansteigend über Schnee (für Ungeübte F. angenehm) zum (3½ St.) *Kraxentrager-Sattel*, wo sich nach W. der *Blick auf die Ötztaler und Stubaier öffnet; 3 Min. oberhalb l. die *Landshuter Hütte* (2740m), s. S. 296. Auf den *Kraxentrager* (3000m; 1 St., F. angenehm) s. S. 296. Hinab durch das *Vennatal* zur (3¼ St.) Station *Brenner* (S. 296). — Vom Pfitscherjoch führt der aussichtreiche *Schrammacherweg* der S. Gera (blaue WM.) in 5¼ St. direkt über die *Alpeiner Scharte* zur *Geraer Hütte* (s. oben n. S. 295; F. 9 *K*, für Ungeübte bis über das Schneefeld an der Scharte ratsam).

Vom Pfitscherjoch nach Sterzing (5½-6 St.), AV.-Weg bergab in das **Pfitscher Tal**, nach ³/₄ St. über den *Bärenbach*, durch Wald zum (20 Min.) Weiler *Stein* (1529m; einf. Whs.) an der Mündung des *Oberbergtals*, und nach (³/₄ St.) **St. Jakob** *in Pfitsch* (1452m; Rainers Gasth., B. 1-1.20 *K*; Holzer, am Rain neben der Kirche, B. 80 *h*). Stellwagen 2mal tägl. bis zum Gasth. Elefant; weiterhin Fahren nicht anzuraten; Fuhrwerk sehr primitiv.

BERGTOUREN (Führer: Jos. Leider, Joh. Wechselberger, Joh. Obermüller I u. II, Jos. Delueg). Ein streckenweise steiler und schwindliger Pfad (F. ratsam, 6 *K*) führt von St. Jakob ö. im *Oberbergtal* hinan, dann r. durch das *Unterberg-Tal* zur (4½ St.) **Wiener Hütte** des ÖAK. (2665m; 10 Matr.), auf einem Felskopf oberhalb des *Gliederferners* und seitwärts des kleinen, in prachtvollen Eisbrüchen abstürzenden *Weißkarferners*. Von hier auf den *Hochfeiler (3523m), den höchsten Zillertaler Gipfel, 3 St., für Geübte nicht schwierig (F. 16, bis Lappach 24 *K*); großartige umfassende Rundsicht (vgl. S. 471; ½ St. unterm Gipfel Schirmhütte des ÖAK.). — Hochferner (3487m), 3½ St., vom Wege zum Hochfeiler l. ab über Firn hinan, unschwierig und lohnend; ähnliche Aussicht wie vom Hochfeiler. — Weißzint (n. höchste Spitze 3396m), über den Gliederferner in 3 St., mühsam; vgl. S. 245, 471. — Von der Wiener Hütte über die *Untere Weißzintscharte* zur (3½ St.) *Edelrautehütte* am *Eisbruckjoch* s. S. 471; über das *Gliederschartl* nach (7 St.) *Pfunders* s. S. 461. — Von St. Jakob zur *Landshuter Hütte* AV.-Weg in 4 St., s. S. 246; über die *Griesscharte* zum (7-8 St.) *Furtschaglhaus* s. S. 245.

Dann durch den ebenen Talboden entweder Fahrweg am Bach entlang, oder auf dem ¼ St. weiteren aber aussichtreichen Karrenweg über *Kematen* (1444m; Hofer, einf. gut) nach (1½ St.) *Wieden* (1386m), gegenüber der Mündung des *Großbergtals*.

Wilde Kreuzspitze (3135m), 6-7 St. (F. 10 K), mühsam. Von (20 Min.) *Burgum* (s. unten) rot MW. am Burgumer Bach hinan zur (3 St.) *Sterzinger Hütte* des ÖTK. oberhalb der *Burgumer-A.* (2511m; 8 Matr.), dann über Geröll, Eis und Fels zur (2½-3 St.) Spitze, mit großartiger Aussicht. Abstieg ö. über das *Rauchtaljoch* zur (2 St.) *Brixener Hütte* (S. 461), oder südl. zum *Wilden See* und nach *Freienfeld*, *Mauls* oder *Vals* (vgl. S. 300, 461). — *Kramerspitze* (2946m), von der Sterzinger Hütte 2 St. m. F., unschwierig und lohnend. — Von Wieden durch das *Großbergtal* und über das *Pfundersjoch* (2574m) nach (7 St.) *Pfunders* (S. 461), oder über das *Sandjöchl* (2646m) zur (5 St.) *Brixener Hütte* und nach (3 St.) *Vals* (S. 461), MW., mühsam. — Von Kematen über das *Schlüsseljoch* (2202m) zum *Brennerbad* 4 St., steil und mühsam (s. S. 297).

Am l. Ufer bleiben die Höfe von *Burgum*. Der Fahrweg tritt vor dem (50 Min.) *Gasth. Elefant* (1360m; Dependenz des H. Stoetter in Sterzing, B. 1½ K, gut) aufs l. Ufer und senkt sich, die großartige Schlucht der *Wöhr* umgehend, in der der Bach in gewaltigen Stromschnellen zur untern Talstufe durchbricht, durch Wald steil hinab, unterhalb der Schlucht wieder auf das r. Ufer. ½ St. *Afens* (Rainer); am l. Ufer bleiben die Höfe von *Tulfer*. Weiter noch zweimal über den Bach. 1 St. *Wiesen* (948m; Zum Lex, Obermüller), Dorf mit stattlicher Kirche; dann (Fußweg hinter der Kirche l. kürzt) um den vorspringenden Hügel herum, unter der Brennerbahn hindurch und r. zum Bahnhof von (½ St.) *Sterzing* (S. 299).

45. Innsbruck und Umgebung.

HAUPTBAHNHOF (Restaurant) im O. der Stadt (Pl. D 4). Gepäckträger zum Hotel bis 15kg pro Stück 30-40 h, bis 50kg 40, über 50kg 80 h. — Bahnhof *Wilten* (Pl. C 7), erster Halt der Personenzüge nach Landeck (R. 53), im S. der Stadt. — *Stubaital-Bahnhof* (Pl. C 7) s. S. 301.

Gasthöfe (im Hochsommer Vorausbestellung ratsam). *Hotel Tirol (Pl. a: D 4), 250 B. zu 4.50-10, F. 1.50, G. 3.50, M. 5-6, P. im Sommer 11-16, Okt.-Juni 9-14 K; *Goldene Sonne (Pl. c: D 4), 170 B. zu 3-7, F. 1.40, G. 4, M. 5½, P. 10-14 K; *H. de l'Europe (Pl. b: D 4), 180 B. zu 3-8, F. 1.50, M. 4.50. A. 3.50 K, diese drei beim Bahnhof; *H. Maria Theresia (Pl. t: C 4), Maria-Theresienstr. 31, 130 B. zu 3-8, F. 1.20, P. im Winter von 8 K an. — Zweiten Ranges: *H. Kreid (Pl. m: D 4), Margaretenplatz 3, 110 B. zu 3-6 K, mit Weinstube (s. S. 248); Habsburger Hof (Pl. k: D 3), Museumstr. 21, mit Garten-Restaur., 80 B. zu 3-7 K; Stadt München (Pl. e: C 4), Landhausstr. 5, 90 B. zu 2.50-5, F. 1.20 K; H. Victoria (Pl. n: D 4), am Bahnhof, 92 B. zu 2.40-3.40, F. 1.20 K; H. Central (Pl. f: C 4), Erlerstr. 11, 72 B. von 2 Kan; Grauer Bär (Pl. B: C 3), Universitätstr. 9, 250 B. zu 1.20-3.50 K, gelobt; Arlbergerhof (Pl. p: D 4, 5), beim Bahnhof, 75 B. zu 1.50-3, F. 1 K; Akademikerhaus (Pl. s: C 4), Gilmstr. 1, 100 B. zu 1.40-3.50 K, gut; Alte Post (Pl. r: C 4), Maria-

Theresienstr., mit Garten-Restaur., 50 B. zu 2-3 *K*, gelobt; H. Neue Post (Pl. q: C5), Maximilianstr. 1 a, 70 B. zu 2-3 *K*, gut; H. & Café Elisabeth, Ecke Adamgasse und Maximilianstr.; Gasth. Anich (Pl. l: B 4), Anichstr. 15, 23 B. zu 1.50-2.50 *K*, gut; Speckbacher (Pl. u: B 5), Maximilianstr. 19, 40 B. zu 1.20-3 *K*; Delevo (Pl. x: C 3), Erlerstr. 6, mit Garten-Restaur., 33 B. zu 1.60-2 *K*; Goldene Krone (Pl. g: C 4, 5), an der Triumphpforte, 40 B. zu 1.20-3 *K*; Goldner Greif (Pl. G: C 5), Leopoldstr. 3, 60 B. zu 1.60-3 *K*; Alpenrose (Pl. y: B 4), Bürgerstr. 10, 30 B. zu 1.60-1.80 *K*; Schwarzer Adler (Pl. z: D 5), Saggenstr. 2, gelobt; Hellensteiner (Pl. H: B 5), Andreas Hoferstr. 6, 70 B. zu 1.20-3 *K*, gelobt; Bierwastl (Pl. w: B 3), Innrain 10, Breinößl (Pl. j: C 4), Maria-Theresienstr. 12, beide mit Biergarten (s. unten). — *In der Altstadt:* Goldner Adler (Pl. d: B C 3), unweit der Innbrücke (S. 255), mit „Goethestübchen", 70 B. zu 2-3, P. 8-10 *K*, gut; Goldner Hirsch, Goldner Löwe, Roter Adler, diese drei Seilergasse (Pl. B C 3); Zum Burgriesen, Hofgasse 12; Goldne Rose (Pl. R: C 3), Herzog Friedrich-Str. 39, 62 B. zu 1.20-2 *K*. — *Am linken Innufer:* *H.-P. Kayser (Pl. C 1, S. 255), ¼ St. n. von der Innbrücke angenehm gelegen, 60 B. zu 3-6, P. 7-9 *K*, mit Café-Rest. (s. unten); Kaiserhof (Pl. o: B 3), Innstr. 13, 90 B. zu 1.60-4.40, P. 6-8 *K*, gelobt; Goldner Stern (Pl. h: B 2), Innstr. 43, viel kath. Geistliche, nicht teuer; Mondschein (Pl. i: B 3), 60 B. zu 1-3 *K*; Goldnes Kreuz, Innstr. 19; Mohren, Mariahilfstr. 34. — *In Wilten* (S. 254): H. Veldidena (Pl. v: B 7), 46 B. zu 2-3, P. 7-10 *K*; Österreich. Hof (Pl. ö: B 6), Andreas Hoferstr., 70 B. zu 1.40-4 *K*. — Pensionen: P. Winter, Claudiaplatz 3, P. 8-10 *K*; P. Kleck, Adolf Pichlerstr. 3, P. 6-8 *K*; P. Schloß Weiherburg (S. 255), P. 6-8 *K*; P. Edelweiß (P. 6-7 *K*) und P. Villa Andechs in Mühlau (S. 256); P. Schönruh bei Schloß Amras (S. 257; 45 B., P. 6-8 *K*).

Cafés und Restaurants: Stadtsäle (Pl. 19: C 3), mit Terrasse (abends Konzert, s. S. 249); C. Maria-Theresia, in dem Hotel (S. 247); Alt-Innsprugg („zur Annasäule"), Maria-Theresienstr. 16; Trocadero, Anichstr. 24; Hierhammer, Museumstr. 5; Deutsches Café (abends Konzert), Museumstr. 20; Lehner, Karlstr. 11; Café Central, Erlerstr. 11; Katzung, Herzog-Friedrichstr. 16; Andreas Hofer, an der Innbrücke. — **Biergärten:** Bürgerliches Brauhaus, Viaduktgasse 5, beim Bahnhof; Bierwastl (Pl. w: B 3; s. oben), am Inn, Eingang Innrain 10; Breinößl, Maria-Theresienstr. 12; Adambräu (Pl. D 5), Heiliggeiststr. 16. — In der nächsten Umgebung der Stadt: C.-Rest. Kayser, mit Aussichtsterrasse (s. oben); Restaur. auf dem Berge Isel (S. 255); Bierstindl am Berg Isel (S. 254); Hot. Sonnenburger Hof (S. 255); Hußlhof (S. 254), 25 Min. s.w. auf einer Anhöhe am Walde (auch Z. u. P.); Heimgarten, 2 Min. von der Kettenbrücke (S. 255). — **Weinhäuser:** im H. Kreid (S. 247); „Prof. Edgar Meyer-Klause"); Grauer Bär (S. 247), Universitätsstr.; Graue Katz, Universitätsstr. 28; Weißer Hahn, Sillgasse 3; Delevo, Erlerstr. 6 (s. oben); Zum Jörgele, Herzog Friedrichstr. 13.

Konditoreien: Munding, Kiebachgasse 16 u. Maria-Theresienstr. 19; Katzung, Herzog Friedrichstr. 16; Gfall, Anichstr. 15.

Wagen (inkl. Trinkg.) vom oder zum Bahnhof Einsp. 1, Zweisp. 2 *K*, größere Gepäckstücke je 20 *h*; Zeitfahrten in der Stadt die erste halbe Stunde 1.20 oder 2 *K*, jede weitere Viertelstunde 40 oder 60 *h*. — Außerhalb der Stadt: zum Berg Isel hin u. zurück mit 1 St. Aufenthalt 3.8, Zweisp. 4.60 *K*; *Weiherburg* 4.60 u. 6.60; *Schloß Amras* u. zurück mit 1 St. Aufenthalt 4.80 u. 7.20; *Stefansbrücke* 6 u. 9.20; *Igls* über Vill 7 u. 10 *K*, usw. — Wagen und Reitpferde bei Posthalter *Schallhart* im Post-Direktions-Gebäude (Pl. C 4) und beim *Innsbrucker Reitklub*, Ecke der Viaduktgasse und Claudiastr.

Elektr. Straßenbahn alle 7½ Min. vom Berg Isel beim *Bahnhof der Stubaitalbahn* (S. 301) und dem Wiltener Bahnhof vorbei durch die Andreas Hoferstr., Bürgerstr., Anichstr., *Maria-Theresienstr.*, Museumstr., Viaduktstr. und Claudiastr. bis nahe der Lokalbahn in der *Falkstr.* und

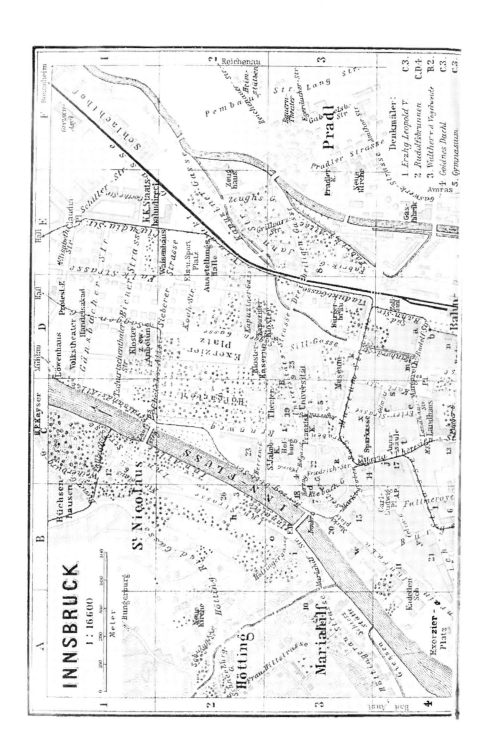

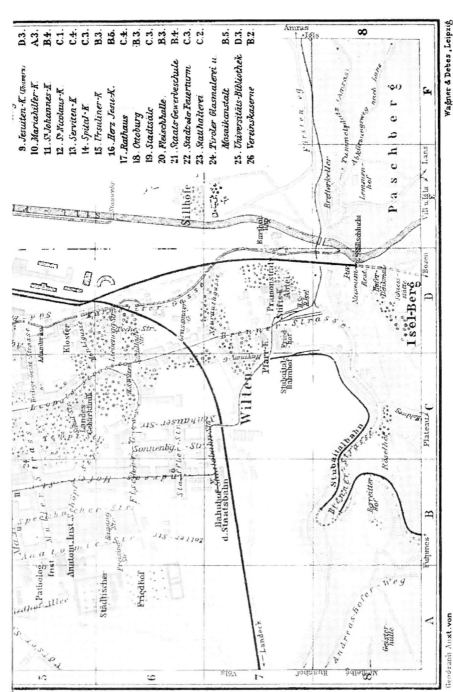

Vorbemerkungen. **INNSBRUCK.** *III. R. 45.* 249

der *Hungerburgbahn* (S. 255); Seitenlinie von der Bürgerstr. durch die Maximilianstr. am *Hauptbahnhof* vorbei zur Museumstr.

Innsbrucker Lokalbahn (elektr.) vom Berg Isel nach Hall alle St.; Haltestellen: *Berg-Isel* (Pl. D 7, 8; Mittelgebirgsbahn nach Igls alle Stunden, S. 257), *Wilten*, *Triumphpforte* (S. 254), *Maria-Theresienstr.* (Pl. C 3), *Innbrücke* (Pl. B 3), *Innsteg* (Pl. C 1), *Saggengasse*, *Handelsakademie*, *Hungerburgbahn* (S. 254), *Dollinger*, *Mühlau*, *Landeshauptschießstand*, *Rum*, *Thaur*, *Hall* (S. 223); Fahrzeit vom Berg Isel bis zur Maria-Theresienstraße 11 Min., Theresienstr. bis Hall 38 Min.; Fahrpreise (7 Zonen) 10-36 *h*. — HUNGERBURGBAHN s. S. 255.

Bäder: *Schwimm- und Badeanstalt* in der Adamgasse (Pl. D 4); *Städtisches Schwimmbad*, Museumstr. (jenseit des Viadukts). Am l. Innufer: Städt. *Schwimm- und Badeanstalt am Gießen* (Pl. A 3) und in *Büchsenhausen* (S. 255); *Erzherzog Maximilianbad* in Hötting.

Theater und Konzerte: *Stadttheater* (Pl. C 3), Vorstellungen vom Okt. bis zur Karwoche. — *Erl's Bauerntheater* tägl. 8 Uhr abends im Löwenhaus (Trambahn-Haltestelle Falkstraße; Pl. D 1) und in *Weiß's Bauerntheater* in *Pradl* (Pl. F 3). — Über Musik- u. Gesangvorträge in den Wirtschaften vgl. die Tageszeitungen. — Konzerte im *Hofgarten* (Pl. C 2; S. 251) Mo. Mi. F. 6-7 abends, Di. Do. Sa. 10-11 vorm., So. u. Feiert. 11-12 vorm. — Kurkonzerte in *Igls* (S. 258) Di. Do. Sa. 4-6 nachm. — Sa. nachm. beim Offizierschießen der Kaiserjäger Militärkonzert auf dem *Berge Isel* (S. 254).

Panorama (Pl. jenseit D 1), an der Kettenbrücke, unweit des Hungerburgbahnhofs, Schlacht am Berge Isel, von Diemer und Burger (Eintr. 1 *K*). — **Relief von Tirol und Vorarlberg** im Garten der k.k. Lehrerbildungsanstalt (*Pädagogium*, Fallmerayerstr. 11, Pl. B C 4), 90 qm groß, im Maßstab von 1:7500 (vertikal 1:2500), von Prof. J. Schuler aus dem natürlichen Gestein der Gebirge zusammengesetzt: tägl. 7 U. früh bis 8 U. abends zugänglich (im Winter größtenteils zugedeckt); 60 *h*, Begleitwort mit Karte 10 *h*. — **Glasmalerei- und Mosaikanstalt** (Pl. 24: B 5), wochentags 11-12, 5-6 Uhr zugänglich. — Permanente *Kunstgewerbe-Ausstellung*, Meinhartstr. 14 (Eintr. frei). — *Tiroler Trachten-Sammlung*, Pfarrplatz 3 (9-12 u. 2-5; 50 *h*).

Post und Telegraph (Pl. C 5), Ecke Maximilians- und Fallmerayerstr.; Nebenamt und Hauptzollamt Bahnhofstr. 5.

Kunsthandlungen: *F. Unterberger*, Museumstraße 1; *Czichna*, Herzog-Friedrichstr. 41. — Photograph. Bedarfsartikel: *Fritz Gratl*, Maria Theresienstr. 30 u. Anichstr. 1; *Friedr. Miller*, Landhausstr. 1a; *A. Schlumprecht*, Anichstr. 4.

Bankhäuser: *Bank für Tirol u. Vorarlberg*, Erlergasse 9; *Filiale der Creditanstalt*, Maria-Theresienstr. 36; *Österr. Länderbank*, Karlstr. 12; *Deutsche Wechselstube*, Maria-Theresienstr. 34. — SPEDITEURE: *H. Hueber*, Margaretenplatz 1; *Kirchebner & Wollek*, Bahnstr. 8.

Protestant. Kirche am Ende der Saggenstr. (Pl. D 1).

Amtl. Verkehrsbureau, Karlstr. 14, am Margaretenplatz (Pl. C 4); Fahrkarten für internationale Verbindungen, Agentur des Norddeutschen Lloyd usw.; *Thom. Cook & Son*, im Hot. Kreid (Pl. m, D 4; S. 247). — **Alpine Auskunftstelle** der AVS. Innsbruck, Leopoldstr. 15. Sehenswertes *Relief von Tirol* von R. Czelechowsky in 1:50000 (25 qm groß, 40 *h*).

Bergführer: Franz Kröll, Joh. Waldburger in Innsbruck, Norbert Föger in Igls.

Innsbruck (574m), 1151 zuerst erwähnt, seit 1420 Hauptstadt der gefürsteten Grafschaft Tirol, in neuerer Zeit in kräftigem Aufschwung und jetzt (mit den Vororten Hötting und Mühlau) 50000 Einw. zählend (einschl. 2475 Mann Besatzung), liegt am r. Ufer des *Inn* unweit der Mündung der *Sill*. Seine Umgebung ist neben der von Salzburg die schönste aller deutschen Alpenstädte. Überall öffnen sich Durchblicke auf den Gebirgskranz, der im N. dicht an den Inn herantritt und in einer Reihe zackiger Kalkgipfel *(Brandjoch, Frau Hitt, Seegrubenspitzen, Hafelekar, Rumerspitze)* das bis hoch hinauf bebaute Mittelgebirge überragt, während im S. über dem bewaldeten Rücken des Berges *Isel* die schönen Formen der *Waldraster Spitze* und *Saile* das Auge fesseln; mehr im Vordergrund l. über den *Lanser Köpfen* die runde Kuppe des *Patscherkofels*. — Innsbruck ist wegen seiner gegen Nordwinde geschützten Lage und des milden gleichmäßigen Klimas als Übergangsstation im Frühjahr und Spätherbst, sowie als Winteraufenthalt zu empfehlen.

Auf dem Bahnhofplatz der *Vereinigungsbrunnen* zur Erinnerung an die Vereinigung der Gemeinden Wilten und Pradl mit Innsbruck, von H. v. Sieberer (1906). Die Rudolfstraße führt r. auf den Margaretenplatz (Pl. C D 4), wo der 1877 vollendete *Rudolfsbrunnen* (Pl. 2) an die 500-jährige Vereinigung Tirols mit Österreich durch den 1363 abgeschlossenen Vertrag mit der letzten Gräfin, Margarete Maultasch, erinnert. Die 3m hohe Bronzestatue, von Grissemann, auf einem Unterbau aus rotem Tiroler Marmor, stellt Herzog Rudolf IV. dar, den ersten der habsburgischen Regenten von Tirol; unten vier wasserspeiende Drachen und vier Greife als Schildhalter.

Weiter durch die Landhausstraße zur Maria-Theresienstraße (Pl. C 3, 4), der Hauptstraße der Stadt, mit ansehnlichen Gebäuden aus dem XVII. und XVIII. Jahrh.: l. an der Ecke das *Landhaus*, von 1719-28, mit stuckverziertem Treppenhaus im 1. Stock; weiter das ehem. Palais Thurn u. Taxis, jetzt zum Landhause gehörend (im ersten Stock der Parissaal mit Deckengemälde von M. Knoller); südl. die Triumphpforte (S. 254). — Im nördl. Teil der Straße die *Annasäule* (Pl. C 4), zur Erinnerung an den Abzug der während des span. Erbfolgekriegs in Tirol eingedrungenen Bayern am St. Annatage 1703 im J. 1706 errichtet. Im Hof des *Rathauses* (Pl. 17) Fassadenmalereien von Ferdinand Wagner.

N. schließt sich an die Maria-Theresienstraße die einst von Gräben umschlossene Altstadt und deren Hauptverkehrsader, die von Bogengängen („Lauben") eingefaßte Herzog Friedrich-Straße (Pl. C 3), die in gerader Richtung auf das Goldene Dachl zuführt.

Das **Goldene Dachl** (Pl. 4 : C 3), ein reicher spätgotischer Erker mit vergoldetem Kupferdach, ist der Hauptschmuck der von Friedrich „mit der leeren Tasche" († 1439; s. S. 327) bei der Verlegung des Hofhalts nach Innsbruck erbauten Fürstenburg, jetzt städtisches Eigentum. Der Erker ist laut daran angebrachter Jahreszahl erst von 1500. Die Reliefs an der oberen Brüstung zeigen Maximilian I. mit seiner Gemahlin den Aufführungen von Tänzern und Gauklern zuschauend. Auch die Malereien und die marmornen Wappenschilder an der unteren Brüstung beziehen sich auf den Kaiser.

Gegenüber der 56m h. *Stadt-* oder *Feuerturm* (Pl. 22; oben gute Rundsicht, Trkg.). — Das Eckhaus (Katholisches Kasino) auf der

Hofkirche.

andern Seite der Herzog Friedrich-Straße ist reich im Rokokostil verziert. Nebenan, in dem nach der Innbrücke (S. 255) führenden breiten Teile der Straße, der *Goldene Adler* (Pl. d; S. 248), der älteste Gasthof der Stadt, wo u. a. 1786 Goethe einkehrte und am 15. Aug. 1809 Andreas Hofer aus dem Fenster zum Volke sprach.

Beim Goldenen Dachl und dem Stadtturm führt ö. die Hofgasse auf den Rennplatz (Pl. C 3), den südl. die Hofkirche, westl. die Hofburg (S. 252), östl. die *Stadtsäle* (Pl. 19; Café-Rest., s. S. 248) und das 1835 erbaute *Stadttheater* begrenzen. In der Mitte der zierliche **Leopoldsbrunnen** (Pl. 1), 1893 errichtet unter Verwendung eines kleinen Reiterbildes des Erzherzogs Leopold V. (1609-32 Graf von Tirol) und zehn anderer Bronzefiguren von *Caspar Gras* (1626). — Nördl. der *Hofgarten* (S. 249).

Die ***Hof-** oder **Franziskanerkirche** (Pl. C 3) wurde nach den letztwilligen Bestimmungen des Kaisers Maximilian I. († 1519) zur Aufnahme seines Grabdenkmals 1553-63 von A. Crivelli erbaut. Dem Grundplan nach ist sie eine dreischiffige Hallenkirche, in der Ausführung ein Renaissancebau italienischen Stils. Zu beachten die schöne Vorhalle und das Portal.

Das INNERE (zu besichtigen wochentags von 9 Uhr vorm. an, Sa. und vor Festen nur bis 4 Uhr nachm.; So. und Festt., sowie 3. Mai, 13. Juni, 14. Sept. und 4. Okt. 11-5 und nach 6½ Uhr) erscheint infolge der weiten Stellung der schlanken Rundpfeiler, die zur Hofkirche verankert sind, wie ein einheitlicher Raum. Die gotischen Netzgewölbe sind durch reichen Stukkoschmuck verdeckt. — L. vom Eingang ein 1834 errichtetes Denkmal für *Andreas Hofer* (geboren 22. Febr. 1767 im Whs. am Sand, S. 343; erschossen in Mantua 20. Febr. 1810; die Gebeine 1823 hierher übertragen); zu seiten ruhen seine Kampfgenossen *Jos. Speckbacher* († 1820) und der Kapuziner *Joachim Haspinger* (1776-1858). Gegenüber ein Denkmal für alle in den Befreiungskämpfen gefallenen Tiroler (1883).

Das ***Grabdenkmal des Kaisers Maximilian I.**, der aber nicht hier, sondern in Wiener-Neustadt (S. 511) beigesetzt ist, erhebt sich im Hauptschiff: in der Mitte ein gewaltiger Marmorsarkophag, an den Seiten, zwischen den Rundpfeilern 28 **Bronzestandbilder** von wirklichen und angeblichen Vorfahren und Zeitgenossen des Kaisers. Der Entwurf ist von dem Hofmaler *Gilg Sesselschreiber*, der seit 1508 die Ausführung betrieb und 1518 in *Stephan Godl* seinen Nachfolger erhielt. Die Standbilder, die als Leidtragende gedacht sind und bei Totenfeiern Fackeln halten sollten, sind von sehr verschiedenem Wert. Die Namen sind unten auf den Standplatten zu lesen. Hervorzuheben: rechts 3. Kaiser Rudolph von Habsburg; *5. der Ostgotenkönig Theodorich, *8. König Arthur von England, diese beiden von *Peter Vischer* in Nürnberg, König Arthur unbestritten das schönste deutsche Ritterbild der Zeit (1513; der Schild moderne Zutat); die beiden 10. Figuren stellen die beiden Gemahlinnen Maximilians dar, l. Maria von Burgund, r. Blanca Maria Sforza von Mailand; 1550 wurde die letzte Figur (König Chlodwig von Frankreich; 1. rechts) von *Gregor Löffler* gegossen.

Den schwarzen **Marmorsarkophag**, den ein prächtiges Eisengitter umschließt, schmücken Reliefs aus karrarischem Marmor, nach Zeichnungen *Florian Abels* († 1565) 1561-66 größtenteils von *Alexander Colins* (1526-1612), dem Schöpfer der Bildwerke am Otto-Heinrichsbau zu Heidelberg, ausgeführt. Sie schildern in malerisch belebten Darstellungen die Hauptbegebenheiten aus dem Leben des Kaisers, dessen Ähnlichkeit in den verschiedenen Altersstufen unverkennbar ist (an der vorderen Schmalseite oben l. beginnend, Nr. 1-12 obere Reihe, 13-24 untere Reihe): 1. Vermählung mit Maria von Burgund 1477; 2, 3. Kämpfe in den Niederlanden gegen die Franzosen; 4. Krönung in Aachen 1486; 7, 9. Kämpfe gegen die Türken; 10. Bündnis mit Papst Alexander VI., Venedig und Mailand gegen Karl VIII. von Frankreich; 11, 17, 18, 21, 22, 24. Ereignisse und Kämpfe in Italien; 12. Vermählung seines Sohnes Philipp des Schönen mit Johanna von Aragonien; 13. Belagerung von Kufstein 1504; 15, 16, 19, 20. Ereignisse und Kämpfe in den Niederlanden (16. Ligue von Cambrai 1518; 20. Zusammenkunft mit Heinrich VIII. von England bei der Belagerung von Tournai 1513). — Die knieende Figur des Kaisers im Krönungsornat auf dem Sarkophag und die vier Kardinaltugenden oben an den Ecken sind von *Lodovico del Duca* (1584 vollendet).

Auch das 1568-71 ausgeführte Gestühl im Chor der Kirche ist zu beachten. Am 3. Nov. 1654 trat hier die Königin Christine von Schweden, Gustav Adolfs Tochter, öffentlich zur katholischen Kirche über.

Vorn im r. Seitenschiff führt eine Treppe zur **Silbernen Kapelle** (an Wochentagen 9-12, 2-5, Sa. nur bis 4 U. zugänglich, Führung alle ¼ St.; Eintr. inkl. Hofburg 40 h, Eintrittskarten gegen Einwurf von zwei 20 h Stücken in den Automaten im Vorzimmer der Hofburg-Kanzlei, im Haupttorweg der Hofburg l.), so genannt wegen einer silbernen Muttergottes und der aus Silber getriebenen Darstellungen der Lauretanischen Litanei am Altar. An der Wand l. 23 Statuetten von Heiligen aus Erz, wahrscheinlich Gießversuche für das Maximiliansdenkmal. Grabmal des Erzherzogs Ferdinand II. († 1595) mit Marmorbild von Colins und vier Reliefs, Taten des Erzherzogs. Vorn l. Grabmal der Philippine Welser (S. 257), mit zwei Reliefs von Colins. Alte Orgel in Zedernholz, angeblich von Papst Julius II. geschenkt.

Die k.k. **Hofburg** (Pl. C 3), 1766-70 erbaut, enthält im zweiten Stockwerk einige Prunkgemächer aus der Zeit nach der Erbauung, namentlich den Riesensaal mit Gemälden von Ant. Frz. Maulbertsch. Zutritt von der Hofkirche aus durch die Silberne Kapelle (s. oben).

N. w. hinter der Hofburg die **Pfarrkirche zu St. Jakob** (Pl. C 3), 1717-24 erbaut; am Hochaltar ein berühmtes Marienbild von *L. Cranach dem Ältern*, als Mittelstück in einem *Schöpf*schen Gemälde; ebenfalls im Chor das nach Casp. Gras' Modell gegossene Grabmal Erzherzog Maximilians des Deutschmeisters († 1618).

Neben der Hofkirche in der Universitätsstraße das alte baufällige Staatsgymnasium (Neubau im alten botan. Garten, Pl. 5); weiter die **Universität** (Pl. C D 3), 1672 von Kaiser Leopold I. gestiftet (1000 Stud.). Nebenan die *Universitäts-* oder *Jesuitenkirche* (Pl. 9), 1620-40 im Barockstil erbaut, mit stattlicher 60m h. Kuppel und zwei 1901 erbauten Türmen, und die *Universitäts-Bibliothek* (Pl. 25) mit 234 000 Bänden (tägl. 8-1 und 3-5 U. geöffnet).

Im N. der Universitätsstraße das *Kapuzinerkloster* (Pl. D 2, 3), 1592 begonnen, das erste dieses Ordens in Deutschland; der Pförtner zeigt die Einsiedelei Erzherzog Maximilians des Deutschmeisters (s. oben), der hier jährlich eine Zeitlang wohnte. — Die Saggenstraße führt weiter nach der neuen nordöstl. Vorstadt, mit dem Ausstellungsplatz von 1893 (Pl. E 2), dem 1889 erbauten stattlichen *Waisenhaus* (Pl. E. 2), dem Gebäude der *k.k. Staatsbahndirektion* (Pl. E 1, 2), der *Handelsakademie* (Pl. D 1), der *protestantischen Kirche* (Pl. D 1) und dem *Kloster* und der *Kirche zur ewigen Anbetung* (Pl. D 1; an der Fassade reicher Mosaikschmuck).

In der Museumstraße erhebt sich der stattliche Renaissancebau des ***Museum Ferdinandeum** (Pl. C D 3), 1884-86 vollendet, mit 22 Künstler- und Gelehrten-Büsten an der Fassade. Eintritt an Wochentagen 9-5, So. 9-12 U., 1 *K* (Kleiner Führer 20 *h*).

ERDGESCHOSS. Korridor links: römische Grab-, Meilen- und Altarsteine; rechts: mittelalterl. u. neuere Stein- und Bronzedenkmäler, u. a. Wappenstein des Herzogs Sigmund (1482); Grabplatte des Erzgießers Gregor Löffler († 1565) und seiner Frau. — In der Mitte der zugleich zu Ausstellungen benutzte Sitzungssaal. — L. die zoologische Sammlung (unter den Vögeln mehrere sog. Rackelhähne, eine Kreuzung zwischen Auerhahn und Birkhuhn). R. die geognostisch-paläontologische und die mineralogische Sammlung.

Im Treppenhaus Kartons von M. Stadler, G. Flatz, K. Blaas u. a.

ERSTER STOCK. Im Korridor Originalmodelle von Werken tirolischer Bildhauer. — R. I. Waffen-Kabinett. Glasgemälde des XVI. u. XVII. Jahrh., Waffen. — II. Archäolog. Saal: rhätische, römische u. german. Altertümer. Beachtenswert die Funde aus dem langobard. Fürstengrab von Civezzano, die Funde von Matrei, Moritzing, Brixen usw. — III. Ethnograph. Kabinett (u. a. alte orient. Waffen; indische Aquarelle). — IV. Kartograph. Saal: Tiroler Karten vom XV.-XIX. Jahrh., darunter die des Peter Anich u. Blasius Hueber von 1774; Reliefkarten von Franz Keil u. a. — V. Kulturhistor. Saal: Zunftzeichen; tiroler Maße u. Gewichte; Trachtenbilder; tiroler Musikinstrumente.

VI. Rundsaal. Erinnerungen an die Kämpfe des J. 1809, namentlich an *Andreas Hofer* (S. 343, vgl. auch S. 251, 254) und seine Waffengefährten, den Landesschützenmajor *Jos. Speckbacher* (1767-1820; vgl. S. 224) und den Kapuziner *Haspinger* (1776-1858), sowie auch an die Kriege von 1848 und 1866. *Radetzky-Album*, mit über 1000 Autographen aus der Mitte des XIX. Jahrh.

VII. Saal. Plastische Bildwerke aus Tirol seit dem Mittelalter: Terpsychore und Venus, Bronzen von *Dom. Mahlknecht* (1793-1876); Reliefs von *A. Colins* (S. 251); Holzreliefs von *Jos. Hell* (1793-1832); Kruzifixe des XIII.-XVIII. Jahrh.; Votivbild aus Wachs des Grafen Leonhard v. Görz († 1500). — VIII. Saal: Emaillen, venezian. und deutsche Gläser, Steinkrüge, Meßgewänder, Spitzen, Uhren (Taschensonnenuhren mit Magnetnadel), Porzellan usw. — IX. Saal. Möbel seit dem XV. Jahrh., Glasgemälde; an der Schmalwand l. vom Eingang: Emailtafeln aus Limoges von ca. 1688. — X. Saal. Metallarbeiten: l. am Fenster ein Glasschrank mit Arbeiten aus edlem Metall, u. a. das sog. Schmuckkästchen der Philippine Welser; Bestecke, kirchl. Geräte, Zinnsachen, Schmiedearbeiten u. a. — XI. Saal. Münz- und heraldische Sammlung.

ZWEITER STOCK. Gemälde-Galerie, in 7 Sälen und 10 Kabinetten. Von der Treppe r. I-V. Kab.: Tiroler, altdeutsche u. niederländ. Maler vom XIV. bis XVI. Jahrh.; hervorzuheben, im II. Kab.: 25. *Mich. Pacher* († 1498), Flügelaltar aus dem Besitz der Familie v. Anreiter in Brixen; im IV. Kab.: 122. *Unbekannter Meister* (Schule Holbeins), Bildnis des Brixener Domherrn Angerer, 1519; 899, 900. *H. Baldung Grien*, Beweinung Christi, Madonna mit Engeln; 898, 616. *L. Kranach d. Ä.*, Madonna, h. Hieronymus; 124. *M. de Vos*, Madonna; im V. 130. *Seb. Scheel* (1479-1554), h. Familie, Altarbild von 1517, im alten Rahmen; o. Nr. *Sigm. Elsasser* († 1587), männl. Bildnis. — I.-III. Saal: Tiroler Maler des XVII.-XIX. Jahrh. (im III. Saal: 872. *K. Blaas*, Gefangennahme Andreas Hofers; Landschaften von *Jos. Ant. Koch*, 1768-1839). — IV. Defregger-Saal. *Defregger* (S. 205), *3. Speckbacher und sein Sohn Anderl, 9. Selbstaufopferung des Tbarerwirts, 11. Tiroler Helden; dann sechs Kopien der Hauptbilder Defreggers, z. T. vom Meister selbst vollendet. — V. Saal. Moderne Tiroler und Österreicher: 943. *K. Jordan*, 1809; 457. *A. Egger-Lienz*, Ave Maria nach dem Kampf am Berge Isel 1809. — VI. Saal. Italiener, Franzosen, Spanier des XVII. u. XVIII. Jahrh. — VII. Saal. Niederländer, z. T. vortrefflich: *606. *Frans Hals*, Familienbild; 608. *Terborch*, Bildnis in ganzer Figur; 598. *Van der Helst*, Brustbild; 703. *A. van Dyck*, Dame mit Spitzenkragen; 635. *Alb. Cuyp*, Kircheninneres; 625. *G. Dou*, männl. Bildnis; 599. *Rembrandt*, des Malers Vater; 697. *Rubens*, ein Feldhauptmann; 652-54. *A. van der Neer*, Tageslandschaft und zwei Nachtlandschaften; 613, 611. *A. van Ostade*, alter Mann mit einem Zeitungsblatt, Mann mit Tonpfeife, Weib mit Bierkrug; 717. *Dav. Teniers d. J.*, Küche; 624. *G. Dou*, flöteblasender Knabe; 712. *A. Brouwer*, lachender Mann mit Zinnkrug; 659. *P. Potter*, Tierstudie. — Kab. VI. Kleine Niederländer. — Kab. VII.-X. Aquarelle und Zeichnungen von tiroler Malern; im VII. *Edgar Meyer*, Schwarzensteingrund.

Den südl. Abschluß der Maria Theresienstraße (S. 250) bildet die **Triumphpforte** (Pl. C 5), bei der Vermählung des spätern Kaisers Leopold II. mit der Infantin Maria Ludovica 1765 zum Einzug der Kaiserin Maria Theresia und ihres Gemahls Franz I. errichtet (dieser starb während der Festlichkeiten, daher die Trauerzeichen im Ornament der Nordseite). — In dem neuen Stadtteil im W. der Triumphpforte sind zu erwähnen: das *Pädagogium* (Pl. B C 4; Relief von Tirol s. S. 249), das *Hauptpostgebäude* (Pl. C 5), das *Gerichtsgebäude* (Pl. B 4, 5), die *Herz-Jesu-Kirche* (Pl. 16: B 5), die *Universitätskliniken* usw. Auf dem Carl Ludwigplatz (Pl. C 4) das *Adolf Pichler-Denkmal* von Edm. Klotz (1909).

Auf dem **Friedhof** (Pl. A 5, 6) hübsche neue Denkmäler von den Bildhauern Natter, Gasser, Grissemann u. a., und das vom alten Friedhof hierher übertragene Renaissance-Grabdenkmal des Bildhauers A. Colins (S. 251), mit Marmor-Relief der Auferstehung. Die Vorhalle zur Kapelle hat Fresken von Franz Plattner (1863-73) und Skulpturen von M. Stolz.

Im S. der Triumphpforte beginnt der seit 1904 mit Innsbruck vereinigte Stadtteil **Wilten**, der sich bis zum Fuße des Berges Isel erstreckt (Lokalbahn u. elektr. Straßenbahn s. S. 248, 249). Nabe dem S.-Ende r. die *Pfarrkirche* (Pl. D 7), 1751-56 erbaut, mit Gemälden von Math. Günther (1764) und hübscher Stuckdekoration im Rokokostil. Schräg gegenüber der kräftige Barockbau der *Prämonstratenser-Stiftskirche* (Pl. D 7), aus dem Ende des XVII. Jahrh. Die Gründung des Stifts wird 1128 angesetzt. Zur Römerzeit lag hier *Veldidena*, das in der Völkerwanderung zerstört wurde. — *Stubaital-Bahnhof* (Pl. C 7) s. S. 301.

Der ***Berg Isel** (Pl. D 8; 750m ü. M.), von der Lokalbahnstation auf Promenadenwegen in 10 Min. zu ersteigen (der Fahrweg zweigt weiter westl. von der Brennerstraße ab, vgl. Pl. C 8), verdankt seinen berühmten Namen den Kämpfen des J. 1809, in deren Verlauf die tapfern tiroler Bauern unter Andreas Hofer dreimal (12. April, 29. Mai, 13. August) von hier aus die von Bayern und Franzosen besetzte Hauptstadt nahmen. Der Berg ist seit 1816 im Besitz der Kaiserjäger, die hier ihre Schießstätte haben (Militärkonzert s. S. 249). Vorn das *Regiments-Museum*, mit vielen Erinnerungen (Eintr. nur im Sommer, 40 *h*, gedruckter Führer 40 *h*), und n.ö. von diesem ein *Pavillon* mit Orientierungstafel und reizender Aussicht auf Inntal und Stadt. Dabei eine große Gartenwirtschaft. In der Nähe der Schießstände, wo der Fahrweg endet, ein 1893 errichtetes *Bronzestandbild Andreas Hofers*, die Fahne in der linken Hand, mit der rechten Hand nach Innsbruck weisend, von H. Natter, und drei Kriegerdenkmäler.

Folgt man dem Fahrweg westl. bis beinah zur Brennerstraße (5 Min.) und steigt hier l. den alten steilen sog. Hohlweg hinan (vgl. Pl. C 8; Wegweiser: Abkürzung nach Stefansbrücke usw., s. S. 259), so gelangt man in 10 Min. zur Bahnhaltstelle *Sonnenburgerhof* (680m; *H. Sonnenburgerhof, mit großem Garten und hübscher Aussicht, 60 B. zu 1.60-3, P. 7-8.50 K); s. S. 301. Von hier reizender Waldweg (Andreas Hoferweg) zum *Hußlhofe* (S. 248; 25 Min.) bzw. zur *Mentelbergquelle* (1 St.). — Am Sonnenburgerhof l. rot MW. hinauf durch Wald in 20 Min. zum *Blumesköpfl* (855m), mit malerischem Blick besonders nach Süden. — Auf der Brennerstraße nach (2¹/₂ St.) *Schönberg*, s. S. 259. Nach *Natters* und *Mutters* (1 bzw. 1¹/₄ St.) s. S. 301 (Stubaitalbahn in 17-24 Min.).

Den schönen Blick von der entgegengesetzten Seite auf Innsbruck mit dem Hochgebirge im Hintergrund hat man im N. der Stadt.

Man überschreitet die **Innbrücke** (Pl. B 3), die nach den Vororten *Mariahilf*, *Hötting* (mit alter hochgelegener Kirche und dem neuen botan. Garten der Universität) und *St. Nikolaus* führt, und geht durch die Anlagen des *Innparks* (Pl. B 3, 2, C 2; darin ein Zinkstandbild Walthers von der Vogelweide, S. 357) und eine Bronzebüste des Gründers der tiroler Feuerwehren Franz Thurner, 1828-79); oder man benutzt die Lokalbahn bis zum Ende des Rennwegs (Pl. C 2, 1), wo ein Laufsteg zum l. Ufer hinüberführt.

Bei der got. *St. Nikolauskirche* (Pl. 12: C 1) wendet man sich nördl. in die Weiherburggasse und erreicht, am Schloß *Büchsenhausen* (Bräuhaus und Badeanstalt) und dem *H.-P. Kayser* (S. 248) vorbei, in ¹/₂ St. das Schloß **Weiherburg** (673m; *Pens. u. Restaur.*); von der Aussichtsterrasse (Orientierungstafel) schöner Blick auf das Inntal, die Stadt Innsbruck, den Glungezer, Patscherkofel usw. (von hier zur *Hungerburg*, s. unten, steiler Fußweg in ¹/₂ St.; nach *Mühlau*, s. S. 256, Fahrstraße in 20 Min.).

Eine 850m l. Drahtseilbahn, am r. Innufer oberhalb der Kettenbrücke neben der Haltestelle der Lokalbahn beginnend (Abfahrt alle 15 Min., Fahrzeit 9 Min.; Fahrpreis 80 h, hin und zurück 1 K), führt auf schräger 150m l. Brücke über den Inn, dann hinan (Steigung 19-55 %) über einen Viadukt von 170m Länge und 12m Höhe zum Plateau der **Hungerburg** (858m; H.-Rest. Mariabrunn, 38 B. zu 3-5, P. 6-10 K; Café-Restaur. Bahnhof), mit Aussicht (am besten nachmittags) bis zu den Stubaier Fernern.

Von hier auf dem 1908 vom Verschönerungsverein erbauten 20km langen Promenadenweg (blau-weiße WM.): westl. zum (¹/₂ St.) *Alpengasth. Frau Hitt* auf dem Grammartboden (874m), zum (20 Min.) *Höttinger Bild* (906m) und in 1¹/₄ St. über den Stangensteig zum Kerschbuchhof (S. 256); Abstieg vom Höttinger Bild auch über den Planötzenhof (s. unten) nach (³/₄ St.) Innsbruck. — O. führt von der Hungerburg der Promenadenweg zur *Mühlauer Klamm* (¹/₄ St. oberhalb über den Bach und auf grün bez. Wege 20 Min. zur *Mersihütte* mit Wirtsch. und schöner Aussicht); über den Bach zum *Purenhof* und (1¹/₄ St.) *Rechenhof* (*Gasth.), am *Garzanhof* vorbei zur (³/₄ St.) *Thaurer Schloßruine*, weiter nach (³/₄ St.) *Absam* und (¹/₂ St.) *Hall* (S. 223). Vom Rechenhof Promenadenweg in ¹/₂ St. zum Schillerweg (s. unten).

Von der Weiherburg führt der hübsche *Schillerweg* zum (20 Min.) Eingang der sehenswerten **Mühlauer Klamm** (*Gasth. Schillerhof); von der (3 Min.) *Höllenkanzel* Blick auf den die Klamm durchtosenden Bach. Zurück nach (15 Min.) **Mühlau** (618m; Gasth.: P. Edelweiß; P. Villa Andechs; Stern, mit Garten-Restaur.; Badhaus), hübsch gelegenes Dorf mit 1017 Einwohnern, und mit Lokalbahn in 12 Min., oder zu Fuß in ¹/₂ St. nach Innsbruck.

Kranebitter Klamm, 2¹/₂ St., lohnend (F. 3 K, unnötig). Der Innbrücke (S. 255) gegenüber die Höttinger Gasse hinauf geradeaus zur Höttinger Kirche, l. hinab zum Höttinger Bach und gleich r. an ihm aufwärts bis zum Wegweiser, wo l. zum (³/₄ St.) *Planötzenhof* (783m; Wirtsch.). An der Waldecke Wegteilung: l. hinunter am Waldrand hin ¹/₂ St. zur *Buzzihütte* (Wirtsch., Aussicht); mittl. Weg 1 St. zum Kerschbuchhof (s. u.); r. hinauf zur (¹/₄ St.) zweiten Wegteilung: r. zur (¹/₄ St.) einsam aber schön gelegenen Waldkapelle *Höttinger Bild* (906m; zur Hungerburg s. S. 255); l. auf dem *Stangensteig* durch Wald zum (1¹/₄ St.) *Kerschbuchhof* (797m; Wirtsch.) mit Aussicht auf Saile, Kalkkögel, Tuxerferner (Olperer); dann durch Wald in ¹/₂ St. hinab in die Klamm und durch diese (Drahtseile) über Felsblöcke zur (¹/₂ St.) *Hundskirche*, der engsten Stelle. Von hier zum Jägerhaus *Martinsberg* (S. 312) MW. über den *Langen Lahner* in 2¹/₂ St. (F. 8 K; besser auf MW. über Jagdhütte Klammeck, s. S. 312). — Vom Kerschbuchhof Abstieg r. auf MW., aber steinig, besser l. nach (¹/₂ St.) *Kranebitten* (Gasth.) und über die Innbrücke zur (¹/₄ St.) Stat. *Völs* (S. 311).

Von den Kalkbergen an der N.-Seite des Inn ist am lohnendsten das **Hafelekar** (2334m), 4¹/₂-5 St., steil und ziemlich beschwerlich (F. 8 K, für Geübte unnötig). Rot MW. von der (³/₄ St.) *Hungerburg* am *Titschenbrunnen* (1050m) vorbei zur (2 St.) verfallenen *Bodensteinhütte* (1700m) und zum (2 St.) Gipfel, mit Kreuz und prächtiger Aussicht (5 Min. jenseits sehr kalte Quelle, 2°). Über den *Frau Hitt-Sattel* oder die *Arzler Scharte* nach *Scharnitz* (F. 15 K), s. S. 65.

NACH AMRAS, entweder mit der Lokalbahn (S. 257) bis Station Amras, dann zu Fuß 5 Min.; oder mit Lokalbahn oder Straßenbahn bis Berg Isel (S. 254), von hier l. unter der Brennerbahn hindurch, über die Sill (r. der erste Tunnel der Bahn), dann „Fürstenweg"-Straße bis zum Schloß, ³/₄ St. Für Fußgänger schönster Weg: jenseit der Sillbrücke beim Berg Isel r. auf dem Vill-Iglser Fahrweg beim *Bretterkeller* vorüber, dann l. auf schönem Promenadenwege (vgl. Pl. E F 8) durch Wald in ³/₄ St. zum *Tummelplatz*, der ehem. Turnierbahn, 1797-1805 als Begräbnisstätte für gefallene Krieger benutzt; von da, zuletzt auf dem Fürstenweg an der Parkmauer entlang, in 10 Min. zum Eingang des Schlosses (Restaur. Schloßkeller).

***Schloß Amras** oder *Ambras* (630m), seit Anfang des XI. Jahrh. Burg der Grafen von Andechs, kam 1563 durch Kaiser Ferdinand I. an seinen zum Statthalter von Tirol ernannten Sohn Ferdinand, den Gemahl der Augsburger Patriziertochter Philippine Welser (seit 1557). Der Erzherzog erweiterte den bis dahin unansehnlichen Bau und füllte ihn nach dem Tode seiner Frau mit Kunstschätzen, die,

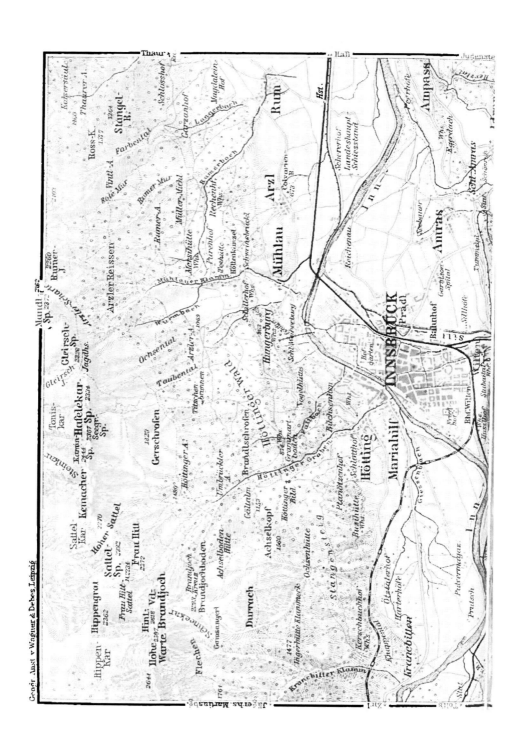

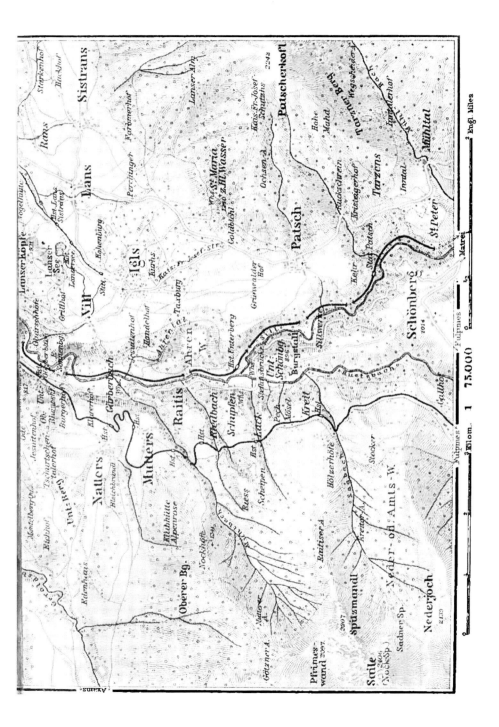

seit 1806 in Wien, noch heute den wertvollsten Teil der Waffensammlung des k. k. Hofmuseums bilden. In den Kriegszeiten Ende des XVIII. und Anfang des XIX. Jahrh. diente das Schloß mehrfach als Kaserne und als Spital. Bewohnt wurde es nur noch 1855-61 von Erzherzog Karl Ludwig, Statthalter von Tirol, der es herstellen ließ. Die von ihm neu gesammelten Kunstgegenstände wurden 1880-82 aus den Wiener Sammlungen zu einem Museum ergänzt.

Einlaß: außer am Montag und den Tagen nach Feiertagen, täglich 9-12, 2-5, im Winter 10-12 u. 2-4 U., 40 h; Sonn- u. Feiertags frei. — Beschreibung von Dr. A. Ilg, 60 h.

In dem großen Hofe, den man zunächst betritt, hat man zur R. das von Erzh. Ferdinand erbaute UNTERSCHLOSS, in dessen offener Säulenhalle acht römische Meilensteine von der Brennerstraße aus der Zeit des Kaisers Septimius Severus (193-211 n. Chr.) aufgestellt sind. An die Säulenhalle schließt sich in zwei großen Sälen die reichhaltige *Waffensammlung*, in chronolog. Ordnung vom XV. Jahrh. bis zur Neuzeit.

Hinten im Hof l. das HOCHSCHLOSS, der älteste Teil des Gebäudes, unter Erzh. Ferdinand mit einem zweiten Stockwerk versehen und bedeutend erweitert, namentlich durch den 1570-71 angebauten sog. *Spanischen Saal*, den man zuerst betritt. Der Saal, 1856-77 restauriert, 43m l., 10 br., 5,5m h., ist mit seinem Marmorfußboden, der kräftigen Holzdecke, den kunstvollen Intarsiatüren, den in Wasserfarben ausgeführten Bildern von Grafen und Herzögen von Tirol von 1229-1600 und den Stuckschilden und Geweihen ein charakteristisches Werk deutscher Renaissance. Anstoßend das *Kaiserzimmer*, mit der Fortsetzung der Fürstenbilder. Ferner im Erdgeschoß zu erwähnen: die neu hergestellte got. *Kapelle* aus dem XV. Jahrh., mit Wandgemälden von Wörndle, und das angebl. *Badezimmer* der Philippine Welser. — Im I. Stock, Nordseite, sechs Säle mit Möbeln und andern Einrichtungsstücken des XVI.-XVIII. Jahrh.; im V. S. Täfelung von 1691 aus Meran, im VI. S. kirchliche Gegenstände. Die acht Säle der Südseite enthalten Modelle und Werke der Kleinkunst. — Im II. Stock (N.-Seite) die historische Porträt-Galerie in neun Sälen; darunter im III. u. IV. Saal Porträte des Erzh. Ferdinand († 1595), das angebliche Porträt der Philippine Welser (1527-80), ihrer Söhne Andreas († 1600 als Kardinal) und Karl († 1618) u. v. a.; im V. Saal schöne Holzdecke von 1566-70. Weiter vier Säle mit Bildern ohne Wert.

Der ausgedehnte Park (Eingang beim Hochschloß r.), mit malerischen Wasserfällen, bietet schöne Aussichten. — Gleich oberhalb des Schlosses die schöngelegene *Pens. Schönruh* (660m; s. S. 248).

20 Min. ö. von Amras liegt *Bad Egerdach* (597m), mit erdkal. Quellen, in waldreicher Umgebung. Schöne Aussicht von dem Kirchhügel von *Ampaß* (718m), 15 Min. weiter ö.

VON INNSBRUCK NACH IGLS. — Innsbrucker Lokalbahn von der Station Berg Isel (S. 249; die Züge gehen durch, ohne Wagenwechsel) im Sommer 12mal tägl. in 26 Min. für 1 K 20 h (Talfahrt 80 h). — Wagen von Innsbruck auf dem alten Wege über *Vill* nach Igls, Einsp. 7, Zweisp. 10 K, einschl. Trinkgeld; über Amras und Lans 10.60 und 16 K.

Lokalbahn bis zur *Station Berg Isel* s. S. 254. Die Bahn überschreitet die *Sill*, dann den Fürstenweg (S. 256) und führt durch Wald bergan zur (7 Min. Fahrzeit) Stat. *Amras;* Fußpfad zum Schloß hinter der Wartehalle (5 Min.; s. S. 256). Weiter in großen Kehren aufwärts, mit Blicken ins Inntal, an der Stat. *Tantegert* vorbei zur Stat. *Aldrans*, 15 Min. w. von dem gleichn. Dorf (761m; Plattner, 30 B. zu 1.60-2, P. 4-6 K; Aldranser Hof, mit Aussicht; beide gut).

23 Min. Stat. *Lans-Sistrans*, 10 Min. w. von dem Dorfe *Lans* (864m; Traube, Wilder Mann), 20 Min. von *Sistrans* (919m; Krone; Glungezer), beide als Sommerfrischen besucht. Vom Bahnhof gleich r. durch das Holzgatter erreicht man in westl. Richtung in 20-25 Min. die nordwestliche Kuppe der *Lanser Köpfe (931m), mit Orientierungstafel und schöner Aussicht auf Innsbruck, über das Inntal von der Martinswand bis zum Kaisergebirge, im S. Stubaier Ferner, Waldraster Spitze, Habicht, Saile.

Fußweg von der Sillbrücke bei Wilten auf die Lanser Köpfe (1 St.): beim *Bretterkeller* vorbei, dann auf dem „Abkürzungsweg" (vgl. S. 256 und Pl. E F 8) den bewaldeten *Paschberg* hinan, weiter auf dem Lanser Fahrweg, dann dem Fußweg r. folgend. — Von der Sillbrücke am Bretterkeller vorbei anfangs durch Wald über *Vill* (Gasth. Schlögl) nach (1¼ St.) *Igls*.

25 Min. HS. *Lanser See*, bei dem moorhaltigen kleinen See d. N. (842m; *H.-P. Lansersee, 100 B. zu 2-5, P. 7-10 *K*), mit Badeanstalten.

26 Min. (8,₅km) **Igls.** — Gasth. (Kurtaxe tägl. 30 *h*): *Gr.-H. Iglerhof, 12 Min. vom Bahnhof, in schöner Lage am obern Ende des Dorfs (884m), ersten Ranges, drei Häuser, mit Bädern, 15. Juni-15. Sept., 140 B. von 3½ *K* an, F. 1.60, M. 5, A. 3.80, P. o. Z. 7.50 *K*; *H. Maximilian, mit fünf Dependancen, 130 B. zu 3-8, P. o. Z. 7 *K*; *H. Tirolerhof, am Bahnhof, 1. Mai-15. Okt., 90 B. zu 3-6, F. 1.25, P. 8-14 *K*; Altwirt, 5 Min. vom Bahnhof, mit Gartenrestaurant, 60 B. von 2 *K* an, P. 7-10 *K*, gut; *P. Stettnerhof, 55 B., P. von 7½ *K* an; Stern, 80 B. von 2, P. von 5 *K* an. — *Dr. E. Popper's Kurheilanstalt*, Mai-Okt., 70 B., P. 10-17 *K*. — *Waldcafé Girgl*, 3 Min. oberhalb Igls.

Igls (870-884m), Kirchdorf mit 295 Einwohnern, am Fuße der bewaldeten Vorhöhen des Patscher Kofels, mit freiem Blick über das wellige Hochplateau und die Gebirge im SW., wird als Luftkurort und Wintersportplatz viel besucht. Neues Kurhaus. Angenehme Waldwege mit vielen Bänken.

N.ö. nach *Lans* (s. oben; ½ St.); südl. in der Richtung nach Patsch, dann r. bergan zum *Rosenhügel*, mit schönem Blick auf die Stubaier Ferner, oder weiter auf der schönen Kaiser Franz Josefstraße nach (50 Min.) *Patsch* (1002m; Bär), ¾ St. oberhalb der HS. der Brennerbahn (S. 292), und über Mühltal, Ellbögen und Pfons nach (2¼ St.) *Matrei* (S. 293).

Von Igls auf den *Patscher Kofel* (2248m), 4 St., F. 7 *K*, unnötig. Vom Altwirt (Handweiser) nach 5 Min. r. über den Bach, dann durch Wald, den Passionsstationen nach, die „Salzstraße" kreuzend, auf rot mark. Reitsteig zum (1 St.) Wallfahrtskirchlein *Heiligwasser* (1240m; Whs.) und über die *Ochsenalp* (gute Quelle) zum (2¼ St.) *Kaiser Franz-Josef-Schutzhaus* des OTK. (1970m; *Wirtsch., 11 B. u. 24 Matr.; F), mit prächtiger Aussicht, 40 Min. unter dem aus mehreren kleinen Kuppen bestehenden Gipfelplateau, mit ähnlicher, aber nach O. und S. freierer Aussicht. — Vom Kaiser Franz-Josefhaus rot MW. (beschwerlich, F. 12 *K*, ratsam) auf den (3½ St.) *Glungezer* (2679m), vgl. S. 225. — Von Heiligwasser über die *Steinerne Stiege* nach *Sistrans* (s. oben) 40 Min., nach Patsch (s. oben) 25 Min.

Von Innsbruck nach Schönberg, 15km, lohnender Ausflug (Einspänner hin u. zurück 10.40, Zweisp. 16 *K*; Fußgänger gehen am besten von Stat. Gärberbach, S. 301, in 1¾ St. nach Oberschönberg). Über Wilten bis zum *Berg Isel* s. S. 254. Die Brennerstraße steigt in Serpentinen, mit herrlichem Blick ins Inntal, bis zu dem S. 255 gen. H. *Sonnenburgerhof* (kürzer der Hohlweg, vgl. S. 255) und führt dann

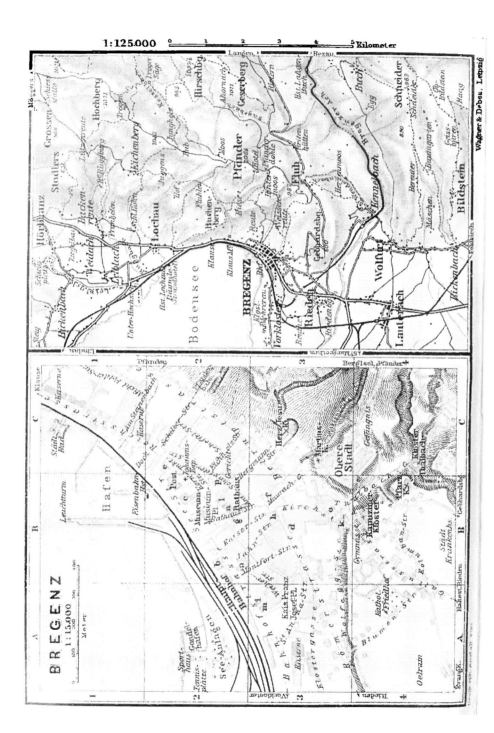

hoch über dem tief eingeschnittenen *Silltal* (l. unten die Brennerbahn mit ihren Tunneln) am (³/₄ St.) *Gasth. Gärberbach*, weiter am *Schupfen-Whs.*, 1809 Hofers Hauptquartier, vorbei zur (³/₄ St.) *Stefansbrücke* (708m), die in 43m weitem Bogen den aus dem Stubaital kommenden *Rutzbach* überspannt (lohnender Spaziergang von Gärberbach l. hinab durch das hübsche *Ahrental* zur Stefansbrücke, ³/₄ St.). Jenseit der Brücke beim *Gasth. zur Stefansbrücke* teilt sich die Straße: die neue Brennerstraße zieht sich l. um den Bergrücken herum in vielen Windungen hinan zum (1¹/₂ St.) *H. & Bad Schönbergerhof* (964m); von hier 15 Min. bis Schönberg. Kürzer und für Fußgänger weit lohnender die alte Brennerstraße (am Beginn eine Marmortafel mit latein. Inschrift, Geschichte der Straße seit der Römerzeit), jenseit der Stefansbrücke r. ziemlich steil bergan, nach (1 St.) **Schönberg** (1014m; *H.-P. & Rest. Jägerhof, 80 B. zu 1¹/₂-3, F. 1, M. 2¹/₂, P. 6-8 *K*; *Schönachhof, 15 B. zu 1-1.40, P. 5-6 *K*; *Domanig; Alte Post), schön gelegene Sommerfrische (300 Einw.). Von der *Wittingwarte* (1026m), mit Orientierungstisch, vorzüglicher Überblick des Stubaitals, r. Saile und Kalkkögel, l. Waldraster Spitze und Habicht, bis zu dem eisgekrönten Hintergrund (Aperer Freiger, Wilder Pfaff, Zuckerhütl, Schaufelspitze); im N. die Innsbrucker Kalkalpen. — Von hier über *Mieders* nach *Fulpmes* s. S. 302; nach *Maria-Waldrast* s. S. 293.

46. Von Bregenz nach Landeck. Vorarlberg.

147km. STAATSBAHN, Schnellzug in ca. 3 St. für 17.90, 10.90, 7 *K* (beim Mittags-Schnellzug von Feldkirch ab Speisewagen), Personenzug in 5-5¹/₄ St. für 13.60, 8.30, 5.30 *K* (bis Innsbruck, 220km, in 4¹/₂ bzw. 8 St.). — Die **Arlbergbahn**, 1880-84 erbaut, ist eine der interessantesten Gebirgsbahnen; Maximalsteigung auf der Westseite (Bludenz-Langen) 31 ⁰/₀₀ (Gotthardbahn 26 ⁰/₀₀), Ostseite (Landeck-St. Anton) 26 ⁰/₀₀. Aussicht von Bludenz bis Langen meist *rechts*, von St. Anton bis Landeck *links*. — Bei der Fahrt über Lindau (S. 24) nach Bregenz findet die Zollrevision in Lindau statt; Gepäck kann bis Bregenz aufgegeben werden, doch ist persönliche Anwesenheit des Besitzers bei der Zollrevision in Lindau notwendig (s. S. xxv).

Bregenz. — GASTHÖFE: *H. Montfort (Pl. a: B 2), 80 B. zu 3-6, F. 1.50, P. 10-13 *K*; *H. de l'Europe (Pl. b: B 2), 60 B. zu 2-4, F. 1.20, P. 7-9 *K*, beide am Bahnhof; *Österreichischer Hof (Pl. c: B 2), am Hafen, 50 B. zu 2-4, F. 1.20, P. von 6 *K* an; *Weißes Kreuz (Pl. d: B 3), Römerstr., 54 B. zu 2-4, F. 1.20, P. 7-9 *K*; Post (Pl. e: C 2), am Hafen, 86 B. zu 2-4, P. 6-9 *K*; Krone (Pl. f: B 3), 40 B. zu 2-2¹/₂, F. 1 *K*. — Einfacher: Austria (Pl. g: B 2), 21 B. zu 2 *K*; Schweizerhof (Pl. h: B 3); Bregenzerhof (Pl. i: A 3); Heidelberger Faß (Pl. k: B 3), mit Garten, 35 B. zu 1.60-2 *K*, gelobt; Lamm (Pl. l: B 2); Kaiserhof (Pl. m: A 3); Brändle, am Bahnhof, 18 B. zu 1.60-2.50 *K*, gut; Brauerei Löwe (Pl. n: B 2), gelobt; Rose (Pl. o: B 3); Tirolerhof (Pl. p: B 2), 42 B. zu 1.40-2 *K*; Jäger; Adler.

RESTAURANTS: *Bahnrestaurant* (große Veranda, abends Konzerte); *Sporthaus* (Pl. A 2), in den städt. Seeanlagen (S. 260); *Zentral* (Pilsner Bier); *Rainersche Bierhalle*, Montfortstr. 13 (auch B.); *Austria*, Rathausstr.; *Veranda am See; Weberbeck* u. a. — Wein bei *Ferd. Kinz* („Bürgermeister"), Kirchstr.; *Altdeutsche Weinstube*, gegenüber dem Bahnhof (auch Z.); *Krone*, in Vorkloster; *Heidelberger Faß; Zur Ilge*, Maurachgasse; *Rößle*. — Bier im *Hirschen* und *Löwen; Forster*, mit Garten; *Gruners* Biergarten; *Schützengarten* auf dem Berg Isel (S. 260); zum *Engel*, an der Achbrücke.

Schwimm- und *Badeanstalten* an der Lindauer Straße. — *Auskunftbureau des Verbandes für Fremdenverkehr* im Bahnhof. — *Bankgeschäfte: Österreich. Kreditbank; Bank für Tirol und Vorarlberg.*

Bregenz (396m), Hauptstadt von *Vorarlberg*, mit 8500 Einw. (inkl. Rieden u. Vorkloster), liegt reizend am Fuß des *Pfänder* am O.-Ende des *Bodensees*. Am Ufer entlang ziehen sich, von der Stadt durch die Eisenbahn getrennt und auf drei Übergängen (beim Hafen, gegenüber der Bezirkshauptmannschaft und jenseit des Bahnhofs) erreichbar, die *Seeanlagen* (Pl. A B 2), mit herrlichem Blick auf den See und die Säntisgruppe (Sporthaus; häufig Konzert). In der Rathausstr. (Pl. B 2) das *Landesmuseum* (Eintr. 1 *K*) mit naturhistor. Sammlungen, Gemälden, Gobelins, Münzen und in der Umgebung ausgegrabenen römischen Altertümern. Die *Alt-* oder *Oberstadt*, ein unregelmäßiges Viereck auf einer Anhöhe, nimmt die Stelle des römischen Castrums *Brigantium* ein, das die Straßen von den Graubündner Alpenpässen nach Süddeutschland deckte. Auf einem Hügel südl. die stattliche *Pfarrkirche* (Pl. B 4) mit altem Quaderturm.

Ausflüge. Schöner Spaziergang n. längs der Lindauer Straße am Gasth. *zur Schanz* vorbei zur (20 Min.) *Bregenzer Klause;* vom Pavillon „Gravenreuthsruhe" reizende Aussicht, ebenso vom Restaur. Melcher, 5 Min. weiter. Von hier am See entlang zum (20 Min.) *Bäumle* (Kaiser-Strandhotel), bei Station *Lochau* (S. 24; Anker, am See), und zum (10 Min.) Gasth. *zum Zech,* jenseit der Laiblach an der bayr. Grenze. — S. auf der Gallus-Straße über den *Oelrain* zur (15 Min.) Weinwirtschaft *Franz Ritter*, am Fuß des Gebhardsbergs; weiter zur (10 Min.) Gartenwirtschaft *zum Engel* an der *Achbrücke;* in der Nähe das Kloster *Riedenburg* (Töchterinstitut). Zurück auf der Römerstraße (30 Min.), mit Aussicht auf Stadt und See; oder über das Dorf *Rieden* (S. 274) nach *Vorkloster* (Krone, guter Wein). — W. nach (30 Min.) *Mehrerau*, Zisterzienserstift (in der Kirche Denkmal des Kardinals Hergenröther, † 1890); dabei Badeanstalt mit Schwefelquelle (im Sommer 3mal tägl. Omnibus von der Krone).

Bei der Pfarrkirche vorüber führt ein Fahrweg durch die städtischen Anlagen und Wald in $^3/_4$ St. auf den **Gebhardsberg* (600m). Oben auf den Mauerresten der alten Burg *Hohenbregenz* ein Kirchlein und Whs.; malerische Aussicht über den Bodensee, das Rheintal, die Appenzeller und Glarner Alpen (Orientierungstafel). Lohnend ist auch der von S. her unter der überhängenden Felswand hinaufführende „Ferdinand Kinz-Weg".

Auf den **Pfänder* (1064m; 2 St.; elektr. Zahnradbahn wird gebaut), Fußweg über den (20 Min.) *Berg Isel* (Schießstand u. Restaur.) und am (l.) Hof *Weißenreute* vorüber, dann r. (weiße WM.) durch Wald bergan, über die Bauernhäuser *Halbstation* und *Hintermoos* zum **H.-P. Pfänder* (1060m; Ende Mai bis Ende Sept.; 40 B. zu 2-3, F. 1, M. 3, P. von 7 *K*), 5 Min. unter dem Gipfel. Herrliche Aussicht (s. das nebenstehende Panorama), am schönsten bei Morgenbeleuchtung. — Ein anderer vielbenutzter Weg führt am Gasth. Grauer Bär von der Lindauer Straße r. ab und vereinigt sich

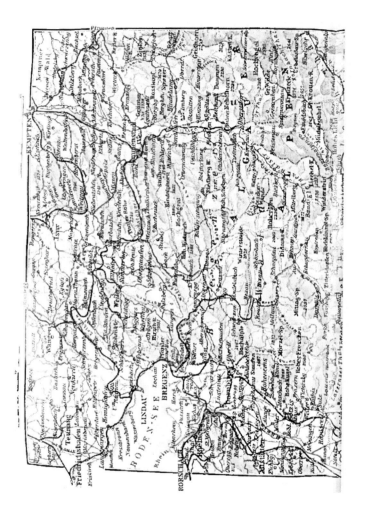

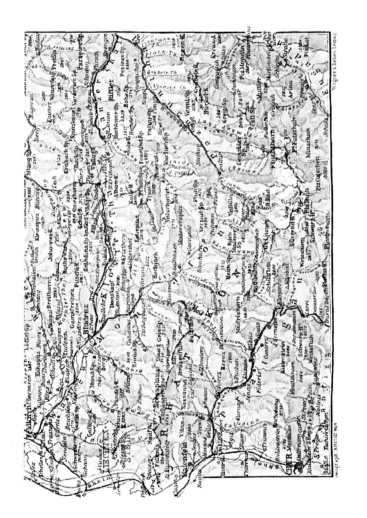

nach $^1/_2$ St. mit dem obigen Wege. — Der etwas weitere Fahrweg ($2^1/_2$ St., Zweisp. mit 3 Plätzen hin und zurück 20 K) führt durch den *Talbachwald* zum (1 St.) Dörfchen *Fluh* (800m; Halder, Steurer), mit reizender Aussicht, und zum (1 St.) Pfänder-Hotel.

Von *Lochau* (S. 24, 260) bequemer Weg bis zur *Hagenmühle*, dann l. hinan zur *Riese* und zum ($2^1/_2$ St.) Hotel. — Vom Pfänder über *Scheidegg* oder *Weiler* nach *Rötenbach* (6 St.) s. S. 23.

Vom **Hirschberg** (1088m), $1^1/_2$ St. n.ö. vom Pfänder, Aussicht weniger malerisch, aber besserer Überblick des Bregenzer Waldes (von Bregenz $3^1/_2$ St., über *Fluh, Geserberg* und *Ahornach*).

Bregenzerwaldbahn von Bregenz nach Bezau, s. S. 274.

DAMPFBOOT auf dem *Bodensee von Bregenz* nach Lindau 15 mal tägl. in 20 Min. (s. S. 24), über Lindau und Friedrichshafen nach Konstanz 9 mal tägl. in $2^1/_2$-3 St.

Die **Arlbergbahn** (S. 259) überschreitet die *Bregenzer Ach* (l. der Gebhardsberg, s. S. 260) und tritt bei (4km) *Lauterach* (Gasth. Bahnhof) in das breite *Rheintal*. — 9km **Schwarzach** (422m; Bahnrest.; Gasth.: Bregenzerwald, Löwe), großes Dorf mit 1000 Einwohnern, 8 Min. vom Bahnhof.

Fahrstraße durch das Fahrnachtobel in $1^1/_2$ St. nach *Alberschwende* (S. 262). — N.ö. auf der Höhe ($^3/_4$ St.) der Wallfahrtsort *Bildstein* (659m; Whs.) mit schöner Aussicht; am Wege dorthin ($1^1/_2$ St.) das Bad *Ingrüne* (600m), nahe am Walde hübsch gelegen.

10km HS. *Haselstauden* (Hirsch). Straße nach Egg s. S. 262.

12km **Dornbirn**. — GASTH.: *H. Weiß, am Bahnhof, mit Garten, 20 B. zu 1.40-2.50, F. 1, P. 5-6 K, guter Wein; *H. Rhomberg, Obere Bahnhofstr. 21, 30 B. von 2 K an, P. 6-8 K; Dornbirner Hof; Weißes Kreuz, 23 B. zu 1.20-2.50, P. 5-7 K; Hirsch; Mohr, B. 1.60-2, P. 5-7 K; Alte Post. — Gut eingerichtete *Schwimm- und Badeanstalt*.

Dornbirn (430m), fast 5km lange Stadt (14000 Einw.) an der *Dornbirner Ach*, aus den Vierteln *Markt*, n. *Haselstauden*, s.ö. *Oberdorf* und s.w. *Hatlerdorf* bestehend, mit lebhafter Industrie (besuchenswert die k.k. Stickerei-Fachschule). Den s.w. Horizont begrenzen die Appenzeller Berge, der Kamor und Hohe Kasten, der schneebedeckte Säntis, die vielgezackten Curfirsten und der Alvier.

AUSFLÜGE (überall WM.). Hübsche Aussicht vom *Zanzenberg (585m), $^1/_2$ St. ö. von Dornbirn, mit Pavillon, und vom Dörfchen *Kehlegg*, mit Schwefelbad und Whs. (1 St., durch das *Steinebachtal*). — 1 St. s.ö. (Omnibus vom Bahnhof, 60 h) im Tal der Dornbirner Ach das **Gütle** (519m; *Gasth.), mit Baumwollspinnerei und 57m h. Springbrunnen, den man auf Wunsch der Fremden springen läßt. 10 Min. weiter die *Rappenlochschlucht, von der tosenden Ach durchströmt, durch einen mit Schutzgeländer versehenen Weg zugänglich gemacht; hoch oben eine gedeckte Brücke (627m), über die der Weg nach Ebnit und zum Hohen Freschen führt (s. S. 262). Durch die Schlucht gelangt man in $^1/_4$ St. zum malerischen *Stauffensee* (Wirtsch., Kahnfahrt); am Ende des Sees das Dornbirner Elektrizitätswerk und das *Alploch*, eine malerische Felsschlucht mit 120m h. Wasserfall. Lohnender Rückweg über den *Zanzenberg* (s. oben; $1^1/_2$ St. bis Dornbirn). — $^3/_4$ St. südl. von Dornbirn unter der steilen Felswand des *Breitenbergs* das kl. **Bad Haslach** (Restaur.); in der Nähe ($^1/_4$ St.) der ansehnliche *Fallbach*-Wasserfall. — **Karren** (ca. 1000m), $1^1/_2$ St. südl. (MW.), leicht und lohnend; oben Aussichtsturm und schöne Fernsicht. — Über die **Lose** nach **Schwarzenberg**, $3^1/_2$-4 St. lohnend. Blau-weiß MW. über ($^3/_4$ St.) *Watzenegg* (Weinwirtsch.) zur ($1^1/_4$ St.) *Schwende*

(1056m), mit Aussicht auf Rheintal und Bodensee; dann durch Wald über die *Lose* (1248m) zur (1 St.) *Oberlose-A.* (1150m) und zum (10 Min.) **Alpengasth. Bödele** (1140m; 74 B.), Luftkurort in schöner Lage am Walde, mit kl. See (Badeanstalt), auch im Winter geöffnet und von Skifahrern viel besucht. Von hier auf das *Hochälpele (1467m) rot-weiß MW. in 1 St., s. S. 275. Hinab nach (1¼ St.) *Schwarzenberg*, s. S. 275.

Von Dornbirn nach Egg im Bregenzerwald, 21km, Post tägl. in 3½ St. (2 *K*). Die Straße führt von (2km) *Haselstauden* (S. 261) in Windungen hinan nach (7km) *Achrain* (680m; Wirtsch.), mit Aussicht auf Rheintal und Bodensee; weiter über die Hochebene über (9km) *Winsau* nach (12km) **Alberschwende** (717m; Taube, Adler), hübsch gelegenes Dorf (1950 Einw.), wo die Straße von *Schwarzach* (S. 261) einmündet. Südl. führt von hier ein aussichtreicher Fußweg über die *Lorena* (1090m) nach (2½ St.) *Schwarzenberg* (S. 275). — Beim (17km) *Whs. zum Krönle* geht l. ab ein Fahrweg nach (1 St.) *Lingenau* (S. 274); 1,5km weiter teilt sich die Straße, hier l. hinab über die Bregenzer Ach nach (21km) *Egg* (S. 274).

Von Dornbirn über *Gütle* und *Alp Rohr* nach *Mellau* (S. 276), MW. in 4½ St. — **Mörzelspitze** (1832m), rot-weiß MW. in 5 St., über die Rappenlochbrücke, Schanern-A. und Nest-A., lohnend (F. 8 *K*; Abstieg nach *Mellau* 3 St.); vgl. S. 276. — Über (3½ St.) *Ebnit* auf die (2 St.) *Hohe Kugel* (1640m; schwarz-gelbe WM.), s. unten. — **Hoher Freschen** (2006m), 7½ St., rot-weiße WM. (F. 12 *K*), beschwerlich: vom Gütle über die Rappenlochbrücke, durch Wald über die *Vorder-Schanern-* und *Unterfluh-A.* (Milch) steil hinan, die *Altenhof-A.* l. lassend, dann über den Grat (nur für Schwindelfreie) zum Gipfel (besser von Rankweil, s. S. 263).

Elektr. Bahn von Dornbirn w. in 50 Min. nach *Lustenau*, am Rhein, gegenüber der Station *Au* der Rorschach-Churer Bahn (sehr lohnender Ausflug nach der *Meldegg* und *Walzenhausen*); s. *Bædekers Schweiz*.

15km HS. *Hatlerdorf* (Krone). — 20km **Hohenems** (433m; Gasth.: H. Einfürst; Post, 20 B. zu 1-3 *K*, gut; Hoher Freschen), Markt mit 6000 Einwohnern und Schloß des Grafen Waldburg-Zeil.

Zur Ruine *Alt-Hohenems* (713m) schattiger Fußweg in 40 Min.; schöne Aussicht von dem Plateau (kl. Whs.) und vom „Sätzle". ¾ St. n. auf dem schroff abstürzenden *Glopper* die restaurierte Burg *Neu-Hohenems* oder *Tannenburg* (688m; Wirtsch.). Weiter n. auf aussichtreichem Hochplateau die Häuser von *Emser Reute*. — ½ St. südl. von Hohenems gut eingerichtetes *Schwefelbad* (Omnibus 3 mal täglich).

Hohe Kugel (1640m), rot MW. über *Alt-Hohenems*, die *Ranzenberg-A.* und *Fluhereck* (1272m) in 4 St., oder näher aber steiler über den *Weilerberg*, die *Gsohl-A.* und das *Älpele* (1197m) in 3½ St., unschwierig und lohnend; Abstieg auch über *Fraxern* (819m; Whs.) und *Klaus* (s. unten) zur HS. *Klaus-Koblach*. Höhenweg der S. Vorarlberger von der Hohen Kugel über *Kugel-A.* und *Hörnle* (1580m) zum (2½ St.) *Hohen Freschen* (S. 263). — Von Fluhereck (s. oben) ö. hinab nach (½ St.) *Ebnit* (1075m; Edelweiß, 25 B. zu 1-1.20, P. 3½-4 *K*; Alpenrose), Luftkurort in schönem Hochtal. Von hier lohnende Kammwanderung mit F. über *Sattelspitze* (1564m) und *Alpkopf* (1711m) zum (3½ St.) *Hohen Freschen* (S. 263).

22km *Altach-Bauern*. Aus der Rheinebene ragt w. der *Kummenberg* (668m) auf, 1 St. von Götzis, mit prächtiger Aussicht.

25km **Götzis** (426m; Gasth.: H. Montfort, Zur Hohen Kugel, beide beim Bahnhof; Hirschen, gelobt; Schäfle; Krone; Kreuz; Adler; Löwe; Engel), Markt von 3500 Einw., mit Schwefelbad und der Ruine *Neu-Montfort* (¼ St.; schöne Aussicht).

Von Götzis nach Rankweil (2 St.) Fahrweg an der Ruine *Montfort* und der Kapelle *St. Arbogast* vorbei durch eine waldige Schlucht nach (¾ St.) *Klaus* (510m; Krone, Adler u. a.; bei der Kirche schöne Aussicht) und (¼ St.) *Weiler* (500m; Frohsinn, Hirsch, Engel), mit dem Schlößchen *Hahnberg*; weiter über (¼ St.) *Röthis* (501m; Bad Röthis,

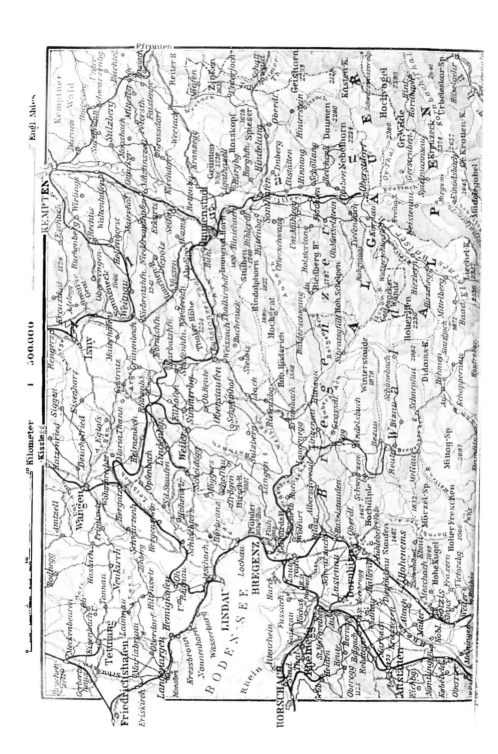

25 B., P. 4.40 K; Rößle), mit Mineralquelle, und ($1/_1$ St.) *Sulz* (Freihof, mit Garten; Löwe; Hirsch) nach ($1/_2$ St.) *Rankweil*. Von Röthis oder Weiler nach *Viktorsberg* (881m; Whs.) $1^1/_4$ St.; prächtige Aussicht; von hier in $2^1/_2$ St. auf die *Hohe Kugel* (S. 262).

28km HS. *Klaus-Koblach* (Schinagls Rest., auch B.); 30km *Sulz-Röthis* (s. oben); dann über den *Frutzbach* nach

33km **Rankweil** (462m; Gasth.: Zum Hohen Freschen, am Bahnhof; Hecht, 18 B. zu 1-1.40 K, gelobt; Zum Schützen, 12 B. zu 1-1.60, P. 4-6 K, gut; Goldner Adler; Schwarzer Adler; Stern; Weiße Taube; Löwe), schön gelegener Markt (3500 Einw.) an der Mündung des *Laternser Tals*. Hübsche Aussicht vom „Umlauf" der malerischen Wallfahrtskirche auf dem *Frauenberg* (515m).

In die Schlucht des *Laternserbachs* führt ein mit Geländer versehener Pfad bis zur *Hochwuhr* (Wasserfall); Anfrage wegen Besuchs in der Spinnerei am Eingang der Schlucht. — Fahrweg s.ö. über *Rainberg* nach dem schöngelegenen Dorf ($1^1/_4$ St.) Übersachsen (900m; Krone; Rößl); von hier MW. auf den ($1^1/_2$ St.) *Muttkopf* (1400m), mit prächtiger Aussicht.

Ins **Laternser Tal** neue Bergstraße über *Batschuns* (640m; Bachmann) zum ($1^1/_2$ St.) Dorf *Laterns* (914m; Löwe, einf. gut; Kreuz), am N.-Abhang hoch über der Schlucht des Frutzbachs gelegen. Am Talende ($2^1/_2$ St.) das Bad *Innerlaterns* oder *Hinterbad* (1150m; einf.); von hier über die *Furka* (1769m) nach *Damüls* und (5 St.) *Au* s. S. 276.

*Hoher Freschen (2006m), $5^1/_4$-6 St., ziemlich mühsam (F. 10 K, für Geübte entbehrlich; Franz Barbisch in Rankweil). Von ($1^1/_2$ St.) *Laterns* (s. oben) rot MW. l. hinan zur *Alpweg-A.*, dann ö. über den Bergkamm an der *Tschuggen-A.* und *Saluver-A.* vorbei zum ($3^1/_2$ St.) *Freschenhaus* der AVS. Vorarlberg (1846m; Wirtsch., 10 B. u. 15 Matr.) und zum ($1/_2$ St.) Gipfel. Die großartige Rundsicht umfaßt die Allgäuer, Lechtaler und Paznauner Gebirge, Silvretta, Rhätikon, Glarner und Appenzeller Alpen, den Bregenzer Wald und Bodensee. Abstieg nach *Ebnit* oder *Dornbirn* nur für Schwindelfreie, s. S. 262; zur *Hohen Kugel* s. S. 262; durch das Mellenbachtal nach *Mellau* s. S. 274.

Weiter durch einen Einschnitt an der Ostseite des wald- und rebenreichen *Ardetzenbergs* (639m), den r. die Bahn nach Buchs (S. 264) in großem Bogen umzieht, nach

37km **Feldkirch**. — *Bahnrestaurant*. — GASTH.: *Post (Englischer Hof), 50 B. zu 2-6, P. von 5 K; *Bären, mit Biergarten, 54 B. zu 2-5 K; Vorarlberger Hof, gegenüber dem Bahnhof, 24 B. zu 1.60-2.50 K; Löwe, 40 B. zu 1.60-2, P. 6-7 K; Weißes Roß, 20 B. zu 1-3 K; Schäfle, 20 B. zu 1.20-2 K, gelobt. — *Café Merkur*. — Gut eingerichtete städtische *Badeanstalt*.

Feldkirch (456m), saubere Stadt mit 4800 Einw., liegt 10 Min. vom Bahnhof an der *Ill*, von Bergen eingeschlossen, überragt von der großen Burg *Schattenburg*, von armen Leuten bewohnt. Die got. *Pfarrkirche*, 1478 geweiht, hat eine gute Kreuzabnahme von Wolfgang Huber aus Feldkirch (1521) und eine Kanzel von H. Sturm (1509).

Lohnende Aussicht von der Terrasse vor der (15 Min.) *Schattenburg* (jetzt Armenhaus); von hier auf dem *Göfiserwege*, mit hübschen Ausblicken, zum *Waldfestplatz* und der (25 Min.) *Kanzel* im *Steinwalde*; über *Stein* und durch die *obere Illschlucht* zur ($1/_2$ St.) Stadt zurück. — Durch die Illschlucht am untern Ende der Stadt, weiter über die Brücke l. in den *Carinawald* und hinaufzur (25 Min.) *Carina-Aussicht* (Wirtsch.).

Auf dem *Margaretenkopf (557m), $1/_4$ St. w. am l. Illufer, hübsche Parkanlagen und die mit Gemälden von Matthias Schmid geschmückte Villa der Familie v. Tschavoll (über die untere Illbrücke, dann r. hinan;

264 III. R. 46. — K. S. 260, 282. GAFLEI. Von Bregenz

Eintritt, außer Freit., tägl. 8-11 und 3-7 Uhr frei). Von der Aussichtswarte überblickt man das Rheintal vom Falknis bis zum Bodensee und die Illschlucht. Am Fuß des Hügels ein Café-Restaurant. — Ähnliche Aussicht vom *St. Veitskapf* am Ardetzenberg (639m; Fahrweg vor der untern Illbrücke r. aufwärts, ¼ St.) und von der Gartenwirtschaft *Maria-Grün*, ½ St. südl., von der untern Illbrücke l. hinan über die *Letze* (zurück über die obere Illbrücke). Vom *Stadtschrofen* (612m), 10 Min. n. von Maria-Grün, schöner Blick auf die Stadt.

Hübscher Ausflug südl. nach (1 St.) *Amerlügen* (767m; Gasth. Schönblick, in freier Lage, gelobt; Beck, einf.), mit schöner Aussicht; von hier auf das (1½ St.) Älpele (1287m), sehr lohnend (Alpenkost in den Hütten von *Vorder-Alpele*). Noch ausgedehntere Aussicht vom *Rojaberg (Frastanzer Sand*, 1646m), vom Älpele 1½ St. (F. entbehrlich). — *Drei Schwestern* (s. unten), von (1 St.) Amerlügen (s. oben) über *Amerlüg-A., Sarüja-* und *Garsella-A.* auf AV.-Weg in 4-5 St. m. F. (9 *K*), für Geübte nicht schwierig; Abstieg auf dem „Fürstensteig" nach *Gaflei* (s. unten). Führer Peter Beck in Amerlügen.

Von Feldkirch nach Buchs, 19km, Eisenbahn in ½-¾ St., von den Wien-Pariser Schnellzügen der Arlbergbahn befahren. Die Bahn umzieht den Ardetzenberg (S. 263). 3km HS. *Altenstadt*, dann über die *Ill*; r. die alte Burg *Tosters* und der waldbedeckte *Eschner Berg*, mit dem Dorf *Schellenberg* (bei dem mittleren Schellenberg die Pfarrkirche mit altem Frauenkloster). 8km HS. *Tisis*; 10km HS. *Schaanwald*. — 12km *Nendeln;* an der Berglehne oberhalb des Dorfs Reste einer römischen Villa. Die Bahn tritt in die breite Rheinniederung. — 15km *Schaan* (Linde; Post, gut; Rößle), Station für *Vaduz* (4km südl., Post und Stellwagen im Sommer 6 mal tägl. in ½ St.). Dann über den Rhein. 19km *Buchs* (Zollrevision), Stat. der Eisenbahn Rorschach-Chur, s. Bædekers Schweiz.

Vaduz (465m; Gasth.: Löwen, 20 B. zu 1.60-2 *K*; Zum Schloß; Engel), auch von der 3km entfernten schweiz. Station Sevelen zu erreichen, ist Hauptort (1200 Einw.) des 157qkm großen, r. Zoll- und Postverwaltung mit Österreich verbundenen Fürstentums *Liechtenstein*. 20 Min. über dem Städtchen das alte *Schloß Vaduz*, auch *Hohenliechtenstein* genannt (jetzt in Restauration; Aussicht). In der Nähe das Forsthaus und ein Jagdschlößchen des Fürsten, der meist in Schloß Eisgrub in Mähren wohnt.

Auf den Höhen über Vaduz liegen einige einfache Sommerfrischen (Vorausbestellung ratsam; Zweisp. von Vaduz nach Gaflei 13 *K*, von Schaan oder Sevelen in 3 St. für 15 *K*, Träger 3 *K*). Der Fahrweg führt beim Schloß Vaduz vorüber, oberhalb dessen ein schattiger Fußpfad über *Wildschloß* und *Prowatscheng* abzweigt (bis Gaflei 2½ St.). 1¼ St. *Rotenboden* (1000m; *H.-P. Samina, 30 B., P. 4½-5 *K*); Wegeteilung: r. nach Sticca (S. 265), l. nach Gaflei; ¾ St. *Masescha* (1250m; einf. Gasth., P. 4 *K*); 1 St. das

***Alpenkurhaus Gaflei** (1500m; 1. Juni-1. Okt.; 100 B. zu 2.60, F. 1, P. 6-10 *K*; PF), auf aussichtreicher Bergmatte, an Lärchen- und Föhrenwaldung, angenehme Sommerfrische mit hübschen Promenadenwegen. Ausflüge: auf den *Pilatus* (1704m), r. vom Bargellawege, 20 Min.; nach *Sücca* (S. 265), unterhalb des Pilatus am Abhang hin, 1¼ St.; über das (¾ St.) *Bargellajoch* (1741m) zum (40 Min.) Kamm zwischen *Alpspitze (Gipsberg*, 1999m) und *Hellwangspitze* (2015m), die von hier in je 20 Min. zu ersteigen sind. Am lohnendsten der „Fürstensteig", der an den zerrissenen Steilwänden des Gipsbergs hingeführt ist (an abschüssigen Stellen Eisengeländer), über den (1 St.) *Gafleisattel*, dann, von dem mit „Bargella" bez. Wege l. abzweigend, r. vom Grat am Abhang des *Gafleispitze* (1984m) entlang auf die (1 St.) *Kuhgratspitze* (2124m), den höchsten Gipfel der *Drei Schwestern*, mit großartiger Aussicht (Panorama von Balzer, 1½ *K*). Weiter der (½ St.) *Garsellakopf* (2113m) und (¾ St.) der steile *Dreischwesternberg* (2055m), durch Stufen und Drahtseile zugänglich gemacht (nur für Schwindelfreie). Abstieg über *Amerlügen* nach *Feldkirch* s. oben.

Der Hauptarm des Fahrwegs führt von Rotenboden (S. 264) über (½ St.) *Triesenberg* (1000m; Gasth. zum Kulm), mit 1200 Einwohnern und Pfarrkirche, zuletzt in einem Tunnel unter der Paßhöhe *Kulm* (1459m) hindurch nach der (1½ St.; 10km von Vaduz) Sommerfrische **Alp Sücca** (1450m; einf. Gasth., 10. Juni-30. Sept., 24 B. zu 1.40, P. 4.50-5 *K*), im oberen *Saminatal* (s. unten). ½ St. ö., bei der *Alp Steg* (1293m) mündet das *Malbun-Tal*, mit dem (½ St.) Kurhaus **Malbun** (1650m; P. 5-5½ *K*); von hier n. MW. über die Jagdhütte *Sass* (1711m) und das *Schaaner Fürkele* in 2-2½ St. auf den *Schönberg* (2104m; leicht und lohnend); n.ö. über das Schaaner Fürkele, *Matler-A.* und *Guschgfieljoch* (1853m) in 3 St. au den *Gallinakopf* (2202m; lohnend, F. entbehrlich); hinab s.w. durch das *Valorschtal* zur (3 St.) *Alp Steg* (s. oben), oder ö. zur *Gamp-A.* und über *Latz* nach Frastanz (4 St.; s. unten). Vom Kurhaus Malbun w. MW. über das (1½ St.) *Sareiser Joch* (2008m) nach (1¼ St.) *St. Rochus* im *Gamperdonatal* (S. 266). — S. von Sücca Fahrweg durch das oberste Saminatal zur (1¼ St.) *Valina-A.* (1397m), dann Fußweg l. hinan über *Alp Gritsch* (1907m) zum (2½ St.) *Vermalessattel* oder *Bettlerjoch* (2111m); von da in 1½ St. auf den ***Naafkopf** (2573m), mit großartiger Rundsicht. — Lohnende Aussicht auch vom **Schafboden** (2213m) von der Valina-A. über *Gapfahl-A.* (1741m) in 3 St. m. F.; Abstieg zur Lavena-A. 1 St., s. unten, oder von Gapfahl-A. über *Älple* zurück nach (2½ St.) Sücca. — Von der Valina-A. über das *Jes-Fürkele* (*Saminajoch*, 2352m) nach *Seewis* im Prätigau 7 St., mühsam.

Von Vaduz nach Maienfeld, 15km, Fahrstraße (bis Balzers Post 2mal tägl. in 1 St. 5 Min.) in der Rheinniederung aufwärts. 3,5 km **Triesen** (495m; Adler, Schäfle), mit 1000 Einw. und großer Weberei; über dem Dorf die alte *Mamerten-Kapelle*. Von Triesen schöne Straße durch das *Wilde Tobel* zur (3 St.) **Lavena-A.** (1532m; einf. Whs.), von wo Fußsteig durch das *Mazuratal* auf den (2½-3 St.) *Falknis* (2566m), mit herrlicher Rundsicht. Von der Lavena-A. auf den *Schafboden* (s. oben) 2¼ St.; auf den weiter südl. steil aufragenden *Plasteikopf* (2356m) 2½ St.; w. auf die *Mittagsspitze* (1856m) 1½ St. — 8km Balzers (476m; Gasth.: Post, einf. gut; Engel), mit 1300 Einwohnern und der restaurierten Burg *Gutenberg*. — Die Straße überschreitet 1km weiter beim *St. Katharinen-Brunnen* die schweizer Grenze, steigt zwischen Falknis und *Fläscherberg* (1138m) zur (1½ St.) *Luziensteig* (719m; Whs.), einem befestigten, im Mittelalter oft umkämpften Engpaß, und senkt sich bei dem (¼ St.) uralten *St. Luziuskirchlein* (Whs.) vorüber nach (¾ St.) *Maienfeld* (526m; H. Bahnhof), Eisenbahnstation zwischen Ragaz und Chur, s. Bædekers Schweiz.

Die Ill durchbricht unter- und oberhalb Feldkirch eine Kalkfelsbarre *(untere* und *obere Illklamm)*. Die Bahn tritt durch einen Tunnel in die obere Klamm und überschreitet die Ill vor

41km **Frastanz** (472m; Gasth.: Post oder Löwe; Stern; Kreuz), Dorf mit 2000 Einw. an der Mündung des *Saminatals* (s. oben), aus dem die Felszacken der Drei Schwestern hervorblicken.

AUSFLÜGE (Führer Ferd. Wieser). *Gurtisspitze* (1781m), über *Gurtis* und *Bazoren-A.* 4 St. m. F., lohnend. — Von Frastanz über *Amerlügen* und die *Drei Schwestern* nach *Gaflei* s. S. 264. Von Amerlügen schlechter Weg durch das wilde Saminatal zur (4 St.) *Alp Steg* (s. oben).

Das Illtal, bis Bludenz *Inner-Walgau* genannt, erweitert sich. — 46km *Schlins*, am r. Illufer das Dorf mit der Ruine *Jagdberg*.

48km **Nenzing** (508m; Gasth.: *Sonne oder Alte Post, 20 B. zu 1.50-2 *K;* Kreuz; Zur Gamperdona, am Bahnhof), gewerbreiches Dorf mit 1400 Einw., an der Mündung des *Gamperdonatals*. Auf einem Hügel ½ St. w. Ruine *Ramschwag* (645m). ½ St. n.ö. jenseit der Ill das hübsch gelegene Dorf *Bludesch* (533m; Krone, P. 4-4½ K).

AUSFLÜGE (Führer M. Heingärtner, Chr. Küng, J. A. Maurer). Durch das wildromantische **Gamperdonatal** (vgl. Karte S. 282) führt von Nenzing ein guter Weg erst am r., dann am l. Ufer des *Mengbachs* zwischen den Felsabstürzen des *Exkopfs* und *Ochsenkopfs* r. und des *Fundelkopfs* l., an dem (2½ St.) malerischen *Dunkeln Fall* vorbei, zum (2 St.) schönen Talkessel des **Nenzinger Himmels** (1367m; *H. St. Rochus*, 1. Juni-1. Okt., 30 B. zu 2-2½. P. 6-7 K), mit Alpendorf und der Kapelle *St. Rochus*. Von hier rot MW. auf den *Naafkopf* (2573m), über das *Bettlerjoch* (2111m) in 4½ St. (F. 14 K, s. S. 265); *Fundelkopf* (2403m), 4 St., F. 14 K, beschwerlich. *****Scesaplana** (2967m), 5½-6 St., sehr lohnend (F. ratsam, besonders bei Neuschnee; 24 K). Rote WM. über den (2 St.) *Spusagang*, dann steile Felsstufen (Leitern) zur (35 Min.) Wegteilung; hier entweder r. auf dem „*Straußweg*" bis zu den Felsen oberhalb des *Brandner Ferners*, fast eben über diesen zum Fuß des Gipfels und auf Zickzackweg hinan; oder näher und bequemer bei der Wegteilung l. auf neuem Verbindungspfad zum (¼ St.) *Leiherweg* (S. 268) und diesem folgend zur (1 St.) *Straßburger Hütte*; von hier zum (1 St.) Gipfel s. S. 268. — Übergänge: w. MW. über das *Sareiser Joch* ins *Malbun-* und *Saminatal* (5 St. bis *Sücca*, S. 265); ö. über das *Matschon-Joch* (2031m) in 4 St., oder über *Spusagang* und *Oberzalimhütte* (S. 268) in 5 St. nach *Brand* (S. 267); südl. über das *Bartümeljoch* (2328m), zwischen Naafkopf und Augstenberg, die *Große Furka* (2364m), zwischen Augstenberg und Hornspitze, oder die *Kleine Furka* (*Salaruel-Joch*, 2250m), zwischen Hornspitze und Panüler Schroffen, nach *Seewis* im Prätigau (s. *Bædekers Schweiz*).

Über den *Mengbach*, dann über die Ill zur (53km) Stat. *Thüringen-Ludesch* (536m; Schmidt, einf.), am Fuß des Hohen Frassen (s. unten).

Durch das Große Walsertal zum Schröcken 11-12 St., im ganzen lohnend (vgl. Karte S. 274). Fahrstraße (Post von Thüringen-Ludesch bis Thüringen 4 mal tägl. in ½ St., von da bis Sonntag 1 mal tägl. in 3½ St.) vom Bahnhof über den *Lutzbach* nach (6km) **Thüringen** (548m; *Hirsch, Sonne, Rößl* u. a.), Dorf von 682 Einw., mit großer Fabrik am Taleingang; von hier auf der N.-Seite des Tals in vielen Windungen durch die von N. herabziehenden Tobel, nach (12km) *St. Gerold* (734m; im Kloster Wirtsch.) und (14km) *Blons* (902m; gegenüber Raggal, s. unten); dann hinab zum Lutzbach, über *Garsella*, nach (20km) Sonntag oder *Flecken* (890m; Löwe oder Post; Krone), Hauptort des Tals mit 622 Einw. (über das *Faschina-Joch* nach *Damüls* und *Au* s. S. 276). [Für Fußgänger lohnender Weg von Bludenz über *Latz* und *Ludescherberg* um den Abhang des *Frassen* herum nach (3 St.) *Raggal* (1016m; Storch, Rößl), an der Mündung des *Marultals* (S. 282); dann über *Platzern* und *Garsella* (s. oben) nach (2 St.) Sonntag.] — Weiter hoch über dem Lutzbach nach (26km) **Buchboden** (909m; Kreuz, einf. gut), am Fuß des *Zitterklapfens* (2406m; in 3½ St. zu besteigen, lohnend). Südl. mündet das *Hutler Tal* (S. 282); ö. 1 St. aufwärts *Bad Rotenbrunn* (1032m; Gasth., Z. 1½-2, P. 4½ K), mit eisenhaltiger Quelle. Von Buchboden MW. (F. ratsam) noch 1 St. im Talboden weiter, dann 1. scharf aufwärts zum (2½ St.) **Schadonasattel** (1840m; Unterkunftshütte der AVS. Biberach im Bau), zwischen r. *Rothorn* (2242m), l. *Kinzelspitze* (2415m; in 2 St. zu besteigen, s. S. 277). Schöner Rückblick über das Walser Tal, s.w. Scesaplana, s. Braunarlspitze, ö. Widderstein; tief unten das Kirchlein des *Schröckens* (S. 277), das man vom Paß in 2 St. erreicht (beim Abstieg einige durch Murbrüche bedenkliche Stellen, F. nötig; im Tal nochmals ¾ St. bergan).

56km *Nüziders* (Adler, Krone, Hirschen), mit Ruine und Bad *Sonnenberg*. R. die Scesaplana mit dem Brandner Ferner.

59km **Bludenz**. — GASTHÖFE. Am Bahnhof: *Bludenzer Hof, 48 B. von 3 K an, F. 1.20 K, mit Auto-Garage; Zum Arlberg, 30 B. zu 1½-2 K, gut; H. Seesaplana. In der Stadt: Post; Montafoner Hof, Eisernes Kreuz. — Brauerei *Fohrenburg*, mit Garten. — *Thalers* Badeanstalt; *Schwimmbad*, 6 Min. n. von der Stadt. — FÜHRER: Johann Obermüller, Aug. Haag, Josef Neyer, Ferd. Schallert in Bludenz, Leonhard Beck, Jak. Meier, Gottfr. Fritsche, Ludwig Graß in Bürserberg, Phil. Bitschi, Joh. Kegele, David u. Eduard Meier, Joh. u. Paul Meyer, Karl Neßler, Heinr. Netzer in Brand.

Bludenz (581m), Stadt mit 6000 Einw., in schöner Lage, überragt von der Pfarrkirche und dem Schloß *Gaienhofen*, Sitz der Bezirkshauptmannschaft. AVS. Im S. öffnet sich die malerische Schlucht des *Brandner Tals*, im Hintergrund der Panüler Schroffen.

Guter Überblick der Umgebung von der (10 Min.) *Schießstätte* (Restaur.) oberhalb des Schlosses; umfassender von der *Ferdinandshöhe*, 20 Min. höher ö. Waldwege führen von hier auf dem *Montigel* bis zur *Hintern Ebene*, hinab entweder w. über *Obdorf*, oder ö. über die *Halde* und *Rungelin* (614m; Rest.), dann am Kloster *St. Peter* (S. 269) vorbei zur (1½ St.) Stadt zurück. — S.w. über die *Drei Brunnen* oder über das *Fürkele* zur. (2 St.) *Tschengla* am Bürserberg (1174m; *Neiers Gasth.), mit schöner Aussicht; von hier MW. in 2½-3 St (F. von Bludenz 8 K, entbehrlich) auf die *Mondspitze* (1971m), mit herrlichem Rundblick.

Hoher Frassen (Pfannenknecht, 1981m), 4-4½ St., leicht (MW., F. 8 K, entbehrlich). Von Bludenz Fahrweg n.w. zum Weiler *Obdorf* und l. zur Brücke über den *Galgentobel*, dann Reitweg durch Wald hinan, bei der kl. Kapelle l., weiter bei der Bank (Wegzeiger) r. zu einer zweiten Kapelle. Hier wieder l. eine Strecke durch Wald, zu den Höfen von *Muttersberg* (Erfr.), durch Gebüsch und über Matten zur (3½ St.) *Frassenhütte* (1722m; Wirtsch., 6 B. u. 8 Matr.) auf der *Pfannenknecht-A.* und zum (1 St.) Gipfel, mit prächtiger Aussicht (Panorama von Waltenberger). Abstieg w. über *Ludescherberg* und *Latz*, s. S. 266.

Zum Lüner See und auf die Scesaplana, sehr lohnend; Fahrstraße bis Brand (10km; Stellwagen vom Bludenzer Hof im Sommer 4 mal tägl. in 2 St., 3.50, abwärts 2.50 K; Zweisp. 18 K), dann Fußweg zur (3½ St.) Douglaßhütte oder (4½ St.) Straßburger Hütte. — Über die Ill nach (20 Min.) *Bürs* (569m; Adler, gut; Stern), dann über den Alvierbach und auf der Fahrstraße r. durch Wald hinan nach (1¼ St.) *Bürserberg* (870m; Gasth. u. P. Rhätikon, P. 5 K; Gemse, B. 1½ K; F), auf beiden Seiten des tiefen *Schesatobels*, und durch das schöne *Brandner Tal* nach (1½ St.) Brand. Im Hintergrunde Seekopf, Zirmenkopf, Scesaplana mit dem Brandner Ferner, Mottenkopf; r. Panüler Schroffen (S. 268). — 10km **Brand** (1047m; *H.-P. Beck, 52 B. zu 1-3, P. 6-7 K; *Scesaplana bei Kegele, 70 B. zu 1.80-2, P. 6-7 K; Restaur. Grüner Baum; Bierhalle bei Fidel Sugg; PTF), mit schönem Blick auf die Scesaplana, wird als Luftkurort besucht (über das Matschonjoch ins Gamperdonatal s. S. 266). Der Weg zum Lüner See (rot bez.) führt am Ende des Dorfs über den Bach und am r. Ufer zur (1½ St.) Alp *Schatten-Lagant* (1458m; Wirtsch., 6 B.); r. die Abstürze der Scesaplana mit Wasserfällen, weiter die Wände des Zirmenkopfs, am Fuß große Geröllfelder, l. der Saulenkopf. Am Talende bricht l. aus der Felswand ein Wasserfall hervor, der unterirdische Abfluß des Lüner Sees; hier

r. unter den Wänden des Zirmenkopfs im Zickzack über Geröll hinan zum *Seebord,* dem Felssattel an der N.-Seite des blauen *Lüner Sees (1943m); an der W.-Seite (2 St.) die **Douglaßhütte** der AVS. Vorarlberg (1969m; Wirtsch., 47 B. zu 3.50-4, AVM. 1.75-2 K, und 22 Matr. zu 1 K 60 bzw. 80 h). Der See, dessen Niveau früher erheblich höher war, hat $1^1/_2$ St. im Umfang und ist bis 102m tief; an der S.-Seite eine Insel. Überfahrt zum Südufer 40 h die Person (wer von Schruns über den Öfenpaß kommt, rufe nach dem Kahn; s. S. 285).

*Scesaplana (2967m), höchster Gipfel des Rätikon, von der Douglaßhütte 3-$3^1/_2$ St., nicht schwierig aber etwas mühsam (F. von Brand mit Übernachten 12, von Bludenz 17, mit Abstieg über den Öfenpaß nach Schruns 19, über den Straußweg nach Nenzing 24 K). Von der Douglaßhütte AV.-Steig über Grashänge und Geröll zur (1 St.) *Toten-A.* (Karrenfeld), dann, den „Kamin" (steile Runse) r. umgehend, steil hinan (Drahtseil) auf den Grat und zum (2 St.) Gipfel, mit großartiger Aussicht über die Tiroler und Schweizer Alpen und auf den Bodensee (Panorama in der Douglaßhütte zu haben, 1.20 K). — Ein kürzerer Weg (blaue WM.) führt von Brand s.w. hinan durch das *Zalimtal* zur ($2^1/_2$ St.) *Oberzalimhütte* der AVS. Straßburg (1930m; Wirtsch., 4 B. u. 6 Matr.); von hier Felsenweg („Leiberweg") zur ($2^1/_4$ St.) **Straßburger Hütte** (2700m; Wirtsch., 14 B. zu 4 und 13 Matr. zu 2 K, AVM. die Hälfte), in schöner Lage am Rande des *Brandner Ferners,* dann über diesen zum (1 St.) Gipfel (Traversierung des Scesaplana unter Benutzung beider Wege empfehlenswert, F. von Brand 12 K).

Von der Straßburger Hütte auf den (25 Min.) *Wildberg* (2790m) und den ($^3/_4$ St.) *Panüler Schroffen* (2840m), beide für Geübte lohnend. — Über den *Spusagang* ins *Gamperdonatal* s. S. 266. — Abstieg von der Scesaplana nach (4 St.) *Seewis* im Prätigau s. *Bædekers Schweiz.* — Von der Douglaßhütte über das Cavelljoch nach Seewis, 5 St., lohnend (F. entbehrlich). Vom Lüner See auf steilem Wege über die *Vera-A.* zum ($1^1/_2$ St.) *Cavelljoch* (2239m), neben der westl. Kirchlispitze, mit großartigem Blick auf die Schweizer Alpen; hinab über *Alp Palus* nach ($3^1/_2$ St.) *Seewis.* — Vom Lüner See durch das *Rellstal* oder das *Gauertal* nach *Schruns* s. S. 285 (Besuch des *Schweizertors* sehr lohnend, von der Douglaßhütte 2 St.).

Zimbaspitze (2645m), $6^1/_2$-7 St. (F. 30 K), schwierige Klettertour: von Brand in 2 St., von Bludenz durch das *Sarotlatal* (S. 267) in 3 St. zur *Sarotlahütte* der S. Bludenz (1606m; Wirtsch.), dann in $3^1/_2$-4 St. zum Gipfel, mit herrlicher Aussicht. Oder von Vandans (S. 283) durch das *Rellstal* zur ($3^1/_2$ St.) *Heinrich Hueter-Hütte* der AVS. Vorarlberg auf der *Vilifau-A.* (1749m; Wirtsch., 3 B. u. 10 Matr.) und zum ($3^1/_2$ St.) Gipfel. — Von der Heinr. Hueter-Hütte rote WM. über die *Lünerkrinne* zur (3 St.) *Douglaßhütte* (Besteigung der Scesaplana s. oben); über das *Schweizertor* und den *Oefenpaß* zur *Lindauer Hütte* $3^1/_2$-4 St., s. S. 285.

Von Bludenz ins *Montafon* s. S. 283.

Die *Arlbergbahn verläßt bei dem Nonnenkloster *St. Peter* die aus dem Montafon kommende Ill und wendet sich l. ansteigend in das von der *Alfenz* durchflossene *Klostertal.* — 69km **Braz** (705m; H. Bahnhof, 18 B. zu 1-2 *K*); r. unten das Dorf (Traube, Hirsch, Rößle). Einschnitte, Viadukte und Tunnel folgen sich in raschem Wechsel. Unter zwei Aquädukten (Bachüberführungen) hindurch und durch drei Tunnel zur (75km) Stat. *Hintergasse* (824m); weiter an steiler Bergwand, durch vier Tunnel und über drei Viadukte nach

81km **Dalaas** (932m; Gasth. Paradies, am Bahnhof); unten im Tal das Dorf (836m; Post, 26 B. zu 1-1,60 *K; Krone*).

AUSFLÜGE (Führer J. A. Gantner). Lohnende Tagestour durch das *Schmiedtobel* (MW.) zum (3 St.) *Formarinsee* (S. 281) und zur (¹/₂ St.) *Freiburger Hütte* (Wirtsch.), am Fuß der *Rotewandspitze* (S. 282). Hinab durch das Lechtal (S. 281) über *Tannleger-A.* bis zum (2 St.) *Älpele*, dann r. über *Spullers-A.* und *Dalaaser Stafel* zum (2 St.) *Spullersee* (S. 282), durch das *Streubachtobel* hinab nach (1³/₄ St.) *Danöfen* (s. unten) und zurück nach (1 St.) Dalaas.

Über den Kristberg nach Schruns, 4 St., lohnend (MW., Führer unnötig). Von der Post steil durch Wald hinan an einer Kapelle vorbei zum (2 St.) **Kristberg-Sattel** (1486m), mit Kreuz und schöner Aussicht. Hinab zum got. *Agatakirchlein* in *Kristberg* (1431m), mit sehenswertem Altar aus dem XV. Jahrh., und entweder steil hinab nach (1 St.) *Silbertal* (S. 284), oder r. auf gutem Pfade durch Wiesen und Felder zur Kirche von (1¹/₄ St.) *Innerberg* (1151m); Erfr. in der Mühle), dann l. hinab nach (³/₄ St.) *Schruns* (S. 283).

Weiter meist hoch an der Bergwand, mit schönem Blick talaufwärts (l. Rohnspitze, r. Albonkopf), über die *Radonaschlucht* und zwei kleinere Tobel (r. im Tal bleibt *Wald*) nach (88km) **Danöfen** (1074m; MW. zum *Spullersee*, 2¹/₂ St., s. oben u. S. 282). Die Bahn (vgl. Karte S. 288) überschreitet den *Streubach;* rückwärts erscheint neben dem dunkeln Itonskopf die Scesaplana, verschwindet aber bald wieder. — 93km HS. **Klösterle**; r. unten das Dorf (1069m; Löwe; Krone; Adler), an der Mündung des *Nenzigast-Tals,* aus dem der *Kaltenberg* hervorblickt (s. S. 270). Weiter über die *Wäldlitobelbrücke,* dann in einem 505m l. Tunnel unter dem großen Bergsturz von 1892 hindurch nach (96km) **Langen** (1217m; *Bahnrestaur. & Hot. Post, 22 B. zu 1.60-2 *K*).

Von Langen nach St. Anton über den Arlberg, 3¹/₂-4 St., für Fußgänger lohnend, aber ganz schattenlos. Die Arlbergstraße steigt an der Mündung des großen Tunnels (S. 270) vorbei durch ein wildes einsames Tal (l. Wasenspitze, Grubenspitze und Erzbergkopf) und überschreitet viermal kurz nacheinander die Alfenz. 40 Min. **Stuben** (1409m; *Alte Post; Führer Ant. Mathies), das letzte Dorf des Tals, in malerischer Umgebung (über den *Flexensattel* nach *Lech* 2¹/₂ St., s. S. 282). — 2¹/₂ St. n.ö., oberhalb der *Walfagehr-A.* (von St. Anton oder von Zürs in 3 St. zu erreichen), die schön gelegene **Ulmer Hütte** (2280m; Wirtsch., 11 B. zu 3, AVM. 2, und 10 Matr. zu 1.60 bzw. 80 *h*), im Winter von Skiläufern besucht, von wo *Trittkopf* (2722m; 1³/₄ St., AV.-Steig, Drahtseile, s. S. 282), *Valluga* (2811m; 2 St., s. S. 272), *Schindlerspitze* (2636m; 1¹/₂ St., s. S. 282) usw. zu ersteigen sind.

Nun in Kehren hinan (l. Abzweigung der Flexenstraße, s. S. 282), mit Rückblick ins Klostertal bis zur Scesaplana, zu den (³/₄ St.) Häusern von *Rauz* (1628m); dann durch ein kahles Hochtal zur (³/₄ St.) **Arlberger Höhe** (1802m); 5 Min. weiter das Hospiz *St. Christoph* (1781m; Gasth.,

28 B.) mit Kapelle, im Winter von Skifahrern viel besucht (auf den *Peischelkopf*, den *Galzig* und die *Schindlerspitze* s. S. 272). Abwärts (im Winter gute Rodelbahn) zum (20 Min.) *Kalteneck* (1693m), dann scharf nach l. umbiegend, mit Aussicht auf die Ferwall- und Parseiergruppe, am *Restaur. Waldhäusl* vorbei nach (1 St.) *St. Anton* (s. unten).

Von Langen (oder Klösterle) durch das *Nenzigasttal* über die (1³/₄ St.) *Nenzigast-A* (Milch) und (1¹/₂ St.) *Bettler-A.* zur (1¹/₂ St.) *Wildebene*, einer Felsenwüste mit kl. See zwischen Nenzigast- und Gaflunatal, mit der **Reutlinger Hütte** (2400m; Wirtsch., 10 B. zu 4, AVM. 2, u. 12 Matr. zu 2 bzw. 1 *K*). *Isedüler (Eisentaler) Spitze* (2757m; 2 St., leicht), *Lobspitze* (2610m; 3 St., nicht schwierig), *Kaltenberg* (2900m; 3 St., für Geübte nicht schwierig), *Pflunspitzen* (2916m; 4 St., schwierig) sind von hier zu ersteigen (alles hervorragende Aussichtspunkte). Auf den Kaltenberg direkt von Klösterle, Langen oder St. Anton 6-7 St. m. F. — Von der Reutlinger Hütte zum (³/₄ St.) *Gafluner Winterjöchl* (2343m) und w. durchs *Gaflunatal* nach (4¹/₂-5 St.) *Schruns* oder ö. durch das *Pfluntal* nach (3¹/₂ St.) *St. Anton* s. S. 271, 286.

Die Bahn überschreitet den Alfenzbach und tritt in den 10216m langen **Arlbergtunnel**, bis zur Mitte (1311m) stark ansteigend. Die Durchfahrt dauert 15-20 Min. In einer Entfernung von je 1000m sind Nischen für die Bahnwärter eingemauert. Am Ostportal l. ein Obelisk mit Reliefporträt des Erbauers der Arlbergbahn, Oberbaurat *Julius Lott* († 1883).

111km **St. Anton.** — *Büfett.* — GASTH.: *Post bei *Carl Schuler*, 101 B. zu 2-6, F. 1.50, M. 4, A. 3, P. 8-12 *K*; Schwarzer Adler, 43 B. zu 1.60-2, P. 5.20-6 *K*, gut; Kreuz, 35 B. zu 1-1.60, P. 5-6 *K*, gelobt; Franz Schuler, 16 B. zu 1.20-1.60, P. 4.50-5 *K*, einf.

St. Anton am Arlberg (1303m), mit 750 Einw., das oberste Dorf des *Rosannatals*, das oberhalb St. Anton *Ferwall*, unterhalb *Stanzer Tal* heißt, in geschützter Lage, wird als Sommerfrische und Wintersportplatz viel besucht.

AUSFLÜGE (vgl. Karte S. 288; Führer Karl Klimmer in St. Jakob, Rudolf Birkl, Ferdinand und Johann Wasle, Roman Falch, Josef Guem, Franz Pfeiffer). — Spaziergänge: gegen W. zum (¹/₄ St.) *Lott-Denkmal* (s. oben); durch die schön bewaldete *Rosanna-Schlucht* ins Ferwalltal und über die *Fritzbrücke* zurück (1¹/₄ St.); zur (¹/₄ St.) *Ceconihöhe* (1362m) oberhalb der Arlbergstraße, mit schönem Blick ins Rosannatal. — Gegen N., am l. Ufer der Rosanna, zur (¹/₂ St.) *Lourdeskapelle* mit guter Aussicht. — Gegen O., am r. Ufer der Rosanna: gegenüber der Post über die *Drutschmidtbrücke*, l. hinan über die Schutthalde und den *Stockerbach*, bei der Hütte (Wegtafel) r. hinan zum Walde, am (¹/₂ St.) hübschen Wasserfall des Stockerbachs vorbei auf dem **Erzherzog Eugen-Weg** in bequemen Windungen (Bänke) bergan, oben (³/₄ St.) über den Bach, dann r. durch Wald in ziemlich gleicher Höhe fort, stets mit schönen Ausblicken auf die Berge im N. des Rosannatals; zuletzt hinab auf den Weg zur Darmstädter Hütte, dann r. über die Moostalbrücke, beim Lott-Denkmal vorbei zurück nach St. Anton (im ganzen 2-2¹/₂ St.).

Ins **Moostal**, bis zur Darmstädter Hütte 4 St., lohnend (MW., F. 8 *K*, entbehrlich). Dem Ostportal des Tunnels gegenüber auf der *Moostalbrücke* über die Rosanna und r. hinan, anfangs viel durch Wald, um den Bergabhang herum. Dann ins *Moostal* und nach etwa 1¹/₄ St. auf dem „Ignaz Metz-Wege" der S. Darmstadt zum l. Bachufer, hinter der (³/₄ St.) *Vordern Thaja* (*Roßfall-A.*, 1783m) auf das r., vor der (³/₄ St.) *Hintern Thaja* (*Geißlerhütte*, 1970m) wieder auf das l. Ufer (Wasserfall), zur ($1^1/_4$ St.) **Darmstädter Hütte** (2380m; *Wirtsch., 12 B. zu 4, AVM. 2, und 12 Matr. zu 3 bzw. 1.50 K), in großartiger Lage.

BERGTOUREN von der Darmstädter Hütte. *Saumspitze (3034m), über das *Schneidjöchl* (s. unten) in $2^1/_2$-3 St. (F. von St. Anton 12 K); großartige Aussicht. *Seekopf* (3063m); 3 St., F. 18 K, schwierig); *Faselfadspitze* (2997m; $2^1/_2$ St., F. 18 K, mühsam); *Scheibler* (2988m); 2 St., F. 12 K, nicht schwierig, s. unten). *Kuchenspitze* (3170m), $4^1/_2$ St., über den Kuchenferner und den Ostgrat, und *Küchelspitze* (3144m), $4^1/_2$ St. über den Küchelferner, das Rautejöchl und den Ostgrat (F. je 26 K), beide nicht schwieriger aber kürzer als vom Fasul aus, s. unten).

ÜBERGÄNGE. Über das **Schneidjöchl** (2841m), zwischen Seekopf und Saumspitze, nach *Ischgl* im Paznaun (S. 290), 6 St. (F. 18 K), beschwerlich (Abstieg durchs *Vergrößkar*); besser auf dem „Advokatenweg" über das **Seejöchl** (*Doppelseescharte*, 2796m), zwischen Seekopf und Rautekopf, 5-6 St. (F. 17 K); Abstieg durchs *Madleintal*. — Über das **Kuchenjoch** (2806m), zwischen Kuchenspitze und Scheibler, zur Konstanzer Hütte, $3^3/_4$ St. (F. 11, mit Scheibler 13 K), sehr lohnend. Von der Hütte auf dem gut angelegten und mark. „Apothekerweg", den kl. See l. lassend, bis zum N.-Rande des *Kuchenferners* und über diesen (r. halten!) zum ($1^1/_4$ St.) Joch, von wo der *Scheibler* (s. oben) auf rot MW. in 1 St. unschwer zu ersteigen ist; hinab rot MW. zur ($2^1/_2$ St.) Konstanzer Hütte.

Augstberglikopf (2885m), von der Darmstädter Hütte $3^1/_2$ St., oder von St. Anton 5 St. (F. 10 K), beim Wasserfall vor der Hintern Thaja (S. 270) r. bergan, und **Rendelspitze** (2877m), von St. Anton über die *Rendel-A.* in 4 St. (F. 10 K), beide nicht schwierig.

Ins **Ferwalltal**, bis zur Konstanzer Hütte 3 St., MW. (F. 6 K, unnötig). Der neue Weg führt am l. Ufer der Rosanna hinan, meist durch Wald, beim (1 St.) *Wagnerhaus* (1440m) auf das r., dann oberhalb der Mündung des *Maroitals* (S. 272) wieder auf das l. Ufer; vor der Gabelung des Tals (r. *Schönferwall*, l. *Fasultal*) l. über die Rosanna und am Fasulbach hinan zur (2 St.) **Konstanzer Hütte** (1768m; Wirtsch., 11 B. zu 3 u. 2.40, AVM. 1.50 u. 1.20, und 12 Matr. zu 1.60 bzw. 80 h), in schöner Lage gegenüber dem Patteriol.

Die Hütte ist Ausgangspunkt für *Patteriol* (3059m; 5 St., F. 20 K; Vorsicht wegen der namentlich von Mittag an in der „Eisrinne" nicht seltenen Steinfälle), *Küchelspitze* (3144m; $4^1/_2$-5 St., F. 20 K) und *Kuchenspitze* (3170m; 5 St., F. 20 K), alle drei schwierig, nur für Schwindelfreie; *Scheibler* (2988m), über das Kuchenjoch in $3^1/_2$-4 St. (F. 12 K), leicht, s. oben; *Vollandspitze* (2929m; $4^1/_2$ St., F. 14 K, für Geübte nicht schwierig, lohnend). *Schönpleißköpfe* (*Nördl.* 2923m, *Südl.* 2934m; F. 12 K), *Kaltenberg* (s. S. 272) und *Pflunspitze* (2916m; F. 18 K, schwierig). Von der Konstanzer Hütte über das *Kuchenjoch* zur (4 St.) *Darmstädter Hütte* (s. oben), lohnend. Zur *Reutlinger Hütte* über das *Gaftuner Winterjöchl* $3^1/_2$ St. (s. unten). — Durch das wilde *Fasultal* AV.-Weg von der Konstanzer Hütte über das (3-$3^1/_2$ St.) *Schafbüchljoch* (2647m) nach ($2^1/_2$ St.) *Galtür* im Paznaun (S. 289; F. 20 K), unschwierig und lohnend; vom Joch großartiger Blick auf das Fluchthorn. Hinab zur (1 St.) *Kathreinerhütte* auf der *Muttenalp* (S. 290) und nach ($1^1/_2$ St.) Galtür oder ($1^3/_4$ St.) Ischgl. — Mühsamer, aber gleichfalls lohnend (rote WM., F. 20 K) über das *Schönpleißjoch* (2804m), zwischen Nördl. und Südl. Schönpleißkopf (s. oben), hinab durch das *Madleintal* nach ($6^1/_2$-7 St.) *Ischgl* (S. 290).

Von der oben gen. Wegteilung unterhalb der Konstanzer Hütte gelangt man am l. Ufer der Rosanna in 10 Min. zur *Vordern Branntweinhütte* (1667m), an der Mündung des *Pfluntals*, durch das ein MW. über das ($2^1/_2$ St.) *Gaftuner Winterjöchl* (2343m; S. 286) zur ($3/_4$ St.) *Reutlinger Hütte* führt (s. S. 270). Weiter im Schönferwalltal am r. Ufer der

Rosanna an einer (10 Min.) Brücke vorbei, wo r. der Pfad zum *Silbertaler Winterjöchl* abzweigt (7 St. bis Schruns, F. 20 K, s. S. 286), zur (20 Min.) *Fraschhütte* (1822m) und (40 Min.) *Schönferwallhütte* (2001m); hier r. hinan zum (1 St.) **Verbellner Winterjöchl** (2274m) am *Scheidsee*, in schöner Umgebung (n.ö. Patteriol, n. Valschavielkopf, w. Strittkopf). Hinab am *Verbellner Bach*, bald mit Blick auf Hochmaderer und Litznergruppe, nach ($2^1/_2$ St.) *Patenen* (S. 287; F. von St. Anton 20 K).

Von St. Anton nach *Stuben* über den *Arlberg* s. S. 269. Vom ($1^1/_2$ St.) Hospiz *St. Christoph* auf den **Peischelkopf** (2415m) 2 St. (F. 8 K, für Geübte entbehrlich), leicht und lohnend; vorzüglicher Blick auf Ferwallgruppe, Seesaplana, Stanzertal mit Valluga, Parseierspitze, Riffler. — **Galzig** (2185m), von St. Anton MW. durch das blumenreiche *Steißbachtal* in $2^1/_2$ St., oder vom ($1^1/_2$ St.) Hospiz St. Christoph MW. am kl. *Maien-See* vorbei in $1^1/_4$ St., unschwierig und lohnend (F. unnötig). — **Schindlerspitze** (2636m), gleichfalls unschwierig (F. 11 K): von St. Anton durch das Steißbachtal und über das *Knoppenjoch* (ca. 2500m) in 4 St., von St. Christoph in $2^1/_2$-3 St., oder von der Ulmer Hütte (S. 269) in $1^1/_2$ St.; sehr lohnende Aussicht. Schöner noch ist die Rundsicht von der *Valluga (2811m), 5 St. von St. Anton (F. 10 K), für Geübte unschwierig durch das Steißbachtal und über das Knoppenjoch (s. oben), dann über den *Schindlerferner*, zuletzt etwas Kletterei; besser von der Ulmer Hütte (S. 269; 2 St.). — **Kaltenberg** (2900m), von St. Anton durch das *Maroital* (S. 271) in $5^1/_2$-6 St. (F. 18 K), beschwerlich; Abstieg zur *Reutlinger Hütte*, s. S. 270.

Ins Lechtal über das Almejurjoch, $6^1/_2$ St. bis Steeg (F. 12, mit Gsteinskogel 14 K, für Geübte entbehrlich). MW. von St. Anton über *Nasserein* oder *St. Jakob* (s. unten) durch Wald und über Matten zum (3 St.) **Almejurjoch** (2224m), w. vom *Gsteinskogel* (2759m), der vom Joch in $1^3/_4$ St. zu ersteigen ist (prächtige Aussicht); hinab durch das *Almejurtal* nach ($2^1/_2$ St.) *Kaisers* und (1 St.) *Steeg* (S. 281).

Die **Arlbergbahn** führt von St. Anton allmählich bergab durch das *Stanzer Tal*, zweimal über die Rosanna. 115km HS. *St. Jakob*, l. oben das Dorf (1295m; Klimmer); vorn die Eisenspitze, r. der Riffler mit steil abstürzendem Gletscher. — 119km **Pettneu** (1196m); l. das Dorf (1217m; Gasth.: Hirsch, Adler, beide gut), Sommerfrische (786 E.), am Fuß des *Gsteinskogels* (s. oben) hübsch gelegen.

Ausflüge (Führer Heinr. Matt, Ludw. u. Jos. Al. Zangerl, Rud. Seeberger, Jak. Gröbner, Karl Müller). Über das **Kaiserjoch** (2305m) nach *Steeg* im Lechtal 6 St., MW., aber F. ratsam (bis Kaisers 10 K; vgl. S. 281). Auf dem Joch ($2^1/_2$ St.) das *Kaiserjochhaus* des ÖTC. (Sommerwirtsch.); Abstieg nach (2 St.) *Kaisers* teilweise steil, wenig lohnend. Nach **Kappl** über das Blankajoch, 7-8 St. m. F. (14, mit Riffler 18 K), mühsam. Rot MW. durch das *Malfontal*, nach 2 St. l. steil im *Jakobstal* hinan zur ($1^1/_2$ St.) *Edmund Graf-Hütte* des ÖTK. (2408m; Wirtsch., 24 Matr.) und zum ($3/_4$ St.) Kappler oder **Blanka-Joch** (2685m), zwischen Riffler und *Weltskogel* (2846m). Hinab über Geröll an den kl. *Blanka-Seen* (2411m) vorbei zur *Durrich-A.* (1901m), dann r. meist durch Wald nach ($2^1/_2$ St.) *Kappl* (S. 291). — Von der Edmund Graf-Hütte ist der *Hohe Riffler (3160m) auf AVW. über die Scharte zwischen Blankahorn und Riffler in $2^1/_2$-3 St. m. F. ohne Schwierigkeit zu ersteigen. Direkter Abstieg nach *Kappl* nur für Geübte (vgl. S. 291).

Die Bahn tritt auf das r. Ufer der Rosanna. 122km HS. **Schnann** (1180m), am l. Ufer das Dorf (Löwe), am Ausgang der *Schnanner Klamm*, eines engen vom Schnanner Bach durchflossenen Felsspalts (über das *Alperschonjoch* nach *Bach* im Lechtal s. S. 280). Zweimal über die Rosanna.

nach Landeck. **PIANS.** *K.S.288.—III.R.46.* 273

125km **Flirsch** (1122m; Gasth. zum Bahnhof); 10 Min. n. das Dorf (1157m; *Post & Löwe, P. 4-5 *K*; Krone, einf. gut), mit 540 Einw., am Fuß der Eisenspitze (S. 315) malerisch gelegen.

AUSFLÜGE (Führer Leander Draxl). Über das *Flarschjoch* (2474m) nach (8 St., F. 16 *K*) *Bach* im Lechtal s. S. 280. Diesseit des Jochs, 3 St. von Flirsch (MW. auch durch die Schnanner Klamm), die **Ansbacher Hütte** (2380m; Wirtsch., 11 B. u. 13 Matr.), Ausgangspunkt für *Samspitze* (2625m), *Stierköpfl* (2537m) und *Stierkopf* (2592m), je 1 St., leicht; *Feuerspitze* (2854m; MW. in 3 St., s. S. 281), *Rotspitze* (2838m; 2½ St.), *Rote Platte* (2833m; 3 St.), *Grieselspitze* (2830m; 3 St.), *Stierlochkopf* (2792m; 2½ St.), *Schwarzkopf* (2685m; 2½ St.), *Griesmuttekopf* (2826m; 2½ St., s. S. 315), diese sieben mittelschwierig; *Vorderseespitze* (2888m; 3 St.), *Wetterspitze* (2898m; 4 St.; s. S. 280), *Freispitze* (2887m; 4 St.), drei schwierige aber interessante Klettertouren. Mark. Verbindungswege über die *Langzugscharte* zur (5 St.) *Simmshütte* (S. 280) und über das *Winterjöchl* zur (6 St.) *Memminger Hütte* (S. 280). Augsburger Höhenweg zur (8 St.) *Augsburger Hütte* s. S. 315.

Das Tal verengt sich, der Fluß stürzt mit starkem Gefäll über Felsen. 131km **Strengen** (1023m); l. unten das Dorf (980m; Post; Traube). Zwei Tunnel, dann auf 255m l., 86m h. *Viadukt (mittlere Öffnung 120m breit) über die aus dem Paznauntal kommende *Trisanna*, die mit der Rosanna vereint die *Sanna* bildet. — 136km HS. **Wiesberg** (960m), bei dem alten Schloß d. N.

Ins *Paznauntal* s. S. 292. — Sehr lohnender Spaziergang (1 St.) von HS. Wiesberg hinab ins Paznauntal zum (8 Min.) *Zollhaus* (901m; Whs. zur Trisannabrücke), auf der Straße talauf bis zur (¼ St.) Fahrbrücke über die Trisanna in der *Gfällschlucht* (weiter zu gehen lohnt nicht), zurück zum (¼ St.) *Trisanna-Viadukt* (Anblick von unten großartig, dabei Elektrizitätswerk für Landeck) und wieder hinauf zur (¼ St.) HS. Wiesberg, oder auf schattenloser Straße zur (1 St.) Station Pians. — Von Wiesberg lohnender Weg über das schöngelegene Bergdorf *Tobadill* (1136m; Gasth. zum Touristen, gut; zur Ascherhütte s. S. 291) nach (1¾ St.) Landeck.

Nun hoch über der Sanna auf Viadukten und durch Felseinschnitte an der brüchigen *Majenwand* entlang und über den *Flathbach*.

139km Stat. **Pians** (913m); l. unten jenseit der Sanna ¼ St. vom Bahnhof das Dorf *Pians* (852m; *Alte Post bei Mauroner, 50 B. zu 1.20-2 *K*; Neue Post, einf. gut), darüber auf grünem Mittelgebirge das Dorf *Grins*, am Fuß der Parscierspitze (S. 315).

Weiter am r. Ufer der Sanna (l. unten bleibt *Bruggen*, S. 315) zur (144km) HS. *Landeck-Perfuchs* (Gasth. Arlbergerhof), 10 Min. n.w. von Landeck (S. 314), und auf 157m l. Brücke (9 Öffnungen, die mittelste 60m br.) über den rasch strömenden *Inn*. Schöner Blick r. auf das malerische Landeck, vom Venetberg überragt; l. hoch oben der rote Kirchturm von Stanz und Ruine Schroffenstein am Fuß des Brandjöchls, weiter l. Ochsenberg und Parscierspitze; rückwärts die schöne Pyramide des Riffler.

147km *Landeck*, 20 Min. ö. von der Stadt; s. S. 314.

47. Von Bregenz zum Schröcken. Bregenzer Wald.

Von Bregenz nach *Bezau*, 35km (Bahntarif 40km), BREGENZERWALD-BAHN in 2 St. für (2. Kl.) 2 *K* 60, (3. Kl.) 1 *K* 70 *h*, Rückfahrkarten mit 3 täg. Gültigkeit 3 *K* 80 u. 2 *K* 60 *h*. — Fahrstraße von Bezau nach *Schoppernau* (20km, Post 2 mal tägl. in 3 St., 2 *K* 30; auch Stellwagen). — Der **Bregenzer Wald**, der nördliche Teil von Vorarlberg zwischen Rhein, Ill, Lech und Iller, ein von der *Bregenzer Ach* durchströmtes abwechslungsreiches Gebirgsland, wird von Sommergästen viel besucht. Die Bewohner haben alte Tracht und Sitten noch vielfach bewahrt.

Bregenz (396m) s. S. 259. Die schmalspurige BREGENZERWALDBAHN zweigt jenseit des (2km) *Lokalbahnhofs Bregenz* von der Arlbergbahn l. ab, führt vor (3km) HS. *Rieden* (S. 260) in einem Tunnel unter der alten Römerstraße hindurch und tritt dann am Fuß des steil abstürzenden Gebhardsbergs (S. 260) in das bewaldete Tal der *Bregenzer Ach*, in dem sie bis Egg bleibt. 5km *Kennelbach* (422m; Krone), mit Fabriken. Hinter (9km) *Langen-Buch* über die *Rotach*, dann oberhalb (13km) *Doren* (457m) über die *Weißach*. — 18km *Langenegg-Krumbach* (486m); 19km *Oberlangenegg* (Hirschen, 15 Min. vom Bahnhof).

Fahrstraße zum (³/₄ St.) Dorf *Langenegg* (694m; Adler; Drei Könige). Lohnender Ausflug von hier zum *Schweizberg* (890m; Gasth., 12 B. zu 3-6 *K*), mit prachtvoller Aussicht über den Bregenzer Wald und den Bodensee (auch vom Bahnhof Oberlangenegg rot-weiß MW. in 1 St.).

21km *Lingenau-Hittisau* (505m).

Fahrstraße (Post bis Krumbach, 12km, 2 mal tägl. in 2 St.) ö. nach dem (4km) Dorf **Lingenau** (687m; Post, P. 5-6 *K*; Löwe, Sonne, Kreuz, Adler u. a.), am Fuß des *Rotenbergs*, und (8km) **Hittisau** (828m; *Krone; Dorner, 24 B. zu 1-2, F. 1 *K*; Post; Adler; Löwe), großes Dorf (1600 Einw.; PT), auf dem Bergrücken zwischen *Bolgenach* und *Subersach*. Ausflüge: s.ö. zum Felssturz an der Rappenfluh (20 Min.); auf den *Hittisberg* (1330m, 2 St.); n.ö. auf den *Hochhädrich* (1566m, 2¹/₂ St.), mit schöner Aussicht; durch das *Lecknertal* zum (1¹/₂ St.) kl. *Leckner-See* (1276m; in der Nähe Wirtsch., Forellen) und über *Scheidwang* (Unterkunft) auf den (3 St.) *Hochgrat* (1833m; s. S. 22), mit offner Schutzhütte und Aussicht von der Zugspitze bis zum Berner Oberland. — Über *Sibratsgfäll* und *Rohrmoos* nach *Oberstdorf* s. S. 34. — Poststraße von Hittisau über *Krumbach*, Zollamt *Springen*, *Ach* und *Weißach* nach (18km) *Oberstaufen* (S. 23); für Fußgänger lohnender die Straße über das schöngelegene Dorf *Riefensberg* (Adler, Krone), am Abhang des *Kojen* nach Springen. — Von Lingenau nach Egg (1 St.) Fahrstraße, in Windungen hinab zur Subersach, dann wieder hinan über *Großdorf* (Drei Könige; für Fußgänger näherer aber steiler Weg beim Kreuz in Lingenau l. hinaus, auf dem *Drahtsteg* über die Schlucht der Subersach, ³/₄ St. bis Egg).

Über die *Subersach*; weiter hoch über der Bregenzer Ach. Das Tal öffnet sich vor

23km **Egg** (600m; Bahnrest., 13 B.; Gasth.: *Post, 15 B. zu 1-1.60 *K*; *Löwen, 32 B. zu 1-1.20 *K*; *Ochse, 20 B. zu 1-1.40, P. 5-6 *K*; Taube), hübsch gelegner Ort (2100 Einw.) mit stattlicher Kirche, als Sommerfrische besucht (Waldspaziergänge; Schwimmu. Badeanstalt). Im Schulhause eine lokalgeschichtliche Sammlung. Schöne Aussicht von der *Franz-Josefshöhe* (10 Min.).

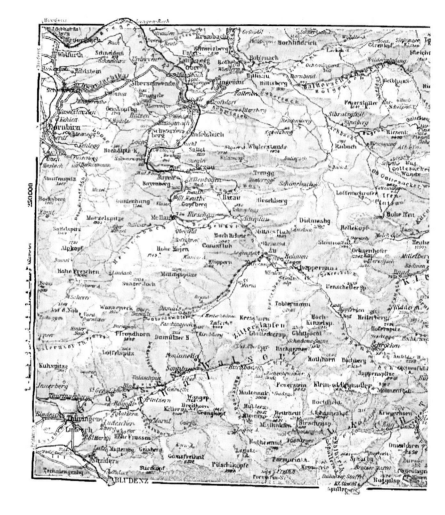

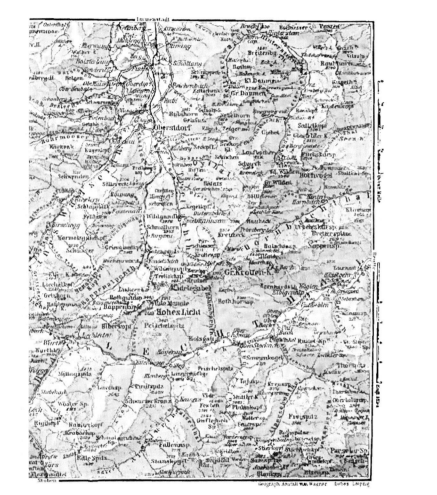

SCHWARZENBERG.

AUSFLÜGE (Führer Jakob Greuß). Auf die **Niedere** (1714m), mit lohnender Aussicht, MW. über *Unterbach, Bühel* und *Alp Gerach* in 3 St. — ***Winterstaude** (1878m), 4 St., leicht: Fahrstraße bis (1 St.) *Ittensberg*, dann AV.-Weg (rot-weiße WM.) über Alptriften (im Winter gutes Skiterrain) und *Ober-Schetteregg* im Zickzack mäßig steigend, oder (mühsamer) über die *Triestenspitze* (1764m) und den *Hasenstrick* (Felsgrat, durch Drahtseile versichert) zum (3 St.) Gipfel, mit herrlicher Aussicht.

Von Egg nach *Dornbirn* über *Alberschwende* s. S. 262. — S.w. Fahrstraße, auf der *Fluhbrücke* über die Ach, weiter über *Wieden* und *Stangenach* nach (1¹/₄ St.) *Schwarzenberg* (s. unten). — Nach *Lingenau* s. S. 274.

Die Bahn steigt in großer Kehre über den *Prühlbach* zur (24km) HS. *Unterbach;* weiter auf der Höhe durch Wiesen nach (27km) **Andelsbuch** (614m; Gasth.: *H. König, am Bahnhof, P. 4¹/₂ *K;* Krone; Brauerei Geser; Sonne; Wuen; P. Mätzler, 12 B., P. 3.20-5 *K*), weit zerstreutes Dorf mit 1400 Einwohnern. 15 Min. n.ö. vom Bahnhof das *Badhotel Andelsbuch,* mit Stahlquelle und Wasserheilanstalt (50 B.; P. 4-5 *K*). — 32km HS. *Bezegg.*

Südl. führt von hier ein lohnender Fußweg über die **Bezegg** (850m) in 1¹/₂ St. nach Bezau; oben (halbwegs) eine got. Spitzsäule mit Inschrift: „Zum Andenken 1871. An dieser Stelle stand das hölzerne im J. 1807 abgebrochene Rathaus des inneren Bregenzer Waldes." 5 Min. weiter südl. prächtige Gebirgsaussicht.

29km HS. *Bersbuch;* 30km *Schwarzenberg* (635m; Bahnrest., auch Z.).

N. führt eine Fahrstraße (Omnibus 2 mal tägl. in 35 Min., 40 *h*) hinab zur Ach, dann wieder hinan über den Weiler *Loch* nach (4km) **Schwarzenberg** (697m; Gasth.: *Hirsch, 30 B. zu 1-1.60, P. 5-6 *K;* Lamm, P. 4¹/₂-5 *K;* Krone; Adler, 20 B. zu 1-1.60, P. 5-5.50 *K,* gelobt), hübsch gelegenes Dorf (1233 Einw.) mit Stahlquelle, als Sommerfrische besucht. In der Kirche ein Altarbild von Angelika Kauffmann, deren Eltern hier lebten (Marmorbüste der Künstlerin im l. Seitenschiff). Reizende Aussicht von der *Angelikahöhe* (10 Min.) und vom *Gasth. zur frohen Aussicht,* ¹/₂ St. n.

AUSFLÜGE (Führer Mich. Berchtold). Über die *Lorena* nach *Alberschwende* s. S. 262. — Zum (2 St.) *Bödele* und nach (3¹/₂ St.) *Dornbirn* oder (3¹/₂ St.) *Schwarzach* s. S. 262. — Vom *Hochälpele (1467m), vom Bödele südl. (MW.) in 1 St. leicht zu ersteigen, schöne Aussicht auf den Bregenzer Wald, das Rheintal, den Bodensee und die Appenzeller Berge (Orientierungstafel; s.ö. 5 Min. unterhalb offne Schutzhütte). Von Schwarzenberg direkt auf das Hochälpele 2¹/₄ St.: rot-weiße WM., beim Hirschen l. bergan, bei der Wegteilung entweder den Saumweg r., oder den nähern Fußweg l.; hinter den vier letzten Höfen (¹/₂ St.) den Fußpfad l. zu (20 Min.) zwei Sennhütten unter dem Walde, bei der ersten r. auf die Waldecke los, dann durch Wald; 15 Min. *Hütten-A.;* 15 Min. *Hochälpele* (Erfr.); hier r. bergan in den Wald und über den Bergrücken zum (³/₄ St.) Gipfel.

R. hohe bewaldete Felswände. Die Bahn überschreitet die Ach, tritt hinter (33km) HS. *Reute* wieder auf das r. Ufer und erreicht die Endstation (35km) **Bezau** (651m; Bahnrest., 16 B. von 1 *K* an; Gasth.: Post, 24 B. zu 1.40-2, P. 5.50 *K*, gut; Gemse, gelobt; *Bären, 10 Min. oberhalb, 20 B., P. 5.50-6 *K;* Engel; Hirsch; Krone),

Hauptort des Innern Waldes in weitem **Talboden**, mit 1100 Einw. und Kapuzinerkloster. Bei Herrn Jodok Kaufmann 9 Bilder von Angelika Kauffmann (S. 275; Trkg.).

Von Bezau nach Bizau, 5km, Post 2mal tägl. in 40 Min. über *Ellenbogen* (s. unten) und durch das freundliche *Bizauertal*. — 3km **Bad Reute** (608m; Badgasth., P. 4-5 K; Engel), mit Stahlquellen und alter Kirche (1284). Von hier nach Mellau führt für Fußgänger ein lohnender Weg über die *Hebung* (739m) nach *Hinterreute* und zur *Klausbrücke* über die Ach (bis Mellau 1 St.). — Von (5km) *Bizau* (681m; Schwan, Krone) näherer Fußweg nach (1½ St.) *Schnepfau* (s. unten) über die **Schnepfegg** (880m); oben bei der *St. Wendelinskapelle* Whs. und schöne Aussicht.

Die Straße nach Schoppernau überschreitet bei *Ellenbogen* die Ach und führt in tief eingeschnittenem Tal über *Klaus* nach

6km **Mellau** (690m; Gasth.: *Bären, mit Stahlbad, 38 B. zu 1.20-1.40, P. 5.50-5.80 K; *Kreuz; Adler, P. 5-6 K; Sonne, P. 4-5 K; Engel, alle einf. gut), Dorf mit 616 Einw. in schön bewaldetem Tal, als Sommerfrische besucht. S.ö. die schroffe Canisfluh; südl. die Mittagspitze; w. zwischen Hohem Kojen und Guntenhang das enge Mellenbachtal, im Hintergrund der Hohe Freschen.

AUSFLÜGE (Führer Matthias u. Joh. Peter Wüstner). **Mörzelspitze** (1832m), durch das Mellenbachtal in 4 St. (F. 8 K); Aussicht nach S. beschränkt. — **Hoher Freschen** (2006m), durch das Mellenbachtal über die *Lindach-A.* (1148m; Erfr.) in 6 St. (MW., aber F. angenehm, 9 K), mühsam; Abstieg nach Rankweil oder Dornbirn s. S. 263, 262. — **Canisfluh** (2047m), 4½ St. m. F. (8 K), über *Hofstätten* und *Wurzach-A.*, mühsam (s. unten). — *Mittagspitze* (2097m; 5 St., mühsam, s. unten), *Simser Joch* (2034m, 4 St.), *Guntenhang* (1748m; 3 St.) sind gleichfalls von hier zu ersteigen.

Die Straße überschreitet die Ach und führt am r. Ufer über *Hirschau* nach (12km) **Schnepfau** (753m; Krone; Adler). Weiter zwischen r. Canisfluh, l. Mittagsfluh nach (16km) **Au** (796m; Gasth.: *Krone, 50 B. zu 1-2, F. 1, M. 2.50-3, P. 5.50-6.50 K; *Rößle, 24 B. zu 1.20-1.60 K, Taube, gelobt, beide jenseit der Brücke), in einer Talweitung an der Mündung des *Argenbachs* hübsch gelegen.

AUSFLÜGE. Canisfluh (2047m, s. oben), über *Argenstein* und die *Vorsäßhütten* (Wirtsch. in der Oberle-A., 1¾ St.) in 4½ St., mühsam (WM. mangelhaft, F. ratsam; ½ St. unterm Gipfel offne Schutzhütte, 1950m). — Ins Gr. Walsertal lohnender Weg durch das *Damülser Tal*. Fahrweg am r. Ufer des *Argenbachs* hinan zur *Hinterbödmen-A.*, dann Karrenweg l. zum **Faschinajoch** (1484m) und hinab nach *Fontanella* und (6 St.) *Sonntag* (s. S. 266). — Nach Rankweil (10 St.), entweder über Hinterbödmen (s. oben) in 3½ St., oder auf neuer Straße von Au am l. Ufer des Argenbachs nach (2½ St.) *Damüls* (1431m); einf. Whs.), am Fuß der Mittagspitze (2097m), die von hier in 2½-3 St. m. F. zu ersteigen ist (mühsam aber lohnend); weiter über *Oberdamüls* (1469m) und die (2½ St.) **Furka** (1769m) ins *Laternser Tal*, nach (4½ St.) *Rankweil* (S. 263). — Ins Kl. Walsertal lohnender Übergang, zunächst n.ö. durch Wald und über die *Satteleck* (1425m) zwischen Mittagsfluh und Didamsberg nach (3 St.) *Schönebach* (1000m; *Löwe, B. 1-3, P. 5 K; Rößle), dann m. F. in 5 St. über die *Gerach-A.* auf den *Hohen Ifen* (2230m; S. 32) und hinab nach (3 St.) *Riezlern* (S. 33).

20km **Schoppernau** (840m; *Krone, 20 B. zu 1.40, P. von 5 K an; Adler; Hirsch, beide gut), Dorf mit 504 Einw. Auf dem Friedhof das Denkmal des Schriftstellers F. M. Felder (1839-69). S.w. der

Zitterklapfen (2406m), südl. Kinzelspitze (2415m), s.ö. Ünschellerspitze (2139m). — Über das *Starzeljoch* nach *Mittelberg* s. S. 34.

Nun Karrenweg unweit des Jagdschlosses des Deutschen Kronprinzen vorbei nach dem Schwefelbad (25km) *Hopfreben* (1021m; Gasth., B. 1.20, P. von 5 K an), dann schärfer bergan zum (32km) *Schröcken (1260m; *Peters Gasth., 35 B. zu 1-2, P. 5.50-6.50 K; F), Dörfchen inmitten eines gewaltigen, von steilen Bergen umschlossenen Trichters. Im Pfarrhof eine gute Holzschnitzgruppe, Anbetung der Hirten, von Mosbrugger.

AUSFLÜGE (Führer Julius Schnell, Alois Strolz). *Widderstein (2536m), MW., 4 St., nicht schwierig (F. 5 K, für Geübte entbehrlich). Von (1½ St.) *Hochkrumbach* (s. unten) auf dem Wege zum Gentscheljoch (s. unten) hinan, nach ³/₄ St. (¼ St. vor dem Joch) l., in der Felsmulde an der Südseite empor, zuletzt über Geröll auf den Grat und zum (2 St.) Gipfel, mit prachtvoller Aussicht. — Kinzelspitze (2415m), über den *Schadonasattel* (S. 266; Biberacher Hütte im Bau) 4½ St. m. F., nicht schwierig; ebenso Mohnenfluh (2547m), am *Butzensee* vorbei 5 St. m. F. (Abstieg nach Lech s. S. 281). — *Braunarlspitze (2651m), AV.-Weg der S. Weimar über die *Hochgletscher-A.* in 4 St. mit F., sehr lohnend. Abstieg über das *Zuger Älpele* nach *Lech* (S. 281).

Nach Oberstdorf über das Gentscheljoch 8½ St., etwas mühsam aber lohnend (F. entbehrlich). Mark. Saumpfad durch Wald hinan nach (³/₄ St.) *Neßlegg* (1485m; Zum Widderstein, B. 1-1.40 K, gut), in reizender Lage (schöne Aussicht von der alpenrosenreichen *Pließe*, ¼ St. ö.), und nach (³/₄ St.) Hochkrumbach oder *Krumbach ob Holz* (1703m; Adler, 20 B. zu 1-1.60 K; Führer Theodul Fritz), einigen Häusern in kahlem Hochtal; hier l. im Zickzack steil aufwärts, vor dem hölzernen Kreuz r. ab zum (1 St.) Gentscheljoch (1977m), am SO.-Fuß des Widdersteins (s. oben). Hinab zur *Obern Gentschel-A.* (1694m), dann durch das malerische *Gentscheltal* (r. die Abstürze des Liechelkopfs und Zwölferkopfs) zur *Untern Gentschel-A.* (1275m) und über die *Breitach* nach (2 St.) *Mittelberg*. Von hier nach (4 St.) *Oberstdorf* s. S. 33. — Von Hochkrumbach nach Oberstdorf über das *Haldenwangereck* oder den *Schrofenpaß* s. S. 33.

Vom Schröcken zum Arlberg, 5¼ St. bis Stuben, F. entbehrlich. Saumweg (blaue WM., mangelhaft) auf der r. Seite des tief eingeschnittenen *Auenfeldtobels* durch spärliches Gehölz ziemlich steil hinan über die *Körber-A.* (Wegweiser l. zum malerischen *Körbersee*); beim Austritt aus dem Walde (30 Min.) Blick auf Juppenspitze und Mohnenfluh und weiterhin auf die mächtige Braunarlspitze mit ihrem Gletscher. ¼ St. *Älpele* (Erfr.); nun eben fort in breiter Talmulde (Quelltal der Bregenzer Ach), zuletzt wenig bergan zur *Untern* und (³/₄ St.) *Obern Auenfeld-A.* (1715m; wer von Lech kommt, hält sich r. auf die erste Sennhütte zu, dann l. zur Ach, nach 5 Min. auf das r. Ufer und an diesem hinab). Hinab an mehreren Hütten vorüber ins (³/₄ St.) Lechtal auf die von Warth (S. 281) kommende Straße und über den *Lech* nach (30 Min.) *Lech* (S. 281). Flexenstraße über *Zürs* nach (2½ St.) *Stuben* s. S. 282.

Vom Schröcken nach *Bludenz* über den *Schadonasattel* und durch das *Große Walsertal* s. S. 266.

48. Von Reutte zum Arlberg durch das Lechtal.

83,₅km. Post bis *Steeg*, 50km, tägl. in 9 St. (6 K). OMNIBUS von Reutte bis *Elbigenalp* tägl. 2 U. nachm. in 6 St., von da am andern Morgen 6 U. 20 über Lech und Zürs bis *Langen* in 9¼ St. — Einspänner von Reutte bis Elbigenalp 22, Zweisp. 36 K u. Trkg. — Das untere Lechtal ist im ganzen einförmig (Fahren vorzuziehen), das oberste Tal (Tannberg) dagegen malerisch und besuchenswert (bequemer von Stuben zu erreichen, s. S. 282). Die Lechtaler Straße ist für Automobile verboten.

Reutte (850m) s. S. 44. Die Straße führt über den Lech nach *Aschau,* dann über (4km) *Höfen* (869m; Krone) nach (9km) **Weißenbach** (887m; Gasth. Löwe; Lamm), Dorf mit 570 Einw. N. kommt die Straße vom *Paß Gacht* herab (S. 37); ö. der *Thaneller* (s. unten).

Ö. führt von hier eine schöne Straße über *Rieden* (Whs.) und durch den *Klauswald* (Sattelhöhe 1032m) zwischen Schloßberg und Thaneller zur (1½ St.) *Ehrenberger Klause* (S. 45). — Durch das Rotlechtal nach Nassereit 8 St., beschwerlich. Karrenweg (rote WM.) durch das tief eingeschnittene bewaldete *Rotlechtal* nach (2 St.) *Rinnen* (1271m; Neuwirt). [Von hier Waldweg ö. nach (½ St.) *Berwang* (1336m; Rose, Kreuz, beide einf. gut), von wo der *Thaneller (2343m) auf AV.-Weg in 3 St. zu ersteigen ist (F. 4 K; vgl. S. 45); prächtige Aussicht (Panorama von Roggenhofer, 1.20 K).] Von Rinnen über *Brand* nach (1 St.) *Mitteregg* (1336m), durch die Schlucht des Rotlechbachs zur (1¾ St.) *Hintern Tarrenton-A.* (1516m), am u. Fuß der gewaltigen *Heiterwand* (2594m); von hier ö. über das *Schweinstein-Joch* (1579m) in das öde *Tegestal,* dann entweder (für Schwindelfreie) auf schmalem Steig am Bach entlang nach (3 St.) *Nassereit* (S. 47); oder vom Schweinsteinjoch r. hinan um den *Alpleskopf* (2259m) herum (Besteigung sehr lohnend, s. S. 47, 314) über das Berghaus am *Dirstentritt* und Wallfahrt *Sinnesbrunn* nach *Tarrenz* und (4½ St.) *Imst* (S. 313).

15km *Forchach* (910m); weiter an der engen Mündung des *Schwarzwassertals* (S. 36) vorbei nach (19km) **Stanzach** (940m; Gasth.: Post; Krone), Dorf mit 203 Einwohnern.

Ö. mündet das **Namlostal** mit dem Dörfchen (2 St.) *Namlos* (1263m; zwei Whser.), von wo die *Namloser **Wetterspitze** (2554m) über das *Sommerbergjoch* (2050m) in 4 St. m. F. zu ersteigen ist (rote WM.); Abstieg auch nach *Bschlabs* oder zum *Grubeggjöchl* (s. unten). — Unschwierige Übergänge von Namlos ö. über *Kelmen* (1360m) nach (2 St.) *Brand* (s. oben); südl. über das *Grubeggjöchl* (2040m) und das *Steinjöchl* (2208m), mit prächtiger Aussicht, zum (3 St.) *Hahntennjoch* (s. unten); bis Imst 6 St.).

Am l. Lechufer bleibt *Vorder-Hornbach,* an der Mündung des Hornbachtals (S. 33); weiter das Dörfchen *Martinau,* am Fuß der *Glimmspitze* (2461m).

25km **Elmen** (978m; Gasth.: Drei Könige, Neue Post, Krone, alle einf.), Dorf mit 221 Einwohnern. PT.

Über das Hahntennjoch nach Imst 7½-8 St. (MW., F. von Boden 6 K, für Geübte entbehrlich). Saumpfad durch das 20 Min. südl. mündende *Bschlabs-Tal,* anfangs durch schönen Wald, über *Bschlabs* (1314m; Unterkunft beim Kurat) nach (2½ St.) *Boden* (1357m); einf. Whs.; Führer Ed. Lechleitner, Isidor Friedl), an der Mündung des *Angerletals* (zur Hanauer Hütte s. unten), dann ö. steil hinan über *Pfafflar* zum (2½ St.) **Hahntennjoch** (1895m), n. vom *Muttekopf* (S. 314; von Boden durch das *Fundeistal* für Schwindelfreie in 4½ St. zu ersteigen); hinab zur *Maldoner-A.* und durch das wilde *Salvesen-Tal* meist durch Wald nach (2½ St.) *Imst* (S. 313).

Im Angerletal (s. oben) AV.-Weg von Boden zur (2 St.) **Hanauer Hütte** (1920m; Wirtsch., 1909 erweitert, 20 B. u. 12 Matr.), in schöner Lage auf dem *Parzinnbühel,* Ausgangspunkt für *Gr. Schlenkerspitze* (2821m; 4 St., F. 8, mit Abstieg nach Imst 10 K, mühsam, nur für Geübte), *Kl. Schlenkerspitze* (2777m; 4½ St., F. 8 K, schwierig), *Dremelspitze* (2765m; 4½ St., F. 8 K, schwierig), *Schneekarlespitze* (ca. 2650m; 3½ St., F. 6 K, nicht schwierig), *Parzinnspitze* (2618m; 3½ St., F. 8 K, schwierig), *Kogel-*

seespitze (2647m; AV.-Steig, 2½ St., F. 4 *K*, leicht), alles Aussichtspunkte ersten Ranges, sowie für den etwas entlegenern *Bergwerkskopf* (2735m, F. 10 *K*) oberhalb des Steinsees und die *Leiterspitze* (2752m; F. 10 *K*, s. S. 280). ÜBERGÄNGE: in das Lechtal über *Kogelseescharte* (Uhde-Bernaysweg, s. unten) oder über *Gufelseejoch* (2389m) nach *Gramais*, 5-6 St. bis *Häselgehr* (s. unten). In das Inntal: über das *Gattseitejoch* (2426m) ins oberste *Fundeistal*, wieder hinan auf den (5 St.) *Muttekopf* (S. 314), hinab zur (1¼ St.) *Muttekopfhütte* und nach (2 St.) *Imst* (S. 313; F. 15 *K*), lohnend. — Über das *Larsennjöchl* (2400m) in das *Großkar* und durch das wilde *Larsenntal* nach *Mils* oder über *Gunglgrün* nach (8 St.) *Imst*, sehr lohnend und für Geübte nicht schwierig. — Über die *Westliche* (2430m) oder *Östliche Dremelscharte* (2470m) zum *Steinsee* (2135m) und durch das *Starkenbachtal* nach *Schönwies* oder *Zams* (S. 314; 7½ St., F. 8 *K*), rot MW., ziemlich mühsam aber sehr lohnend. — Von der Hanauer Hütte zur *Memminger Hütte* (S. 280) über *Gufelseejoch*, *Mintschejoch*, *Alblithjoch* und *Oberlahmsjöchl* (rote WM.; 7-8 St., F. 10 *K*). — Höhenweg (rote WM.) von Imst über *Muttekopfhütte* zur Hanauer, Memminger und *Augsburger Hütte* (ca. 19 St. m. F.), anstrengend aber großartig.

Vor *Unterhöfen* über den Lech. — 31km **Häselgehr** (1003m; Gasth.: Alpenrose; Sonne, 20 B. zu 1-1.20 *K*), Dorf mit 410 Einw. an der Mündung des *Gramaistals*.

AUSFLÜGE (Führer Josef Saurer). **Lichtspitze** (2357m), MW. meist durch Wald in 4-5 St. (F. 10 *K*), nicht schwierig; vorzügliche Rundsicht. — Zum *Kaufbeurer Haus* MW. über den *Luxnacher Sattel* und die *Gliegerscharte* (2486m) 5 St. m. F., s. S. 33. — Im **Gramaistal** MW. hoch über der Klamm des *Otterbachs* nach (2 St.) *Gramais* (1328m; Unterkunft beim Pfarrer; Führer Friedrich Singer); südl. zum *Branntweinboden*, dann über eine Steilstufe empor nach (2¼ St.) *Vordergufel* (2105m), wo Wegetrennung: ö. über *Gufelseejoch* zur *Hanauer Hütte* (2¼ St., F. 6 *K*); w. über *Mintschejoch* zur *Memminger Hütte* (S. 280, F. 10 *K*); südl. zum (1 St.) **Gufelgrasjoch** (2390m), hinab durchs *Starkenbach-Tal* nach *Starkenbach* und (3 St., F. 12 *K*) *Schönwies* (S. 314). — Von Gramais zur Memminger Hütte, 5-6 St. (F. 10 *K*): vom Branntweinboden (s. oben) MW. r. steil zum *Alblithjöchl* (2283m), dann l. um den Abhang der *Leiterspitze* (s. oben) durchs oberste *Röttal* zur *Oberlahms-A*. und über das *Oberlahmsjöchl* (2505m) zur *Memminger Hütte* (S. 280). — Von Gramais zur Hanauer Hütte rot bez. AV.-Weg ("Uhde-Bernaysweg") durchs Kogelkartal am schön gelegenen *Kogelsee* (2200m) vorüber über die *Kogelseescharte* (2430m), mit herrlicher Aussicht, 4½-5 St. (F. 9 *K*), sehr lohnend. Vom Branntweinboden über das *Gufelseejoch* s. oben.

Dann an der Mündung des *Griesbachtals* vorbei über *Köglen* nach (36km) **Elbigenalp** (1060m; *Post, 25 B. zu 80-140 *h*, P. 4.40-5 *K*), ältestes Pfarrdorf des Tals (520 Einwohner), an der Mündung des *Bernhardstals*. AVS. Lechtal. Schwimmbad. PT. Vom *Ölberg* lohnende Aussicht.

Durch das *Bernhardstal* (sehenswerte Klamm) und über das *Karjoch* zur **Kemptner Hütte** (6-7 St., F. 7, bis Oberstdorf 14 *K*) s. S. 32. — Schöne Aussicht vom (2 St., MW.) *Bernhardseck* (1802m; von hier über den *Gumpensattel* zur Kemptner Hütte 6-7 St.; F. 8 *K*), und von der *Rothornspitze* (2391m), 4-4½ St. von Elbigenalp (F. 6, mit Abstieg zur Kemptner Hütte 9½ *K*). — 3 St. n. von Elbigenalp im *Wolfebnerkar* die **Hermann v. Barth-Hütte** des Akad. AV. München (2131m; Prov.-Depot, 17 Matr.), in schöner Lage, Ausgangspunkt für *Balschtespitze* (2504m; 1½ St., F. 7 *K*, leicht), *Kreuzkarspitze* (2593 m; 1¾ St., nicht schwierig), *Nördl. Ilfenspitze* (2540m; 2 St., F. 10 *K*), *Östl. Plattenspitze* (2486m; 1¾ St., F. 8 *K*; beide nicht schwierig), *Marchspitze* (2610m; 3 St., F. 12 *K*, schwierig), *Gr. Krottenkopf* (2657m; 3½ St., F. 11, mit Abstieg zur Kemptner Hütte 13 *K*, nicht schwierig und sehr lohnend, s. S. 31), usw. Übergänge (MW.)

über die *Marchscharte* (2424m) und das *Märzle* zum (9½ St.) *Prinz Luitpoldhaus* (F. 20 K; s. S. 30, 35); über die *Krottenkopfscharte* und das *Obermädelejoch* zur (3³/₄ St.) *Kemptner Hütte* (F. 9 K; S. 32); über die *Schönecker-Scharte* (2250m) ins *Hornbachtal* zur *Petersberg-A.* und nach (4½ St.) *Hinterhornbach* (F. 11 K) oder auf dem aussichtreichen *Enzensperger-Wege* der AVS. Allgäu-Immenstadt zum (5½ St.) *Kaufbeurer Haus* (F. 13 K; S. 33).

Weiter über *Untergibeln* (Hirsch) und *Obergibeln*, mit dem Geburtshause des Malers Jos. Ant. Koch (1768-1839; Reliefporträt), dann über den Lech. — 40km **Bach-Lend** (1060m; Gasth.: Post, einf.), Dorf mit 280 Einw. an der Mündung des *Madautals*.

AUSFLÜGE (Führer Apollonius Scheidle in Obergibeln, Anton Friedle u. Ludwig Moll in Untergibeln, Joh. Kapeller in Bach).

Zur Memminger Hütte (5¼ St., F. 8 K): Saumweg durch das Madautal hoch über dem l. Ufer des *Alperschoner Bachs* zu den (2 St.) *Eckhöfen* (1252m; Heuhütten), gegenüber den verlassenen Hütten von *Madau*, wo sich das Tal in s.w. *Alperschoner Tal*, südl. *Parseier Tal*, ö. *Röttal* gabelt; dann MW. im Parseier Tal an der *Seela-A.* vorbei bis zur (³/₄ St.) *Ochsenalpe* (1449m) und l. steil hinan (morgens meist schattig) um den Seekogel herum zur (2½ St.) **Memminger Hütte** (2246m; Wirtsch., 12 B. zu 2.50, AVM. 1.25, u. 14 Matr. zu 1.50 bzw. 75 h), oberhalb des *untern Seebi-Sees* angesichts der Freispitzgruppe (S. 273). *Seekogel* (2412m; ½ St.), *Seeköpfl* (2562m; 1 St.), *Vorderer Seekopf* (2704m; 2 St., F. 3 K) und *Oberlahmsspitze* (2660m; 1½ St., F. 3 K) sind von hier leicht zu ersteigen (Wegbauten der AVS. Memmingen); schwieriger die *Leiterspitze* (2752m; 5 St., F. 10 K; s. S. 279). Über das *Oberlahmsjöchl* und *Alblithjoch* nach *Gramais* (F. 7 K) und zur *Hanauer Hütte* (7 St., F. 12 K) s. S. 279. Verbindungsweg zur (6 St.) *Ansbacher Hütte* (S. 273).

Ins Inntal zwei Übergänge von der Memminger Hütte, der nächste (7 St., rote WM., F. 8 K) ö. über die (1½ St.) **Seescharte** (2662m) zur (1¼ St.) *Oberloch-A.* (1788m) im *Patroltal* und an der (1 St.) *Unterloch-A.* (1548m) vorbei nach (2½ St.) *Zams* oder (3 St.) *Landeck* (S. 314). Interessanter der **Spiehlerweg** über die Augsburger Hütte (nur für Geübte, viel Kletterei; bis zur Augsburger Hütte 5 St., F. 10 K). Von der Memminger Hütte auf Felsensteig der S. Memmingen (rote WM.) am *Untern*, *Mittlern* und *Obern Seebisee* vorbei zur (1¼ St.) *Wegscharte* (2571m), ö. vom Mittl. Seekopf (2718m); dann durch das oberste Patroltal zum Felsgrat des *Mittelrückens* (2560m), hinab (Drahtseil) auf den *Patrolferner* (Vorsicht wegen der Steinfälle) und auf steilem Zickzackweg (Drahtseil) wieder hinan zur (2½ St.) **Patrolscharte** (2850m), zwischen r. *Parseierspitze* (3038m; von hier in 1 St. zu ersteigen, F. 12, mit Abstieg zur Augsburger Hütte 14 K, s. S. 315) und l. *Gatschkopf* (2947m). Nun l. in 15 Min. auf letztern (*Aussicht, s. S. 315), dann steil hinab zur (1 St.) *Augsburger Hütte* und nach (3½ St.) *Landeck* (S. 314).

Andere Übergänge (MW.) führen von Bach durch das *Röttal* über das **Großbergjoch** (2496m) ins *Patroltal* und nach (9 St.) *Landeck* (S. 314); aus dem *Alperschoner Tal* über das **Alperschonjoch** (*Kühjoch*, 2306m) und durch die *Schnanner Klamm* nach (8 St., F. 10 K) *Schnann* (S. 282), und über das **Flarschjoch** (2474m), mit der *Ansbacher Hütte* (S. 273), nach (8 St., F. 10 K) *Flirsch* (S. 273).

Oberhalb (42km) *Stockach* (1073m; Kreuz) wieder auf das l. Ufer des Lech. — 45km **Holzgau** (1090m; Gasth.: *Goldener Hirsch, 28 B. zu 1-1.60 K; Bären; Post; Bräu), stattliches Dorf (500 Einw.) in schöner Lage, Sommerfrische. Bäder; AVS.; PTF.

AUSFLÜGE (Führer Jos. Frei, L. Weißenbach und Konst. Knitl in Holzgau, Bernh. Klotz in Stockach). ½ St. n. in der *Höhenbachschlucht* (S. 32) ein sehenswerter Wasserfall. — *Wetterspitze* (2898m), 5-5½ St. (F. 12 K), unschwierig; ö. über den Lech nach (½ St.) *Sulzlbach*, durch das *Sulzltal* zur (2½ St.) *Frederick Simmshütte* der AVS. Holzgau (2000m;

Prov.-Depot) und zum (2 St.) Gipfel, mit großartiger Aussicht. — Von der Simmshütte auf die vier *Festspitzen* (höchste 2361m), 5 St. m. F., schwierig, nur für Geübte (die vordern 3-4 St., Traversierung aller vier 10 St.); auf die *Feuerspitze* (2851m) AVW. in 2 St. (Abstieg zur Ansbacher Hütte, S. 273). Verbindungswege von der Simmshütte zum Kaiserjoch (s. unten) und zur (5 St.) Ansbacher Hütte (S. 273). — Von Holzgau über das *Mädelrjoch* zur (3 St.) *Kemptner Hütte* s. S. 32 (F. 3 K). MW. in je 5 St. auf die *Mädelegabel* (S. 31, F. 11 K) und auf das *Hohe Licht* (S. 32, F. 11 K), in 4 St. auf den *Gr. Krottenkopf* (S. 31, F. 11 K).

Die Straße führt über *Hägerau* nach (50km) **Steeg** (1111m; Gasth.: Post, 20 B. zu 80-130 h, einf. gut; Stern), Dorf mit 535 Einwohnern. PF. Führer Franz Walch, Joh. Hauser.

S. mündet das **Kaisertal**, von dem sich bei dem (1½ St.) schön gelegenen Dorf *Kaisers* (1522m; Unterkunft im Pfarrhause: Führer Philipp Lorenz) r. das *Almejurtal* abzweigt (s. unten). Im Kaisertal liegt 1 St. oberhalb Kaisers die *Kaiser-A.* (1695m); von hier l. durch das *Kaiserertal* zur (4 St. m. F.) *Simmshütte* (S. 280); r. über den Bach MW. s.ö. über das *Kaiserjoch* (2305m; S. 272) nach (4 St., F. 12 K) *Pettneu* (S. 272). Lohnender (F. bis zum Joch ratsam, bis St. Anton 13 K) von Kaisers s.w. durchs Almejurtal über die (1¾ St.) *Boden-A.* (Milch) auf schlecht mark. Wege zum (2½ St.) *Almejurjoch* (2224m), mit schöner Aussicht, hinab auf gutem MW. nach (2 St.) *St. Anton*, s. S. 272.

Weiter über den Kaiserbach und am r. Lechufer über *Welzau* nach (52.₅km) **Ellenbogen** (1125m; Kreuz).

MW. s.w. durch das *Krabachtal* und über das *Krabacher Jöchl* (2293m), mit der neuen *Stuttgarter Hütte* (S. 282), nach (5 St.) *Zürs* (S. 282), und durch das *Bockbachtal* über die *Wöster-A.* (2178m) nach (4½ St.) *Lech* (s. unten).

Die Straße tritt auf das l. Ufer und steigt in großen Kehren, hoch über der tiefen Lechschlucht mehrfach durch Wald nach dem Dorf (59km) **Lechleiten** (1539m; Hirsch, einf.), in grünen Matten am Fuß des Biberkopfs gelegen (über den *Schrofenpaß* nach *Oberstdorf* s. S. 33; zur *Rappenseehütte* s. S. 32, 33). Hinab über den *Krumbach* und in großer Kehre (Abkürzung geradeaus auf dem alten Wege) wieder hinan nach (61,₅km) **Warth** (1495m; Tirolerhof, 40 B. zu 1.40 K, gelobt; Einsp. nach Stuben in 3-4 St., 16 K), dann (r. nach *Hochkrumbach* 1 St., s. S. 277) l. am Abhang des *Warthorns* hoch über dem Lech (kurzer Tunnel), zuletzt aufs r. Ufer nach

71,₁₅km **Lech** (1447m; Gasth.: *Krone, 50 B. zu 1.20-2, P. 5½-6 K; Post, 25 B. zu 1-1.80, P. 5-6 K, gelobt), Hauptort des *Tannbergs* oder obersten Lechtals, in schöner Lage am Fuß des Omeshorns.

AUSFLÜGE (Führer Theodor Wolf, Engelbert Strolz). *Omeshorn* (2558m), 3½ St., nicht schwierig. — *Mohnenfluh* (2547m, S. 277), 4 St., gleichfalls unschwierig, rot MW. über die Berger-A., zuletzt über Geröll. — Über die *Auenfeldalp* zum *Schröcken* (2½ St.) s. S. 277.

Von Lech über Formarinsee nach Dalaas, 6½-7 St., lohnend (MW., F. unnötig). Am l. Lechufer über (¾ St.) *Zug*, wo l. der Weg zum *Spullersee* abzweigt (s. S. 282), zum (1 St.) *Älpele* (1575m); l. der Schafberg (S. 293), vorn Johanneskopf und Hirschenspitz. Nach ½ St. über den Lech zur (5 Min.) *Tannleger-A.* (1639m); ¼ St. oberhalb wieder über den Bach und am l. Ufer über *Formarin-A.* zur (1¾ St.) *Freiburger Hütte* (1875m; Wirtsch., 9 Matr.), 10 Min. ö. vor dem dunkeln **Formarinsee** (1793m), am Fuß der mächtigen *Rotewandspitze* (S. 282). Nun um den See herum zum (25 Min.) *Rauhen Joch* (ca. 1934m), mit Aussicht auf Rhätikon, Sulzfluh usw.; hinab zur (¼ St.) *Alp Rauhe Staffel* (5 Min. unterhalb

Quelle), dann in vielen Windungen zur ($^3/_4$ St.) *Mostrin-A.* (bleibt r.) und auf der l. Seite des *Schmiedtobels* zur (1 St.) Station *Dalaas* (S. 269).

*Rotewandspitze (2706m), von der Freiburger Hütte für Geübte auf AV.-Steig (Drahtseil) über die *Schwarze Furka* und das *Obere Sättele* 3$^1/_2$ St. m. F., sehr lohnend; großartige Aussicht. Abstieg zur *Lagutz-A.* oder *Klesenza-A.* s. unten. — Von der Freiburger Hütte auf die *Saladinaspitze* (2232m), 3$^1/_2$ St. m. F., und den *Rogelskopf* (2275m), 3$^1/_2$ St. m. F., beide für Geübte nicht schwierig.

Nach dem Walsertal und Bludenz. NW. führt von der Freiburger Hütte ein rauher Pfad über den (1 St.) Sattel *In der Eng* (2005m), von wo die *Rotewandspitze* (s. oben) in 3 St. m. F. zu besteigen ist, zur (1$^1/_4$ St.) *Lagutz-A.* (1584m; Unterkunft); dann w. hinab ins *Marultal*, nach *Garfül* und (2 St.) *Marul* (977m; Whs., einf. gut). Das Marultal mündet 1 St. weiter abwärts in das *Große Walsertal* (S. 266; über *Garsella* nach *Sonntag* 2 St.). Der Weg nach Bludenz führt l. tief hinab ins Marultal, dann wieder steil aufwärts nach (1 St.) *Raggal* (1016m; Rößli) und um die W.-Seite des Hohen Frassen herum nach (2$^1/_2$ St.) *Bludenz* (vgl. S. 266). — Ein andrer Übergang führt oberhalb der *Tännleger-A.* (S. 281) r. hinan über das *Johannesjoch* (2031m) zur (2$^1/_2$ St.) *Klesenza-A.* (1619m) im *Hutlertal* (von hier auf die *Rotewandspitze* 3$^1/_2$-4 St., s. oben), dann hinab nach (1$^1/_2$ St.) *Buchboden* (S. 266).

Von Lech nach Klösterle über Spullersee, MW. in 5 St., lohnend. Beim ($^3/_4$ St.) obern Ende des Weilers *Zug* (S. 281) l. über den Lech und auf der l. Seite des *Stierlochbachs* durch Wald oft pfadlos (auf die WM. achten!) aufwärts zur *Stierloch-A.*, dann über *Brazer Stafel* (2016m) und *Klösterle-Stafel* zum (2$^1/_2$ St.) *Spullersee (1802m), in großartiger Umgebung. N. der *Schafberg* (2681m), auf rot MW. in 3$^1/_2$ St. m. F. zu ersteigen, mit prächtiger Aussicht. Abstieg vom See entweder l. durch den *Wäldli-Tobel* nach (1$^1/_2$ St.) *Klösterle* (S. 269), oder r. über den *Bösen Tritt* oberhalb des schönen *Streubachfalls* und durch den malerischen *Streubachtobel* nach (1$^3/_4$ St.) *Danöfen* (S. 269).

Die Straße steigt am r. Ufer des *Zürsbachs* nach (77,₅km) **Zürs** (1720m; *Alpenrose, 40 B. zu 1-2, P. von 5 *K*; Edelweiß, einf.), Sommerfrische und Wintersportplatz, in hübscher Lage.

AUSFLÜGE (Führer Strolz): zum (1$^1/_2$ St.) malerischen *Zürser See* (2150m); auf die *Hasenfluh* (2537m), 2$^1/_2$ St.; auf den *Trittkopf* (2722m), über den *Ochsenboden* 3-3$^1/_2$ St. m. F., leicht (Abstieg zur Ulmer Hütte, s. S. 269). — Über das *Krabacher Jöchl* nach *Ellenbogen* s. S. 281; auf dem Joch, 2 St. von Zürs, die *Stuttgarter Hütte* der AVS. Schwaben (2293m; Wirtsch., 8 B. u. 4 Matr.), von wo *Krabachspitze* (2524m), *Edle Spitze* (2638m) u. a. zu ersteigen sind.

Weiter zum (15 Min.) **Flexensattel** (1784m), wo sich ein prächtiger Blick in das Stubental und auf die Ferwallgruppe öffnet; dann steil hinab durch Tunnel, Einschnitte und Lawinengalerien, zuletzt in Windungen zur Arlbergstraße, nach (80,₅km) *Stuben* (S. 269) und (83,₅km) *Langen* an der Arlbergbahn (S. 269).

49. Montafon und Paznaun.

MONTAFONER BAHN (elektr. Betrieb) von Bludenz nach *Schruns*, 13km in 40-45 Min. (II. Kl. 1 *K* 50, III. Kl. 80 *h*). — POSTOMNIBUS von Schruns nach (15km) *Gaschurn* 2 mal tägl. in 2$^1/_2$ St. für 2.40 *K*.; auch Stellwagen 2 mal tägl. nach St. Gallenkirch u. Gargellen (S. 286). EINSP. von Schruns nach Gaschurn (in 1$^3/_4$ St.) 10, Zweisp. 16 *K*, Einsp. bis Partenen (in 2$^1/_4$ St.) 12 *K*. — Von Pians (Alte Post) durch das Pazauantal bis Galtür (34km) POST (10 Plätze) tägl. 1 U. nachm. in 6$^1/_4$ St. für 3.50 *K* (bis Kappl, 15km, in 3 St. für 1.50; bis Ischgl, 25km, in 4$^1/_2$ St. für 2.50 *K*). Im Juli

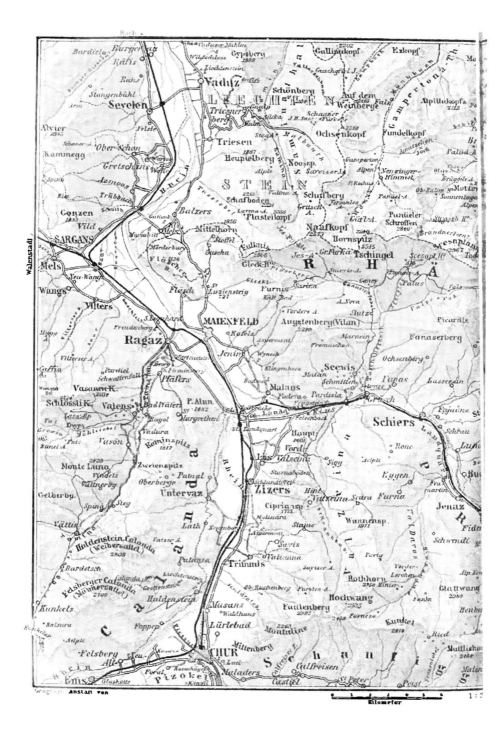

u. August geht die Post von Landeck ab (Abfahrt 12.25 nachm.; besser schon dort einsteigen). Einsp. von Ischgl bis Pians in 3 St., 12 K; Zweisp. von Landeck nach Ischgl 28, Galtür 33 K u. Trkg. — Das **Montafon** oder obere Illtal, ein freundliches, baum- und wiesenreiches Tal, südl. durch die *Rätikonkette* vom Graubündner Prätigau getrennt, ist sehr besuchenswert und bietet eine Reihe lohnender Ausflüge (beste Standquartiere Schruns und Gaschurn). Das **Paznaun**, ein rauhes Hochtal mit schmaler Talsohle und schönen Bergwiesen, bietet weniger als das Montafon, doch verdienen die südlichen Seitentäler (Jamtal, Fimbertal) einen Besuch. Die Paznauner Straße ist für Automobile gesperrt.

Bludenz (581m) s. S. 267. Die Montafoner Bahn wendet sich jenseit des Klosters *St. Peter* (S. 269) von der Arlbergbahn r. ab zur (3km) HS. *Brunnenfeld;* dann über die *Alfenz* und die *Ill* zur (5km) HS. *Lorüns* (Hirsch; Adler). Oberhalb wieder aufs r. Ufer; nach S. öffnet sich der Blick auf die Berge des Montafon (Schwarzhorn, Mittagspitze, Gweiljoch, l. das vielgipfelige Hochjoch). Weiter dicht am r. Illufer zur (8km) HS. *St. Anton*, l. oben auf begrüntem Schuttkegel das Dorf; r. Schafberg und Zimbaspitze. 9km HS. *Vandans*, gegenüber der Mündung des Rellstals (S. 285). 11km HS. *Kaltenbrunn* (s. unten); weiter am (l.) Kloster *Gauenstein* vorbei über den *Litzbach* zur (12km) HS. *Tschagguns* (s. unten) und nach

13km **Schruns**. — GASTH.: *Taube, mit Garten, 90 B. zu 1.60-2, M. 2.50, P. 5.60-7 K; *Stern, mit Bädern, 90 B. von 1.60 K an, M. 3-4, A. 1.80, P. 6-8 K; *Löwe, 30 B. zu 1.60-2.40, P. 5.60-6 K; Adler, 20 B. zu 1.60-2, P. 5.60-6 K; Krone, 18 B. zu 1.60-2, P. 6 K, gut; H.-P. Gauenstein, am Wege zum Kapuzinerklösterl, P. 5-6 K, gelobt; Montafon, 16 B. zu 1.20-1.80 K; Post; Schäfle; Kreuz. — Viel Privatwohnungen. — Schwimmbad.

Schruns (689m), Hauptort des Montafon (1500 Einw.), in einer Talweitung am *Litzbach* schön gelegen, wird als Sommerfrische und Wintersportplatz (Skitouren) viel besucht.

SPAZIERGÄNGE. N.w. zum ($^1/_4$ St.) Kapuzinerklösterl *Gauenstein*, mit reizender Aussicht vom Klostergarten (Zutritt werktags 9-10 u. 4-5 Uhr); n. nach (10 Min., von der Außerlitzer Kapelle l. aufwärts) *Montiola*, mit Wirtsch. u. schöner Aussicht. — W. nach ($^1/_4$ St.) **Tschagguns** (684m; Löwe, gelobt), Dorf mit 1000 Einw. am l. Illufer; vom Friedhof reizende Aussicht. Von hier auf steinigem Fahrweg r. hinan nach ($^3/_4$ St.) *Landschau* (966m; einf. Whs.), mit prächtigem Blick auf Sulzfluh, Drei Türme, Drusenfluh usw.; weiter zur Säge, über den Bach, und über den *Ziegerberg* fast eben, hinab ins *Gampadelstal* (S. 284) und zurück nach Schruns (im ganzen 3 St.). — Nach ($1^1/_4$ St.) **Vandans**, entweder über Tschagguns am l. Illufer, oder am r. Ufer (Fahrstraße $^1/_2$ St., Bahn in 10 Min.) nach *Kaltenbrunn* (Gasth.), hier l. über die Ill durch Wald nach dem an der Mündung des *Rellstals* hübsch gelegenen Dorf ($^3/_4$ St.) *Zwischenbach* (650m; Sonne), mit der Kirche von *Vandans*. Weiter auf angenehmem Wege über *Bünten* zur ($^1/_4$ St.) Illbrücke bei HS. *Vandans* (s. oben); zurück mit Eisenbahn, oder auf der Fahrstraße am r. Ufer (1 St.). — N. nach ($1^1/_4$ St.) **Bartholomäberg** (1085m), jenseit der Litzbrücke (Wegtafel) r. bergan, dann den ersten Fußpfad l. zur Kirche (Adler, einf.), mit Schnitzaltar von 1525 und schöner Aussicht. Von hier zum *Rellseck* am Abhang des Monteneu $1^1/_4$ St., MW., lohnend. — Nach ($1^1/_2$ St.) *Innerberg* und über den *Kristberg* nach ($2^1/_2$ St.) *Dalaas* s. S. 269. — N.ö. in das **Silbertal**, schöne Straße am l. Ufer des in zahllosen kleinen Wasserfällen hinabeilenden *Litzbachs*, nach $^1/_2$ St. aufs r. Ufer (Wirtsch. zur Hölle) zum (1 St.) Dorf *Silbertal* (S. 285). Zurück auf angenehmem Fußweg am l. Ufer (bei der Kirche über den Bach). — S.ö. auf schattiger Straße (vgl. S. 286) über *Gamprätz* bis zur ($^3/_4$ St.) *Landbrücke*, zurück auf dem Wiesenpfade am l. Ufer.

BERGTOUREN (Führer Aurel Steu, Johann Jakob Both, Michael Fleisch, Franz Ganahl, Franz Gantner, Franz Vergut, Alfons Tschofen, Jodok u. Gottlieb Salzgeber, Alois Dajeng, Fr. Jos. Tschabrun, Anton Vonier). **Monteneu** (1863m), über Bartholomäberg $3^1/_2$ St. (F. 8 *K*), leicht und lohnend. — **Itonskopf** (*Tanzkopf, Alpilla,* 2081m), über Innerberg 4 St. (F. 9 *K*), unschwierig; umfassende Rundsicht. — **Lobspitze** (2610m), 7-8 St. m. F., über die Kapelle in *Kristberg* (S. 269) und die *Wasserstuben-A.*, mühsam aber lohnend; Abstieg nach *Silbertal* oder zur (4 St.) *Alp Unter-Gafluna* (S. 286). — **Mittagspitze** (2169m), $4^1/_2$ St. (F. 9 *K*), entweder über Ziegerberg und *Grabs-A.*, oder (morgens schattig) durch das Gauertal über die *Alp Vollsporn* und durch das *Kessi* zur *Alpilla-A.* (1693m), dann s.ö. über Weidebuden bis zum Kamm an der Spitze, mühsam. — **Schwarzhorn** (2462m), von der Tilisunahütte (s. unten) ca. 1 St., oder von Tschagguns 5 St. m. F., leichtere Kletterei. — **Drusenfluh** (2835m), mächtiges Kalkmassiv zwischen Drusentor und Schweizertor, über der *Lindauer Hütte* (S. 285) $3^1/_2$-4 St. m. F., schwierig, nur für gute Kletterer. — **Drei Türme im Gauertale** (*Großer* 2828m, mit sehr lohnender Aussicht, und *Mittlerer* 2815m, von der Lindauer Hütte 4 St. m. F., nicht schwierig; *Kleiner Turm* 2722m, ca. $3^1/_2$ St., sehr schwierige Klettertour).

Zur Wormser Hütte ($4^1/_2$-5 St.): mark. AV.-Weg von der Kirche zur ($3^1/_2$ St.) *Vordern Kapell-A.* (1880m), dann entweder über den Grat, oder auf dem „Seeweg" zwischen Kapelljoch und Hochjoch zur ($1^1/_4$ St.) **Wormser Hütte** (2350m; Wirtsch., 10 B. u. 5 Matr.), von wo die *nördl.* oder *südl. Kapelljochspitze* (2383m) in 20 Min. zu ersteigen ist (sehr lohnende Aussicht). Von hier südl. über den Grat auf die (1 St.) **Zamangspitze** (2390m); Abstieg über die *Livina-A.* nach ($3^1/_2$ St.) St. Gallenkirch (S. 286). — Von der südl. Kapelljochspitze ö. über den Grat auf das ($^3/_4$ St.) **Kreuzjoch** (2466m), dann n. in schwieriger Kletterei (F. 14 *K*) zur ($1^1/_2$ St.) **Hochjoch** (2522m), mit prachtvoller Rundsicht. — **Madererspitze** (*Kleiner Maderer,* 2771m), von der Wormser Hütte 5 St. m. F., lohnend. Über den Kreuzeckgrat hinab zum *Grasjoch* (1176m), dann hinauf gegen die Kammhöhe, um die N.-Seite des *Pizzeguter Grats* (2482m) herum zur S.-Seite, am *Dürrekopf* (2455m) und *Lutterseeberg* (2448m) vorbei, zuletzt über den NW.-Grat Kletterei zur Spitze, mit großartiger Aussicht. Abstieg südl. nach (3 St.) *Gaschurn* (S. 287), oder n. zur *Obern Dürrwald-A.*, dann ö. an den Abhängen der *Schwarzen Wand* (2594m) entlang zum *Silbertaler Winterjöchl* (S. 286) und nach (6 St.) *St. Anton* (S. 270).

***Sulzfluh** (2824m), 7-$7^1/_2$ St. (F. 16, mit Übernachten 18 *K*), nicht schwierig. Von Schruns zur Illbrücke, dann südl. (Tschagguns bleibt r.) auf rot MW. über den Ziegerberg hinan zur ($2^1/_2$ St.) *Gampadels-A.* (1368m); oberhalb vom Talwege r. ab, über Wiesen bergan auf einen großen Felsblock los, dann wieder auf gebahntem Wege (l. unten bleibt die *Walser-A.*) am Abhang des *Schwarzhorns* hinan zur ($2^1/_2$ St.) **Tilisunahütte** der AVS. Vorarlberg (2211m;

*Wirtsch., 14 B. zu 3.50, AVM. 1.75 *K*, u. 20 Matr.), oberhalb des kleinen *Tilisunasees* (2102m). Von hier l. hinan zum (³/₄ St.) *Verspalagrat*, dann über ein Karrenfeld und den spaltenlosen kleinen *Sporergletscher* zum (2 St.) Gipfel, mit prachtvoller Rundsicht.

<small>Unweit der Tilisunahütte besuchenswerte *Höhlen*, von der AVS. Baden-Baden zugänglich gemacht (Abgrundhöhle, Herren- und Kirchhöhle); Zeitdauer hin u. zurück 1½ St.; F., Lichter und Magnesiumfackeln in der Hütte. — Abstieg von der Tilisunahütte ins *Gauertal:* steil empor zum *Bilkengrat* (2446m), dann im Zickzack hinab zur (2 St., umgekehrt 3 St.) *Lindauer Hütte* (s. unten); oder vom Gipfel direkt ins Gauertal durch den „Rachen" (steile, von Schnee und Schutt erfüllte Runse), dann auf mark. AVW. in 2½-3 St. m. F. zur Lindauer Hütte.</small>

Zum **Lüner See** zwei Wege: entweder durch das **Rellstal**, von *Vandans* (S. 283) am l. Ufer des *Rellsbachs* steil hinan zur *Lüner-A.* und über den *Rellstalsattel (Lüner Krinne*, 2166m) zum See (6 St. bis zur Douglaßhütte, S. 268); oder weit lohnender in 7-8 St. (F. 11, mit Scesaplana und Übernachten 21, bis Bludenz 28 *K*) durch das **Gauertal**: hinter (¼ St.) *Tschagguns* (S. 283) l. über den Rasafeibach und in dessen Tal durch Wald bis zum (1 St.) obern Ende des Dorfes *Landschau* (Wirtsch. zum Gauertal), dann am r. Ufer hinan (l. Mittagspitze und Schwarzhorn, vorn Sulzfluh, Drei Türme, Drusenfluh), über die (½ St.) *Vollsporn-A.* (1134m; Gasth.) und (1½ St.) *Untere Sporer-A.* (1700m) zur (½ St.) **Lindauer Hütte** (1764m; *Wirtsch. mit Schlafhaus, 16 B. zu 2.40, AVM. 1.20 *K*), mit Alpenpflanzengarten, am S.-Fuß der *Geisspitze* (2336m), von wo die *Sulzfluh* auf dem „Rachen"-Wege (s. oben) in 4 St. zu ersteigen ist. Nun über die (10 Min.) *Obere Sporer-A.* anfangs mäßig aufwärts, dann steiler durch das *Öfental* zum (1½ St.) **Öfenpaß** (2293m); hinab, an der gewaltigen Felspforte des (½ St.) ***Schweizertors*** (s. unten; Durchblick nach Graubünden) vorüber und nochmals hinan zum (³/₄ St.) **Alp-Vera-Jöchl** (2331m), mit großartigem Blick auf die Scesaplana; endlich hinab am Fuß der schroffen *Kirchlispitzen* (2557m) zur (1 St.) *Vera-A.* und um das SW.-Ufer des *Lüner Sees* herum (Überfahrt s. S. 268) zur (½ St.) *Douglaßhütte* (S. 268). Besteigung der ***Scesaplana*** und Abstieg durch das *Brandner Tal* nach *Bludenz* s. S. 268, 267.

<small>ÜBERGÄNGE. Von Schruns ins Prätigau über das **Schweizertor** (2150m), zwischen Drusenfluh und Kirchlispitzen, 9-10 St. bis *Schiers*, oder von der Lindauer Hütte über das **Drusentor** (2345m), zwischen Sulzfluh und Drei Türmen (rot-weiße WM.; 7 St. bis *Küblis*), beide beschwerlich. — Durchs *Gampadels* zur *Tilisunahütte* und über den **Grubenpaß** (2241m) oder über das **Plasseggenjoch** (2356m) nach *Küblis*, 8 St., lohnend (1½ St. jenseit des Passes auf *Partnun-Staffel* das schöngelegene kleine *Hotel Sulzfluh*, 1772m); s. *Bædekers Schweiz*.
Von der Tilisunahütte nach **Gargellen**, 4½-5 St. MW. s.ö. um die *Weißplatte (Scheienfluh*, 2639m) herum zum *Plasseggenjoch* (s. oben), von da über eine Felsabsturzstelle in gerader Richtung zum **Sarotlapaß** (2395m), dann steil hinab über den Sarotlabach zur *Röbi-A.* und nach *Gargellen* (S. 286).
Von Schruns durch das **Silbertal** nach **St. Anton**, 11-12 St., F. 25 *K*. Am l., dann am r. Ufer des *Litzbachs* auf guter Straße (S. 284) bergan nach (1¼ St.) **Silbertal** (889m; *Hirsch*, gelobt), weit zerstreutes</small>

Dorf; südl. das *Hochjoch* (S. 284; zur Wormser Hütte 4½ St.), 5. die *Lobspitze* (2610m; Besteigung beschwerlich, durch das *Wasserstubental* in 5-6 St., s. S. 284). Das Tal verengt sich; der Weg steigt meist durch Wald erst am r., dann stets am l. Ufer des reißenden Litzbachs zur (2 St.) *Alp Gieseln* (1322m), wo das Tal nach O. umbiegt; weiter am l. Ufer zur (½ St.) *Alp Unter-Gaflnna* (1392m), an der Mündung des *Gaflunatals* (s. unten); r. der zackige *Pizzeguter Grat*, weiterhin der *Klein-Maderer* (S. 284). Nun am r. Ufer des Litzbachs meist durch Wald hinan zur *Freschhütte* und am kl. *Schwarzensee*, weiter am *Pfannensee* vorbei zum (2½ St.) **Silbertaler Winterjöchl** (1993m), zwischen l. Trostberg, r. Wannenkopf; ö. der Patteriol (S. 271). Hinab ins *Schönferwall* nach (4½ St.) *St. Anton* (S. 271, 270). — Durchs *Gaflunatal* (s. oben) über das **Gafluner Winterjöchl** (2343m), 11-12 St. von Schruns bis St. Anton, beschwerlicher. Von (5½ St. von Silbertal) Gafluner Winterjöchl AV.-Weg zur (¾ St.) *Reutlinger Hütte* (S. 270).

Oberhalb Schruns treten die Berge bald näher zusammen; l. Zamangspitze (s. unten), r. Gweiljoch (2408m). Die Straße überschreitet auf der (3,5km) *Landbrücke* (709m) die Ill und führt ansteigend durch die Talenge *Fratte*, die das Montafon in *Außer*- und *Inner-Fratte* scheidet; nach ¼ St. wieder auf das r. Ufer. 3km weiter zeigt ein Handweiser r. über die gedeckte Brücke zum Weiler *Kreuzgasse* (Krenz, Stern; ins Gargellental s. unten).

9km **St. Gallenkirch** (833m; Gasth.: Rößle, gelobt; Adler; Gemse; Hirsch), auf dem Schuttkegel des *Zamangtobels* gelegenes Dorf (880 Einwohner). PT. ¼ St. weiter öffnet sich der Blick auf den Talschluß (Vallüla, Crisperspitze und Schafbodenberg).

Ausflüge. **Zamangspitze** (2390m), MW. über *Alp Livina* in 4-5 St. m. F. (10 K), leicht und lohnend (s. S. 284).

Durch das freundliche *Gargellental* führt von Kreuzgasse (s. oben) ein Fahrweg (Post von Schruns bis Gargellen tägl. in 3½ St., 3 K 60 h) über *Reute* nach (9km) **Gargellen** (1474m; *H. Madrisa*, 100 B. zu 2-6, F. 1.20, M. 4, A. 3, P. o. Z. 5½ K), Luftkurort (PT); ö. Schmalzberg, südl. Rietzenspitzen, s.w. die schöne Madrisa (s. unten) mit kleinem Gletscher. ½ St. weiter aufwärts teilt sich das Tal in l. *Vergaldner-*, r. *Valzafenz-Tal*. Bergtouren: *Rotbühelspitze (2870m)*, über die *Vergaldner-A.* 5 St. m. F., nicht schwierig. — **Madrishorn** (2830m), über die *Gargellen-A.*, am kl. *Ganda-See* (1965m) vorbei und über die Steinwüste der *Gaflerplatten* 5½ St. m. F., mühsam aber lohnend. — **Madrisa** (2774m), 4½-5 St. m. F., schwierig, nur für Geübte. — **Heimspitze** (2772m), 5 St. m. F., beschwerlich. — Über das *Vergaldner Jöchl* (2486m) zur (4 St.) *Tübinger Hütte* (S. 287), etwas mühsam. — Über das *St. Antönienjoch* (2375m) nach (6 St.) *Küblis*, nicht schwierig, aber F. ratsam. — Über das *Schlappinerjoch* (2164m) nach (5-6 St.) *Klosters-Dörfti*, leicht, bei Nebel F. ratsam. AV.-Weg bis zum (2¼ St.) Joch, dann hinab (l. halten), nach 20 Min. 1. durch den Bach und l. weit ausholend zur Alm, nach 20 Min. wieder über den Bach nach (1 St.) *Klosters-Dörfti*; s. *Bædekers Schweiz*.

Weiter am r. Ufer über (12km) *Gortipohl* (910m; Traube) nach 15km **Gaschurn** (951m; Gasth.: *Rößle & Post*, 60 B. zu 2-3, P. 6-7 K; Krone, P. 5 K; Alpenrose, einf. gut; P. v. Strehle, gelobt), Sommerfrische (680 Einw.) an der Mündung des *Ganeratals*. PT.

Ausflüge (Führer Rud. Kleboth, Emeran Rudiger, H. Tschanun). Lohnender Spaziergang südl. auf dem weiß-rot mark. „Vetterweg" durch die malerische **Ganeraschlucht** bis zum (1 St.) *Viktoriaplatz*, am Fuß des großen Wasserfalls im *Fenggatobel*; von hier den „Pfisterweg" hinan zum (¹/₄ St.) *Ganeu-Maiensäß* und l. zurück über die *Fragga* (1 St.), oder weiter hinan zum (¹/₂ St.) einsamen *Ganerasee;* dann n. auf dem *Gundalatscher Bergweg* zurück nach (2 St.) Gaschurn. — Vom Ganerasee über die *Ganera-A.* zur (2 St.) **Tübinger Hütte** (2265m; Wirtsch., 9 B. u. 11 Matr.), in schöner Lage, Ausgangspunkt für **Plattenspitze** (2858m; 2¹/₂ St., leicht u. lohnend) und ***Hochmaderer** (2825m; 3 St.; für Geübte nicht schwierig). Übergänge: über das *Ganerajoch* (2485m) nach (4 St.) *Klosters;* über das *Vergaldner Jöchl* (2486m) nach (3 St.) *Gargellen* s. S. 286; über das *Hochmadererjoch* (2520m), oder über den *Ganera-* und *Schweizer Ferner* (lohnender über die *Plattenspitze,* s. oben) zur (4¹/₂ St.) *Saarbrücker Hütte* (S. 288).

***Versailspitze** (2459m), von Gaschurn durchs *Valschaviel* auf rot MW. über *Alp Ibau* (1890m) 4-5 St. m. F., nicht schwierig; herrlicher Blick auf die Ferwallgruppe (Patteriol), Silvrettagruppe (Fluchthorn, Buin, Litzner usw.), Sulzfluh u. Seesaplana. Lohnender Abstieg über *Verbellen-A.* nach Patenen. Gleichfalls unschwierig sind **Schafbodenberg** (2340m), über Alp Ganeu und das *Aelple* 4 St. m. F., und **Matschuner Kopf** (2460m), über Ganera-See und *Matschuner Joch* (2200m) 4¹/₂ St. m. F. — **Madererspitze** (*Kleiner Maderer,* 2771m), auf rot WM. durchs *Valschaviel* zur (2¹/₂ St.) *Bizzul-A.* (1830m), dann über den SW.-Grat in 3 St. m. F. zum Gipfel, nur für Geübte (s. S. 284).

Von Gaschurn nach St. Anton über das Gaschurner Winterjöchl, 11 St. m. F. Durchs Valschaviel über die *Valschavieler-* und *Mardusen-A.* zum (5 St.) **Gaschurner Winterjöchl** (2330m), zwischen r. *Strittkopf* (2605m), l. *Albonakopf* (2487m), mit den zwei kleinen *Valschavielseen* und prächtigem Blick auf den Patteriol; hinab ins *Schönferwall* nach (6 St.) *St. Anton* (vgl. S. 271).

20km **Paténen** oder *Partennen* (1047m; Sonne bei Pfefferkorn, 20 B., einf. gut), das letzte Dorf des Montafon (190 Einw.).

Ausflüge (Führer Alois u. Oskar Pfefferkorn, Jos. Bernh. u. Herm. Tschofen, Joh. Ant. Wachter, Jos. Flöry). ***Vallüla** (*Flammspitze,* 2815m), über die *Untere Vallüla-A.* in 6 St. m. F. (18 *K*), schwierig, nur für Geübte (kürzer vom Madlenerhaus, s. S. 288). Großartige Aussicht.

Von Patenen nach *St. Anton* am Arlberg über das *Verbellner Winterjöchl* (10-11 St., F. 26 *K*) s. S. 272.

Ins Paznaun führen von Patenen zwei Übergänge, der nähere über das Zeinisjoch (4-4¹/₂ St. bis Galtür, rot MW., F. 9 *K*, entbehrlich; Fahrstraße wird gebaut). Hinter den letzten Häusern l. hinan am r. Ufer des *Zeinisbachs* (Aussicht ins Groß-Fermunttal mit der Litznergruppe), nach ¹/₂ St. aufs l. Ufer, steil hinan nach *Außer-* und (1 St.) *Inner-Ganifer* (1518m); hier über den *Verbellnerbach,* der l. in schönem Fall herabstürzt, und steil im Zickzack hinan, zwischen den *Hächeln,* seltsamen ausgewaschenen Felsköpfen hindurch zur (1 St.) Heiligensäule auf dem **Zeinisjoch** (*Allhöh,* 1852m), zwischen südl. *Ballunspitze* (2673m), n. *Fluhspitzen* (2617m) und *Fädnerspitze* (2792m; auf AV.-Weg in 3 St. m. F. zu ersteigen, sehr lohnend). Wenig bergab, den Torfbruch l. umgehend, zum (¹/₄ St.) *Whs.* auf der *Zeinis-A.* (1820m); dann hinab ins Klein-Fermunttal nach (1 St.) *Wirl* und (¹/₂ St.) *Galtür* (S. 289).

Lohnender ist der weitere Weg über die Bielerhöhe (7 St. bis Galtür; MW., F. 13 *K*, entbehrlich). 10 Min. oberhalb Patenen über die Ill, 10 Min. weiter wieder aufs r. Ufer und im *Groß-* oder *Schweizer-Fermunt,* erst allmählich, dann steiler einen Felsriegel *(Cardatscha)* hinan, über den die Ill in einem großartigen Doppelfall (*Stüberfall oder Hölle) hinabstürzt. Der Weg bleibt stets auf dem r. Ufer; um den Fall zu sehen, geht man nach 40 Min. r. über die Brücke und steigt auf dem l. Ufer hinan zu einem (35 Min.) Schutzgitter, mit Blick von oben auf den Fall; nach 8 Min. wieder zum r. Ufer; Aussicht w. auf Hochmaderer, im S. das Cromertal (s. unten) mit Groß-Seehorn, Groß-Litzner, Lobspitzen, ö. Crisperspitze. Dann allmählich bergan zum ($1^1/_4$ St.; $3^3/_4$ St. von Patenen) **Madlenerhaus** der AVS. Wiesbaden (1986m; Wirtsch., 18 B. zu 4, AVM. 2, u. 10 Matr. zu 2 bzw. 1 K), 20 Min. vor der **Bielerhöhe** (2021m), in großartiger Umgebung: südl. zwischen Lobspitze und Hohem Rad das Ochsental mit dem Groß-Fermunt-Ferner„ dem die Ill entströmt, überragt von Groß- und Klein-Buin, Silvrettahorn usw.; l. vom Hohen Rad die Bieltaler und Henneberg-Spitzen.

BERGTOUREN. *Vallüla* (2815m), vom Madlenerhaus 4·5 St., schwierig, s. S. 287. — $3^1/_2$ St. s.w. vom Madlenerhaus (5 St. von Patenen) im obersten *Cromertal* die **Saarbrücker Hütte** (2600m; Wirtsch., 11 B.), in herrlicher Lage auf einem Vorsprung des Klein-Litzner, von wo *Plattenspitze* (2858m, leicht u. lohnend), *Vordere* u. *Hintere Lobspitze* (2808 u. 2893m), *Verhupspitze* (2925m), *Groß-Seehorn* (3123m) und *Groß-Litzner* (3111m; beide sehr schwierig) für Geübte m. F. zu ersteigen sind. Lohnender Übergang südl. über die *Seegletscherlücke* (2790m) zur *Sardasca-Alp* und nach (5 St.) *Klosters*; w. über den *Schweizer Ferner* und die Scharte (2742m) s. von der Plattenspitze zur (4 St.) *Tübinger Hütte* (S. 287).

Vom Madlenerhaus mark. AV.-Weg im *Ochsental* hinan, oberhalb des *Ill-Ursprungs* vorbei zur ($2^1/_2$-3 St.) **Wiesbadener Hütte** (2480m; *Wirtsch., 24 B. zu 4, AVM. 2, und 10 Matr. zu 2 bzw. 1 K), am Rande des *Groß-Fermuntferners* schön gelegen. Guter Überblick der Umgebung von der *Dreikaiserspitze* (2798m), 1 St. n.ö. (AV.-Weg, F. entbehrlich).

BERGTOUREN. *Hohes Rad (2912m), auf AV.-Steigen (F. von Gaschurn 19 K) vom Madlenerhaus in 4 St., von der Wiesbadener Hütte in 3 St., nicht schwierig. Prachtvolle Aussicht (Panorama von Siegl).

*Piz Buin (3316m), von der Wiesbadener Hütte $3^1/_2$ St. (F. nötig, von Gaschurn 26, mit Abstieg zur Jamtalhütte 28 K), für Geübte nicht schwierig: über den *Fermuntferner* und das *Wiesbadener Grätchen* zur ($2^1/_2$ St.) *Buinfurke* (3054m) zwischen Buin und Klein-Buin; dann l. durch zwei kurze Kamine und über den Grat zum (1-$1^1/_4$ St.) Gipfel. Großartige Aussicht. Etwas schwieriger ist der Anstieg vom *Fermuntpaß* (4 St. von der Wiesbadener Hütte). Abstieg über die *Ochsenscharte* zur *Jamtalhütte* s. S. 289; über die *Fuorcla del Confin* zur (3 St.) *Silvrettahütte* s. unten.

Klein-Buin (3260m; 4 St., schwierig), *Silvrettahorn* (3248m; 3-4 St., für Geübte nicht schwierig), *Eckhorn* (3158m; 4-5 St.) und *Signalhorn* (3212m; 4-5 St., beide unschwierig), *Dreiländerspitze* (3212m; 3-$3^1/_2$ St., für Geübte nicht schwierig), *Ochsenkopf* (3070m; $2^1/_2$-3 St., leicht u. lohnend) und *Tiroler Kopf* (3110m; 3-$3^1/_2$ St., beschwerlich) sind gleichfalls für Geübte m. F. von der Wiesbadener Hütte zu ersteigen.

ÜBERGÄNGE. — Über den Fermuntpaß nach Guarda, kürzester und schönster Übergang ins Engadin, von der Wiesbadener Hütte 4 St. m. F.: über den *Fermuntferner* zum ($1^1/_2$ St.) **Fermuntpaß** (2802m), zwischen ö. Dreiländerspitze, w. Piz Buin; hinab durch *Val Tuoi* nach ($2^1/_2$ St.) *Guarda* (*H. Meisser); s. *Bædekers Schweiz*.

Über die Fuorcla del Confin nach Klosters im Prätigau, von der Wiesbadener Hütte 8-10 St. m. F., schöne Gletscherwanderung, mit der Besteigung des Piz Buin bequem zu verbinden. Über den Fermunt-

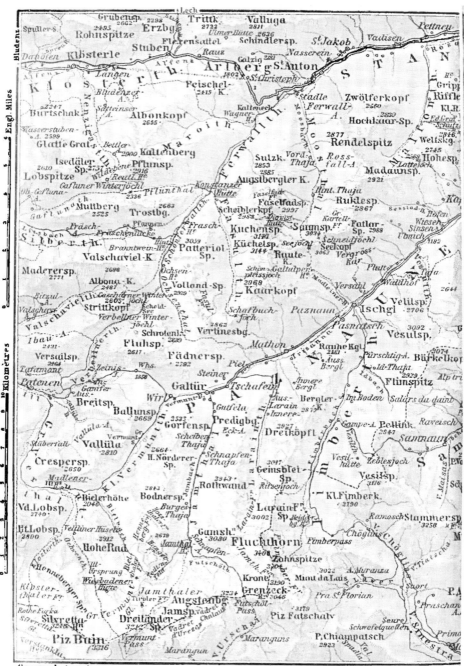

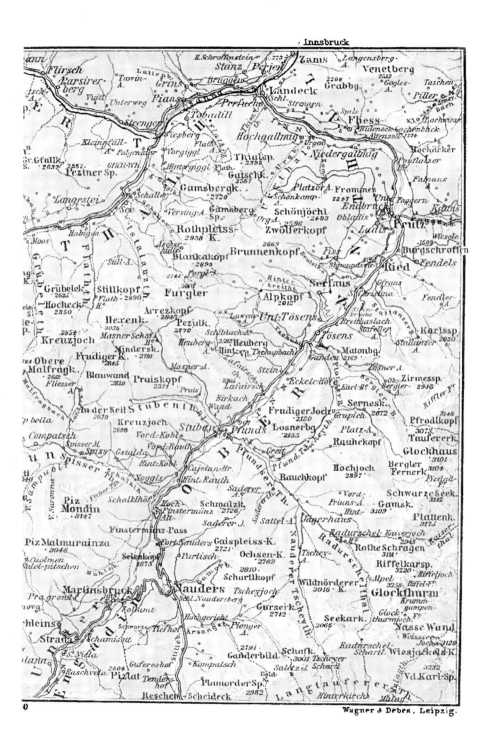

ferner und das Wiesbadener Grätchen (S. 288) zur (2¹/₂-3 St.) **Fuorcla del Confin** (3058m), zwischen Kl. Buin und Signalhorn; von hier w. über den *Cudèragletscher* zum (20 Min.) *Silvrettapaß* (3013m), dann über den *Silvrettagletscher* hinab zur (1¹/₂-2 St.) *Silvrettahütte* des SAC. (23044m; Sommerwirtsch.) und nach (3 St.) *Klosters*; s. *Bædekers Schweiz*. — Über den *Klostertaler Ferner* und die *Rotfurka* (2692m), 8-9 St. vom Madlenerhaus bis Klosters, mühsamer, aber gleichfalls lohnend.

Zur Jamtalhütte von der Wiesbadener Hütte über die **Tiroler Scharte** (2940m), zwischen Ochsenkopf und Tiroler Kopf, und den *Jamtaler Ferner* (nächster Weg, 3¹/₂ St. m. F.); etwas beschwerlicher, aber lohnender über die **Ochsenscharte** (untere 2950m, obere 2970m), zwischen Ochsenkopf und Dreiländerspitze (5 St. m. F.; von der obern Scharte auf die *Dreiländerspitze* 1 St., s. unten). — Über die **Getschnerscharte** (2843m), 4¹/₂-5 St. m. F., unschwierig und lohnend (eisfreier Steig der AVS. Schwaben): von der Wiesbadener Hütte um die S.-Seite, oder vom Madlenerhaus um die N.-Seite des *Hohen Rads* (S. 288) herum ins oberste *Bieltal*, unter dem *Bieltaler* und *Madlener Ferner* durch, über Felsen (Drahtseile) zur (2¹/₂ St.) Scharte, mit prächtiger Aussicht (von hier r. in ¹/₂ St. auf die *Hintere Getschnerspitze*, 2961m; s. unten); hinab (Drahtseil) über Fels, Geröll und Rasen zur Brücke über den Jambach und wieder hinan zur Jamtalhütte.

Von der Bielerhöhe (S. 288) Reitweg ö. hinab durch das rauhe *Klein-* oder *Tiroler Fermunt* nach (2¹/₂ St.) *Wirl*, dem obersten Dörfchen des **Paznauntals**; dann auf dem vom Zeinisjoch herabkommenden Wege (S. 287) nach (¹/₂ St.) **Galtür** (1583m; H. Fluchthorn; Rößle, 40 B. zu 1-2 *K*), Dorf mit 310 Einwohnern, in schöner Lage an der Mündung des *Jamtals*. PTF.

AUSFLÜGE (Führer Gottlieb, Wilhelm, Ignaz, Benedikt, Albert und Franz Martin Lorenz, Alois Walter, Alois u. Christ. Zangerle). Durch das tief eingeschnittene *Jamtal* MW. (F. 6 *K*, entbehrlich) an der *Schnapfenthaja* vorbei zur (3¹/₂ St.) **Jamtalhütte** der AVS. Schwaben (2172m; Wirtsch., 17 B. zu 3, AVM. 1.50, u. 11 Matr. zu 160 bzw. 80 *h*), in schöner Lage oberhalb der Mündung des *Futschölbachs* in den Jambach, mit prächtigem Blick auf den großen Jamtalferner, umgeben von Dreiländerspitze, Jamspitzen, Gemsspitze, Augstenberg, und S. auf das gewaltige Fluchthorn. Touren: *Gamshorn* (östl., 3080m), AVW. in 3-3¹/₂ St. (F. von Galtür 9 *K*), leicht und lohnend; *Gemsspitze* (3120m), über den Jamtalferner in 4 St. (F. 10 *K*), und *Dreiländerspitze (3212m), über den Jamtalferner und die obere *Ochsenscharte* (s. oben) in 3¹/₂-4 St. (F. 12 *K*), beide nicht schwierig; *Hintere* (3169m) und *Vordere* (3175m) *Jamspitze*, über das *Jamjoch* (s. unten) in 4-4¹/₂ St. (F. 10 *K*); *Fluchthorn (3403m), 5 St., anstrengend, aber für Geübte nicht schwierig (F. 16, mit Abstieg zur Heidelberger Hütte 18 *K*); *Rennerspitze* oder *Mittleres Fluchthorn* (3403m), 6¹/₂ St. (2 F. zu 24 *K*), sehr schwierig; *Augstenberg (3159m), über die *Chalausscharte* in 4¹/₂-5 St. (F. 12 *K*); *Grenzeckkopf* (3051m), über den *Futschölpaß* (s. unten) in 3 St. (F. 9 *K*); *Hintere Getschnerspitze* (2961m), über die Getschnerscharte (s. oben) in 3 St. (F. 9 *K*). — ***Piz Buin** (3316m), 6¹/₂-7 St. (F. 20 *K*), für Geübte nicht schwierig (vgl. S. 288): über den Jamtalferner zur (3 St.) *Ochsenscharte* (s. oben), dann über den *Fermuntferner* zur *Buinfurke* (S. 288) und zum (3¹/₂-4 St.) Gipfel.

ÜBERGÄNGE. Über den **Futschölpaß** (*Jamtaler Jöchl*, 2764m), zwischen Augstenberg und Grenzeckkopf, nach *Ardez* im Unter-Engadin, von der Jamtalhütte 6-7 St. m. F. (16 *K*); steiler Abstieg durch *Val Urschai* und *Val Tasna*. — Interessanter sind die Übergänge (bis zum Gletscher AVW.) über den Jamtalferner und den (3 St.) **Urezzasjoch** (2915m), zwischen Gemsspitze und Hinterer Jamspitze, hinab über den kleinen *Urezzas-Gletscher* ins Val Urezzas und durch *Val Tasna* nach (4 St.) *Ardez* (F. 16 *K*); oder über das (3¹/₂ St.) **Jamjoch** (3082m), zwischen *Vorderer* und *Hinterer Jamspitze* (s. oben; jede vom Joch in ³/₄ St. leicht zu ersteigen), hinab ins *Val Tuoi* und nach (4 St.) *Guarda* (F. 18 *K*). — Über das *Kronenjoch* oder *Zahnjoch* zur (7-8 St.) *Heidelberger Hütte* (F. 12 *K*) s. S. 291. — Über die *Tiroler Scharte*, *Ochsenscharte* oder *Getschnerscharte* zur *Wiesbadener Hütte* s. S. 289.

Von Galtür über das *Schafbüchljoch* zur ($6^1/_2$ St.) *Konstanzer Hütte* s. S. 271; $2^1/_2$ St. von Galtür die *Kathreinerhütte* (ca. 2150m; Wirtsch.).

Die Straße führt an der *Trisanna* allmählich abwärts, bei *Tschaffein* auf das l. Ufer, nach *Piel* und (5km) *Mathon* (1451m; Kathreins Wbs., einf. gut), gegenüber der Mündung des vergletscherten *Laraintals* (S. 291); unterhalb des ($8{,}5$km) Dörfchens *Paznaun* (1362m) wieder aufs r. Ufer nach

9km **Ischgl** (1377m; Gasth.: *Post; Wälschwirt oder Sonne, gut; Adler), Sommerfrische (661 Einw.) auf grünem Hügel an der Mündung des *Fimbertals*. PTF. Guter Umblick vom *Kalvarienberg* (10 Min.); n. das Madleinital mit dem Seekopf (S. 271).

AUSFLÜGE (Führer Hermenegild Ganahl, Jos. Lechleitner, Heinrich Kurz). **Vesulspitze** (3092m), von Ischgl über die *Velill-A.* (2012m) 5-6 St. (F. 9 *K*), beschwerlich aber sehr lohnend; prachtvolle Aussicht. — **Bürkelkopf** (3036m), von der (1 St.) *Pürschtig-A.* (s. unten) über die *Id-A.* (2122m) $4^1/_2$ St. (F. 8 *K*), mühsam. — *Vesilspitze* s. S. 291.

Über das Zeblesjoch nach Stuben, 11 St., lohnend (Proviant mitnehmen; F. 16 *K*, für Ungeübte ratsam). MW. über den Kalvarienberg, oder auf gutem Fahrweg in Kehren hinan, dann mäßig steigend durch das waldige **Fimbertal**, bei zwei Kapellen vorbei, nach $3/_4$ St. über den *Fimberbach*. Bei der ($1/_4$ St.) *Pürschtig-A.* (1714m) erscheint vorn das mächtige Fluchthorn; r. der Mittagskopf (2891m). $3/_4$ St. *Im Boden* (1818m; Sommer-Whs., einf. gut), schöner Wiesenplan am l. Ufer des Bachs; oberhalb aufs r. Ufer und auf rot MW. ö. im *Vesiltal* hinan, die *Gampner-A.* r. lassend, stets am r. Ufer des Vesilbachs. Am Talende wendet der Pfad sich scharf links (hier mündet der MW. von der Heidelberger Hütte, S. 291) zum ($2^1/_4$ St.) **Samnauner** oder **Zebles-Joch** (2545m, schweizer Grenze), zwischen r. *Vesilspitze* (*Piz Roz*, s. S. 291), l. *Pellinkopf* (2865m), mit *Aussicht auf die Ötztaler Ferner, s.w. Fluchthorn, s.ö. Stammerspitze, beim Abstieg auch auf Muttler und Piz Mondin. Hinab (l. halten) über Schnee, Geröll und Rasen, nach $1/_2$ St. über den Bach, an der l. Talseite scharf bergab, unten im Talgrund (1956m) wieder aufs r. Ufer und über Alpweiden nach ($1^1/_4$ St.) *Samnaun* (1846m; Jenals Whs.), dem obersten Dörfchen des zur Schweiz gehörigen **Samnauntals**, in schöner Lage; südl. *Stammerspitze* (3258m) und *Muttler* (3298m; für Geübte in je 4-5 St. m. F. zu ersteigen). Dann (Fahrstraße nach Finstermünz im Bau) am l. Ufer des *Schergen-* oder *Schalkelbachs* über *Raveisch* und *Plan*, an den Dörfern *Laret* und (1 St.) *Compatsch* (1717m; *Whs. Piz Urezza) vorbei, zur ($1/_2$ St.) *Spisser Mühle* (1514m; Whs.), tiroler Grenze und österr. Zollamt (über den *Anti-Rhätikon* zur *Ascher Hütte* s. S. 291). Das Tal verengt sich zu wilder Waldschlucht, durch die der Schalkelbach in einer Reihe von Fällen hinabstürzt. Der Weg überschreitet wiederholt den Bach und steigt dann am l. Ufer durch Wald zum ($1^1/_2$ St.) Weiler *Noggls* (1418m; Erfr.); gegenüber der schöne *Piz Mondin* (3147m; für Geübte von Spisser Mühle in $4^1/_2$-5 St., schwierig). 20 Min. weiter Wegteilung, hier l. hinab nach ($1^1/_4$ St.) *Stuben* (S. 337) oder r. nach ($1^1/_2$ St.) *Altfinstermünz* (S. 338; Fahrstraße am l. Innufer bis Martinsbruck im Bau).

Im Fimbertal (s. oben) liegt $2^1/_2$ St. vom Boden-Whs. ($4^1/_4$ St. von Ischgl) die **Heidelberger Hütte** (2300m; Wirtsch., 10 B. u. 6 Matr.), Ausgangspunkt für *Fluchthorn (3403m), über den *Fimberferner* und das *Zahnjoch* (S. 291) in $4^1/_2$-5 St. (F. ab Ischgl 16 *K*), leichtester und kürzester Anstieg (vgl. S. 289). *Rennerspitze* oder *Mittleres Fluchthorn* (3403m; 4 St., schwierig); *Nördl. Fluchthorn* (3344m) und Traversierung der drei Spitzen sehr schwierig, nur mit tüchtigen Führern; *Zahnspitze*

(3104m; 3 St.); *Krone* (3195m; 3½ St., schwierig); *Gemspleiskopf* (3017m), 3 St. (F. 12 *K*); *Vesilspitze* oder *Piz Roz* (3115m), über den *Rozsattel* in 3½ St. (F. 10 *K*; besser vom Zeblesjoch-Wege aus durchs *Vesiltal*, S. 290), usw. — ÜBERGÄNGE. Zur *Jamtalhütte* über das *Zahnjoch* (2960m) zwischen Fluchthorn und Zahnspitze (S. 290), oder das *Kronenjoch* (3045m) zwischen Zahnspitze und Krone, lohnende Gletscherwanderungen (7-8 St., F. 12 *K*). — Über das *Ritzenjoch* (2693m) ins *Laraintal* und nach (4 St.) *Mathon* im Paznaun (S. 290). — Über den *Fimberpaß* (*Remüser Joch*, 2612m) nach (6½ St.) *Remüs*, oder über den *Tasnapaß* (*Fettaner Joch*, 2857m) nach (8-9 St.) *Ardez* oder *Fettan* im Unter-Engadin, beide lohnend (F. 16 *K*). — Zum *Zeblesjoch* (S. 290) direkte WM. von der schweizer Grenze unterhalb der Heidelberger Hütte aus.

Von Ischgl über das *Seejöchl* (2796m) oder das *Schneidjöchl* (2841m) zur (7 St.) *Darmstädter Hütte*, oder über das *Schönpleißjoch* (2804m) zur (6¼-7 St.) *Konstanzer Hütte* s. S. 271.

Weiter auf dem r. Ufer der Trisanna, vor (15km) *Ulmich* wieder aufs l. Ufer. — 19km Gasth. Hirschen (1170m), unterhalb des Dorfs **Kappl** (1258m; Gasth.: Löwe; Adler; Krone).

Über das **Kappler-** oder **Blanka-Joch** (2685m) nach *Pettneu* (S. 272) 7-8 St. m. F. (14 *K*; Gottfr. Schranz u. Jos. Kleinheinz in Kappl), AVW., an der W.-Seite ½ St. jenseit des Jochs (5 St. von Kappl) die *Edmund-Graf-Hütte* (S. 272). Der **Hohe Riffler** (3160m) ist von Kappl auf Weg des ÖTC. (Drahtseile) über die Scharte zwischen Riffler und Blankahorn für Geübte in 7 St. m. F. zu besteigen (schwierig, besser von der Edm. Graf-Hütte). — **Peziner Spitze** (2552m), von Kappl über *Langestei* (1490m; einf. Whs.) in 4 St. (F. 6 *K*), unschwierig, lohnend.

Südl. führen von Kappl beschwerliche Übergänge durchs *Visnitz-* und *Grübelee-Tal* nach (9 St.) *Compatsch* im Samnaun (S. 290; F. 16 *K*).

Nach ¾ St. wieder aufs r. Ufer; l. oben am Abhang der *Peziner Spitze* das Dorf *Langestei* (s. oben). Nach ½ St. mündet r. das *Flathtal*, am Eingang auf einer kleinen Anhöhe das Geburtshaus des Malers Matthias Schmid, 1835, mit Denktafel; 5 Min. weiter das *Gasth. Schweighofer (1078m), mit Bädern (12 B. zu 2-2.40 *K*). Dann an der Mündung des *Istalanztals* (s. S. 292) vorbei zum (20 Min.; 26km) Dorf **See** (1058m; *Weißes Lamm bei Trientl, B. 1 *K*).

AUSFLÜGE (Führer Leopold Tschiderer, Adalbert Zangerl in See). S.ö. von Trientls Whs. steiler Pfad (weiß-rote WM.) durch Wald am *Schallerbach* aufwärts (nach 1½ St. nicht r.!), zuletzt r. ausbiegend, mit Blick auf die Parseierkette, zur (3½ St.) *Ascher Hütte* (2350m; Wirtsch., 12 Matr.), im Winter von Skiläufern viel besucht, beim Ursprung des Schallerbachs im *Kübelgrunde*. [Von der Arlbergbahn ist die Ascher Hütte bequemer auf neuem AVW. der S. Asch über *Tobadill* (S. 273) von Pians in 5 St., von Landeck in 6 St. zu erreichen.] Von der Hütte weiß-rot MW. (F. von See 9 *K*, für Geübte unnötig) auf den (2 St.) *Rotpleißkopf (2938m), mit prächtiger Aussicht; Abstieg auf AVW. am NO.-Grat entlang über die *Murmelscharte* und an den *Spinnseen* vorbei zur (1½ St.) *Urg-A.* (1880m), dann entweder l. hinab über *Hoch-Gallmig* nach (3 St.) *Landeck* (S. 315), oder r. (weiße WM.) durch Wald über *Obladis* und *Ladis* nach (4 St.) *Prutz* (S. 335). — Von der Ascher Hütte rot-weiß MW. südl. über den *Medrigsattel* (2555m) zum (1½ St.) **Furgljoch** (2744m), zwischen *Blankakopf* (2895m) und *Furgler* (s. unten), mit schöner Aussicht auf die Ötztaler; hinab nach (2 St.) *Serfaus* und (1½ St.) *Ried* (S. 337; F. 12 *K*). — Vom Furgljoch MW. (F. von See 9 *K*, für Geübte entbehrlich) r. über den NO.-Grat auf den (1 St.) *Furgler (3007m), mit prächtiger Aussicht auf Ötztaler, Ortler usw., nach W. bei hellem Wetter bis zu den Berner Alpen; von hier Gratwanderung (mit F.) s.ö. über den (¾ St.) *Arrezkopf* (2847m) zum (¼ St.) *Masner Joch* (*Felsenloch*, 2694m) und

mühsam aber gefahrlos auf den (1³/₄ St.; F. 12, bis Samnaun 20 K)
*Hexenkopf (3038m), den höchsten Gipfel des Anti-Rätikon, mit prachtvoller Aussicht auf Ötztaler, Ortler, Silvretta usw. Abstieg am SW.-Grat entlang über Geröll steil hinab zur Ochsenberg-A. mit kl. See (2685m), wieder bergan zum (1¹/₂ St.) Zanderajoch (ca. 2800m), dann hinab zur Fließer-A. (1988m) und durch das Zanderstal nach (3 St.) Spiß in Samnaun (S. 290); oder vom Arrezkopf (S. 291) südl. hinab zum Arrezjoch (2589m), dann entweder r. durch das Masner Tal nach Stuben, oder l. über Lawens und Komperdell-A. nach Serfaus (S. 337). Abstieg vom Hexenkopf an der N.-Seite (WM. der S. Asch) durch das Istalanztal zur (3¹/₂ St.) Ascher Hütte.

Unterhalb See tritt die Straße aufs l. Ufer zurück und senkt sich in der wilden *Gfäll-Schlucht zum (¹/₂ St.) Gfäll-Whs. (995m; guter Wein); dann angesichts des Schlosses Wiesberg zum letztenmal über die Trisanna zum (¹/₂ St.) Zollhaus (Whs.), dicht vor dem *Trisanna-Viadukt (S. 273). Ein Fußweg führt hier r. hinan zur (¹/₄ St.) Stat. Wiesberg (S. 273). Die Straße führt unter dem Viadukt hindurch und an der Sanna entlang, bis sie sich teilt: l. hinüber zum (1 St.; 34km) Dorf Pians (5,₃km von Landeck, S. 315); r. bergan zur (1 St.) Station Pians (S. 273).

50. Von Innsbruck über den Brenner nach Franzensfeste *(Bozen)*.

84km. SÜDBAHN. Schnellzug in 2-2¹/₂ St. für 9 K 20, 6.90, 4.60, Personenzug in 3-3¹/₂ St. für 5 K 90, 4.40, 3 K (bis Bozen Schnellzug in 3¹/₄-4 St. für 15 K 30, 11.50, 7.50, Personenzug in 4¹/₂-6 St. für 11 K 80, 8.80, 5.80). — Aussicht meist *rechts*.

Der *Brennersattel* (1370m) ist der niedrigste Übergang über die Hauptkette der Alpen, schon von den Römern benutzt, von allen Alpenstraßen zuerst (1772) fahrbar gemacht. Die **Brennerbahn** wurde 1863-67 von der Österr. Südbahngesellschaft unter Leitung von K. v. Etzel (S. 296) und A. Thommen erbaut (Baukosten 64 Millionen K; bis Bozen 21 Tunnel, 60 größere und viele kleinere Brücken). Größte Steigung von Innsbruck bis zur Paßhöhe 1:40, vom Brenner bis Sterzing 1:44. — Die interessanteste Strecke der Bahn sieht man bis Stat. *Gossensaß* (*Hochwieden* besteigen). Auch die *Fußwanderung* auf der Brennerstraße von Steinach bis Sterzing (39km) ist zu empfehlen.

Innsbruck (574m) s. S. 247. Die Bahn führt an (r.) der Abtei *Wilten* vorbei in einem 653m l. Tunnel unter dem Berg *Isel* hindurch, dann durch den 249m l. *Sonnenburger Tunnel* und über die *Sill*. Weiter hoch über dem brausenden Fluß durch das enge *Wipptal;* drüben am l. Ufer die Brennerstraße, südl. die schöne *Serlesspitze* (S. 293). Zwei Tunnel, dann (7km) HS. *Unterberg* (716m), gegenüber der kühnen *Stefansbrücke* (S. 259), und abermals drei Tunnel. Am l. Sillufer das Innsbrucker Elektrizitätswerk, dann ein großes Salpetersäurewerk. — 10km Stat. **Patsch** (783m; Restaur. am Bahnhof); l. ³/₄ St. höher das Dorf (S. 258).

Wer von hier ins **Stubaital** will (vgl. R. 51), steigt von der Station hinab zur Sillbrücke (710m), am l. Ufer wieder steil hinan durch Wald auf gutem Wege zur (¹/₂ St.) Brennerstraße (895m), dann gerade fort den Waldweg hinan, 25 Min. bis *Schönberg* (S. 259; oben r. halten).

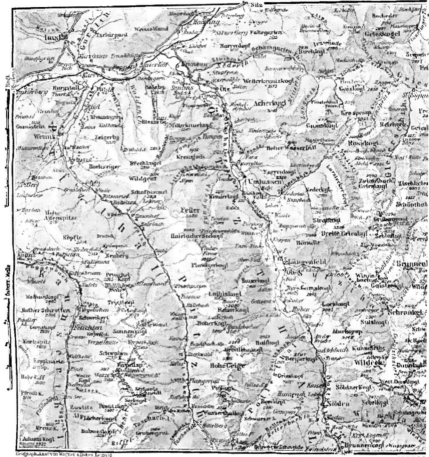

STEINACH.

Drei Tunnel, darunter der 950m l. *Mühlbachtunnel.* Großes Karbidwerk in der Sillschlucht. Vor Matrei durch den Matreier Schloßberg und über die Sill.

20km **Matrei** *am Brenner* oder *Deutsch-Matrei* (992m; Restaur. beim Bahnhof; *Krone, 50 B. zu 1.20-2, P. 5-6 K; Lamm, gelobt; Rose, Stern), schön gelegener Markt (1000 Einw.), Sommerfrische, mit dem Auerspergschen Schloß *Trautson* (Aussichtswarte). $^1/_2$ St. n.ö. *Pens. Kraft* (1085m; 100 B. zu 2-5, P. 6.50-9 K), beim Schlößchen *Ahrenholz,* unweit des kl. *Debernsees* (Schwimmbad).

AUSFLÜGE (Führer Christof Delesclav). Guter rot MW. von Matrei w. durch das Dorf und das *Mühlbachtal* nach (2 St.) **St. Maria-Waldrast** (1641m; Gasth.), mit Wallfahrtskirche, am NO.-Abhang der Serlesspitze reizend gelegen. Sehr lohnende Aussicht (MW. an der Auffindungskapelle vorüber, $^3/_4$ St.) vom *Waldrast-* oder *Gleinser Jöchl* (1880m). — *Serles oder **Waldrastspitze** (2719m), von M.-Waldrast auf MW. des ÖTC. über das *Serlesjöchl* (2391m) in $3^1/_2$ St. (F. 8 K), nicht schwierig; prächtige Aussicht. Steiler Abstieg (F. 12 K) vom Serlesjöchl nach ($2^1/_2$ St.) *Neder* (S. 302). — Von M.-Waldrast n.w. blau MW. durch Wald nach ($1^1/_2$ St.) *Mieders;* oder (nach $^1/_4$ St. l. ab, F. angenehm) direkt hinab nach ($1^1/_2$ St.) *Fulpmes* (S. 302). — Von M.-Waldrast nach *Schönberg* (S. 259) Fußpfad über die *Gleinser Höfe* (1420m) in 2 St., stellenweise steil und sumpfig. Nach *Trins* (S. 294) über das *Kalbenjoch* (2229m), MW. in 4 St. (F. 7 K); vom Joch leicht in $^1/_2$ St. auf den *Blaser* (s. unten) und in 1 St. auf die *Peilspitze* (2382m), mit herrlicher Aussicht.

Blaser (2244m), von Matrei rot MW. in $3^1/_2$ St., leicht und lohnend (F. 7 K, entbehrlich). Besteigung von Steinach und Trins von den Grundbesitzern untersagt. — **Mieselkopf** (2625m), rote WM. n.ö. über *Pfons* in $4^1/_2$ St., unschwierig (F. ratsam). — Über das *Navisjoch* zum (8 St.) *Volderbad* s. S. 225.

Von Matrei nach *Igls* auf der *Franz Josefstraße* (16km) s. S. 258.

Weiter am l. Ufer der Sill; l. an der Mündung des *Navistals* (S. 225) die Kirche *St. Kathrein* (1096m). Dann über die Sill.

25km **Steinach.** — GASTH.: *Steinbock, mit Garten, 90 B. zu 1.20-3, P. 5.60-8 K; *Steinacher Hof, am Bahnhof, mit Bädern, 80 B. zu 1.40-3, P. 5.60-7.20 K; *Post, 60 B. zu 1.20-2.40, P. 5.60-6.80 K; Wilder Mann bei *Josef Hörtnagl,* 60 B. zu 1.20-2, P. 5.20-7 K, gut; *Weißes Rößl, 28 B. zu 1.20-1.60, P. 5-6 K; Zum Kramer bei *Joh. Hörtnagl;* Rose, gelobt. — *P. Villa Holzmann;* Z. bei *Jos. Peer* und Uhrmacher *Wildner.* — *Karlshad,* mit Mineralquelle und Garten-Rest. (Bad 90 h). — Konditorei *Sailer.*

Steinach in Tirol (1050m), mit 1400 Einw., an der Mündung des *Gschnitztals* reizend gelegen, mit schönem Blick auf Kirchdachspitze und Habicht, wird als Sommerfrische viel besucht. In der Kirche Fresken von Mader und Altarbilder von Knoller. AVS.Wipptal.

AUSFLÜGE (Führer Seb. Auer, Joh. Beikircher und Alois Hohenegger in Steinach, Alois u. Johann Pittracher, Markus Leitner, Jos. u. Fidel Mader, Joh. Muigg, Val. u. Joh. Salchner in Gschnitz): südl. nach *Plon* (Schützen-Whs., 15 Min.) und zum (20 Min.) *Café-Rest. Steidlhof,* mit Blick ins Valsertal; s.w. nach *Gschwend* (Restaur., 15 Min.) und weiter zum ($^1/_4$ St.) *Herrenwasserl;* ö. nach den *Kalvarienberg* (10 Min.); s.ö. zur *Lourdeskapelle* ($^1/_2$ St.); n.ö. nach ($^1/_4$ St.) *Mauern* (Gasth. Bendelstein, 20 B., P. von 5.40 K) und (40 Min.) *Tienzens* (1138m), mit hübscher Aussicht; über ($1^1/_4$ St.) *Nößlach* nach ($^1/_2$ St.) *Gries* oder ($1^1/_4$ St.) *Vinaders* (s. S. 294). — Anstieg schattig, weiterhin schöne Blicke ins Schmirner und Valser Tal. — *Nößlacher Joch (2253m), $3^1/_2$-4 St., MW., F. 7 K, leicht; prächtige Aussicht (Abstieg nach Gries, S. 295). — Ö. rote WM. auf den

(4½ St.) **Bendelstein** (2422m) und weiter (F. ratsam) auf die (1 St.) **Schafseitenspitze** (2604m); steiler Abstieg (rote WM.) südl. nach (2½ St.) *Schmirn* (S. 295), n. nach (3 St.) *Navis* (S. 225).

Ins **Gschnitztal**, sehr lohnend (bis zur Bremer Hütte 7 St., F. 12 *K*; kürzester Zugang in die Stubaier von NO. her; vgl. S. 298 u. 305). Entweder auf dem Fahrweg an der nördl. Berglehne (steinig und sonnig, aber aussichtreich), oder auf dem „Moosweg" unten im Tal nach (1 St.) **Trins** (1214m; Post, B. 1.20 *K*; Zum Touristen), Dorf mit 450 Einw. am Südfuß des *Blaser* (S. 293; rote WM., 3 St.); vom (5 Min.) *Kalvarienberg* hübscher Blick auf den Talschluß mit seinen Gletschern. Rot-weiß MW. n.w. zum (3½ St.) **Naturfreundehaus** des Touristenvereins Naturfreunde auf der *Pudaster-A.* (2218m; Wirtsch., 20 B. u. 30 Matr.), von wo lohnender Übergang über das *Pudasterjoch* (*Hammerscharte*, ca. 2560m) auf dem „Rohrauersteig" (Drahtseile) nach (3½ St.) Fulpmes (S. 302). *Foppmandl* (2460m; ¾ St.), *Wasenwand* (2565m; 1 St.), *Hammerspitze* (*Schneiderspitze* der Spez.-Karte, 2640m; 1½ St.) und *Kirchdachspitze* (2840m; 2 St.) können vom Naturfreundehaus bestiegen werden. — Mark. Wege führen von Trins n. über das *Kalbenjoch* (2229m) nach M.-Waldrast oder Matrei (S. 293); südl. über das *Trunajoch* (2166m) am kl. *Lichtsee* vorbei nach (4 St.) *Obernberg* (S. 295). — Weiter an dem Schlosse *Schneeburg* des Grafen Sarnthein vorbei oder auf dem Wiesenwege am r. Ufer des Bachs nach (1¾ St.) *Gschnitz* (1242m; gute Unterkunft beim Pfarrer), am S.-Fuß der jäh aufragenden Kirchdachspitze (s. oben). Schöne Aussicht von der (1¼ St.) Wallfahrtskirche *St. Magdalena* (1666m). MW. zur (3 St.) *Innsbrucker Hütte* am *Pinniser Joch* (F. 6 *K*; von da in 3-3½ St. auf den *Habicht*, s. S. 303; F. von Gschnitz 14 *K*). Über das *Muttenjoch* (2413m) nach (5½ St.) *Obernberg* (S. 295), etwas mühsam aber lohnend. — Von Gschnitz auf dem Talweg weiter an der Mündung des *Sandestals* (S. 298) vorüber zur (1½ St.) *Alp Lapones* (1487m), dann an einem schönen Wasserfall vorbei, zuletzt scharf bergan zur (2½-3 St.) **Bremer Hütte** (2390m; Wirtsch., 10 B. u. 10 Matr.), in schöner Lage gegenüber dem Simmingferner, mit Alpenpflanzengarten. Hübscher Spaziergang zum *Lauterer See* (35-40 Min.). Besteigungen (Tarif von der Bremer Hütte): *Innere Wetterspitze* (3064m), 2½ St., und *Äußere Wetterspitze* (3072m), 3 St. (F. je 7 *K*); *Östl.* und *Westl. Feuerstein* (3275 u. 3273m), über das Pflerscher Hochjoch in 4-4½ St. (F. je 11, beide 13 *K*), vgl. S. 299; *Schneespitze* (3176m), 3½ St. (F. 7, zur Magdeburger Hütte 11 *K*). Zur *Innsbrucker Hütte* (S. 303) beschwerlicher, mit großen Höhenverlusten verknüpfter Steig (7-8 St., F. 7 *K*). Über das *Simmingjöchl* MW. zur (3 St.) *Nürnberger Hütte* s. S. 305 (F. 7 *K*); über *Nürnberger Scharte* und *Weite Scharte* (2887m) zur *Teplitzer Hütte* (S. 309) 3½ St. (F. 11 *K*); über Nürnberger Scharte, *Grüblferner* und *Wilden Freiger* zum *Becherhaus* (S. 309) 7-8 St. (F. 13 *K*); über die *Bremer Scharte* (ca. 2900m) oder das *Pflerscher Hochjoch* (3164m) zur *Magdeburger Hütte* (S. 298) 5-6 St. (F. 9 *K*). Über das *Lautererseejoch* (F. 9 *K*) oder das *Trauljoch* (F. 7 *K*) nach (4½-5 St.) *Ranalt* s. S. 304.

S. führt von Gschnitz ein mühsamer aber lohnender Übergang durch das *Sandestal* und über den **Pflerscher Pinkel** (2780m) w. vom *Goldkappel* (2803m; Besteigung sehr schwierig, s. S. 298) zur *Tribulaunhütte* (S. 298) und nach (7 St., F. 13 *K*) *Innerpflersch* (S. 298). — **Pflerscher Tribulaun** (3102m), von Gschnitz über das *Sandesjoch* (2804m) 7½-8 St. (F. 22, bis Pflersch 27 *K*), sehr schwierig (Abstieg zur *Tribulaunhütte* s. S. 298). Leichter ist der *Gschnitzer Tribulaun* (2957m), über die *Schneetalscharte* (2651m) 5-6 St. m. F. (13, bis Pflersch 18 *K*).

Die Bahn steigt allmählich am Fuß der östl. Berglehne und biegt dann bei dem Dorf *Stafflach* (1100m; Lamm bei Hörtnagl; Whs. Wolf, 10 Min. n., beide bescheiden) l. in das *Schmirner Tal* ein; r. schöner Blick in das *Valser Tal*, im Hintergrund Gletscher der Olperergruppe. — 30km HS. **St. Jodok**; r. unterm Bahndamm in 5 Min. zum Dorf (1153m; Gasth.: Geraer Hof, 25 B. von 1.50, P.

4.50-5 *K*, empfohlen; zum Schmied; Post, 15 B. zu 1-1.20 *K;* Lamm, 16 B. zu 1.20, P. 4.40 *K;* Führer Rud. Hörtnagel), einfache Sommerfrische an der Vereinigung des Schmirner und Valser Tals, ³/₄ St. von der Schnellzugstation Steinach (Einsp. 2 *K* 60 u. Trkg.).

Schmirner und Valser Tal. Unterhalb der HS Jodok teilt sich der Weg und führt l. (rote WM.) am *Schmirner Bache* aufwärts über (1³/₄ St.) Außer-Schmirn (1422m; Zum Fischer; ¹/₄ St. weiter Gasth. Eller, beide einf.; Führer Georg Jenewein) nach (¹/₂ St.) *Inner-Schmirn* (1449m), an der Mündung des *Wildlahnertals*, durch das r. (Wegtafel) ein blau MW. über den aussichtreichen Felsensattel *Steinernes Lamm* (2529m) in 4 St. zur Geraer Hütte führt (s. unten), nach (³/₄ St.) *Kasern* (1628m; Zingerle). Von hier über das (2 St.) Tuxerjoch (2340m) nach (1¹/₄ St.) *Hintertux* (MW., F. entbehrlich) s. S. 241. Zum *Spannagelhaus* (S. 240) vom Tuxerjoch 3 St. (beim Handweiser unterhalb des Jochs r.); von da über die *Riepenscharte* zur *Dominicushütte* 6-7 St., s. S. 245.

Zur Geraer Hütte (4¹/₂ St.; F. 6 *K*, unnötig, Träger 4.20 *K*) folgt man von der HS. St. Jodok (S. 294) dem Wege rechts (rote WM.) unter dem Bahndamm hin, an der Kirche von St. Jodok vorbei (l. halten) ins Valser Tal (Wegtafel zur Geraer Hütte). Ein Karrenweg führt über *Außer-* und *Inner-Vals* (Führer Alois Ofer) bis zur Wegteilung bei der (1³/₄ St.) *Kaser-A.:* r. in die *Tscheisch*, l. (rote WM.) ins Alpeiner Tal zum (³/₄ St.) *Ellerkaser* (1475m; einf. Wirtsch.) und auf dem „Geraer Wege" in bequemen Windungen über die Ochsenalm (Quelle) zur (2 St.) Geraer Hütte (2350m; *Wirtsch., 15 B. zu 3, AVM. 1.60. und 10 Matr. zu 160 bzw. 80 *h*), in schöner Lage. Besteigungen: *Olperer* (3480m), über den Wildlahnerferner und Kaserergrat in 5 St. (F. 14, mit Abstieg zur Dominicushütte 18, über Spannagelhaus nach Hintertux 22 *K*), und *Schrammacher* (3416m), über den Alpeiner Ferner in 5¹/₂ St. (F. 16 *K*), beide durch Eisenklammern etwas erleichtert; *Fußstein* (3337m; 5 St., F. 14 *K*); alle drei nur für Geübte; etwas leichter *Gefrornewandspitze* (3291m; 4 St., F. 12 *K*), *Kahler Wandkopf* (2548 m) mit *Hoher Warte* (2689m; F. 10 *K*) und die beiden *Kaserer* (3270 u. 3094m; F. je 10 *K*). — Von der Geraer Hütte auf dem rot mark. „Reußischen Weg" über die (2 St.) *Alpeiner Scharte* (2960m, s. S. 246; bis über das Schneefeld unter der Scharte F. ratsam) in 5 St. zur *Dominicushütte* (2030m) in 5¹/₂ St. auf dem blau mark. „Schrammacherweg" zum *Pfitscher Joch* (S. 246; F. 8 bzw. 9 *K*).

Die Bahn umzieht das Dorf in großer Kurve, überschreitet den *Schmirner Bach*, durchbohrt den Scheiderücken zwischen Schmirn und Vals in einem halbkreisförmigen Tunnel und überschreitet den *Valser Bach*. Nun an der südl. Talwand ansteigend (r. 60m tiefer die eben zurückgelegte Bahnstrecke), dann durch einen gekrümmten Tunnel wieder in das Silltal, hoch über dem Fluß.

35km Station **Gries** (1254m); 8 Min. unterhalb das Dorf (1162m; Gasth.: *H.-P. Grieserhof, 50 B. zu 1.40-1.80, P. 5.50-6 *K;* *Weiße Rose, 35 B. zu 1.20-1.60, P. 4.60-5 *K;* *Rößl, 30 B. zu 1-1.40, P. 5- 6 *K;* Sprenger, 17 B. zu 1-1.60 *K*, gelobt; Adler), mit 855 Einw., an der Mündung des *Obernbergtals;* im Hintergrund die mächtige Tribulaungruppe.

Ausflüge (Führer Karl Vetter in Gries, Adolf Spörr in Obernberg). Nach (1 St.) *Nößlach* (1442m; Whs. Touristenruhe) und auf das (2¹/₂ St.; WM. mangelhaft) *Nößlacher Joch* (2232m), sehr lohnend; hinab nach Steinach (S. 293) oder Vinaders (s. unten). — Durch das schöne Obernbergtal (F. bis Obernberg 3, Obernberger See 5 *K*, unnötig) führt ein Fußweg am *Seebach* entlang über (1¹/₂ St.) *Vinaders* (1277m; Whs. Strickner) nach (1 St.) *Obernberg* (1393m; Spörr, gelobt; Führer Ludwig Spörr), hübsch gelegenes Dorf (über das *Trunajoch* oder das *Muttenjoch* ins

Gschnitztal s. S. 294); dann rot MW. über die *Rains-A.* zur (1 St.) *Obernberger Seehütte* (Wirtsch.) am kl. vordern See und zum ($^1/_2$ St.) *Obernberger* oder *Hintersee* (1594m); am Südende, $^1/_2$ St. weiter, die *Seealm* (Erfr.). Von der Obernberger Seehütte auf den *Obernberger Tribulaun* (2776m) 4 St. m. F. (12 K), nur für Geübte, lohnend. Auf die *Schwarze Wand* (*Eisenspitze*, 2911m), $4^1/_2$ St. m. F., beschwerlich aber sehr lohnend: von der Seealm über Grashänge und ein großes Schuttkar zur Scharte zwischen Roßlauf und Schwarzer Wand, dann r. zum Gipfel, mit prächtiger Aussicht. Steiler Abstieg zur *Schneetalscharte* (S. 294), dann entweder r. nach *Gschnitz* (S. 294) oder l. nach *Pflersch* (S. 298; F. 16 K). — Vom Obernberger See s.ö. rote WM. über das *Sand-* oder *Santigjöchl* (2161m) zur ($3^1/_2$-4 St.) Station *Schelleberg* (S. 297); oder s.w. (blaue WM., aber F. ratsam, 9 K) über das *Portjöchl* (2111m) zur ($4^1/_2$ St.) HS. *Pflersch* (S. 296). Vom Portjöchl unschwierig auf die ($^3/_4$ St.) *Rotspitze* (*Grubenjoch*, 2344m), mit schöner Aussicht.

Padaunerkogel (2068m), MW. (F. für Geübte entbehrlich, 6, bis Vals 8 K). von Gries direkt in $2^1/_4$ St., oder auf der Brennerstraße $^3/_4$ St. aufwärts bis zur Klamm, 20 Min. vom Brennersee (s. unten), hier l. hinan zum ($^3/_4$ St.) *Padauner Sattel* (1580m; Wirtsch.: Lörcher, Stockholzer), dann l. steil zum ($1^1/_2$ St.) Gipfel, mit lohnender Aussicht. Abstieg vom Padauner Sattel event. nach *Außer-Vals* (S. 295) und ($1^1/_2$ St.) St. Jodok. — **Kreuzjoch** (2244m), über Vinaders (S. 295) und durch das *Grubenbachtal* in 4 St. m. F., beschwerlich; herrliche Rundsicht.

Weiter in großer Kurve hoch über dem Silltal, am *Brennersee* (1309m) vorbei, über den *Vennabach* (s. unten), dann zum letztenmal über die Sill zur (40km) Stat. **Brenner** (1370,$_3$m; Büfett), auf der Wasserscheide zwischen dem Schwarzen und Adriatischen Meer; daneben Büstendenkmal des Erbauers der Brennerbahn *Karl v. Etzel* († 1865). Gegenüber an der Brennerstraße das **H.-P. Post*, mit großer Dependenz (170 B. zu 2-3.40, F. 1, M. 3.60, P. 8-10 K), Sommerfrische, mit Denktafel an Goethes Aufenthalt am 9. Sept. 1786 und dessen Marmorprofil von Joh. v. Kopf in Rom (1888). PT.

AUSFLÜGE (Führer Anton Lapper). Auf beiden Talseiten von der Post aus ebene oder wenig steigende Spazierwege mit Ruhebänken: zum (20 Min. w.) *Eisakfall;* zum ($^1/_2$ St. n.) *Brennersee* (Wirtsch.); am *Wolfen-Whs.* vorbei zum (40 Min.) *Brennerbad;* in das malerische *Vennatal*, mit reicher Flora, weiß blau MW. bis zum ($^3/_4$ St.) Dörfchen *Venn* (1453m; ordentl. Whs., 17 B.) mit Marmorsäge; weiter zur Landshuter Hütte s. unten. — N.ö. führt von Venn ein unschwieriger Übergang über den *Saxalpensattel* (ca. 2300m) ins *Valser Tal* und zur ($5^1/_2$ St.) *Geraer Hütte* (S. 295). ***Wolfendorn** (2775m), MW. vom Brenner über die *Post-A.* (Erfr.) in 4 St., oder über das *Wolfen-Whs.*, die *Lueger-A.* und das *Brennermäuerle* in $4^1/_2$ St., unschwierig (F. 8 K, für Geübte unnötig). — Vom Wolfendorn s.w. auf dem *Landshuter Wege* (rot-gelbe WM.) über die *Flatschspitze* zum (2 St.) *Schlüsseljoch*, s. S. 297; n.ö. an der *Wildseespitze* (2733m) entlang zur (3 St.) *Landshuter Hütte.* ***Kraxentrager** (3000m), 5-$5^1/_2$ St., nicht schwierig (F. 8 K, bis zur Landshuter Hütte unnötig). Über ($^3/_4$ St.) *Venn* (s. oben) weiß-blau MW. zur (4 St.) **Landshuter Hütte** (2740m; Wirtsch., 36 B. zu 3, AVM. 2, u. 9 Matr.) am *Kraxentrager-Sattel*, mit schöner Aussicht von der (3 Min.) *Friedrichshöhe* (2756m); dann über den SW.-Grat (F. für Geübte entbehrlich) zum (1 St.) Gipfel, mit großartigem Rundsicht. — Von hier zum ($2^3/_4$ St.) *Pfitscherjoch* s. S. 246; halbwegs r. hinab nach St. Jakob (s. S. 246).

R. kommt in kleinen Fällen der *Eisak* herab. Die Bahn folgt ihm durch ebnen Wiesengrund bis (44km) HS. **Brennerbad** (1326m; *Grand Hôtel Brennerbad, 1. Juni bis Ende Sept., 170 B. von 3.50 K an, F. 1.50, M. 5, P. o. Z. von 8 K an, mit Depend. Sterzinger Hof und

Wasserheilanstalt; H. Geizkoflerhaus & Bürgerhaus, einfacher, B. 1.50-3 K; Vetters Gasth., B. 1.20 K, einf. gut; Gröbner, 10 Min. vom Bahnhof), mit indifferenter Therme (23° C.). PT.

Vom Brennerbad über das **Schlüsseljoch** (2202m) nach *Kematen* (S. 246), 4^1/$_2$ St., leicht (rot MW., F. angenehm). Das Schlüsseljoch (3 St.), mit prächtiger Aussicht ins Pfitschtal mit Hochfeiler, Wilder Kreuzspitze usw., rückwärts auf Habicht, Tribulaun, Pflerschtal usw., ist auch als selbständiger Ausflug vom Brennerbad zu empfehlen: Promenadenweg zur (³/₄ St.) *Bad-A.* (1604m), dann an der *Leitner-* oder *Flatsch-A.* vorbei zum (1³/₄-2 St.) Kreuz auf der Jochhöhe. Reiche Flora. *Landshuter Weg* (rot-gelbe WM.) vom Schlüsseljoch n.ö. über die (1¹/₂ St.) *Flatschspitze* (2565m) und den (1¹/₂ St.) *Wolfendorn* zur (3 St.) *Landshuter Hütte*, oder s.w. zur (3¹/₂ St.) *Amthorspitze*, s. S. 296 u. 298.

Weiter in scharfer Senkung durch zwei Tunnel zur (49km) Stat. *Schelleberg* (1241m). Die Bahn wendet sich w. in das hier mündende *Pflerschtal* (S. 298), senkt sich an der n. Berglehne und wendet sich dann in dem 762m l. *Aster Kehrtunnel* zurück (r. Blick auf die Gletscher des Pflerschtals). 54km HS. *Pflersch* (1146m; s. S. 298).

58km **Gossensaß**. — GASTH.: *H.-P. Gröbner, 190 B. zu 3-5, F. 1¹/₂, M. 4, A. 3, P. 10-13 K; *H.-P. Wielandhof, 100 B. zu 2-6, F. 1.50, M. 4, P. 9-14 K; *H.-P. Aukenthaler, 50 B. zu 2-3, F. 1, M. 3, P. 8-9 K; *Lamm, 40 B. zu 1-2, P. 6-7 K; Rose, nicht teuer. — PENSIONEN: *Gudrunhausen (Wasserheilanstalt und Sanatorium; 60 B. zu 3-4, P. o. Z. 5 K), P. Wwe. Dr. Maenner (50 B., P. 7 K 20-10 K), Leopoldhof und Wolfenburg (130 B., P. 9-12 K), Raspenstein (60 B.), Seidner (18 B., P. 6-8 K), alle gut; Z. fast in jedem Privathaus; Auskunft und Wohnungsnachweis durch die Kurvorstehung. — *Kurtaxe* Ende Juni bis Mitte Sept. wöchentl. 2 K, Kinder 1 K 20 (Vor- und Nachsaison 1 K 50 u. 90 h). — Kurarzt mit Apotheke.

Gossensaß (1100m), schön gelegener Markt mit 610 Einwohnern, gegen Nord- und Ostwinde geschützt, wird als Sommerfrische und Wintersportplatz viel besucht. Die Anf. des XVI. Jahrh. erbaute *Barbarakapelle* oberhalb der Kirche hat einen vergoldeten Schnitzaltar. Neues Ortsmuseum. Unweit des Bahnhofs ein gedecktes Schwimmbad mit guten Kabinen (Wasserwärme bis 17° C.). AVS.

AUSFLÜGE (gedruckter Führer mit kl. Orientierungskarte 60 h, mit großer Karte 90 h; Führer David Seidner, Josef Teißl, Simon Wurzer in Gossensaß, Alois Fleckinger, Leopold, Johann u. Rudolf Teißl, Anton u. Alois Mühlsteiger, David Aukenthaler, Joh. Rainer in Pflersch). — Gut gehaltene markierte Spaziergänge, vormittags auf dem linken, nachm. auf dem rechten Eisakufer meist schattig. Schöne 2km lange *Uferpromenade* am Pflerschbach. Über die Redwitzbrücke zum (¹/₄ St.) *Redwitzplatz*, mit Bronzebüste des Dichters Oskar v. Redwitz (S. 370), und zur (20 Min.) *Schönen Aussicht;* zurück über den *Wolfenboden* (¹/₂ St.), oder r. weiter auf dem blau mark. *Gottschalckweg*, mit herrlichen Blicken ins Pflerschtal und auf den Tribulaun, bis zur (20 Min.) Einmündung in den gelb mark. *Vallmingweg* (bis Gossensaß 40 Min.). Andere Spaziergänge am r. Ufer: zum (¹/₂ St.) *Maderbauer* und (¹/₂ St.) *Achenbauer*, mit schönem Blick ins Sterzinger Becken (vom Maderbauer hübscher Weg in 1¹/₄ St. über *Tschöfs* nach Sterzing); auf dem Vallmingweg bis ins *Vallmingtal* (S. 298), zurück auf dem rot mark. *Flanerweg* (3 St.); *Ibsenplatz;* über *Silbergasser* zur (1¹/₄ St.) Haltestelle *Pflersch* (s. oben). — Am l. Ufer zur (¹/₄ St.) *Franz-Josefshöhe*, mit Aussichtspavillon und schönem Blick ins Eisak- und Pflerschtal; zur (³/₄ St.) Ruine *Straßberg* (1155m) und von dort über den *Larchsteg* nach (1 St.) *Ried* (Wirtsch. Meßner; S. 299). — Ö. über den *Dittelplatz* nach (¹/₂ St.) *Hochwieden* (1250m; Wirtsch.),

mit schöner Aussicht auf die Gletscher des Pflerschtals. Nördl. führt von hier ein rot-blau-rot mark. Weg am Bergabhang wenig steigend durch Wald in ½ St. auf den Reitweg zur Amthorspitze (s. unten). Von Hochweiden zurück über die Schluchtbrücke und den Trüstedt-Weg.
*Amthorspitze (*Hühnerspiel*, 2751m), 4½-5 St., leicht (F. unnötig, Pferd 10 K u. 2 K Trkg.). Entweder über Hochwieden (S. 297), oder von *Pontigl* (Whs. zum Alpenverein), 25 Min. oberhalb Gossensaß an der Brennerstraße, blau MW. r. durch Wald zur (2 St.) *Amthorhütte* (1829m; Wirtsch., 14 B.), dann auf bequemem Zickzackwege über Rasen- und Schieferhänge zum (2-2½ St.) Gipfel, mit prächtiger Aussicht (Panorama von Gatt).
Ein rot-gelb mark. Felssteig, der **Landshuter Weg** (s. S. 296; für nicht Schwindelfreie F. nötig), führt von der Amthorspitze n. über einen etwa 1m breiten, in der Mitte sich seukenden Grat auf die (½ St.) *Rollspitze* (2800m), mit freiem Blick auf die zentralen Zillertaler, die von der Amthorspitze aus verdeckt sind. An der Westseite der Rollspitze über Geröll hinab, dann obere Ende der *Gamsgrube* querend unter den O.-Abstürzen der *Daxspitze* (2648m) über Geröll zu einem breiten Kamm, weiter auf gutem Wege zum (3 St.) *Schlüsseljoch* (S. 297); von hier über die *Flatschspitze* (S. 297) auf den (3 St.) *Wolfendorn* und zur (3 St.) *Landshuter Hütte* (S. 296).
*Roßkopf (2191m), 3½ St. (F. 8 K, allenfalls entbehrlich), zuletzt bis zur Hütte etwas mühsam (vgl. S. 300). Auf dem gelb mark. *Vallmingweg* (s. S. 297, vorm. schattig) ins *Vallmingtal*, bis zur (1¼ St.) Einmündung des rot mark. *Flanerwegs* (S. 297); auf diesem, später l. den blau MW. hinan, dann bergab zur (1¾ St.) *Roßkopfhütte* (S. 300); oder durch das wilde Vallmingtal weiter zur (1¼ St.) *Vallming-A.* (1813m) und auf rot MW. zur (¾ St.) Hütte (zum Gipfel noch ¾ St., s. S. 300).

Ins **Pflerschtal**, Fahrweg (Einsp. für ½ Tag 8, ganzer Tag 10, Zweisp. 12 u. 18 K; Führer s. S. 297, bis zur Magdeburger Hütte 10 K) von Gossensass bis (2¼ St.) *Innerpflersch* oder *Boden* (1246m; Gasth. beim Pfarrer), am Fuß des gewaltigen *Tribulaun* (von der *Haltestelle Pflersch*, S. 297, nach Innerpflersch 1¼ St., entweder Waldweg r. am Berge hin, oder Talweg über *Anichen* am r. Ufer des Pflerschbachs).
Pflerscher Tribulaun (3102m), 7½-8 St. (F. 22, bis Gschnitz 27 K, s. S. 294), nur für schwindelfreie Kletterer, schwierig und durch Steinfälle gefährlich: über *Stein* (s. unten) rot MW. r. hinan zur (3½ St.) *Tribulaunhütte* der AVS. Magdeburg (2410m; Wirtsch., 10 Matr.), in prächtiger Lage am kl. *Sonnessee*, dann über das *Sandesjoch* (S. 294) zum (4-4½ St.) Gipfel, mit wundervoller Aussicht. — *Goldkappel* (2780m), von der Tribulaunhütte in 3 St., interessante aber schwierige Klettertour (F. 20 K; s. S. 294).

Nun rot mark. Saumweg, nach 15 Min. über den Bach zum (30 Min.) Weiler *Stein* (1361m), dann scharf bergan an der *Hölle* (großartiger Wasserfall) vorbei zur (1 St.) *Ochsenhütte* auf der *Furt-A.* (1653m) und an der Schafhütte vorbei zur (2½ St.) **Magdeburger Hütte** (2422m; Wirtsch., 17 B. zu 4, AVM. 2, u. 12 Matr. zu 2 bzw. 1 K), in aussichtreicher Lage 20 Min. vom Rande des *Stubenferners*, unweit des kl. *Rochollsees*. Ein schattiger AV.-Weg führt auch von Innerpflersch am r. Ufer des Pflerschbachs bis zur (1 St.) Mühle oberhalb der Hölle (s. oben).

BERGTOUREN (Tarif von der Magdeburger Hütte; F. dorthin von Gossensass 10 K). *Schneespitze (3176m), über den Stubenferner in 2½ St., unschwierig (F. 8, mit Abstieg zur Bremer Hütte 11, Nürnberger Hütte

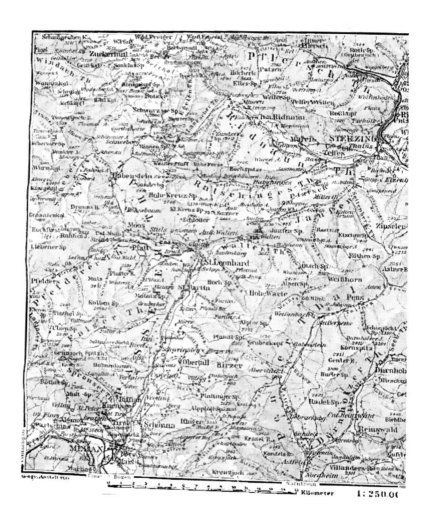

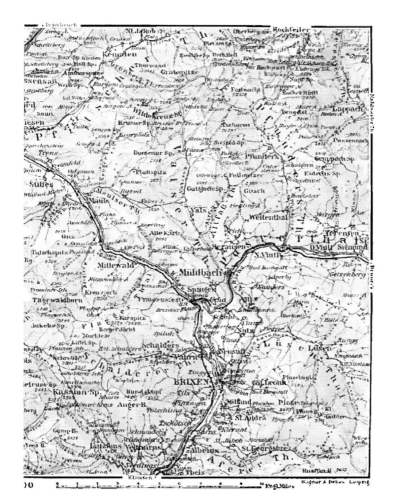

12 K). — *Weißwandspitze* (3018m), über den *Schneesumpf* in 3 St. (F. 6 K), mühsam; Abstieg auf AV.-Weg über den *Hohen Zahn* (2982m) zur *Tribulaunhütte* (S. 298). — Östl. *Feuerstein* (3275m), über das Pflerscher Hochjoch (S. 305) in 4 St., und Westl. *Feuerstein* (3273m), über die Magdeburger Scharte in 4 St., beide beschwerlich (F. 10 bzw. 11 K; Geübte können über die Grateinsattelung in ¹/₂ St. vom Östl. auf den Westl. Feuerstein gelangen; F. 12 K). — *Aglsspitze* (3182m), über die Magdeburger Scharte in 3¹/₂-4 St. (F. 8 K), und *Rochollspitze* (3067m), über den Feuersteinferner in 3-3¹/₂ St. (F. 8 K), beide nicht schwierig. — Rundtour über *Feuersteine, Aglsspitze* und *Rochollspitze* für Geübte sehr lohnend (9-10 St.).

ÜBERGÄNGE. Von Innerpflersch nach (5 St.) *Ridnaun* über das Ellesjoch (2520m), zwischen *Wetterspitze* (2718m; S. 307) und *Maurerspitze* (2630m), nicht schwierig (F. 10 K). — Von der Magdeburger Hütte zum Becherhaus über den *Stubenferner*, *Feuersteinferner*, die Magdeburger Scharte (3120m), den *Hangenden Ferner*, die *Rote Gratscharte* und *Freigerscharte* in 5-6 St. (F. 12 K; ausdauernde Gänger können mit 2 St. Mehraufwand die beiden *Feuersteine* oder den *Wilden Freiger* damit verbinden; F. 15 K). Abkürzungsweg von der Magdeburger Hütte zum Becher über die *Aglsscharte* im Bau. — Über das *Pflerscher Hochjoch* zur (5-6 St.) *Bremer Hütte* (F. 8 K) oder (6-7 St.) *Nürnberger Hütte* (F. 10 K) s. S. 294, 305; über den *Pflerscher Pinkel* nach *Gschnitz* (F. 9 K) s. S. 294.

Die Südbahn überschreitet den Eisak und führt eine Strecke durch das frühere Bett des Flusses, für den ein Tunnel durch die vorspringende Felswand gebrochen wurde; weiter in engem Tal (l. oben Ruine *Straßberg*, unten Dorf *Ried*, S. 297).

64km **Sterzing.** — GASTH.: *H.-P. Stoetter, am Bahnhof, 90 B. zu 1.40-3, P. von 6 K an, mit Schwimmanstalt und warmen Bädern. In der Stadt: *Zentral-Hotel Alte Post (Goldner Greif), 100 B. zu 1.60-3, P. o. Z. 5 K; *Sterzinger Hof oder Goldene Rose, 65 B. zu 1.50-2.50, P. 6-7 K; *Neue Post oder Stern, 30 B. zu 1.20-2, P. 5.60-7 K; *Krone, mit Brauerei und Gärtchen, 25 B. zu 1 K; *Mondschein, gegenüber dem Rathaus, 34 B., P. von 5 K an; Schwarzer Adler, gelobt; Hirsch, P. von 4 K an, einfach gut. — Konditorei und Café im Rathaus. — *Bäder* beim H. Stoetter am Bahnhof (s. oben) und in *Villa Maibad* an der Straße nach Gossensass.

Sterzing (948m), das römische *Vipitenum*, sauberes Städtchen (1770 Einw.), durch frühern Bergbau wohlhabend, mit zierlichen alten Häusern, die Hauptstraße mit ihren zahlreichen Erkern und Bogengängen (Lauben) besonders malerisch, liegt 7 Min. vom Bahnhof am r. Ufer des Eisak in weitem Talbecken. In dem sehenswerten Sitzungssaal des spätgot. *Rathauses* Tafelgemälde aus einem großen Schnitzaltar der Pfarrkirche von Hans Multscher (1458). 10 Min. südl. außerhalb der Stadt die *Pfarrkirche* (XVI. Jahrh.), mit schönen Denkmälern an der Außenseite, gotischem Chor und drei im Rokokostil umgebauten Schiffen mit Deckengemälden von Adam Mölckh (1753). Das *Deutsche Haus*, ehem. Kommende des Deutschen Ordens, ist jetzt städt. Spital. AVS.; ÖTKS.

AUSFLÜGE (Führer Stefan Siller). Am N.-Ende der Stadt der *Jungwald* mit der an ihn anschließenden kühlen und schattigen *Vallerbachpromenade* in den Hochwald (Terrainweg). Hübsche Aussicht von der Anhöhe w. hinter dem *Kapuzinerkloster* (im Garten schöne alte Zirben), von der halbverfallenen Burg *Sprechenstein* (³/₄ St.) und der wohlerhaltenen und besuchenswerten Burg *Reifenstein* (³/₄ St.; Trkg.). Hinter Reifenstein das reizend gelegene Dorf *Elzenbaum* (Löwen, mit Gärtchen, gelobt).

300   *III. R. 50. — K. S. 298.*   FREIENFELD.

Ins *Ridnauntal* und zur *Gilfenklamm* s. S. 307.
*Roßkopf (2191m), 3¹/₄ St., leicht (F. unnötig, 8, mit Abstieg nach Gossensaß 9 K, Pferd 14 K): MW. durch die *Vallerbachpromenade* und über *Thuins* zur (2¹/₂ St.) *Roßkopfhütte* (ca. 1880m; *Wirtsch.), mit Blick auf die Dolomiten, und zum (³/₄ St.) Gipfel, mit herrlicher Aussicht (Dolomiten, Tribulaun, Ötztaler, Ortlergruppe). — Umfassender ist die Rundsicht von der **Telfer Weißen** (2589m), von der Roßkopfhütte 2¹/₂ St. m. F. (10 K). — **Zinseler** (2422m), von Sterzing südl. über *Gupp* MW. in 4¹/₂ St., nicht schwierig, aber F. ratsam (10 K; Abstieg auch zum *Penser Joch*, S. 362). — **Amthorspitze** (2751m), von Sterzing auf rot mark., bis zur Riedberg-A. schattigem Reitwege, mit schönen Ausblicken und reicher Flora, 5-6 St. (F. 10, Pferd 16 K; s. S. 298). — *Wilde Kreuzspitze* s. S. 247 u. 461. — Über das *Pfitscher Joch* ins *Zillertal* s. S. 247, 246 (bis Mayrhofen 14 St.).

Über den *Jaufen* nach *Meran* s. S. 343 (neue Straße bis St. Leonhard, 7 St.; Träger 9¹/₂ K; Pferd bis zum Jaufenhaus 16 K). Andre Übergänge ins Passeier führen von (1¹/₄ St.) *Stange* (S. 307) durch die Gilfenklamm und über den *Jaufensteg* nach (1¹/₂ St.) *Inner-Ratschinges* (1364m; Seber; Reser), dann über das aussichtreiche **Schlotterjoch** (2273m) nach (5 St., F. ratsam) *Stuls* im obern Passeier (1322m; Unterkunft beim Pfarrer) und auf schmalem Felssteig nach (³/₄ St.) *Moos* (S. 345); oder über das **Zirmeidjoch** (2407m) nach (5¹/₂ St., F. 12 K) *Rabenstein* (S. 345), oder auch über die **Ratschinges-Scharte** (2525m) und *Schneeberg-Scharte* (S. 310) nach (6 St.) *St. Martin am Schneeberg* (S. 310). — Über das *Penser Joch* nach *Bozen* s. S. 362.

Die Südbahn überschreitet den *Pfitscher Bach* (S. 247) und führt zwischen Fluß und Fels dicht unter der Halbruine *Sprechenstein* hin; r. die Burg *Reifenstein* (S. 299), an der Mündung des *Ridnauntals* (S. 307), in dessen Hintergrund hohe Schneeberge (Botzer, Sonklarspitze, Freiger) sich zeigen. — 69km **Freienfeld** (931m; Gasth.: *Neuhaus, 32 B. zu 2, P. 5 K; Lener, mit Garten, gelobt); l. am Berge der Wallfahrtsort *Trens*, r. *Stilfes* (Wieser, 18 B. zu 1-2, P. 5.50-7 K) und (¹/₄ St.) das Wildbad *Möders* (950m; Badhaus, 70 B. zu 1.60-2.50, P. 6-8 K).

Von Freienfeld blau MW. des ÖTC. durch das *Sengestal* zum (4¹/₂ St.) malerischen *Wilden See* (2600m); dann rot MW. auf die (1¹/₂-2 St.) *Wilde Kreuzspitze* (S. 247) und hinab zur (1¹/₂ St.) *Brixner Hütte*, s. S. 461.

Über den Eisak und den *Egger Bach*, an der neu hergestellten Burg *Welfenstein* des Prof. Edgar Meyer vorbei zur (72km) HS. **Mauls** (899m); gegenüber das Dorf (941m; *Stafler's Gasth., 45 B. zu 1-1.50, P. 5-5.50 K; Seeber), Sommerfrische.

Über das *Valserjoch* (1933m) nach (4 St.) *Vals* s. S. 461. — Zur Brixener Hütte, 6¹/₂ St. (MW., aber F. ratsam), bequemster Zugang von der Brennerbahn her von Mauls durchs *Maulsertal*, kurz vor *Ritzail* (S. 461) l. hinan zu den (1¹/₂ St.) *Gansörhöfen* (1492m), dann über die *obere Gansör-A.* (ca. 2350m) und *Gansörscharte* (ca. 2550m) zum (3 St.) *Wilden See* (s. oben); von hier über die *Wilde Kreuzspitze* in 3-4 St., oder über das *Rauchtaljoch* in 2 St. zur *Brixener Hütte* (S. 461).

Die Bahn tritt in einen Engpaß, in dem die Station (76km) *Grasstein* (844m; 10 Min. s.ö. im *Sack* *Fischers Gasth. zur Sachsenklemme, 40 B. zu 80-150 h, P. 4-5.50 K, mit Denkmal) und (80km) HS. *Mittewald* (800m; Post) liegen, bekannt durch die Niederlage der Franzosen im J. 1809. Bei *Oberau* (756m) wurden

550 Sachsen aus Lefebvres Korps gefangen; die Talenge heißt heute noch die *Sachsenklemme*.

Von Mittewald oder Oberau MW. 16 durch das *Flaggertal* über die *Äußere* und *Innere Flagger-A.* und die (6 St.) *Flagger-Scharte* (2459m; Schutzhütte der AVS. Marburg wird gebaut) auf die (1 St.) **Jakobsspitze** (2745m), höchsten Gipfel der östl. Sarntaler Alpen, mit großartiger Rundsicht. — Von der Flaggerscharte Abstieg durch das *Seebtal* nach (2½ St.) *Durnholz* (S. 362); oder n. MW. auf das (1½ St.) **Tagewaldhorn** (2706m), mit prächtiger Aussicht; hinab über die *Traminer-Scharte* (2386m) w. ins *Penser Tal* (S. 362), oder ö. durch das *Berglestal* nach (3½ St.) *Grasstein* (S. 300).

Den Ausgang der Schlucht, die *Brixener Klause* (765m), schließt die 1833-38 erbaute **Franzensfeste,** die den Übergang über den Brenner und den Eingang ins Pustertal beherrscht. Die *Station* (84km) Franzensfeste (747m; *Bahnrestaur.; H. Bahnhof, 3 Min. vom Bahnhof, 40 B. zu 1.60-3 *K*, gelobt; Reifer, 35 B., gut; Gasth. Unterau, 12 Min. vom Bahnhof) liegt 2km n.w. vor der Festung (s. S. 351), bei der die *Militär-Haltestelle* Franzensfeste. Eisenbahn nach *Bozen* s. R. 59; in das *Pustertal* s. R. 77.

51. Das Stubaital.

STUBAITALBAHN (elektr. Schmalspurbahn) von Innsbruck bis *Fulpmes*, 18km in 65 Min. (2. Klasse 3 *K*, 3. Klasse 2 *K*; Rückfahrkarten, 3 Tage gültig, 5 *K* 60 u. 3 *K* 80 h). Aussicht *links*. — Das *Stubaital* bietet eine Reihe prächtiger Hochgebirgsbilder und lohnender Bergtouren und vermittelt zugleich über das viel begangene *Bildstöckljoch* den kürzesten Zugang von Innsbruck ins innere Ötztal (s. S. 306).

Innsbruck s. S. 247; Abfahrt vom Bahnhof *Wilten-Stubai* (Pl. C 7; elektr. Stadtbahn vom Hauptbahnhof durch die Maria Theresien- und Anichstraße, s. S. 248). Die Bahn zieht sich unterhalb der Brennerstraße (S. 258) bergan, mit schönem Blick auf Innsbruck und das Inntal, durch einen 157m l. Tunnel bis zur (2,3km) HS. *Sonnenburgerhof* (680m; Hotel, s. S. 255). Dann r. ansteigend mit stets wechselnden Blicken auf das Silltal und seinen Bergkranz bis zu den Tuxer Fernern (Olperer), an der (3km) HS. *Gärberbach* (S. 259) vorbei zur (4,5km) HS. *Natters*, unterhalb des Dorfs (783m; Stern; Scherer), und zur (6km) Stat. *Mutters* (837m; *H.-P. Mutterhof m. zu 1.60-2, P. 5-7 *K*; Altenburg, 16 B. zu 1-1.60 *K*; Stauder), am Fuß der Saile hübsch gelegen.

Natters und Mutters werden als Sommerfrischen besucht. Bei Natters das *Bleichbrünnl*, eine treffliche Quelle; dabei ein Denkmal für den Dichter Hermann v. Gilm († 1864). — **Saile** oder **Nockspitze** (2406m), von Mutters oder der Bahn-HS. *Nockhofweg* (s. unten) rot MW. über die *Nockhöfe* (Whs.) und *Mutterer-A.* in 5 St., mühsam (F. 9 *K*); Aussicht lohnend, aber der vom Patscherkofel nachstehend.

Weiter durch einen Tunnel zur (7km) HS. *Nockhofweg* und über den *Mühlbach*. 8km HS. *Raitis;* 10km *Außerkreit*. Jenseit (10,7km) *Kreit* (980m; Salcher) über den *Sagbach*, dann s.w. durch Lärchenwald und Wiesen, mit Aussicht auf Serlesspitze, Habicht, Freiger, Zuckerhütl usw. — 16km Stat. *Telfes* (987m; *H.-P. Serles,

40 B. zu 2-4, P. 6-9 *K*; Lanthaler, gelobt; Leitgeb, einf. gut), Dorf mit 450 Einw.; von hier in Windungen scharf hinab nach 18km **Fulpmes**. — Gasth.: *H. Stubai am Bahnhof, großes Haus 1. Ranges, 15. Mai-1. Sept., 120 B., Z. 3-10, F. 1.50, M. 4, A. 3, P. 9-15 *K*. — Pfurtscheller „zur neuen Post", 42 B. zu 1.20-2, P. 5-6.50 *K*, Lutz, beide gelobt; Hörtnagl, 14 B. zu 1.20-1.60 *K*; Platzwirt; Post; Neuwirt. — Schwimmbad (20° C.). — Gute Eispickel bei *Joh. Hofer*.

Fulpmes oder *Vulpmes* (940m), Dorf von 1400 Einw. am *Schlickerbach*, mit Eisenwarenindustrie, wird als Sommerfrische viel besucht.

Von Fulpmes Fahrstraße (Postomnibus vom Bahnhof 2mal tägl. in 1¹/₄ St.) u.ö. nach (4,5km) **Mieders** (982m; Gasth.: *H.-P. Lerchenhof, 70 B. zu 1.50-4, F. 1, M. 3, P. 7-10 *K*; *Alte Post, mit Bädern, 30 B. zu 1.20-2, P. 5.50-6.50 *K*; Kreuter; Seewald; Führer Joseph Buttler), Sommerfrische (390 Einw.) in hübscher Lage. Von hier auf die *Serlesspitze* (2719m) über *Maria-Waldrast* 5-6 St. m. F., nicht schwierig (s. S. 293). —Die Straße führt weiter nach (3km) *Schönberg* (S. 259).

Ausflüge von Fulpmes (Führer Andreas Hupfauf, Ignaz Hofer, David Pfurtscheller, Johann Gleirscher, Heinrich Hochrainer). — *Hoher Burgstall** (2613m), 5-5¹/₂ St., F. 9 *K*, nicht schwierig: MW. über die (1 St.) Alpenwirtschaft *Frohneben* (1338m), mit schöner Aussicht (Drahtseilbahn im Bau), zur (1 St.) *Schlicker-A.* (1616m; Unterkunft), am Fuß der Kalkkögel schön gelegen, dann über den Sattel zwischen Kleinem und Hohem Burgstall in 3-3¹/₂ St.; oder von Neustift auf gutem MW. (F. entbehrlich) über die *Kaserstatt-A.* (1884m; Erfr.) zur (3¹/₂ St.) schön gelegenen *Starkenburger Hütte* (2229m; *Wirtsch., 8 B. u. 7 Matr.), dann von S. her auf steilem Felsstcig zum (1¹/₄ St.) Gipfel, mit großartiger Aussicht. Im W. und N. wird das Schlicker Tal von der zackigen Kette der *Kalkkögel* abgeschlossen (s. S. 316); Besteigungen meist schwierig, nur für Geübte (am lohnendsten die *Marchreißenspitze* (2623m), von der Schlicker-A. über den W.-Grat in 3¹/₂ St. (F. 12 *K*). *Schlicker Seespitze* (2808m), über das *Schlicker Schartl* (2547m) in 3¹/₂-4 St., beschwerlich (F. 12, mit Abstieg zur Adolf Pichlerhütte 14 *K*, s. S. 316). — *Serlesspitze* (2719m), von *Neder* (s. unten) über das *Serlesjöchl* (2391m) in 5-6 St. (F. 9 *K*), mühsam (s. oben u. S. 293). — Zum *Naturfreundehaus* am *Padasterjoch* (2218m) auf dem aussichtreichen „Rohraueisteig" 5 St., lohnend (s. S. 294).

Nun Fahrstraße (bis Neustift Post im Sommer 2mal tägl. in 1 St.) oder (für Fußgänger vorzuziehen) rot mark. Fahrweg am l. Ufer, nach dem schön gelegenen Bad *Medratz* (945m; *Gasth. Willi, 50 B. zu 1.20-1.80, P. 6-7 *K*), dann Waldweg über (¹/₂ St.) *Neder* (964m; Touristenhaus Habicht), an der Mündung des Pinnistals (S. 303), nach 6,5km **Neustift** (993m; *Zum Salzburger, 30 B. zu 1-2, P. 5-6 *K*; *Hofer, 25 B. zu 1-1.60, P. 4.50-5 *K*; Volderauer, gelobt), dem letzten Kirchdorf (1300 Einw.) des Tals, das sich 25 Min. weiter bei *Milders* in r. *Oberberg*, l. *Unterberg* scheidet. Auf dem Friedhof von Neustift ruht neben dem Haupteingang der ehem. Kurat von Vent, Franz Senn, ein Mitbegründer des DÖAV. († 1884).

Ausflüge (Führer Joh. Danler, Joh. u. Peter Ferchl, Franz Geb, Karl Gleirscher, Andrä Gratl, Andr. u. Jos. Gunpold, Jos. Haas, Ant. u. Joh. Hofer I u. II, Heinr. u. Joh. Kindl, Frz. Knoflach, Jos. u. Rob. Müller, Andrä u. Georg Pfurtscheller, Ignaz Pixner, Franz u. Bart. Ribis, Georg Salchner, Alois u. Urb. Schönherr, Joh. Tanzer in Neustift; Alois u. Andr. Danler, Joh. Greier, Martin Hofer, Jos. Haas, Jos. Kindl, Joh. Mair II, Andr. u. Mart. Metz, Wend. Siller in Neder). — *Hoher Burgstall* (2613m),

Stubai. FRANZ SENN-HÜTTE. *III. R. 51.* 303

über die *Starkenburger Hütte* 5 St. (MW., F. 9 *K*, entbehrlich), s. S. 302.
— *Schwarzhorn* (2813m), vom Bärenbad (s. unten) 5 St. (F. 10, mit Abstieg nach Sellrain 16 *K*), unschwierig, lohnend. — *Brennerspitze* (2882m), 5 St. (F. 10 *K*), leicht.
Über das Pinniser Joch nach Gschnitz, 6½ St. (F. 13 *K*), nicht schwierig. Rot MW. von (20 Min.) *Neder* (S. 302) im *Pinnisertal* hinan, an den Alpen *Herzeben* (1270m), *Issenanger* (1330m) und der *Pinnis-A.* (1559m) vorbei zur (2½ St.) *Kar-A.* (1737m; Einkehr) und zum (2 St.) Pinniser oder Alfach-Joch (2369m); auf der S.-Seite die *Innsbrucker Hütte* des OTK. (Wirtsch., 8 B. u. 20 Matr.), mit schönem Blick auf Tribulaun usw. Hinab nach (2 St.) *Gschnitz* (S. 294) oder auf beschwerlichem Wege zur (7 St.) *Bremer Hütte* (S. 294). — Der *Habicht (3280m), mit berühmter Aussicht, ist von der Innsbrucker Hütte in 3-3½ St. zu ersteigen (mühsam, aber für Geübte nicht schwierig; F. 14, bis Gschnitz 18 *K*).

In das **Oberbergtal** lohnender Ausflug (4-4½ St. bis zur Franz Sennhütte; F. 8 *K*, unnötig). Oberhalb Milders am r. Ufer des Oberbergbachs hinan zum (1 St.) *Bärenbad* (1252m; einf. Whs.), von wo der *Hohe Burgstall* (S. 302) in 4 St. zu ersteigen ist; dann an der *Alp Seduck* vorbei zur (1½ St.) *Stöcklen-A.* (1591m; einf. Whs., 4 B.), hier über den Bach und auf AV.-Weg den „Schinder" hinan (l. wilde Klamm mit Wasserfällen) zur (1¼ St.) *Alpeiner-A.* (2059m) und (20 Min.) **Franz Senn-Hütte** der AVS. Innsbruck (2173m; Wirtsch., 20 B. zu 4, AVM. 2, u. 30 Matr. zu 2 bzw. 1 *K*), ¾ St. vom Ende des großen *Alpeiner Ferners* schön gelegen.

Guter Überblick der großartigen Umgebung von der *Sommerwand* (2914m; 2½ St., MW., aber F. angenehm). — BERGTOUREN (Tarif von der Franz Senn-Hütte): *Östliche Seespitze* (3420m); 6 St., F. 16 *K*); *Ruderhofspitze* (3472m; 6 St., F. 13 *K*, s. S. 304); *Schrankogel (3500m; über Wildgratscharte und Schwarzenbergferner 6½.7 St., F. 17, zur Amberger Hütte 19 *K*, s. S. 321); *Schrandele* (3397m; 5 St., F. 15 *K*); *Wilder Turm* (3284m; 4½ St., F. 12 *K*); *Wildes Hinterbergl* (3374m; 4½ St., F. 12 *K*); *Hinterer Brunnenkogel* (3326m); 5 St., F. 13, bis Amberger Hütte oder Praxmar 19 *K*, nicht schwierig); *Fernerkogel* (3300m; über die *Rinnennieder* in 4½-5 St., F. 12, bis Praxmar 16 *K*, s. S. 318); *Blechnerkamm* (2978m; 4 St., F. 8, bis Praxmar 13 *K*); *Hohe Villerspitze* (3104m; über das Horntaler Joch und die Südwand in 5 St., schwierig; F. 15, bis Praxmar 21 *K*; s. S. 318). — ÜBERGÄNGE. Von der Franz Senn-Hütte zur Falbeson-A. (S. 304) über die *Schrimmennieder* (2091m), 4½ St., MW., F. 8 *K*, entbehrlich. — Zur Amberger Hütte über das **Schwarzenbergjoch** (3127m), 5½-6 St. m. F. (13 *K*), beschwerlich aber lohnend. AV.-Steig über die l. Seitenmoräne des *Alpeiner Ferners*, den Gletscherabsturz umgehend, dann quer über den *Verborgenen Berg-Ferner* und den Firn des Alpeiner Ferners zum (3½-4 St.) Joch; steil hinab zum *Schwarzenbergferner* und über die r. Seitenmoräne zur (2 St.) *Amberger Hütte* (S. 321). Gleichfalls lohnend (F. 12, bis Winnebachsee 20 *K*) über die *Rinnennieder* (2913m), den *Lisenser Ferner* und die (4 St.) **Brunnenkogelscharte** (3221m) zwischen *Wildem Hinterbergl* und *Hinterm Brunnenkogel*, dann entweder l. steil hinab zum *Schranferner* und durch das *Schrankar* zur (3 St.) *Amberger Hütte*, oder r. über das *Längentaler Joch* (S. 319), die *Bachfallenscharte* und den *Bachfallenferner* zur (4 St.) *Winnebachseehütte* (S. 321). — Von der Franz Senn-Hütte zur Mutterberger-Alp über den *Alpeiner Ferner* und die **Hölltalscharte** (*Ruderhofnieder*, 3172m), 7½ St. m. F. (12 *K*), beschwerlich aber lohnend; von der Scharte steiler Abstieg zum *Hölltalferner* und zur *Mutterberger-A.* (S. 305). — Nach Praxmar über das **Horntaler Joch** (*Villergrubennieder*, 2811m), 6-7 St. (F. 13 *K*), anstrengend (vom Joch auf den *Schafgrübler* 1 St.), s. S. 318.

Im **Unterbergtal** führt der Fahrweg von Neustift am r. Ufer des Rutzbachs über *Schaller* (Müllers Gasth.), *Krößbach* und *Gasteig* nach (1½ St.) *Volderau* (1127m; Whs., 8 B., einf. gut); l. der Schleierfall des *Mischbachs*. Dann über den Rutzbach, durch Wald, vor (1 St.) *Falbeson* wieder aufs r. Ufer, noch zweimal über den Bach und um einen Felsrücken herum nach (¼ St.) **Ranalt** (1260m; *Falbesoners Gasth.*, 50 B. zu 1.40-2, P. 6-7 K), dem letzten Weiler des Tals, in schöner Lage.

AUSFLÜGE (Führer s. S. 302, in Ranalt nicht immer zu finden). W. über Grashänge steil bergan zur (2½ St.) **Pfandler-A.** (2144m; Erfr.) und auf den (⅜ St.) *Daunbühel* (2455m), mit prachtvoller Aussicht auf Freiger, Zuckerhütl usw.; hinab zum (¼ St.) *Schellegrübl* (2244m), dann entweder l. zur *Alp Schöngelar* (S. 305), oder r. über *Scheckbühel-* und *Grabanock-A.* zur (2¾ St.) *Mutterberger-A.* (S. 305).

Ins **Falbesontal**, lohnend: von (¼ St.) *Falbeson* (s. oben) am r. Ufer des Greybachs steil bergan zur (1¾ St.) *Falbesoner Ochsenhütte* (1818m), wo r. der Weg über die *Schrimmennieder* zur Franz Senn-Hütte abzweigt (S. 303), und der (1¼ St.) *Hohen Moos-A.* (2286m), mit schönem Blick auf den Talschluß (Hoher Moosferner, Ruderhofspitze, Seespitzen, Kräulspitzen, Knotenspitze). Weiter (nur m. F.), das Moos r. umgehend, zum *Hohen Moosferner* und l. hinan (Vorsicht wegen der Spalten) zur (2½ St.) *Grabagrubennieder* (2880m), mit schönem Blick auf die Pfaffengruppe. Hinab l. zur *Schellegrübl-A.* und über *Pfandler-A.* nach (2 St.) *Ranalt*. — *****Ruderhofspitze** (3172m; 1864 von K. Bädeker und A. v. Ruthner zuerst erstiegen), von Ranalt 7 St. (F. 15, zur Amberger Hütte 21 K), über den *Hohen Moosferner* und den NO.-Grat, beschwerlich, nur für Geübte. Leichter von der *Franz Senn-Hütte* (S. 303) über den *Alpeiner Ferner* um die *Westl. Seespitze* (3391m) herum in 6 St., oder von der *Dresdner Hütte* (S. 305) über die *Höllialscharte* (3172m) und den SW.-Grat in 4½-5 St.

Von Ranalt nach *Gschnitz* (S. 294) über das **Lautererseejoch** (2778m), zwischen Innerer und Äußerer Wetterspitze, oder das **Trauljoch** (2808m), zwischen Äußerer Wetterspitze und Südl. Rötenspitze, beide beschwerlich (10 St. bis Gschnitz, F. 11 K).

Zur **Nürnberger Hütte**, 3-3¼ St., lohnend. MW., 20 Min. s. von Ranalt l. ab im *Langental* am r. Ufer des Bachs hinan zur (¾ St.) *Bsuch-A.* (1564m); hier zum l. Ufer und auf bequemem neuen AV.-Weg der S. Nürnberg hoch über dem in tiefer Klamm herabstürzenden Bach zur (2 St.) **Nürnberger Hütte** (2297m; *Wirtsch.*, 35 B. zu 4, AVM. 2, und 18 Matr. zu 2 bzw. 1 K, gut eingerichtet; Gasbeleuchtung, Briefpost von Ranalt 3 mal wöchentlich), ¾ St. vom Ende des *Grüblferners* schön gelegen.

AUSFLÜGE (Tarif von der Nürnberger Hütte; F. dorthin von Neustift 9 K). Mark. AV.-Weg in Windungen steil hinan (Drahtseile, F. ratsam) zur (1¾ St.) *Aussichtsbank* (ca. 2750m) an der *Maierspitze* (2781m), mit prächtigem Blick auf die Stubaier (zum Gipfel der Maierspitze von hier noch ½ St. Felskletterei; F. 6 K). — Von der **Nürnberger** zur **Dresdner Hütte** 6-7 St. (F. 8 K), lohnend. Von der Aussichtsbank (s. oben) MW. hinab in die *Grünau*, dann unter dem *Freigerferners* durch, über die Zunge des *Sulzenauferners* (an der O.-Seite der neue Weg zum Becherhaus, S. 310) zum *Peiljoch* (2678m) und hinab zur *Dresdner Hütte* (S. 305). — *****Wilder Freiger** (3426m), 3½-4 St. (F. 10 K), nicht schwierig, auf direktem Felsweg der AVS. Nürnberg um die Ostseite der Urfallsspitze herum auf den N.-Grat und zuletzt über Firn zur Spitze; Abstieg zum (25 Min.) *Becherhaus* (S. 309). — **Östlicher Feuerstein** (3275m),

3½-4 St. m. F. (9 *K*), nicht schwierig: von der (2 St.) *Nürnberger Scharte* (s. unten) s.ö. über Fels und Firn in 1½-2 St. Über den Grat auf den (½ St.) *Westlichen Feuerstein* (3273m) und Abstieg über den *Hangenden Ferner* zur *Teplitzer Hütte* (F. 13 *K*) s. S. 309.

Zur Bremer Hütte über das **Simmingjöchl** (2774m), 4 St. (F. 6 *K*): von der Nürnberger Hütte n. zum (10 Min.) Handweiser, hier r. hinab auf rot MW. über den (20 Min.) Langenbach; bergan, z. T. Drahtseile, zuletzt steil. zum (2½ St.) Joch, südl. von der *Innern Wetterspitze* (3064m; in ¾ St. leicht zu ersteigen, F. 2 *K* mehr), dann hinab zur (1 St.) *Bremer Hütte* (S. 294). — Weiter aber lohnender über die **Nürnberger Scharte** (2849m), 4½-5 St. bis zur Bremer Hütte (F. 7 *K*): AV.-Weg bis zum *Grüblferner*, über diesen zur (2½-3 St.) Scharte, zwischen *Westl.* und *Apern Feuerstein* (2913m); hinab über den *Simminger Ferner* zum *Simminger Grübl* (2747m) und zur (2 St.) *Bremer Hütte* (S. 294). — Nach Pflersch über das **Pflerscher Hochjoch** (3164m), beschwerlich aber großartig (F. 12 *K*). Von der Nürnberger Hütte zur (2½-3 St.) *Nürnberger Scharte* (s. oben), dann um den O. Feuerstein herum zum (1¼ St.) Hochjoch, mit prächtiger Aussicht (von hier auf den *Östl. Feuerstein* ½ St., s. oben); hinab über das *Pflerscher Niederjoch* (ca. 2950m) auf den *Stubenferner* und zur (2½ St.) *Magdeburger Hütte* (S. 298). — Zur Teplitzer Hütte (S. 309) über die **Rote Gratscharte** (2920m), zwischen *Rotem Grat* (3104m) und *Hochgrindl* (3042m), oder die **Weite Scharte** (2887m), zwischen *Hoher Wand* und *Westl. Feuerstein*, je 3½-4 St. (F. 10 *K*), nicht schwierig. — Zum Becherhaus (S. 309) über den *Grüblferner* und die **Freigerscharte** (3045m), zwischen *Rotem Grat* und *Wildem Freiger*, 4½-5 St. (F. 11 *K*). Von der (3 St.) Scharte hinab auf den *Übeltalferner*, auf dem man sich möglichst hoch r. hält gegen die Einsattelung zwischen Becher und Freiger, dann direkt in den Wänden des Bechers empor zum Elisabethhaus, 1-1½ St. (Wegbau der S. Hannover). Bequemer ist der Arnoldweg von der Zunge des *Sulzenauferners* an der W.-Seite des Apern Freigers hinan *über den Wilden Freiger* (s. S. 304).

Das Stubaital biegt jenseit Ranalt nach W. um; der Pfad tritt bei der (¾ St.) *Schöngelar-A.* (1397m) auf das l. Ufer und führt über die (½ St.) *Graba-A.* (1533m; l. der 130m h. *Sulzenauer Fall*) zur (¾ St.) **Mutterberger Alpe** (1728m; einf. Unterkunft).

In die **Sulzenau** führt von der *Graba-A.* ein steiler Steig w. vom Wasserfall hinan zur (1 St.) *Sulzenau-A.* (1847m; dürftig) in felsumschlossenem Talkessel (l. Aperer Freiger, r. Aperer Pfaff); im Hintergrund stürzen zwei Gletscherbäche in Fällen herab. Von hier über den *Sulzenauferner* (am obern Ende große Randkluft, nur für ganz Geübte passierbar) zur **Pfaffennieder** (3139m), mit dem *Erzherzog Karl Franz Josefs-Schutzhaus* (S. 310), und zum (6 St.) *Becherhaus* (schwierig, s. S. 310; F. von Neustift 18 *K*); besser über den *Apern Freiger* (s. S. 310).

Über das Mutterberger Joch nach Längenfeld, 8½ St., beschwerlich (F. von Neustift bis zur Amberger Hütte 16 *K*). Von der Mutterberger-A. w. steil hinan, durch die *Glamergrube* (r. bleibt der kl. *Mutterberger See*, 2483m), über Geröll und Schnee zum (4 St.) **Mutterberger Joch** (3016m), zwischen r. *Mutterberger Seespitze* (3298m), l. *Nördl. Daunkogel* (3077m); Aussicht beschränkt. Abstieg über Eis und Geröll zum *Sulztaler Ferner*, dann quer hinüber und an der linken Seitenmoräne (MW.) hinab ins *Sulztal* zur (2 St.) *Amberger Hütte*, nach (1½ St.) *Gries* und (1 St.) *Längenfeld*, s. S. 321.

Von der Mutterberger-A. Reitweg (F. unnötig, von Neustift 9 *K*) zu den (1¾ St.) **Dresdner Hütten** in der *Obern Fernau* (2308m; *Wirtsch., zwei Häuser mit 24 B. zu 4, AVM. 2, u. 23 Matr. zu 2 bzw. 1 *K*), in prächtiger Lage.

III. R. 51. — K. S. 302. BILDSTÖCKLJOCH.

AUSFLÜGE (Tarif von der Dresdner Hütte). Bester Überblick der Umgebung vom *Eggessengrat (2632m), n.w. in 1 St. leicht zu ersteigen (rote WM.; F. 3 K): im S. der Pfaffenkamm mit Zuckerhütl, Wildem Pfaffen und Wildem Freiger, westl. Schaufelspitze, Stubaier Wildspitze, Daunkogl, n. Mutterberger Seespitze, Hölltalspitzen, Ruderhofspitze usw.
— *Hinterer Daunkopf (3228m), MW. von der Dresdner Hütte über den *Daunkoglferner* und das *Daunjoch* (s. unten) in $3^{1}/_{2}$ St. m. F. (10, bis zur Amberger Hütte 14 K), leicht (s. S. 321).

*Zuckerhütl (3511m), höchster Gipfel der Stubaier Gruppe, von der Dresdner Hütte $4^{1}/_{2}$-5 St. (F. 14, von Neustift 20 K), nur für Geübte und Schwindelfreie (besser vom Becherhaus, S. 310). Über den *Fernauferner* und die *Lange Pfaffennieder* (3053m) im Apern Pfaffengrat auf den obern *Sulzenauferner* (S. 305), mit großartigem Blick auf den Eispanzer des Zuckerhütls und Pfaffen, dann zum *Pfaffensattel* (3369m), zwischen Zuckerhütl und *Wildem Pfaffen* (3471m; vom Sattel leicht in $^{1}/_{2}$ St., F. 1 K mehr), und sehr steil, aber für Schwindelfreie gefahrlos r. zum Gipfel, mit höchst großartiger Aussicht. Oder von der Dresdner Hütte über den *Fernauferner* zur *Schaufelnieder* (3040m), zwischen Schaufelspitze und Aperem Pfaffen, über den *Geißkar-* und *Pfaffen-Ferner* zum *Pfaffenjoch* (3230m), zwischen *Aperm Pfaffen* (3351m) und *Pfaffenschneide*, dann über den Sulzenaufirn zum *Pfaffensattel* (s. oben) und zur Spitze. Abstieg zum ($1^{1}/_{2}$ St.) *Becherhaus* s. S. 310. — Von der Dresdner Hütte über Zuckerhütl, *Wilden Pfaffen*, *Becherhaus*, *Wilden Freiger* zur *Nürnberger Hütte*, sehr lohnende Höhenwanderung, für ausdauernde Steiger bei guten Schneeverhältnissen in 11-12 St. (von Neustift 2 Tage, F. 36 K).

Über das Bildstöckljoch nach Sölden 7 St., nicht schwierig und sehr lohnend (F. von Neustift 22, mit Schaufelspitze 24 K). Von der Dresdner Hütte r. hinan über Rasenhänge, Moränenschutt und Felstrümmer, dann über den *Daunkogelferner* zum (3 St.) *Bildstöckljoch (3138m), einem trümmerbedeckten Felsgrat am SO.-Fuß der *Stubaier Wildspitze* (3342m, für Geübte in $1^{1}/_{2}$-2 St. zu ersteigen); weiter ö. die *Isidornieder* am Fuß der *Schaufelspitze* (s. unten). Schöner Rückblick auf Ruderhofspitze, Schwarzenberg usw., unten der Mutterberger See. Nun l. wenig abwärts an einer Eislake hin zur W.-Seite des Jochs, mit prächtigem Blick auf die Ötztaler Hauptgruppe (Wildspitze, Weißkugel, Hintere Schwärze). Hinab über den *Windacher Ferner* (Vorsicht wegen der Spalten, Seil) und durch eine steile Runse, dann AV.-Weg durch das *Warnskar* ins *Windach-Tal* zur ($2^{1}/_{2}$ St.) *Windach-Alp* (1956m; Fiegls Whs., B. 1 K, einf.) und nach ($1^{1}/_{2}$ St.) *Sölden* (S. 322).

Statt über das Bildstöckljoch, kann man auch über die Isidornieder (3133m, s. oben), oder über den *Fernauferner*, die Schaufelnieder (*Fernaujoch*, 3040m; s. oben) und den *Geißkarferner* zur (4 St.) *Hildesheimer Hütte* (S. 323) und hinab nach (4 St.) *Sölden* gehen (F. 22 K; s. S. 323). — *Schaufelspitze (3333m), von der Isidornieder 1 St. m. F., nicht schwierig. Prächtige Aussicht (Zillertaler, Ötztaler, Stubaier, Dolomiten). Abstieg zur (1 St.) *Hildesheimer Hütte* (S. 323).

Von der Dresdner zur *Nürnberger Hütte* (6 St., F. 7 K) s. S. 304. — Über das Daunjoch (3081m) ins *Sulztal* (5-6 St. bis zur *Amberger Hütte*, dem Mutterberger Joch vorzuziehen) s. oben (F. 11 K); die Besteigung des *Hintern Daunkopfs* (s. oben) damit leicht zu verbinden. — Zum *Becherhaus* (S. 309) von der Dresdner Hütte auf neuem Wege über das *Peiljoch* (S. 304) und den *Wilden Freiger* $3^{1}/_{2}$-4 St. m. F. (12 K), unschwierig und lohnend, s. S. 310.